经纶济世
越俎简末
贺教务部
题大项目
心王立献

李继桐
乙丑春八

教育部哲学社会科学研究重大课题攻关项目

中国边疆治理研究

AN INVESTIGATION ON CHINA'S FRONTIER ADMINISTRATION

周 平 等著

经济科学出版社
Economic Science Press

图书在版编目（CIP）数据

中国边疆治理研究/周平等著.—北京：经济科学出版社，2011.10

（教育部哲学社会科学研究重大课题攻关项目）

ISBN 978-7-5141-0700-5

Ⅰ.①中… Ⅱ.①周… Ⅲ.①边疆地区－行政管理－研究－中国 Ⅳ.①D63

中国版本图书馆 CIP 数据核字（2011）第 092515 号

责任编辑：解　丹
责任校对：杨晓莹
版式设计：代小卫
技术编辑：邱　天

中国边疆治理研究

周　平　等著

经济科学出版社出版、发行　新华书店经销
社址：北京市海淀区阜成路甲 28 号　邮编：100142
总编部电话：88191217　发行部电话：88191540
网址：www.esp.com.cn
电子邮件：esp@esp.com.cn
北京中科印刷有限公司印装
787×1092　16 开　29.25 印张　550000 字
2011 年 10 月第 1 版　2011 年 10 月第 1 次印刷
ISBN 978-7-5141-0700-5　定价：75.00 元
（图书出现印装问题，本社负责调换）
（版权所有　翻印必究）

课题组主要成员

(按姓氏笔画为序)

王彦斌　　王燕飞　　方　铁　　杨临宏
何　平　　何　明　　陈国新　　崔运武
瞿健文

编审委员会成员

主　任　孔和平　罗志荣
委　员　郭兆旭　吕　萍　唐俊南　安　远
　　　　　文远怀　张　虹　谢　锐　解　丹

总 序

哲学社会科学是人们认识世界、改造世界的重要工具，是推动历史发展和社会进步的重要力量。哲学社会科学的研究能力和成果，是综合国力的重要组成部分，哲学社会科学的发展水平，体现着一个国家和民族的思维能力、精神状态和文明素质。一个民族要屹立于世界民族之林，不能没有哲学社会科学的熏陶和滋养；一个国家要在国际综合国力竞争中赢得优势，不能没有包括哲学社会科学在内的"软实力"的强大和支撑。

近年来，党和国家高度重视哲学社会科学的繁荣发展。江泽民同志多次强调哲学社会科学在建设中国特色社会主义事业中的重要作用，提出哲学社会科学与自然科学"四个同样重要"、"五个高度重视"、"两个不可替代"等重要思想论断。党的十六大以来，以胡锦涛同志为总书记的党中央始终坚持把哲学社会科学放在十分重要的战略位置，就繁荣发展哲学社会科学做出了一系列重大部署，采取了一系列重大举措。2004年，中共中央下发《关于进一步繁荣发展哲学社会科学的意见》，明确了新世纪繁荣发展哲学社会科学的指导方针、总体目标和主要任务。党的十七大报告明确指出："繁荣发展哲学社会科学，推进学科体系、学术观点、科研方法创新，鼓励哲学社会科学界为党和人民事业发挥思想库作用，推动我国哲学社会科学优秀成果和优秀人才走向世界。"这是党中央在新的历史时期、新的历史阶段为全面建设小康社会，加快推进社会主义现代化建设，实现中华民族伟大复兴提出的重大战略目标和任务，为进一步繁荣发展哲学社会科学指明了方向，提供了根本保证和强大动力。

高校是我国哲学社会科学事业的主力军。改革开放以来,在党中央的坚强领导下,高校哲学社会科学抓住前所未有的发展机遇,紧紧围绕党和国家工作大局,坚持正确的政治方向,贯彻"双百"方针,以发展为主题,以改革为动力,以理论创新为主导,以方法创新为突破口,发扬理论联系实际学风,弘扬求真务实精神,立足创新、提高质量,高校哲学社会科学事业实现了跨越式发展,呈现空前繁荣的发展局面。广大高校哲学社会科学工作者以饱满的热情积极参与马克思主义理论研究和建设工程,大力推进具有中国特色、中国风格、中国气派的哲学社会科学学科体系和教材体系建设,为推进马克思主义中国化,推动理论创新,服务党和国家的政策决策,为弘扬优秀传统文化,培育民族精神,为培养社会主义合格建设者和可靠接班人,做出了不可磨灭的重要贡献。

自2003年始,教育部正式启动了哲学社会科学研究重大课题攻关项目计划。这是教育部促进高校哲学社会科学繁荣发展的一项重大举措,也是教育部实施"高校哲学社会科学繁荣计划"的一项重要内容。重大攻关项目采取招投标的组织方式,按照"公平竞争,择优立项,严格管理,铸造精品"的要求进行,每年评审立项约40个项目,每个项目资助30万~80万元。项目研究实行首席专家负责制,鼓励跨学科、跨学校、跨地区的联合研究,鼓励吸收国内外专家共同参加课题组研究工作。几年来,重大攻关项目以解决国家经济建设和社会发展过程中具有前瞻性、战略性、全局性的重大理论和实际问题为主攻方向,以提升为党和政府咨询决策服务能力和推动哲学社会科学发展为战略目标,集合高校优秀研究团队和顶尖人才,团结协作,联合攻关,产出了一批标志性研究成果,壮大了科研人才队伍,有效提升了高校哲学社会科学整体实力。国务委员刘延东同志为此做出重要批示,指出重大攻关项目有效调动各方面的积极性,产生了一批重要成果,影响广泛,成效显著;要总结经验,再接再厉,紧密服务国家需求,更好地优化资源,突出重点,多出精品,多出人才,为经济社会发展做出新的贡献。这个重要批示,既充分肯定了重大攻关项目取得的优异成绩,又对重大攻关项目提出了明确的指导意见和殷切希望。

作为教育部社科研究项目的重中之重,我们始终秉持以管理创新服务学术创新的理念，坚持科学管理、民主管理、依法管理，切实增强服务意识，不断创新管理模式，健全管理制度，加强对重大攻关项目的选题遴选、评审立项、组织开题、中期检查到最终成果鉴定的全过程管理，逐渐探索并形成一套成熟的、符合学术研究规律的管理办法，努力将重大攻关项目打造成学术精品工程。我们将项目最终成果汇编成"教育部哲学社会科学研究重大课题攻关项目成果文库"统一组织出版。经济科学出版社倾全社之力，精心组织编辑力量，努力铸造出版精品。国学大师季羡林先生欣然题词："经时济世　继往开来——贺教育部重大攻关项目成果出版"；欧阳中石先生题写了"教育部哲学社会科学研究重大课题攻关项目"的书名，充分体现了他们对繁荣发展高校哲学社会科学的深切勉励和由衷期望。

　　创新是哲学社会科学研究的灵魂，是推动高校哲学社会科学研究不断深化的不竭动力。我们正处在一个伟大的时代，建设有中国特色的哲学社会科学是历史的呼唤，时代的强音，是推进中国特色社会主义事业的迫切要求。我们要不断增强使命感和责任感，立足新实践，适应新要求，始终坚持以马克思主义为指导，深入贯彻落实科学发展观，以构建具有中国特色社会主义哲学社会科学为己任，振奋精神，开拓进取，以改革创新精神，大力推进高校哲学社会科学繁荣发展，为全面建设小康社会，构建社会主义和谐社会，促进社会主义文化大发展大繁荣贡献更大的力量。

教育部社会科学司

前 言

本书是教育部重大课题攻关项目"边疆多民族地区构建社会主义和谐社会研究"（项目批准号：05JZD0036）的最终成果。在开展"边疆多民族地区构建社会主义和谐社会研究"的过程中，我们除了完成了本著作外，还发表了论文30篇，完成专著2部（其中的1部已出版），完成研究报告8份，向党委和政府有关部门提交了咨询报告10份。

在项目申报时的课题设计中，最终成果是一部题为《边疆多民族地区构建社会主义和谐社会研究》的著作。但是，随着课题研究的展开和不断深入，我们深深地认识到：边疆多民族地区构建社会主义和谐社会是一个宏大的主题，涉及边疆多民族地区建设和发展的方方面面，而且是一个长期的过程，在不同的条件下有不同的内涵。通过一部著作对如此重大的主题进行有深度的研究，是一个难以企及的目标，很可能形成一部虽然面面俱到但却浅尝辄止的书稿，在构建和谐社会这个主题上已经汗牛充栋的论著当中进行徒劳的低水平重复；边疆多民族地区构建社会主义和谐社会的根本问题，是要实现有效的治理。只有通过长期的、有效的边疆治理，才能实现在边疆多民族地区构建社会主义和谐社会的目标。

我国的边疆面积广大，战略地位重要，整个国家的稳定和发展都与边疆的状况直接相关。边疆治理既是重大的现实问题，又是重大的理论问题。而我国却缺乏对边疆治理的系统研究，甚至连"边疆治理"的概念都没有建立起来。如果我们将研究集中于边疆治理这个前沿性的重大问题，就能在忠实于原设计的基础上有所发展和提升，不仅能够促进边疆多民族地区社会主义和谐社会的构建，而且能够拓展研究领域，促成新兴的边疆学研究的形成，为边疆多民族地区的学科创新和学科发展找到新的增长点。这样的研究对于拓展社会科学的领域和观点创新、体系创新，解决国家经济社会发展中重大的现实问题，以及推动学科的发展都具有重要的意义；并且，也符合教育部《重大课题攻关项目管理办法》中要"把握学科前沿，开展深入、系统的创新性研究"和"力争取得具有重大学术价值和社会影响的标志性成果"的要求。

基于这样的认识，我们把最终成果的主题定位于我国的"边疆治理"，并对其进行了全面而深入的研究，最终形成了《中国边疆治理研究》一书。本书对项目中其他研究成果进行了总结和概括，并与其他成果形成一种互补关系，从而使各类成果形成一个有机的整体。其中，专题论文和专题著作对有关边疆多民族地区构建社会主义和谐社会涉及的理论问题和实际问题进行了有深度的讨论，在全面体现本项目内涵的同时把研究引入了深入；咨询报告在对边疆多民族地区构建社会主义和谐社会中一些突出的重大问题进行深入研究的基础上提出相关的政策建设，使课题研究为党和政府的决策服务；最终成果则在深入研究和概括其他基础成果的基础上，进行理论构建，使其他成果中体现出来的观点创新系统化，实现了体系创新，形成系统性、典型性的创新成果。

本书从我国边疆面积广大、边疆问题突出和边疆治理意义重大，但目前还缺乏系统研究的实际出发，既突出了重大的现实问题的研究，又注意理论构建和理论上的概括；既注重该项研究对我国边疆治理的实际意义，又注重学术观点创新和体系创新；既把重心确定在当代中国的边疆治理研究，又回溯了历史并注重挖掘边疆治理的历史资源，从而构建了一个边疆治理研究的完整体系。全书共十二章，基本上是三个部分，形成一个完整的结构。

第一部分，即第一章至第三章，构建了一个边疆治理研究的理论平台。第一章分析了边疆概念的形成和特点，对比了中西方的边疆观，全面梳理了中国边疆概念的发展和演变，明确了边疆概念的当代含义；考察了边疆问题的性质、特点和演变过程；界定了传统的边疆治理的内涵和特点，以及现代治理概念引入边疆治理后的新边疆治理观。第二章全面梳理了历史上的边疆治理思想，详细分析了历史上主要的边疆治理方略，回顾了从秦到中华民国的边疆治理实践，总结了历史上边疆治理的经验、教训和留给当代的启示。第三章分析了民族国家边疆治理与王朝国家边疆治理的区别，考察了当代边疆治理的主要举措，概括了当代边疆治理的主要成就，讨论了当代边疆治理中的一些价值性命题。通过这些分析和论证及相应的理论构建，为当代边疆治理的重大问题的研究，搭建了一个理论平台。

  第二部分，即第四章至第十章，具体考察了当代边疆治理中的若干现实问题。当前，我国的边疆治理面临着一些重大问题，这些问题是我国当代边疆治理必须面对的全局性问题，也是边疆治理必须解决的重大问题，它们构成了边疆治理的主要内容。本书对其中的主要问题进行了具体的考察。其中，第四章考察了边疆治理中的开发和建设问题，并提出了边疆开发和建设的若干设想；第五章考察了边疆的民族问题和宗教问题，对解决边疆突出的民族宗教问题的方式进行了探讨；第六章考察了边疆的发展和稳定问题，分析了边疆发展中产生稳定问题的各种因素，并提出了治理的对策；第七章考察了边疆多元文化的共生、冲突和协调问题，形成了实现多元文化多声部合奏的新思维；第八章考察了边疆的民族认同与国家认同的关系问题，提出在边疆治理中实现认同整合的思路；第九章考察了边疆社会管理和社会控制问题，提出了在边疆加强社会管理和社会控制的设想；第十章考察了周边国家关系对边疆治理的影响，提出了利用周边关系变化的机遇加强边疆治理的思路。在考察这些重大现实问题的过程，着重于现状描述，机理分析和解决问题的路径探讨。

  第三部分，即第十一章至第十二章，提出并论证了改善我国边疆治理的基本设想，对边疆治理研究进行了提升和拓展。第十一章把我国的边疆治理放到国际比较的视野中进行研究，考察了其他国家在边疆治理上富有特色和成效的实践，进行了边疆治理的国际比较，概括了国外边疆治理的基本模式，总结了国外边疆治理给我们提供的启示；第十二章对我国的边疆治理进行了全面的总结和反思，提出要适应我国在整体上由国家建设时期向国家发展时期转变的形势，通过边疆治理的转型和重构来提升边疆治理的层次和水平的新思维,特别提出和论证了我国边疆治理要根据形势的变化,进行理论重构、制度重构和实践重构,进而在国家战略层面建立边疆建设战略的设想,以实现我国边疆治理新的飞跃。

在这样的有机结构中,本书既深入地讨论了边疆治理的若干基本理论问题,又全面地讨论了边疆治理中的重大现实问题;既总结了历史上边疆治理的经验教训,发掘了边疆治理的历史资源,又将我国的边疆治理放到国际背景下进行比较和分析;既对当代边疆治理过程进行了梳理和反思,又对边疆治理提出理论构建、制度构建和实践构建的设想;既进行了学术性的探讨,又寻求改善边疆治理的思路和对策,使理论研究为现实服务,从而构建了一个边疆治理研究的完整体系,开拓了一个新的学科领域,为今后进一步的研究奠定了坚实的基础。

摘　要

　　边疆乃国家疆域的边缘性部分。但只有那些疆域范围较大，而且边缘性部分与核心区（或腹地）有着较大差异的国家，才会将疆域的边缘性部分认定为"边疆"。中国是世界上最早重视边疆的国家，边疆观念蕴涵着特定的历史背景所赋予的丰富内涵，并在不同的历史条件下有不同的含义。民族国家构建完成以后，中国的边疆观念发生了深刻的变化，海洋边疆、空中边疆、利益边疆的观念逐步形成，但以陆地边疆为主要内容的传统边疆观仍然占据着统治地位。

　　中国边疆面积广大，战略地位显要，民族构成复杂，对整个国家的影响巨大。在这个特殊的环境中产生和存在并对整个国家产生影响的矛盾和问题，就是所谓的边疆问题。国家解决边疆问题的过程，就是边疆治理。边疆问题本身是变化着的，边疆治理也必须不断地向前发展。当前，边疆治理必须引入现代治理观念，构建以国家为主体、多方参与的多元治理结构。

　　历史上的中央政府都很重视边疆的治理，形成了"守中治边"与"守在四夷"，"来则御之，去则守之"及"修文德以来之，被声教以服之"的边治思想，以及一系列因时因地制宜的边治方略。历史上边疆治理的思想、方略，成功的经验和失败的教训，都是当代边疆治理的宝贵财富。

　　中华人民共和国的成立标志着中国进入了民族国家边疆治理时代。面对突出而复杂的边疆问题，国家采取强有力的边疆治理措施，并取得显著成效。在边疆建设了巩固的人民政权，实现了国家制度的统一；促进了边疆建设的发展，改善了人民生活；边疆的社会面貌发生了根本改变，与内地社会的同质性显著增强；改善了民族关系，加强了族际间的政治整合；巩固了国家边防，维护了边疆的稳定和国家的主权，从根本上改变了边疆的面貌。

边疆的开发和建设、民族问题和宗教问题、发展与稳定、多元文化的协调、少数民族的民族认同与国家认同、边疆社会的管理和控制、边疆治理与周边国家的关系，是长期存在并对边疆和整个国家具有根本性影响的重大边疆问题。这些问题既是边疆治理必须面对的重大现实问题，也是边疆治理的重要任务。从某种意义上说，当代的边疆治理就是解决这些问题的行动和过程。从现实的情况来看，当代的边疆治理在解决这些问题的过程中，已经取得了显著的成效，也面临着严峻的挑战；既积累了丰富的经验，也有值得记取的教训。将来进一步的边疆治理，仍然必须面对这些问题。在解决这些问题的过程中，既要坚持长期坚持的原则，也需要不断的开拓创新。

许多国家特别是疆域广大的国家，对边疆治理都十分重视。其边疆治理方面的经验，尤其是边疆开发中的自由市场模式、政府计划主导模式、政府市场混合模式和西方多元治理模式，以及把经济建设与政治建设、文化建设和社会建设结合起来，充分发挥市场和社会的作用，在边疆地区建立增长极，推动边疆共同发展的成功经验等，都能为中国的边疆治理提供有益的借鉴。

中国当代的边疆治理已经走过了六十年的历程，边疆治理的思路、方针、成效以及优势和不足都已充分显露出来，改革开放的新形势又对边疆治理提出了新的要求。从总体上看，边疆治理已经取得了巨大的成就，但不完善。而国家建设和发展的新形势又对边疆治理提出了新的要求，因此，必须促成边疆治理的转型，对边疆治理进行重构。

跨入 21 世纪后，中国已经由国家建设时期进入国家发展时期。唯有对国家建设时期构建起来的边疆治理进行重构，才能适应国家发展时期的新形势和新要求。边疆治理的重构，包括理论重构、制度重构和实践重构。理论重构是基础，制度重构是核心，实践重构是最终的归宿。今天重新构建边疆治理模式，是为了完善边疆治理，适应新的时代对边疆治理的要求，提升边疆治理的水平，建设强大的边疆。

为了凸显边疆建设的地位，尽快缩小边疆与内地的差距，建设强大的边疆，必须建立一个国家层面的边疆建设战略。用二十年的时间，从根本上改变边疆地区的落后和贫困面貌，显著缩小边疆地区与内地的差距，使边疆的经济社会发展达到内地的中等水平，努力建设一个经济繁荣、政治稳定、社会进步、生活富裕、民族团结、边防巩固、山川秀美，具有可持续发展能力的强大边疆。

Abstract

Frontier is the verge of a country, and only that of a vast country, which has a great diversity between its inner land and border land, can be called as a "frontier". China is the first country among those that have valued the importance of frontier. Different historical backgrounds have made the word "frontier" rich in meaning that varies according to different historical ages. After China was established as a nation-state, its understanding of frontier has profoundly changed. Such ideas as ocean frontier, space frontier and interest frontier have come into being, but the land frontier conception is still dominant over the others.

China's frontier has great influence on the whole country, for it is vast, strategically important, and populated by various ethnic peoples. The contradictions and issues, existing with these characteristics and exerting great impacts on the whole territory, are called frontier problems. For the state, frontier administration means the efforts to solve the problem. As the problems themselves are changeable, the frontier governing system ought to keep up with times. For the time being, the Chinese frontier administration has to introduce a modern comprehensive system that is state-oriented and multilaterally participated.

The central governments of all dynasties in Chinese history had attached great importance to frontier governance and had formed such frontier governing thoughts as "defending the inner land and governing the verge areas", "guarding the bordering areas", "resisting invasions in war times and taking guarding measures in peace times", and "employing cultural and moral education to enlighten the people living in verge areas". Additionally, there were some other flexible measures and policies. The historical frontier governing thoughts, polices, strategies, successful experiences and painful lessons have paved a way for modern frontier governance.

The establishment of the People's Republic of China indicated that China had come into a frontier governing age of a nation-state. In face of a tense and complicated situation related to its frontier, China was fairly successful in handling it by taking effective measures. The state achieved many accomplishments in governing border areas such as consolidation of people's regime and unification of the national institution, enhancement of its frontier development and improvement of people's life, radical change of frontier society and narrowing of the gap between its border land and inner land, improvement of relations and strengthening of the political conformity among ethnic peoples, and consolidation of its national defense and strengthening its frontier stability and national sovereignty. Those achievements radically changed the social conditions of China's border areas.

The lasting frontier problems that have great impact on China's border land, and the whole country are found in the areas ranging from the development and construction of the border areas, the issues of ethnicity and religion in the frontier, the development and stability of the frontier society, the coordination of diverse cultures, the ethnologic and national identity of ethnic groups, and the administration and control of frontier society, to frontier administration and its relations with neighboring countries. Those mentioned above are the existing problems of Chinese frontier administration. To solve them is the first and most important task of the government. To some extent, modern frontier administration can be regarded as the proceeding and process of handling those problems. Realistically speaking, although modern frontier administration has made marked achievements, it is still in face of tremendous challenges. It has acquired rich and valuable experience, and drawn some lessons that are worth appreciating. Those problems cannot be avoided in further governmental frontier administration. While they are being solved, the principle of consistence and innovation is constantly required.

Many countries, especially those of vast territories, have been attaching a great deal of importance to their frontier administration. From them, China can obtain invaluable references, including methods of free market, government planning, government and market combination and western multi-governance in developing their border lands. China can use patterns of economic and political construction combination, and cultural and social construction combination for making a good use of market mechanism.

The modern frontier administration of P. R. C. has a history of more than sixty years, during which the strengths, together with the shortcomings, are evident considering the guidelines, policies, and effects. Generally speaking, it has made great progress, but is far from perfection. However, the new circumstances of China's opening-up policies and its national development and construction demand more and more on its frontier administration. It is necessary for the state to transform and reconstruct its frontier governing system.

After the coming of the 21st century, China has transferred itself from the previous national construction age to a national development age. The circumstances and requirement of the new age can only be respectively conformed and met by reconstructing the frontier governing system that is passed down from the previous age. The reconstruction of frontier administration contains theoretical, systematic and practical reconstructions among which the first is the basic, the second is the core and the third is the ultimate goal. To reconstruct the Chinese frontier administration system is to perfect it and let it meet the requirement of the new age, and to make the Chinese border land more powerful.

A national strategy for constructing frontier is required in order to emphasize the importance of frontier construction, narrow the gap between the border land and the inner land and make Chinese frontier more powerful. These arrangements have to be performed in twenty years. The poor living conditions and poverty in the border areas have to be radically changed. The gap between the border land and the inner land has to be remarkably narrowed. The frontier economy has to be pushed to the middle level of the inner land. Then in store is a powerful and promising frontier which is economically prosperous, politically stable, socially advanced, ethnically united and whose frontier defense is firmly consolidated.

目录

第一章 ▶ 边疆与边疆治理的界定　1

一、边疆概念的含义　1

二、边疆概念的历史演变　8

三、边疆问题及其演变　18

四、边疆治理的概念及其发展　27

第二章 ▶ 边疆治理的历史回顾　34

一、历史上的主要治边思想　34

二、历史上的主要治边方略　45

三、历朝的边治实践　57

四、对历史上边疆治理的反思　65

第三章 ▶ 边疆治理的当代发展　75

一、民族国家时代的边疆治理　75

二、边疆治理的主要举措　85

三、边疆治理的主要成就　97

四、边疆治理中的几个价值性问题　100

第四章 ▶ 边疆的开发和建设　107

一、边疆开发和建设的含义　107

二、边疆开发和建设的环境　116

三、边疆开发和建设的模式　125

四、边疆开发和建设的途径　134

第五章 ▶ 边疆的民族问题和宗教问题　145

一、边疆存在复杂的民族问题与宗教问题　145
二、边疆民族问题与宗教问题的新特点　156
三、边疆地区民族问题与宗教问题的影响　164
四、边疆地区民族问题与宗教问题的治理　169

第六章 ▶ 边疆的发展与稳定　182

一、治理视野中的边疆发展和稳定　182
二、边疆的发展与稳定互为条件　187
三、边疆的发展与稳定面临着挑战　192
四、实现边疆稳定的治理对策　209

第七章 ▶ 边疆的多元文化与协调　225

一、边疆民族文化的多元性　225
二、边疆多元民族文化的互动　236
三、边疆民族多元文化与边疆治理　244
四、边疆和谐文化的现代治理　253

第八章 ▶ 边疆的民族认同与国家认同　262

一、边疆治理视野中的认同问题　262
二、两种认同的过去与现在　271
三、认同整合对于多民族国家的意义　280
四、边疆治理中的认同整合　286

第九章 ▶ 边疆社会的管理和控制　294

一、边疆治理中的社会管理和控制　294
二、边疆社会管理和控制的现状　299
三、当前存在的问题和面临的挑战　304
四、如何实现有效的社会管理和控制　312

第十章 ▶ 边疆治理与周边关系　325

一、边疆治理与周边关系紧密相关　325
二、周边关系的变迁与边疆治理　329

三、周边关系视野下的边疆治理问题　339
　　四、周边关系视野下的边疆治理主体　356

第十一章 ▶ 边疆治理的国际比较　363
　　一、国外边疆治理的主要实践　363
　　二、国外边疆治理的基本模式　380
　　三、国外边疆治理的简要评价　388
　　四、国外边疆治理的借鉴意义　393

第十二章 ▶ 边疆治理的转型与重构　398
　　一、当代边疆治理的反思　398
　　二、边疆治理的重构　409
　　三、构建边疆建设战略　417

参考文献　429
　　一、著作类　429
　　二、论文类　432

后记　435

Contents

Chapter 1 Frontier and Frontier Governance   1

    1.1   The Meaning of the Concept of Frontier   1

    1.2   Historical Evolution of the Concept of Frontier   8

    1.3   Frontier Issues and Their Evolution   18

    1.4   The Meaning and the Development of Frontier Governance   27

Chapter 2 Frontier Governance in History   34

    2.1   The Main Ideas of Frontier Governance in History   34

    2.2   The Main Strategies of Frontier Governance in History   45

    2.3   The Practice of Frontier Governance in History   57

    2.4   Reflection of the Frontier Governance   65

Chapter 3 Frontier Governance in Contemporary Development   75

    3.1   The Frontier Governance of Nation-state Times   75

    3.2   The Main Measures of Frontier Governance   85

    3.3   The Main Achievements of Frontier Governance   97

    3.4   Some Valuable Issues of Frontier Governance   100

Chapter 4 Development and Construction in Frontier   107

    4.1   The Meaning of Frontier Development and Construction   107

    4.2   The Circumstance of Frontier Development and Construction   116

4.3　The Patterns of Frontier Development and Construction　125

4.4　The Approaches of Frontier Development and Construction　134

Chapter 5　The Issues of Ethnicity and Religion in Frontier　145

5.1　The Complex Issues of Ethnicity and Religion in Frontier　145

5.2　The New Features of Ethnicity and Religion in Frontier　156

5.3　The Influences of Ethnicity and Religion in Frontier　164

5.4　The Settlement of Issues Concerning Ethnicity and Religion in Frontier　169

Chapter 6　Development and Stability in Frontier　182

6.1　Development and Stability of Frontier from the Perspective of Governance　182

6.2　The Development and Stability of Frontier Being Mutually Conditioned　187

6.3　The Challenges on Frontier in Development and Stability　192

6.4　Measures to Preserve Frontier Stability　209

Chapter 7　Frontier's Diversified Cultures and Coordination　225

7.1　Diversity of Frontier's Ethnic Cultures　225

7.2　Interactions of the Diversified Ethnic Cultures in Frontier　236

7.3　Diversified Frontier Cultures and Frontier Governance　244

7.4　Modern Governance for a Harmonious Frontier Culture　253

Chapter 8　Ethnic Identification and National Identification in Frontier　262

8.1　Identification from the Perspective of Frontier Governance　262

8.2　Two Kinds of Identifications in the Past and at Present　271

8.3　The Significance of Identification Integration to the Multinational State　280

8.4　Identification Integration in Frontier Governance　286

Chapter 9　Administration and Control of Frontier Society　294

9.1　Social Administration and Control of Frontier Governance　294

9.2　Current Situation of Social Administration and Control in Frontier　299

9.3　The Current Issues and Challenges　304

9.4　The Approaches to an Effective Social Administration and Control　312

Chapter 10　The Relationship between Frontier Governance and Peripheral Relations　325

10.1　Frontier Governance Being Closely Related to Peripheral Relations　325
10.2　The Change of Peripheral Relations and Frontier Governance　329
10.3　Frontier Governance in Terms of Peripheral Relations　339
10.4　The Subject of Frontier Governance in Terms of Peripheral Relations　356

Chapter 11　An International Comparison of Frontier Governance　363

11.1　The Major Practices of the Foreign Frontier Governance　363
11.2　The Basic Models of the Foreign Frontier Governance　380
11.3　A Brief Evaluation of the Foreign Frontier Governance　388
11.4　The Referential Significance of the Foreign Frontier Governance　393

Chapter 12　Frontier Governance in Transition and Reconstruction　398

12.1　Reflections on the Contemporary Frontier Governance　398
12.2　Reconstruction of the Frontier Governance　409
12.3　Strategies of the Frontier Construction　417

Reference　429

1. works　429
2. papers　432

Postscript　435

第一章

边疆与边疆治理的界定

概念是科学认知的工具，也是理论建构的基点。在从各个侧面具体地研究中国的边疆治理之前，首先必须对中国的边疆和边疆治理概念进行必要的梳理，进而做出科学的界定。科学地界定中国的边疆、边疆治理是研究边疆治理的基本前提。中国的边疆概念是在中国特定的历史文化环境中形成，具有由这种特定历史文化环境所赋予的独特含义。在漫漫的历史长河中，边疆概念的含义并非固定不变，而是不断变化的，因而形成了各具特色的边疆观。随着边疆概念以及边疆观的变化，中国疆域中被认定为边疆的区域也在不断地变化。在边疆的形成和演变的过程中，各种边疆问题随之产生和发展、演变，并对整个国家发挥着重要的影响。所谓的边疆治理，从本质上说，就是解决边疆问题的过程。不同社会历史条件下，边疆问题各有特点，边疆治理也具有特定时代的特征。

一、边疆概念的含义

从字面上看，边疆乃国家疆域的边缘性部分。边疆概念固然是指国家的一个特定地理区域，但又不是一个纯地理意义的概念。边疆总是与国家联系在一起的。边疆乃国家的边疆，是国家统治范围内的一个特定区域，离开了国家的政治统治，就谈不上边疆。国家是人类为管理自己的社会生活而创造的一个政治形式，也是人类迄今为止所创造的最为恰当和有效的政治形式。国家通过以暴力为后盾的国家权力而发挥作用和对社会进行管理，国家的本质就是国家权力。在国家这种政治形式中，承担和行使国家权力的组织机构便是政府；国家权力发挥作用或管辖的地理范围，便是国家的领土；国家权力管辖范围内的人口，即为人民；一个国家在与其他国家发生关系以后受到其他国家承认的统治权，即是国家的主权。国家为了在自己统治的范围内进行有效的治理，或者在与其他国家的博弈的过程中获得更大的利益，就会把统治范围内的边缘性区域划定为边疆。因此，边疆既与地理范围有关，也与国家权力有关，是国家因素与地理因素相结合的产物。

（一）边疆是构建的产物

从世界范围的普遍情况来看，"边疆"一词所指的，都是国家领土或版图上的边缘性部分，是国家的一个特殊区域。然而，从各个国家的具体情况来看，并不是每一个国家都把国土的边缘性部分认定为边疆。幅员过小的国家，不需要也无条件把国土的边缘性区域划定为边疆；即使有着较大幅员的国家，也未必要把某些特定的边缘性区域认定为边疆；国家的某些区域曾经被认定为边疆，但随着这些区域在发展过程中逐步丧失了原先的特点和异质性，与其他区域无异甚至比其他区域发展程度还更高，这样的区域也就逐步丧失其边疆的特性，慢慢地不再被作为"边疆"看待。只有在那些国土面积较大的国家，其边缘性区域与核心区之间有较大差异，具有明显的异质性，才会将那些边缘性的特定区域视为边疆，并采取特殊的方式加以治理。而且，在不同的社会历史文化环境中，人们对边疆的看法也不尽相同。这样的事实表明，边疆是国家范围内由人们认定的特定区域，它的形成离不开客观的地缘性条件，要以客观的地缘性条件为基础，同时还要受人们对国家的边缘性区域的认识所制约，渗透着浓厚的历史文化内涵。因此，边疆是客观因素与主观因素相结合的产物，是在一定条件下构建起来的。单纯地从客观方面界定边疆概念，无法全面揭示边疆概念的内涵。要准确地界定边疆，必须把客观因素与主观因素结合起来。

从这样的角度来看，一个国家的边疆的形成和演变，受到多种主客观因素的影响，其中具有根本意义的是以下三个方面：

第一，国家政治共同体的形成及其一定规模的统治范围。边疆乃国家的边缘性疆域，因此，边疆的形成要以国家政治共同体的建立和国家的统治范围为前提。具体来说，这里涉及三个具体的因素：一是国家政治共同体的建立。没有国家这样的政治共同体的形成，任何一个地理区域都不会被视为边疆。在国家形成以前，边疆的问题就无从谈起。只有在形成国家这样的共同体，有了国家统治的范围，才会有边疆可言。二是国家政权的统一和稳定。在国家这种政治共同体形成以后，如果国家政权不稳定，边疆的地位就会动摇，甚至被渐渐地淡化。而在国家分裂的情况下，边疆的面貌就会完全改变，甚至不复存在。国家的统一和稳定,对边疆的形成和存在产生着深刻的影响。三是一定规模的国土范围。如果一个国家的国地范围较小,就没有必要也没有可能将国家的疆域划分中心区域和边缘性区域了。只有拥有较大国土范围或国土面积广大的国家,才有可能区分出一个边缘性的区域,并将其认定为边疆。所以,国家的统治范围,成为边疆形成的必要前提。

第二,国家的边缘性区域与中心区域之间存在着较大的差别。如果一个国家的边缘性区域与中心区域之间完全是同质的,没有一定程度的差异性,就没有必要将边缘性区域区分出来并采取特殊的方式和政策加以治理了。所以,国家的边缘性区域与中心区域之间的差异性,也是边缘性区域被区分出来并被认定为边疆的另一个基本前提。而边缘区域与中心区域之间的差异性又表现在多个方面:一是地理方面。在国家形成和发展的过程中,国家的中心区域往往地势较为平坦,地理条件优越,而边缘性区域则在地形、地貌方面与中心区域有较大的差异,往往是山地、高原、河谷、草原、沙漠等。二是经济社会发展方面。由于所处的地理条件不同,不同的地理环境为经济社会发展提供的条件也不同,因此,边缘性的区域在生产方式、生活方式、经济发展水平、社会组织方式、政治制度等方面,都会与中心区域形成较大的差异。三是文化方面。社会的文化是在人们适应环境的过程中形成的,处于不同环境中的人们,创造了不同的文化。在一个国家的范围内,如果边缘性区域与核心区域之间在社会发展方面存在差异,就会形成不同的区域文化。边缘性区域与核心的文化之间,存在着较大的差异性。

第三,在主流文化基础上形成的对边缘性疆域的认识。一个拥有广大国土面积的国家,虽然边缘性部分与中心区域之间存在着明显的差异,但是,边缘性领土也未必就会被当作一个特殊的区域看待,也就是说,并不一定会被认定为边疆。国家边缘性区域是否被看做边疆,与人们尤其是国家统治者的认识紧密相关。而人们对边缘性疆域的认识,又是在主流文化的基础上形成的。因此,主流文化尤其是其中所包含的基本的价值观念,对边疆的认定具有深刻的影响。而主流文化中,对国土区域的认识和价值评判,是在漫长的历史过程中形成的,并且与国家边疆的变动及不同区域内居民的成分具有密切的关系。一般来说,这种主流文化往往又是在国家中心区域文化基础上形成的。因此,当人们尤其是国家的统治者依据这样的文化观念来看待边缘性区域的时候,就会将其看做国家的特殊区域,并采取特殊的政策来管理或治理。由于不同国家间的文化差异的存在,所以对边疆的看法也不尽相同。

边疆是在一定客观条件基础上被认定的,但边疆不是一成不变的。相反,已经形成或被认定的边疆区域本身,也处于不断的变化之中。国家的分裂与合并、国家的周边形势、边缘区域与中心区域之间差异性变化、主导性文化观念的变化等，都会改变人们对边疆的看法，从而改变边疆的地位和范围。从历史的经验来看，随着经济、科技和交通的发展，国家内和国家间的经济联系日益紧密，国家边缘性区域与中心区域的差异呈现一种日渐缩小的趋势。在这样的条件下，国家的边缘性区域与中心区域之间的分界线会逐步向外推移，并且逐步模糊化，因此，边疆的范围也会呈现一个逐渐缩小的趋势。在全球化的时代，这样的趋势更加明显。

（二）西方的边疆概念

明确地把统治范围内的某个部分确定为边疆，首先出现于西方。边疆的出现以及概念的演变，都与西方国家的形态和统治方式的变化紧密地联系在一起。西方的国家形态演进，大体上经历了城邦国家、罗马帝国、基督教普世世界国家、王朝国家、民族国家这样几种基本的国家形态①。在国家形态演进的特定阶段，边疆概念出现了。随着国家形态的继续演进，边疆的内涵得到了丰富和拓展。

国家统治范围的一个部分被作为边疆来看待，首先出现于罗马帝国时期。罗马帝国曾盛极一时，凭借强大的军事实力不断向外扩张，疆土遍及整个欧洲，形成庞大的世界帝国。帝国的统治者从统治的需要出发，就把帝国统治范围内那些远离罗马的区域认定为边疆。因此，西方的边疆概念首先出现于罗马帝国时期，而所谓的边疆，不过是罗马帝国统治范围的边缘性地带。

罗马帝国灭亡以后，边疆的概念在历史中就逐渐地淡化了。"罗马灭亡之后，在西欧的广阔空间中形成了以封建割据为基础的统一的基督教世界。……一方面是林林总总的封建邦国，另一方面又是凌驾于这些邦国之上的一统权威——教皇，罗马教皇成为整个西欧社会的无上权威。教皇把这些大小邦国联结而成为一统的基督教世界。"②意识形态的普世主义和基督教世界帝国从思想和实践两个方面，对罗马时期的边疆概念进行了彻底的消解。

在民族国家取代王朝国家而成为具有世界意义的普遍性国家形态以后，边疆的问题在欧洲的历史上再次凸显出来。从本质上看，民族国家就是以民族对国家的认同为基础的主权国家。在民族国家形态下，国家通过一系列的制度机制保障了民族对国家的认同。③民族国家为了维护自身利益，尤其是向外扩张的过程

---

① 不过民族国家也不是国家形态演进的最终形式，民族国家的出现并没有终结国家演进的进程。今天在欧洲以及世界的其他地方，都出现了超越民族国家的苗头。
② 李宏图：《西欧近代民族主义思潮研究——从启蒙运动到拿破仑时代》，上海社会科学出版社1997年版，第249页。
③ 参见周平：《对民族国家的再认识》，载《政治学研究》2009年第4期，第89~99页。

中,再次把统治范围的边缘性或边远的部分界定为边疆。而西方民族国家的边疆受到重视,与美国学者弗里德里克·杰克逊·特纳是分不开的。1893年7月,特纳在芝加哥举行的美国历史协会会议上宣读著名的论文《边疆在美国历史上的重要性》,不仅论述美国边疆的拓展和变动,提出了所谓的"移动的边疆"的理论,而且论述了边疆的拓展对于美国发展的决定性意义,用"边疆"概念解释美国的发展,通过"边疆"理论合理地表达了美利坚民族的开拓进取精神和发展与扩张的欲望。特纳的"边疆学说"在美国产生了广泛的影响,为一代又一代的美国人津津乐道。在这样的背景下,民族国家的边疆问题也受到了广泛的重视。

在维护和争取国家利益的过程中,民族国家不仅继续重视陆地边疆,而且把目光投向了海洋边疆。在西欧民族国家向外扩张的过程中,随着海洋边疆问题的出现,逐渐形成领海的概念。1930年海牙国际法编纂会议界定了领海的概念,而且提出了领海主权的问题。经过1958年《领海与毗连区公约》和1982年《联合国海洋法公约》对海洋主权的确认,海洋作为国家边疆的组成部分就以制度的形式固定下来了。

随着国家间利益争夺的加剧,其他形态的边疆问题也被提了出来并日益受到重视。首先受到重视的是空中疆界的问题。第一次世界大战后,各国开始了划定"空中疆界"的实践。1919年的《巴黎航空公约》(《关于航空管理的公约》)规定,缔约各国承认"每一国家对其领土上的空间具有完全的和排他的主权"①,从而确定了各国空中的疆界。在全球化加速推进的形势下,民族国家间的利益博弈更加突出。20世纪80年代,美国为了抢占新的利益空间,提出了"高边疆"战略,把外层空间也纳入了战略边疆的范畴,引发了外层空间的利益争夺。20世纪末以来,在民族国家不断扩展利益范围的背景下,国家的利益边界问题受到高度关注,于是超越于民族国家利益范围的无形的利益边疆问题又被提了出来,导致国际上围绕利益边疆的暗战愈演愈烈,从而使边疆的概念更为广泛,也变得更为复杂。

(三) 中国的边疆概念

中国是世界上最早重视边疆的国家,并且在自己的国家形态演进过程和文化传统基础上形成了自己的边疆观。中国的边疆,具有世界各国边疆的一般含义,以及形成和发展的一般特征,同时又具有由中国特殊的历史传统所赋予的特殊的

---

① [英]詹宁斯、瓦茨修订,王铁崖等译:《奥本海国际法》(第一卷第二分册),法律出版社1998年版,第54页。

含义。

从中国的情况来看,"边疆"之"边",乃边缘之意,而边缘是远离中心的,所以也有边远之意。"边疆"之"疆",乃指被划定的某个区域的意思;在国家形成以后,指的就是国家管辖的土地,即所谓的疆域。《诗·大雅·江汉》中就有"式辟四方,彻我疆土"之说;《荀子·君道》中还有这样的说法:"则是其人也,大用之,则天下为一,诸侯为臣……纵不能用,使无去其疆域,则国终身无故。"此外,还有"疆土"、"疆境"等词,意思都差不多。但是,这仅仅是字面上的解释。具体来说,边疆有着由特定的社会、历史、文化条件所赋予的丰富的内涵,而且,在不同的历史时期,这些内涵又有所不同,处于发展变化的过程中。

在秦统一中国后的相当长的时期,王朝国家是以其统治的中心区域来界定边疆的。按照这样一种由内而外的思维进行界定,"边疆"就有多重意义。首先,它是王朝国家统治范围内的一个特殊区域,是国家的外防区域和腹心区的缓冲地带,拱卫着国家的中心地带,但发展程度较低,有待于开发;其次,它是王朝国家统治范围内的边缘性区域,远离王朝国家的核心地区,其地理地貌明显区别于中原;再次,它是汉族以外的其他民族生活的区域。其实,正是由于汉代以后中原王朝创造了辉煌的古代文明,对生活于周边的其他民族产生了强大的影响力和感召力,周边的其他民族受其影响而归附、内附、臣服于中原王朝,其生活的区域才被纳入到中原王朝的统治范围,从而成为王朝国家的边疆。在中国传统文化中,人们认识世界以中原为中心向四周渐次推开,于是便形成了以中原或中原文化为中心的"一点四方"的观念。从这样的观念出发,王朝国家的中心区域为华夏文化区,处于王朝国家统治外围或边缘的其他民族生活的地区则被划分为"四夷"(东夷、北狄、西戎、南蛮)。大概在西周末春秋初,中国便形成了四夷的概念①,秦以后则直接把夷狄之地视为边疆。

由于王朝国家的周围并不存在实力强大并能够与之抗衡的政治实体,王朝国家统治的范围取决于自身在国力基础上形成的统治能力的大小,以及中原王朝与周边其他民族的关系。当王朝国家的国力强盛,就具有将统治范围向外延伸的能力,就对周围的其他民族产生巨大的影响力和感召力,周边其他民族就愿意与汉族共同建立统一的政治共同体,其他民族政权或政治势力就内附、归附或降服于中原王朝,向中原王朝输诚纳贡,国家的边疆也就有扩大和向外推移的倾向;相反,在中原王朝国力衰弱的时候,王朝国家的影响力下降,统治能力衰弱,周边

---

① 《尚书·毕命》有"四夷左衽,罔不咸赖";《尚书·大禹谟》有"无怠无荒,四夷来王";《尚书·旅獒》有"惟克商,遂道通于九夷、八蛮"及"明王慎德,四夷咸宾"等记录。

其他民族的政权或政治势力就离它而去，甚至反目为敌，边疆也就向内收缩。

18 世纪中叶以后，中国开始形成近代意义上的边界，从而为以国家的边界来界定边疆提供了可能。以国家的边界划定边疆，这是一种与传统的由内而外的界定方式不同的由外及内的界定方式。当然，此种边疆观的最终形成和巩固，有待于民族国家的最终建立。

民族国家是建立在民族认同基础上的主权国家，国家的主权与国家的名称、国家的边界以及由此确定的领土不可分割地联系在一起。辛亥革命前后"中华民族"概念的提出和"中华民国"的建立，才开启了中国民族国家建立的进程。中华人民共和国的成立，则标志着民族国家的确立。[①] 在国家的边界确立以后，边疆就须以边界来界定，就是指国家之邻近边界的区域。当然，这些地区仍然是远离腹心的边远地区，是少数民族聚居的多民族地区，与内地和沿海在发展程度上有相当的差距，但它的基本含义是明确的，是邻近边界的区域。

20 世纪后期，中国的传统边疆中增添了海洋边疆的内容。70 年代中期，美国从越南撤军后在南中国海和北部湾形成的制海权"真空"，以及中美关系缓和后美军逐步退出台湾海峡和大陆与台湾之间海上冲突逐渐停息，为中国改善海洋环境提供了难得的机遇。1982 年通过的联合国海洋法公约明确了 200 海里专属经济区后，全球范围内"蓝色圈地"的冲击波对我国的海洋主权形成了威胁。在这样的背景下，我国的蓝色国土越来越受到重视，海洋国土观日渐清晰。于是，海洋边疆的问题凸显了出来。

此外，在全球化加速推进的背景下，我国不仅与其他国家的利益关系日趋紧密，而且利益博弈也日益加剧。西方国家的高空边疆、外层空间边疆、领土底层边疆，以及利益边疆的观念，不仅对我国产生了直接或间接的影响，而且也要求我国在传统的边疆观念的基础上构建新的边疆观念。我国必须适应形势的发展，逐步构建集陆地边疆、海洋边疆、空中边疆、领土底层边疆和利益边疆一体，以及有形边疆与无形边疆相结合的全方位边疆概念。

然而，从当前的现实来看，中国几千年来形成的传统边疆观念仍然占据统治地位，新的边疆观念仍处于构建的过程中。我国有 18 000 公里的大陆海岸线和 14 000 公里的岛屿海岸线，海洋国土面积广大，迫切需要建立自己的海洋边疆观念，形成以陆权为主兼具海权的发展战略。而对于高空边疆、利益边疆问题，应该加强研究和战略谋划，但暂不具备实施的条件。而且，作为一个迅速崛起的大国，在涉及国际利益格局划分的问题时，应该稳妥行事。在此问题上高调出位的

[①] 参见周平：《论中国民族国家的构建》，载《当代中国政治研究报告Ⅵ》，社会科学文献出版社 2009 年版，第 92～109 页。

言行，不利于国家利益。

从治理的角度来看边疆，除了传统的边疆治理成熟以外，海疆治理逐步被纳入研究的范畴，其他形态的边疆治理还只具备观念的雏形。海疆治理的问题虽然已经提出，国家的海洋战略也在逐步构建中，但完整的海陆治理思维尚未形成。因此，本书对边疆治理的讨论，仍然采取传统的边疆治理概念，所涉及的边疆是陆地边疆。

二、边疆概念的历史演变

中国的边疆概念，形成于中国特定的历史文化环境之中，并随着社会历史条件的变化而不断变化。在社会历史发展的不同阶段，边疆概念具有不同的内涵。因此，要全面把握中国边疆概念的含义，必须将其置于不同的社会历史条件下考察。

（一）王朝国家的建立和边疆概念的形成

在中国的历史上，边疆的形成和最早的边疆概念的出现，都与秦统一中国后中央集权制王朝国家的建立分不开。

公元前221年，秦王政继历代秦王蚕食诸侯之后统一六国，结束了长期的诸侯割据局面，建立了一个以咸阳为首都的幅员辽阔的统一国家，并兼采传说中三皇五帝的尊号，宣布自己为这个国家的第一个皇帝，即始皇帝。这是中国历史上第一个多民族的统一的中央集权制国家。这个国家的疆域，东至海，西至陇西，南至岭南，北至河套、阴山、辽东。

秦王朝为了保证国家的统一，废除了分封诸侯的制度，全面推行郡县制度，先设36郡，以后又陆续增至40余郡。这些所谓的郡，实际上都是王朝中央直接统治下的不同的行政区域，完全由中央和皇帝控制。为了加强对地方的统治，秦始皇以战国时期秦国官制为基础，建立了一套适应统一国家需要的统治机构。通过一系列的制度安排，建立起了完整的中央集权的统治制度和地方行政制度。

中央集权制的秦王朝，从国家的民族结构来看，是统一的多民族国家，但从国家的性质来看，却并非近代意义上的民族国家。近代意义上的民族国家，是建立在一定民族认同基础上的主权国家，并与其他主权国家一起构成国际行为主体[①]。秦朝及以后相当时期的中国，只有朝代而没有明确的国家称谓，也没有由相关国家通过条约等国际公认的形式确定的边界，更没有在近代主权观念基础上

---

① 参见周平：《对民族国家的再认识》，载《政治学研究》2009年第4期，第89~99页。

构建的国家主权。这样的国家,实际上只是中原王朝的统治区域,是一个在王朝统治区域上形成的政治实体,即王朝国家。

秦王朝在中国历史上开创了中央集权的制度,然而,秦朝的统治仅15年,秦所建立的中央集权制度并不完善,该制度的巩固和完善是在继秦而起的汉朝实现的。但是,秦建立的中央集权制度,将整个王朝国家划分成若干个行政单位,建立统一的地方政权,由王朝中央进行直接的统治,却产生了将王朝国家的统治范围划分为不同的区域并分别加以管理的客观需要,从而为将王朝国家的边缘性区域划定为边疆提供了必要和可能。

对于统一的中央集权制王朝国家来说,要把王朝中央的直接统治加以全面落实,有三个必须解决的问题:一是在统治范围的边缘性区域建立地方政权,把王朝中央的统治贯彻到这些远避的地方;二是在这些边缘性的区域采取不同于中心区域的统治方式和治理政策,有效解决遇到的各种问题;三是把王朝国家的统治向外延展,扩大王朝国家的统治范围,即所谓的开疆拓土。解决这些问题,都涉及把统治的边缘性区域区分出来,采取特殊的统治方式来治理,也就是说,产生了把边缘性区域划定为边疆的需要。

王朝国家的这样一种政治统治的需要,得到了早在先秦时期就存在的"五服"、"九服"观念的有力支持。"五服"之说,如《尚书·禹贡》云:"五百里甸服,百里赋纳总,二百里纳铚,三百里纳秸服,四百里粟,五百里米。五百里侯服,百里采,二百里男邦,三百里诸侯。五百里绥服,三百里揆文教,二百里奋武卫。五百里要服,三百里夷,二百里蔡。五百里荒服,三百里蛮,二百里流。"《周礼·夏官司马·职方》还提出"九服"说,大意是王畿为国家广阔辖地之中心,由王畿向四面扩展,每隔五百里依次为侯服、甸服、男服、采服、卫服、蛮服、夷服、镇服与藩服。"五服"和"九服"的观念,反映了当时中原的人们以自己所处的地方为中心向四周渐次推进的认识世界的方式,实际上是一种以中原或中原文化为中心的"一点四方"的观念。中原的外围区域,往往是其他民族生活的区域,这些地区也就被划分为"四夷"(东夷、北狄、西戎、南蛮)。

从中原王朝统治的角度来看,外围的、边缘性的夷狄区,是王朝国家统治范围或统治能力所及的一个特殊的区域,需要将其划分出来,采取特殊的政策来治理。东汉时的班固就提出"内诸夏而外夷狄",主张内外有别,"是以外而不内,疏而不戚,政教不及其人,正朔不加其国;来则惩而御之,去则备而守之。其慕义而贡献,则接之以礼让,羁縻不绝,使曲在彼,盖圣王制御蛮夷之常道也。"[①]

[①] 《汉书》卷94下《匈奴传·赞》。

这个被特别地区分出来的边缘性的夷狄之区，就是最早的边疆。

这样的边疆，是王朝国家统治的边缘性区域或王朝国家统治能力所及的外围性区域，王朝国家有必要在这些地方设置制度，实施政治统治，进行开发，因此它便具有了政治的含义；边疆区域，同时也是华夏之外的其他民族生活的区域，有着完全不同于中原文化的夷狄文化，有待于中原文化的传播并对其开化，因而有着文化的含义；这样的区域，为山川阻隔，是远避之地。唐代的鸾台侍郎狄仁杰就在上疏中说道："臣闻天生四夷，皆在先王封疆之外。故东拒沧海，西隔流沙，北横大漠，南阻五岭，此天所以限夷狄而隔中外也。"① 因此，边疆又具有地理的含义；边疆也是国家的外防区域和腹心区的缓冲地带，拱卫着国家的中心地带，是军事设防的重要区域，因而具有战略的意义和军事的意义。从总体上看，历史上的边疆，不仅是国家的一个边缘性的特殊区域，也是一个具有多重含义的概念。这就奠定了中国边疆概念有别于西方国家边疆概念的历史和文化的基础。

王朝国家的边疆具有如此特殊的意义，它的范围也就不是一成不变的。王朝国家边疆范围的大小取决于两个界限，即内部界限和外部界限。内部界限就是王朝国家的核心区与边缘区域之间的分界线（这种界限并不是简单的线状结构，而是一种缓慢变化的过渡地带），外部界限则是王朝国家统治范围的外部边际线。王朝国家的内部界限是比较确定和稳定的，而外部界限则具有不确定性，随着王朝国家的统治范围的变化而变化。

在秦以后相当长的历史时期，王朝国家的周边都没有出现力量强大到能够与之抗衡的政治共同体，这为王朝国家统治范围的扩张提供了极为有利的条件。而王朝国家的君主又多有开疆拓土、扬威德于天下的雄心。强大的国力和辉煌的文明，不仅对周边的其他民族产生了政治上的吸引力、军事上的威慑力，也具有经济上的影响力和文化上的感召力，于是王朝国家周边的其他民族纷纷内附、归附、臣服、降服于中原王朝。这些民族愿意与华夏民族共同构建统一的政治共同体，这些民族的政权主动向中原王朝输诚纳贡，直接并入王朝国家或成为王朝国家的藩属。当然，当王朝国家由于种种原因而出现败落、衰微或分裂的时候，其中的一些民族就离中原王朝而去，甚至反目为敌，主动进犯。这种现象在历史上也经常发生。费孝通先生在论及中华民族时就说过：中华民族是历史上各民族结合而成的，"它的主流是由许许多多分散孤立存在的民族单位，经过接触、混杂、联结和融合，同时也有分裂和消亡，形成一个你来我去，我来你去，我中有

---

① （后晋）刘昫等撰：《旧唐书》卷89《狄仁杰传》，中华书局1975年点校本。

你,你中有我,而又各具个性的多元统一体。"① 在前一种情况下,王朝国家的统治范围就扩大,边疆的范围就向外延展;在后一种情况下,王朝国家的统治范围就向内缩小,边疆的范围就向内收缩。相应地,边疆概念的外延也随之产生收缩变化。

(二) 国家边界的形成与边疆观念的转变

秦汉时期形成的边疆的这种状况一直持续了两千多年。18世纪中叶以后,俄罗斯在国力日渐兴盛的基础上将势力抵近王朝国家的边疆,成为王朝国家的强邻,西方列强也开始了对王朝国家的入侵。在外部压力出现并日渐增强的情况下,王朝国家的边疆发生了重大的改变。

俄罗斯是在莫斯科公国的基础上发展起来的。1547年,莫斯科大公国改称沙皇俄国,其君主为沙皇。沙皇俄国加大了向外扩张的力度。1581年,沙俄殖民军越过乌拉尔山进入亚洲。到了17世纪初,沙俄的势力已经扩展到中国的西北边疆。与此同时,沙俄的势力也迅速向东方扩张,抵达了亚洲的东端。在短短50年的时间里,沙皇俄国在亚洲殖民扩张的领土面积达一千万平方公里。1643年后的10年间,沙俄三次将势力扩张到中国的黑龙江流域。清王朝在1685年和1686年进行了两次反击,才使沙俄向东部的扩张受到遏制。

在这样的背景下,在清政府的要求下中俄通过谈判于1689年8月27日签订了《中俄尼布楚条约》,这是中国历史上与外国订立的第一个条约。条约第一条规定:两国以额尔古纳河、格尔必奇河、外兴安岭至海为界。其中将外兴安岭与乌第河之间作为待议区。为了抑制沙俄在北方蒙古地区的扩张,清政府又与俄国就北部边界的划分进行了谈判。经两年谈判,中俄于1727年9月1日签订《布连斯奇条约》。

《尼布楚条约》和《布连斯奇条约》是王朝国家与外国签订的最早的边界条约,在中国边疆发展史上的意义十分突出。它们不仅确立了近代意义上的中国东北和北部边界,使中国出现了固定的边界,而且在中国开了以条约方式确定国家边界的先河。有了这样的国家边界,就不仅使以国家边界来划定边疆成为可能,而且逐步付诸实践。在此之前,人们对边疆的看法,以及实际的边疆的确定,都是以中原为中心来确定的,把远避的夷狄之区确定为边疆。这不仅体现着一种以中原文化为中心的价值观念,也体现着一种由内而外的划定边疆的思维方式,由此划定的边疆也就具有不确定性。王朝国家有了明确的边界以后,就可以以国家的边界来划定边疆。这种划定边疆的方式,不涉及以某种文化为中心的价值观,

---

① 费孝通:《中华民族的多元一体格局》,中央民族学院出版社1989年版,第1页。

是一种由外及内的划定边疆的方式。由此确定的边疆，有着明确的外部边际，向外推移的可能性大大降低甚至完全不存在了。

18世纪中期，正值清王朝中期的康乾盛世，王朝国家发展到了最高峰，实现了国家的统一，完全继承和恢复了历史上大一统的疆域。1683年，清政府出兵收复了台湾，并在次年设台湾府，隶属福建省。1727年，清政府在西藏设立"驻扎西藏办事大臣"（简称"驻藏大臣"），对西藏事务进行直接管辖。1755年至1757年，清军平定准噶尔，统一了西域天山以北地区；1759年又出兵平定大、小和卓之乱，统一了西域天山以南地区。至此，清王朝确定了历史上中国的大一统疆域。1762年，清王朝在分区测绘的基础上绘制了《乾隆内府舆图》，作为清代疆域之依据，最终确立了中国的历史疆域，面积约1 270万平方公里。有了明确的界限和庞大的疆域，中国的边疆的范围也就明确了。

鸦片战争后的半个多世纪，王朝国家进入了不平等条约时代。1842年英国强迫清政府签订了《南京条约》，把香港岛割让给了英国。1860年的中英《北京条约》，又把香港岛对岸的九龙半岛和昂船洲割让给英国。1887年葡萄牙在武力强占澳门半岛后，胁迫清政府订立《中葡和好通商条约》，获得"永居管理澳门"的权利。沙俄则利用英法发动第二次鸦片战争之机，于1858年胁迫黑龙江将军奕山与之签订《瑷珲条约》，割去黑龙江以北60万平方公里领土；1860年通过签订中俄《北京条约》，割去乌苏里江以东40万平方公里领土；1864年强迫清政府签订《勘分西北界约记》，割去中国西北44万平方公里领土；1881年，通过《改订伊犁条约》和5个勘界议定书，割去中国西北7万平方公里领土。1895年，日本强迫清政府签订《马关条约》，割去中国台湾全岛及所有附属的岛屿和澎湖列岛。这一系列割让中国领土的不平等条约，不仅让中国人明白了"落后就要挨打"的道理，而且从反面向王朝国家和中国人灌输了条约意识和通过条约确定边界的意识。

如果说最早的两个边界条约直接挑战了中国传统的边疆观念并导致了以边界来界定边疆的新的边疆观念的产生，而《乾隆内府舆图》这个御制版图的绘制则划定了王朝国家的疆域并进一步加强了按国家的边界确定边疆的观念的话，那么，鸦片战争后西方列强迫使清王朝割地赔款的一系列不平等条约则从反面强化了国家边界的观念和相应的边疆观念。

经过这一系列的历史事件和相应的历史过程，秦以后形成的传统的边疆概念受到了根本性的冲击。尽管传统的边疆观念并未因此就退出历史舞台和人们的观念领域，但一种新的以国家边界来确定边疆的观念却逐步形成并发展起来，从而使中国的边疆具有了近代的意义。在这样的时候，说到边疆，人们想到的不仅是远离中心的区域，而且是与边境相连的区域。

(三) 民族国家的构建与新边疆观的确立

构建近现代意义上的民族国家的过程，在我国的国家建设史上具有划时代的意义。随着民族国家的建立，在国家边界基础上形成的边疆概念得到巩固和确立，从而使我国有了近现代意义上的边疆。

民族国家，首先形成于西方，是西方国家形态演进的产物。在民族国家普遍化以后，民族国家就成为近代以来最普遍的国家形态，成为世界体系的基本主体。而这样的民族国家，就是建立在民族认同基础上的主权国家。[①]

中国是不是民族国家？这既是一个理论问题，也是一个现实问题。对于这个问题，既有肯定的回答，也有否定的回答。毛泽东就说过："中国……是一个伟大的民族国家"[②]，这里显然是笼统地把中国称之为民族国家。但是，在这个问题上，占主导地位的观点，是不承认中国是民族国家。后一种观点的依据是，中国自古以来就是一个统一的多民族国家。按照这种观点，民族国家与多民族国家是对立的，中国既然是多民族国家，当然就不是民族国家。

其实，笼统地把中国称之为民族国家和不承认中国是民族国家的观点，都失之于简单化。只有从中国国家形态演变的历史考察中，才能对"中国是不是民族国家"这个问题做出正确的回答。从中国国家形态发展演变的角度来看，辛亥革命以前的中国，的确不是民族国家，而是典型的王朝国家。辛亥革命以后，中国开始了构建民族国家的历史进程。新中国成立，标志着中国民族国家构建的完成。现在的中国，不论从哪个角度来看，都是民族国家。

在中国的土地上出现国家政治共同体后，中国的国家发展就循着中国社会历史条件造就的独特的路径进行，形成了自己独特的发展道路。这样的国家发展道路与欧洲的国家发展道路大相径庭。

大约在公元前 2070 年，中国的土地上就出现了夏朝。这是中国历史上的第一个国家政权。中国从此开始了自己国家演进的过程。约在公元前 1600 年，商朝取代了夏朝，成为中国历史上的第二个世袭王朝。公元前 1066 年，周朝取代了商朝。公元前 770 年，周平王迁都洛阳，并分封诸侯。周朝以此划为西周和东周（东周又分为春秋、战国两个时期）。公元前 221 年，秦始皇统一六国，结束了长期的诸侯割据，建立了统一的中央集权制国家。此后，中央集权制国家制度一直延续，直到辛亥革命。

---

① 本书的第三章，将对民族国家的性质和特点进行更为深入和具体的讨论。
② 毛泽东：《中国革命和中国共产党》（1939 年 12 月），载《毛泽东选集》第 2 卷，人民出版社 1991 年版，第 623 页。

从秦统一中国到辛亥革命推翻帝制，中国国家政权的建立和发展都围绕着中原这个中心，在农业经济的基础上发展和演变。在相当长的历史时期中，中国的国家政权的发展和演变基本上不受外部因素的影响，而按照自身的逻辑发展演变。其基本的、主导性的国家形式，是王朝国家。在这种国家形态中，国家政权掌握在君主手中，君主通过王朝实施政治统治。"溥天之下，莫非王土；率土之滨，莫非王臣。"① 这实际上是一种建立在王朝统治范围基础上的政治实体。国家政权以维护王朝利益为己任，国家政权的更替，也是通过王朝的更替实施的。所以，在辛亥革命前的历史上，只能看到一个个的王朝，而看不到以中国命名的国家，更没有按近代主权概念界定的独立主权国家。中国的国家形态与占主导地位的民族国家形态有很大的区别。也正是因为如此，梁漱溟先生在他的《中国文化要义》一书中专辟一章讨论"中国是否一国家"②。在中国的历史上，王朝国家存在的时间相当长，是主导性的国家形态。

但是，古老中国自我封闭的国家演进过程在近代以后受到了外部力量的巨大冲击，并逐渐改变。西方国家在建立了民族国家以后，资本主义得到迅速发展，国家实力得到迅速而显著的增强。随后，这些国家便凭借其强大的国家实力，争先恐后地对外进行殖民扩张。当这些国家将势力扩张到中国的时候，封闭发展的王朝国家不可避免地受到深刻的影响，再也不可能按照自身的逻辑发展和演进了。

近代以后，西方国家对中国的影响是全方位的，涉及经济、政治、文化领域的诸多方面。在西方国家全面的影响下，中国古老的国家演进过程出现了新的情况：首先是逐渐形成了领土和主权观念；其次是形成了民族主义意识形态并对国家形态的演进发生了深刻的影响；再次是逐渐形成了宪政主义的思潮，并推动了宪政化运动的形成。

对于中国最后一个王朝国家来说，外部力量的冲击十分强烈。在这样的形势下，自古以来的国家形态演进过程按照原来的轨迹继续进行已经成为不可能。于是，争取民族解放，实现国家的主权独立和领土完整，对国家实施宪政化改造，建立民族国家的要求日渐强烈，相应的政治力量也逐渐生成并日益强大。在这样的背景下，构建民族国家已经成为中国国家形态发展的必然要求。

中国构建民族国家的过程，是在外部压力下通过对传统的国家形态进行现代改造而逐步实现的。这个过程开始于 20 世纪初，到新中国成立基本完成。中华人民共和国成立，中国国内各民族已经整合成为一个新的民族共同体——中华民

---

① 《诗·小雅·北山》。
② 《中国文化要义》是国学大师梁漱溟先生的代表作，原书于 1949 年出版，影响甚大，被誉为中国文化研究和中西方文化比较的经典作品。"中国是否一国家"是该书的第九章。在这一章中，作者最后得出的结论是"中国不像国家"。

族，国家成为人民的国家，国家获得了全民族的认同。这样的国家，已经是标准的民族国家了。

经过了漫长的历史过程，中国的国家演进终于实现了由王朝国家向民族国家的转变。这与西方的国家发展道路有很大的差异，但最终是殊途同归。中国构建民族国家的过程，也是逐步融入世界体系的过程。

需要指出的是，不论中国是王朝国家还是民族国家，都不影响中国的多民族国家性质。因为，民族国家是国家形态发展演进中的一种类型，是相对于王朝国家而言的；多民族国家则是从国家的民族构成角度对国家所做的一种界定，是相对于单一民族国家而言的。民族国家和多民族国家，是从不同角度对国家进行界定和分类的结果，它们依据的标准不同，并不是一对相对的概念，它们之间并不是非此即彼的关系。从国家的民族构成来说，秦统一中国后，中国就已经形成统一的多民族国家了。中华人民共和国成立以后，虽然建立了民族国家，但国内各民族并不因融合为中华民族这个新的民族共同体就失去自己的独立性，它们仍然保持着独立的民族共同体的地位。因此，中华人民共和国仍然是多民族国家。当然，两种多民族国家的区分也是显而易见的，前者为王朝国家性质的多民族国家，后者则为民族国家性质的多民族国家。

民族国家的边疆，仍然是国家的边缘性区域，但强调边疆是中华民族生活家园内的一个特定区域，是主权国家领土中的一个边缘性的部分，是邻近国家边界的区域。它不仅是国家实现其主权的一个重要区域，也是体现国家主权的重要区域，并且由于它与周边国家直接相连，也是国家主权最容易受到挑衅和损害的区域。当然，王朝国家时期边疆观念的某些内涵也逐步淡化，但这需要较长的时间，民族国家的边疆观念仍然包含着许多传统的内容。

边疆概念以及在此基础上形成的边疆观念的转变，也表现在当时的国民政府的政策中。在边疆问题日渐凸显的情况下，国民政府也对边疆问题给予了相当的关注。"国民党的历届全国代表大会及中央全体会议，涉及边疆民族问题的有32处。"① 这些决议和政策中的绝大部分，都仅仅是从地域的角度来认识边疆的，而不是把边疆与民族结合在一起，如《对边远省区实业文化建设方针案》、《国民党六届二次全体会议通过的对于边疆问题报告之决议案》、《边疆经济政策》、《边疆教育政策草案》等。② 国民党五届八中全会通过的《关于加强国内各民族及宗族间融洽团结以达成抗战胜利建国成功耳之施政纲要》，也被称为《边疆施政纲要》。这些都表明，当时政府对边疆的认识，也主要是从地域的角度考

---

① 马玉华：《国民政府边疆民族政策初探》，载《贵州民族研究》2007年第5期，第93~102页。
② 参见马玉华：《国民政府边疆民族政策初探》，载《贵州民族研究》2007年第5期，第93~102页。

虑的。

（四）当代的边疆概念及其变化

新中国成立后，边疆问题受到高度的关注。随着一系列边疆治理措施的推行和取得成效，边疆的面貌发生了根本的改变。与此同时，人们对边疆的概念也有了很大的改观。

新中国成立以来边疆概念最显著的特点，是把边疆概念与民族概念紧密地结合在一起。新中国成立以来，首先是党和政府，其次是在党和政府领导下的学界，都把边疆与民族、边疆问题与民族问题结合在一起进行思考和研究，形成了研究边疆的民族视角。于是，在论及边疆或边疆问题的时候，"边疆民族地区"已成为了主导性的概念和话语。在单独说到"民族地区"时，其实际内涵也是"边疆民族地区"，单独的边疆概念反而很少见到。逐渐地，边疆的概念被消解、消融，最终融入民族的概念中。在中国的政治话语和学术话语中，单纯的边疆概念渐渐淡出，取而代之的概念是"边疆民族地区"。

在用民族关系和民族问题的框架看待边疆问题的情况下，边疆出现的各种问题，以及边疆治理，都被置于民族政策的观照之下，并努力用民族政策去解决。事实上，许多边疆治理的政策和行动，都是由专门管理民族事务的国家民族事务委员会推动和实施的。

边疆概念演变成为"边疆民族地区"，用"边疆民族地区"或"民族地区"的概念来指称边疆，有着深刻的现实和历史的根源。从现实来看，我国的少数民族主要居住在边疆地区，边疆地区同时也是少数民族地区。从历史的角度来看，边疆的形成、拓展同少数民族政权的内附、归附等紧密联系，而且王朝国家历来十分强调边疆地区的少数民族与中原汉族之间的区别，强调"华夷之辨"，并在这种区分的条件下进行边疆治理。

边疆概念的上述变化，还有着深刻的政治根源。中国共产党在领导新民主主义革命的过程中，形成了一套民族主义取向的民族政策。[①] 该政策在新中国成立以来的边疆治理中发挥了十分重要的作用。新的国家政权建立起来以后，民族问题是最突出的边疆问题。新生的国家政权正是采取了这种族际主义取向的边疆治理方略，才妥善地处理了边疆的民族问题。民族政策在处理边疆问题中的巨大成功，进一步强化了把民族问题与边疆问题结合起来的思维，使其成为一种思维定式。

---

① 对于这种区别于"国家主义"取向的民族政策的相关论述，可参阅周平：《民族政策的价值取向及我国民族政策价值取向的调整》（发表于《学术探索》2002年第6期，第58~61页）和《国家主义：中国民族政策应当确立的基本取向》（发表于《西南边疆民族研究》第4辑，云南大学出版社2006年版，第168~178页）。

然而，将边疆等同于"民族地区"或将"边疆"与"民族地区"这两个概念混同使用，是不妥当的。"边疆"与"民族地区"的区别是客观存在的，而且还很明显。首先，它们是具有不同含义的概念。"边疆"是一个区域性概念，尤其是国家边界确立起来以后，边疆就逐渐演化成为以边界来划定的区域，而"民族地区"则是少数民族生活的地区，核心概念是"民族"。虽然历史上的边疆长期是少数民族生活的地区，但是随着民族流动的加剧，边疆的民族成分也逐渐改变。一方面，在某些邻近边界的行政区域中，主体民族已经不是某个少数民族，而是汉族，如新疆的某些生产建设兵团的边境团场，从而使得"边疆"和"民族地区"的区分度日渐明显；另一方面，某些少数民族聚居区则不在边疆，如恩施土家族苗族自治州就在内地的湖北省，湘西土家族苗族自治州则在湖南省。其次，"边疆民族地区"的概念本身也有某些不妥之处。如果少数民族集中的边疆就是"民族地区"，那么，内地就不是某个民族生活的地区了吗？而且，把边疆等同于"民族地区"的做法，也无法把民族国家条件下的边疆与历史上的"华夷之辨"区别开来。再次，从边疆治理的角度来说，如果坚持族际主义治理，用"边疆民族地区"来指称边疆也无大碍，但如果根据形势的变化适时调整边疆治理方式，采取区域主义治理的条件下，没有一个纯粹的边疆概念就有很大问题了，就无法实施区域主义的治理。

因此，把"边疆"概念与"民族地区"的概念区分开来，确立专门的边疆概念是十分必要的。单纯的边疆概念，就是指我国邻近边界的区域，同样具有政治的、文化的、经济的和军事的含义，但其文化方面的内涵比历史上的边疆概念弱化了许多。这样的边疆概念，不仅有利于正确地认识边疆，也有利于边疆治理的加强。

为了能够更加具体地认识边疆，还必须把外延不明确的边疆概念与现行的行政区划结合起来，从行政区划的角度对边疆做出更加明确的界定，使边疆概念有一个清晰的外延。从现行的行政区域来看，我国与边界相邻的区域涉及县、市、省三个层次，相应地，也就有了不同意义（或不同口径）的边疆：与边界相邻的县级行政区域，即边境县、自治县（旗），以及新疆生产建设兵团的边境团场等，是狭义的边疆；与边界相邻的市级行政区域，即边境市、自治州，是中观意义上的边疆；与边疆相邻的省级行政区域，如省、自治区等，是广义的边疆。

新中国成立以来边疆概念的另一个显著的特点是边疆的外延在缩小。新中国成立以来，边疆的面貌发生了根本性的变化，尤其是随着现代化进程在边疆的推进，边疆自身的状况和人们对边疆的认识都发生了根本性的改变。现代化是一场持久的社会改造运动，对于传统社会来说，是一股强大的解构性力量。它在改造着社会的同时，也改变着人们的观念。在现代化的影响下，边疆概念的外延逐渐缩小。

现代化是一种巨大的同质性力量，它不仅带来了交通和通讯的便利，促成了统一的世界市场的形成，也把一个个在联系和交往较少情况下形成的各具特色的传统社会在加强联系的基础上改变成为同质性的社会，所以，现代化的社会都具有相当的同质性。新中国成立以来，自鸦片战争以后就开始的现代化进程获得了新的动力，尤其是改革开放以来，现代化更是快速地推进。随着现代化的推进，原来那些边远的、不易通达的、神秘的、具有相当高的异质性的边缘性区域，不仅很容易到达，而且异质性大大下降，神秘的面纱被一层层地揭去。渐渐地，人们已经不把它作为边疆了，或者说，它的边疆色彩淡化了。许多曾经被视为边疆的城市，如昆明、桂林、南宁、呼和浩特、乌鲁木齐等，现在已经不被作为边疆看待了。甚至一些曾经被视为边疆的地区（或地级市）和自治州，其边疆的角色也在逐渐淡化。在现代化的侵蚀下，边疆的范围缩小了，而且随着现代化的深入，这种趋势还将持续并不断加强。这是一个不以人的意志为转移的过程。

从目前的情况来看，广义上的边疆概念正在逐步地淡化。在谈到边疆的时候，人们更多的是指中观意义上的边疆，甚至是指狭义的边疆。国务院办公厅2007年6月19日颁发的《兴边富民行动"十一五"规划》，所指的边疆就是135个陆地边境县（旗、市、市辖区）和新疆生产建设兵团58个边境团场。这里所说的边疆，已经是狭义的边疆了。

三、边疆问题及其演变

国家的边疆地区，紧邻他国，资源丰富，战略地位显要，民族成分复杂，宗教影响深厚，文化多样性突出，发展的潜力巨大，但发展的水平较低。不论从何种意义上看，边疆对于国家来说，都是一个特殊的区域，经济、政治、文化、生态、安全等方面都有别于其他地区。在这样一种特殊的环境中，不可避免地会产生特殊的矛盾和问题，并对整个国家产生影响，这就是所谓的边疆问题。国家的边疆治理就是解决这些问题的过程。而边疆问题本身也是不断变化着的，从而使国家的边疆治理成为一个持续不断的过程，并不断发展。

（一）边疆问题的性质和特点

边疆问题产生并存在于边疆，但影响却不止于边疆地区，而是涉及整个国家。边疆问题直接影响着国家的发展和稳定，需要运用国家的力量，调动国家资源，有计划地解决。首先，边疆问题产生并存在于边疆，是在特定的环境中产生的，是客观存在的，而不是主观臆造的；其次，边疆问题产生并存在于边疆，但影响却很大，不仅会对整个国家利益造成影响，有时还会影响到邻国，它造成或可能造成的影响比国内的其他区域性问题要大得多；再次，边疆问题必须得到妥善解决，然而解决起来又不是很容易，往往具有相当的难度，而且边疆问题的解决往往不是一劳永逸的；最后，边疆问题的解决需要运用国家权力。边疆问题产生并存在于边疆，但由于其具有很大的影响，所以需要站在国家整体利益的角度，运用国家权力，调动国家资源，才能得到有效的处理。离开国家政权，边疆问题就无法得到有效解决。

具体的边疆问题是复杂多样而且不断变化的，产生这些问题的原因相当复杂。但从总体上看，有几个因素总是对边疆问题的内容和形式发挥着持久性的影响：一是边疆自身的状况。边疆所处的区位、环境条件、民族构成、多元文化，以及历史上形成的矛盾和冲突，都是产生边疆问题的重要原因。二是边疆地区与中心区域（或内地）的关系。边疆与内地在经济、政治、文化等方面都存在着紧密的联系，但如果边疆与内地之间不能保持一个适当的关系，尤其是如果经济和社会发展程度上的差距过大的话，也会引发一系列的边疆问题。三是国家的边疆政策。国家在处理边疆问题过程中的政策，对边疆的发展和稳定产生着重大的影响，如果国家的边疆政策出现问题，也会引发新的边疆问题，或使原有的边疆问题激化。四是境外因素的影响。国际环境尤其是国际地缘政治环境、周边国家关系、境外敌对势力的破坏、境外宗教的影响和渗透、境外毒品的输入等，都会产生一系列的边疆问题或使国内的边疆更加复杂化。

边疆问题产生并存在于边疆，有些边疆问题是所有的边疆地区都存在的，而有些边疆问题则只存在于边疆的某些区域。虽然如此，但边疆问题绝不仅仅是区域性的问题。边疆乃国家的边疆，是中心区域的外围和屏障。因此，产生并存在于边疆的这些矛盾和冲突，会影响及国家的整体利益，具有全国性的意义，不仅关系到国家的领土、主权，也关系到国家的统一、稳定和强盛；不仅关系到现在，也关系到国家的未来，关系到民族的前途。对于国家来说，边疆问题是全局性的、根本性的、战略性的问题。因此，对于边疆问题，必须站在国家整体利益的高度，运用国家权力，调动国家资源，去处理这些问题。离开国家政权，边疆问题不可能得到有效的解决。诚然，在解决边疆问题的过程中，也需要边疆地方政府和边疆社会的广泛参与，但国家尤其是中央政府始终是解决边疆问题的主导性力量。

较之于一般的区域性问题，边疆问题具有一些突出的特点：一是长期存在。只要国家的边缘性区域具有特殊性并因此而被认定为边疆，就一定会有边疆问题，边疆问题是长期的。从我国的情况来看，从秦朝开始以来，我国就一直存在边疆问题。现在，边疆问题不仅存在，而且还将长期持续。也正是如此，所以以解决边疆问题为核心的边疆治理也长期存在并不断发展。二是影响深远。边疆问题对整个国家的影响并不是一时的，而是长期的。当前的边疆问题处理得是否恰当，会产生深远的影响，尤其我国是一个多民族国家，国家对边疆民族问题的处理，会影响到国家的长治久安。三是牵涉面广。边疆问题既涉及边疆自身，也影响到国家整体；就内容而言，边疆问题涉及经济、政治、文化、军事，还涉及内政和外交，边疆问题的牵涉面相当广泛。四是不断变化。边疆问题是不断发展变化着的，旧有的边疆问题解决了，新的边疆问题还会产生，即使一些长期存在的边疆问题，在不同的历史条件下也会有不同的内容和表现形式。因此，不同的社会历史条件下，有不同的边疆问题，边疆问题是一个常变常新的问题。

在不同的社会历史条件下，边疆问题具有不同的特点，其地位和影响也不尽相同，但以下几个方面的影响是始终存在的：

第一，影响国家的经济发展。我国的边疆地区面积广大，蕴涵着丰富的自然资源，不仅对整个国家的经济发展影响巨大，而且它的经济发展水平，直接影响着国家经济的整体性，在市场经济的条件下则影响着全国统一市场的形成和发育。边疆问题解决得好，就能源源不断地为国家提供经济发展所不可或缺的经济资源，有利于边疆的开发和建设，有利于提升国家的整体经济实力。

第二，影响边疆的稳定。边疆稳定的意义重大，直接影响着国家的稳定，但边疆的稳定又有赖于边疆问题的解决。如果边疆问题处理得好，就能实现边疆的稳定，加快边疆的开发，促进边疆经济社会的发展。反之，如果边疆问题处理得不好，就会使不稳定因素骤然增加，引发社会和政治不稳定，历史上曾经发生过的由于边疆问题处理不好导致边民大量外流，既影响边疆的经济发展，又影响边疆的社会和政治稳定的经验教训必须记取。

第三，影响国家的统一。对于幅员辽阔、民族构成复杂构成的大国来说，边疆地区人们的政治认同，少数民族的政治认同，是国家统一的重要基础。而边疆地区人们的政治认同，少数民族的政治认同，在相当大程度上取决于边疆问题。如果边疆问题处理得好，边疆稳定、发展、繁荣，边疆与内地在发展方面的差距不大，边疆和少数民族的政治认同感就上升，反之则下降。在这方面，也有许多的历史经验值得记取。

第四，影响到国家的安全。对于民族国家来说，主权和领土的安全，是最根本的安全。随着新的国家安全观的建立，国家安全涉及的内容更加广泛，但主权和领土安全的意义仍然十分重大。而边疆问题与国家主权和领土安全的关系十分密切。国家面临国外的军事威胁的时候，边疆首当其冲。边疆是国家的主权和领土安全最容易受到威胁和破坏的区域。而边疆的安全不只是边防的问题，还涉及边民的政治认同，边疆的民族关系等，而这些问题的本身又与边疆问题不可分割地联系在一起。因此，解决好边疆问题，有利于国家主权和领土的安全。

第五，影响到国家地缘战略的实现。国家所处的地缘环境深刻地影响着国家的生存和发展，因此，国家必须根据所处的地缘环境制定和实现自己的地缘战略。地缘战略得当和有效实施，就能充分利用自己的地缘优势，克服地缘劣势，创造和维护自己的地缘环境条件。国家地缘战略的实现，是多个方向因素综合作用的结果，其中也受到边疆状况很大的影响。边疆问题处理得好，不仅会为国家处理与周边国家的关系提供有利条件，也能为国家实现地缘战略创造有利的条件。

（二）边疆问题的主要内容

边疆问题是在边疆这个特定的环境中由多种因素引起的矛盾和冲突，因此，边疆问题的内容也是相当丰富的，有些边疆问题只存在于某个时期，而有些边疆问题则具有长期性。概括起来看，边疆问题主要有以下一些：

第一，设治问题。边疆虽然处于国家的边缘性地带，是中心区的外围部分，但是，国家仍然需要将政治统治贯彻到这一区域。为了将国家的政治统治贯彻到边疆地区，就必须在边疆设置政权，进行治理。然而，边疆的情况又与内地有很大的区别，有的边疆地区在纳入到王朝国家的疆域之前就存在少数民族的地方政权，因此，如何在这样的地区设治是一个重要的问题。王朝国家曾经采取羁縻制、土司制等方式在边疆设治，此后又采取改土归流①、改土设流等方式对边疆进行直接统治。新中国则采取了民族区域自治的方式，把边疆既存的少数民族地方政权纳入到国家政治体系当中。但是，如何通过政权的力量对边疆进行有效治理，仍然是一个长期存在的问题。

第二，开发和建设问题。边疆地区不仅远离中心区域，而且大多处在崇山峻岭、丘陵峰峦、密林深箐、戈壁草滩，虽然山川壮丽、地理位置重要，但阻隔重重、交通不便，其中的许多地区是干旱苦寒地带，或高纬度的寒带和亚寒带、低纬度的热带和亚热带地区。从总体上看，这里的自然条件较差，限制了生产力的发展和社会经济形态的演进，尤其是在人类改造自然的能力还比较低的情况下，严重地制约了经济和社会的发展。边疆在历史上的开发程度还比较低，经济、政治、社会、文化等方面建设的水平都不高。今天，边疆的开发程度仍然不够，有的地方还是尚待开发的处女地。因此，如何对边疆进行开发，加强边疆建设，是边疆长期存在的问题。

第三，发展问题。由于缺乏开发和建设，边疆在经济、政治、文化等各个方面的发展速度都不快，与内地相比，存在着相当大的差距。在历史上，由于交

---

① 改土归流指改土司制为流官制。土司即原民族的首领，流官由中央政府委派。——编者注

通、通信条件的限制，边疆往往十分封闭和闭塞，边疆与内地的联系相对较弱。在这样的情况下，边疆与内地在发展程度上的差距就是一个问题。随着交通、通信条件的改善，边疆发展落后的问题就日渐突出了。特别是在全国经济、政治一体化的条件下，边疆与内地在发展程度上差距的存在和拉大，就是一个重大的问题了。

第四，民族宗教问题。边疆的人口结构特殊，民族关系复杂，不仅生活着众多的民族，而且许多少数民族内部还有不同的支系，这些支系之间相互认同的水平往往比较低甚至根本就不认同，因此，这里的民族关系不仅多样而且复杂。这里不仅存在着少数民族与汉族之间的关系，也有各个少数民族之间的关系。在如此一种特殊的条件下，很容易产生民族问题。而且，生活在边疆的少数民族，普遍信仰宗教。许多少数民族是全民信教，但信仰的宗教却不一致，宗教信仰的情况十分复杂。宗教往往渗透到社会生活的每一个方面，深刻地影响着少数民族的社会生活、政治生活和经济生活。边疆多民族地区的各种社会问题和社会矛盾也往往与宗教问题交织在一起，往往以宗教问题的面目出现。因此，宗教问题也很突出。

第五，文化的冲突和协调问题。边疆生活着数量众多的少数民族，今天国家把少数民族确定为五十五种，历史上的少数民族的种类却是远远超过这个数目的。即使是今天，少数民族内部也还存在支系，此外还存在没有获得国家确认的族群，被称为"××人"。每个民族甚至民族的支系以及未被确认为民族的族群，都有自己的文化。其实，这些不同的民族和族群，都是在不同文化基础上建立起来的人群共同体。每个民族群体都有自己的文化。民族文化多样性是边疆的一大特点。各个民族的文化之间，尤其是主流文化与少数民族文化之间，有相互交流融合的一面，也有矛盾和冲突的一面。如何协调民族文化间的冲突，使其交融相生、和谐相处，也是不可忽视的一个问题。

第六，稳定和安全问题。内地具有的各种矛盾和冲突，边疆地区一般都会有，或者都将会出现。此外，边疆地区还有着内地所没有的一系列矛盾和冲突。边疆地区还极易受到境外因素的影响。因此，边疆地区更容易形成危及社会和政治稳定的因素，引发社会和政治不稳定的风险更大。而边疆一旦出现这样的情况，就不仅会影响到国家的稳定，还会直接危及边疆的安全，进而直接危及国家主权和领土的安全。此外，边疆也极易遭受境外敌对势力的破坏，从而影响到国家的安全。因此，稳定问题、安全问题始终是重要的边疆问题。

（三）民族问题与边疆问题

在所有的边疆问题中，民族问题无疑是最为突出的边疆问题。虽然在不同的社会历史条件下民族问题的地位会有一定的变化，但它一直是最根本的边疆问题。到目前为止，我国所有的边疆问题都与民族问题紧密地联系在一起。

民族问题是十分重要的，但也是十分复杂的。不仅在不同的社会历史条件下其内容、表现形式和特点都会有所不同，而且它的构成、性质和演变规律都会有所不同。

民族问题是民族间的矛盾和冲突，但"民族"这个概念在不同的情况下所表达的含义也不尽相同。"族"用于指称人，乃"类"和"群"的意思。民族是人类在生存和发展过程中形成的最基本的群体形式。民之为族，是人的类生活本质的必然产物和表现，具有悠久的历史。但民族现象受到重视和民族概念成为普遍的认识工具和分析工具，却与民族国家有着不可分割的联系。正是由于民族国家的形成，并且成为基本的国家形式和世界体系的基本单元，民族现象和民族关系才受到普遍性的关注。但随着民族国家的形成和普遍化，世界上的民族被划分为两种基本的类型：一是取得国家形态的民族，即政治民族；二是历史上长期作为历史文化共同体的民族，即文化民族。在英文中，通常用"Nation"来指称前一类民族，用"Ethnic Group"来指称后一类民族。①

在中国的语境中，民族的类型也是多种多样的。"中华民族"② 中的"民族"、"中国各民族"和"少数民族"中的"民族"，其含义也不相同。"中华民族"中的"民族"，是取得国家形态的民族，即政治民族，相当于英语中的"Nation"；"中国各民族"和"少数民族"中的"民族"，是指传统的历史文化共同体，即文化民族，相当于英语中的"Ethnic Group"。所谓的民族问题，是指各个文化民族之间的矛盾和冲突。

民族关系是一张纵横交错的网，这个网的任何一个节点都可能出现问题。从现实的情况来看，民族问题具有多样性，既有汉族与少数民族之间的民族问题，也有少数民族之间的民族问题，还有少数民族与国家政权之间的民族问题。但是，并非民族关系中的任何矛盾都凸显为民族问题。在民族关系的矛盾和冲突中，只有那些打破原有的平衡状态，引起某种尖锐对立，导致某种严重后果并造成了一定的影响，伤害到相关民族的民族利益和民族情感的矛盾和冲突，才成为民族问题。这些矛盾和冲突被一定的政治主体意识到并提出来以后，才会被当作民族问题来对待。有些民族关系中的矛盾，甚至是尖锐的矛盾，如果相关的民族

---

① 关于政治民族和文化民族的分析，可参阅周平的《论民族的两种基本形态》一文，载《云南行政学院学报》2010年第1期，第4~10页。

② 在当代中国的语境中，"中华民族"这个概念，既用来指中国各民族，也用来指以"中华民族"为族称的统一民族共同体。前者是对中国各民族的总称，也可称为中华各民族；后者把中华民族看做一个统一的民族单位，即费孝通先生所说的"多元一体"。这里所说的"中华民族"取后一个意思，即指以"中华民族"为族称的民族。

以及党和政府没有重视从而也没有将其作为"问题"来对待，它往往处于某种潜在状态，只是可能的民族问题，而不是现实的民族政治问题。

民族问题是生成的，它的生成不仅需要条件，而且是一个逐渐展开的过程。这个过程就是民族关系中矛盾酝酿、孕育、发展、激化的过程，是民族政治关系中的矛盾从不显著到显著的过程，是民族关系中的矛盾从潜在状态到全面展开的过程，是民族间的局部利益摩擦到全面冲突的过程。

民族问题的实质是民族间的利益争夺。民族本身就是一个利益共同体，处于一定政治关系中的各民族都有自己的民族利益，都有自己的利益要求。民族的利益需求是多方面的，并会在不同的条件下形成和发生改变。当这种利益要求的实现受到处于一定民族关系中的另一民族或其他政治实体的阻碍，或一个民族在实现自己的利益的过程中影响到处于一定民族关系中的对方民族的利益要求和情感时，就会生成民族问题。因此，民族政治问题说到底是民族间的利益矛盾的尖锐化。

从总体上看，在现实中存在着大量的民族问题。然而，具体而言，各种民族问题在性质、影响、涉及面等诸多方面都有所有不同。不能将它们混同起来，更不能将它们不加区别地对待。

民族问题与边疆问题是两类不同的问题。民族问题是民族之间的问题，既有两个民族之间的问题，也有两个以上民族之间的问题，当然，最基本的是两个民族之间的问题。而边疆问题是一个区域性的问题，是一产生就存在于边疆这个特定的范围却影响到国家整体利益的问题。民族问题不仅存在于边疆地区，也存在于内地，有一些民族问题甚至产生并存在于非民族地区。因此，不能把民族问题与边疆问题等同起来。

然而，民族问题又与边疆问题相联系。我国的民族问题的绝大部分是发生于边疆地区的，尤其是在王朝国家时期，把王朝国家统治范围内除中原以外的其他区域都视为边疆的情况下，几乎所有的民族问题都发生于边疆。在近代以后，以国家的边界来确定边疆的时代，国家疆域中被视为边疆的区域明显缩小。特别是民族国家时代，边疆的范围进一步缩小。而且随着民族的流动，民族的分布进一步扩大。在这样的情况下，民族问题广泛地存在于边疆以外的区域。但是，大量的少数民族仍然生活在边疆，边疆地区的民族问题仍然是最为集中也最为显著的。

边疆问题是多种多样的，但民族问题在其中的位置最为显著，它往往是最根本的边疆问题。在某些特定的社会历史条件下，它甚至就是唯一的边疆问题。而且，虽然民族问题与其他边疆问题同时并存，民族问题也往往与其他边疆问题交织在一起，影响着其他边疆问题的发展和变化，是边疆问题中的主要矛盾。

所以，处理边疆问题，总是离不开处理民族问题。在民族问题是边疆问题的主要矛盾的条件下，抓住了民族问题，就抓住了边疆问题的根本；解决好民族问题，就能使其他的边疆问题迎刃而解。

民族问题在边疆问题中的地位也不是一成不变的。民族问题本身有尖锐的时候，也有平缓的时候；民族矛盾有激烈冲突的时候，也有舒缓平和的时候。在前一种情况下，民族问题在边疆问题中的地位就上升；在后一种情况下，民族问题在边疆问题中的地位就相对下降。另外，在国家的民族政策正确、民族问题得到有效处理的情况下，民族问题在边疆问题中的地位就会相对下降。如果民族问题总是在边疆问题中处于最为根本最为突出的地位，那只能说明此时国家的民族政策出现了问题，民族问题没有得到应有的解决。

新中国成立以来，党和国家抓住了民族问题这个根本，通过解决民族问题来解决边疆问题，所以既有效地解决了民族问题，也使许多的边疆问题迎刃而解了。民族关系得到有效调整，平等、团结的民族关系的建立，有力地证明了党和国家民族政策的正确和有效。但也正因为如此，民族问题在边疆问题中的地位也相对下降。

（四）边疆问题的演变

边疆问题是不断变化的。国家通过边疆治理来处理边疆问题，有效的边疆治理就能使存在的边疆问题得到不同程度的解决。但是，旧有的边疆问题解决了，新的边疆问题又会产生。而且，即使是那些长期存在的边疆问题，不同的社会历史条件也会赋予它新的内容，它在不同社会历史条件下会获得新的内涵、具有新的表现形式。每一个时代的边疆问题都不是一个，而是同时存在许多的边疆问题。可是，这些问题的结构是不一样的，不同社会历史条件会把某个或某些边疆问题凸显出来，使其成为主要矛盾。正是如此，边疆问题才体现出不断变化的特点。

导致边疆问题发展变化的原因主要是两个方面：一方面，边疆的具体情况是变化着的。边疆自身也是发展变化着的，尤其是生活在边疆的各个少数民族的经济、政治、文化都是发展着的，而且在我国历史上相当长的时期，边疆都是向外拓展的，所以，边疆的情况是不断变化着的；另一方面，边疆与国家的关系也处于变化之中。国家统一的时候和国家分裂的时候，边疆与国家的关系迥然不同。国家强盛的时候和国力衰弱的时候，边疆与国家的关系也不相同。而且，不同的国家政权治理边疆的政策和措施不同，导致的结果也不相同。即使同一个政权在不同时期也会采取不同的边疆治理政策，并导致不同的结果。

纵览我国边疆的演变和治理的历史，就能看到，不同的社会历史条件下的边疆问题有相当大的差异。王朝国家时代、构建民族国家的时代、民族国家构建起来以后，不同的时代边疆问题的差异相当大。

从秦朝到清朝的王朝国家时代的历史最为漫长，不同阶段的边疆问题也是各不相同的。王朝国家时期的绝大多数朝代是统一的，分裂的时间比较短。统一的王朝国家，都在"新的王朝的建立，建国兴邦"、"励精图治，国家强盛"、"内外交困，人亡政息"的三部曲中循环往复。因此，只能把王朝国家置于封建社会的演变过程中考察。封建社会初期、中期、后期的边疆问题也存在很大的差异。

秦汉至南北朝，是我国封建社会的前期。这一时期的边疆问题，主要是在边疆地区设置政权，进行治理，以及打通边疆与内地之间的联系。秦以后，特别是两汉时期，王朝国家逐步在边疆地区建立了政权，并在少数民族集中的边疆地区建立了羁縻制度，同时还修筑边疆至内地的交通通道。云南至内地的第一条通道，即今四川宜宾至今云南曲靖的五尺道，就是秦时修筑的。

隋唐至宋元，是我国封建社会的中期。这一时期的边疆问题，最主要的是三个方面：一是完善制度，二是开发和建设，三是民族问题。而建立和完善制度，关键是处理王朝中央政权与少数民族地方政权之间的关系，与民族问题紧密地联系在一起。为了处理好这一问题，李唐时期的王朝国家进一步完善了羁縻制度，在边疆地区建立了大量的羁縻府州，元代则在西南少数民族地区建立了土司制度。为了解决边疆的开发和建设，隋唐至宋元的王朝国家，采取了许多发展经济和文化的政策。

明清时期，是我国封建社会的后期。在明代，最突出的边疆问题是边疆开发和发展边疆的经济文化，因此，王朝国家一方面进行了移民实边，将相当数量的内地人口迁往边疆；另一方面，修筑了通往边疆的道路，在边疆兴修水利，鼓励农桑，发展商业，繁荣文化。鸦片战争前的清代，突出的边疆问题是削平边疆割据和平定叛乱，完善边疆政权，发展经济。王朝国家也采取了相应的边疆治理政策，如削藩，出兵平定叛乱，实行"改土归流"，加强王朝中央对边疆的控制，改善边疆交通，发展边疆经济，加强边疆的文化教育等，取得了明显的成效。鸦片战争以后，最突出的边疆问题是国家的边疆领土被外敌入侵和被割让，王朝中央却由于国力的衰弱和自身的腐败，未能有效地处理这些问题。

辛亥革命以后，中国开始了民族国家构建过程。中国的民族国家构建过程，是中国各民族反抗外来侵略，争取民族独立的过程，也是中华民族这个新型国家民族的构建过程。这一时期最突出的边疆问题，便是抗击帝国主义的侵略，把帝国主义和一切外国势力从边疆赶出去，实现国家主权和领土的完整。为了实现这一目标，边疆人民和中国各民族进行英勇无畏的斗争，最终在中国共产党的领导下，实现了国家的独立和民族的解放。

新中国成立以后，随着国家的独立，民族的解放，边疆发生了根本性的变化，边疆问题也发生了很大的改变。新中国成立以来的边疆问题，最重要的是把边疆少数民族的地方政权纳入统一的国家政权体系当中，把国家的政治统治贯彻到边疆的基层；疏通民族关系，处理好与边疆各少数民族的关系；加快边疆的开发和建设，促进边疆经济社会的发展；加强边疆社会管理，处理好边疆的各种矛盾，实现边疆的巩固、稳定和安全。新的国家政权针对这些问题进行边疆治理是十分有效的，许多问题都得到了很好的解决。

四、边疆治理的概念及其发展

边疆问题的意义十分重大，因此，必须运用国家力量在国家的范围内调动资源加以解决。国家解决边疆问题的过程，即为边疆治理。

在中国的历史上，历朝历代都十分注重边疆问题，并运用国家的力量去解决这些问题，形成了"经营边疆"、"治理边疆"、"边治"等概念。历史上的国家政权解决边疆问题的过程，就是传统的边疆治理。上述概念尽管表述方式不同，但所表达的基本内涵都是边疆治理。在传统的边疆治理观中，边疆治理就是运用国家政权的力量去解决边疆问题，是一个自上而下的过程。但是，随着现代治理概念的提出，以及相应的现代治理观的形成，传统的边疆治理受到了严峻的挑战。面对这样的形势，就必须将现代治理纳入到边疆治理当中，进一步丰富边疆治理的内涵。

（一）传统的边疆治理

自从统一的中央王朝形成以后，中央王朝历来对边疆和边疆治理十分重视，总是运用国家的力量去解决边疆问题，尤其是在中央王朝稳定和强盛的时候，对边疆的治理就在国家治理中处于一个十分重要的地位。进入近代以后，国家对边疆治理也给予了高度的重视，尤其是新中国成立以后，边疆治理在国家治理中的地位进一步得到提升。

传统的边疆治理，是国家运用政权的力量去解决边疆问题的过程。而中国的边疆问题，是特定区域中产生的问题，民族问题又处于一个十分突出的地位，因此，国家在运用政权的力量来处理边疆问题的时候，就面临着一个选择：是以处理族际关系为主，还是以处理边疆的区域性问题为主？族际问题与区域性问题联系紧密，但也存在着明显的区分度，是可以也应该加以区分的。在边疆治理实践中，把何者放在首要地位，以何者为主，是有很大区别的。以处理族际关系为主的边疆治理方式，是族际主义取向的边疆治理；以处理区域性问题为主的边疆治理方式，便构成了区域主义取向的边疆治理。两种不同取向的边疆治理模式，都是为了有效地解决边疆问题。但是，不同的边疆治理模式的功能存在差别，最后导致的结果也有所不同。而在不同的社会历史条件下，边疆问题有各自的特殊性，从而形成对族际主义治理模式和区域主义治理模式的需求。运用恰当的边疆治理模式来处理边疆问题，就会取得事半功倍的效果，反之，就会出现始料不及的后果。

自秦汉以来的边疆治理，尽管内容多样，形式不一，不同王朝国家采取的治理方式有很大的区别，最终的治理效果也不尽相同，但从总体上看，都是在族际主义和区域主义两种取向之间进行调整。

中国传统的族际主义取向的边疆治理模式，是在秦统一中国以后的边疆治理实践中逐渐形成的，并因其在边疆治理中的成效而被强化和巩固。

秦统一以后，王朝国家的核心区域生活着汉族，而边疆地区则都是汉族以外的其他民族生活的区域，边疆地区就是夷狄之地。因此，边疆问题的主要内容和实质就是中原王朝与周边其他民族的关系问题。这种关系处理好了，生活于边疆的其他民族就会愿意臣服于中原王朝，自愿与汉族共处于一个统一的政治共同体中，王朝国家的疆域就扩大，边疆就安宁和稳定。反之，如果中原王朝与边疆各民族的关系处理得不好，边疆各民族就不服从中原王朝的统治，反叛甚至主动进犯中原王朝，王朝国家就会出现边疆危机甚至失去部分边疆地区。因此，处理边疆问题，进行边疆治理的关键，就是处理好中原王朝与生活于边疆的各民族之间的关系，将边疆各民族整合于统一的政治共同体之中。在这样的形势下，族际主义取向的边疆治理方式就应运而生了。

这种族际主义取向的边疆治理十分奏效，不仅增进了边疆各民族与控制王朝的民族（主要是汉族）的交流与融合，将为数众多的边疆民族结合到统一的政治共同体中，而且拓展了国家的疆域，稳定了国家的边疆。许多措施在道德评价范畴可能乏善可陈，但它对于中国广大的历史疆域和多民族国家的形成的意义却是重大而深远的。我国辽阔的幅员，众多的民族，都与这样的边疆治理方式有着不可分割的联系。

到了18世纪中叶，区域治理问题被历史凸显出来了。随着国家边界的确立，一种以国家边界为基础的边疆观念逐步出现了。一种新的边疆观念，再佐以在强大国家实力基础上形成并不断增长的王朝中央的统治能力，便催生了新的边疆治理思维。于是，一种通过王朝中央直接控制边疆的体现区域治理内涵的边疆治理方式也逐渐萌生，从而使王朝国家的边疆治理出现了新的气象。虽然区域主义取向的边疆治理尚未对族际主义取向的边疆治理模式构成挑战，但它毕竟是边疆治理的新的思维和模式,并且表现出进一步发展的趋势,从而丰富了边疆治理的内涵。

这种边疆治理的新思维和新方式突出体现在两个方面:一是加强对西藏的直接统治。二是通过"改土归流"削弱少数民族政权对边疆的统治,加强王朝中央对边疆的直接统治。

遗憾的是,18世纪末期以后,特别是鸦片战争以后,清王朝腐败盛行,国力渐衰,统治能力削弱,无力应对西方列强对中国边疆的威胁和入侵,边疆领土被割占,藩属国家丧失进而殃及边疆,边疆危机日渐深重,从而使得整个边疆形势和边疆治理走向了下坡路,王朝国家无力将业已开始的以区域治理为内容的边疆治理方略继续下去。

辛亥革命以后,中国开始了建立民族国家的进程。在这一进程的推动下,以国家边界划定边疆的思维逐步确立,以国家边界来划定边疆的新边疆观逐步取代了把边疆看做王朝国家统治范围的边缘地带和夷狄之区的观念,从而为以区域治理为主要内容的边疆治理架构的建立创造了条件。

在国家的边界日渐清晰和民族国家逐步构成的基础上,国民党政府在边疆治理上采取的也是区域主义取向的治理方式,而非族际主义取向的治理方式。首先,从意识形态的角度来看,国民党虽然主张民族主义,但其核心却是以汉族为主的中华民族的独立,而不重视汉族以外的其他民族。孙中山先生在论及中国民族的时候,也是从族体规模的角度提出"多数民族"和"少数民族"概念的。但在孙中山看来,"那些少数民族,总被我们多数民族所同化。"[①] 其次,在国民党统治时期,频频发生的边疆危机,都不是由少数民族或民族问题引起的,起因都不是族际关系,而是由帝国主义的入侵引起的,都是区域性问题。因此,国民政府在处理边疆问题的时候,也主要是采取区域治理的方式,而非族际治理的方式。

但是,国民党的统治并不长久,国民党政府是一个短命的政府,它既没有形成清晰的边疆治理方略,也没有在边疆治理方面有什么大的建树,因此,它所倡导的以区域治理为主要内容的边疆治理架构既不完善,也不稳定。

新中国成立以后,新的国家政权采取了一些具有明显区域主义色彩的边疆治理措施,但这些区域主义取向的边疆治理措施并未长期坚持,更未构建起一种区域主义取向的边疆治理模式。究其原因,一来是这种区域主义取向的边疆治理方式是与族际主义取向的边疆治理方式结合起来进行并共同发挥作用的;二来是执掌国家政权的中国共产党早已形成了一套民族主义取向的民族政策。而这样的民

---

① 曹锦清编选:《民权与国族——孙中山文选》,上海远东出版社1994年版,第11页。

族政策本来就相当强势，在新中国成立以来的相当长时期内，民族政策取得了非常好的政策效果，从某种意义上说，正是采取了族际主义取向的边疆治理方略，才妥善地处理了边疆的民族问题。因为在新的国家政权建立起来以后，民族问题是最突出的边疆问题。党和国家在边疆民族地区开展了大量的民族工作，贯彻党的民族政策。这些政策在解决边疆问题的过程中取得了巨大的成功，尤其是民族区域自治的实行，成功地将仍然存在的少数民族政权纳入国家政治体系当中，不仅顺利地完成了在边疆地区建立政权的任务，把国家政权贯彻到边疆民族地区，而且保持了民族地方政权向国家政权转变的平稳，保持了边疆的稳定。这样一种本来就处于强势地位的民族政策，在实践中的巨大成功，更进一步加强了这种政策的强势地位。

在族际主义的边疆治理方式日渐强势的情况下，它已经成为主导性的边疆治理模式，区域主义的边疆治理方式已经不可能得到进一步的发展了。于是民族政策取代了其他的边疆政策，它既是民族政策也是边疆政策，一身二任。

在这样的一种格局下，边疆问题、边疆治理都被纳入民族问题和民族政策中进行研究，处理边疆问题的其他措施也被置于民族政策之下。在国家的决策中，凡是涉及边疆问题的，都被放在民族政策的主题之下，党和国家领导人也是在论及民族问题的时候才谈到边疆问题及其治理的。

中国是一个多民族国家，民族关系是最重要的社会关系，民族问题将长期存在并会对国家的发展和稳定产生重要影响。从边疆的情况来看，民族问题也仍然是边疆问题诸多问题之一，并且影响很大。但是，经过长期的民族工作和党的民族政策的实行，历史上遗留下来的民族问题得到了根本性的解决，平等、团结的民族关系已经建立起来。民族关系的改善本身，就是党和国家的民族政策正确和有效的证明。虽然民族问题仍然存在，甚至在一定的时空条件下还会很突出，但已经不是边疆问题中占首要地位的问题了。现实的边疆问题，从总体上看都是区域性的问题。解决这些问题，需要从区域治理的角度来统筹安排。因此，当前的边疆治理，需要采取区域主义取向的治理模式。当然，在区域主义取向的边疆治理模式之下，也需要运用民族政策，但不仅仅是民族政策，还需要其他政策，应该针对具体的边疆问题，采取具体的政策。

（二）边疆治理的当代含义

中国的边疆治理是随着边疆的形成就开始的政治过程，世代传承，历久弥新。历史上的边疆治理，不同时期有不同的方略，不同形态的国家采取的政策也不尽相同，某些政权在边疆治理中屡创佳绩，某些政权的边疆治理则频现败笔。但是，从总体上看，历史上的边疆治理是值得肯定的，瑕不掩瑜。正是由于边疆治理在总体上的成功，才为后世保留了辽阔的幅员和广大的疆域，以及各个民族组成的大家庭。

历史上形成的边疆治理是建立在国家的政治统治和政府的管理基础上的，是在一个统一的政治权力中心的基础上自上而下的过程，是一种国家的政治行为。不论是对于王朝国家还是对于民族国家来说，边疆治理都十分重要。然而，当有远见的学者忙于总结边疆治理的经验教训，寻求有效解决面临的边疆问题的治理方式的时候，一种新的理论和观念悄然而至，对边疆治理形成了挑战。

今天，随着治理理论的兴起，一个全新的"治理"概念随之出现，并风靡各个相关的学科。一时间，全球治理、国家治理、地区治理、区域治理、乡村治理、社区治理等术语如雨后春笋般地涌现，大有席卷整个学术界之势。这里的"治理"与"边疆治理"中的"治理"有着完全不同的含义。边疆治理不仅受到了这股新的学术风暴的冲击，而且必须在严峻的挑战面前进行必要的调整，丰富边疆治理的内涵。因此，历史形成并一起延续下来的边疆治理，只能被称作传统的边疆治理了。

其实，现代治理理论直接冲击和挑战的并不仅仅是边疆治理，最主要还是我国长期存在的政府管理过程。20世纪90年代以来发展起来的现代治理理论和实践，直接针对的是传统的政府管理。现代治理和实践本身，就是现代化国家在新的社会变迁基础上形成的一种探索和寻求社会公共性问题的新的解决方式的过程。它直接针对的便是建立在传统的政治统治和科层制组织基础上的政府管理过程。曾经被人们津津乐道的科层化的、严密的、强有力的政府管理体制，面对着现代化基础上的社会变迁，尤其多样化的社会组织的形成和社会网络组织体系的构建，不仅传统的政府管理不适应日渐显现，而且传统的政府管理的职能也逐渐地被新的因素解构和消解。在传统的政府管理体系面对新的情况越来越捉襟见肘和力不从心的条件下，探求解决社会公共性问题新方式的努力和探索应运而生，并显示出强大的生命力。

当代治理理论和治理实践，都处于一个探索和构建的过程之中。从目前的情况来看，既无定型性的治理理论，也没有完善的治理结构模式。现代治理的核心，是"治理"（Governance）概念。离开了"治理"概念，就无法对当代治理理论和实际进行必要的解释。但是，人们对治理的理解和界定，也尚未形成共识。据统计，目前全球的研究机构和学者提出的治理概念不下二百个，有影响的治理概念也有十数种。

现代治理理论和实践，并不是对传统政府管理的否定，而是对它的扬弃。传统的政府管理是建立在现代化过程和现代化一定阶段的社会结构和社会组织形态基础之上的，是与这样的社会结构和社会组织形态相适应的处理社会公共性问题的基本模式和制度安排。但是，随着社会的进一步分化，社会组织的进一步多样性，尤其是各种非政府的公共性组织和私营组织规模的扩大和对社会本身的作用日渐突出，国家与社会的关系发生了巨大而深刻的变化，完全有可能构建起一种更加有效的多中心的治理模式。在这样的情况下，传统的政府管理就必须进行转变、调整和重构，逐步构建一种政府、公营组织、私营组织、公民团体、公民个人多方参与，通过共同协作提供公共服务和处理社会公共性问题的新的制度安排。

这样一个进程是 20 世纪末在西方形成的，它虽然还不完备，但它的作用已经逐渐显现，并受到学界的追捧，它的影响也日渐扩大并向全球扩张。它进入我国后，得到了在现代化快速推进条件下渴求新的思维、新的观念、新的结构、新的制度安排的学界的热烈欢迎，大有成为政府管理研究的主流范式之势。

在这样的条件下，我国的政府管理面临严峻的挑战。挑战是客观存在的，但是，这样的治理理论和实践要在我国全面兴起，还需时日。我国还处于现代化的过程之中，全面实现现代化还需要较长时间。我国社会在现代化的过程中已经发生了很大的变化，新的社会组织、社会规则日渐增多，但其发展的速度和已经达到的程度都远远不及发达国家，而且发展极不平衡。我国政府管理的力量还十分强大，对正处于现代化进程中的社会有很大的适应性，其所蕴涵的力量和发挥作用的空间都很大。现代治理要取代传统的政府管理，更是为时尚早。

面对日渐兴盛的治理理论和实践的挑战，我国的政府管理切不可故步自封。在现代化的进程中，我国的政府改革也在快速推进。我国的政府改革必须学习和借鉴国外治理理论和实践，将当代治理的研究范式和具体的组织架构引入政府改革的理论和实践中，根据我国现代化和社会变迁的实际，构建我国的治理理论，实现我国的治理创新。

在这样的背景下，边疆治理也不可等闲视之，也必须把当代治理研究的范式引入边疆治理研究中，把治理理论的新观念、新元素吸收到边疆治理理论中，重构当代中国的边疆治理理论。

传统的边疆治理，治理主体是国家，是一种国家行为。具体来说，边疆治理都是中央政府推动的，是一个自上而下的过程。边疆的地方政府，主要是落实中央政府政策，完成中央政府下达的命令。边疆的社会，完全处于被动地位，是边疆治理的对象。这样的边疆治理，治理主体单一，治理过程单向，治理力量单薄，治理的效果也因此而受到影响。

当代治理理论和实践的多中心治理的思想，充分发挥非政府组织和私营组织力量的思想，各个治理主体间交流、沟通、协商、妥协、合作的思想，公平和效率的思想等，都可以吸收到边疆治理当中。当代的边疆治理，应该在吸收这些思想的基础上，打破中央政府与边疆地方政府之间的界限，打破政府与民间组织之间的界限，打破公共组织与私营组织之间的界限，打破组织机制与个人之间的界限，构建一个多中心、开放式的治理结构。新的边疆治理结构应该是，在中央政府的主导下，充分发挥边疆地方政府、边疆社会的作用，形成一个由中央政府、边疆地方政府、边疆社会、其他地方政府和社会组织支持和参与的多维结构。

第二章

边疆治理的历史回顾

历朝都十分重视对边疆的治理，从政治统治的角度筹划边疆治理，运用国家资源甚至在全国范围动员力量，持续进行边疆的治理。诚然，不同的朝代以及同一朝代的不同时段，边疆治理的方略和力度都有差异，最终取得的成效也各不相同，既有成绩卓著的时代，也有成效不佳的时代；既留下了成功的经验，也有值得记取的教训。因此，对各个朝代的边疆治理不能等量齐观。从总体上来看，历史上的边疆治理是成功的，正是边疆治理的成功，才留下了面积广大和稳定发展的边疆，才创造了一个幅员辽阔的伟大国家。历史上的边疆治理，也给当代边疆治理留下了可资借鉴的重要资源。历代边疆治理的思想与方略，成功的经验和失败的教训，都是十分宝贵的财富。

一、历史上的主要治边思想

中国古代的治边思想尤其是中原王朝的治边思想，是一个十分复杂的问题。这不仅是因为这一方面的史籍缺少集中的记载，因而学术界研究不多，也是由于历朝治边所面临的情形极其复杂而且多有变化，封建统治者为此常感迷惑，当事者甚至有治边"终无上策"的感慨。[①] 但历代相沿，仍逐渐形成一些堪称传统得以相继的治边方略或思想，并对历朝治边相关的策略、措施等产生了重要而深远

---

① 据《汉书》卷94下《匈奴传》记载，西汉建国年间，王莽欲穷追匈奴，部将严尤谏曰："臣闻匈奴为害，所从来久矣，……周、秦、汉征之，然皆未有得上策者也。周得中策，汉得下策，秦无策焉。"

的影响。

(一)"守中治边"与"守在四夷"

"守中治边"与"守在四夷",是大多数封建王朝治边思想的核心,也是制定各项边疆治策的理论基础。"守中治边"、"守在四夷"治边思想的主要内容,是封建统治者以王朝统治腹心通常所在的中原地区为王朝的中心,强调守中方可治边;"守中"之地与"四夷"之地有明确的划分;大多数封建王朝治边所追求的理想境界,是国家的腹心安定繁荣,在边陲地区实现"守在四夷",做到"内华夏而外夷狄",以及"夷不乱华"。

先秦时期,诸侯国政治家便提出"五服"说或"九服"说。《尚书·禹贡》提出"甸服、侯服、绥服、要服、荒服",《周礼·夏官司马·职方》则提出"九服"说。政治家对此虽有不同的解释,但对其基本含义的理解大体一致,即以王畿为国家的中心,自王畿向四周扩展,由近及远将统治推向四方,不同地区的管理形式以及对国家承担的义务,根据远近距离的不同而有差异,其义务也由近及远而逐渐减弱。

先秦时期提出的"五服"说或"九服"说,反映出当时已有"守中治边"与"守在四夷"的初步意识。春秋时人沈尹戌,则明确提出"古者天子,守在四夷"的观念。①"五服"说或"九服"说对后世产生了深远的影响,汉代人对"五服"说或"九服"说亦多有阐发。但在封建时代的中后期,相关史籍中则少见关于"五服"说或"九服"说的征引,表明"五服"说或"九服"说提出的理想化模式,难以说明历代治边的复杂情形及其演变的过程。但"五服"说及由此形成的地缘服事观,仍对中原王朝治边产生了深远的影响。

两汉时期,统治者在总结丰富治边经验的基础上,进一步形成"守中治边"与"守在四夷"的治边思想。据班固所说,封建王朝应取之策是"内诸夏而外夷狄",即根据"华夷"不同文化的区别、文明程度的差异等,明确区分诸夏统治之内地与夷狄居住之边陲的界限,做到内外有别。班固进而提出应"外而不内,疏而不戚,政教不及其人,正朔不加其国",即强调对夷狄应施治有度,施治的基点是与夷狄保持必要的距离,宜实行保守统治的政策。在交往原则方面,实行"来则惩而御之,去则备而守之";若夷狄慕义贡献,王朝应待之以礼,有争端必"使曲在彼",以体现出文明大国仁义备至的风范。倘若如此,则可以羁縻夷狄而不不绝,最终达到固边强国的目的。

汉代以后的封建政治家,对"守中治边"与"守在四夷"的治边思想又有

---

① 《汉书》卷94下《匈奴传》,颜师古注引《左传》昭公二十三年。

进一步阐发。唐太宗就将内地与四夷喻为根干与枝叶的关系，"割根干以奉枝叶，木安得滋荣！"① 从内地与边陲的关系为主体与枝节的关系这一认识出发，一些封建政治家提出"不以蛮夷而劳中国"的治边原则。如唐臣李大亮将内地与边陲比喻为根本与枝叶，提出欲绥远者必先安近，不能"扰其根本以厚枝叶"。

以"守中治边"与"守在四夷"的治边思想为基础，古代形成了"谨事四夷"、对边陲慎用刀兵的治边思想。对治理边疆与内地两者间的关系，宋太宗进一步提出"欲理外，先理内；内既理则外自安。"② 成为两宋施行"守内虚外"的统治方略在思想认识方面的重要源头。

以"守中治边"与"守在四夷"的治边思想为基础，古代还形成谨守祖业、注重维护国家统一的国防观。乾隆帝说："夫开边黩武，朕所不为；而祖宗所有疆宇，不敢少亏尺寸。"③ 谨守祖业以及注重维护国家的统一，在中国形成了影响深远的历史传统，其积极意义值得肯定。

"守中治边"、"守在四夷"一类的治边传统，对元朝统治者的影响不甚明显。元朝前期开疆拓土的基本倾向是穷兵黩武，先后征讨日本、安南、占城、缅国与爪哇。在忽必烈死后不久，元朝对外的征讨也逐渐停止。另外，一些朝代还存在虽肯定"守中治边"与"守在四夷"的治边思想，但在处理夷狄、边陲等问题的实际操作方面，也存在某些理论与实践不一致的情形，由此反映了历史发展的复杂性。

自汉代正式形成"守中治边"的治边思想，延续了两千余年，至明清统治者仍深受其影响。朱元璋也有海外"蛮夷"之国，"不为中国患者，不可辄自兴兵"一类的认识。雍正帝说：夷狄文化若向华夏一方趋同，将导致夷狄之地的地域范围发生改变，并自诩清朝无华夷、中外之分，故疆土开拓广远，蒙古极边诸部落俱归版图。④ 可见，至明朝及清朝前期，封建统治者仍将边陲与徼外一概视为蛮夷之地，未能清楚地区分边陲蛮夷与周边邻国之间的差别。19世纪中叶，列强窥视中国边疆，国土和疆界的问题日益突出，清朝"守中治边"与"守在四夷"的传统意识始有所改变，与外国接壤地区为边疆并相应存在疆界的观念，才逐渐为人们所接受。

"守中治边"的治边思想，可视为封建统治者之文化极度自信意识的反映。数千年来，中原地区始终是华夏族与汉族的集中聚居地，是东亚大陆农耕经济的

---

① 《资治通鉴》卷195《唐纪十一》贞观十三年七月条。
② （宋）李焘撰：《续资治通鉴长编》卷30、卷32。
③ 《清高宗实录》卷377。
④ （清）《大义觉迷录·雍正上谕》。

主要分布区,也是东亚地区手工业与商业贸易发展的核心区域。在此基础上建立起来的大都市,也是古代东亚地区科学技术与文化艺术的中心。在封建统治者看来,"中国"(大多数情况下主要是指黄河与长江的中下游地区)是世界文明的中心,"中国"以外的地区,则被视为未开化的夷狄之地,亦即华夏文明的边陲乃至徼外。

(二)"来则御之,去则守之"

历代王朝从治国安边的视角,在处理与边疆诸族的对立或争执时,多施行"来则御之,去则守之"的策略,强调处理与边疆诸族的关系,应以防守为主,关键是防守有备,应对有法,即晋人江统所说之"待之有备,御之有常"。同时掌握有理、有利、有节的原则,尤其体现在实行"叛则讨之,服则舍之"的策略。① 之所以如此,固然有统治者基于"守中治边"与"守在四夷"治边思想的考虑,同时也有审时度势,缕析边疆地区尤其是北方少数民族易于南下的特点,以及总结了历代治边的经验教训等方面的原因。

东汉永和元年,武陵太守上书朝廷,以蛮夷驯服、可比之汉人为由,建议增加其租赋,廷议者皆以为其策可行。尚书令虞诩独奏曰:"自古圣王,不臣异俗",原因是蛮夷"兽心贪婪,难率以礼",适宜的对策是羁縻而绥抚之,"附则受而不逆,叛则弃而不追"。若骤然增加租赋,必致蛮夷怨叛,"计其所得,不偿所费,必有后悔。"② 虞诩所言,主要是出自华夷有别的偏见,强调应固守前代封建帝王"不臣异俗"的治边传统,但反对增加租赋的意见,大体上符合当时边疆地区的情况。

另一方面,在封建时代的前半期,用兵边陲必然耗费大量的人力物力。而边疆地区的经济普遍落后,封建王朝尚无可能深入开发边疆资源以裨国用,两相比较,统治者用兵边疆,必然付出极高的政治经济成本,而实际收益却十分有限,朝野对此难免有得不偿失之讥。

一些封建政治家指出边患与内忧相比,内忧比边患更重要,内忧对国家造成的危害也更大。甚至认为在处理国家内部与边疆的关系时,统治者若贪外虚内,必致天下溃叛。西汉大臣晁错说:秦始皇北攻胡狄,筑塞河上;南攻粤人,多置戍卒,秦始皇起兵而攻胡、粤的原因,并非是保卫边地而救民于倒悬,他"贪戾而欲广大也,故功未立而天下乱"。东汉时,鲜卑继匈奴之后崛起并据有匈奴故地,称拥兵十万。面对北部边疆的严峻形势,议郎蔡邕在廷议此事时说:若征

---

① 《晋书》卷56《江统传》;《资治通鉴》卷23《汉纪十五》元凤四年七月,臣光曰。
② 《后汉书》卷86《南蛮西南夷列传》。

发军队，转运无已，必然导致耗竭中原。唐朝大臣狄仁杰则进一步地提出：封建王朝处理边务，须施行夷狄叛则伐之、降则抚之的原则，这样做不但是现今朝廷的令典，也是历代王朝绥边的传统。①

因持"贪外虚内，而天下溃畔"的观点，封建政论家多认为国家应守疆土为安，对经营边陲、扩大疆域持谨慎的态度。认为秦朝兴兵远攻，终致天下溃畔。明成化十一年，湖广总兵官李震奏官军为蛮夷所败，建议援引王骥征麓川之例发兵进剿，宪宗颁诏："蛮夷华夏，自古有之，要在边将羁縻得宜，使不敢越境为乱而已，曷尝以殄灭为快。"②

由于边疆诸族盛衰无常，其政治活动及势力消长难以预期，一些政论家还提出夷狄之势，一盛一衰乃必然之数，"当以不变应之"的策略思想。清人王夫之认为，唐朝自贞观以后，突厥之祸渐息，而吐蕃之害方兴，继之以契丹崛起，皆说明草原游牧民族必盛衰相替。若看不到夷狄盛衰相替的辩证关系，当其衰落而自幸庆之，而忘其或复盛以致无以御之，必"祸发而不可止"。③

由于上述的诸多原因，封建政论家奉"来则御之，去则守之"为难以撼动的圭臬，以之为评判封建统治者施行的边疆治策是否得体的标准，如对宋朝"守内虚外"边疆治策的评价。北宋建立之初，占据云南的地方政权大理国，数次遣使至蜀地递交文书，希望与宋通好。但北宋统治者认为"唐亡于黄巢，而祸基于桂林"，对南诏的后继者大理国持有戒备之心，确定了与大理国划大渡河为界的方略。在北方夷狄重兵压境的情况下，两宋以大渡河为界疏远大理国，虽不失为两害相衡取其轻之举，但由于放弃对云南及其以远地区的经营，使宋朝与上述地区的关系受到消极影响。宋朝还将大理国与交阯、占城、真腊、蒲甘等并列为外藩。

吏治是决定"来则御之，去则守之"治边成败的一个重要因素。诸葛亮说：守边甚难，属于不得已而为之。"拣良将而任之"，则是起首的第一条。唐咸亨年间，高宗命内外官员各进破突厥之策。右补阙卢俌上疏曰："朔方之安危，边城之胜负，地方千里，制在一贤。""其边州刺史不可不慎择，得其人而任之。"④

"建要塞、设烽候"是中原王朝固守"来则御之，去则守之"的策略，在北部边疆逐渐形成的治边传统。隋大业八年，兵部尚书段文振为朝廷待突厥太厚、宜令出塞之事上表，说治边应广设烽候，缘边镇防，做到军务严肃，号令一致，

---

① 《汉书》卷49《晁错传》；《后汉书》卷90《乌桓鲜卑列传》；《旧唐书》卷89《狄仁杰传》。
② （明）《宪宗成化实录》卷142。
③ （清）王夫之：《读通鉴论》卷20《太宗》。
④ （东汉）诸葛亮：《将苑·北狄》，载《诸葛亮集》，时代文艺出版社1995年版；《旧唐书》卷194上《突厥上》。

"此万岁之长策也。"唐太宗总结了周朝缮治河上,以及汉朝作固京畿、设险边塞的历史经验,提出应对突厥,当"御以长算,利在修边"的结论。①

屯田防守是应对北方游牧民族,遵循"来则御之,去则守之"治边思想的体现而且行之有效的方法。西汉赵充国认为军队在边陲屯田,有因田致谷、贫破羌众、民得田作、罢骑兵省大费、利存辎重、植木缮邮亭、以逸待劳、减远追死伤之害、虏难觅间隙、少惊动内地、便治湟中道桥、省军费减徭役等十二条好处,若蓦然出兵塞外,则顿失十二利。②

修建长城是一些封建王朝针对北方诸族骑兵机动性强,对汉地的突袭具有突然性的特点而采用的重要的防御手段。北魏高闾说修筑长城有五利,即免游防之苦,放牧无抄掠之患,登城观敌以逸待劳,省境防之苦息无时之备,日常储运永得不乏。③ 但封建王朝在修建长城的同时,也暗藏了一些深层隐患。封建统治者修筑长城的本意,是为了保护华夏资源共享群体的利益。但长城的修建及其修缮强化,客观上迫使长城以北的人群全面游牧化,反而增强了与华夏文明争夺资源的力量。④

(三)"修文德以来之,被声教以服之"

"华夷有别"被封建统治者视为区分农业文明与其他文明,以及统治腹地与边陲地区的基本标准。古代"华夷"的含义十分复杂,不仅反映汉族与周边少数民族的区别,还有其他方面的含义。如在腹心区域与边远地区的关系方面,古人常以"华夷"的差别作为划分华夏地区与非华夏地区的分野;主要为少数民族居住且距统治中心较远的地区,通常被认为是边疆乃至徼外。

封建统治者既以"华夷有别"来强调腹地与边疆在治理方面的区别,同时提出"内华夏外夷狄"的观念,并逐渐形成如下认识:

"非我族类,其心必异,戎狄志态,不与华同。"⑤ 这一观念反映出华夏王朝的统治者,对其他民族尤其是边疆民族深藏其内的鄙视与歧视。一些开明的君主譬如唐太宗,虽有"四海如一家"、"夷狄亦人"等进步认识,但仍不时流露出"戎狄人面兽心,一旦微不得意,必反噬为害"的意识,⑥ 鸦片战争以后,一些开明政治家提出"师夷长技以制夷"的口号,但其基点仍未脱离"华夷有别"

---

① 《资治通鉴》卷181《隋纪五》,大业八年二月;《修缘边障塞诏》,载(宋)宋敏求编:《唐大诏令集》卷107。
② 参见《汉书》卷69《赵充国传》。
③ 参见(北魏)高闾:《请筑长城表》。
④ 参见王明珂:《游牧者的抉择》,广西师范大学出版社2008年版,第148页。
⑤ 《晋书》卷56《江统传》。
⑥ 《资治通鉴》卷197《唐纪十三》,贞观十七年六月。

的旧意识。

贤王应"先事华夏而后夷狄",以及"不事遐荒"。即认为华夏事大应先考虑,边陲事小位列其后,甚至提出对边陲蛮夷地区,统治者应持消极无作为的态度。唐太宗既灭高昌,每岁调发千余兵镇守其地,褚遂良乃上疏:臣闻古之贤王,必先事华夏而后夷狄,"务广德化,不事遐荒。"褚遂良所言,颇能代表古代封建士大夫的通行看法。由于视夷狄之地为遐荒,认为贤王当"先事华夏而后夷狄",封建统治者大都视拓边、垦边为畏途,认为从事拓边、殖边得不偿失,甚至以之为肇生事端、社稷丧乱的重要根源。在《资治通鉴》中,司马光谴责东汉护羌校尉段颎滥杀边陲的西羌,并说贤王的做法应是"叛则讨之,服则怀之,处之四裔,不使乱礼义之邦而已"。① 其看法较为开明,但议论的基点仍是"蛮夷戎狄,气类虽殊",以及贤王应"不事遐荒"。

受"华夷有别"观念的影响,封建统治者对于边疆地区的诸族,普遍表现出明显的文化优越感乃至文化自大的意识。唐太宗说:"自古皆贵中华,贱夷狄,朕独爱之如一,故其种落皆依朕如父母。"体现了唐太宗的文化自信与文化优越的意识。至于一些封建君主耗费巨资,向边疆诸族夸耀封建王朝的富足与强大,则表现出强烈的文化自大意识。据记载,明成祖欲使远方诸国臣服,派往西域的使者岁岁不绝。境外诸藩贪图中国赏赐的财帛,且为在与明朝的贸易中获利,入朝者络绎不绝。东西南北数千里,莫不骚扰,"公私上下,罔不怨咨。"② 个别帝王甚至禁止夷狄变服从汉俗,以维持"夷夏殊风"。大业三年,启民可汗与义成公主朝见隋炀帝。启民可汗上表"乞依大国服饰法用,一同华夏"。隋炀帝不准,理由是夷夏殊风,不可变俗。③ 实质上仍是基于自身文化上的优越感,而强行保持边疆诸族与华夏在服饰上的差别。

出于高度的文化自信,一些封建政治家提出"德泽洽夷"的观点,并为最高统治者所接受。贞观四年,十余万突厥人战败降唐,朝廷讨论处置之法。中书令温彦博建议"怀德处之",将之安置在黄河以南的地区。温彦博的意见得到太宗的赞同,遂把归降的突厥人口安置在幽州至灵州一带,迁居长安的突厥人口达数千户。太宗还说:"夷狄亦人耳,其情与中夏不殊。""德泽洽,则四夷可使如一家;猜忌多,则骨肉不免为仇敌。"还有政论家将施加德泽提高到影响国家兴亡的高度,说"务广德者昌,务广地者亡"。④

---

① 《旧唐书》卷80《褚遂良传》;《资治通鉴》卷56《汉纪四十八》,建宁二年七月。
② 《资治通鉴》卷198《唐纪十四》,贞观二十一年五月;《明史》卷332《西域四》。
③ 《隋书》卷84《北狄传》。
④ 《新唐书》卷215上《突厥传》;《资治通鉴》卷197《唐纪十三》,贞观十八年十二月条;《隋书》卷81《东夷传》史臣曰。

封建王朝的一些政论家，还分析了治边过程中德化与武功相互依存的关系。如北魏高闾说："远人不服，则修文德以来之；荒狡放命，则播武功以威之。"他以"文德"为治国要道五条中的第一条。唐人陆贽则提出"非德无以化要荒"，以及"威不立，则德不能驯"的意见。宋人亦有"威不足以服，则恩不足以怀"的观点。①

以内地的封建文化熏陶边疆诸族，使之逐渐教化，是历代封建统治者重视的治边方法。明洪武二年，中书省臣建议将广西诸峒土民迁入内地，以免边患。太祖则说：溪洞蛮僚杂处，其人不知礼义。但以兵分守要害以镇服之，日渐教化，"数年后可为良民，何必迁也。"《道光云南志钞》这样形容明清时封建文化对云南夷民的教化作用：明朝建立，广设学校，慎选儒官，择其人之秀才者补入诸生，土司子弟争以入学校为荣。②

封建文化对边疆诸族的教化作用，以推行封建教育的效果最为显著。洪武二十八年，朱元璋诏令礼部："云南、四川边夷土官，皆设儒学，选其子孙弟侄之俊秀者以教之，使之知君臣父子之义而无悖礼争斗之事，亦安边之道也。"③

历朝统治者重视对边疆诸族施以德泽，并通过发展封建教育、移风易俗等措施传播内地的文化与习尚，虽有自身的动机，但客观上加强了华夏文化的影响力，对内地与边疆结为一体是有利的。随着时间的推移，施以德泽与传播封建文化在边疆产生的教化作用愈来愈明显，封建统治者也愈加重视这一项工作。如明清两朝极为重视在边疆地区发展封建教育，并将之作为考核当地官吏业绩的重要内容。边疆民族由于接受封建王朝积极传播的内地文化，在思想意识和文化习尚方面逐渐发生变化，而与内地日趋接近，客观上有利于统一多民族国家的形成与发展。

（四）重北轻南

"重北轻南"，即在治边思想及其政策方面相对重视北方、而较忽视南方的倾向④，是历代封建王朝治边方略的重要组成部分。

古代中国的北方，先后出现一些活跃的边疆民族或其政权，如西汉时的匈奴、鲜卑，东汉时的鲜卑，三国和西晋时的鲜卑、羌胡，东晋时的高车、柔然，隋唐时的突厥，宋代的辽、金、西夏与蒙古，明代的瓦剌与达靼。在南方边疆地

---

① （北魏）高闾：《请筑长城表》；《旧唐书》卷139《陆贽传》；《宋史》卷339《苏辙传》。
② 《明史》卷317《广西土司一》；（清）《道光云南志钞》卷7《土司志上》。
③ （明）《太祖洪武实录》卷239。
④ 本节所说之北方，主要指古代的漠南与漠北地区，所说之南方，主要指中原王朝统治者眼中的西南边疆，即今云、贵、桂诸省区与川西南等少数民族居住的地区。

区的边疆民族或其政权，两汉有西南夷、百越与濮，三国和两晋有夷、大姓与山越，隋唐有南诏以及乌蛮、白蛮，宋代有大理国。历代中原王朝处理与南北方边疆数民族或其政权的关系，大致体现出重北轻南的治边特色。

历代边患多在北方，不少封建政治家指出了这一点。如秦汉两朝治边，即存在重北轻南的倾向。《三国志·乌丸鲜卑东夷传》说：秦汉以来匈奴久为边害。汉武帝虽东平两越、朝鲜，西讨贰师、大宛，又开拓邛莋、夜郎的道路，"然皆在荒服之外，不能为中国轻重。"而匈奴紧逼诸夏，"胡骑南侵则三边受敌。"秦汉以后，中原王朝在治边方面的重北轻南倾向十分明显。《隋书·北狄传》说："四夷之为中国患也久矣，北狄尤甚焉。"北狄部落繁杂，称雄边塞，由来已久，"非一时也。"唐人房玄龄说，详观古今，"为中国患害，无过突厥。"中原王朝与北方游牧民族往复拉锯，终未能改变"南有大汉、北有强胡"的局面。时至唐代北狄仍不少衰，"至今陷溃者，靡岁而宁焉"。①

历代不少政论家均指出封建王朝治边的重点在北方。东汉尚书陈忠言："臣闻八蛮之寇，莫甚北虏。"清人王夫之总结唐朝治边的形势说，天宝元年，唐朝置十节度使，其九处皆在西北边徼。唯河东一镇治太原，南方虽置岭南经略使，长乐、东莱、东牟三守捉，"亦皆边也，而权抑轻。"南宋时，黄潜善等欲奉帝南迁，大臣李纲坚决反对，说："自古中兴之主，皆起于西北，……天下精兵健马，皆在西北。"② 宋人王象之也说："朝廷御边，重西北而轻东南。"明永乐元年，贵州镇远镇守顾成比较了南北方少数民族的特点，明确提出朝廷防守的重点应在北方，他说："云南两广之地远在边陲，蛮夷间或反叛，犹如蜂虿之毒，不至于危害生命；……唯北方的游牧民族，其众强悍，其心狡黠，时时侦伺，侵扰边疆。"成祖赞同其言并予褒奖。③

历代中原王朝治边大都具有重北轻南的倾向，主要表现在以下方面：

第一，封建统治者经营边疆地区的注意力主要在北方，对南方则相对忽视。如历代驻兵和屯田的重点均在北方，某些时候封建王朝甚至主动出击，以图解除北方游牧民族造成的梦魇巨患。对南方边疆民族，封建王朝大都遵循"守在四夷"的原则，军事上重在防范和守卫，以守土相安为追求的目标。为防备北方游牧民族南下，一些王朝还耗费大量财力和民力修建长城。历代封建王朝（尤其是统一王朝）多在北部边境驻扎重兵，而在南方驻扎的军队则少得多。

---

① 《三国志》卷30《乌丸鲜卑东夷传》；《贞观政要》卷9《议征伐》；（唐）崔融：《拔四镇议》，载《全唐文》卷219。

② 《后汉书》卷88《西域传》；（清）王夫之：《读通鉴论》卷22《玄宗》；《续资治通鉴》卷99《宋纪》。

③ （宋）王象之：《舆地纪胜》卷1《广南西路门》；（明）《永乐实录》卷18。

第二，封建统治者对北部边疆的治策探讨较多，对南部边疆的治策则相对较少。另外，历代王朝统治边疆及边疆民族的基本原则，有不少是从应对北部边疆诸族的思想与方略发展而来。如东汉班固所说："汉兴已来，旷世历年，兵缠夷狄，尤事匈奴。"他认为封建王朝绥御应对的策略，种种不一，如修文以讲和为主，或诉武以征伐为主，或卑下以迁就之，或使其臣服而归顺之。种种措施虽软硬兼施，因时而异，但从未有疏忽放弃，不与夷狄接触联系的情形。①

由防范北方游牧民族的做法发展而来的边疆治策，则有如：在边疆地区部署军事性质的屯田与驻军设治。为防备匈奴，秦朝始在北方大量屯田及驻军，西汉在北方的屯田与驻军达到更大的规模，甚至因此动用国库乃至不敷。桑弘羊《伐匈奴议》说：匈奴背叛不臣，数为寇侵于边陲，备战则劳顿国家军队，不备则匈奴侵盗不止。先帝因此修障塞，建烽燧，兴屯戍以防备之。若边防用度不足，则兴盐铁之税，又设酒榷、置均输，与蕃夷交易聚财，"以佐助边费。"② 秦汉至宋，历代中原王朝在南方蛮夷地区亦有屯田和驻军，但其规模与管理完善的程度，均未能与北方相比。

又如封建统治者强调对边疆诸族"来则纳之，去则不追"，实从应对北方游牧民族的经验发展而来。唐臣狄仁杰，在谈到贞观年间朝廷克平九姓、册李思摩为可汗、使统率诸部时说："以夷狄叛则伐之，降则抚之，得推亡固存之义，无远戍劳人之役。"③ 类似来源的治边原则还有：经营疆域时应处理好开拓与有度的关系，大部分王朝以"守在四夷"为经营边疆的准则；为实现边疆地区的安宁，朝廷应慎选边吏和守将；为遏制边疆民族，可运用"以夷制夷"的策略；对边疆民族应施以羁縻，怀之以德等。

第三，在经营和开发边疆方面，早期封建王朝大都重视北方，驻兵以及屯田的重点均在北方。对南方边疆地区的经营，这些封建王朝则相对轻视。元明两朝以前，封建统治者对南方边疆各类资源的开发利用不够重视。迄元朝至明清，封建统治者方把南部边疆地区作为矿藏、木材、粮食的重要出产地，开始了对南部边疆的深入经营与全面开发。④

古代形成重北轻南治边倾向的原因很多，首先与南北方边疆诸族的特点有关。由于经济生产方式和社会组织等方面的原因，南方边疆各民族较难进行整合并形成较大的民族政权，更无问鼎中原或与中原封建王朝平分秋色的政治抱负，

---

① 《后汉书》卷40下《班固传》。
② （西汉）桑弘羊：《盐铁论·本议》。
③ （唐）狄仁杰：《请罢百姓戍疏勒等四镇疏》，载《全唐文》卷169。
④ 参见方铁：《论中国古代治边思想的特点、演变和影响》，载《中国边疆史地研究》2003年第1期。

因此主动出击并对中原王朝构成威胁的可能性甚小。这些与北方游牧民族明显不同。王夫之说：滇、黔、桂的土民，虽自身足以抵御蛮、苗的骚扰，但并无踰越山岭以窥袭内地的隐患。此并非是蛮、苗弱而北狄强，而是担心深入内地后蛮、苗进捣其虚。① 他还说：南蛮虽然间或起事，"终不出于其域。"这是有其深刻原因的。王夫之又言："得滇、黔、邕、桂而于中国无损，天子遥制于数千里之外。"② 王夫之说南方蛮夷的活动"终不出于其域"，"无踰岭以窥内地之患"，是因为"深入而畏边民之捣其虚"的说法，未必正确，但言取得滇、黔、邕、桂等地于封建王朝无益，"天子遥制于数千里之外"，则代表了封建统治者在这一问题上的普遍看法。

由于中原农耕文明与北方游牧文明发展水平的明显差距，以及游牧民族对农业地区生产的粮食、布帛与铁器等产品的大量需求，北方游牧民族崛起后经常南下，其人口不断移居中原农业地区，便有一定的历史必然性。北方游牧民族经常成为中原王朝的严重边患，而南方边疆地区则很少出现此类的情形。

封建统治者重视防御北方游牧民族的另一原因，是北方草原距中原地区较近，游牧民族的骑兵瞬息可至，对中原王朝的统治构成很大威胁。晋朝侍御史郭钦说："戎狄强犷，历古为患。"魏初人少，西北诸郡皆为戎狄所居。今虽服从统治，但由于戎狄所居接近内地，若百年之后有风尘之警，夷狄的骑兵自平阳、上党出发，不到三日可至孟津。《资治通鉴》则认为安史之乱爆发后，唐朝将北部成军大量南调，是造成北部疆土频频失守的重要原因。③

在历代统一王朝中，重北轻南治边倾向不甚显明的仅有元朝与清朝。重北轻南治边倾向在元朝不甚明显，与元朝为北方游牧民族所建立，北部草原为其发源地与根据地，以及元朝接受中原王朝的治边传统有限等因素有关。清朝建国后，一方面，通过联姻等方式与北方草原的蒙古族势力建立紧密联系，有效地缓解了来自草原游牧民族的压力；另一方面，清统一全国后的对手主要是帝国主义势力。鸦片战争以后帝国主义列强染指中国边疆各地，清臣左宗棠提出"东则海防，西则塞防，二者并重。"由于沙俄犯边导致北部边疆的形势偏紧，左宗棠又建议把西北边疆列为应重点关注的地区。④ 可见，即便是同一个王朝，不同时期的情形也有变化。

---

① 参见《读通鉴论》卷2《文帝》。
② 《读通鉴论》卷3《武帝》。
③ 《晋书》卷97《四夷传·北狄传》，《资治通鉴》卷223《唐纪三十九》，广德元年。
④ （清）左宗棠：《论必须对西北用兵折》，载《左宗棠全集·奏稿》卷46。

二、历史上的主要治边方略

中原王朝的最高统治者接受了这些治边思想后,就将其转变为具体的治边方略。这些治边方略是治边思想付诸实践的根本环节,不仅对边疆治理的实践发挥着重要作用,也对边疆的发展和稳定产生了深远影响,并打上了深刻的烙印。

(一) 朝贡与纳质

朝贡指古代诸侯、属国和周边诸族首领,亲自或遣使觐见封建帝王并贡献方物。朝贡是封建统治者对所封诸侯、边疆属国及归附蛮夷有政治统属关系的象征,因此规定后者必须定期或不定期朝贡,对朝贡者的身份、人数和贡献的方物等,历代王朝大都做了具体规定。

朝贡制度的实质,是封建王朝以优厚的物质赏赐、赐官封爵为代价,换取边疆诸族或徼外邻邦哪怕是名义上的归属,同时把封建王朝的恩典及影响远播边疆及徼外。封建王朝应对远人献土归属以及与远邦朝贡的不少做法,既是针对边疆诸族,同时也包含邦交方面的一些内容。

清朝以前代的朝贡制度为基础,正式形成与越南、朝鲜、缅甸等国的宗藩关系,对宗主与藩属国双方的责任义务,清廷均做了明确规定,如通过册封与定期朝贡等形式,强调宗主国的主导与至尊地位。至于藩属国执行的法律与上缴的税收,则允许有较大的灵活性。这与近代西方以控制对方主权为目的的保护国制度显然不同。

为满足朝贡的需要,封建统治者十分重视修建边疆地区的道路。渤海国向唐朝朝贡所经之路,被称为"朝贡道",是渤海国与中原地区进行经济、文化交流的重要通道。云南通往中南半岛乃至更远地区的身毒道、入缅国道和交趾道,也是历代重要的朝贡通道。

纳质又称"人质",即封建王朝向与之建立宗藩从属关系的属国或边疆诸族索要人质。这一制度见载于先秦时期,正式形成于汉代,兴盛流行于唐朝,历元明清诸朝而逐渐式微。汉唐王朝或以质子侍卫皇帝,因此又称人质为"侍子",称人质入朝为"入侍"。

纳质为押本是边疆诸族中常见的习俗,也是秦以前中原诸侯国相互交往取信于对方的方法。秦代末年,匈奴单于头曼欲废太子冒顿改立少子。其时月氏强盛,头曼乃送冒顿至月氏为人质。冒顿既质于月氏,头曼遂急攻月氏,月氏欲杀冒顿。冒顿乃盗月氏的善马骑逃以归。秦以前中原诸侯国处理相互之间的关系,亦常纳质作押。如秦穆公十五年秦与晋结盟，晋惠公遣太子圉为质于秦。[①] 人质包括纳质诸族大首领的亲子与贵族子弟两类；纳质者倘若毁约，质子将受惩罚；纳质诸族的王位若有空缺，质子或被迎回扶立为王。这些做法均被秦以后的封建王朝所继承，同时有进一步的发展。

纳质制度施行的对象主要是边疆诸族，封建王朝规定了这一制度的适用范围。以汉、唐王朝为例，边疆诸族纳质于汉朝的有南越、匈奴、鲜卑、乌桓以及车师、龟兹、莎车、大宛、康居、乌孙、鄯善、焉耆、拘弥等西域国。唐代纳质入朝则有南诏、渤海、新罗、高昌、于阗、波斯等国。

纳质的边疆诸族有一个共同的特点，即均奉封建王朝为正朝，两者建立了宗藩从属的关系。其关系大致有两种类型：类型之一是藩属国。其藩属国的性质通常十分明显，不仅为宗主、藩属双方所承认，还通过封建王朝封授藩属国君为王得以体现。藩属国受封以后，大都受命世守其土，作为封建王朝经营边疆的藩篱。如西汉时，南越首领赵佗受封为南越王，高祖诏其"和集百越，毋为南边患害"。文帝元年，赵佗对汉使表示"愿长为藩臣，奉贡职"。类型之二是藩属部落。封建王朝与藩属部落虽为宗藩从属的关系，但藩属部落通常不具有地方政权的性质，且臣服后常迁往沿边诸郡安置。藩属国和藩属部落均须向封建王朝纳质，尤其以藩属国的纳质最多，影响也最大。

在极个别的情形下，亦有尚未藩服的边疆诸族，为改善与朝廷的关系或求结亲而提出遣质。至于纳入封建王朝直接统治下的边疆蛮夷，则未见有纳质的记载。元朝扩大了纳质的范围，以功臣、将帅子弟组成质子军，入宿卫保护皇帝，但这是元朝的特例。纳质即成为纳质诸族藩服于封建王朝的象征，在纳质的蛮夷之间，如相互纳质便属于非法，被朝廷所严格禁止。

封建王朝要求头号质子须是纳质国在位王或纳质部落在位首领的亲子。藩属蛮夷的君王若嗣继，须遣纳新王的亲子为质。除已在位君王的亲子为质外，封建王朝有时也索求亲子以外藩王的嫡亲，以及高级属臣的子弟为质。封建王朝对质子的管理十分严格。质子既入汉地，当尊汉法，如有违法必遭惩处。纳质诸族倘若反叛，质子必将受罚甚至被处死。若朝廷未允，质子欲归本蕃也十分困难。

汉唐等封建王朝或将居京质子编入侍卫军。如南越王胡曾遣太子婴齐入宿卫，胡死婴齐继为南越王，又遣另一子次公入宿卫。[②] 唐代质子入充宿卫者甚众。突厥默啜可汗、于阗、南诏、渤海、新罗均一次或多次遣质子入宿卫。宿卫军有机会接近皇帝，待遇亦厚，因此质子以得充宿卫为荣。

---

① 参见《史记》卷110《匈奴列传》；《史记》卷5《秦本纪》。
② 参见《史记》卷113《南越列传》。

边疆诸族传承王位，一般实行亲子承袭或胞弟承袭制，即"父死子继，兄终弟及"。由于藩属诸族须遣在位君王的亲子入质，一旦王位有缺，此类质子常被迎还继承王位。封建王朝也常扶立亲子人质继任王位。如永元三年，汉朝都护班超拜白霸为龟兹王，白霸即龟兹纳于汉朝的质子。与汉朝相比较，唐朝对边疆藩王的承嗣较少干预，常见的是遣使对继任藩王进行册封。但也有朝廷扶立质子为王之例。如波斯王子泥涅师为质于唐，调露元年，唐朝派兵护送泥涅师回归继承王位。①

一些质子可能是纳质诸族王位的继承者，其余质子也大都为边疆诸族的贵族子弟，归蕃后将执掌要职。因此封建王朝对质子通常都待之以礼，倍加笼络。对入充宿卫的质子，汉唐常封授官爵，时有厚赐。如天宝初年，南诏王皮逻阁遣孙凤迦异入宿卫，唐廷拜为鸿胪卿，"恩赐良异"。凤迦异回归，玄宗又赐与胡部、龟兹二部乐队。②

质子入侍的时限，短则数月一年，长者或达十余年。此外，还有相替更换为质的情形。即质子若获准返回，纳质诸族当续遣人质以为替补。因此，历代属国及周边诸族向封建王朝纳质的数量不少，其影响也不可低估。

由于长期生活在京城或边陲重镇，质子对封建王朝及其文化较为了解，归蕃后他们对封建王朝大都比较友好，在边疆蛮夷对中原王朝发动战争时，大都持克制或促和的态度。莎车王延在汉元帝时曾为侍子，他"长于京师，慕乐中国，亦复参其典法"。延归蕃后嗣继为王，不肯附属匈奴。延死其子康继立。此时东汉无暇顾及西域，康仍率傍国拒御匈奴，保护驻守西域的西汉都护和官兵妻子千余人，之后受东汉封为西域大都尉。

作为受历代封建王朝重视的一项制度，纳质之制存在了两千多年。通过索受人质，封建王朝对边疆诸族能施行有效的羁縻，无疑是这一制度历久不衰的重要原因。纳质制度在客观上加强了边疆诸族与封建王朝的联系，巩固了封建王朝对边疆地区的统治，有利于内地与边疆之间的联系与交流。

（二）羁縻之治与土司制度

羁縻治策与土官土司制度，是封建王朝施用于边疆地区的蛮夷治策与治边之策，在中国古代延续了数千年，影响广泛而深远。"羁縻"的本意，是说朝廷若掌握马之"羁"（笼头），牛之"縻"（鼻绳），便能有效控制蛮夷而又较宽松随

---

① 参见《后汉书》卷47《班超传》；《新唐书》卷221下《西域传下》。
② 参见《新唐书》卷222上《南蛮传上》。

意,"制四夷如牛马之受羁縻也。"①

先秦至唐朝实行的羁縻治策是羁縻之治的第一个阶段。羁縻治策对边疆诸族重在羁縻而约束不足,管理较随意且制度性特征不甚明显,并在南北方边疆地区普遍推行,尚未体现出地区性的差异。羁縻治策的基本内容,是倚重边疆民族首领的势力进行统治,即根据其势力强弱的程度,分别赐与王、侯、邑君和邑长等封号,实行土长与郡县参差而治的双轨制。羁縻之治逐渐成为历代王朝认可的蛮夷治策与治边之策。

宋朝在广西施行的羁縻州县治策,为元朝的土官制度提供了借鉴。两宋尤其是南宋治边,"南北分治"的倾向较为明显。对北方游牧民族,宋廷的方略是重在防御与作战;对占据云南地区的大理国则视之为外藩,以大渡河为界严加提防。在广西蛮夷地区则加强控制与开发,汲取财力物力以供国用。庆历年间侬智高起事被镇压后,宋朝统治者在广西组建了由边疆诸族组成、主要用于边防的洞丁土军。至此,宋朝在广西实行的羁縻州县制度,已大体具备元朝土官制度的基本特征。但羁縻州县制度仍属草创,因而不甚完善。

元朝大力推行的土官制度,是羁縻之治的第二个阶段。土官为国家的正式官吏,官职不可随便废除,但可世袭。元朝广泛任用边疆诸族首领为各级土官,对土官信任使用的程度,任命土官数量之多,以及赋予权势之重,均远远超过前代。元朝把对任用土官与设置统治机构密切结合,土官任职的统治机构虽仍有羁縻性质,但纳入国家行政系统与内地统治机构同样管理;出任土官有正式的品秩,在待遇、权利与义务等方面与内地官吏并无二致。② 而前朝封予的王、侯、邑君和邑长实为虚衔,封建统治者可随意取消甚至诛灭其人。

元朝广泛任用土官为宣慰使司各级官吏,充分表现出对边疆诸族土官的信任和倚重。宣慰司有军事统兵的性质,设置于边疆各地,但在西南边疆地区设置最多,影响也最大。元朝还广泛任用土官为各级宣慰使司、宣抚司的官吏。宣慰使司官吏带兵镇守各地,掌握的权力甚大。

元朝将组织土军定为制度,土军由南方诸族组成,归土官管辖,但可由朝廷调用。据《元史》记载,云南行省的土军有爨僰军、罗罗军、和泥军等,分别由云南本地诸族之僰人、罗罗、和泥等组成,湖广行省也有类似的情形。土官官署可领土军。率领土军参加朝廷组织的征伐,是土官的重要义务,《元史》中还有土军奉调远征缅国、安南乃至日本的记载。土官制度下土军建制的出现具有重要意义,它加强了带兵土官的实力,有利于土官制度的贯彻和巩固。

---

① (东汉)卫宏撰:《汉官仪》。
② 参见《元史》卷91《百官七》。

元朝对土官管辖地区的统治明显深入，尤其体现在广泛设治、执行法律、清查人口、征收赋税等方面。云南行省设治之密与统治之深入均超前代，湖广行省的情形与云南行省类似。元代以前，未见封建王朝在西南边疆清查人口的记载。元朝采用与内地近似的方法治理边疆，多次在云南行省清查人口，如至元十九年有籍云南新附户的记载，说自兀良合台镇守云南，"凡八籍民户，四籍民田，民以为病。"至是元廷令已籍者勿动，新附者籍之。① 宋元以前，历朝在西南边疆仅象征性地征收土产，正式征收赋税始自宋元。元朝在云南行省以征收秋税和夏税为主，在边远地区的做法则较灵活。②《元史·地理一》载："盖岭北、辽阳与甘肃、四川、云南、湖广之边，唐所谓羁縻之州，往往在是，今皆赋役之，比于内地。"

土官制度在南方边疆地区的全面推行，还开创了封建王朝施行蛮夷治策南北有别的时期。元朝重北轻南的治边倾向不甚明显，并加强对西南边疆诸族的统治，因此有可能将宋朝在广西施行的羁縻州县制度，发展为在南方边疆地区普遍推行的土官制度。至于在北方尤其是草原地区，则仍沿用百户、千户、万户的传统统治方式。元朝的这一做法为明清两朝所继承。延至清朝，乃把对西南边疆、北部草原、新疆、西藏等边疆地区的不同治策，发展至特点鲜明、臻于成熟的阶段。

明清两朝实行的土司制度，是羁縻之治的第三个阶段。一方面，明朝发展了元朝的土官制度，形成更完备的土司制度。主要是将土官制度进一步规范化和完备化，尤其表现在对土司的职责、承继、考核等做出更严格的规定。另一方面，土司制度自身的弊端也充分暴露，如《明史》所言，朝廷若对土司调遣日繁，则急而生变；土司或恃功怙过，则侵扰益深。③

封建王朝的羁縻治策发展到土官制度与土司制度，其施行内容、施行的重点与方式、管理完善的程度与取得的成效等方面，均发生了明显的变化。大致的情形是：秦汉至宋代，羁縻治策是中原王朝施行于边陲各地的通用之策，受朝廷所封蛮夷中的王、侯、邑君与邑长，并非是朝廷的正式官吏，朝廷对其管理相当松弛，朝廷经营蛮夷地区也不指望经济回报。羁縻治策更多地具有治理措施的特点，其制度性特征尚不明显，并广泛应用于不同类型的蛮夷。元代这一治策发生了重要改变，元朝的土官为朝廷任命的正式官吏，具有将土军的组织与使用制度化，发展社会经济成为土官的重要职责，在南部边疆全面深入推行土官制

---

① 《元史》卷6《世祖三》，《元史》卷12《世祖九》。
② 参见《元史·泰定帝一》：至治三年，"免八番、思、播、两广洞寨差税一年，四川、云南、甘肃秋粮三分"，可证；《元史》卷93《食货一》。
③ 参见《明史》卷310《土司传》。

度,并开创了蛮夷治策南北有别等前朝不具备的特征。明清两代将土官制度发展为完善的土司制度。元明清时期的土官土司制度,施行的范围主要是南部边疆地区。

(三) 和亲与盟誓

"和亲",是指不同民族的政权,或同一民族的不同政权出于"为我所用"的考虑,而与对方建立的政治结盟性质的联姻。先秦时的和亲,主要是诸侯国之间为辖地之争、建立军事同盟或结束对立状态而进行的联姻。名实相符的和亲则始于西汉。①

古代和亲大致包括以下六种类型:中原王朝与蛮夷政权之间的联姻,这是古代和亲的主要部分;割据政权与蛮夷政权之间的联姻;割据政权之间的联姻;蛮夷政权之间的联姻;南朝与北朝之间的联姻;从现今来看属于与外国的联姻。按照联姻的功能与性质来区分,古代和亲又可分为以下七种类型:结好安边型、结交军事同盟型、分化瓦解蛮夷政权型、借兵或酬恩报德型、发展相互关系型、巩固盟好型以及政治联盟型。

从西汉至清代,各个时期的和亲又体现出不同的特点。② 如西汉时期的和亲,主要是为了划疆立界或行互市之实。魏晋南北朝时期的和亲,主要是出自建立联盟的目的,大部分和亲在蛮夷政权之间进行。隋唐时期的和亲,较多地体现出和亲公主的作用,和亲的地域和对象也较为广泛,和亲的目的亦表现出明显的多样性。辽夏金元时期的和亲,具有和亲公主的身份较高,和亲的类型和性质复杂多样,求婚与求援相结合等特点。清朝将满蒙联姻作为基本国策。这一时期清朝统治者与蒙古贵族间的联姻,主要具有亲上加亲、热衷派公主外嫁等特点。清代的满蒙联姻,还表现出持续时间长及层次丰富等特色。

封建王朝与边疆诸族和亲,在形式上是仿照中原地区的封建宗法制度,企望与边疆诸族建立类似丈人与女婿的准亲属关系,以此维系和约束边疆诸族的政治行为。而边疆诸族对封建王朝的用意也知之甚明。在武帝继位之后,由于汉匈双方军事力量的强弱发生变化,汉朝与匈奴和亲的性质也发生明显改变。汉朝从原先有求于匈奴而求和亲,改变为匈奴卑屈求汉朝与之和亲,反映了封建王朝与边疆诸族之间的和亲,其中必然暗藏特定的政治意图。和亲以何方为主,主要根据双方政治、军事实力的强弱而决定。

采取和亲这一做法,表明封建王朝在处理与边疆蛮夷关系时,吸收了封建宗

---

① 参见崔明德:《中国古代和亲史》,人民出版社 2005 年版,第 5 页。
② 参见崔明德:《中国古代和亲史》,人民出版社 2005 年版,第 8 页、第 17 页。

法制度的成分。通过和亲，封建王朝与边陲蛮夷建立类似亲属的关系，从而有效地增进了双方的亲近感。在大多数情况下，和亲对加强双方的政治联盟，增进相互间的感情有一定的效果。同时，和亲促进了内地与边疆地区经济文化的交流，在这一方面也有积极的意义。

盟誓指人们以言辞或仪式共相约束，是先秦及其以后的封建王朝，与边疆诸族或诸族之间结盟或约定的一种常见形式。其中"盟"较为正式，通常要杀牲歃血以示神圣和庄重，并有结盟双方的多位官员参加，同时公布盟约甚至刻石为碑。盟誓若以口饮血称"歃血"，表示取信于神。与盟誓意思相近的还有"诅"，诅可引申为诅咒，含有违盟者将受神的惩罚之意。由于意思相近，"盟誓"可连称，也可"盟诅"连称。

盟誓是封建王朝羁縻及控制边疆诸族的重要方法。先秦各诸侯国之间为政治结盟或利益分割约定，经常进行盟誓。这一时期的盟誓，已大体具备封建社会盟誓的基本特征。唐代是盟誓最盛的时期。为约定和平以及划定彼此的辖地，唐朝与吐蕃多次盟誓，推进了双方友好关系的发展。长庆元年，唐朝与吐蕃在长安隆重会盟。唐朝的宰臣及左右仆射、六曹尚书等官员均参加会盟。盟文的主要内容是双方各守本界，彼此不得侵犯。会盟仪式举行后，刘元鼎等唐朝官员又赴吐蕃，与吐蕃在拉萨再次会盟，吐蕃宰相及以下各位大臣均在盟书上自书姓名，所刻石碑为著名的唐蕃会盟碑。

总体上来看，盟誓是封建王朝与边疆诸族，以及边疆诸族之间常见的政治约定方式。在通常的情况下，盟誓对与事双方明确有争议问题的立场，以及约束双方的行为有积极的意义。但盟誓的作用仍是有限的，如吐蕃曾利用盟誓多次"劫盟"，由此暴露了盟誓本质上的不可靠性。

（四）教化与互市

所谓"教化"，又称"德化"或"文德"，指封建统治者通过发展封建教育、推行移风易俗等措施，提高教化地区的受教育水平，改变社会基层尤其是边疆诸族的观念与习尚，使之逐渐与内地合流，以加强对教化地区的统治。施行教化的实质，是利用国家的行政力量推行相关措施，以发挥封建文化潜移默化的作用，改变边疆诸族原有的生活方式和观念习尚，为封建王朝的统治服务。

历代封建统治者十分重视对边疆诸族进行教化，将其视为统治策略软硬两手不可或缺的组成部分。唐臣褚遂良说，古之贤王治边，"必先事华夏而后夷狄，务广德化"。并认为对边疆蛮夷怀之以德，是封建王朝应尽的义务。北魏高闾则提出：治国之道，首要的两条就是文德与武功，"远人不服，则修文德以来之；

荒狡放命，则播武功以威之。"①

对边疆诸族进行教化，以推行封建教育取得的效果最为显著。历代皆注重在边疆诸族地区兴办教育。汉代乃有边疆官吏热心办学的记载，据《后汉书·西南夷传》记载，东汉元和年间，蜀郡人王阜为益州郡太守，"始兴起学校，渐迁其俗。"其他边郡也陆续开办学校。《岭外代答》卷4记载，"岭外科举，尤重于中州。"宋代岭南应科举考试者，每年不少于五六百人。据广西地方志记载，宋代今广西有府州县学41所，其中建于隋唐而宋代修复的有12所，还有20所为宋朝所创，创办时间不长者有9所。宋代有不少饱学之士，因仕宦或获罪流放来到广西，如北宋时的李师中、黄庭坚和秦观，南宋时的范成大、周去非与张栻。他们在广西积极倡学，热心革除陋俗，推动了当地的教化。

明清两代在边疆办学达到较大的规模，并产生了深远的影响。以南部边疆为例，据《滇志》记载统计，明代天启时云南省有儒学63所，包括府学16所，州学23所，县学22所，卫学2所；另有社学163所，书院48处和文庙4处。清代崇祯末年，云南省有儒学73所，书院65处。② 清朝亦重视发展云南的教育。顺治十八年，云南巡抚袁懋功上疏，建议于各地学校开课教诲土官子弟，"使知礼义"获准。康熙三十三年，清廷在曲靖、澄江、广西、元江、开化、顺宁、武定、景东等八府设府学，在寻甸、建水等17处州县设训导。以后又增设不少儒学、书院、义学和私学，义学多设于边疆地区。康熙至光绪间，云南府厅州县建义学866所，其中一些位于偏远地区。如腾越厅有义学60所，蒙化厅有35所。明代无办学记载的丽江，清代亦建义学27所。③

积极传播内地的生活方式与习尚，使边疆诸族接受熏陶逐渐被教化，也是历代统治者所重视的治边方法。洪武二年，明朝中书省臣建议将广西诸峒土民迁入内地，"可无边患"。明太祖朱元璋说："溪洞蛮僚杂处，其人不知礼义，顺之则服，逆之则变，未可轻动。唯以兵分守要害以镇服之，俾日渐教化，数年后可为良民，何必迁也。"④ 反映出朱元璋已深刻认识到教化及社会习尚的改变，对巩固边疆的封建统治有重要的作用。

历代王朝重视封建文化潜移默化的作用，通过发展封建教育、更易旧俗等途径，把华夏文明传播至边陲之地，使边疆蛮夷的观念和习尚与内地逐渐合流。对于多民族统一国家的形成和巩固，教化所产生的积极作用显而易见。

---

① 《旧唐书》卷80《褚遂良传》；（北魏）高闾：《请筑长城表》。
② 参见方铁主编：《西南通史》，中州古籍出版社2003年版，第753页。
③ 参见《清圣祖实录》卷2；《清圣祖实录》卷164；（民国）《新纂云南通志》卷134至卷136《学制考》。
④ 《明史》卷317《广西土司一》。

互市，指历代王朝组织内地商人携带瓷器、茶叶等商品，在朝廷指定的地点，按照规定的方式，在相关机构的管理下，与边陲及以远地区的蛮夷换取珍稀土产及马匹的商业活动。参加互市者既有边疆地区的诸族，也有来自远方国家的商旅。为规范与远方国家商旅的贸易，宋朝制定了《互市舶法》，其他朝代也有类似的规定。

自西汉初与南越国互通关市，乃逐渐形成互市制度。东汉互市的规模进一步扩大，互市的对象包括乌桓、北匈奴与鲜卑。北魏立互市于南部边陲，隋、唐两代主要与西北边陲蛮夷互市。唐开元间拟定条令，载其条目，后唐因袭。而高丽、回鹘、黑水诸国，又各以土产与中原王朝交易。[①]

自唐宋以来，历代实行以茶易马的互市，"用制羌、戎，而明制尤密"。明朝与北方游牧民族的茶马互市，大致有官茶、商茶两种，都达到很大的规模。内地各省生产的茶叶，大量运往边疆地区的仓库，以供交易马匹之用。官茶主要是向当事人征收赋税，商茶则"输课略如盐制"。明永乐间的马市有三处，一在开原南关，以待海西诸族；其次在开原城东五里和广宁，皆以待朵颜三卫前往交易。嘉靖间又设马市于大同，在陕边宣镇等地也相继实行。[②]

除马市以外，明朝还在川陕等地设针对藏民的茶市。由于开设茶市有更为明显的羁縻之意，朝廷对茶市的控制十分严格。西番前往纳马易茶，均赐之以金牌信符。每隔三年，明朝遣廷臣召集诸番，核定信符后进行交易，规定上马换茶120斤、中马70斤、下马50斤，贩私茶出境者罪当死。明初设立市舶司，管理与海外诸蕃的互市。互市的地点先后有太仓黄渡、宁波、泉州与广州。宁波主要与日本互市，泉州以通琉球，广州则通占城、暹罗、西洋诸国。琉球、占城诸国均按时前往交易，唯日本叛服不常。因此规定与日本的互市间隔十年为之，每次前往互市的人数为二百，舟可二艘，并以金叶勘合表文为验。以后明朝罢去市舶司，严禁濒海地区的军民私通海外诸国。[④]

清代针对藏民的茶马互市，在明朝的基础上进一步发展。清朝沿袭明朝的制度，茶叶流通大致分为官茶、商茶与贡茶三种。其中官茶即官营的茶马互市，目的是储边易马；经营商茶的目的则是"给引征课"，有相当一部分茶叶也针对藏民的市场，只有贡茶运京供统治者享用。可见，清代生产茶叶中有较大的数量，主要是用于与藏民的互市。清朝加强了对茶市的管理，仅在陕西便设5处巡视茶马御史，其中西宁司驻西宁、洮州司驻岷州、河州司驻河州、庄浪司驻平番、甘州司驻兰州。又在四川设盐茶道，江西设隶于江宁府的茶引批验大使。[③]

---

① 参见《宋史》卷186《食货下八》。
②④ 参见《明史》卷80《食货四》；《明史》卷81《食货五》。
③ 参见《清史》卷124《食货五·茶法》。

历朝针对边陲诸族和海外诸蕃而组织的互市，大都有明确的政治目的，即通过经济贸易活动以羁縻和控制后者。通过互市，起到了控制和羁縻边陲诸族与海外诸蕃的作用。由官府在边陲或边关组织与蛮夷的互市，一方面在一定程度上体现了交易公平与规范管理，因此受到边疆蛮夷的普遍欢迎；另一方面，互市增加了中原王朝的国库收入，也扩大了内地与边陲乃至海外诸国的经济交流，推动了边疆地区的经济发展与交通线的建设。

（五）设治拓道与屯垦移民

在具备条件的地区设立统治机构，是封建王朝治边的一项重要举措，历朝也把这一举措推广到能控制的边陲之地。对边陲所置郡县的管理，通常较内地相对宽松灵活。历代在边疆地区的设治，有助于封建王朝对边远地区实现有效控制或灵活羁縻，因此对中国历史疆域的形成以及边疆地区的开发，均发挥了重要的作用。

以云南地区为例。秦朝在今滇东北置官守。汉武帝积极经营西南夷（指今云南、贵州和四川西部），先后在今云南及附近地区置4郡，其中犍为郡治僰道（今宜宾），辖12县；牂柯郡治故且兰（在今贵州黄平西南），辖17县；越巂郡治邛都（今西昌），辖15县；益州郡治滇池县（在今云南晋宁东），辖24县。以上诸郡皆隶于益州刺史部（治今成都）。① 东汉继承西汉所置郡县，又增设永昌郡（治今云南保山）与犍为属国（治今云南昭通），所设诸郡及犍为属国属于边郡。以上诸郡及属国的设立，大致奠定了中国西南部的疆界。

两晋南朝大致继承了两汉在云南的政区设置。唐朝统一全国后，经营云南地区十分积极。唐朝在云南及附近地区先后设置戎州、巂州、姚州、黔州等都督府以及安南都护府，作为统治这一地区的政治中心，上述都督府与安南都护府统辖数百处羁縻州，形成管辖云南及其附近地区的行政网络。

元朝结束南诏、大理国地方政权割据500余年的局面，并正式在云南建省。云南行省以今昆明为中心，下辖37路、2府、3属府、54属州及47属县，还置军事统辖性质的宣慰司约10处，见于记载者有曲靖、乌撒乌蒙、罗罗斯、大理金齿、临安广西元江、八百、银沙罗甸、蒙庆、邦牙、威楚开南等处宣慰司。云南行省的范围，包括今云南省、贵州省西部、四川省西南部以及今缅甸北部、越南西南部、老挝和泰国的北部。云南行省还设有一些直隶行省乃至中央的职能机构，如主管监察的提刑按察司，负责教育的儒学提举司，管理金属加工及税收的规措所，管理食盐税收的榷税官，管理宗教的广教总管府，直隶中央观测天文的

---

① 参见《汉书》卷28上《地理志第八上》。

测景所,以及屯田总管府、国家养马场和惠民药局等。

明朝在云南设置严密的统治机构,与军队的建置卫所互为表里。1382年明朝置云南布政司,治云南府(在今昆明),辖大理、永昌、姚安、楚雄等52府、63州和54县,[①] 以后进行局部调整,云南布政司东部、东北部的一些区域,被分别划归贵州与四川两个布政司。洪武中云南布政司辖52府,其统治范围与元代的云南行省相近。明代云贵地区行政建置的一个重大变化,是1417年设贵州等处提刑按察司,贵州遂单独建省。清初设巡抚治云南府(治今昆明),并设云贵总督。以后代之以云南总督和贵州总督,但时撤时并。云南省辖区在前后期有所变化,光绪间云南省辖14府、6直隶厅、3直隶州、12厅、26州和41县,以后清廷将东川、昭通、镇雄等地从四川划出归云南。光绪后期的云南省,辖14府、6直隶厅、3直隶州、12厅、26州及41县,范围与今云南省大致相同。[②]

在边疆地区设治的同时,封建王朝还重视在边疆拓建道路,以此维系所设置的郡县及联系邻邦。

从秦汉至唐代,历朝以四川盆地为经营云南地区的地缘依托,由四川盆地通往云南地区的灵关道与五尺道,便成为联系川滇两地的交通命脉。沿灵关道、五尺道达滇中再向西部或南部延伸,则分别形成通往南亚次大陆和中南半岛南部的国际通道。元朝统一全国后建云南行省,使云南地区脱离四川的行政管辖。自元代开始,云南的政治管辖中心从滇西移回滇中,与这一改变密切相关的一个重要因素,是元初开通由今昆明经贵阳达湖广的驿道,这条道路随即成为云南联系中原的首选要道,云南通往四川的旧道逐渐衰废。明清两代沿袭了元代形成的这一交通格局。明朝建贵州省的原由之一,是为了保护由今昆明经贵阳达湖广驿道的安全。

元朝在云南建行省并广置驿道,有效地加强了云南与内地的联系,也使封建统治深入基层和边陲。自元代开始,云南地区未再出现地方性的割据。由今昆明经贵州达湖南以及从今昆明经滇东北达泸州的道路,分别经过今滇东、贵州中部和川滇黔相连区域,有力地促进了这一区域的经济发展。

历代王朝不仅积极拓建交通线,也十分重视对交通线的管理。如元朝沿诸多道路设置了驿站。据《经世大典·站赤八》记载,云南行省设有驿站78处,其中马站74处、水站4处,据考证尚不止此数。云南行省还设有传递军情的急递铺,并设负责驿传事务的驿站台官,行省的高级官吏和云南王、梁王等宗王也经常过问驿传事务。因此云南驿传具有管理完善、往来方便、传递信息迅速等特

---

① 参见(明)《太祖洪武实录》卷143。
② 参见《清史稿》卷74《地理志·云南》;《清一统志》卷475《云南统部》。

点。元朝利用驿道多次调兵入滇,奉调军队或达数十万人。

总体上来看,封建王朝在边疆地区设治和发展交通,对中国历史疆域的形成和巩固,边疆地区社会经济的发展,以及加强边疆与内地各方面的联系,都具有十分重要的意义。设立边疆行政管辖机构以及发展内外交通,既是经营和开发边疆的必要措施,也为经营边疆搭建了重要平台。内地移民因此能大量迁入边疆地区,内地的经济文化因素在边疆地区得以广泛传播,促进了边疆与内地一体化的形成。

历代中原王朝在边疆地区的屯垦,以元代为界大致可分为前后两期。前期屯垦的重点在北方,目的主要是防范北方游牧民族南下,以保护中原地区的安全;后期尤其是元朝和清朝,较好解决了来自北方草原地区的威胁,明朝亦重视经营云南等南方边疆地区,这三个王朝对南部边疆的经营进入深化的阶段,为获取开发收益与解决众多驻军的粮食供应问题,封建统治者在今云南、贵州和广西等地积极屯垦及发展农业生产,有力地促进了上述地区社会经济的发展。

自秦汉统一全国并注重经营边陲地区,封建王朝即在设置郡县之处遣置移民。为解决移民和镇守边疆军队及官吏的给养,相应在郡县治地发展农业生产。由于驻军、镇吏和移民的数量有限,这些垦种活动较为零散,并未形成规模。自汉武帝开始,为了应对北方游牧民族的骚扰和进攻,乃向北方郡县地区与军事要地派遣专门军队或进行针对性移民,同时进行稳定和规模较大的屯垦,与郡县及驻军形成相互呼应之势。两汉的做法为以后的封建王朝所继承,秦汉至宋,历代南部边疆也有官方组织的屯垦,但其规模不能与北方相比。

元朝重新统一全国后,各地遍立屯田"以资军饷"。今云南、贵州、海南等边陲之地,因为是"蛮夷腹心",尤其"设兵屯旅以控扼之"。云南行省所辖的军民屯田,合计屯田总户数达 19 149 户及 6 000 人,垦田不少于 71 667 双及 1 250 顷。以每双合 5 亩计算,见于记载的屯田面积在 48 万亩以上。①

明朝十分重视在边疆地区屯田,规定守边军队三分守城、七分屯种。洪武朝云南垦田数多至 100 万余亩。② 据《明实录》记载,洪武中后期明朝调兵入滇十次,驻守云南的军人及家眷应不少于六七十万人。由于卫所常驻各地并广开屯田,所辖军人及其家眷众多,军屯乃成为规模宏大的屯田运动及强制性的军事移民,明朝在云南的商屯、民屯也有一定的规模。商屯为元代所无,民屯为组织外来移民到边疆屯田。在开发耕地、提高粮食总产量方面,明朝的屯田明显超过了元代。

---

① 参见《元史》卷 100《兵三》。《元史》卷 61《地理四》。
② 参见《明史》卷 126《沐英传》。

清初在西南边疆举办过屯田。但清朝屯田的规模和范围较前代要小得多,而且一些地方的屯田后来还因废弛被改为私田。云南等地原属明代卫所管理的屯田,清初大都被豪强隐占。康熙二十九年,清廷接受云南总督范承勋等的建议,允许荒芜的军屯田地"听民开垦",以后又准许各地屯田按民田数额上缴田赋。大批军屯田地乃转化为私田,封建土地所有制成为云南耕地占有的主要形式。① 元明清时期,贵州与广西官方组织屯垦的规模虽然不及云南,但情形也大同小异。元明清时期西南边疆诸省屯垦的情形,在全国边疆地区有一定的代表性。

与在边疆地区设立郡县相伴,历代王朝向边疆设治地区大都有过移民。但移民数量最大的是明清两代,而且移民的重点逐渐倾向西南边疆地区。如明代进入西南边疆的汉族移民,主要是朝廷遣镇各地的卫所军人及其家眷。仅云南省便有二三十万卫所军人,连同家眷约有八九十万人,约占当时云南人口总数的1/4。驻守贵州的军人及其家眷约有60余万人,明初驻守广西的军人及其家眷也不少。② 算上官府从内地迁来参加民屯的移民,明代进入西南边疆诸省的移民,其人口数量及其产生的社会影响都不可低估。

移民进入边疆不仅增加了当地开发的劳动力,还促进了边疆各民族之间的交流与融合。明清时外来人口大量进入云贵高原,融合一些本地民族人口形成地方性汉族群体,并逐渐在云贵高原成为主体,改变了这一地区长期以来以当地民族为主的局面。另一方面,明清时期外来移民大量进入边疆、山区和僻地,也有利于这些地区社会经济的发展。

三、历朝的边治实践

从总体上看,一方面,历史上的边疆治理是一个动态发展和连续性相统一的过程;另一方面,不同朝代和不同历史时期的边疆治理,面对的问题有所不同,秉承的思想和采取的方略又各有特点,治理的成效也有很大的差异。但是,从各个朝代前后相继的边治实践,还是可能看出历史上边疆治理的基本脉络。

(一) 秦汉晋的边疆治理

秦始皇统一六国后在全国推行郡县制度,在边疆民族地区则设与县同级的"道",性质与县相似。在中央政府设典属国,以"掌蛮夷降者"。可见秦朝的郡县制已较完善,还注意到根据边疆民族地区的特点有所变通。

---

① 参见(清)倪蜕辑:《滇云历年传》卷11。
② 参见方铁主编:《西南通史》,中州古籍出版社2003年版,第624页。

关于汉朝在边郡所实行的政策,《史记》说:"以其故俗治",其实质是承认边疆民族地区的特殊性,在不强行改变当地民族社会结构、生产生活方式的前提下,进行较宽松灵活的统治。实现"以其故俗治"的途径,是在确保当地民族对封建王朝既有隶属关系的前提下,保留当地民族首领的地位,在其协助下进行统治,通常在边郡实行郡县与土长并治的双轨制,这种做法即文献所言的"羁縻之治"。

汉朝借重边疆当地民族首领统治边郡的做法,大致是依其势力的强弱,分别赐与王、侯、邑君等封号,授予"复长其民"的权力,允许他们与郡县参差而治,王、侯、邑君并不是国家的正式官吏,这一点与元明的土官土司有所不同。"羁縻之治"自西汉起逐渐成为制度,并对以后的封建王朝产生了深远影响。汉朝还为分封的王、侯配备丞等协助管理的官吏,规定予封的王、侯的级别分别类同于边郡或县。受汉朝所封的王、侯、邑君和邑长,大都世袭其职,世率其民。

"以其故俗治"的另一含义,是强调边疆蛮夷有与内地百姓不同的特点,统治其人应酌依其俗灵活制宜,而不可羁束太甚。汉朝对少数民族王、侯、邑君和邑长的管理比较松弛,还未形成统一的管理规则,因此管理上表现出较大的随意性。

西晋仍实行州—郡—县的三级行政区划制度。由于北方蛮夷不断南下及管理混乱,西晋的郡国及县不断增加,据《晋书·地理志》记载,西晋后期有1 723个郡国及1 232个县。在官吏的设置方面,在位于边疆的州设分管军事的弓马从事,一些州还设管水利、屯田等事务的从事。继西晋之后的东晋,有效管辖的地区仅有前代中原王朝的南部。东晋仍实行州、郡、县三级制,与西晋不同之处,东晋新设不少安置流动人口的侨州郡县,各级行政区的数量也大量增加。两晋统治集团还存在严重的"华夷之别"的偏见,致使两晋对边疆蛮夷不可能"因其俗而治";两晋统治边疆在大部分时间表现出僵硬、短视和迷信武力的作风,在治策施行中亦不断碰壁。

(二) 唐宋的边疆治理

唐朝在边疆地区普遍推行羁縻府州制度。其羁縻府州制度既是对边疆蛮夷的治策,又是对边疆地区统治的政策,其做法上秉承秦汉的"羁縻之治",下启元明土官土司制度的先河,在唐代及以后产生了深远的影响。唐朝设置的羁縻府州大致有如下特点:主要为控制边疆的蛮夷而设,设治的出发点并非是为了征收贡赋和征集丁壮;为控制设治地区的蛮夷,通常即其部落列置州县,任命当地部落的首领为羁縻机构的都督、刺史等官吏,并允许世袭;羁縻府州的贡赋版籍多不上户部,在设治地区亦实行轻徭薄赋。

唐朝在边疆地区实行的羁縻府州制度，与边疆地区社会经济发展的水平大体适应，对巩固唐朝在边疆的统治发挥了重要的作用，也是唐朝在边疆统治制度方面的一大贡献。唐在边疆地区设置的都督府和边州都督府，带有明显的军事统治性质，对所辖的羁縻州和蛮夷部落，负有抚慰和征讨管束的职责。羁縻府州的义务主要是奉命出征协助唐朝作战，有时必须象征性地向唐朝交纳少量的贡赋。

两宋对大理政权和今广西地区采取截然不同的治策。对继承南诏疆土的大理国，宋朝的态度是强调以大渡河为界，尽量疏而远之；对纳入宋朝疆域范围的今广西和贵州北部则积极经营，其经济开发的规模和范围虽不及元明，但也有相当大的效果。宋朝设置羁縻府州仍是以当地蛮夷的首领为官吏，即其势力的大小和范围列置州县，同时在羁縻州县地区实行计口授田。宋朝以法律的形式确定封建领主对农奴的隶辖关系，并注重县、峒等基层羁縻机构的设置，表明对羁縻地区的控制较唐朝更深入，其管理亦渐趋完善。

（三）元朝的边疆治理

元朝在全国实行行省制度，并为明清两朝所承袭。除中央政府所在的腹里地区外，元朝在全国设立约10个行省，通过行省将统治深入到各地。

元朝在其他地区设立行省的情形，与云南行省比较亦相去不远。元朝建立云南行省，即在南诏、大理国约500年统治的基础上，首次成功地将云南地区组合为一个隶属中央的大行政区。云南行省统辖的范围，包括今云南省、贵州西部、四川西南部以及今缅甸东北部、老挝和泰国的北部。行省之下设路、府、州、县，设置堪称完整严密，云南行省计有37路、5府、54州与47属县，"其余甸寨军民等府不在此数。"[①] 此外还置多处宣慰司与宣抚司，其职责是"掌军民之务，分道以总郡县"。路府州县与宣慰司参差而治，形成了严密的统治系统。

元朝还在云南派驻被封为云南王或梁王的蒙古宗王。梁王的地位高于云南王，后期行省事务实际上被梁王控制。云南行省还设有一些直隶行省乃至中央的职能机构，见于记载者有负责纠察的提刑按察司或肃政廉访司，屯田总管府等屯田管理机构，儒学提举司与各级学校，管理金属开采加工的规措所，主持制盐等工业税收的榷税官，掌管宗教的广教总管府，国家养马场，惠民药局与观察天文的测景所等。

通过大力发展交通业与农业、扩大矿藏开采规模、实质性征收赋税及开办学校等措施，元朝加强了对云南地区的治理。其中发展交通业取得了突出的成

---

① 参见《元史》卷61《地理四》。

就。凭借发达的交通，元朝经常调动云南的宗王和官吏，并派员前来稽查政务或考覆钱谷，朝廷还多次调兵入滇，奉调军队多达十万人。云南行省大兴屯田，见于记载的屯田面积不少于483 335亩，参加屯田的有外来各类驻军和当地土军；据《元史·食货二》记载，天历元年，云南行省纳金课184锭，纳银课735锭，所纳金课、银课的数量均居全国之冠。云南行省在大理和今昆明设立儒学提举，以后又于诸郡邑遍立庙学，并择饱学之士担任教官，[①] 延祐元年又设立云南行省儒学提举司。云南诸族还参加全国的科举考试，并有一些人取得名次。

土官制度下的"以夷治夷"，具有与前代不同的特点。土官制度及由此发展而来的土司制度，其"以夷制夷"主要是利用南方蛮夷内部的矛盾，使之相互牵制和争夺。在南方蛮夷内部为继承权、资源占有或冤冤相报而进行的争斗中，封建王朝可坐观成败，渔翁得利。封建王朝支持蛮夷的方式，也由原来的公开为某些政治势力撑腰，改变为以土官官职的授予及合法承继为诱饵，驱使南方蛮夷为之尽忠奔走。因此，土官制度的成功施行，终于实现历朝统治者梦寐以求"以夷制夷"的设想。但土官制度的普遍推行，也使土官易于坐大，朝廷或难以置喙，封建统治者对此感到头疼不已，明清两朝对土司逐渐进行"改土归流"，与此颇有关系。

在南方蛮夷地区普遍推行土官制度及其后的土司制度，产生了以下的重要作用：首先是加强了封建王朝对南方蛮夷的有效统治，使封建统治深入到元代以前鞭长莫及的边远之地；其次是培养了南方蛮夷对封建国家的忠诚，这对统一多民族国家的形成是有利的；最后，土官制度的实施，还是封建王朝施行蛮夷治策向不同方向发展的肇始。与南部边疆实行土官土司制度不同，在北部草原地区，封建统治者继续沿用传统的万户制度，即在万户之下逐级设立千夫长、百夫长，依据所辖人口的多寡进行军事化分级管理的制度，其组织既是生产单位又是作战单位，可与当地蛮夷从事游牧、采集生活的活动方式相适应。清朝发展了前代的万户制度，在北方草原地区实行盟旗制度。盟旗制度较为完善，但职位世袭的情形仍较少，亦带有前代万户制度的一些痕迹，相关的规定与土官制度仍有重要区别。

（四）明朝的边疆治理

军事统治在边疆地区有重要的地位，是明朝治边的一个特点。中央的兵部管辖设在各地的带有军区性质的机构都指挥司或行都指挥司，主管各省的军户卫

---

① 参见《元史》卷91《百官七》；《元史》卷125《赛典赤·赡思丁传》附《忽辛传》。

所，通常一省设一都司，情况复杂地区则增设行都司或留守司。行都司有实土和非实土两种。实土行都司指所统辖的卫所军户多而民户少；非实土行都司则是军户少而民户多。明朝在各省均设军民管辖机构，两者互为表里，施政则相辅相制。朝廷先后派遣大量军队镇守边疆地区，并广泛开展以军屯为主的屯田垦殖，其实际效用与明朝统治者的初衷可能不尽一致，但客观上形成了大规模的经济开发。

明朝治理边务的重点在北方，即重点防守退居漠北的蒙元后裔鞑靼、瓦剌诸部。明代鞑靼、瓦剌诸部十分活跃，屡为明朝边害。① 朱元璋把24个儿子和1个重孙分封到全国各地，以巩固明朝的统治。由于北元退守大漠后仍然保持了强大的军事力量，朱元璋及其继承者为之或寝不安席，因此朱元璋分封的诸子，有不少是安排镇守北部边疆。

西南边疆地区虽不是明朝治边的重点，但也遣重兵以守之。在西南边疆地区，朝廷基本的统治方略是务求羁縻得宜，使无西南边患之虑。朱元璋以深受宠信的养子沐英为云南总兵官，在广西地区亦委以重臣，通过在各地设置的卫所对西南边疆进行严格控制。朱元璋遵循的原则，大体上是守境以安，尽量少用刀兵，以达到朝廷无西南之忧的目的。据《明实录》，洪武朝的中后期，明朝调兵入滇有10次，人数计达25万人，连同原来驻守的数万人，云南卫所的军士及家属的数量，约占云南总人口的1/4强。

明朝在西南等边疆地区广为屯田。据《明史》记载，云南军屯亩数高达100余万亩。朝廷还在西南边疆推广商屯，所产出的粮食论数量虽比不上军屯，但也不失为解决驻军军粮的一种途径；朝廷在西南边疆等地还置建民屯，规模总体上比军屯小得多，这主要与明朝更重视军屯，以及西南不是明朝"移民就宽乡"迁徙运动的重点地区有关。

明朝在元朝设置土官的基础上，完善并在南部边疆等地全面推行土司制度。从而把对少数民族首领的管理，以及这些首领的责任和义务规范化与具体化，同时规定各级土官由朝廷委派，颁予印信发给俸禄，将其正式纳入国家官吏的体系进行管理，并在更大的范围内推行这一制度。

（五）清朝的边疆治理

在边疆治策方面，清朝前半期与后半期的差异十分清楚，主要反映在清朝后半期在治边思想和政策方面的局限性趋于明显，在实践中也不断碰壁。道光年以后，清朝对外政策中的内收倾向，以及具有的闭关自守意识亦渐清晰，并产生了

---

① 参见《明史》卷327《外国八·鞑靼》。

消极的影响。

清朝对边疆地区的治策,集历代治边经验之大成,并充分注意到因地制宜和因时制宜,在边疆治策的成熟、完善程度以及个性化处理等方面,都达到了很高的水平。因边疆地区与内地存在差异,因此清朝政府对边疆的行政管理,也根据具体的情况,而采取不同的办法。①

关外东北地区是清朝的"龙兴之地"。在这一地区,清朝除设盛京五部和奉天府尹衙门外,还置盛京将军统辖盛京全境,其下亦有府州县厅的建置。盛京以北为吉林和黑龙江,各设将军一人统领。在内外蒙古和其他各部蒙古地区,在朝廷设有理藩院,清朝又派驻将军、都统、副都统、参赞大臣、办事大臣等官员,以综理或监督该地事务。清朝还把蒙古分为"内属蒙古"与"外藩蒙古",以便分别统治。在新疆地区,清朝采取以军事长官综理军民事务的方式统治。设立新疆的最高长官署伊犁将军衙门,伊犁将军以下有都统、参赞大臣、办事大臣和领队大臣,他们除协助将军管理伊犁地区外,大部分被派出镇守各地。

对西藏则实行政教合一的管理制度。清朝向西藏派出两员驻藏大臣,代表朝廷负责全藏事务,同时借重得到承认的达赖喇嘛、班禅额尔德尼这两个最高宗教领袖。达赖喇嘛驻前藏地区,班禅额尔德尼驻后藏地区。

在南方土司地区,清朝以原部落的统治基础,任命其头领为朝廷官员,并允许世代承袭,让土司世守其土地与人户。为防备土司跋扈闹独立,清朝还常采取土流并治、分封众建、严禁土司私至境外等方式加以限制,甚至动用武力进行改土归流。

清朝治理边疆的政策大致有如下的特点:一是大权集中、小权分散;二是依据边疆民族的特点,注意循袭其俗,以施其政;三是厚养边疆少数民族的头领人物,实行分而治之;四是在蒙古草原和青藏高原地区,大力倡导喇嘛教;五是在边疆地区实行贡赏制度和年班制度。通过上述治策,统一多民族国家得到切实有效的管理,对巩固边防也有重要的意义。

鸦片战争以后,清廷的治边思想有重大改变,主要倾向是逐渐以保守内收代替前期的革新和进取,即在西方列强的步步紧逼下妥协退让,导致边疆地区不断丧权失地。

在处理与西南邻国的关系方面,清朝继承明朝的做法,封越南和缅甸为属国,与之保持宗藩领属的关系。顺治十七年安南遣使入贡,请求清朝予以承认。次年清朝敕书安南黎氏贵族,约其"永作屏藩,恪守职贡"。康熙五年清

---

① 参见白钢主编:《中国政治制度史》第 10 卷,天津人民出版社 1991 年版,第 243~253 页。

朝正式赐安南王印，再次肯定了双方的宗藩关系。直至1884年法国占领安南，后者成为法国的"保护国"，清朝与安南的宗藩关系方告结束。缅甸在清初一度接纳南明流亡政权，以后缅甸发生政变，当事者把永历皇帝朱由榔献给清军。乾隆三十二年和三十四年，因边境地区中缅边民纠纷，清朝两次出兵征讨缅甸，五十三年缅甸上书清廷表示愿意臣属。清朝于五十五年封缅甸国主为缅甸国王，约定十年一贡，双方的宗藩关系正式建立。① 1858年英国殖民者占领缅甸，清朝与缅甸的宗藩关系乃不复存在。清朝与老挝（南掌）和暹罗也建立过宗藩关系。

在清代之前的上千年间，中国西南部的边界，在很长时期内处于有伸有缩的弹性状态，中国封建王朝则以"天朝"的姿态，对西南徼外"施以恩泽"，并接受其朝贡。英法占据缅甸、老挝和越南后染指中国西南边疆，中国与中南半岛诸国的边界问题随即突出。经过勘察和谈判，清朝与英法控制下的缅甸、越南划定边界。但其影响还不止于此，通过缅甸、越南等国，英法继续向中国西南边疆渗透。清廷迫于被列强瓜分豆剖的形势，将主要兵力先后布置在东南沿海和京师一带，对西南边疆出现的分裂危机，已力不从心而鞭长莫及。

（六）民国的边疆治理

辛亥革命成功后，持续数千年的封建帝制被推翻。从1912年袁世凯就任中华民国临时大总统，到1928年张学良东北易帜，中国处于北洋军阀政府的统治之下。北洋政府削减一些省级政区，同时增加川边特别行政区（治今康定），地位相当于省。又从内蒙古、直隶省、山西省析置热河特别行政区、察哈尔特别行政区与绥远特别行政区，分别治今承德、万全与呼和浩特。1924年，苏联归还原沙皇俄国占据的中东铁路及沿线地方行政权，北洋政府设东省特别行政区，治今哈尔滨。此外，对青海、新疆、内蒙古等边疆地区的设置，也进行了一些调整。从1914年起，北洋政府取消府一级政区，将原来的厅和州改为县，在边疆地区则保留盟旗制度与土司制度。在一些新开发或进行改流的地区设置设治局，待条件具备时改设县。

北洋政府在行政管理体制方面的改革，体现出重视及加强边疆地区管理的特点，具有将封建传统与所谓民主共和制度相糅合的特色。

1927年，以蒋介石为首的南京政府上台。在行政管理体制方面的改变，主要是省级政区的变动、城市型政区的建立，以及其他各级政区的调整方面。②

---

① 参见（清）魏源：《圣武记》卷6《乾隆征缅甸记》、《乾隆征抚安南记》。
② 参见刘君德等：《中国政区地理》，科学出版社1999年版，第116页。

1928 年至抗日战争爆发前夕，南京政府撤销热河、察哈尔、绥远三个特别行政区，改设热河省（治今承德）、察哈尔省（治今万全）与绥远省（治今归绥）。又撤销川边特别行政区设西康省，增加宁夏省（治今银川）和青海省（治今西宁）。在南京国民政府时期，行政区划方面最大的变化是确立了城市型行政区。城市型行政区分为特别市与普通市两种，特别市的地位相当于省，普通市的地位相当于县。

抗日战争爆发后，南京政府对行政管理体制的改革陷于停顿。从 1928 年至抗日战争爆发前夕南京政府进行的改革来看，主要特点是较为重视边疆地区的巩固和建设，并引入西方行政管理体制方面的一些内容。但是，南京政府时期战争连续不断，尤其是破坏极大的八年抗战，对全国尤其是边疆地区行政管理体制的改革，造成了不可忽视的负面影响。

民国时期孙中山发表《中华民国临时大总统宣言书》，首次正式提出五族共和的理论，主张中国各民族本出一源，中华各民族经过数千年相互的融合与陶熔，逐渐趋于和同，进而形成统一的中华民族。但孙中山提出的"五族共和"口号也有其缺陷。因为中国除汉、满、蒙、回、藏五族以外，还有其他众多的少数民族，因此孙中山先生后来也认识到："这五族的名词很不切当，我们国内何止五族呢？"[1] 1919 年以后，孙中山就没有再用五族共和的概念。孙中山之所以只关注满、蒙、回（指新疆信仰伊斯兰教的民族和中国本部的回族）、藏等族，一是因为民国时期，这几个民族聚居的边疆地区危机十分严重；另外，孙中山把居住在西南边疆的苗、瑶、彝等民族看成是已同化了的民族，[2] 而且西南边疆很早就纳入中央政府的统治之下。这一看法尚可商榷。

蒋介石提出中华民族一元的理论，认为国族等于中华民族，而中华民族被重新定义为是属于黄帝子孙的同一宗族。1943 年，蒋介石的《中国之命运》认为：中国各民族同为中华民族，中国各民族无种族、血统的区别。蒋介石的中华民族一元论，似乎体现了各民族之间的平等，但事实上否认了少数民族与汉族的区别，甚至否认少数民族的客观存在，因此政府不可能对少数民族有特殊的照顾和相应的优惠政策。由此也暴露出蒋介石之中华民族一元理论的核心，仍是传统社会的大汉族中心主义。

国民政府的边疆观，也是含混不清且有争议的。南京政府所说的边疆，主要指政治意义上的边疆和文化意义上的边疆，如西康、青海等地。从现代

---

[1] （民国）孙中山：《民九修改章程之说明》，中国国民党《中央党务月刊》第 7 期，转引自翁独健：《中国民族关系史纲要》，中国社会科学出版社 2001 年版，第 858 页。

[2] 参见[日]松木真澄著，鲁忠慧译：《中国民族政策之研究——以清末至 1945 年的"民族论"为中心》，民族出版社 2003 年版，第 158 页。

意义的概念来看，这些地区不属于边疆，但是国民政府将其看成边疆。而紧邻中南半岛诸国的云南、广西等地以及台湾等海岛，反而未被认为是边疆。1931年日本发动"九·一八"事变，侵略我国东北地区，全国才切实认识到边疆问题的严重性，开始重视我国的边疆问题。由于长期忽视南部边疆的存在，并对这一地区缺乏科学合理的管理，在民国时期，西南边疆地区发生了多次动乱。

国民政府对边疆地区的关注，呈现一个从重视西北到重视西南的发展过程。1932年"一·二八"事变发生后，国民政府始重视西北边疆的开发。当年3月5日，国民党中央通过决议筹备西京委员会，拟引起国人对西北边疆建设的关注。1935年国民政府统一西南地区，随后把西南看成是民族复兴的根据地。1937年卢沟桥事变发生，国民政府随后迁都武汉，以后再迁重庆，西南地区乃成为抗日运动的大后方。国民政府遂把发展的重点放在西南地区，随后出现对西南边疆进行调查研究的热潮。

从总体上来看，一方面，国民政府对中国边疆问题的重要性虽有所认识，并在行政管理制度改革方面采取了一些措施，但认识水平和取得的效果仍然有限；另一方面，国民政府在边疆问题上的糊涂观念，以及相关行动的动摇与不明确，也影响了对边疆地区的管理和建设，由此表现出国民政府所具有的阶级和时代的局限。

四、对历史上边疆治理的反思

历史上的边疆治理尽管已成为往事，但经过千百年的沉淀，而成为一个思想文化的宝库。其中既有值得借鉴的经验，也有必须引以为戒的教训。无论从哪个角度来看，历史上的边疆治理，都是值得我们珍重的宝贵的资源。

（一）历朝治边的经验

在边疆治理和经营方面，古代中国积累了丰富的经验，也有深刻的教训。总结这一方面的经验和教训，对我们今天稳定边疆和开发边疆，都具有重要而不可或缺的价值。综合相关的史实与史籍记载，可总结历朝治边的主要经验如下：

第一，在内地与邻邦之间，有必要建立一个起缓冲作用的地带。

中国古代的边疆，是一个含混及地域范围不甚明确的区域。这主要是出自以下几方面的原因：一是在清代中期以前，版图意义上的中国历史疆域尚未定型，仍处于不断变动的发展过程之中。二是古人多以"华夷"不同文化分布的差异，以及区域经济开发程度的强弱，作为划分核心地区与边疆的分野，主要为少数民族居住、经济水平明显落后于核心地区，而且距离内地较远的偏僻之地，通常被认为是边疆甚至徼外，如现今贵州、云南乃至两广地区，在封建时代较长的时期，被统治者认为是边陲或蛮夷之地。三是中国古代的政治实体（统一王朝或局部政权）的辖地范围，不同时期不仅有盈缩改变的情形，而且这些政治实体与邻国或其他政治势力之间，通常也存在犬牙交错的情形，或因双方拉锯争夺或长期对峙，由此产生了占地较广的缓冲地带。这些邻近对方的区域，甚至实际控制权经常转移的地带，通常也被视为边疆。四是在统一王朝时期，由于封建统治者对边疆及徼外蛮夷实行"来则纳之，去则不追"，以及重赏朝贡者以收羁縻之效的政策，致使封建王朝名义上的臣属者，遍布边陲甚至疆土以外的广大地区，"边疆"的远端已达何处，有时连封建政治者也含糊难辨。

另外，华夏文明的拥有者认为中国是世界文明的中心，在封建王朝核心区域与其他地区之间存在程度不等的关系，两者密切的程度以及后者地位的重要与否，主要是依据两者距离的远近而定。因此，封建统治者以"华夷有别"来强调腹地与边陲在治理方面的区别，并提出"内华夏外夷狄"的观念，进而形成"守中治边"、"守在四夷"① 与 "欲绥远者必先安近"② 等策略思想。

历代中原王朝认为，华夏区域与周边蛮夷有明显的划分，两者之间存在一个范围大小不一的缓冲地带。对这一缓冲地带及其以远的地区，施行的治策应有必要的灵活性，同时根据情形的变化，中原王朝须及时调整相应的治策，只有如此，方可实现对边远地区有效的控制或羁縻。

在清代以前，历代统一王朝通过实行朝贡制度和羁縻治策，与周边的政治势力建立松紧不一的政治联系；其中便有在内地与邻邦之间，维持一定范围的缓冲地带方面的考虑。清朝以传统的藩属治策为基础，正式形成与越南、朝鲜等国的宗藩关系。中国的藩属关系与宗藩关系具有宽猛相济的特点，较多强调羁縻与宽容，而较少干涉藩属国的内政，清朝与越南、朝鲜的宗藩关系尤其如此。这一方面的情形，与近代西方形成以控制对方主权为目的的保护国制度有所区别。清朝与越南、朝鲜等国建立的宗藩关系，其实质仍是以越南、朝鲜等藩国为与中国有密切政治联系的邻国，清朝通过这些邻国，与外界的强大势力保持必要的空间距离。

历代的统一王朝，多以中心和边缘来比喻内地与边疆的关系，其观念和实践可概括为"守中治边"与"守在四夷"。这一认识是在古代中国与世界其他强势大国并无接壤，且中华文明领先于东亚诸国的情形下提出的。在此基础上形成的

---

① （明）桂彦良：《上太平治要十二条》，载《明经世文编》卷7。
② （唐）李大亮：《请停招突厥疏》，载《贞观政要》卷9。

治边观，强调中心与边缘有主次之分，重视发挥边疆拱卫内地的作用，在拓边方面大体上是采取守势。封建王朝还通过朝贡、册封和发展贸易等做法，与边陲及其以远地区的夷狄建立交往；在两者的关系方面，争取实现和而不同、睦邻相安。在清代中期以前，封建王朝的上述治策在总体上是成功的。19世纪中叶西方列强侵入中国，清朝未能适应时代发生的重大变化，仍继续恪守旧制，导致在与西方列强的战争中遭受失败。

第二，历代统治者深刻认识到：企望治边取得成功，必须承认边疆地区本身具有的特殊性，在管理方面允许有较大的灵活性，即在边疆各地，根据具体的情形实行"羁縻之治"。

对边疆地区多元的政治状况及边疆政局的复杂性，历朝统治者大都有深刻的认识。封建王朝的边疆政策既不能与内地雷同，亦不能固化或单一化，乃逐渐成为多数统治者的共识。实用即良策、适用即可用，乃成为历代王朝较普遍的看法。这一观念的形成，既反映了历朝治边经历了艰苦探索的过程，亦表明统治者不同程度认识到治边虽"无必定之规，亦无长胜之法"，① 但应以"临事制宜，略依其俗"为基本原则。② 另一方面，封建统治者也认识到应及时调整落后于形势的观念与治策，做到因势顺变。

在封建统治者看来，凡朝贡者均表示愿意归属，或愿与封建王朝建立友好的关系，如此则根据"厚往薄来"的原则厚待之；对周边蛮夷的侵扰，则实行"来则御之，去则不追"的对策。通过和亲，可与边陲蛮夷建立类似亲属的关系，进而增进双方的亲近感；由官府在边陲或边关组织互市，在与蛮夷的交易中体现公平与规范管理，既可羁縻和控制蛮夷，亦可体现泱泱大国的形象及有裨国库。封建王朝还注重对蛮夷进行羁縻和教化。经营边陲可观的费用，主要由封建王朝的国库出资（宋代以前尤其如此），而不依靠剥削蛮夷之所得。

羁縻治策、土官土司制度是中国古代的重要创造。这一做法所具有的重要意义，在于封建王朝以较宽松、较灵活的统治形式，与边疆蛮夷建立政治同一体的关系，并通过彼此联系的逐渐加强，最终确立巩固的历史疆域与统一多民族的国家。进一步来说，羁縻治策与土官土司制度获得成功，提供了以一国多制的形式解决边陲问题的成功范例。土官土司制度在南部边疆推行数百年，有效地培养了南部边疆诸族对中央王朝的忠诚，极大地增进了他们的国家认同。

第三，应重视完善经营边疆地区的内政机制，充分发挥文化软实力的作用。中国古代在统一破裂后，无一例外能在或长或短的时间内回归统一；经过数

---

① 《旧唐书》卷139《陆贽传》。
② 《后汉书》卷87《西羌传》：大将军梁商谓来机等曰："戎狄荒服，蛮夷要服，言其荒忽无常。而统领之道，亦无常法，临事制宜，略依其俗。"

千年的演变，中国从低水平、低层次的统一，逐渐发展到较高水平的统一。其原因是多方面的，但关键是历朝妥善处理了中心与边缘的关系，充分利用中华文明产生的辐射作用，在周边地区逐渐形成一个华夏文化圈，同时把对边疆地区的控制，由相对微弱的影响逐渐积累为质量方面的突变。在这一方面古人未必进行过系统的总结，但因施行的策略行之有效，历代相沿形成了悠久的传统。

封建王朝推行的朝贡制度与册封制度，其厚往薄来、礼尚往来等做法，均有利于华夏文明向边疆和徼外的传播。历朝还重视对边疆夷狄进行教化，将其视为治边策略不可或缺的部分。通过发展封建教育和推行移风易俗，边疆与内地间的文化逐渐接近乃至相互融合，对统一多民族国家的形成和发展是有利的。

中国历史疆域的形成，不仅得益于政区行政管辖的确定及其渐次调整，还表现在中国的主流文化，在边疆地区得到不间断的传播并逐渐被认同。通过封建王朝"守中治边"政策的贯彻，内地人口向边疆地区不断迁徙，并与边疆诸族实现了融合与重组，诸如此类的诸多因素，促使边疆地区与内地牢固地结合在一起。

在治边方面，古代中国体现出强大的软实力，主要表现在文化传播、羁縻治策、保护藩属国不受外来干涉、实现边陲内外地区的安定等方面。封建统治者认为华夏文明远高于其他文明，华夏文明对周边蛮夷负有管理和教化的责任，亦认识到教化对非华夏文明的重要影响力，同时出自彰显自我及显示强盛等目的，封建王朝多以丰厚的赏赐招徕周边蛮夷入贡，在边疆地区征收赋税较轻；并强调封建文化潜移默化所产生的影响从而把华夏文明传播至边陲之地，使边疆蛮夷的观念和习尚逐渐改变。

第四，要注意处理好与北方少数民族的关系。

封建王朝治理边疆，大都有重视北方、相对忽视南方的倾向。秦汉时重北轻南的治边倾向基本上形成，以后发展为历代相沿的传统，数千年间产生了深远的影响。主要表现在封建统治者经营边疆，主要注意北部边陲的游牧民族，对南部边陲则相对忽视。如历代驻兵和屯田的重点均在北方，某些时候还主动出击，以解除游牧民族对中原地区造成的威胁。对南部边疆则重在防守，以守土相安为追求的目标，同时少有主动进攻的情形。

由汉代至唐前期，历朝在云贵高原设治，并推行驻守、移民、发展交通等经营措施，但基点主要是以云贵高原为帝国疆土之藩篱，以之为沟通、防御邻邦的战略缓冲地带。同时受重北轻南传统的影响，这一时期经营边疆的重点在北方，在南部边疆进行屯田、移民和发展社会经济，其规模和效益远比不上在北部边疆推行的同类举措。对南部边疆地区的各类资源，这一时期封建王朝尚无可能做深入开发，亦未形成积极开发边疆以裨国用的传统。由于封建统治相对松弛等原因，唐宋约 500 年的时间，云南地区出现了南诏、大理国的地方割据。

在诸统一王朝中，元清两朝重北轻南的倾向不甚明显，主要原因是元朝为北方游牧民族所建立，北部草原为其发源地与根据地；清朝通过联姻与蒙古族建立密切的联系，有效地缓解了来自北部草原的压力。由于基本上不存在北方游牧民族南下的威胁，元朝和清朝加大经营南部边疆的力度，使其成为南部边疆发展最快的时期。史实表明，处理好与北方少数民族的关系，对统一王朝加强在全国边疆尤其是南部地区的经营，具有重要的意义。

历代治边的内容十分丰富，需要深入探讨的问题亦不少。例如：有哪些问题使封建王朝深度关切并甚感棘手，历代王朝是如何处理这些问题的？封建统治者在治边方面形成的观念及其施治，有哪些带有封建时代的偏见或受到剥削制度的局限，又有哪些反映了事物的内在规律而具有普遍的意义？我们应在历史唯物主义的指导下，将这一问题的研究不断引向深入。

（二）历朝治边的教训

其一，不少朝代治边遭到失败，一个重要的原因是人亡政息。

历代的治边实践，前期与后期的情形有时变化很大，其中既有封建王朝由盛及衰、事过境迁和人亡政息，统治者治边观念改变以及吏治腐败等多方面的原由，也有封建制度下人治大于法治，一些开明的治策及其实践鲜克有终等深层原因。

在安史之乱以前，唐朝十分重视边帅的选用，并做出边帅不久任、不遥领、不兼统的规定。边帅功名显著者，往往擢为宰相。这一时期边疆地区也较为安定。自玄宗改变规则，边帅始有久任十余年而不更易者。玄宗重用安禄山后，边疆吏治崩坏，朝廷决策亦多草率随意，导致边疆蛮夷势力纷起，政局动荡分裂。

安史之乱，成为唐朝的羁縻府州治策从普遍推行至逐渐放弃的分水岭，还与玄宗晚年的骄奢淫逸、疏理政事或草理政事有关。凡此种种，均表明封建王朝治边必然受到历史和时代的局限。其治边方面诸多的失败，往往有人亡政息而难以持久方面的原因。

其二，缺乏地缘政治方面的长远考虑，相关的部署与治策滞后。

先秦时古人对地缘政治关系便有深刻认识，提出"合纵连横"、"远交近攻"等应用于战争的策略。秦汉时处理核心区域与边疆的关系，封建统治者又提出"以藩为屏"、"以夷治夷"等重要的策略思想。古人对边疆地缘政治关系的认识，大致包括中国与周边国家的关系，内地与边疆的关系，边疆重要地域板块之间的关系，我国边疆与邻邦之间的关系，不同地理位置的边疆地区在治理方略方面的共性与差异性，边疆内外地区各行政中心之间的复杂关联等。

应该指出，一些封建王朝对地缘政治关系有深刻的认识，在治边方面也注意地缘政治的状况及其相关影响。但也有一些封建王朝，忽视对边疆地缘政治的研究，处理有关问题时暴露出短视和片面的弱点，以致造成严重的后果。宋朝对大理国以及安南问题的处理可为一例。

由于宋朝决策方面等原因，宋代西南边疆的地缘政治发生了重大改变。首先是宋朝划大渡河为界与大理国分治，视大理国为外藩，基本上放弃对云南及其以远地区的经营。其次是交州的丁部领建大瞿越国，北宋赐其国名"安南"，承认其独立地位，交州不复为中国王朝的疆土。

宋朝疏远大理国，并承认安南独立，虽有鉴于当时的治边环境而权衡利弊的考虑，但客观上导致中南半岛诸国经云南进抵中原的陆路交通衰落，作为边陲门户云南的地位下降，中南半岛诸国与中国内地亦逐渐疏远，所产生的影响不可谓不巨。宋朝末年，忽必烈受命率军远征大理国，再次统一云南并设立云南行省，增强了云南与祖国内地的联系。对宋代独立的安南，元朝和明朝都曾用兵，但终被安南击败而退回。安南分离出去后，对中国西南部疆域的安全显然不利。明代中期云南南部发生土司叛乱，导致原本属于中国版图的中南半岛北部最终分离而去，与前代失去安南的屏障作用，有重要的内在联系。

云南与祖国内地的政治联系较为紧密，还与历朝重视建设内地至云南的交通线有关，这也是地缘政治关系影响历史疆域的一个范例。

历代王朝对云南地区交通的经营，以元代为分界大致可分为前后两期。前期因受重北轻南治边传统的影响，也由于深入开发云南资源的时机尚未成熟，同时封建王朝尚未形成开发和汲取边疆资源以裨国用的传统，秦汉、蜀汉、两晋经营云南地区的交通，主要是出自联络邻邦，占据边陲的地缘关系之利，收集边陲和徼外的信息以及搜寻远方"奇物"等目的，尤以西汉为典型。唐朝对云南的经营虽有一些变化，但大致未出两汉经营的窠臼。缘由于此，这些王朝经营的重点，是云南通往邻邦的国际通道以及由蜀地进入云南的道路。

后期包括元明清三个统一王朝。尤其是元清两个王朝，重北轻南的治边倾向不甚显明，并重视对云南进行较全面深入的经营。云南本地以及云南联系内地的交通线颇受重视。云南各地交通的兴盛，对边疆各类资源的开发以及铜、银等矿产品大量进入内地，均起到积极的推动作用。

云南交通业的变迁，还与历朝对云南地缘政治的认识有关。元代以前，历朝以四川盆地为依托经营云南地区，由四川盆地通往云南的灵关道和五尺道，成为联系川滇两地的交通命脉。沿灵关道、五尺道到达滇中，再向西部及南部延伸，乃分别联结进入南亚次大陆和中南半岛的国际通道。元朝统一全国，在云南建立行省，使云南脱离四川的行政管辖。自元代始，云南的政治中心从滇西移回滇中，与这一改变密切相关的一个因素，是元初开通由今昆明经贵阳达湖广的驿道，云南通往四川的旧道乃逐渐废弃。明朝建贵州省的一个原由，便是为了保护由今昆明经贵阳达湖广的驿道。

其三，应处理好治边理论与治边实践的关系。

治边理论主要指古代人们对边疆以及边疆治理的认识、观念、方略和思想，以及体现在治理行为上的治策、规定与措施等。治边实践则包括相关制度的安排、政策执行者的贯彻处理、治边实践所产生的短期作用与长远影响等内容。

从有关记载来看，历代统治者大都重视对治边问题的研究，一些人还提出了精辟见解。至于朝臣、边吏关于当代及前代治边经验教训的总结，更是屡见于正史与奏疏。历代治边的政策与相关措施，就是在统治集团形成的治边思想的指导下制定并组织实施的。治边理论对历代治边具有的作用，其重要性不言而喻。

历代的治边思想影响边疆施治，大致有三种情况。一是经过最高统治者认可正式宣布的某一治边思想，影响甚至左右了该政权一代统治的边疆施治。例如：北宋建立后总结唐朝灭亡的教训，认为"唐亡于黄巢，而祸基于桂林"，[①] 即唐朝虽因黄巢起义而覆灭，缘由却是驻扎桂林防御南诏戍兵的兵变。乾德三年，太祖赵匡胤否定王全斌"欲乘势取云南"的建议，划大渡河与大理国隔绝。赵匡胤的这一思想深刻影响了两宋诸帝，并为后者所遵循。因此，大理国基本上被两宋视为外藩，与交趾、占城、真腊、蒲耳等国同列。[②]

二是开国君主提出的治边思想，最初得到认真贯彻，但以后因情况发生改变，继任者做了重大的修改或调整。以唐朝为例，唐前期广营边陲，在边疆置边州都督府与6个都护府，下辖800余个羁縻府州。唐太宗处理边政持较开明的态度，提出"四海如一家"、"夷狄亦人"等进步观念。[③] 太宗死后，先后继任的高宗、武则天、玄宗等皇帝，仍继承太宗制定的治边之策。安史之乱爆发后，唐朝暗藏的矛盾充分暴露，内忧外患接踵而至。在这样的情况下，唐朝前期在边疆地区广置羁縻府州、不计成本经营边疆的做法难以为继，继任者遂改变观念，实行务实求稳的治边之策。

三是由于边疆情况复杂且多变，封建帝王及其朝臣、边吏竭智尽力，虽深刻认识到边疆及"治夷"问题的复杂性，但终无相宜的观念与应对良策，最终被

---

① 《新唐书》卷222中《南蛮中·南诏传·赞》。
② 《宋史》卷485《外国一·夏国传上》："交趾、占城、真腊、蒲耳、大理滨海诸蕃，自刘长、陈洪进来归，接踵修贡。……来则不拒，去则不追，边圉相接，时有侵轶，命将致讨，服则舍之，不黩以武。"
③ 参见《资治通鉴》卷192《唐纪八》武德九年九月丁未条。

迫实行不甚适宜的某一对策，或摇摆于含混的看法与不同的治策之间。这种情况尤见于北部边疆。唐臣陆贽说：封建王朝治理边疆及边疆诸族，"是无必定之规，亦无长胜之法，得失著效，不其然欤！"①

治边实践所产生的短期作用与长远影响，也应重点研究。历史人物行事的具体目标与行事的客观效果之间，经常发生两者偏离的情形；推行治策所产生的即时效果，与数十年乃至数百年后所产生的长远影响，有时偏差亦大。

另外，还应注意研究在处理边疆问题的过程中，统治者的随机处置与阶段性政策的修正，前者主要指历朝对边疆问题的独到或有创意的处理，后者则指历代治理西南边疆相关实践嬗变的轨迹，以及同一王朝前后时段和由于最高统治者更替所导致的治策改变等。在古代尤其在清代后半期，封疆大吏在治边方面有较大的决策权并发挥了重要作用，也十分明显。

（三）影响治边的重要因素

第一，治边成效的大小及成功与否，与封建王朝国势的兴衰有关。

细究历代王朝的治边理论和治边实践，不难看出治边观念演变的一个基本规律：治边理论可能因国势的兴衰而改变，反之，国势的兴衰又深刻影响当权者的治边理论。国势兴盛时统治者多志满意得，其治边观念普遍具有积极开放与着力经营的色彩；若遇国运中衰，或开国之初百事待兴，统治者多强调"守内虚外"或"守在四夷"，以保守疆土、稳定边陲为基本的治边国策。甚至同一封建帝王，也会出现前期与后期治边观念明显改变的情形，其中固然有个人认识变化等方面的因素，但国势转衰、风光不再也是导致改变的重要原因。

至于影响治边理论与实践的"非制度性因素"，大致包括统治集团内部出现的外戚干政、宦官擅权与政权的非正常更迭，边疆地方政府由于腐败、擅权与混乱对治边造成的干扰，以及天灾、瘟疫、动乱、战争等带来的影响等。严格来说，上述情况的出现与封建制度有内在联系，但这些情形的出现通常带有偶然性，姑且归入"非制度性因素"。同时应指出，上面所说的这些"非制度性因素"，通常出现于国家管理失控、封建国家的政治生活极不正常的时期。从这个意义上来说，对治边造成严重影响的这些"非制度性因素"，同样是封建王朝国势衰败的伴生物，进一步表明若出现国势衰败，必然导致治边失败是客观的法则。

第二，边吏的素质、来源以及任用边吏的机制，是影响治边成败的重要因素。

---

① 《旧唐书》卷139《陆贽传》。

边吏并非是特殊的独立群体,而属于全国官吏系统的一个组成部分,边吏是经常流动与变更的,在通常的情况下,边吏与京官、内地官吏的位置可以调换。历代由于选吏不当以及政治腐败,造成边疆官吏擅权或处理失当,边政出现危机的情形屡见不鲜。司马光甚至认为爆发安史之乱,与唐玄宗改变对边帅的任用原则有直接的联系。

封建王朝任命镇守边疆的官吏,日久便易与地方豪强结合,形成盘踞一方的地方势力。这种情形南方较北方更为常见。其形成固然有封建统治鞭长莫及,难以控制边疆地区,以及所任命的地方官吏未能及时调迁等原因,但究其根源,主要是封建王朝授予南部边疆官吏视事以较大的灵活处置权所致。与此形成对比的是,中央王朝对镇守西北边疆的军队和将领通常控制很严,较少有授以灵活处置重要事务权力的情形,西北游牧民族与封建王朝长期对峙,地方官吏、镇将与游牧民族的关系,长期处于对立或戒备的状态,相互信任乃至结合是很少见的。另外,历代王朝治边大都有重北轻南的传统,朝廷对北部边疆镇将的调动较为频繁,也减少了镇将与地方势力结合的可能性。

由于边疆路程遥远、仕宦难度较大等原因,内地官吏多不愿前往,也给朝廷遴选边吏造成较大困难。唐朝解决的办法之一是积极选用当地人,时称"南选"。"南选"属不得已而为之,但难以保证选用边吏的质量。另外,"南选"仅限于南部边疆地区,在北部边疆地区似未见在当地遴选官吏的记载。

由于边疆与内地联系不易,在较多的情形下,必须靠镇守边疆的将吏独立处理政务。边疆将吏忠诚及干练的程度,便成为影响治边成败的关键;重视并慎选合适的边吏镇将,是历朝总结出的一条重要的治边经验。唐朝前期对边吏镇将的任命有严格的规定,但自开元间始,出自统治者认识方面的失误以及吏治废弛的局限,唐廷遂改变原有的规定。天宝年以后唐朝选任的边吏镇将,其素质参差不一,虽然有过韦皋这样杰出的镇将,但毕竟人数不多。可以说,吏治不清乃至吏治腐败,一直是封建王朝治边的一个难以解决的问题。

第三,治边或拓边必须付出相应的政治经济成本,统治者必须认真对待这一问题。

古代开明的政治家对开疆拓土多持谨慎的态度,认为理想的边疆治理状况是"天子有道,守在四夷",[①]并非一味用兵边陲或出兵徼外。还提出应处理好内地与边疆的辩证关系,内地若安定强大,"(边疆)四夷自服,"并以之为治边之上策。[②]认为对待边疆地区诸族,正确的方法是"叛则伐之,降则抚之",而非单

---

① 《晋书》卷56《江统传》。
② 《资治通鉴》卷193《唐纪九》:靺鞨遣使入贡,唐太宗曰:"靺鞨远来,盖突厥已服之故也。昔人谓御戎无上策,朕今治安中国,而四夷自服,岂非上策乎!"

纯诉诸武力。① 古代政治家对开疆拓土多持保守的态度，甚至将之归为皇帝为夸耀国威、追求域外异物的个人鲁莽行为；时代愈远，类似的看法愈普遍。

历代政治家强调，治边或拓边须付出很高的成本，甚至导致国家衰落或倾覆，因此对之持慎重的态度。唐朝的重臣杜佑，于贞元十七年向朝廷献上所撰《通典》，其中有论治边之策，其言：治国"患在德不广，不患地不广"，治四夷但羁縻而已，不应论封域之广狭；秦汉后历代以"拓境为业大，远贡为德盛"，结果杀人无数，影响国家的安定，当事者甚至遗恶万代；治理四夷之法，是"来则御之，去则备之"，若黩武讨伐戎夷，当蹈"舍近而图远，劳而无功"覆辙，治国者应切记"务广地者荒，务广德者强"；开元、天宝间天下安谧，因"边将邀宠"挑起与边疆少数民族的战争，致唐朝异域丧师数十万人，如此离全局溃败已为期不远。

在处理与边陲蛮夷的对立或战争时，历代王朝多施行"来则御之，去则守之"的策略。即认为应以防守为主，关键是防守有备，应对有法，晋朝士大夫江统将其概括为"待之有备，御之有常"。② 这既是"守中治边"、"守在四夷"治边传统付诸实践的具体化，也是由于用兵边陲将付出很高的政治经济成本，但实际收益颇为有限的现实所决定。

基于用兵四邻这一战略目标，元朝积极经营边疆地区，并汲取边疆的人力和物资为战争所用。也由于经过秦汉至唐宋上千年的经营，边疆社会经济已具备一定的基础，元朝积极经营边疆地区的做法乃得以实现。明清尤其是清朝继承了元朝积极开发边疆的政策。清朝积极开发包括西南在内的边疆地区，还与内地人口数量的膨胀，以及急需得到边疆的金属原料等因素有关。

由于汲取边疆的各类资源可为治边所用，明显缓和了封建王朝治边与国库大量支出间的矛盾。自元代起，朝野有关治边或拓边必然付出极高成本、经营边疆得不偿失的议论才逐渐减少。但在封建社会的大部分时期，如何解决治边或拓边与付出极高成本之间的矛盾，一直是困扰历朝统治者的一个难题。

---

① 《资治通鉴》卷 206《唐纪二十二》：同平章事狄仁杰上疏："以夷狄叛则伐之，降则抚之，得推亡固存之义，无远戍劳人之役，此近日之令典，经边之故事也。"

② 《晋书》卷 56《江统传》。

第三章

边疆治理的当代发展

中华人民共和国的成立，标志着中国民族国家的建立。中国进入了民族国家的新时代。相应地，中国的边疆治理也进入了一个新的时代，处于了一个全新的国内环境和国际环境之中，拥有了更加宽广的舞台。新中国成立以来的边疆治理，既继承了我国历史上边疆治理的宝贵遗产，又实现了边疆治理的创新，采取了适应形势发展的边疆治理措施，赋予边疆治理新的内涵，促进了边疆治理的发展，不仅有效地解决了历史上遗留下来的边疆问题，也有效地解决了在新形势下出现的边疆问题，实现了边疆的发展、繁荣和稳定，促进了国家的统一和发展，维护了国家的主权和领土安全，提高了国家的国际地位。

一、民族国家时代的边疆治理

中国历史上的边疆治理，绝大部分是王朝国家时代进行的，只有很小的一部分处于民族国家构建的过程中。当代的边疆治理则是在民族国家的条件下进行的。民族国家的建立，不仅为边疆治理提供了新的政治条件，而且国家采取了全新的边疆治理措施，促进了边疆地区的建立和发展，开创了边疆治理的新时代。

（一）民族国家的建立开启了边疆治理的新时代

中华人民共和国的成立，实现了国家主权的独立，民族的解放，开始了我国边疆治理的一个新的时代——民族国家边疆治理的时代。

"民族国家"这个被广泛运用的概念，并不是在中国的历史文化环境中产生的。对于中国而言，"民族国家"是一个由西方传入的概念。因此，讨论民族国家的性质和特点，必须把这个问题置于产生民族国家问题的西方历史和文化当中。只有把问题置于西方国家形态演进的历史过程中，才能对民族国家进行恰当的界定。否则，讨论民族国家的性质和特点，就会流于表面化，甚至得出一些似是而非的结论。

民族国家是人类国家形态演进过程中的一个阶段或一种形态，它首先出现于西欧。但民族国家出现以后，由于自身的优势和世界历史的特点，逐步获得了世界性的意义，进而成为基本的国家形态，成为世界国家体系的基本单元和国际关系的基本主体。于是，民族国家也就成为人类社会国家形态演进的一种基本形态。

回顾欧洲国家形态演进的历史我们可以看到：最早出现的普遍性的国家形态是古希腊的城邦国家。城邦国家衰落后，取而代之的普遍性国家形态是罗马帝国。"罗马灭亡之后，在西欧的广阔空间中形成了以封建割据为基础的统一的基督教世界。……一方面是林林总总的封建邦国，另一方面又是凌驾于这些邦国之上的一统权威——教皇，罗马教皇成为整个西欧社会的无上权威。教皇把这些大小邦国联结而成为一统的基督教世界。"① 在基督教"把整个封建的西欧联合为一个大的政治体系"② 的情况下，普世世界国家成为中世纪占统治地位的国家形态。但是，在资本主义经济的形成和发展以及在此基础上形成的其他社会力量和政治力量的推动下，各种以王朝名义命名的政治共同体逐步获得了独立性和主权，并最终取代了基督教普世世界国家。在王朝国家时代，国家对国内居民进行了强有力的政治整合，并促成了王朝国家基础上的经济整合和文化整合，逐渐塑造出了一个新的民族共同体。这个新的民族共同体形成以后，就成为国家共同体内一股足以抗衡王朝政权的强大社会力量，甚至与王朝发生摩擦和冲突。最终，民族与国家的二元关系又通过民族与国家融合的方式得到协调，形成了一种以民族对国家的认同为基础的国家形态，并取代了王朝国家。这种全新的国家形态，就是民族国家。不过民族国家也不是国家形态演进的最终形式，民族国家的出现并没有终结国家形态演进的进程。国家形态的演进还将继续下去，民族国家也会

---

① 李宏图：《西欧近代民族主义思潮研究——从启蒙运动到拿破仑时代》，上海社会科学出版社1997年版，第249页。

② 恩格斯：《社会主义从空想到科学的发展》，《马克思恩格斯选集》第3卷，人民出版社1995年版，第705页。

被新的国家形态所取代。① 今天在欧洲以及世界的其他地方，都出现了超越民族国家的苗头。虽然新的国家组织形式或超国家的政治形式才初露端倪，但毕竟一种新的趋势已经逐渐显现。

民族国家是欧洲国家形态演进的产物，但它出现以后就迅速成为一种具有典型性和示范性的国家形态，成为其他国家发展和演变过程中的目标形态，逐步扩大到全世界，成为具有世界意义的国家形态。我们今天所说的民族国家，就是指这种获得世界意义的国家形态。

民族国家的本质，就是民族对国家的认同。而民族国家中民族对国家的认同是通过一套完整的制度化机制来实现和保障的，这种制度化机制就是民主制度。通过民主政治机制，民族国家实现和保证了民族的全体成员即人民对国家政权的控制，使国家成为人民能够掌控的对象，从而保障了民族对国家的认同。所以，民族国家是与一套保障民族成员控制国家政权的民主制度不可分割地联系在一起的。而就外部表征来看，凸显民族国家的本质，并将民族国家与其他国家形态区别开来的是以下几个方面：

第一，民族国家是主权国家。在王朝国家取代基督教普世世界国家的过程中，国家主权问题出现了。国家主权的实现，是王朝国家最终取代基督教普世世界国家的根本条件。深受尼德兰革命影响的格劳秀斯（Grotius，1583～1645 年）早在 1625 年出版的《战争与和平法》一书中就提出了主权问题，并把主权独立的国家作为国际法的主体。不过，这一问题的最终解决，是通过长达 30 年的战争以及在此过程中签署的一系列合约实现的，从而形成了威斯特伐利亚体系。1648 年 10 月签订的西荷合约确认了威斯特伐利亚体系，从而确定了国家主权和主权争端的解决方式。主权原则的确立，使得在国家林立的情况下一个国家的最高统治权得到其他国家的承认和尊重，确保了国家的独立。从某种意义上说，王朝国家作为一种新的国家形态对基督教普世世界国家的最终胜利，就是获得了国家主权。而建基于王朝国家基础上的民族国家，承继和包含了王朝国家的国家主权，因而它首先就是主权国家。拥有主权是民族国家的前提条件。一个没有独立主权的国家，不可能成为民族国家。

第二，民族国家是民族认同与国家认同相统一的国家。民族国家以民族来命名这一事实表明，民族国家的根本特征就是它的民族性。民族国家的民族性要求实现民族与国家之间关系的协调和一致。但这种一致并非就是形式上的民族范围与国家范围的一致，而是本质上的一致，即民族认同于国家并因此而将国家当作

---

① 目前就有学者认为，民族国家"现在已经过时，正在被人们废弃，并且将被废止"。参见［美］莱斯利·里普森：《政治学的重大问题》，华夏出版社 2001 年版，第 290 页。

自己的利益保障，从而使民族取得了国家的形式。如果民族不认同于现行的国家，即使二者范围完全一致，也无法实现民族与国家的关系的协调。西欧建立王朝国家后，国内居民被整合为一个新的民族，即国家民族，但却引发了民族与王朝国家之间的冲突。民族与国家之间的协调和一致，是通过民族认同于国家的方式实现的。这就表明，实现民族与国家一致的根本，是民族对国家的认同。只有在民族认同于国家，民族将国家视为自己的国家，当作自己的政治屋顶的时候，即民族共同体将民族的认同与对国家的认同统一起来的时候，才能实现民族与国家的协调和一致。民族国家的民族性，就集中表现为民族对国家的认同。

第三，民族国家是人民的国家。要全面实现和巩固民族对国家的认同，国家就不能只属于某些人，而应该属于这个国家的所有人或民族的所有成员，即属于全体人民。只有当人民认同于国家，把国家视为自己的国家的时候，才能实现民族认同与国家认同的真正统一。所以，民族国家的人民性，是其民族性的必然要求，或者说，民族国家的民族性就内在地包含着人民性要求。从西欧的国家形态演进来看，虽然王朝国家塑造了一个新的民族，但王朝国家只属于王朝而不属于人民，所以无法实现民族认同与国家认同的统一。"只有打倒专制君主，摧毁王朝国家才能构建起近代民族国家。"[①] 只有在资产阶级革命推翻专制统治并对国家政权进行宪政化改造，建立了人民控制国家的制度以后，民族认同与国家的矛盾才得以解决。欧洲历史上民族国家的最终确立，是在资产阶级对国家的宪政化改造完成以后。不过，国家的人民性在不同的历史条件下有不同的要求，而且人民性的程度也是不断提高的。作为民族性之体现的人民性，在民族国家建立时和以后的发展中的表现有明显差别。

中国民族国家的建立过程，开始于20世纪初，完成于中华人民共和国的建立。在半个世纪的历史进程中，起决定作用的因素，从总体上看有两个方面：一是民族国家所必需的基本条件的形成；一是推进民族国家形成的重大历史事件。

在中国，构建民族国家所必需的基本条件，都是20世纪以后逐步形成的。在中国的社会历史条件下构建这些条件的过程，也就是中国民族国家的形成过程。在这些条件逐步具备的时候，民族国家在中国就逐渐由可能变成现实。

第一，中华民族的形成。作为完整族体的中华民族的形成，是民族国家构建的先决条件。在中国各民族还没有凝聚成中华民族这样一个新的民族共同体的时候，真正的民族国家是不可能构建起来的。"中华民族"的概念最早出现在20世纪初。"中华民族"的概念出现后，首先得到了少数民族的支持。1913年内蒙

---

① 李宏图：《西欧近代民族主义思潮研究——从启蒙运动到拿破仑时代》，上海社会科学出版社1997年版，第256页。

古西部的王公会议为反对分裂祖国行为的通电就申明:"我蒙同系中华民族,自宜一体出力,维持民国。"① 此后,共抗外侮和争取独立的过程中,各民族加快了整合并逐渐接受了"中华民族"这个统一的族称。抗日战争胜利以后,"中华民族"就成为各个民族共同接受的族称。一个崭新的民族共同体逐渐形成。

第二,民族独立的实现。中华民族只有从帝国主义的压迫下解放出来,实现了民族独立,才能建立自己的主权国家。没有民族的独立,就不可能建立起民族的主权国家,就不会有中国的民族国家的建立。被压迫民族实现民族独立,一是有赖于民族主义的广泛传播,二是必须通过长期的民族解放运动。中国的民族主义也是在外族入侵的情况下于20世纪初形成的,一开始就是同挽救民族于危亡和建立统一、独立的主权国家联系在一起的。新中国的成立,既是新民主主义革命的胜利,也是民族解放运动的胜利。

第三,人民民主政权的建立。人民民主政权的建立,是中国成为民族国家的根本标志。在新民主主义革命取得胜利的时候,中国是通过政治协商会议的方式来建立国家政权的。在建立新的国家政权的时候,首先制定一个宪制性文件,并按该宪制性文件组织国家政权,这标明新的人民民主政权,是一个宪政化的政府。

中国在构建民族国家的过程中有两个具有历史意义的事件:一是辛亥革命,二是中华人民共和国的成立。辛亥革命对中国近代历史的影响是决定性的。从对中国国家演进的影响来说,辛亥革命的意义在于,它推翻了中国历史上的最后一个封建王朝,终结了王朝国家演进的历史进程,开启了中国国家演进的一个新的历史阶段,为民族国家的建立创造了条件。

中华人民共和国的成立,则将由辛亥革命开启的以民族国家取代王朝国家的历史进程画上了一个句号,建立了主权独立的人民共和国,宣告了中国民族国家的建立。"中华人民共和国"这个国名本身,就表明了中国的民族国家的性质。"中华人民共和国"中的"中华"当指"中华民族";"人民共和国"则表明了国家的人民民主性质。因此,"中华人民共和国"这个名称就包含着"中华民族的国家"的含义。不过,民族国家的建立,只是标志着民族国家构建过程的结束,并不意味着民族国家建设的结束,相反,它开启了民族国家建设的新的时代,将民族国家建设的任务凸显了出来。

此时的中国,从国家形态来看,它是一个民族国家,是民族国家国际体系的一分子,是一个独立的国际关系主体;从国家的民族构成来看,它又是一个多民族国家,是一个汉族和少数民族共同建立的国家政治体系,是56个民族共同的

---

① 转引自伍雄武:《中华民族的形成与凝聚新论》,云南人民出版社2000年版,第9页。

政治屋顶。也就是说，中国既是一个民族国家，也是一个多民族国家。"民族国家"和"多民族国家"这两个概念，从不同的角度表明了中国的特点。我们常说中国自古就是一个多民族国家，不过，不同历史时期的多民族国家具有不同的内涵。从秦代至清代，中国是王朝国家条件下的多民族国家；从辛亥革命到新中国成立，中国处于构建民族国家的过程中，这时的多民族国家是构建民族国家过程中的多民族国家；新中国成立以后，中国是民族国家基础上的多民族国家。

民族国家的建立，使中国的国家形态演进进入了一个新阶段，中国的国家史翻开了新的一页。不论是对于国家内部来说，还是对于中国与外部世界的关系来说，民族国家的建立也都具有划时代的意义。在这种新的国家形态当中，边疆治理也获得了新的内涵，具有了新的特点，采取了新的形式。

（二）新中国成立初期的边疆形势

中华人民共和国的成立，是中国历史上具有划时代意义的事件，形成了一系列对边疆面貌具有根本性影响的因素，为边疆面貌的根本改变创造了条件。

首先，形成了新的民族共同体，实现了民族解放。早在王朝国家时期，就有若干个民族共同生活在王朝国家的疆域内。各个民族在经济、政治、文化等方面建立了深厚的联系，但它们是互不统属、互不认同的民族单位。长期控制王朝国家中央政府的汉族统治者，坚持"华夷之辨"、"非我族类，其心必异"的狭隘民族观念，不断强化了民族间的区分。汉族以外的其他民族，大都生活在王朝国家的外围地带。因此，边疆地区也就是少数民族地区。王朝国家对这样的地区往往是另眼看待的。反之，生活在边疆的少数民族也对内地以及生活于内地的汉族存在着很大的隔阂，甚至仇视。王朝国家治理边疆，主要是处理与少数民族的关系。但是，近代以后在帝国主义列强的入侵面前，在各民族面临生死考验的条件下，各个民族加强了联系。当20世纪初能够把各个民族整合起来的新的民族概念——中华民族——出现以后，各个民族形成了对中华民族的新的认同。在日本帝国主义的入侵使各个民族面临亡国灭种的威胁的时候，各个民族在抗击日本帝国主义的战争中更加紧密地团结起来，逐步整合为一个新的民族共同体。中华人民共和国的成立，标志着一个新的民族共同体的诞生，并且获得了独立。因此，国家范围内的所有区域，都是中华民族共同的家园。边疆也是这个新的民族共同体家园的一部分，人们没有任何歧视它的理由。

其次，获得了国家主权的独立，实现了政治上的统一。鸦片战争以后，中国一步步沦为帝国主义的殖民地和半殖民地，帝国主义列强以武力侵占了大片边疆领土，国家主权大量丧失。清王朝灭亡以后，军阀的混战和割据，使国家在政治上处于分裂状态。日本帝国主义侵入中国后，大片国土相继沦亡。其他帝国主义国家也乘机分裂中国，侵入我国边疆。整个国家，山河破碎，国土沦丧，边疆危机频现。新中国成立后，国家的面貌焕然一新。国家获得了独立的主权，实现了政治上的统一，废除了帝国主义国家依据不平等条约在中国享有的一切特权，收回了外国列强在中国的兵营，驱逐了驻扎在中国领土上的一切外国军队，收回了海关的治权，驱除了盘踞在边疆的外国势力。这样，国家就能在全部的边疆区域行使主权，进行完整的边疆治理。

再次，实行人民民主专政，建立了强大的国家政权。强大的国家政权，是边疆稳定和安全的最大保障。历史的事实表明，在国家政权统一和巩固，国家力量强大的时候，国家就有能力保卫自己的边疆，国家的领土就完整，边疆治理才能正常。相反，如果国家政权衰弱，政权不稳，就无力控制全国的局面，就会出现政治上的分裂；外部势力就会乘虚而入，蚕食国家的边疆领土，甚至对边疆大举进攻。清朝的后期，就是由于政治腐败导致政权衰弱、国力受损，才使得帝国主义列强有机可乘，致使边疆被外敌入侵。民国时期，情况不仅没有改观，而且变得更加严重。新中国的成立，彻底改变了这种状况。新中国不仅建立了人民民主专政的国家政权，而且实现了政治上的统一，建立了强大的国家政权，不仅有能力对边疆的领土实现全面的管辖，而且把一切外部势力从边疆驱赶出去，维护了国家主权的完整和边疆的利益。

以上这些，为边疆治理创造了重要的条件，但是，自鸦片战争以来帝国主义列强的入侵给我国边疆造成的影响是破坏性的，边疆的问题积重难返，这些问题不会随着新的国家政权的建立而立即改观。新的国家、新的政权要解决这些问题还需要时间。因此，新中国成立的初期，我国边疆的形势还是相当严峻的。

东北地区先期解放，但朝鲜战争爆发后战火很快就烧到鸭绿江边，东北边疆面临着美国的军事威胁；外蒙古历史上是中国的一部分，但斯大林最终把沙皇俄国策动其独立的愿望付诸实施，促成了外蒙古于1945年从中国分立出去；新中国政府曾提出蒙古并入中国的问题，但因遭到斯大林的强烈反对而未果；新疆和平解放及解放军于1950年初进疆时，新疆匪患迭起，给西北边疆的稳定造成极大的威胁；西藏尚未解放，除前后藏两个政权外，还存在着多个地方政权；在西南边疆，解放军的进驻还需要时间，盘踞在境外的国民党军队残部和境内的土匪勾结，危害边疆。

新中国成立初期，东北边疆、内蒙古地区、西北边疆、西藏地区、西南边疆各有不同的具体情况，差异很大，但从总体上看，我国边疆的形势还是相当复杂和严峻的，概括起来看，我国的边疆面临着以下一些突出问题：

第一，边疆安全问题。新中国成立后，随着强大的国家政权的建立，为边疆的安全提供了有力的政治保障。但是，解决各种长期形成和遗留下来的问题，不可能一蹴而就。"在东面,以美国为首的帝国主义阵营,在中国周边拼凑了日美韩台联盟、东南亚条约组织、中央条约组织,对社会主义中国形成了遏制包围圈,同时还发动了朝鲜战争;在南方,印度支那半岛依然处在法国殖民者的战火中。"① 复杂而严峻的国际形势,给边疆安全造成了相当大的压力。另外,在边疆地区,还存在盘踞在境外的国民党军残部对我边疆地区进行袭扰,国民党起义部队叛乱,以及隐藏在边疆的敌特分子与藏匿在边疆的土匪相互勾结、造谣惑众、制造事端、挑拨民族关系,残害新政权干部和少数民族积极分子,制造恐怖气氛等问题。这一切,都对边疆的稳定和安全构成直接的威胁。

第二,政权建设问题。1949 年 10 月 1 日,毛泽东在天安门城楼上向全世界庄严宣告:"中华人民共和国中央人民政府成立了!"是的,那是新的中央人民政府成立的日子。而新的地方政府的成立,既有先于中央政府的,也有晚于中央政府的。并不是同步进行。边疆地方政府的成立普遍晚于中央政府。在中央人民政府成立的时候,边疆地区政府尤其是中下级政府,有的尚在国民党军队的控制之下,许多地方的政权是历史长期形成的少数民族政权,如土司政权、西藏的噶厦政府等。边疆的基层政权,绝大部分还是历史上长期的少数民族地方政权。因此,如何尽快地在边疆地区建立起人民政权,是边疆面临的一个重要问题。

第三,民族关系问题。边疆地区是我国少数民族的主要聚居区,生活着人数众多的少数民族。这是一些各自有着自己的历史和文化而互不认同的人群共体。它们与汉族的关系复杂,历史上存在着较深的隔阂,各个少数民族之间的关系也不简单。而且,少数民族普遍信仰宗教,各个民族信仰的宗教又不相同,宗教关系常常与民族关系纠缠在一起。这种关系是在长期的历史过程中形成的,并在新中国继续存在,而且在敌对势力挑拨下情况变得更加错综复杂,此外还有敌我矛盾掺在其中。这种复杂情况,构成了边疆各种矛盾的焦点,也给新政权在边疆地区开展各种工作造成严重的影响,影响着边疆工作的展开和各类边疆问题的解决。

第四,开发建设问题。边疆地区虽然山川壮丽,地理位置重要,但大多自然条件较差,交通不便,远离国家的核心区域,经济欠发达,历史上的开发和建设不够,所以,边疆的经济发展的水平较低,基础设施落后,自我发展能力弱。新中国成立之初的边疆,生产方式落后,经济发展水平极低,基本上没有什么建设项目,交通设施奇缺,没有像样的教育设施,缺医少药的情况普遍存在,在经济和社会发展方面与内地悬殊巨大。面对这样的形势,对边疆进行有计划的开发和

---

① 张植荣:《中国边疆与民族问题》,北京大学出版社 2005 年版,第 44 页。

建设，发展边疆经济，改善人民生活，缩小边疆与内地在经济和社会发展方面的差距，就成为一个十分突出的问题。

第五，社会改造问题。受自然条件和历史因素的影响，边疆的社会发展程度也与内地存在较大差距，而且各民族的社会发展不平衡。新中国成立之初，边疆绝大多数少数民族都处于前资本主义社会形态，其中有的少数民族还处于奴隶制阶段，有的甚至处于原始公社后期的农村公社时期，成为了社会形态多样性的"活化石"。整个边疆少数民族地区，就是一个"活的社会发展史"。边疆社会形态与内地之间巨大的差距以及由此导致的异质性，是边疆特殊环境条件造成的，又是进一步引起边疆其他问题的深刻根源。因此，对边疆社会进行改造，减少边疆的社会异质性，增大边疆社会与内地社会的同质性，是新中国成立初期一个巨大的边疆问题。

第六，人民贫困问题。由于自然条件差，地处偏远，交通的不便，限制了商品经济的发展，边疆经济发展水平远远低于内地，生产力水平低下，生产方式落后，人民生活极端贫困。这样的状况，不仅影响边疆的经济建设和发展，而且影响边疆人民对国家的认同，致使其缺乏国家意识。因此，发展边疆经济，尽快改变边疆的贫困面貌，也是一个重大的边疆问题。

第七，边界划定问题。边疆与国家的统治范围紧密联系。王朝国家时期的疆域，是国家统治所及的范围。长期以来，这样的范围是由王朝国家政权的统治能力和所依托的国家实力决定的，往往是王朝国家单方面决定的。18世纪中叶，清王朝才通过与沙皇俄国签订条约的方式，确定了东北和北部边界，使我国出现了近代意义上的边界。但是，直到新中国成立，我国绝大部分的边界仍然没有划定，既没有对边界进行过勘定，也没有与相关国家签订过边界条约。绝大多数边界都是国家的实际控制线，而不是由相关国家通过条约确定的边界。因此，着手解决边界问题，与相关国家签订边界条约来确定边界，仍然是一个有待解决的边疆问题。

（三）新中国边疆治理的方式和进程

新的国家政权建立之后，立即着手开启了新的边疆治理的进程。在实际的边疆治理过程中，国家解决边疆问题基本上是采取了两种方式，即专项治理和非专项治理。

专项治理，是国家制定专门针对边疆问题的政策，启动专门解决边疆问题的政治过程，着力解决边疆问题的行为。新中国成立初期的边疆政权建设，边防建设，推进边疆地区尚处于原始社会后期和奴隶社会阶段的少数民族向社会主义社会直接过渡，现阶段的"兴边富民行动"等，都属于专项的边疆治理。专项治理的突出特点是针对性强。专项边疆治理，是专门针对某个时期突出的边疆问题的，所有的治理措施和手段，都仅仅在边疆实行，往往采取适合边疆特点的方式进行，而且责任目标明确，力度集中，因此效果都比较突出。

非专项治理，是国家解决全国普遍性问题的政策和措施在边疆地区实施和解决边疆问题的过程。尽管这些政策和措施并不是专门针对边疆的，但这些政策和措施也在解决边疆问题中发挥了作用，解决了某些边疆问题。如国家实施的加强基层政权建设的措施，加快农村发展的政策，扶贫的政策措施等，都在解决边疆问题方面发挥了重要的作用，发挥了治理边疆的功能。但由于这样的措施并不是专门针对边疆的，因而容易导致"一刀切"的后果。

边疆治理是一个逐步推进的过程，在不同的历史阶段有不同的特点。新中国成立以来的边疆治理大致分为以下几个阶段：

第一，新中国初期的边疆治理。新中国初期的边疆治理，是指新中国成立后整个新民主主义社会阶段的边疆治理。新中国成立后，百废待兴，边疆问题十分突出，边疆治理的任务很重。那些领导人民通过革命的方式推翻了旧政权的伟大的政治家，不仅十分重视边疆问题，而且在边疆治理方面显示了宏图大略。他们以开国元勋的宏大气魄，采取了强有力的措施来处理国家面临的边疆问题。这些措施发挥了很好的作用，这个时期的边疆治理取得了显著的成效。

第二，社会主义建设开始以后的边疆治理。在生产资料的社会主义改造完成以后，国家进入了全面建设社会主义的新阶段。随着社会主义建设的全面展开，经济、政治、文化、社会建设方面的普遍性政策措施在边疆实施，有力推进了边疆的建设和发展。在此过程中，国家还专门采取了一些促进边疆的经济社会发展，改变边疆贫困面貌的措施，极大地促进了边疆的发展，在边疆治理方面发挥了重要的作用。

第三，"文化大革命"时期的边疆治理。"文革"开始以后，边疆治理的政策和措施大都被停止了。国家在边疆地区（远离边境的地区）安排了一些"三线建设"项目，对边疆的建设产生了一定的影响。但是，对边疆治理影响最大的是知识青年的上山下乡。大量来自内地城市的知识青年到边疆插队落户，把内地的文化、生活方式带到边疆，不仅增强了边疆与内地在生活方式和价值观念上的同质性，也在一定程度上改变了边疆文化的状况。

第四，改革开放以来的边疆治理。党的十一届三中全会以后，随着改革开放的深入，尤其是在改革开放推动下迅速推进的现代化进程，边疆治理不仅得到了恢复，而且迅速发展。与此同时，国家还有针对性地采取了一些旨在改变边疆贫困落后面貌的政策措施，促进了边疆的建设和发展。这一时期，边疆建设和发展的速度比以往任何时候都要快，边疆的面貌得到了根本的改变。

二、边疆治理的主要举措

新中国成立以后,国家根据对国际国内形势的总体判断和边疆问题的具体状况,采取了一系列的边疆治理措施,开展了大规模的边疆治理。新中国以来的边疆治理,不仅规模巨大,而且政策措施之丰富,力度之大,都是空前的,取得了巨大的成就,为国家的整体建设和发展,以及国际地位的提高,创造了有利条件。

(一) 全面的地方政权建设

在中国这样一个幅员广阔的国家,边疆与内地的差异很大,不同的边疆区域之间的差异就更大了。边疆地区历史上存在过各种各具特色的政权形态,新中国成立后边疆大多数省份先后建立了人民民主政权,但省级以下的政权形态也是多种多样的。新中国成立后边疆治理的一项极其重要的工作,就是尽快在边疆地区进行政权建设。这项工作并不是仅仅把政权建立起来那么简单。政权建立起来以后巩固政权、完善政权、充分发挥政权职能的工作任务也很重。地方政权建设方面的内容繁多,最主要的有以下几个方面:

1. 建立人民民主政权。历史上边疆地区的政权类型是极其多样的。新中国成立时,边疆地区(尤其是省级以下)政权的类型仍然多样。如内蒙古存在着盟旗制度,西北地区还存在着王公贵族的统治,西藏实行政教合一的制度(前后藏还存在着两个政权),西南地区则存在土司制度。这些地方政权都相当完善,如西双版纳的土司政权,结构完整,功能齐全,国民党统治时期也没有能够取而代之。新中国成立初期的边疆地区,不仅政治制度不统一,而且许多政权并未掌握在人民手中。因此,新中国成立后,在边疆地区建立人民民主政权就成为了边疆治理的首要任务。

虽然一些边疆地区在新中国成立前夕就获得了解放,如内蒙古在1947年5月1日就成立了内蒙古自治政府,实行民族区域自治,新疆在1949年9月25日和平解放,但边疆地区全面的人民民主政权建设是在新中国成立后才开始的。政权建设的具体方式是多样性的,大多数政权的建立是这样的:首先是人民解放军对该地区实行军事进驻,随后是党的工作全面展开,进而召开各界人民代表大会或各族人民代表大会,成立人民政府(有的是建立民族自治地方政府)。绝大多数边疆地方建立人民政权的工作在1953年前后就结束了,但也有个别地方建立人民民主政权的工作难度比较大,进度比较缓慢。如在西藏,全面的人民民主政权建设是在1959年平息达赖集团的武装叛乱后才开始的,1965年9月才成立西藏自治区。

2. 实行民族区域自治。民族区域自治，既是中国共产党解放国内民族问题的基本政策，也是国家一项基本的政治制度。建立民族自治地方，实行民族区域自治的进程，从1947年5月1日成立内蒙古自治政府就开始了。从实际情况来看，绝大多数的民族自治地方都在边疆地区。因此，相当一部分民族区域自治实践属于边疆地区政权建设的范畴。尤其是新中国成立初期边疆地区建立民族自治地方，就是与边疆地区政权建设合而为一的。

民族自治地方都建立在以特定的行政区域来界定的少数民族聚居区，因此，民族区域自治就是以少数民族聚居的行政区域为基础，建立民族自治地方，实行民族区域自治。民族自治地方的建立有两种类型：一是新中国成立初期在少数民族地方政权的基础上建立自治地方；二是根据少数民族聚居的实际，在国家的支持下建立自治地方。边疆地区在新中国成立初期建立民族自治地方，本身就是一个建立人民民主政权的过程。这些地方长期存在着少数民族的地方政权，新中国成立时这些地方的少数民族政权还相当完善并发挥着政权的职能。由于民族关系的复杂性，在这些地方的人民政权不能建立在旧政权的废墟之上，只能把少数民族的地方政权纳入到国家政权体系当中，把少数民族的地方政权改造成为少数民族当家作主的人民民主政权。实行民族区域自治，就是实现这个转变的最好形式。正是通过民族区域自治这种形式，才将边疆地区存在的少数民族地方政权顺利地纳入到国家政权体系当中，实现了由少数民族地方政权向少数民族当家作主的人民政权的转变。

在建立人民民主政权阶段，建立民族自治地方的工作大规模迅速展开，甚至可以说是运动式地进行。建立起来的民族自治地方也是五花八门，既有省一级的自治地方，也有市、县一级的自治地方，还有乡一级的自治地方，都称为"自治区"。直到1954年第一部宪法颁布以后，这种混乱的状况才得以改变。按照宪法的规定，民族自治地方被规范为省、市、县三级，乡级自治地方被取消。

3. 使用少数民族干部。中国是一个多民族国家。为了体现民族平等，保障少数民族的平等地位，国家大力使用少数民族干部。在实践中，使用少数民族干部的问题，常常被看做民族干部政策问题和干部人事制度问题。但在新中国成立初期边疆的政权建设中，使用少数民族干部却是新政权获得人民认可和支持的重要条件，是新政权合法性的重要来源。因此，使用少数民族干部成为当时边疆政权建设的重要内容。

在新中国成立初期的边疆政权建设中，使用少数民族干部，主要是把少数民族的上层人士（包括宗教人士）安排到新政权当中。少数民族的上层人士既是统治者，也是民族领袖，在少数民族中有很高的威望和很大的影响。1950年邓小平同志在谈到西南边疆工作时就指出："所有这一切工作，都要掌握一个原则，就是要同少数民族商量。……一定要他们赞成，要大多数赞成，特别是上层分子赞成，上层分子不赞成就不做，上层分子赞成才算数。为什么？因为在少数民族地区，由于历史的、政治的、经济的特点，上层分子作用特别大。……如果这一关过不好，一切都要落空。"[①] 在这样的情况下，新的政权，尤其是实行民族区域自治，就必须大量使用少数民族干部，尤其是安排好民族上层人士。逐步从少数民族群众中培养和使用干部，这对新生的人民民主政权的巩固和发展也是十分重要的。

（二）深入和大规模的民族工作

中国的绝大多数少数民族都居住在边疆，这是王朝国家统治疆域形成过程中就出现了的，并且成为国情的一个重要方面。边疆地区同时也是少数民族地区，民族关系就成为边疆地区最重要也是最复杂的社会关系。民族关系中的矛盾和冲突，对边疆的开发、建设和发展，乃至对整个国家的发展和稳定，都具有突出的意义。因此，边疆治理乃至边疆地区的一切工作，都必须处理好民族关系。相应地，处理民族关系也就成为党和国家工作的一个重要范畴。

1. 疏通民族关系。"疏通民族关系"是新中国成立初期边疆治理中使用频率很高的词汇。民族关系需要"疏通"，这也表明了当时民族关系的状况是相当严重的。的确，在新中国成立初期，历史上长期形成的民族隔阂十分严重，民族间尤其是少数民族与汉族的交流和融合程度都比较低，边疆少数民族地区的界限比较明显。不仅如此，边疆地区少数民族地方政权还保留得比较完整，形成了各具特色的社会制度和政治制度。在这样的情况下，调整和改善汉族与少数民族、少数民族与少数民族之间的关系就显得尤为重要，而且难度相当大。改善族际关系成为一切边疆工作能否顺利推进的关键。所以在新中国成立初期，改善边疆地区的族际关系成为边疆治理的一项重要任务。

当时疏通民族关系的基本方式，是"做好事，交朋友"。调整和改善民族关系有多种方式，如沟通、说服、结盟、帮助、利益给予等，但这一切都只能在民族关系有一定改善，至少是有所松动的情况下才能进行。在民族关系相当紧张，少数民族对汉族、对人民解放军、对新生的人民政权不了解并充满疑虑情绪的情况下，"做好事，交朋友"是化解紧张的民族关系的最好手段。在解放军和工作队进入边疆尤其是民族隔阂较深的少数民族地区时，采取的工作方针常常是"团结第一，工作第二"，把疏通民族关系摆在首要的位置。由于方针正确，方

---

① 邓小平：《关于西南少数民族问题》，见《中国共产党主要领导人论民族问题》，民族出版社1994年版，第59页。

法得当，工作细致，紧张的民族关系得到缓解，其他的工作得以跟进，使民族关系得到改善，逐步建立起平等、团结、互助的新型民族关系。

2. 处理民族问题。在疏通民族关系过程中，必须要解决民族问题。解决民族问题，是疏通民族关系的重要手段。但疏通民族关系与处理民族问题是有明显区别的。疏通民族关系，是在民族关系紧张情况下调整民族关系的方式，而且仅仅是在新中国成立后的一定时间内展开的。而处理民族问题是一项长期的工作。民族问题是民族关系中的矛盾和冲突，这些矛盾和冲突会产生较大的影响甚至导致严重的后果，所以需要运用政权的力量去处理。处理问题的工作具有全局性和长期性。边疆同时也是少数民族聚居的区域，民族关系复杂，民族问题难以避免，而民族问题一旦产生，会对边疆的其他工作造成严重影响，因此，处理民族问题也是边疆治理的一项重要内容。

中国的各民族都是具有共同历史和文化的人群共同体。对于民族的成员来说，共同的历史和文化把他们紧密地联系起来，他们相互认同，并在长期的历史发展过程中结成为一个利益共同体。民族共同体在争取、实现和维护自己利益的过程中，与其他民族形成了利益关系。当民族共同体与其他民族发生利益的摩擦和冲突的时候，就会演变成为民族问题。民族问题，实质上是相关民族间的利益争夺。对于少数民族的人口和种类都很多的边疆地区来说，民族问题的产生是必然的。民族问题既有可能产生在经济领域，也有可能产生于政治领域和文化领域。处理这些民族问题，需要党和政府的介入。新中国成立以来，党和政府在处理民族问题方面开展了大量的工作。这项工作通常由政府的"民族事务委员会"这个专门的部门进行，如果问题严重和突出，党委和政府的其他部门也会介入其中。新中国成立之初，中央政府和边疆的省级政府，都向边疆少数民族地区派遣过民族工作队，以这种方式去处理历史上遗留下来的民族问题。

3. 对少数民族进行照顾。边疆是少数民族聚居的区域，而边疆的少数民族，由于自然条件的限制和历史原因，其发展的程度都比较低。这种所谓的发展程度低是多方面的，体现在经济、政治、文化和受教育程度等诸多方面。要从根本上解决边疆的民族问题，并促成其他边疆问题的解决，治理好边疆，就必须实现民族平等。然而，在差距已经客观存在并且比较大的情况下，要通过少数民族自然的发展来实现民族平等，是不现实的。因此，必须对少数民族和少数民族地区实行照顾。因此，对少数民族实施照顾，也是边疆治理的一个重要方面。

新中国成立后，在边疆地区对少数民族实行照顾的政策，伴随着在边疆地区建立人民民主政权和疏通民族关系的进程逐步开始。随着时间的推移和民族工作的不断发展，这样的照顾政策越来越全面，也越来越完善，涉及经济、政治、文化、社会等各个方面。其中最为突出的是财政上的照顾和干部政策、社会政策方面的照顾。1953年11月政务院在关于编造1954年预算草案的指示中就提出，要对民族自治地方实施财政补贴，此后这项政策长期实行。中央财政中也设立照顾性的项目，如1977年设立"边境建设事业补助费"、1980年设立"支援经济不发达地区发展资金"、1980年设立了民族机动金（后改为"民族工作经费"）、1989年设立"少数民族贫困地区温饱基金"（后改为"少数民族发展资金"），对边疆少数民族实行财政照顾。边疆少数民族在国家招收公务员、提拔使用干部、高考招生等方面，都有相应的照顾政策。

（三）基层社会的全面改造

边疆之所以成为边疆，一方面是由于它是国家的边缘性区域，另一方面是由于它的异质性。正是基于这两点，边疆被视为边远的特殊的区域。如前所述，随着边疆区域边远性和异质性的降低，边疆的范围也呈现一种由内而外逐渐减小的趋势。边疆区域的异质性，虽有自然的原因，但更多的是社会方面的原因。从社会的角度来看，边疆社会由于发展程度较低而形成的特殊性和民族文化由于缺乏交流而保持的特殊性，是形成边疆异质性的主要原因。边疆的绝大多数矛盾和问题，都同这种社会的异质性相关。这种异质性是边疆许多矛盾和问题产生的基础性原因。随着这种异质性的降低，原来的矛盾和问题会迎刃而解，而且同类问题形成的可能性也会大大减小。所以，在促进边疆社会发展的基础上，减少边疆社会的异质性，增大其与内地社会的同质性，是边疆治理的基础性工程。

1. 进行社会改革。新中国成立时，边疆少数民族的社会状况是相当特殊的。这种特殊性的根本表现，就是边疆少数民族社会发展的落后。边疆的许多少数民族生活在非常封闭的环境中，与外界的交往不多，其社会发展水平普遍处于前资本主义阶段，有的少数民族甚至还处于原始社会后期的阶段，生产力水平极其低下，生产资料处于原始的公有制状态，没有阶级分化，社会组织有的是原始社会后期的农村公社形态，有的甚至仍然保存着母系氏族的特点，有的还处于筑巢而居的阶段。这样的状况是在长期的历史发展过程中形成的，但影响却是现实的，直接或间接地产生了许多的边疆问题。因此，新中国的边疆治理，必须解决这个问题。

要解决这个问题，就必须进行社会改造，促进边疆的社会发展。与内地的社会改造在新中国成立以后就立即开始的过程不同，边疆少数民族地区的社会改造是建立了人民民主政权并疏通民族关系以后，根据实际情况采取"稳步推进"的方针而逐渐推进的。这些地方的社会改造被称之为"民主改革"，以区别于内地的土地改革和生产资料的社会主义改造。这种改造的根本措施，是对已经进入阶级社会的民族地区，取消其剥削制度，实行生产资料公有制；对尚未进入阶级社会的民族地区,直接过渡到社会主义社会。这样的超常规发展,当时被形象地称之为"一步登天"。通过这些措施,边疆少数民族地区在形式上实现了公有制,消灭了剥削制度,实现了"跨越式"的发展,与内地一起进入了社会主义。

2. 促进民族融合。中国的民族众多,但汉族人口占90%以上,少数民族的总人口不到10%;汉族都生活在内地,少数民族则分布于边疆。虽然20世纪初形成"中华民族"的概念以后,各个民族在巨大的外部压力下迅速地整合为一个新的民族单位——中华民族,但组成中华民族的各个民族单位之间,尤其是汉族与少数民族之间的融合是相当有限的。内地的汉族与边疆少数民族之间的界限十分明显。新中国成立初期,边疆地区是纯粹的少数民族地区。少数民族与处于主体地位的汉族缺乏深入的交流和交融,这不仅对边疆的巩固和建设、发展不利,也对国家的统一不利。因此,促进边疆少数民族与汉族以及少数民族之间的相互融合,就成为了边疆治理的战略性考虑。

显然,那些缔造共和国的开国元勋们看到了这一点。不仅如此,他们还将其作为边疆治理的一个重要手段。新中国成立后不久,国家就有计划地把一些驻扎在沿边一线的人民解放军成建制地就地转业,改建为军垦农场或者国营农场,继而从内地将一些部队转业到边疆建设国营农场,同时又从内地动员汉族青年到沿边一线进行开垦,既促进了边疆的开发和建设,同时也促进了汉族与少数民族的融合。这项具有战略意义的工程,在东北边疆、西北边疆、西南边疆,甚至海南岛,都曾实施过。通过这项工程,不仅解决了完成军事任务的部队的去向问题,也加强了汉族与少数民族的交流和融合,改造了边疆的人口结构,促进了边疆的开发和发展,有利于边疆的巩固和稳定。

(四)边疆地区的开发和建设

共和国的开国领袖毛泽东说过:"我们说中国地大物博,人口众多,实际上是汉族'人口众多',少数民族'地大物博',至少地下资源很可能是少数民族'物博'。"[①] 如果说这里的"少数民族"是指少数民族生活的边疆地区的话,这是非常准确的。我国的幅员辽阔,但大量的人口(主要是汉族)都集中于国家的核心区域,而少数民族生活的外围区域,则人口相对较少,而且资源十分丰富。然而,虽然历史上的一些王朝国家也进行过成规模的边疆开发,但边疆开发的水平都比较低。新中国成立时,边疆开发的水平也是相当低的,许多地区甚至是完全没有开垦的处女地,不仅大量的资源在沉睡,而且导致了边疆的经济社会发展水平都远远不及内地。因此,新中国的边疆治理,必须把边疆开发和建设作

---

① 国家民委政研室编:《中国共产党主要领导人论民族问题》,民族出版社1994年版,第120页。

为一个重要的方面。

1. 实施移民开发。地大物博的边疆地区，蕴藏着丰富的资源，亟待开发。但是，单靠边疆自身的力量，是无法实现开发的。边疆长期缺乏开发，一方面是受自然条件的限制，另一方面也是受开发能力的限制。因此，移民开发不失为加强边疆开发的有效途径。但移民开发，一是必须有一个强大的国家政权，二是国家必须有强大的动员能力。新中国成立后，新生的国家政权一扫历史上长期形成的颓势，强大而且拥有很强的动员能力，而完成了军事任务的庞大的军队也需要安置。在这样的情况下，以转业的军队为主在边疆地区实行移民开发，就成为能够带来多重效益的重要举措。

新中国的第一个大规模的军事屯垦，是开垦北大荒。开发北大荒的前奏在解放战争由战略防御转入战略反攻的1947年就开始了。1954~1956年，铁道兵的二、三、四、五、六、九、十一师的近两万官兵成建制地转业，来到北大荒安营扎寨，开荒造田。1958年3月中央提出《关于各种军垦农场的意见》后，解放军的10万官兵转业到北大荒，进行军垦。另一个大规模的军垦举措，就是在新疆建立生产建设兵团。1950年中央就命令驻新疆部队开展大生产运动，1954年又命令驻疆人民解放军共计17.5万名官兵就地集体转业，组建生产建设兵团，担负屯垦戍边的使命。此外，在云南、广西都有不同规模的部队，集体转业组建军垦农场或国营农场，对边疆实行移民开发。通过这一措施，不仅加快了边疆开展的步伐，也改善了边疆的人口结构，促进了民族融合，为边疆的巩固和稳定创造了重要的条件。

2. 安排建设项目。不论是在东北边疆开发北大荒，还是在西南边疆进行开发；也不论是组建地方国营农场，还是在新疆组建生产建设兵团，都是对土地的开发，属于农业生活的范畴，就此意义而言，它们与历史上的开发没有本质的区别，仍然是传统的边疆开发。在工业化的时代，最重要的开发形式是安排工业建设项目。没有工业建设项目，边疆的面貌不可能有根本改变，边疆开发不可能取得根本性突破。因此，在边疆安排建设项目，是边疆开发最重要的形式，也是边疆开发有所突破的根本途径。

新中国成立后，国家曾在五十年代和六七十年代两次成规模在边疆安排了一定数量的工业建设项目。在第一个五年计划和第二个五年计划中，苏联援建了156个重点项目。我国最早的工业体系就是围绕这些项目构筑的。这些项目中的一部分就安排在西北边疆，如甘肃就安排了16项，新疆也安排了一部分。建在兰州的甘肃炼油厂，是当时亚洲最大的炼油企业，被称为"共和国石油长子"。在六七十年代，为了适应战备的需要，国家把国内生产力布局特别是国防工业布局从东南沿海向内地进行战略转移，在西部地区安排了大量的建设项目，其中的一部分就安排在属于边疆的甘肃、云南等地。这些工业项目在边疆安家落户，极大地促进了边疆的开发。

3. 实施西部开发。1999年11月，中央经济工作会议敲定对西部进行大开发的战略决策。2000年1月，国务院组成了以朱镕基总理任组长、温家宝副总理任副组长、国务院和中直19个相关部委主要负责人参加的西部地区开发领导小组。1月19~22日，国务院西部地区开发领导小组在京召开西部地区开发会议，标志着西部大开发战略正式启动。西部开发是一项长期艰巨的历史任务，也是一项规模宏大的系统工程。其总的战略目标是：经过几代人的努力，到21世纪中叶全国基本实现现代化时，从根本上改变西部地区相对落后的面貌，努力建成一个山川秀美、经济繁荣、社会进步、民族团结、人民富裕的新西部。西部开发的范围包括重庆、四川、贵州、云南、西藏、陕西、甘肃、青海、宁夏、新疆和内蒙古、广西12个省、自治区、直辖市，其中的相当一部分属于边疆的范畴。从这个意义上说，西部开发也是边疆地区的开发，是当代边疆治理的重要内容。

实施西部大开发战略，对边疆的开发涉及的内容相当广泛。从"十五"西部开发总体规划可以看到，这次开发涉及以下内容：一是基础设施建设，包括水利建设、交通建设、能源建设、化工工程、通信和信息化建设、城市基础设施建设；二是生态建设和环境保护，包括生态建设、环境保护；三是巩固和加强农业基础地位，包括农业和农村基础设施建设、特色农业、农村扶贫开发；四是调整产业结构，包括传统产业调整改造、优势资源开发和利用、高新技术产业发展、旅游等服务业发展；五是发展科技教育，包括科技、教育、人才；六是促进社会事业发展，包括居民收入和消费、文化、卫生和体育、人口和计划生育。西部开发战略的实现，必将有力促进边疆的发展。

（五）大力发展边疆经济

边疆的生产力水平低下，经济发展落后，人民生活贫困，是相当严重的。这是在长期的历史中形成的，而且造成落后和贫困的因素难以消除。新中国成立以后，国家在实施边疆治理的过程中也采取措施促进边疆经济的发展和人民生活水平的提高，边疆的建设和发展速度也在加快，但在内地经济以更快的速度发展的条件下，边疆与内地在发展水平上的差距仍然有进一步拉大的趋势。而边疆在经济发展水平方面与内地之间过大的差距，不仅会影响边疆的全面发展，而且还会危及边疆人民对国家的认同，从而影响到边疆的稳定和巩固所必需的社会心理基础。诚然，国家对边疆少数民族地区的经济扶持，国家对边疆的开发和建设等，都对边疆发展经济和消除贫困产生积极的影响，但从边疆治理的角度来看，也需要采取一些有针对性的发展经济和消除贫困的措施。国家在这方面采取的重大措施主要有以下几个方面：

1. 发展边境贸易。边疆的经济落后，突出地体现在边境地区。出于安全和战略上的考虑，国家不可能在边境地区投资大型的工业项目。由于经济的落后和缺乏开发，这里也没有什么民营工业。所以，整个边境地区都没有成规模的工业项目。在边境贸易开放以前，边境地区也没有什么像样的贸易，这里需要的工业制成品都从内地运来，原材料则运往内地，这里只有传统的农业经济，几乎成了商业的死角。而在商品经济的时代，商业、贸易才是促进经济发展的重要力量。要促进边疆经济发展，就必须开放边境贸易，发展与周边国家的贸易。我国的对外开放在20世纪90年代发展到沿边开放的时代以后，国家在边疆地区实行了发展边境贸易和经济合作的政策，以促进边疆的繁荣和稳定。

边境贸易包括边境小额易货贸易、边民互市贸易、中缅边境民间贸易和边境地区同毗邻国家的边境地区的经济技术合作。边境小额易货贸易，指沿陆地边界线经国家批准对外开放的县、市和个别地、州、盟有易货贸易经营权的国营外贸公司，与毗邻国家边境地区的贸易机构（企业）之间进行的小额易货贸易；边民互市贸易，指边境地区边民在政府允许的开放点或指定的集市上，在不超过规定的金额或数量范围内，根据自产、自销、自用的原则进行的商品交换活动；中缅边境民间贸易，指在两国边民互市基础上发展起来的，由边境地区的国营企业与缅甸边境地区的私人企业（商号）之间，在海关监管下，以当面易货交割或双方认可的货币支付交易方式进行的小额贸易。随着边境贸易的逐步展开，边境贸易涉及我国几乎所有的边疆地区，这一措施有力地促进了边疆经济的发展。

2. 实施贫困救济。由于经济发展水平不高，边疆少数民族社会水平不高，生活贫困的问题在边疆地区相当突出。一是贫困的程度比较深。在边疆地区，生活贫困人口是最多的，不论是从绝对量来说还是从相对量来说，边疆的贫困人口都是最多，而且边疆贫困的绝大多数，是那种世世代代积累下来的原生形态和累积性的贫困。二是贫困具有整体性。边疆地区的一些少数民族，整个民族的生活水平都比较低，呈现一种整体性贫困的状况。三是贫困与愚昧共生。由于长期的贫困，社会发展程度滞后，受教育程度低，所以贫困人口中的相当多数无法接受现代文明。普遍的贫困又限制了边疆地区进一步发展的能力，使贫困不断延续。同时，贫困也会降低人们对国家的认同，产生政治认同危机。因此，对边疆的贫困人口实施救济，也是边疆治理的重要内容。

对边疆贫困人口的救济，主要是在国家的扶贫救济政策中实施的。20世纪80年代中期以后，国家就在全国范围内开展了有组织、有计划、大规模的扶贫工作，1994年又制定了《国家八七扶贫计划》，计划用7年时间基本解决全国农村8 000万贫困人口的温饱问题。国家的扶贫措施是针对全国的，但边疆的贫困人口也在此过程中受益。如果就相对量来说，边疆各省区中受惠于此项政策措施的人口是最多的，尤其是一些边境地区的贫困人口，通过国家的扶贫措施基本解决了生活极度贫困的问题，贫困的严峻形势得到有效缓解。

3. 开展兴边富民行动。长期以来，边疆的概念都是模糊的，而且处于变化之中。引入行政区划的概念来界定边疆的范围，就形成了狭义的边疆、中义的边疆和广义的边疆概念。狭义的边疆，是直接与边界相连的县级行政区域，中义的边疆是与边界相连的市级行政区域，广义的边疆则是与边界相连的省级行政区域。在边疆的范围不断缩小的情况下，广义边疆中的相当部分区域，尤其是中心城市，已经不再被当作边疆看待了。狭义的边疆，也是最严格意义上的边疆，也常常被称作边境地区。边疆的各种问题在这里体现得最为集中也最为突出。因此，解决好边境地区的各种问题，是边疆治理中最突出的任务。

1999年由国家民委联合国家发展改革委、财政部等部门倡议发起了兴边富民行动，这是一项典型的边境建设工程，实施范围是我国135个陆地边境县（旗、市、市辖区）和新疆生产建设兵团58个边境团场。国家相关的部门希望在实施这一行动中，通过强化政府组织领导，广泛动员全社会参与，加大对边境地区的投入和对广大边民的帮扶，使边境地区尽快发展起来。其中，重点是要解决边境地区发展和边民生产生活面临的特殊困难和问题，不断增强自我发展能力，促进经济加快发展，社会事业明显进步，人民生活水平较大提高，使大多数边境县和兵团边境团场经济社会发展总体上达到所在省（自治区）和新疆生产建设兵团中等以上水平。采取的具体措施涉及改善基础设施，保障贫困边民的基本生活，发展社会事业，发展边境贸易，保护生态环境，促进社会稳定和民族团结。

4. 促进"少小民族"发展。在我国55个少数民族中，毛南族、撒拉族、布朗族、塔吉克族、阿昌族、怒族、普米族、京族、基诺族、德昂族、保安族、鄂温克族、裕固族、门巴族、独龙族、珞巴族、乌孜别克族、鄂伦春族、塔塔尔族、俄罗斯族、赫哲族、高山族共22个少数民族的人口在10万人以下，被称为人口较少民族（简称"少小民族"），总人口为63万人（2000年第五次全国人口普查数），主要分布在内蒙古、云南、黑龙江、新疆、西藏、甘肃、青海、贵州、广西、福建等10个省区中的85个县。由于历史、自然条件等方面的原因，这些民族的经济和社会发展总体水平还比较落后，贫困问题较为突出，自我发展能力较弱。而且，这22个"少小民族"的绝大多数处于边疆地区，它们的发展滞后问题，也是突出的边疆问题。边疆治理，也必须处理好边疆"少小民族"的发展问题。

为了促进"少小民族"的发展，2005年国务院召开了专题会议，研究扶持"少小民族"发展工作。这是国务院第一次专门针对人口较少民族发展召开的会议，会议研究部署的《扶持人口较少民族发展规划（2005～2010年）》，这是国家第一次针对人口较少民族发展制定专项规划。会议确定了扶持人口较少民族发展的目标：争取五年左右的时间实现两个"基本"——即人口较少民族聚居的行政村基础设施得到明显改善，群众生产生活存在的突出问题得到有效解决，基本解决现有贫困人口的温饱问题；经济社会基本达到当地中等或以上水平。再经过一段时间的努力，使"少小民族"达到全面建设小康社会的要求。国家扶持"少小民族"的措施，对边疆"少小民族"的发展发挥了重要的作用。

（六）边防建设和边疆管理

我国有陆地边界线2.2万公里，与14个国家接壤。漫长的陆地边界线，既是我国与这些国家的分界线，也是我国边疆的外部界线。在边境上设防，是国家主权和领土安全的重要保障，也是边疆治理的关键性部分。因此，边防建设，既是军事问题，也是政治问题，还是边疆治理问题。从边疆治理的角度来看，边防建设涉及保卫国家领土和主权安全的问题，也涉及边界的确定和维护的问题，还涉及边境管理问题。只有加强边防建设，才能维护边疆安全。

1. 加强边防建设。边防建设，是边疆治理的一个重要部分，而且在整个边疆治理中占有一个特殊的位置。没有一个强大的边防，国家的主权和领土安全就没有保障，边疆的安全和稳定就会受到威胁，边疆治理的其他工作就无法展开。因此，加强边防建设，既是维护国家主权和领土安全的需要，也是边疆治理的主要内容，同时也是确保我国在边缘政治格局中的地位的重要条件。在边疆治理中，不仅要重视边防建设，而且要把边防建设与边疆治理的其他方面结合起来，把边防建设与国家的地缘政治战略结合起来，把边防建设好。

新中国成立以来，国家对边防工作给予了高度的重视，不仅在短时间内就实现了解放军的沿边布防，建设了边防设施，完成了军事设防的任务，而且通过加强边境地区的政权建设和经济建设，开展军垦戍边等，加强了沿边防务，迅速扭转了旧中国有边无防的局面。新中国成立以来，国家多次面临其他国家武装侵犯我边疆的威胁。在国家的主权和领土面临威胁和边疆安全不保的情况下，军队对武装来犯之敌都给予了迎头痛击，保卫了国家的主权和领土以及边疆的安全。1996年开始，国家又投入巨资在辽宁、吉林、黑龙江、内蒙古、甘肃、新疆、西藏、云南和广西等9个省、自治区的边境，进行边防基础设施建设，先后建成了边防巡逻路12 900多公里，边境铁丝网3 700多公里，口岸铁栅栏近3万米，边境管理监控设施230多套，边境管理辅助标志1 200座，明显地改善了边防部队的执勤条件，提高了对边境的管理与控制能力。

  2. 解决边界问题。按照国际法规定，"国家的边界是指划分一个国家领土和另一个国家的领土、或一个国家的领土和未被占领的土地、一个国家的领土和公海以及国家领空和外层空间的想象的界线，边界是有主权的国家行使其主权的界线。"① 从一个国家的角度来看，边界不仅是国家行使主权的界线，也是边疆的重要组成部分。解决边界问题，既是一个实现和维护国家主权和确定领土范围的问题，也是一个边疆治理的问题。

  新中国成立之初，解决边界问题条件尚不具备，时机尚不成熟，关键的问题是加强对传统的边界线的控制。"解放之初，中国政府对边疆问题有一个基本方针，那就是对边界问题的不承认主义。1957年3月16日周总理在全国政协会议上回忆说：'我们建国之初，对边界采取的政策，是维持现状和不承认主义，当时这样的政策是需要的，是恰当的，可是我们意识到，这只是一个权宜措施，不是一个长远的政策，总不能永远拖下去。'1953年朝鲜战争结束后，中共中央认识到国际和平大环境已基本确定，应当着手处理边疆问题了。"② 此后，我国加大了解决边界问题的力度。20世纪60年代，我国与朝鲜、蒙古、阿富汗、巴基斯坦、尼泊尔、缅甸谈判解决了边界问题；90年代，又先后与老挝、俄罗斯、哈萨克斯坦、吉尔吉斯斯坦、塔吉克斯坦、越南等六国签订了新的边界条约或协定，重新划定或基本划定了边界。与朝鲜、蒙古、俄罗斯、缅甸、越南、老挝等国家分别签订了边境管理制度、建立相互信任措施、预防危险军事活动、开展边防合作等一系列条约、协定和协议，保持了边境地区的和平与稳定。

  3. 加强边境管理。边境是与边界直接相连并采取特殊管理方式的区域，是边疆区域中最靠近边界的地带。有的国家按空间距离来确定边境，把距边界一定距离的条形地带确定为边境。我国则按行政区域来确定边界。国家民委在"兴边富民行动计划"中把135个陆地边境县（旗、市、市辖区）和新疆生产建设兵团58个边境团场确定为边境区域。而公安部则从边境管理的角度，在全国的边境地带划分出若干个边境管理区，其中大部分为县级行政区域，也有市级行政区域和乡级行政区域，深圳市、珠海市也在其中。既然边境是边疆的一个重要而且特殊的部分，边境管理也是边疆治理的重要内容。

  我国在长期的边境管理中形成一套完整的管理体制，按照现行的边境管理体制，边境管理包括三个方面：一是国界管理。这方面的内容包括，任何组织和个人不得损坏或私自移动、拆除、设立国界标志；不得擅自从事改变或可能改变国

---

① 王恩涌等：《政治地理学——时空中的政治格局》，高等教育出版社1998年版，第91页。
② 张植荣：《中国边疆与民族问题》，北京大学出版社2005年版，第44页。

界走向、影响或可能影响界江稳定的活动。不得擅自移动、拆除或毁坏边境管理区和边境禁区的交通、通信、边防执勤、国土保护等设施；不准建立影响国界走向的设施。二是边境管理。这方面的内容包括，省级政府可以根据国家有关规定，在边境地区划定边境管理区和边境禁区。在边境管理区和边境禁区内，根据国家和省的有关规定实行特殊的管理制度。三是出入国界管理。这方面的内容包括，出入国境的人员、行李物品、货物及交通运输工具，须具备合法有效的有关证件和手续，经国家规定的口岸或与邻国商定的边境通道通行；边防会谈、会晤人员和其他因公务需临时出入国界的人员及交通工具，依照与邻国达成的协议，确定出入国界的地点和办法；边境地区居民去邻国边境地区探亲，按双方协议和国家有关规定办理。

三、边疆治理的主要成就

上述边疆治理举措的实施，有效地解决了国家所面临的各种边疆问题，从根本上改变了边疆的面貌，促进了边疆的建设和发展，改善了人民的生活，建立了平等、团结、互助的新型民族关系，缩小了边疆与内地之间的差距，巩固了边防，实现了边疆的安宁，维护了国家的主权和领土安全。同时，由于边疆治理的有效，边疆地区与内地之间的异质性也大大降低了，一些原本被视为边疆的地区已经不再被人们作为边疆看待了，边疆与内地的界限逐渐向外推移。旧中国边疆那种偏远、落后、贫困、危机频仍的状况已经成为历史。新中国成立以来的边疆治理从总体上看是卓有成效的，是相当成功的。我国的边疆，已经成为强大的边疆，稳定的边疆，进步的边疆，安宁的边疆。具体来说，当代边疆治理的成就主要表现在以下方面：

（一）在边疆建立了巩固的人民政权，实现了国家制度的统一

在新中国成立以来的边疆治理中，政权建设是最先被提上日程的，具有决定性的意义。经过长期的政权建设，边疆地区的政权状况与新中国成立以前相比，发生了根本性的变化，实现了国家制度的统一。

第一，人民民主政权在边疆地区全面地建立起来并得到巩固，渐次推进的政权改造又使得边疆地区的地方政权不断增强。经历了这样的过程，边疆地区的地方政权制度与内地已经没有本质区别，而且这种同质化的程度还在不断的提高。地方政权异质性的削弱和同质性的提高，在实现了国家制度统一的同时，也为多民族国家的族际政治整合程度的提高和政治统一性的巩固及增强奠定了坚实的基础。这对多民族国家的统一和稳定来说，具有十分深远的意义。

第二，保障了边疆地区的人民，尤其是少数民族的民主权利。边疆地区人民民主政权的建立，实现了人民管理国家事务的权力。为了将边疆地区长期存在的地方性的少数民族政权纳入到国家政权制度当中，国家在少数民族地区实行了民族区域自治制度。少数民族在聚居区建立自治地方，设立自治机关，行使自治权，自主管理本民族的内部事务。在边疆地区的地方政权中，少数民族公民占有相当的比例。这些措施的实施，有效地保障了少数民族的民主权利。这些措施也有利于少数民族与汉族在政治上的整合。

第三，统一的政权制度在边疆地区的建立，将国家权力直接深入到了边疆地区，保证了国家宪法、法律和政策在边疆地区的有效贯彻，而且有利于国家政权对边疆地区的直接管理，以及通过国家政权的力量促进少数民族地区的开发、建立和发展。事实上，正是新中国成立以来国家政权在边疆地区尤其是少数民族地区的直接深入，有效地促进了边疆多民族地区的发展。

（二）促进了边疆建设的发展，改善了人民生活

经过长期的开发和建设，"边疆"已经不再是贫穷落后的代名词，边疆地区贫穷落后的面貌得到根本改变，经济和社会发展的水平得到迅速提高。

第一，从新中国成立初期的移民开发到世纪之交的西部大开发，开发的力度在不断加大。通过长期的开发，不仅使边疆的资源得到有效的开发和利用，促进了国家的经济建设，而且为边疆地区面貌的改变奠定了坚实的基础。从目前的情况来看，开发已经成为促进边疆经济社会发展，增强边疆地区竞争力的最有效手段。

第二，在开发的同时，边疆的建设也在经济领域、政治领域、文化领域和社会领域全面展开，并不断取得成效。在经济建设方面，边疆地区有了由中央和地方政府投资兴建的建设项目，基础设施全面改善；随着改革开放的不断深入，社会资本投资的建设项目也在逐渐增多，有效地促进了经济发展。在政治建设方面，人民的民主权利得到实现，政治参与的渠道得到拓宽，利益表达的作用在逐渐增强。在文化建设方面，公共文化设施逐渐增多，文化事业迅速发展，人民受教育的权利和享受公共文化的权利得到保障，受教育程度普遍提高。在社会建设方面，社会事业随着经济的发展而不断发展，社会保障的覆盖率逐步提高，社会管理显著增强。通过长期的建设，边疆贫穷落后的面貌已经从根本上改变了。

第三，随着边疆的开发、建设和发展，人民的生活水平也得到提高。尤其是改革开放以来，随着经济收入的增加，基础设施的改善，关乎民生的社会事业的发展，人民的物质生活条件不断改善，生活的水平和质量不断提高。即使仍然处

于贫困地位的区域，其生活水平也比以前有了很大的改变，实现了温饱。

(三) 边疆的社会面貌发生根本改变，与内地社会的同质性显著增强

在边疆治理中，社会改造是一项具有深远影响的重要举措。经过长期的社会改造工程，边疆社会发生了根本性的变化，社会的结构和组织形式与内地的差异性在逐步缩小，同质性逐步上升，从而促进了边疆与内地的社会整合。

第一，经过长期的社会改造，边疆的社会性质和社会结构发生了根本性的改变。新中国成立前的原始社会、奴隶社会、农奴社会、封建社会、资本主义社会等多种社会形态并存的局面根本改变了，各个处于前资本主义形态的民族，跨越到了社会主义。相应地，社会内部的结构状态也在不断地变化，尤其是改革开放以来，边疆与内地一样，也在经历着社会结构的调整和变动。

第二，在新中国成立以前，边疆地区的各个民族不仅在发展程度上存在差异，而且各自形成了与本民族的社会发展程度和民族文化相适应的社会组织形式和管理方式，建立各具特色的政治制度。这些方面在持续进行的社会改造中都彻底地改变了，取而代之的是与内地相同或相似的基层社会制度，尽管这种新的体制在运行的过程中会由于缺乏传统社会资源的支持而发生某种变异，但从形式上看，已经与内地无异。

第三，边疆基层社会的改造基本上是按照内地的方式进行的，在此过程中内地的文化、生产方式和生活方式也对边疆地区造成了深刻的影响。于是，边疆的生产方式和生活方式也逐渐发生了潜移默化的改变。传统的东西随着时间的推移逐步消逝，内地的或现代化的东西在逐步增多。边疆的、民族的文化在与内地文化的交流中逐渐变迁。

(四) 改善了民族关系，加强了族际间的政治整合

调整民族关系是新中国成立以来边疆治理中最重要、最核心的内容。如果从价值取向来看，新中国成立以来的边疆治理具有明显的族际主义的特征，基本都是围绕着调整民族关系这个核心内容展开的。经过长期的民族工作，以及以同情、关心、扶持少数民族为基本取向的民族政策[①]的实施，边疆的民族关系得到了根本的改善，族际间的政治整合显著增强。

第一，新中国成立伊始，党和政府就向边疆多民族地区派遣了民族工作队，

---

① 关于中国民族政策的价值取向的研究，可参阅周平：《民族政策的价值取向及我国民族政策价值取向的调整》，载《学术探索》2002年第6期，第58~61页；《国家主义：中国民族政策应当确立的基本取向》，载《西南边疆民族研究》第4辑，云南大学出版社2006年版，第168~178页。

调动各种资源支持边疆多民族地区的开发和建设，对少数民族实施了帮扶政策，不仅从根本上改变了边疆多民族地区的贫穷落后面貌，也促进了少数民族自身的发展，从而建立了平等、团结、互助的民族关系，使边疆多民族地区的民族关系进入了全新的历史时期。

第二，对边疆多民族地区和少数民族采取了照顾政策，少数民族受教育的程度和文化水平明显提高，少数民族干部在国家机关公职人员中占有相当的比重，少数民族的民主权利和社会权利得到保障，从而提高了少数民族在国家政治生活和社会生活中的地位。

第三，随着民族关系的改善、边疆多民族地区的开发和建设，以及各民族文化的交流和融合，再加上国家政权在边疆多民族地区的深入，各个民族共同建立统一的政治共同体，共生、共享统一的政治共同体的现实得到进一步强化，多民族国家内部的族际政治整合程度得到进一步增强。

（五）巩固了国家边防，维护了边疆的稳定和国家的主权

边防建设和边疆管理，是新中国成立以来边疆治理的重要内容。经过长期的边防建设和边疆管理，中国的边防和边疆得到了巩固，不仅形成了巩固的边疆，而且维护了边疆的稳定和国家的主权。

第一，经过长期的边防建设，旧中国时期那种有边无防的状况得到根本改变，国家已经在边疆建立了稳定、巩固、强大的边防，而且国家的边防也在日益现代化。强大的边防既维护了国家的领土和主权的安全，也维护了边疆的稳定和安宁，为边疆人民创造了良好的生活环境。

第二，近代以来，中国与其他国家的边界争端是长期困扰边疆治理的老大难问题。新中国成立以后，国家把处理好与邻国的边界争端作为边疆治理和外交关系的重要问题，在处理边界争端方面付出了极大的努力。经过长期的努力，中国与邻国在历史上形成的边界争端逐步得到解决。到目前为止，历史遗留的边界问题中的绝大多数已经得到解决，不仅维护了国家的领土和主权，而且有力地促进了边疆的稳定，改善了与邻国的关系。

第三，随着与边疆区域的社会经济状况相适应的边境管理体制的逐步建立，国家对边境地区的管理也逐步加强，尤其在应对境外消极影响方面的能力显著增强，从而保持了边疆的稳定和安宁。

四、边疆治理中的几个价值性问题

考察和梳理边疆治理的当代发展过程，首先凸显出来的，除了按照民族国家

的性质和特点来开展边疆治理这样的整体观照外,就是一项项边疆治理的政策和措施,以及随着这些政策和措施的推行,边疆所发生的深刻变化。但是,在这种梳理中,一些价值性的问题也逐步明晰起来。这些问题与当代数十年的边疆治理紧密地联系在一起,并且也与边疆治理的进一步发展和完善密切相关。从这个意义上说,思考这些问题并形成新的思路,是当代的边疆治理进一步发展必须要面对的课题。

(一) 边疆治理的基本取向应该是族际主义还是区域主义?

边疆治理不是一时的个别行为,而是一个长期持续的过程。在此过程中,不仅会体现出一定的价值取向,而且这种价值取向一经形成,就不会轻易改变,反过来又对现实的边疆治理实践形成持续的影响。它不仅影响着边疆治理的重点和任务的选择,而且影响着边疆治理追求的价值目标。在边疆治理研究中,价值取向的作用是不能低估的。

从新中国成立以来边疆治理的实践来看,处理族际问题、协调族际关系构成了边疆治理的主要内容,构建和谐的民族关系成为边疆治理追求的核心价值目标,因此,从总体上看,新中国成立以来的边疆治理是一种族际主义取向的治理。

新中国成立以后,采取民族主义取向的治理,有着现实的根据。在新中国成立的时候,国家面临着复杂多样的边疆问题,但最为突出的是民族问题和边疆安全问题。但是,加强边防建设,有效解决边疆的安全问题,以及其他边疆问题的解决,都有赖于民族问题的解决和民族关系的协调。如果不能有效地解决边疆地区的民族问题,解决其他边疆问题的努力都无法实现。民族问题成为了边疆问题的主要矛盾。在这样的情况下,采取族际主义的边疆治理,是一个符合实际的正确选择。

在族际主义取向的治理实践中,国家在全国范围内调配资源,集中力量解决边疆的民族问题,构建平等和谐的民族关系,取得了明显的成效,为边防建设和边疆安全的建立,奠定了坚实的基础。新中国成立以来边疆治理的成效,是与族际主义取向的治理分不开的,是族际主义取向治理的胜利。

族际主义治理不断取得成效的过程,就是边疆的民族问题逐渐得到解决的过程,也是民族关系趋向于协调的过程。既存的民族问题的解决以及平等、团结的民族关系的建立,不仅证明了族际主义取向边疆治理选择的正确,也彰显了族际主义取向治理的成效。在这样的形势下,民族问题在边疆以及边疆问题中的地位也就相对下降。与此同时,边疆的区域性的问题就被凸显出来了。相应地,边疆治理也就应当突出区域主义的治理。诚然,民族问题仍然存在,仍然是边疆治理中必须认真对待的重要问题。但随着边疆问题的状况的改变，逐渐地乃至更多地强调区域主义的治理，是符合现实的选择。

然而，我们看到的却是，国家不仅未能对边疆治理的价值取向加以调整，甚至把族际主义的取向绝对化了。在这样的一种格局下，边疆问题、边疆治理都被纳入民族问题和民族政策中进行研究，处理边疆问题的其他措施也被置于民族政策之下。在国家的决策中，凡是涉及边疆问题，都被放在民族政策的主题之下，党和国家的领导人也是在论及民族问题的时候才谈到边疆问题及其治理的。"兴边富民行动"这样的典型的边疆治理方略，也是在民族工作的范畴内制定的。

然而，虽然中国的边疆问题与民族问题具有天然的联系，但边疆问题毕竟不能等同于民族问题。在一定时期内，民族问题是边疆问题的核心和关键，但却并不总是一成不变的。在民族问题得到有效处理以后，其他边疆问题的地位会变得更加突出。中国的民族政策是十分成功的，在边疆治理中立下了大功，值得大书特书，但民族政策毕竟不能使其他的边疆问题迎刃而解。全面解决中国的边疆问题，需要构建区域主义取向的边疆治理模式，或者说，实现由族际主义取向的边疆治理向区域主义取向的边疆治理转变，具有必然性。不顾客观条件的变化而长期地绝对地坚持族际主义的边疆治理模式，会错失边疆治理模式转型的有利时机。

（二）边疆问题能否等同于民族问题？

由于长期实行族际主义的边疆治理，民族问题的外延被不恰当地扩大了。民族问题不仅被当作普遍性的边疆问题，而且内容丰富和形式多样的边疆治理都被纳入民族问题的分析框架，被当作民族问题，通过民族政策去解决这些问题。边疆治理取得的成效，看起来又进一步强化了族际主义的治理，以及把边疆问题等同于民族问题的思维。

然而，客观地分析就会发现，在边疆治理中把边疆问题等同于民族问题的思维和倾向不是妥当的，甚至还隐藏着许多的矛盾和谬误。

首先，把边疆问题等同于民族问题存在着逻辑上的错误。前已述及，"边疆"是一个区域性概念，尤其是国家边界确立起来以后，边疆就逐渐演化成为以边界来划定的区域；而"民族地区"则是少数民族生活的地区，核心概念是"民族"。虽然历史上的边疆长期是少数民族生活的地区，但是随着民族流动的加剧，边疆的民族成分也逐渐改变。边疆问题是典型的区域性问题，尽管由于边疆地区生活着众多的民族和民族关系复杂，但并非所有的边疆问题都是民族问题。如果把边疆问题都归结于或等同于民族问题，不仅会混淆两种不同性质的问题，而且把许多真正意义上的边疆问题排除在边疆治理之外，或忽略了某些边疆问题，不能对其进行恰当的处理。

其次，把边疆问题等同于民族问题会影响到边疆治理的成效。边疆问题是产生并存在于边疆却影响到整个国家的问题，从本质上看，它是区域性问题，是通过区域来界定的。就一般意义而言，民族问题是民族关系中的矛盾和冲突，但在实际的政治生活中，民族问题则是需要运用政权的力量，通过国家的民族政策来加以解决的问题。也就是说，民族关系中的矛盾和冲突是否当作民族问题，是由国家政权选择的结果，是由国家来决定的。尽管两类问题也有重合，民族问题常常成为突出的边疆问题，但两类问题性质是有明显区分的，解决的方式也有所区别。如果不承认二者之间的差异，一概地用民族政策去解决边疆问题，不仅不能有效地解决边疆治理问题（尤其是非民族性质的边疆问题），而且易得出事与愿违的结果。

最后，把边疆问题等同于民族问题会导致民族问题的扩大化。把边疆问题等同于民族问题的直接后果便是民族问题的扩大化。尽管边疆地区民族关系复杂，民族问题在边疆问题中的地位突出，但并非所有的边疆问题都与民族有关。即使与民族直接相关的问题，也并非都是民族问题，都需要通过民族政策去加以解决。实践中最容易发生的问题是，边疆问题中与民族沾边的问题，都被当作民族问题看待，结果是把民族问题扩大化了。在某些特定的历史时期，甚至给以边疆到处都是民族问题的印象。这样的做法与"民族问题无小事"的思维结合起来，又进一步增大了解决这些问题的难度。

因此，无论是从提升边疆治理的有效性的角度来看，还是从审慎处理民族问题的角度来看，都不能将边疆问题等同于民族问题。解决这个问题的关键是，不要把发生于边疆多民族地区的问题都归结为民族问题，要为民族问题设定严格的界限。从理论上看，只有那些发生于民族间并影响到民族整体利益的矛盾和冲突，才能被界定为民族问题，才能通过民族政策进行调整。与民族有关但并不涉及民族利益的矛盾和冲突，则根据其性质采取相当的处理方式。虽然与民族有关但属于区域性的问题，则通过边疆治理的方式加以解决。

（三）针对个别民族的帮扶政策会不会带来负面影响？

边疆地区生活着多个少数民族，绝大多数是少数民族聚居区。这里的一些少数民族，尤其是居住于边缘一线的个别少数民族，其生活的区域生产力水平低，经济社会发展滞后，基础设施欠缺，生产生活条件差，社会事业落后，人民生活贫困，发展面临着严重的困难。这种状况不仅制约了边疆的发展，不利于协调民族关系，甚至还会引出一系列新的问题。因此，将促进这些少数民族和少数民族地区的发展作为边疆治理的内容，是十分必要的。

在我国长期坚持的族际主义治理框架和相应的思维方式背景下，改变边疆少数民族和少数民族地区贫困面貌的政策也被纳入民族政策的范畴之内。2001年，国家民委提出了扶持人口较少民族加快发展的建议。2005年，国家民委、国家发展改革委、财政部、中国人民银行、国务院扶贫办联合发布了《扶持人口较少民族发展规划（2005~2010年）》，决定对我国55个少数民族中人口在10万人以下的22个少数民族（简称"少小民族"）进行专项帮扶。这些少数民族中的绝大多数分布于边疆地区的边缘一线，相关的问题是典型的边疆问题。该项规划涉及的范围是22个人口较少民族聚居的640个行政村，其基本的政策目标是"使人口较小民族聚居村的经济和社会发展达到当地中等或以上水平"。很显然，这是一项专门扶持若干单个民族的边疆治理措施。

从政策实施的情况来看，政策目标基本得以实现。"少小民族"聚居的行政村，基本实现了"四通五有三达标"，即通电、通路、通广播电视、通电话；有学校、有卫生室、有安全的人畜饮用水、有安居房、有稳定解决温饱的基本农田或草场；人均粮食占有水平、农民人均纯收入和九年制义务教育普及率三个指标达到国家《扶贫开发纲要》和"两基"攻坚计划的要求。

但是，这种针对个别民族的帮扶政策本身，也带来了政策制定者没有预料到的问题，产生了负面的影响。虽然现在尚不能全面地评估针对个别民族的帮扶政策所产生的积极意义和负面影响之间的对比，但这种负面影响的存在却是可以肯定的。一方面，它引起了没有享受到优惠政策的周边其他民族的反感。享受优惠政策的民族与其他民族之间存在紧密的联系，尤其是同一地域中的各个民族之间的联系更为密切。享受优惠政策的民族与其他民族之间的差距是历史上形成的，这种差距已经得到普遍的认可。而享受优惠政策的民族则由于国家相关政策的实施而获得了很大的利益，经济地位和政策地位迅速上升，并超过了周边的民族，形成了一种新的反差。在这样的形势下，周边民族中就逐步形成了一种被剥夺感或被遗弃感，从而影响到这些民族对国家的信任和认同，产生了极其严重的消极后果。另一方面，受惠民族的民族心理也发生了微妙的变化。就我们对云南受此项政策优惠的基诺、布朗两个民族的情况来看，民族精英中出现了某种由歉疚和屈辱混合在一起的复杂心态，民族大众中则使原本就存在的依赖心理进一步被强化了。此外，这种做法进一步强化了"少小民族"与其他民族之间的界限，将民族间区分进一步固定化了。这些负面的影响是渐进的甚至是潜移默化的，也是长远的和累积式的。

这种结果正是族际主义取向的边疆治理的必然后果。设想一下，如果将族际主义的治理调整为区域主义的治理，会产生什么样的结果呢？如果对生活于边疆一带并且经济和社会发展落后的人口不分民族地实施帮扶，既能够解决边疆贫困人口的生产和生活问题，也能够增强各个民族间的平等，加深各个民族间的融合，而且能够避免产生上述的消极后果。因此，从这个意义上说，用区域主义的治理替代族际主义的治理，也是十分必要的。

（四）如何平衡民族自治地方的权利义务关系？

我国的民族自治地方大量分布于边疆地区。边疆地区的民族自治地方具有典型意义。从一定意义上说，边疆地区民族自治地方的状况代表着我国民族自治地方的总体状况。从边疆治理的角度来看，边疆多民族地区的民族区域自治进行得如何，也直接影响着边疆治理的成效。

而在通过民族区域自治实施边疆治理的过程中，有一个十分重要的问题却常常被忽略了，这就是民族自治地方的权利与义务关系问题。

对于少数民族来说，实行区域自治，在特定的区域内自主管理本民族的内部事务，这是国家赋予的一项特殊权利。当然，这是一种整体性的权利，而不是个体性的权利，它不是由少数民族成员直接行使，而是由自治地方的自治机关行使。少数民族获得这样的权利的同时，也就对国家承担着相应的义务。从多民族国家的角度来看，国家在做这项制度安排的时候，也是充分地考虑到这种权利义务关系的，不仅赋予少数民族实行区域自治的自治权利，也要求自治地方和自治机关承担相应的义务。不论是在宪法中还是在民族区域自治法中，我们都能看到有关义务的表述。

但是，具体地考察这项制度就不难发现，这项制度安排中的权利和义务并不平衡。从法律的层面来看，民族区域自治的权利义务关系是明确的，但权利和义务的具体规定却有所不同，有关权利的部分都较为具体和细致，操作性较强，而有关责任和义务的部分则较为原则，操作性较差。从实践的层面来看，虽然宪法和法律规定的自治权尚未得到全面的实施，但各种有关落实自治权的法规和条例却非常之多，各级政府制定的有关落实自治权的规定多不胜数，切实落实自治权成为民族自治地方的基本共识，各种用好用活自治权的经验之谈常常见诸报端，而有关民族自治地方责任和义务的规定却并不多见，而且相当含糊。因此，从总体上看，在民族区域自治的权利义务关系中，权利方面的内容是实在的，操作性强，而义务方面的规定则比较虚，缺乏操作性。较之于权利，民族区域自治的责任和义务处于某种虚置化的境地。

民族区域自治制度中这种重权利轻义务的安排，在民族区域自治制度还不完善，自治权尚未得到全面落实，以及少数民族的发展程度还比较低，民族意识尚处于低迷状态的情况下，并不会导致什么严重的后果。因为在这样的状态下由义务所产生的约束机制的必要性尚未充分凸显，通过义务方面的规定对民族自治地方进行约束的问题尚不十分突出。但是，事情并不会固定在这样的水平上。民族自治地方要求落实自治权的呼声日渐高涨，各种落实自治权的政策和规定日渐增多，少数民族的发展程度也在渐渐地提高，少数民族的民族意识也在觉醒。随着情况的发展，一个重视权利而轻视义务的制度安排将会在实践中导致许多预料不到的问题，有减弱其在族际整合中的功能甚至会使之失效之虞。因此，从加强民族区域自治的族际整合功能的角度出发，构建相应的机制来平衡民族区域自治的权利义务关系，是实践提出的一个严肃而重大的问题。

第四章

边疆的开发和建设

在当代的边疆治理中，开发和建设始终是首要的任务，边疆治理的其他任务都是在此基础上形成和展开的。边疆开发和建设的程度较低，是一个长期存在并且还将继续存在的问题。存在这样的问题，既有自然条件的限制，也有历史的原因，同时也有国家战略布局和边疆治理方面的原因。这个长期存在的"老大难"问题，既是边疆地区在经济社会发展水平方面与内地的差距拉大的重要原因，也影响着边疆的发展和稳定，进而成为整个国家经济社会发展和总体实力增强的滞后性因素。因此，必须从国家战略的角度来考虑边疆的开发和建设，把促进边疆的开发和建设作为边疆治理的基础工程，在边疆治理的总体布局中促进边疆的开发和建设。

一、边疆开发和建设的含义

边疆的开发和建设事关边疆的发展和稳定，也事关国家的全局。在边疆治理的视野中，边疆的开发和建设是一项基础性工程，必须高度重视。但是，今天的边疆开发和建设，必须改变过去曾经出现过的对资源进行掠夺式开发的问题，要走可持续发展之路。

（一）边疆开发和建设的内涵

我国边疆幅员辽阔、物产丰富，人口相对稀少，但少数民族分布较广，信息不够灵便，人们的观念和心理相对封闭。边疆的开发和建设有两大制约因素：一是"基础条件差"，表现为生态环境恶劣，交通不发达，基础设施陈旧，资金严重不足；二是"发育水平低"，比如社区运行的体制不顺、机制不畅，人口综合素质、人文环境、知识结构、思想观念、生活习惯等等相对落后。党中央审时度势，不失时机地提出西部大开发和中部崛起的战略，把边疆的发展放到了国家经济、政治、社会发展的战略高度。边疆各级政府最需要的就是认真调查、分析、研究，对本地的生产力水平有一个合乎实际的认识；客观评估本地区的企业、产业、资金、资源、市场、行政、区域等各方面的要素状况及其组合状况；把本地区的开发和发展放在西部、全国乃至国际背景中去审视。这样，就能从经济基础到上层建筑、从资源分布到区位特色等方面，对本地的开发和发展有一个科学合理的市场定位。因此，认识边疆的特点和现状，是我们搞好边疆开发、建设和治理的前提和基础。

所谓边疆的开发和建设，就是在党和国家的方针政策指引下，边疆各级政府结合本地区的实际情况，以各种正式制度和非正式制度为依据，积极制定切实可行的政策和措施来发展边疆的经济、繁荣边疆的文化、开发和维护边疆的生态环境，从而使边疆人民的生活水平持续改善和提高，边疆和非边疆地区社会经济协调发展，各民族团结和睦的一系列过程和活动。因此，边疆的开发和建设既是静态的又是动态的，既是理论的又是实践的，它是一个各种要素有机组成的综合性概念。边疆的开发和建设是一个具有全局性意义的问题，也是边疆治理的一个重要方面。结合边疆的现状，边疆的开发与建设具有以下特点：

第一，中国共产党是边疆开发和建设的领导核心。坚持和加强中国共产党的领导，明确中国共产党在边疆开发和建设中的核心地位，是边疆开发和建设能否真正进行的关键因素。在新中国成立之后60多年的政治实践中，中国共产党已经无可争辩地成为治理国家的最高权威，并且已经得到广大民众的普遍认同和拥护，从某种意义上说党的领导已经成为一种惯性，甚至成为有中国特色的政治文化的一个重要组成部分。边疆自古以来就是中华民族神圣不可分离的一部分，边疆的脱贫致富、基础设施的改善、卫生事业的改善提高、教育的普及等都是在党的民族平等、民族团结和各民族共同繁荣的政策指引下逐步实现的。作为进一步促进边疆更好更快发展的边疆开发和建设，同样也必须坚持中国共产党的领导才能顺利实现预期目标。

第二，政府是边疆开发和建设的主体。边疆开发和建设虽然需要权威，但这个权威并非一定是政府机关。边疆开发和建设的主体既可以是公共机构，也可以是私人机构，还可以是公共机构和私人机构的合作。但是针对我国边疆的实际情况，边疆政治经济发展缓慢，公民社会还远未形成，非政府组织数量少而且独立性不强，加之传统边疆的一切活动都是在政府的领导下开展起来的，政府的领导具有一定的惯性，民众也有一定的适应性，所以现阶段的边疆开发和建设也还要以政府为主体，等发展条件成熟后再慢慢向政治国家与公民社会的合作、政府与非政府的合作、公共机构与私人机构的合作、强制与自愿的合作回归。此外，一些有影响力的个人，能通过他们的专长、人格魅力、感召力甚至是权威发挥他们的独特作用为边疆开发和建设做贡献，但是这种人物毕竟是少数，而且也要受到政府的约束，只有通过政府这个平台才能更好地发挥作用。

第三，边疆的开发和建设是一个持续过程。边疆的地理位置和现状决定了边疆的开发和建设是一个持续而长久的过程，不可能在短时间内顺利实现。一是边疆自身发展的滞后性。边疆是一个国家的边缘和边境地区，相对内地而言，远离国家发展中心，偏僻遥远。地形复杂，交通不便，自然生态环境恶劣，经济基础薄弱，由于地处边远位置开发较晚，所以经济和文化与内地相比比较落后。二是产业结构的单一性。由于历史和现实的原因，边疆生产力水平低，基础设施条件差，经济结构单一，经济发展缺乏综合性，缺乏支柱产业和龙头企业的支撑和辐射。三是民族问题具有复杂性。边疆是少数民族聚居的地区，过去由于狭隘的民族主义的影响和反动的民族压迫，民族之间遗留问题比较复杂，民族之间的一些隔阂也影响各族人民团结一致建设和发展边疆。

第四，边疆的开发和建设是为实现公共利益最大化。公共利益是政治国家与公民社会的合作、政府与非政府的合作、公共机构与私人机构的合作的基础，也是它们要实现的目标，只有公共利益才能调动他们的积极性、主动性和创造性，使之齐心协力谋发展。边疆开发和建设的目的是在各种不同的制度关系中运用权力去引导、控制和规范公民的各种活动，以最大限度地增进边疆的公共利益。

第五，边疆的开发与建设是以市场和全国经济一体化为导向的各区域间经济协调发展。在市场经济条件下，提高劳动效率的关键是市场制度的完整和有效性。在实现区域经济发展过程中，建立全国统一大市场是寻求市场制度有效性的理性选择。通过统一市场这个平台，区域间经济发展的非线性作用有了契合点，区域间经济结构优化和资源的有效配置有了基础。经济发展实践告诉我们，我国的区域经济发展是唇齿相依、互为关联的，边疆发展离不开东部的资本、技术等方面的支持。因此，边疆经济发展是在东部继续实现现代化过程中的发展，东部经济的发展也离不开边疆的市场、自然资源等方面的支持。而这种支持与协作必须以市场为纽带、以规范化制度为基础、以市场化竞争为手段方能实现。

第六，边疆的开发与建设是在知识经济、经济全球化背景下的当代社会经济发展问题。在知识经济社会化和社会发展知识化的背景下，知识已成为当代社会经济发展的基本导向和突出特征。边疆的开发与建设也成为知识要素与经济要素、社会发展要素的有机统一体,边疆开发与建设的过程就是一个社会发展知识化的过程,一个不断创造、传播、利用知识的过程。在这个过程中,创新是灵魂,创新就是推动边疆的开发与建设战略的不竭动力。在经济全球化背景下,边疆开发与建设的视野也应得到进一步拓宽,边疆的开发与建设也被赋予了全球化的内涵,那就是以培养核心竞争力为中心,紧紧抓住国内外两个市场,充分利用和发挥自身、全国、全球三个层面的经济资源,以自身比较优势加入到国际分工体系之中,进而推动社会经济稳步发展。

(二)边疆开发和建设的内容

边疆的开发和建设,涉及边疆建设和发展的各个方面,内容十分丰富。同时,边疆的开发和建设,也必须基于发展模式适时地提出自己的发展战略,从而使边疆与东部地区的经济联合能够最大限度地促进东西部经济共同发展。

1. 产业结构的战略性调整。面对市场经济体制的全面建立以及经济全球化的新趋势,边疆在开发和建设的过程中,必须进行产业结构的战略性调整,借助东部地区产业升级的契机,以提高经济发展质量、效益及市场竞争力为目标,坚持以市场需求—科技进步—资源开发为序组织好经济建设,调整和优化产业结构。因此,边疆应主要做好以下几个方面的调整:

第一,发展特色农业,加快农业产业化进程。加强农业的基础地位,大力发展特色农业。以市场为导向,以提高农牧民收入水平为中心,依靠科技进步,着力调整农业结构,努力提高农业的综合生产能力和综合经济效益。依据边疆各地的实际,发展具有鲜明区域特色的种植业、养殖业和绿色食品产业,努力把边疆建设成特色的、绿色的农产品基地。要加快边疆农业产业化进程,推进产业化经营,加速优势产业发展。加快优势产业的培育,就是要根据资源优势和国家产业政策,抓好区域布局,促进优势产品、优势产业向优势区域集中,形成各具特色的专业化、规模化生产,这是发展边疆农业产业化的核心。同时要大力发展多种类型、多种经济成分的运销组织、中介组织和合作组织,把建设流通、服务型龙头企业作为农业产业化的启动点。要进一步完善利益分配机制,处理好边疆龙头企业与农民的经济利益关系。推进边疆农业产业化经营的核心问题是在生产、加工和销售之间建立合理的利益分配机制。要逐步建立和完善企业与农民之间的利益机制,让企业与农户真正做到"利益共享、风险共担",让农户与企业之间的利益连结更加紧密,从而促进边疆农业产业化的健康发展。

第二,调整工业结构,加快工业化产业升级。面对市场需求变化,边疆要依托特色资源优势,加快工业结构的优化升级,大力发展特色工业,加快工业化进程。边疆应适应消费结构、市场需求结构变化的需要,以技术、资金、生产关联度大和收入弹性高的产业为发展重点，积极培育发展支柱产业，增强工业竞争力。以优势资源为依托，集中力量发展特色工业。要加大传统工业的科技开发和技术改造的投入力度，提高产品档次和科技含量。从经济社会发展的实际出发，突出重点，推动新的有优势的高科技项目，重点推进生物技术、信息技术、新能源、保健食品、矿产资源开发等领域重大科研成果的产业化，使边疆逐步形成一批具有自主知识产权、技术含量高、市场竞争力强的高新技术产业和新型产业。

第三，培育第三产业，全面开拓特色旅游业。边疆第三产业的发展和层次与我国东中部地区存在着很大的差距。边疆在发展第一、第二产业的同时，必须注意为第三产业的发展创造条件，围绕边疆第一、第二产业的特点进行生产的专业化和市场分工的细化，培育第三产业发展的基础。目前边疆要加快新兴第三产业的发展，如信息产业、金融证券、食品加工等，特别要大力发展特色旅游业，以此形成新的经济增长点。加快旅游基础设施建设，进一步完善景区的功能和设施，依托丰富的自然风光、人文景观、历史文化古迹和多姿多彩的民族风情等旅游资源，积极开发具有边疆民族风情和地区特色旅游项目和旅游产品，同时要加强规划、引导和监督管理，调动多方面的力量参与旅游资源开发，使旅游业尽快成为边疆经济发展的新的增长点。

第四，加快所有制结构调整，大力发展非公有制经济。边疆近年来非公有制经济发展较快，但与中东部省区相比差距很大。边疆的国有经济遍布各行各业，但国有资本极为分散，严重影响了国有企业竞争能力和国民经济整体效益的提高。国有资本要从一些领域中退出，集中到重要的国民经济命脉部门，发挥资本市场在资金配置和再配置中的基础性作用，通过调整存量结构来确保增强国有经济控制力和竞争力。非公有制经济要在税收、金融、市场准入等方面与公有制享受平等待遇，在提倡和鼓励大力发展非有制经济的同时要加强对非公有制经济发展的宏观引导，把非公有制经济发展纳入国民经济发展计划，并为非公有制经济提供产业政策、市场信息、技术咨询等方面的服务，为非公有制经济的发展营造良好的发展环境。要积极鼓励个体、私营企业参与边疆国有企业的改制改组，尤其在竞争性行业，实施积极的资本运作，形成多种经济成分共同发展的局面。大力发展股份制、股份合作制等多种先进的企业组织形式，鼓励支持个体和私营企业参与股份制改造，实现个体、私营之间，个体、国有之间，国有、外资与私营企业之间的产权多元化组合，实现边疆混合所有制经济发展的大跨越。

2. 科教兴边战略。科教兴边战略是实现边疆发展目标的根本途径。科学技术是第一生产力，这是在人类历史发展中发挥了巨大作用并经实践证明了的真理。依靠传统技术无法实现跨越式的大发展，只有依靠现代科学技术才能使边疆发展得更快、更好。当今世界的竞争，说到底是科技和人才的竞争。边疆虽然也具有一定的科技实力，教育资源也比较丰富，但主要问题是边疆科技力量分布不均衡，教育发展水平高低悬殊，特别是一些沿边省区，科技教育水平比较落后。对于边疆来说，科教兴边战略将有利于改善区域经济的技术结构，加快产业结构的调整和优化，促进新兴产业部门的建立和发展，同时有利于造就大批本地区的科技人才和具有现代经营理念的管理人才。

第一，依靠科技求发展。面向优势资源转换，选择具有资源优势和工作基础并取得突出成绩的重要科技领域，以及其他迫切需要解决而区外又难以提供成熟经验的科技问题，作为科技发展的重点，以形成具有边疆特点的科技优势，并带动其他科技领域的发展。同时，要积极引进国内外的先进适用技术和管理经验，使边疆的主导产业建立在新的技术基础之上，带动和联动其他产业的技术进步，使技术发展尽可能跨越常规发展中的中间阶段，推动传统产业的技术改造和新产业群的产生。边疆在产业发展和技术改造中，要大力采用先进的适用技术，通过各层次技术的完善与升级，实现技术进步；通过高技术与常规技术的复合，硬件技术与软件技术的复合，不同产业、行业之间的技术复合，形成功能较强的复合技术体系，并由此加速技术转移、降低落后技术的比重、推动边疆的经济技术结构及其产出能力上升到新水平。实现科技经济一体化，进一步深化科技体制改革，形成科研、开发、生产紧密结合的机制，使边疆企业真正成为技术创新的主体，实现科研机构机制和体制转换，并加强科技中介服务体系建设，拓展知识流动和技术扩散渠道，建立多元化的科技投资体系，增加科技的投入，从而全面提高边疆国民经济的科技含量，达到科技进步促进经济发展、经济发展推动科技进步的良性循环。

第二，重视教育与人才培养。边疆的开发和建设必须加快教育事业的发展，深刻认识人才强国战略的极端重要性，培养一支适应边疆经济发展需要的人才队伍，制定灵活的用人政策，创造良好的用人机制和环境，稳定和用好现有人才，积极引进经济建设急需人才。一是边疆要尽快普及九年制义务教育和狠抓职业教育，加大对边疆贫困地区教育的支持力度，大力推进素质教育，加强政府对科技的宏观调控和政策引导，充分发挥市场机制对人才配置的基础性作用，实施"边疆人才工程"；通过多种途径，培养、造就大批当地人才，努力提高人力资源的素质和劳动技能。二是要采取切实可行的措施，包括提高生活待遇，创造良好的工作条件，创造宽松的政策环境，提供人才充分施展才能的机会和实现自我价值的用武之地。以"不求所在、但求所用，不求所有、但求所在"的全新的、富有战略性的人才资源开发理念，吸纳更多的高层次人才，充分发挥他们的潜能，为边疆经济的发展服务。

3. 基础建设战略。基础设施属于社会基础资本，对人们的生产生活活动具有广泛的正向外部效应，是任何经济社会发展的充分必要条件。边疆的开发与建设，基础设施建设必须先行。这是边疆开发与建设的需要，既是为了给边疆的发展创造良好的基础条件，也是保证边疆政治安定、社会发展、民族团结、地区稳定的需要。没有一定的基础设施，开发资源、发展经济将成为一句空话，更不可能实现可持续发展。基础设施建设是边疆开发与建设的战略重点，在边疆的开发与建设中居于先导和基础地位。

边疆交通通信等基础设施建设虽然取得了令人瞩目的成就，1998年以来投资增长速度甚至高于全国平均水平，但仍不能完全适应国民经济发展特别是边疆的开发与建设的需要。铁路干线运输能力不足，公路技术等级低、质量差，航空运输发展不平衡、经济效益低，管道建设投资大，广大农村通信水平低，水利设施、生态环境设施与城市基础设施等与全国平均水平有很大差距。一是总体规模显著不足，路网密度小、连通性与网络性差，对交通运输的速度与效益造成很大影响。二是基础设施技术等级比较低，质量不高。受资金短缺、自然环境恶劣等因素的影响，西部地区交通设施高等级路段少，低技术等级路段长，总体质量差、通行能力不足。边疆基础设施薄弱的事实，严重阻碍了这些地区的经济增长和社会发展，因此，政府的工作重点是加大对基础设施的投资力度，使其达到经济体摆脱"贫困的恶性循环"困境所应有的比例和规模。

基础设施建设是实施边疆开发与建设的中心环节之一，关系到边疆地区的长远发展。从整体上看，边疆基础设施落后的状况尚未得到根本改变，主要依靠国家进行基础设施建设的传统体制的弊端日益突出，边疆基础设施建设与使用效率不高的矛盾逐步显露出来。因此，如何在继续加强边疆基础设施建设的同时，加快基础设施建设体制的改革，进一步提高基础设施建设与使用的效率，并能促进边疆制造业与经济的健康发展，就成为边疆开发与建设的一个关键问题。否则，边疆的经济社会将不能实现"起飞"。

4. 可持续发展战略。由于全球性的人口问题、资源问题、环境问题和发展问题日益复杂化，迫使人们开始考虑自身的长远发展问题，可持续发展的思想也由此引起社会的广泛关注乃至行动。区域可持续发展战略的核心是人口、资源、环境与发展四位一体的高度综合，实现人口增长、资源利用、环境保护以及经济和社会发展四者之间在不同尺度的区域上的相互协调，从而促进经济与社会和谐、高效、优化、持续、有序地从低级阶段向高级阶段发展，为人们的生产和生活创造良好的条件。促进边疆人口、资源、环境、经济和社会的协调发展，将为东西部地区联动协同发展提供一个可持续的发展空间，培植和提高边疆的可持续能力已成为边疆开发和建设的一个重要任务。

边疆与中东部地区可持续能力的差异是全方位的，这必然决定了提高和增强边疆可持续发展能力的系统性、复杂性、长期性和艰巨性。边疆应坚持有所为、有所不为的原则，选择切入点和突破口，以重点开发和加速发展带动整个边疆的开发和建设。生态环境的改善是边疆可持续发展的先决条件，水资源短缺是边疆可持续发展的主要限制因素，农牧业和旅游业是边疆可持续发展的优势产业，城镇是边疆可持续发展的重要载体。只有在合理及高效利用水资源的前提下，在恢复及改善生态环境的基础上，科学、深度开发农业及旅游资源，发挥城镇的综合优势，才能最终实现边疆集社会、经济、生态环境等综合效益为一体的可持续发展。

可持续发展战略关系到优势资源的合理开发和高效利用，是边疆实现区域可持续发展的必由之路。边疆作为环境脆弱的资源地区，其资源与环境无疑成为区域可持续发展的关键。边疆的可持续发展必须采取自然资源的科学利用和生态环境的合理平衡的发展途径和方式，加强生态环境保护与建设，节约和保护资源，提高资源利用效率，以推动经济持续、快速、健康增长。一是依靠科技进步，合理利用自然资源，转变生产方式和经济增长方式，把中长期保护与解决边疆重大环境问题结合起来，以治水为中心，植树种草为先导，改良土地为基础，重大工程为依托来治理边疆，全面推进生态环境的保护与建设；二是贯彻经济效益、生态效益相统一的原则，实施边疆人口增长与经济发展、环境容量相适应的方针，努力实现边疆经济与人口、资源、环境的协调发展；三是边疆进行可持续发展的教育和可持续发展能力的建设，提高边疆全民素质和公众参与能力，提高边疆各民族人民的生活质量，全面推进社会进步，创造一个安定、良好的生活环境。

（三）边疆开发和建设的作用

加快边疆开发和建设战略的实施，不仅关系到边疆的社会经济、文化发展、政治稳定，也直接关系到中央提出的第三步战略目标能否实现，更是建设和谐社会，实施科学发展观的需要。但是由于种种因素的制约，边疆的经济发展远远落后于东部地区和中部地区。实施边疆开发和建设的战略，能更好地促进边疆经济的持续增长，实现边疆经济社会的可持续发展。

1. 边疆的开发和建设有利于充分发挥边疆资源和区位优势，促进经济发展和人民生活水平的提高。边疆的自然、历史、民族、宗教等特点，决定了边疆的旅游资源极其丰富。从自身特点来看，旅游业属于服务贸易业，不存在产业雷同，也不容易被垄断，处于不同发展水平的各民族地区都可以在其中找到自身的位置和发展空间，参加竞争。边疆的开发与建设就能充分利用这些便利的资源，在对边疆民族地区的旅游资源进行统筹规划的基础上，建立以独特的自然风光和人文景观为核心的旅游景区吸引顾客，发展当地经济，使旅游成为边疆民族地区发展的希望和先导。把环境的潜在价值变成现实效益，让环境为边疆人民群众带来财富，以此激发人们保护环境的热情和积极性。另外，边疆与周边国家和地区有着历史和现实的联系，边疆的开发与建设能加快边境贸易的发展。长期以来，边境贸易一直是边疆民族地区经济发展的主要推动力之一。边疆的开发应符合边疆民族地区的实际情况，按照我国建设社会主义市场经济的要求，调整和完善边境贸易政策与管理，进一步提高边贸的档次，规范贸易行为，使商品经济、生态经济、特色经济有机结合起来，能积极促进边疆民族地区经济发展和人民生活水平的提高。

2. 边疆的开发和建设有利于拉动国内需求。近年来，国内有效需求不足，成为影响我国经济发展的主要制约因素。在这种情况下，国内有相当一部分资金、技术和劳动力需要寻求新的生产领域、新的市场、新的发展空间。边疆幅员辽阔，自然资源丰富，但发展水平较低，还蕴藏着巨大的投资机会、巨大的市场潜力和发展潜力。实施边疆开发和建设，通过发展边疆特色经济，可以提高人民的生活水平，并有效地扩大国内投资需求和消费需求。当今世界经济的一个突出特点是，经济结构调整正在全球范围内广泛而深刻地进行，并给各国经济发展带来深刻的影响。实施边疆开发和建设，充分发挥边疆市场潜力大、自然资源丰富和劳动力成本低的比较优势，为加快全国经济结构调整和产业优化升级提供广阔的空间，为东部地区发展提供市场和能源、原材料支持，为东部地区的结构调整创造条件。只有有效地实施边疆开发和建设战略，才有利于全社会稳定，促进我国社会经济、文化等多方面协调发展。

3. 边疆的开发和建设有利于促进东西部均衡发展、共同富裕。新中国成立六十年特别是改革开放三十年以来，各地区经济和社会发展都取得了长足进展，东部地区由于具有较好的经济基础，有利的地理位置，加上国家政策的支持，现代化建设走在了全国的前列，经济和社会发展突飞猛进，人们普遍过上了小康生活。边疆由于受历史、自然和区位等诸多因素的影响，总体发展水平与东部相比，存在着较大差距，近十几年来，这种差距还呈拉大趋势。在继续加快东部沿海地区经济发展的同时，不失时机地实施西部大开发战略，对于逐步缩小地区间发展差距，加速实现全国各地区的共同繁荣和人民的共同富裕，保持全国社会稳定，将发挥重要作用。广大西部省区地处祖国边疆，是少数民族集中聚居的地方。多年来，国内外敌对势力对我国实行"分化"和"西化"，利用边疆民族和宗教问题搞颠覆和分裂活动。维护和保持边疆民族地区的稳定，挫败国内外敌对势力分裂我国的阴谋，很关键的一条，就是不断加快边疆的经济发展和社会进步，进一步巩固和发展平等、团结、互助的社会主义民族关系，增强整个中华民族的凝聚力和向心力，从根本上巩固社会稳定和边疆安宁的大好局面。

4. 边疆的开发和建设有利于国家的稳定和安全。边疆历来是一国的边防前线、战略要地，如何促进边疆经济社会的发展，维护边疆的和谐稳定一直是各国十分重视的问题。边疆问题事关国家的最高利益——国家统一与民族复兴。边疆稳定则国家稳定，边疆动乱则国家不稳。著名学者费孝通先生在论述边疆问题时指出："在两千多年的时间里，有一个重要的历史现象：天下未乱边先乱，天下已定边未定。观察边疆治乱兴衰，可知国家统一还是分裂，国力强盛还是贫弱，民族和睦还是纷争，都与边防有着密切的联系。"[①] 边疆的稳定与发展和全国的发展，和整个中华民族的振兴是密切联系、相互促进的。所以，国家最高利益的实现需要边疆的和谐与稳定。边疆的稳定与和谐发展不仅使自身经济得到更好发展，而且可以为整个国家经济发展提供有利的环境，从而为中华民族的强大打下坚实的基础；边疆的稳定与和谐发展不仅可以有效地增进民族团结，为中华民族大家庭的进一步巩固创造良好的条件，也有利于国家的稳定和民族的团结。边疆的特殊战略地位表明，边疆的稳定不仅直接关系到国家的稳定和发展，也影响到国家的主权统一和领土的完整，甚至还会影响到周边的地缘战略格局。

5. 边疆的开发和建设有利于小康建设目标的全面实现。当前我国实现现代化建设第三步战略目标，与其他地区相比，边疆的任务更为艰巨。边疆自然条件严酷，加上千百年来频繁的战乱、自然灾害和各种人为的原因，边疆的自然环境不断恶化，荒漠化年复一年地加剧，并有逐步向东推移的趋势。这不仅对边疆，而且也给东部的经济社会发展带来了严重的不利影响。因此，不遏制边疆的生态环境恶化趋势，就没有全国经济社会的可持续发展；没有边疆的小康，就没有全国的小康；没有边疆的现代化，也就谈不上全国的现代化。

二、边疆开发和建设的环境

对边疆的开发和建设产生直接或间接影响的各种因素，构成了边疆开发和建设的环境条件。边疆的开发和建设，就是在这个特定的环境条件下进行的，同时也受制于这个特定的环境条件。具体地说，边疆开发和建设的环境状况，影响和制约着边疆开发和建设的方向、目标、任务及管理模式的选择。

（一）边疆开发和建设的物质经济环境

边疆开发和建设的物质经济环境是指边疆开发和建设赖以存在和发展的物质资源条件、自然地理状况、经济关系及制度等的总和。它们是边疆开发和建设赖

---

① 费孝通：《致"兴边富民"领导小组的一封信》，载《民族团结》2000年第3期，第8~9页。

以存在和发展的依据。物质经济环境对边疆开发和建设的活动内容和活动方式等具有决定性的影响和制约作用,具有以下特点:

1. 自然资源丰富,但是开发、利用能力低。各主要资源中,边疆的草原面积、森林面积、水能资源等自然资源丰富,稀土、钾盐、镁、铬、云母、汞、锡、煤、石油、天然气等储藏占有量大;除矿产资源外,生物资源也极为丰富,动植物种类多;另外,边疆旅游资源也十分丰富,这些地区不仅有千姿百态、神奇莫测的自然风光,而且还有多姿多彩、神秘奇异的民族文化,其独特的自然景观和人文景观相互辉映,使边疆增添了神奇和神秘的魅力。但是由于交通不便,资金、技术、人才等奇缺,丰富的资源无法得到开发和利用,资源优势无法转化为经济优势,因此边疆的开发和建设就要充分利用这些资源优势,在保护资源环境的前提下,把资源优势转化为经济动力。

2. 边疆国土面积大,但是土地总体质量差,可利用土地少,自然条件较为恶劣,生存条件较差。边疆的人口多分布于祖国边缘地区的丘陵、山地、高原、峡谷等地区,这些地区一般海拔较高、气温低,生长周期短、土质贫瘠,交通不便。可以用"山、荒、寒、边"来概括其总体特征。所谓"山",就是指大多数边疆地处山区,山地面积广,适宜发展的平地少,土少石多,土地保水性差,交通不便,极大地限制了人们的经济活动;所谓"荒"就是一部分边疆分布在沙漠、戈壁地区,这些地区降水量少,地区人烟稀少,自然条件极其恶劣;所谓"寒"就是指一些边疆的平均海拔在3 000米以上,高寒缺氧,对人类生存、发展有极大的制约作用;所谓"边"就是指边疆位于我们的国土边缘地带,我国有22 000万公里的陆地边境线,其中19 000万公里在少数民族地区,还有35个少数民族与国外的同一民族跨境而居,给政府的管理带来极大的不便。由于国土面积广,自然状况复杂,人口相对稀少,造成边疆各级政府的管理困难。

3. 边疆近年来经济发展较快,但是同发达地区相比差距仍然很大。不可否认经过60年的发展,边疆的社会经济生活确实发生了巨大的、空前的变化,但是发展中的问题是,地区差距呈现进一步扩大的趋势,仍然是困扰边疆的大问题。一是经济增长速度差距。边疆经济增长速度远远落后于东部和中部地区,而且西部增长潜力小,东部经济发展迅速,此发展趋势必将进一步继续拉大二者之间的差距。二是收入水平差距。边疆城镇居民收入比全国平均水平低35%,边疆城镇居民(农牧民)收入比全国平均水平低70%。三是消费水平差距。这是收入水平差距的直接表现,同样存在继续拉大的趋势。而边疆是西部的西部,差距会更大,贫困程度会更高。

4. 从经济方式上看,边疆市场发育程度不高,商品经济极其落后。改革的深化和开放的扩大,标志着中国已从计划经济向市场经济全面转轨。在全国范围内,宏观调控体系也由过去的计划手段为主转变为市场机制为主。但必须看到,我国过渡时期即"社会主义初级阶段"的市场经济,有一个明显的特征:越是发达的地区,计划要素相对较少,市场要素相对较多;越是落后的地区,计划要素相对较多,市场因素相对较少。在边疆这一特征主要表现为不重视市场法则,长官意志和行政干预突出,地方保护、行政垄断和市场割据严重;多数加工还带有副业生产的性质,出售原材料多,加工出售成品少,缺乏竞争力;市场机制未建立起来,各类市场不健全,即使建立起来的农产品市场、畜产品市场、工业品市场和城市综合贸易市场等,也存在着产品不全,数量少,品种缺,市场垄断、欺诈、假冒伪劣、不当竞争和市场秩序不规范等诸多问题。面对这种落差,在经济转型、结构调整时期,边疆必须痛下功夫革除这些积弊。因为没有较好的"人文"环境,就不可能有较好的"自然"环境。

5. 边疆基础设施薄弱,制约着边疆的开发和建设的进程。目前边疆民族地区铁路网单薄,全国未通公路的乡镇大部分集中在边疆。电力结构不合理,城乡电网建设严重滞后,不少边疆乡村还没有通电。通信设施落后,电话普及率仅相当于全国平均水平的一半,全国未通电话的行政村大多在边疆民族地区,许多农民还听不到广播,看不到电视。水资源分布极不均衡,水利设施不足,特别是西北缺水严重。虽然1996年以来国家加大了对西部边疆民族地区的支持力度,优先安排了一些基础设施和资源开发项目,特别是近两年在长期国债项目资金和借用国外优惠贷款的安排上,都向西部边疆民族地区做了倾斜,国有单位固定资产投资增幅明显快于东部和全国平均水平,但与西部边疆经济社会发展的需要以及东部沿海地区相比,仍有很大差距,仍然是制约边疆发展的重要因素。

6. 边疆人力资源严重匮乏。边疆人力资本开发程度低下,人力资源严重匮乏,也是直接制约其资源转换能力的重要因素。例如,以高等院校在校生数所占区域人口的比重来衡量,东部为0.4%,西部仅0.16%,边疆更少;以从业人员占区域人口的比重来衡量,东部达65%,西部仅50%;而从业于第一产业的人员,东部仅39%,西部却高达65%;城乡从业人员之比,全国是30:70,东部为38:62,西部为20:80,而边疆处于西部的边缘,各项指标相比,和东部相比存在巨大鸿沟,就是和西部比也存在很大的差距。可见,边疆的人力资本开发尚停留在浅表层次,这是导致西部资源转换能力薄弱的一个基本原因。如何在边疆发展中发挥"科教兴国"的功能,对边疆人来说是一个光荣而艰巨的任务。再加上边疆的教育程度普遍较低,形成了创新"瓶颈"。无论从所拥有的人力资源的数量和质量,还是从教育系统的基础设施状况看,边疆的教育程度都很低,其既有人力资源素质已难以适应地区经济发展的要求。

（二）边疆开发和建设的政治法律环境

边疆开发和建设的政治法律环境是指那些直接或间接作用于边疆的各种政治因素与法律制度的总和，包括边疆的政治体制、执政党的领导方式、社会政治力量及其关系、民族关系、政治文化、法律制度等。从总体上说，政治法律环境对边疆的开发和建设具有直接的影响作用。边疆社会经济发展的落后，更深层次的原因是由于长期以来的政治法律政策等方面的因素造成的落后、低效、计划色彩浓厚的经济结构，再加上改革开放之初国家实行的"梯度"开发战略，导致边疆在市场经济中转换难、适应慢、效益低、竞争力弱，落后与差距也就在所难免。

1. 社会主义民主政治制度的框架在边疆已经建立起来，法制建设取得突出成就。我国实行人民民主专政的国体，对人民实行高度民主，对破坏国家统一和社会安定的国内外敌对势力和敌对分子实行强有力的专政。人民代表大会制度、中国共产党领导的多党合作与政治协商制度、民族区域自治制度是我国实现人民民主的主要制度安排，是社会主义民主政治的三大支柱。新中国成立以来，相继建立的各种民族自治地方都创设了三大政治制度，使它们在维护国家统一，保障边疆民族权利，发展边疆民族关系，维护社会政治稳定，调动边疆各族干部和群众的积极性、主动性和创造性等方面发挥了巨大作用。我国的边疆民族法制建设也获得突飞猛进的进步，我国先后制定和实施了《民族区域自治纲要》、《关于保障一切散居少数民族成分享有平等权利的决定》、《关于培养少数民族干部的方案》等法律法规，特别是在1954年宪法中对民族问题及其解决有了较完备的规定。1984年制定了具有划时代意义的《民族区域自治法》，之后又制定了《民族乡行政工作条例》、《城市民族工作条例》，特别是2001年全国人大根据社会变化和发展市场经济的需要，及时修改完善《民族区域自治法》，使该法进一步完善和切合实际。除边疆民族地区的单行法律法规外，国家的其他法律法规在边疆民族地区也得到很好的实施，保障了边疆各项事业的顺利发展和人民权利的有效维护。

2. 中国共产党对国家和社会的领导及其对国家政权的全面执掌，决定了它在边疆的政治结构中处于核心地位，是政治权力的中心，是其他政治权力关系的支配者和调整者，是政治决策的决定者和操控者。加强执政党的建设，尤其是改革和完善党的领导方式、执政方式，也就必然地成为边疆政治文明建设的重要内容。边疆的政治文明建设中，对党政职能进行了明确划分，对党政关系进行了科学规范，合理界定了党委的职能。从边疆的实际出发，党委的权力是领导和把握政治方向，重大事项的决策，做好舆论的宣传和引导工作，向边疆各级政府机关及其他国家机关推荐干部，管好党委自身，组织协调、维护好边疆民族地区发展和稳定的大局。在合理界定党的权力的基础上适度分权,还权于自治机关,还权于民,把政、财、文、卫等权力分出来,使党委、人大、政府、政协、群众团体、民主党派都各司其职,各负其责,并用相应的法律和制度固定下来。然而边疆,尤其是自治州和自治县,基本的政治模式仍然是"党委决策,政府执行,人大进行法律监督,政协进行民主监督"。当地的主要领导不仅固守这样的认识,也是按这样的模式来规范自己的行为和开展工作的,使党委自身权力无限扩大和扩张,逾权、包办代替、"以党代政"和"以党治政"时有发生。

3. 边疆地方政府,既是地方人民代表大会的执行机关,有的地区还是地方自治机关。在政府职能转变方面,经过多年来的行政管理体制改革和政府机构改革,边疆政权体系趋于完善,有些机构逐渐健全和有效运转,政府执行能力有很大的提高。边疆地方政府的职能转变取得了一定的成绩,但政府的职能转变仍然没有到位,还存在很多问题:一是对政府职能转变的认识比较模糊,政府职能转变的进展缓慢。边疆地方政府对社会事务中政府应该做什么和不应该做什么的认识尚不十分清楚,对市场、社会组织和政府三者在社会事务管理中的作用及相互关系并不十分明晰,在实际工作中往往自觉不自觉地强调和扩大政府的作用范围,政府做了大量"不该管"、"管不好"也"管不了"的事,也抑制了社会力量的成长。二是政府的管理职能较强,服务职能相对较弱。许多政府的职能定位仍然不明确,政府依然习惯于把自己当成整个社会的主宰,依然有一种养尊处优、居高临下的优越感。三是社会管理职能较弱。长期以来,由于发展观念上存在的偏差和政府绩效考评体系的缺陷,边疆地方政府把主要精力、资源放在经济建设上,在一定程度上忽视和削弱了社会管理职能的履行。

4. 我国民族政策的最高价值标准是坚持民族平等、团结、互助、进步、和谐,基本价值原则是维护和确保国家和谐统一,价值出发点是符合各民族人民的根本利益。我国各民族平等、合作、友好、竞争的和谐民族关系正在形成,但是在局部领域和环节还存在影响民族关系的负面因素。"民族关系是生产力发展以后适应民族经济交往的需要产生的。民族之间的交往最初起源于经济交往,民族经济交往的根本原因是生产力发展的需要。生产力愈发展,社会分工愈发达,民族之间的经济联系就愈密切,由此促进民族之间在政治、文化生活等方面关系的发展。"[1] 我国改革开放以来,随着社会主义市场经济的飞速发展,边疆民族之间的经济联系从内容到形式及其途径都发生了重大变化。边疆民族关系已建立在新的经济基础之上,从而使我国以平等、团结、互助为特征的和谐的社会主义民族关系获得了坚实的科学基础,有力地促进了边疆民族关系全面而又深刻的发

---

[1] 金安江:《社会主义市场经济与民族关系》,载《贵州民族研究》1994年第3期,第16~22页。

展。社会主义市场经济是发展我国和谐民族关系的催化剂,因为其鲜明的平等特征、巨大的联结功能和激烈的竞争机制,促进了民族间的真正平等、密切联结和友好竞争。但是也应该看到在民族关系上尚存在一些问题,如边疆民族间经济、教育、文化、卫生等方面的发展还存在巨大差距,而且这种差距还有进一步扩大的趋势,如果处理不好就可能引起民族关系失衡;边疆大民族主义和地方民族主义情结可能导致民族关系恶化;一些边疆由于资源的争夺和利益的摩擦,使边疆民族关系恶化的事件屡屡发生。

(三) 边疆开发和建设的历史文化环境

边疆的历史文化环境就是指那些直接或者间接地影响和制约边疆发展和变革的历史事件、思想观念、教育文化和宗教教义等因素。历史文化作为社会环境中的一种深层背景,从较深的层面上影响着边疆人民的态度和行为,影响着人民的活动内容和活动方式,从而也影响着边疆开发和建设的战略设计、目标选择以及任务确定和实现。边疆的历史文化环境特点表现在以下几个方面:

1. 边疆的教育和科技有了较大的发展,但知识贫困还比较突出。新中国成立后,边疆的面貌发生了翻天覆地的变化,边疆的人民摆脱了文盲状态,接受全新的知识和文化,而且基本普及了义务教育,校舍普及到边疆的各个角落,入学率、在校生人数、受教育年限、具有大专以上文化程度的人数比例都有突飞猛进的发展。虽然边疆和东部地区相比还有很大的差距,但是已有了巨大的进步。边疆的科技也有一定程度的发展,科技从业人员迅速上升。边疆人民的精神文化生活日益丰富和多样化。但是由于边疆自然条件恶劣,民族众多,人口分散,生活方式、价值观念多元,语言差异较大,公众的教育需求普遍较低,因此发展教育所需投入的教育资源十分庞大,而绝大多数边疆地方政府财政非常困难,可用于发展教育科技的资金非常有限,于是造成边疆不管是教育还是科技,发展都十分缓慢的局面,知识贫困状况仍较为严重。

2. 边疆各民族历史文化悠久、博大精深,但有时也成为其发展的重负。几千年民族文化的多样性历来是中国人的骄傲,边疆各民族历史悠久,民族文化博大精深,曾经以建筑艺术、民间医药、天文历法等闻名于世。这些历史的辉煌,一次次激发了强烈的民族自尊心和自信心。文学艺术、语言文化、风俗习惯等具有鲜明边疆特色和民族特色的巨大文化价值。在文学艺术等的发展方面,历史悠久,成就卓越,内容丰富,根基深厚。中国边疆各民族在远古时代便开创了自己的文化,在文学、音乐、舞蹈、建筑、绘画等方面都取得过很高的成就和达到过很高的水准,所以直至今天,几乎每个民族都有自己独特的文学艺术形式,产生了丰富的具有边疆民族特色的文学艺术作品。如藏族的《格萨尔王》、蒙古族的

《江格尔》、彝族的《阿诗玛》等，都是闻名遐迩的文学作品。在风俗习惯方面，边疆各民族基本都有自己的一套风俗习惯，从服饰到建筑，从饮食到传统节日，从礼仪到婚嫁丧礼，都表现出边疆各民族深厚的文化底蕴和人文风格，尽管其中也有一些落后的风俗习惯，但总体上边疆各民族所保存的风俗习惯具有巨大的文化价值，也是现在边疆开发和建设所必须了解的基础。可是，当边疆各民族地区的人们携带历史的辉煌跨入新世纪的大门时，历史的沉重也为他们的发展设置了拖曳的重负，在科学技术和世界经济飞速发展的大潮中，现代文明的成就淹没了历史的辉煌。边疆经济和社会发展的程度与现代文明有了较大的差距，这一差距冲击着边疆各民族的自信心。

3. 在边疆各民族心理和民族价值观方面，既有优秀的心理意识和精神品质，但也有些保守落后的思想观念。边疆各民族优秀的心理意识和精神品质主要有：一是边疆各民族具有对中华民族的认同，即每个民族都能把自己看做中华民族的一部分。这是边疆各民族在长期的交往杂居中、在密切的经济与文化交流中、在团结御敌的斗争中形成的心理亲和力；二是边疆各民族崇尚勤劳勇敢、热情朴实、团结友爱、平等互助、敬老爱幼等道德观念。但是边疆民族也不同程度地存在一些保守落后的思想观念，究其原因主要有：一方面是由于长期受小农经济意识的影响，人们的思想境界十分狭小，观念异常保守，把安贫乐道当作理想的生活方式，在很多贫困地区，人们满足于饭饱、酒醉的生活水平，温饱即安的自给自足的自然经济思想浓厚而普遍存在；另一方面是"等、靠、要"的思想观念。"有些边疆地区不是把出路放在充分运用政策、发挥自我优势、依靠科学技术、强化自力更生上，而是把出路放在'等、靠、要'上，谈改革开放和发展，就因为经济基础差，交通不便，信息不灵等，产生畏难情绪。"[①] 在改革开放的大好机遇面前，不是奋力拼搏，而是闭目坐待受穷，一次又一次地失去良机。这对民族地区的人们发挥主观能动性，积极想办法、找路子，寻求自力更生、自我发展的道路来说，无疑是一种内在的壁垒。

4. 在宗教文化方面，宗教教义和宗教价值渗透在社会生活的方方面面，其影响广泛而深刻。我国是一个宗教多元化的国家，除佛教、道教、基督教、天主教、伊斯兰教外，还有萨满、东巴等原始宗教并存，信仰群体众多。在边疆，如藏族、蒙古族、土族几乎全民信仰藏传佛教，回族、维吾尔族、哈萨克族、塔吉克族、塔塔尔族、乌孜别克族、柯尔克孜族、东乡族、保安族、撒拉族均信仰伊斯兰教。绝大多数边疆少数民族的宗教信仰坚定且宗教感情笃深，有着很深的宗

---

① 纳灿辉、周敏：《边疆民族地区建设小康社会中"亚文化"的影响》，载《云南民族大学学报》2004年5期，第65~68页。

教情感及与宗教密切相关的风俗习惯和民族传统文化。能否正确认识和处理好民族宗教问题，关系到民族的团结、社会的稳定和国家的统一。宗教及其作用问题，总是同政治、经济、文化、民族等各方面的历史与现实的矛盾相交错，具有特殊复杂性。从历史和当前社会发展来看，边疆宗教的存在有着深刻的社会历史根源，将会长期存在并发挥其作用；而一旦宗教与边疆社会的经济利益和民族利益联系在一起，必将对边疆社会的发展和稳定发生重大影响。宗教作为一种颠倒的世界观对现实产生了消极的负面影响，但在一定的历史时期，宗教仍有其存在的合理性，因此，我们要深入分析和整理宗教的一些有用的、合理的内容，发挥其积极的作用，抑制和消除其消极作用，为社会主义事业服务。

（四）边疆开发和建设的国际环境

边疆由于地理位置的原因，这些地区受国际因素特别是邻国的影响较大，加上这些地区在宗教、文化等方面与境外有密切联系，从而构成边疆的国际社会环境。边疆的国际社会环境是指影响边疆的社会、政治、经济、文化、科技等行为的各种各样的因素。邻国的国内政局、经济和社会的变化，难免会给边疆带来一定的影响和冲击。当前，我国边疆面临的国际环境主要有以下特征：

1. 经济全球化发展趋势加剧，机遇与挑战并存。经济全球化，包括生产的全球化、贸易的全球化、金融的全球化、文化全球化，核心是生产的全球化。中国必须通过积极参加国际分工才能获取更大利益，中国的经济建设也需要国际经济提供的压力和动力。只有融入全球经济大潮，中国才能熟悉并逐步影响国际游戏规则。当然，我们必须牢牢把握发展经济的主动权，建立既能抵御风险又符合国际惯例的金融、经济和贸易体制，以免受"全球化"拖累。从这个意义上说，中国边疆的开发和建设战略显得尤为必要。就边疆发展而言，"一五计划"和"三线"建设时期的方式方法显然不适用了，单纯的"以资源换资金"或"以市场换技术"也难行得通，现实唯一的出路就是先主动去熟悉、适应规则，时机成熟了再去影响甚至修订规则。对计划经济重灾区的边疆来说，则明显是挑战多于机遇。反过来，边疆发展只要成功地应对了这些挑战，就能比较彻底地从传统束缚中解放出来。边疆开发与建设的机遇主要有：全球化将为边疆提供更多的吸引外资的条件和机会；将有利于边疆打破以往的封闭和僵化观念，加速全方位开放格局的形成；将有利于利用产业国际分工的机会，调整和优化自身的产业结构，形成特色经济和比较经济优势；将为边疆的经济体制和政治体制改革提供外部动力等。挑战与机遇是并存的，边疆开发和建设面临的挑战是：边疆因为基础差、底子薄、改革晚，对外开放相对滞后，因而无论是竞争机制还是风险意识，以及运作技能都还比较差。而且文化的全球化，会对边疆传统文化、传统价值观、传统生活方式等形成冲击，特别是"文化帝国主义"、"文化霸权主义"仍然存在的今天，发达国家的政治观、价值观、道德观和生活方式等的输入将会动摇我们的政治信念并严重侵蚀边疆民族地区淳朴的文化和民风，同时也给敌对势力的渗透提供可趁之机，使国家的政治安全和经济安全面临新挑战。

2. 冷战结束以来，面对中国地缘政治重要性的上升，中国周边各大国心态复杂，对华地缘战略都不同程度地显露出两重性。中印两国都是亚洲大国，两国存在领土纷争，1962年的边界战争创痕未消，而印度又与"藏独"分裂势力达赖集团有着千丝万缕的联系。同时，印度借重美国进入中亚的需求不断抬升自身实力和国际地位，这些都对中国西南边疆的稳定造成很大影响。从目前的现实来看，东欧剧变后，独立的中亚国家对我国西北边疆稳定影响最大。中亚五国的独立和民族意识的增强，加剧了我国西北边疆与中亚的同源跨国民族的独立、分裂倾向。近期看，新近独立的中亚五国对俄罗斯重新统合怀有戒心，视中国为平衡俄罗斯影响的砝码。它们在维护统一、反对宗教极端势力、发展民族经济等问题上与中国有共同利益。因深处内陆，出口不畅，需要与中国发展关系，为其丰富的自然资源、尤其是能源寻求出路。但中亚是伊斯兰极端势力渗透的地方，北约欲东扩至中亚，美欧尤其视中亚为欧亚战略高地，力求加以控制。加之，中亚各国对美欧势力进入该地区持欢迎立场，美国与中亚一些国家的军事战略关系已明显加强，这对中国西北边疆安全是一大隐患。

3. 世界范围内民族主义思潮历久不衰，对我国边疆的社会稳定带来一定的消极影响。冷战后，以宣扬民族分离独立、排斥外来移民、争夺国家权力为基本活动内容，以民族分离主义、种族排外主义和部族主义为主要形态，思想极端、行为激进，具有相当破坏性和反动性的民族极端主义在世界民族主义浪潮中异军突起。冷战后民族极端主义加速发展的原因是复杂的、多方面的。从国际来看，冷战后新的民族独立国家的建立刺激、催生了民族极端主义的发展，世界格局的转换为其提供了适宜的外部条件，现代强权政治的抬头和外部干预对民族极端主义起到了推波助澜的作用，而以美国为首的西方国家对待民族极端主义势力采取双重标准，是冷战后民族极端主义活动猖獗的重要原因。从国家内部来看，有关国家民族政策的失误及社会转型导致的中央政府权威的缺失和下降也是民族极端主义兴起的重要原因。民族极端主义势力潮流涌动对世界和平与稳定造成极大危害，同样民族极端主义也对我国边疆的安全与稳定构成了很大的现实威胁。

4. "东突"和"藏独"对我国边疆的稳定和团结也存在负面影响。20世纪90年代以来国际局势发生了深刻变化，我国西北周边国家的地缘政治格局也发生了巨大变化。国际的地区民族分裂主义、宗教极端主义和恐怖主义的泛滥给"东突"分裂主义势力营造了藏身之地和滋生的土壤。自20世纪80年代至90年代初，境外打着宗教旗号的各种组织纷纷把新疆作为主攻目标，加强了渗透力度，为境内外"东突"势力的重新调整和上升增添了活力。极少数披着宗教外衣的分裂分子成为影响边疆政治稳定和经济发展的主要威胁。东欧剧变后，所谓"西藏问题"在国际政治中凸显。这一问题的实质是，以达赖为首的境内外分裂势力谋求"西藏独立"，而西方反华势力则以支持和利用"藏独"来"保护西藏宗教自由"为借口，企图西化和肢解中国。"藏独"势力不仅在国际上四处奔走，制造舆论，配合美欧反华势力制造"西藏问题"的"国际化"，同时加紧与"台独"、民运分子合流，披着宗教外衣，加紧向我国藏区内部渗透。同时，分裂祖国这一共同的政治目标和利益追求使"东突"、"台独"和"藏独"三股势力越走越近，相互依存的关系加深，成为今后一段时期扰乱我国和平统一的主要因素。

三、边疆开发和建设的模式

促进边疆的开发和建设，是边疆治理中必须实现的重大任务。但是，边疆的开发和建设并不是独立于其他地区的孤立发展。"在边疆经济发展格局的配置上，不应该追求小而全，而应该是一体化，应该在经济上形成与内地千丝万缕的联系。"① 应该在全国经济社会一体化的背景下，促进边疆的经济社会发展。只有这样，才能使边疆的发展又好又快，尽快缩小地区间差异，逐步实现共同富裕。

（一）边疆开发和建设的任务

边疆的开发和建设，是整个国家建设和发展总体布局中的一部分，其根本任务就是促进边疆地区的全面发展，缩小边疆与内地尤其是与东部地区的差距。

1. 确保边疆各民族的根本利益。始终代表最广大人民的根本利益，是中国共产党制定一切路线方针政策的出发点和归宿。我国的民族政策制定和贯彻执行得怎么样，关键是要看边疆各民族的政治和经济地位是否真正得到了提高和改善，这种提高和改善是在与汉族平等意义上的提高和改善；只有民族地区与内地发达地区各方面的差距不断缩小，才能充分说明我们党代表了最广大人民的根本利益。鉴于此，我们必须与时俱进，不断进行政策创新。过去党和国家对边疆采取了许多扶持措施和特殊的优惠政策，这对于边疆的发展发挥了积极的促进作用。但随着改革的逐步深入和社会主义市场经济体制的逐步确立，原有的优惠政

---

① 马大正：《关于当代中国边疆研究中的几个问题》，载《当代中国史研究》2004年第4期，第86～89页。

策很多已经失效或效力逐渐减弱,使得边疆的发展面临许多困难。这在客观上要求在制定和执行边疆民族政策时,必须坚持动态的、发展的观点,根据形势的变化,因时因势对其做出相应的调整。对于其中已升华为民族法规、条例性质的内容,要以法律的形式确定下来;对于在实行过程中继续发挥指导、规范民族工作作用的内容,要不断加强完善;对于那些由于一定原因失效而不再执行的内容,要及时予以清理废止。这样才能不失时机地把党和国家关于边疆民族工作的大政方针由原则性的概念,变为边疆各民族民众看得见、摸得着、实际受益的具体政策规定。现阶段,边疆各级政府应把不断完善民族政策,切实维护好边疆民族群众的利益作为一项根本任务来抓好、抓实。唯有如此,才有利于推动边疆的持续发展,也才有利于加速全面建设小康社会的进程。

2. 转变资源消耗型发展方式,树立以质取胜的理念。边疆的工业产品多为资源消耗型初加工产品,原材料、能源等的消耗约占产品总成本70%以上,附加值低,产品档次不高,在国内外市场上竞争能力差。而我国人均资源占有量并不丰富,这种靠大量消耗自然资源来发展经济的路子将会越来越窄。因此,边疆的开发和建设必须注重依靠科技进步,加快经济增长方式的转变来提高产品竞争能力,发挥质量竞争优势。市场经济规律讲究的是优胜劣汰,而质量是其中极其重要的因素。因此,应当把提高产品质量,增强产品的市场竞争力,作为推进边疆开发和建设的抓手,认真做实做好。立足于提高竞争能力,发挥质量优势。实施边疆开发和建设是一项长期的战略任务,要使边疆经济实现跨越式发展,光靠"外部输血"是远远不够的。边疆经济要想大发展,最终还得靠自身经济效益的提高,靠企业竞争能力的增强。边疆的企业要狠抓产品质量,树立依靠质量竞争的意识。优质产品的优势在于:优质的产品特别是伴随着产品升级换代的优质产品能引导、改变消费者的消费行为,变潜在消费需求为现实消费要求,进而拉动消费,激活市场,好的名牌产品则更能较长久地占领市场;优质的产品能更有效地利用和节约资源,利于我国特别是边疆的"生态环境优化,利于长期的可持续发展,并且随着人们环保意识和可持续发展意识的增强,这样的产品的市场占有率将越来越高;产品质量高、品牌响,销量和产量也会增加,规模效应会带来成本的下降,进而增强产品的市场竞争力。"①

3. 着力推进边疆农村基础设施建设,消除边疆社会贫困状况。党的十一届三中全会以来,边疆贫困地区经济社会等各项事业发生了前所未有的变化,人民生活水平得到了较大提高。但是,由于历史、自然等客观原因,边疆贫困地区生产力发展水平还比较低,有不少群众的生活目前仍处在贫困线以下,实现全面小

---

① 李迎丰:《提高质量:西部大开发的迫切任务》,载《城市技术监督》2001年第6期,第10页。

康的任务仍非常艰巨。为使边疆的开发和建设顺利进行，必须在基础设施上下工夫，全面完成"油路到县、通电到乡、广播电视到村"的基础工程，改造建设边疆县际公路。实施农村能源工程，加快西部边疆农户沼气池建设，发展小水电、风能、太阳能等多种供电方式。实施生态移民工程，对居住在西部生态地位重要、生态环境脆弱、已丧失基本生存条件地区的贫困人口，实行易地安置开发。健全疾病预防控制体系，推进边疆农村卫生、文化建设和小城镇建设。人才问题是加快边疆经济发展的关键。加大对边疆干部和公务员专业技术人员、企业管理人员、农村基层干部等的培训。继续抓好对边疆教师的培训和失学儿童的救助工作。有关部门要配合国家继续实施边疆贫困地区义务教育工程和农村中小学危房改造工程，争取国家扶持资金按时到位。加强文化、卫生扶贫，继续支持医疗卫生、广播电视等各项社会事业发展，搞好地方病防治工作。通过夯实农业和教育两个基础，从根本上解决边疆生存条件恶劣和劳动者素质偏低的问题。

4. 保护边疆少数民族特色资源，尊重边疆少数民族的风俗习惯。在边疆开发和建设中，要注意充分发挥边疆少数民族的特色优势，不仅要采用新机制优化配置好各种自然资源，还要有新思路挖掘和利用好各种社会资源，通过在两个文明建设中体现边疆少数民族的特色，进一步扩大这些地区的对外开放，以促进我国的东部、中部和西部地区在经济、政治和文化等方面的协调发展。在边疆的开发和建设中应该从多方面来体现边疆少数民族的特色：一是在统一规划和总体设计方面，应适应当前改革开放新形势的发展要求，根据各民族聚居地的分布情况，在尊重当地少数民族生活习惯的基础上，选择一些少数民族比较集中的地方，如选择某些民族自治州或民族自治县、乡、村等进行民族特色区域的建设试点工作，开展具有当地少数民族特色的小城镇建设、居民小区建设和牧区草场建设等。二是在发展边疆少数民族地区的旅游业方面，开发建设中应保护好当地一些著名的自然景观和历史文化遗产，并适当维修和兴建一些能够反映当地民族风情的人文景观。三是大力发展边疆少数民族地区的特色经济，发展优势产业和产品，应注意体现各民族在传统服饰、饮食服务和文化娱乐等产业方面的特点，特别是要注意采用先进的管理方式和高新科学技术对具有浓郁民族特色的传统手工艺品和名优土特产品等进行深度开发和适度规模经营，以满足国内外消费者在这方面的需要。四是在思想文化建设方面，要通过对边疆少数民族传统的民歌、舞蹈、戏剧、音乐以及有关文学作品等，进行广泛搜集、挖掘、整理、筛选、提炼和加工，大力弘扬优秀的少数民族文化。向世人展示我国西部少数民族能歌善舞、心胸开阔、热情好客、奔放豪爽、团结奋进的民族性格，以及不畏艰险、艰苦创业、勇于开拓创新、勤劳致富的时代精神风貌。

5. 突出改善边疆投资环境。要加快转变边疆政府职能，减少和规范行政审批事项，彻底实行政企分开，完善政府经济调节、市场监管、社会管理和公共服务的职能，努力提高办事效率和依法行政水平。整顿市场经济秩序，打破地方和行业垄断，建立公平竞争和诚实守信的社会环境，切实保护投资者的合法权益。推进《退耕还林条例》的实施，研究制定退牧还草、开发投资等专项法规，着手研究促进边疆开发和建设的基本法律。实行封山禁牧、舍饲圈养、休牧育草、划区轮牧。"配套推进基本农田建设、农村能源建设、生态移民和易地安置、农牧业结构调整，切实保障生态长治久安和边疆农民长远生计。进一步加强旅游基础设施建设，保护与开发旅游资源，培育一批精品旅游景区和旅游线路。"[①] 进行国有企业改革、改组、改造，鼓励个体、私营经济发展。大力发展商品市场，加快培育资金、土地、劳动力、技术、信息等要素市场，建立健全现代市场体系。加强边疆与周边国家及其他国家的经贸合作，积极发展边境贸易和口岸贸易。推动东西部经济合作和对口支援，加快边疆对沿海地区开放。认真贯彻国家支持西部大开发的各项政策措施，在投资项目、税收政策、财政转移支付等方面加大对边疆的支持力度，积极探索采取多种方式建立边疆开发长期稳定的专项资金。

6. 促进边疆民众生活方式现代化是边疆开发和建设的一项重要任务。实现社会的现代化是边疆开发和建设的一项重要任务，生活方式的现代化是社会现代化的一项重要内容。生活方式的现代化也是研究边疆开发战略、研究边疆民族的发展、研究边疆现代化道路必须高度重视的问题。有什么样的生产关系，就有什么样的生活方式。"我国边疆地区传统的生活方式是在低下的生产力水平和落后的社会形态下形成的，尽管经过了几十年的变革和发展，仍不可避免地包含了若干陈腐、消极的因素。尤其在当前新旧体制交替的大变革时期，各种性质和各个民族现代的、传统的生活方式在改革开放中交织、碰撞、磨合，使得边疆地区民众的生活方式在变革与发展过程中面临着各种问题，出现了一些失调现象。"[②] 如何正确认识和处理好边疆开发和建设中民众的生活方式的相互关系、传统与变革的矛盾关系、趋同化和民族多元化的问题，不仅直接影响边疆民众的生活方式的变革和发展、社会安定和民族团结，而且还影响整个边疆开发和少数民族现代化的进程。因此，边疆民众的生活方式是边疆开发和建设中的一个特殊的重大现实问题，也是一个需要我们认真重视和解决的极其重要的非经济因素。我们在关注边疆开发和建设的同时，更应重视边疆民族生活水平的提高和生活质量的改

---

① 国务院西部开发办：《积极推进西部大开发的任务和措施（节选）》，载《印刷世界》2003 年第 7 期，第 24～25 页。

② 宋涛：《促进少数民族生活方式现代化是西部大开发的一项重要任务》，载《宁夏社会科学》2001 年第 2 期，第 21～25 页。

善。根据边疆的生产、生活特点,构建一种适应现代化发展和社会进步要求的、与社会主义物质文明建设和精神文明建设协调发展的、有利于边疆民族全面发展的生活方式和生产方式是边疆开发和建设战略的题中之意,也是社会主义的本质要求。

(二) 边疆开发和建设应坚持的原则

边疆的开发和建设,其最终目的是既要使边疆产业结构合理化和升级换代,增强边疆产业的竞争力和促进边疆人民生活水平的提高,充分发挥边疆的比较优势,促进区域经济持续、快速、健康、协调发展,又要使边疆的开发和建设的布局符合国家整体利益,维护国家产业安全,从国际产业分工中获益。为此,要遵循以下几个原则:

1. 协调发展原则。进行边疆的开发和建设,实现地区间产业的合理分工,以此最大限度地获取产业分工效益,是加快我国边疆不发达地区发展、缩小东中西部地区发展差距、促进地区经济协调发展的主要手段之一。在边疆的开发和建设过程中,确立地区间的战略性产业合理分工对地区经济发展的速度和质量至关重要。"就我国三大地区经济发展的条件和质量而言,东部地区并非是百业皆宜,部分地区已经出现的交通、就业、资源及环境等问题与一些产业(加工业)的过度发展密切相关,其经济增长方式的转变和增长质量、效益的提高在很大程度上依赖于限制发展某些产业以及鼓励某些产业向不发达地区扩散。"[①] 与此同时,边疆有许多加快发展的有利条件,例如在加强能源、原材料等战略性产业发展方面,在利用国防科技发展某些支柱产业及高新技术产业等方面。在进行边疆开发过程中,推进从政策倾斜转向边疆战略性产业结构布局,需要对地区间的产业进行合理分工。在确立地区间的合理产业分工关系,特别是在进行战略性产业结构布局时,必须综合考虑边疆各省区的发展要求与条件,努力使合理的产业分工协作关系成为带动边疆经济发展,促进边疆各省区共同发展的主导力量。运用均衡原则,正确处理东中部地区和西部地区的关系,在保证加速发展东中部地区经济的同时,积极帮助边疆进行区域开发和发展,促进生产力平衡,缩小东中西部地区经济发展差距,将是我国长期面临的问题,也是边疆开发和建设所要解决的目标之一。

2. 产业结构合理化原则。边疆开发和建设的布局不仅要遵循有利于缩小东、中、西部地区发展差距、实现区域经济协调发展的原则,而且还要遵循有利于西

---

① 江世银:《继续实施西部大开发战略的理论基础和原则》,载《探索》2006 年第 5 期,第 70~74 页。

部地区产业结构合理化的原则。产业结构合理化,即产业结构保持与国民经济发展相适应的正常状态,包括产业的供给结构与社会需求结构、资源结构以及整个国民经济的发展相互适应状态等内容。我国边疆经济不发达,与其产业结构不合理有关。不合理的产业结构,既不利于经济的持续健康发展,也不利于社会全面进步。只有产业结构合理化,才能推动经济快速发展。"如果出现产业'瓶颈',加工业超过原材料产业的承受能力,一二三产业不协调,战略性产业与非战略性产业不成比例,那么,经济不会是持续快速健康发展的。"① 我国边疆产业结构与国民经济发展很不相适应,长期是以传统产业为主,产业结构低度化,高新技术产业所占比例极低,产业多以资源开发为主,十分不利于边疆的经济社会发展。特别是由于加工业的发展,边疆的产业发展往往是以浪费资源、破坏环境作为代价而发展的,可持续发展性较差。边疆产业结构合理化,就是要使边疆各产业部门(如一二三产业、原材料与加工业、一般产业与支柱产业、战略性产业与非战略性产业等)相互适应、协调发展,不存在"瓶颈"产业,丰富的自然资源与充足的劳动力得到充分合理的利用,并且这些产业有利于技术进步,能获得较高的结构效益。更具体点来说,边疆的产业发展要有特色优势,技术进步快,原材料与加工业之间相互协调,过剩的能源能被高耗能产业所吸收。

3. 富民为本原则。改革开放 30 年来的一条成功经验就是"民富国强",即要先让老百姓富裕起来,所谓"藏富于民",国家才会真正强盛起来,并形成"富民—强国—富民"的良性循环模式。边疆落后的一个主要表现就是人民生活水平太低,进而导致整个边疆处于低水平的发展,和东部及中部的差距越来越大,这也是实施边疆开发和建设的主要原因。因此,边疆开发和建设的一个基本出发点就是富民为本,"即以物为中心转向以人为中心,从追求单纯经济增长转向促进人的全面发展,从增强本地经济增长转向提高边疆城乡居民的人均收入水平和生活质量上来。"② 唯有把让人民群众富起来作为最高原则,才能真正调动边疆人民参与边疆开发和建设的积极性和主动性,掀起边疆开发和建设的高潮,诚心诚意地支持和拥护党中央和各级政府的科学方针和政策,在思想上高度团结统一。同时配套实施各种优惠政策,使边疆人民群众不仅有基本的生活之本,而且能迅速积累起必要的生财之本,这样既可以达到富民,也可以加速新的市场主体的形成。

4. 生态环境同步原则。边疆的自然和地理环境极其复杂。边疆环境对当地甚至全国来说都非常重要。边疆是我国长江、黄河、珠江等重要河流的发源地,

---

① 江世银:《继续实施西部大开发战略的理论基础和原则》,载《探索》2006 年第 5 期,第 70~74 页。

② 韩宝燕:《西部大开发要坚持的四个原则》,载《理论与现代化》2000 年第 10 期,第 8 页。

是我国水源保护的特殊地带，而且处于我国上风区，边疆的环境及空气质量对我国东、中部地区也有重要影响，可以说边疆是内地的重要生态屏障。然而由于千百年来的多次战乱、自然灾害及各种人为的原因，其自然环境不断恶化，水资源短缺，水土流失严重，荒漠化不断加剧。因此，生态环境的保护和建设是边疆开发和建设的根本。只有从根本上改善边疆的生态环境，才有可能引进更多的资金、技术和人才，加快边疆发展的步伐。如果西部地区的林草植被、水土流失等能够得到及时治理，那么由日渐淤积所造成的长江、黄河等洪水灾害就可能得到根治。因此，这次边疆的开发和建设绝对不能走牺牲环境、破坏生态、无序开发的老路，必须在开发和建设的同时有步骤、有计划地植树造林、治理"三荒"、退耕还林（草），务必把环境第一的观念和责任渗透和落实到边疆开发和建设的每一个系统、每一个项目之中。

5. 政局稳定和国防安全原则。边疆的开发和建设不仅要从经济角度出发，而且要从国家大局出发进行合理布局。首先所要考虑的是政治稳定和国防安全因素。边疆开发和建设事关我国国防安全问题，没有边疆的发展和稳定，就没有巩固的国防。对边疆进行大量的援助，并给予许多优惠政策以支持边疆的发展，就是出于这方面的考虑。边疆为数众多的国防工程是国家投入巨资修建的，是未来防卫作战的重要依托，具有重要的战略意义。然而，由于人们的国防观念曾一度趋于淡化，国防工程维护工作有所放松，使国防工程设施受到了一定程度的破坏。因此，在边疆开发过程中，务必着眼大局，立足长远，维护好既有国防工程。"边疆地区不仅是普通矿产资源的'聚宝盆'，还是国家稀有战略资源的大本营。这些资源是国家战略优势的构成部分，有的资源甚至可以说本身就是'撒手锏'"①。所以，对于这些资源的开发，必须慎重选择引资方式和合作形式，合理规划开发进度，力避利益驱动的盲目行事，以确保国家稀有战略资源的安全。国家在着力改善边疆整体文化素质的同时，不要忽视国防安全教育。要通过国防教育，让边疆人民真正懂得国防安全的重要性，自觉为国防建设尽心尽力。

（三）边疆开发和建设的动力

世界各国开发欠发达地区的经验证明，加快区域开发，首先必须形成推动开发的动力支撑体系。我国边疆的开发和建设是一项周期长、地域广、投资大的战略工程，要使开发和建设迅速启动、持续进行并取得预期的成效，必须借鉴国外成功的经验，结合边疆实际，构建起强有力的动力支持系统。这一动力系统主要应当包括精神动力、投资动力、科技动力和改革动力等。

---

① 公方玲：《西部大开发中不容忽视国防安全原则》，载《国防》2001 年第 4 期，第 34～35 页。

1. 精神动力：边疆开发和建设的先导。边疆与东、中部的差距，首先是观念、精神上的差距。边疆由于历史上延续至今的自给自足的小农经济，不断滋生的随遇而安、知足常乐、得过且过的观念与行为，使人们缺乏接受新事物的愿望与能力，缺乏艰苦创业的精神与动力。所以，边疆开发尤其是开发初期，必须以转变观念和形成精神动力为先导，唤起人们强烈的经济发展意识，以加快开发的进程。具体来说就是：一是强化竞争意识。市场经济的本质在于形成经济主体之间相互竞争的态势。这种竞争不分所有制、民族和地域，是一种公平、公正和公开的竞争。所以，边疆在开发和建设之初就要有抢先竞争、争取市场主动权的意识，通过竞争振奋精神，以积极的心态融入开发和建设中去。二是倡导协同意识。边疆开发是一项浩大的系统工程，涉及基础设施建设、生态环境改善、文化教育事业发展等诸多领域，单靠自身现有的资源和技术力量是力不从心的。所以，边疆开发和建设既要有自力更生的精神，也要借助外力，将开发的视野放在国内外客商的广泛参与上，充分利用自身所具有的自然条件、经济基础和人文环境，以及国家所采取的各种优惠政策措施。三是注重特色意识。"边疆地区在地理位置、经济基础、资金条件等方面与东部地区差异明显，如果不分析自己的优势和劣势、长处和短处，急于求成，采取均衡式发展战略，势必会影响开发的进度。"[①] 边疆的优势在于拥有丰富的自然矿产资源、农林牧资源、劳动力资源，以及新中国成立以来尤其是"三线"建设时期所积累的具有一定规模和特色的基础工业和国防科技工业技术存量，因此边疆要充分利用这些优势。四是树立创新意识。创新是一切事物发展的动力源。市场经济贵在创新，没有创新就没有发展。边疆应着力通过制度创新、市场创新、产品创新来发展经济。

2. 投资动力：边疆开发和建设的基础。边疆经济增长的最初动力是资本投入的增长。资本稀缺是阻碍落后地区经济增长和发展的关键因素。我国边疆落后的一个重要原因是资金匮乏、投入不足。边疆的开发和建设必须克服资本投入"瓶颈"。但我们应清醒地认识到，国家预算内资金占全社会固定资产投资的比重将会越来越小，尤其是对竞争性领域的投资更会不断减少。因而，边疆的开发和建设单纯寄希望于国家进行巨额投资已不现实。对此，边疆应采取多元化投资战略，内引外联，增加开发资金。一是积极争取国家西倾的投资政策。如国家投入一定资金帮助地区更新企业技术设备，提高产品技术含量；设立专门的开发基金，改善边疆地区基础设施，提高边疆地区生态环境的可持续发展能力；鼓励东部地区的管理人才和技术人员向西部边疆流动，引导东部地区的一些传统企业向边疆转移等。二是充分调动社会投资的积极性。"边疆地区应拓宽投资渠道，把

---

① 李全武：《构建西部大开发的动力系统》，载《经济问题》2002年第8期，第10~12页。

社会闲散资金更多地转化为区域开发建设资金。如通过允许组建投资基金，吸收民间资金进入边疆亟待发展的产业；允许民间力量自主创办教育机构和研究开发机构；"① 促进边疆教育和科技事业的发展，增强科技对经济发展的推动力。并依法保护他们的合法权益，提高他们的投资积极性。三是增强自身资金积累能力。边疆是我国能源、原材料生产的重要基地，但由于价格偏低，致使大量价值流失，直接影响到本地企业利润和职工收入的增加，导致资金积累速度比较缓慢。因此，边疆应以市场为导向，深化价格改革，理顺比价关系，减少能源、原材料的价值流失量。

3. 科技动力：边疆开发和建设的关键。科技进步是实现区域可持续发展的重要保证。边疆的可持续发展，没有科学技术的支撑和推进是不可想象的。当前，我国边疆的经济竞争力不强，关键是科技研究与开发的能力比较低。所以，边疆的开发和建设必须高度重视科技创新，形成推动科技进步的有效机制。一是提高人口综合素质。科技进步在人才，人才培育靠教育。边疆开发必须振兴教育事业。通过灵活多样的办学形式，尽快培养和造就一批懂技术、善经营、会管理的复合型人才，提高人口的综合素质，为边疆开发提供智力支持和技术支持，使边疆发展建立在依靠科技进步和高素质劳动者的基础之上。二是多渠道增加科技投入。根据我国国力和边疆实际，推动边疆科技进步，既要争取中央和地方投资，也要激活其他方面投资的积极性。从长远看，"必须形成技术进步的市场化投资机制。对企业来讲，应通过发行股票、债券等手段筹集技术进步的资金。"② 这将会使科技投入多元化，筹集更多的发展资金，为边疆的科技进步提供资金保障。三是加大技术改造的力度。边疆的企业技术普遍落后，传统产业技术改造的任务十分繁重。由于企业技术设备更新改造迟缓，导致劳动生产率低、产品质量差、经济效益不高，亏损和破产的企业愈来愈多。因此，边疆应积极引进先进的科技成果，及时对传统的、落后的企业进行技术改造。通过技术改造，提升企业市场竞争力，促进区域经济的更快发展。四是着力培育高新技术产业。边疆应以发展高新技术产业开发区为依托，积极培育具有边疆特色的高新技术产业，以此带动产业结构升级和区域经济腾飞。五是优化科技创新的制度环境。国家和边疆地方政府要制定一系列鼓励和支持边疆进行科技创新的法律和法规，加大宣传教育的力度，同时政府要通过财政和税收政策支持和鼓励企业提高科技创新能力，通过设立政府投资基金，扶持企业的技术创新活动。

4. 改革动力：边疆开发和建设的路径。伴随着西部大开发的进行，西部的

---

① 李全武：《构建西部大开发的动力系统》，载《经济问题》2002 年第 8 期，第 10～12 页。
② 陈佳贵：《培育和发展具有核心竞争力的大公司和大企业集团》，载《中国工业经济》2002 年第 2 期，第 5～10 页。

各项实践证明，在全国市场化改革进程中，一个区域的市场化程度越高，其竞争力也就越强，同时与其他区域进行经济交往的体制和政策障碍也就越少。因此，加快边疆经济市场化改革，不仅有利于本区域经济的发展，也有利于区域之间经济发展的协调。为此，当前边疆的开发和建设就要做到：一是深化国有企业管理体制改革。边疆虽然国有企业不少，但真正具有规模和市场竞争力的企业却较少。所以，边疆应发展一批具有市场竞争力的国有企业，促进企业通过体制和机制创新增强生机与活力；进一步推进现代企业制度建设，规范股份制改革，使产权重组更加有效，法人治理结构更加合理，企业管理更加科学规范；加强企业文化建设，改变边疆国有企业长期以来过分依赖国家支持和保护的心态，形成勇于开拓进取的经济活动主体；"要强化企业内部管理，降低生产成本和费用，使企业在市场竞争中处于有利境地；明确企业的市场定位，生产自己独特的产品，开发独特的技术，逐步建立一批技术和市场领先的现代企业，从而全面提升企业的核心竞争力。"① 二是调整和优化所有制结构。边疆经济运行的一个明显特点就是国有经济所占比重很高。这种所有制格局，既占用和浪费了大量国有资本，又限制了各种非国有资本的进入。边疆开发和建设要取得实质性的成效，必须对已经调整的所有制结构进一步加大调整的力度。积极引导各类企业到边疆投资建厂或参与国有企业改革，尤其要大力扶持和加快发展非国有制经济，形成各种经济成分充分竞争的格局。三是实现政府职能的转变。边疆开发和建设中存在的一个突出问题是，政府在职能转变上未能真正取得突破性进展，过多的管理环节、审批手续和对经济活动的非正常干预，在一定程度上对开发形成了行政管理性障碍。为此，边疆各级政府要按照市场经济的要求，把政府职能切实转变到宏观调控、社会管理和公共服务方面，把生产经营的自主权真正交给企业。同时，建立健全行业中介组织，对国内外各类企业采取一视同仁的"国民待遇"和非歧视政策，为企业创造公平的发展环境，使边疆开发和建设取得实质性的成效。

四、边疆开发和建设的途径

边疆的开发和建设，既会遭遇东部开发曾经有过的问题，也会遭遇诸多未曾遇到的问题，而且这类问题更多、更主要。比较分析东西部发展的宏观环境和微观环境，汲取国外边疆的开发和建设以及我国东部改革的成功经验，再结合我国边疆的情态，对保障边疆开发和建设的顺利进行，促成边疆发展战略的成功，提高边疆发展的效率、效益，进一步增强整个国民经济的实力，都是至关重要的。

---

① 李全武：《构建西部大开发的动力系统》，载《经济问题》2002年第8期，第10~12页。

（一）科学发展观：边疆开发和建设的保证

科学发展观总结了三十年来我国改革开放和现代化建设的成功经验，吸收了世界上其他国家在发展过程中的经验和教训，深刻揭示了经济社会发展的客观规律。因此，科学发展观是边疆开发和建设的根本保证。边疆的开发和建设，必须全面落实科学发展观，以改革促进发展，把科学发展观贯穿于经济建设、政治建设、文化建设、社会建设"四位一体"之中，努力建设和谐边疆。

1. 落实科学发展观，必须加快经济发展。加快发展是边疆各族群众的迫切要求，也是解决边疆困难和问题的关键。必须紧扣发展主题，把握区域经济发展大势，实施一批带动边疆经济社会发展的重大项目，改善基础设施条件。依托边疆资源优势，以资源的综合利用和精深加工为重点，推进产业多元、产业延伸和产业升级，加快要素集聚，着力打造新的经济增长点和亮点。通过调整边疆生产力布局，积极引导资源、资金、技术、人才等生产要素向重点城镇地区聚集，加快培育和发展一批经济水平相对较高、辐射带动能力相对较强的优势区域。同时要顺应以工促农、以城带乡的发展趋势，重点围绕发展高效养殖产业、绿色蔬菜产业、特色产业，推进农牧业产业化经营；围绕建设新农牧区，加快基础设施建设；围绕提升农牧民素质，加快推进农牧区劳动力转移培训工程；围绕推进农牧区经济社会全面协调发展，着力消除城乡二元结构，全面推进城乡一体化进程。进一步做大做强经济实力，夯实边疆建设和谐社会的物质基础。

2. 落实科学发展观，必须积极推进民主政治建设。健全深入了解边疆民情、充分反映边疆民意、广泛集中边疆民智、切实珍惜边疆民力的民族决策机制，建立社情民意反映制度，建立与边疆群众利益密切相关的重大事项社会公示制度和社会听证制度。积极推进边疆政务公开、党务公开、厂务公开、村务公开，保障边疆群众的知情权、参与权、表达权和监督权。边疆各级政府严格按照法定权限和程序行使权力、履行职责，规范行为，清理行政许可规定和行政许可项目，简化和规范行政审批程序，提高行政执法的效率和水平。

3. 落实科学发展观，必须大力提升文化力。文化是资源，文化是软实力，文化本身就是生产力。要坚持"科教兴边"指导方针，优化教育资源配置，实施素质教育，优先发展民族教育，大力发展职业教育，逐步普及高中。加强边疆科技推广和科学普及工作，提高边疆全民科技文化素质。开展富有地方特色和民族特色的社区文化、校园文化、广场文化、村寨文化，不断满足边疆人民群众日益增长的精神文化需求。在旅游资源丰富的边疆办好特色旅游节文化，打造地区特色文化品牌。弘扬边疆民族文化、民间民俗文化，深入研究挖掘边疆本土文化，促进有特色的边疆文化成为一门显学，从而有助擦亮民族地方的文化名片。

以社会主义核心价值体系为引导，树立社会主义荣辱观，倡导社会公德、家庭美德和职业道德，形成团结互助、平等友爱、共同前进的社会氛围和人际关系，增强民族团结和社会凝聚力。

4. 落实科学发展观，必须实现人与自然和谐发展。边疆大多属生态薄弱区，要确立"保护就是最大的建设"的理念。实施移民搬迁、退牧还草，退耕还林，腾出一部分草场和林地，形成"无人区"，通过自然恢复和人工建设，休养生息，恢复生态；实行资源开发和保护并举，最大限度地发挥资源的经济、社会和环境效益；加强环境污染治理，实现速度和结构、质量、效益相统一，经济发展与人口资源环境相协调；以优化资源利用、提高资源产出率、降低环境污染为重点，加快推进风能、水能和太阳能等清洁能源开发，提升和放大自然资源、生态环境对社会经济发展的支撑能力。善待自然，从而赢得大自然的慷慨回报。

5. 落实科学发展观，必须不断增进百姓福祉。边疆各级政府要更加注重政府的社会管理和公共服务职能，各级公共财政要进一步向关系到民祉民生的事务和工程倾斜。同时，边疆要建立健全社会救助体系，从单纯的生活救助向应保尽保、应业助业、应帮即帮的综合救助保障转变。通过实施就业技能培训、提高务工待遇、购买公益性岗位等措施，拓宽就业渠道，增加在职工作人员收入，提高离退休人员离退休费标准、养老金标准和边疆的低保标准。逐步建立城乡一体化的社会保障体系，完善基本养老保险、基本医疗保险、失业、工伤、生育保障制度，扩大社会保障的覆盖面，提高边疆城乡居民的社会保障水平。

6. 落实科学发展观，广泛开展民族团结教育，培养以共同理想为核心的中华民族意识。我国是一个统一的多民族国家，我国边疆跨民族地域大、数量多、分布广、语言和宗教信仰复杂，经济文化发展相对滞后。做什么工作都必须从保持我们国家的长期统一和政治社会稳定、民族团结和边疆稳定这样的战略高度来看问题。民族意识是民族文化的核心，集中反映了全民族共同的思维方式、传统风俗和精神遗产，体现着全民族认同的价值取向和向心力，包含有共同的理想和精神支柱，具有持久而超强的凝聚力。发展我国这种民族关系，必须努力使边疆各族人民超越各个个体民族特有的文化局限性，超越只注重本民族个体文化的狭隘民族主义观，充分认识到我国多民族统一大家庭的历史与现实，中华民族由汉族文化和少数民族文化"汇流"而成的多源一体特性，树立起以现阶段社会主义共同理想为核心的"中华民族多元一体"国家民族意识。

（二）依法治理：边疆开发和建设的前提

在边疆的开发和建设中，法治环境建设是一个应该引起高度重视的问题。不论对于中央，还是对于边疆各省区，都是一个应该放在重要地位的大事。依法治国是已经载入宪法的治国方略，在边疆的开发和建设中，自然就要坚定不移地贯彻、落实、执行好这一治国方略，不能重蹈过去那种先开发、后治理，先发展、后规范的覆辙。因此，边疆各级领导干部要充分认识营造良好法治环境的重要性，善于发挥法律对开发和建设的引导、规范和促进、保障作用。因为要创造良好的投资环境，使外商和东部地区的资金能够放心地向边疆投资，要靠法治；要民主科学决策，合理开发资源，保护生态环境，避免主观性、随意性，防止搞重复建设，防止一哄而起，要靠法治；要保持健康的市场秩序和稳定的治安秩序，也要靠法治。而且在边疆开发和建设的法治环境建设问题上，首先要在总体上把握共性，同时有针对性地去发现对边疆特殊性的问题，这样才有助于我们对边疆法治环境建设问题有一个全面的认识。

1. 建立良好的决策法治机制。在边疆的开发和建设中，各级政府既是启动者、组织者、协调者，甚至又是直接参与者。边疆开发和建设中的每一阶段、每一步骤，直到每个具体的开发工程项目，都要由相应的政府做出决策。决策是指在社会运行系统中，享有领导和管理社会政治、经济和文化等活动的权力主体，对社会未来实践活动的发展方向、目标、原则及社会实践过程中所发生的社会事件、社会行为做出的决定、措施、方案、步骤。它包括事前决策、过程中的决策及事后决策。制定政策是决策，制定法规也是决策，上一个项目也是决策。可以说，在整个开发和建设过程中，有数不清的决策要做出，而每一项决策的正确与否，直接关系到开发的成功与否。因此，"应高度重视边疆各级政府决策的法治化，建立一个良好的决策法治机制。而政府决策的法治化，主要包括决策的民主化、科学化、制度化、规范化、程序化这几个方面的内容，这几个方面是互相交叉的，并附之以决策责任制度，它们构成一个比较完整的决策法治机制。"[①] 决策的民主化，主要指边疆各级政府的决策过程要充分发扬民主，广泛征求边疆群众意见，按照民主程序决策，避免长官意志，追求短期效益，进而随意和盲目的乱决策。决策的科学化，指有关边疆公共利益和公共事务的决策的出台都要建立在对边疆深入研究基础上，要充分征求相关专家意见，建立决策的专家咨询机制，经过充分和详尽的论证，结合实际并借鉴和吸收国外边疆开发和东中部地区的成熟的经验；同时还要有相应的责任机制，一个良好的决策法治机制还离不开决策责任制度，每一个决策者都要对自己的决策承担责任或者连带责任，防止有权无责的责任"真空"，这种责任可能是政治的、法律的，也可能是道义的。这样，可以避免决策的主观性、随意性和任意性，有利于防止决策

---

① 刘瀚、刘作翔：《西部大开发与法制建设》，载《北京市政法管理干部学院学报》2001年第3期，第1～8页。

失误。

2. 充分发挥边疆地方立法的作用，为边疆的开发和建设保驾护航。市场经济是法治经济，这已成为全党、全国人民的普遍共识。边疆的开发和建设，必须按市场经济的规律运作，这就需要对现行法律、法规、规章认真进行一次清理，对那些不适应市场经济规律和不利于边疆开发和建设的法律、法规、规章，该终止的终止，应修改的修改；边疆民族自治地方各级自治机关根据自身的权力和当地实际制定一些有利于促进边疆开发和建设的法律、法规、规章和单行条例。除了重视法规、规章的清理修改补充工作外，边疆各级政府还要注重对所颁发的行政法规和行政文件进行清查，防止地方保护主义的滋生。

3. 加强对边疆广大群众尤其是各级领导干部的法制宣传教育，树立良好的法治意识和法治观念。"1986年起国家已相继进行了三个'五年普法'教育，2001年进入第四个五年普法教育计划。据统计，'一五普法'期间，全国有7亿多人参加了'十法一条例'的普法学习，其中县团级以上干部48万人，一般干部950万人。'二五普法'期间，有200多部法律法规被纳入学习内容。'三五普法'期间，在全国8.1亿各类普法对象中，约有7亿人接受了新一轮的法律常识教育。"[1] 数量上看，接受普法的人不少。但从实际状况来看，尤其是从边疆的状况看，还应做深入细致的工作。在边疆的开发和建设中，要继续加强对边疆广大群众尤其是各级领导干部的法制宣传教育。各级领导干部是边疆开发和建设的决策者、组织者、协调者、参与者和执行者，他们的法治意识状况直接关系到开发和建设能否依法进行，乃至能否成功。因此，边疆各级政府应采取一些有效措施，加大法制宣传力度，增强领导干部的法治意识和法制观念，提高依法办事的自觉性、坚定性和原则性。树立领导干部带头学法、依法、守法、护法、执法的榜样，增强对广大群众的示范和引导作用。

4. 大力发展边疆的法律服务事业，为边疆开发和建设提供有力的法律服务和法律支持。随着边疆开发和建设的展开和深入，多种经济活动主体对法律服务的需求会大量增加。企业多了，合同多了，律师需求也就多了起来。法律服务工作不仅仅是打官司，它还包括日常的企业法律顾问、政府法律顾问、法律援助、法律咨询和法律宣传及公证等。随着依法治国的深入发展，法律服务会逐渐渗透到社会的各个领域中去，用法律维护自身权益会逐渐成为人们的一种自觉行为。因此，随着法治社会进程的加快和整体推进以及人们权利意识的觉醒，法律维权将会变为一种正常行为。这就要求主管法律服务工作的部门改变过去那种卡得太

---

[1] 刘瀚、刘作翔：《西部大开发与法制建设》，载《北京市政法管理干部学院学报》2001年第3期，第1~8页。

死的现象,加强执法、公正司法,认真解决司法不公、执法不力的问题,强化司法保障和法律监督,支持司法机关依法独立行使审判权和检察权,推进政府工作法制化,依法行政,从严治政。依法大力发展法律服务事业,培育法律中介组织的独立性和自主性,为边疆的开发和建设贡献力量。

(三)规范有序的市场经济:边疆开发和建设的基础

边疆的比较优势在于拥有丰富的自然矿产资源、农林牧资源和劳动力资源,实施边疆的开发和建设,就要使边疆的资源优势转化为经济优势,实现资源的优化配置。因此,国家一方面要采取若干投资倾斜和优惠扶持政策,另一方面又要积极挖掘和发展边疆的特色经济。

1. 积极按照市场经济的要求发展经济。要大力推动生产要素的自由流动,促进生产要素市场的建立和完善,通过推动商品和生产要素的跨地区、跨部门的自由流动,促进企业联合与协作,通过区域内各企业之间自然的、内在的经济贸易联系形成和完善区域市场,并在此基础上与全国性统一市场接轨,形成较为完善的市场经济体系,使边疆经济合理地参与全国区域分工。一是加快建设和完善一批各具特色的区域性商品市场,逐步形成以区域性批发市场为龙头,以专业性市场为骨干,沟通城乡,连接西部,辐射全国,与边境国际市场接轨的市场网络体系。二是大力培育和发展边疆区域要素市场。包括资本市场、劳动力市场、人力市场、技术市场等,并要给予必要的财力和政策支持。三是切实建立适合市场经济运行的劳动力配置机制和劳动力市场,促进人力资源的合理有序流动。在边疆经济发展落后,市场机制不完善的条件下,应充分发挥政府对人力资源市场的宏观调控作用,调节劳动力的供求关系、总规模和结构,规范人力资源的市场秩序,促进人力资源的合理有序流动,避免"盲流"。四是国家应鼓励和引导东部、中部和社会各界支援边疆开发和建设。国家应建立有效的推动机制,拓宽合作领域,完善"互利互惠"的合作形式,真正实现东部、中部和边疆之间互惠互利的新型区际经济关系,促进地区间共同发展。

2. 必须改变"立足资源搞开发"的传统发展思路,从资源依赖型转向市场导向型。在市场经济条件下,决定地区产业选择和发展的主导因素是市场需求,而不是本地的资源禀赋,而且资源型产业大都具有成本递增的特点,当资源开发到一定深度后,难以通过技术创新来提高效益水平;如果一个地区长期将资源性产业作为支柱,那么资源的枯竭也必将导致该地区经济的衰退。因此,不能以资源为代价换取经济的一时发展,必须立足实际,按照科学发展观,统筹安排经济与生态的协调发展,认真研究使经济建设与生态建设同步发展的具体措施,使边疆开发和建设具有科学的决策依据,进而再有选择地确定要开发的项目。

3. 全面发展边疆的特色经济。要从重点培育地区的比较优势转向重点培育地区的竞争优势。市场经济在一定意义上就是特色经济，市场竞争就是特色竞争，企业和品牌的差别化战略必然是特色战略。因此，西部发展，必须立足于发展特色经济，包括特色资源、特色产业、特色产品、特色技术、特色竞争等。特色经济、旅游产业等本身就是边疆的优势产业，西部民族地区应充分利用这一优势，进一步完备基础设施，提高服务质量、服务档次，改变传统的服务意识和观念，增加第三产业的投资改造力度，充分利用边疆现有的特色资源发展具有西部特色的第三产业群。边疆能源、矿产资源储量巨大，品质优良，而且资源成片分布，布局集中，是建立具有边疆特色的矿产资源开发网络的有利条件。边疆以其悠久的历史和复杂的地貌，以及丰富多彩且得天独厚的人文、自然旅游资源，为其旅游业的发展提供了客观自然条件。而在人文旅游资源方面，西部完整地保留着我国多个历史发展阶段的文化遗产，加上西部又是我国少数民族聚居地，各个民族在其发展过程中形成了独特的文化传统和风俗习惯，所以，西部又由此形成了丰富的人文旅游资源。

4. 边疆开发和建设要适应社会主义市场经济体制的要求，充分发挥市场机制和企业主体的作用。边疆各级政府主要是搞好统筹规划，制定政策，在财力稳定增长的前提下，建设一批对开发边疆有关键性意义的工程。边疆开发和建设，更主要的是在政策的指引下，遵循市场规律，充分调动边疆各类经济主体投资开发的积极性，采取多种形式动员和筹措社会资金，逐步形成新的边疆开发和建设体制。主要应从以下几方面着手：一是要为非公有制经济发展创造良好的环境。放开经营范围，鼓励租赁、承包、购买土地使用权，投资兴办民营经济小区、工业小区，从事区域性开发。强化监督、维护公平竞争，保护个体、私营经济的合法权益。二是要制定非公有制经济的目标和规划。从边疆的实际出发，对非公有制经济发展情况进行彻底摸底调查，确定发展重点。按照边疆发展的总体目标，制定民营企业改革和发展规划。三是制定优惠政策，扶持非公有制经济。政府可以将一些好的项目，让民营企业来承担，国家可以参股。对非公有制经济实行一定的税收、地价等优惠政策和采取必要的保护措施。四是实行技术扶持，提高科技成果在非公有制经济中的转化率和推广率。五是转变增长方式，加强市场竞争优势培育。应改变盲目扩大生产能力的做法，着眼于调整和优化产业结构，提高开发效益，在转变经济增长方式，提高市场竞争力上下工夫。六是加快金融制度创新，为边疆开发和建设创造良好的金融环境。我国地区间投资分布的不平衡导致了地区间经济的非均衡发展，调节货币资金在地区之间的配置，促进地区间经济的均衡发展，应完善区域融资机制，以适应地区间协调发展的要求。

（四）政府能力建设：边疆开发和建设的关键

政府能力是指国家行政机关在宪政体制内，以自身的素质和权威性建设为基础，以公共政策制定和推行为主要手段，以资源提取和配置为基本途径，以对社会进行综合治理为主要方式，以高效履行法定职能为最终目的，从而确保国家快速、均衡、持续、健康发展所具有的能力。边疆地方政府是边疆开发和建设的组织者、协调者，因此，开发和建设边疆，边疆地方政府就应具备以下几个方面的能力。

1. 边疆地方政府的权威性建设。政府权威是指政府在社会公众中的影响力和支配力，即通常所说的威望、威信。政府的权威性越高，则对社会公众的号召力、凝聚力、控制能力等就越强。政府权威是政府有效推行公共政策的基础。政府权威主要来自四个方面：一是政府的合法性，即政府是通过民主选举和法定授权产生的；二是政府政策的科学性，即政府制定的公共政策既能代表社会公众的根本利益，又能有效解决社会公共问题；三是政府的服务性，即政府能够真诚地为社会公众负责，能够为公众提供周到的服务，具有求实和诚信的作风；四是政府的廉洁性，即一个廉洁的政府才会赢得公众的认同和支持，也才会有权威。根据以上分析，巩固和发展边疆地方政府的权威，可以通过以下途径：

第一，边疆地方政府必须建立健全科学的决策体制，保证政策性决策和一般事务性决策的科学化。决策的失误，特别是重大决策的失误对政府的权威性冲击很大。避免决策失误的最有效的办法就是建立健全科学的决策体制，真正实现边疆地方政府决策的民主化、科学化。

第二，要把边疆地方政府建设成服务型政府、责任政府、廉洁务实型政府和诚信政府。服务型政府要求边疆地方政府秉承"公众至上"的理念，把工作重心放在为社会公众提供周到的服务上。服务型政府的建设首先必须放弃边疆地方政府以往那种以自我为中心，以管制为主要工作方式的倾向。责任政府要求边疆地方政府把"必须为一切行政行为和职务行为负责"的责任理念转换成完善的责任追究制度，督促政府机关及其工作人员改善工作方式和作风。廉洁务实型边疆地方政府要求政府及其工作人员以求实效、办实事、清正廉洁为基本行为准则，政府相应地建立了严格的监督机制和考评机制，并有效保证政府机关及工作人员的清正廉洁和务实。诚信政府要求边疆各级政府及其工作人员必须是社会中诚信的楷模。

第三，边疆地方政府从领导者到普通工作人员都必须具有公共关系意识和公共关系基本技巧，并且政府机关要把公共关系工作作为一项基本职能，通过系统的公共关系实务活动，有效地与社会公众进行双向交流和沟通，以在各族群众中树立边疆地方政府的良好形象。

2. 持续而有效地推进边疆地方政府的制度化建设。"制度就是稳定的、受尊重的和周期性发生的行为模式。""制度化是组织和程序获取价值观和稳定性的一种进程。"① 制度是支撑政府能力的重要资源要素。制度化建设是政府能力建设的重要内容和必然要求。亨廷顿曾指出:"制度化程度低下的政府不仅仅是个弱政府,而且还是一个坏政府。"② 可见,只有通过制度化建设,提高政府的制度化程度,政府才可能变成一个强政府和一个好政府。对边疆地方政府来说,通过制度化建设提升边疆地方政府能力,关键是要从以下三个重点和难点入手。

第一,建立健全行政领导制度。为了减少消极影响,增强领导班子的团结和协作,增强领导行为的规范性,边疆政府必须建立和完善以民主集中制、集体领导与个人分工负责相结合、行政首长负责制为核心的行政领导制度。边疆地方政府的行政领导在完备的制度规范下活动才会减少内耗,产生强大的领导力。

第二,进一步完善国家公务员制度。主要任务是使国家公务员制度的具体规定与边疆自治制度的政治规定有机结合起来,使国家公务员制度的三大机制(能进能出和能上能下的新陈代谢机制、科学的激励竞争机制、廉政勤政的保障机制)在边疆地方政府中真正发挥作用,实现边疆地方政府中"人"与"事"的最佳结合,使"人适其事、事得其人、人尽其才、事竟其功"的制度设计目的在边疆地方政府中成为现实。

第三,改革和创新各项具体工作制度。在边疆地方政府中,不同的行政机关具有不同的具体工作制度,随着经济社会的发展,有的工作制度会随之僵化或失去作用,甚至会产生消极作用,要随着实际情况的变化做相应的调整。由于人们在心理上习惯于固守老制度,对新制度具有排斥情绪,所以,在边疆地方政府中,对具体工作制度必须持续地高举"改革"和"创新"两大旗帜,坚持以改革和创新手段来保证边疆地方政府具体工作制度有活力、有效率。

3. 边疆地方政府人力资源能力建设。"政府人力资源是指能够推动政府管理绩效水平不断改善的劳动者的能力。政府人力资源是政府的第一资源,是政府能力的首要支撑要素。"③ 边疆地方政府能力一直不如发达地区,根本原因就是人力资源匮乏,政府人力资本存量远远赶不上发达地区,政府人力资源能力建设是改善边疆地方政府能力最有效的方法和途径。因此,边疆地方政府应该抓住这一关键点,采取有效措施改善边疆地方政府能力。

第一,坚持"大培训、大学习、大提高"原则,增加边疆地方政府工作人

---

① [美] 塞缪尔·P·亨廷顿,王冠华等译:《变化社会中的政治秩序》,三联书店1989年版,第12页。
② 同上,第26页。
③ 方盛举:《中国民族自治地方政府发展纲要》,人民出版社2007年版,第156页。

员学习和培训的时间，提升学习和培训的强度，以提高学习和培训的效果。

第二，坚持严格的公务员录用标准，积极推进录用考试方法的科学化，提高测评效率，通过考试录用环节，把真正具有较高素质和能力的人才选拔进公务员队伍。

第三，创新边疆地方政府的用人制度，尽快引入规范的竞争上岗制、末位淘汰制等先进用人制度，这样一方面为有作为的能人搭建一个脱颖而出的平台，另一方面对政府机关的每一个员工形成压力，迫使他们真正潜心去努力学习、去提高自己。

第四，以建立学习型政府为战略目标，科学规划，认真推进，应用这一全新的管理理论和管理方略，争取在尽可能短的时间内，明显提高边疆地方政府能力。创建学习型政府是政府人力资源能力建设的战略性举措，边疆地方政府应该系统地研究和了解学习型政府的理论与知识，结合自己的实际制定一个创建学习型政府的详细计划，持之以恒地贯彻落实。

4. 保障边疆经济持续发展和税收的稳定增长。财力资源是政府能力的主要支撑要素。对边疆地方政府而言，要有效增加财政收入，主要应采取以下措施：要处理好经济发展与加强税收征收之间的关系。税收征收过重会加重本地企业和群众的负担，造成生产后劲不足，阻碍经济发展，后续税收将大量减少。"因此边疆地方政府要结合本地经济发展实际，认真研究并找出合理的征收比例，既保证增加税收收入，又保证不影响经济发展，绝不可为了一时的增收，而陷入越穷越收的恶性循环；农业和第三产业是地方税收的主要来源，要重点发展和优先发展农业及第三产业，保证地方税收收入的稳定性和增长后劲。"① 利用本地资源优势，着力培育特色产业和特色财源；边疆地方大都处于社会主义初级阶段的低层次，生产力水平较低，放手发展非公有制经济是促进本地经济发展的最有效的手段，也是迅速增加税收收入的有效途径。

5. 中央政府或上级政府应该加大对边疆地方政府的能力输入。"这种能力输入可以考虑政策输入、财政输入和资金输入等具体方式"。② 《中华人民共和国民族区域自治法》第六章专门从不同方面规定了上级国家机关的职责，强调上级机关要从财政、金融、物资、技术、人才、信息、优惠政策、智力支持等方面加强对民族自治地方的支持和帮助。"这里所说的'帮助'不是平常意义上的'帮助'，而是宪法和民族区域自治法规定的'帮助'，是法定的责任和义务，不履行是违宪和违法的。"③ 这种帮助的实质是上级机关向边疆地方输入各种资源，

---

① 方盛举：《中国民族自治地方政府发展纲要》，人民出版社2007年版，第161页。
② 周平：《大开发中的西部地方政府能力问题》，载《学术探索》2001年第1期，第34~37页。
③ 敖俊德：《中华人民共和国民族区域自治法释义》，民族出版社2001年版，第92页。

包括人力资源、财力资源、信息资源、权力资源、智力资源等,它对提升边疆地方政府能力有重要的作用。主动尊重边疆地方政府的自治权,不做侵犯自治权的事情;建立规范的财政转移支付制度,提高财政转移支付的"造血"功能。目前,国家对边疆的财政转移支付制度还缺乏科学的计量方法和有效的激励功能,为体现对边疆的特殊照顾和帮助,应该改革现行税制,把一部分税种划归边疆,把共享税收入分成比例向边疆倾斜,以体现上级政府对边疆的切实帮助;上级政府应该制定针对边疆的规范化的干部交流制度:一方面每年都能有计划地选派一批思想观念新、综合素质高、能力强的干部轮流到边疆地方政府工作,给边疆地方政府工作带来新的信息、知识、观念和技能;另一方面,在边疆地方政府中选派一批素质好,有发展前途的中青年干部到上级国家机关工作几年,这有利于迅速提高他们的综合素质和能力,当他们回到原地方政府工作时,将有力地促进政府能力的提高。

总之,边疆地方政府只要按照推动社会主义物质文明、政治文明、精神文明协调发展的要求,不断提高驾驭社会主义市场经济的能力、发展社会主义民主政治的能力、建设社会主义先进文化的能力、构建社会主义和谐社会的能力、应对国际局势和处理国际事务的能力,为边疆的开发和建设服务,就一定会开创边疆的人与自然、社会和谐发展,政治上安定和谐,经济上协调发展,文化上和谐包容,生态上文明可持续,宗教上相互宽容的美好局面。

第五章

边疆的民族问题和宗教问题

我国大多数的少数民族聚居在边疆地区。边疆地区的少数民族不仅人口众多，而且民族关系也是错综复杂。边疆少数民族普遍信仰宗教，宗教在边疆地区的社会生活中发挥着十分重要的作用。在这样的背景下，民族问题与宗教问题也紧密地纠缠在一起，从而使民族问题与宗教问题都趋于复杂化。上述情况，不仅深刻地影响边疆地区的发展和稳定，也给国家的稳定带来了严峻的挑战。因此，民族问题和宗教问题，成为边疆治理过程中必须长期应对、应该认真考虑的重要问题。

一、边疆存在复杂的民族问题与宗教问题

在中国，边疆与民族有着天然的联系，这是在边疆地区长期的历史过程中形成的。由于少数民族集中分布在边疆地区，边疆也是典型的多民族聚居区。而"民族"又与"宗教"保持着天然的联系，宗教成为民族文化的重要组成部分，并深刻地影响着边疆民族的社会生活。复杂的民族关系和宗教关系因此成为边疆地区最重要的社会关系。在这样的背景下，边疆成为民族问题与宗教问题多发和形势复杂的地区。

（一）边疆地区的民族问题

边疆地区复杂的民族问题产生于复杂的民族关系之中，而边疆地区的民族关

系，是与边疆地区复杂的民族构成相联系，并在民族构成的基础上形成的，或者说是边疆地区民族构成的重要表现形式。讨论边疆地区的民族问题，首先需要分析边疆地区的民族构成。

在我国边疆地区，民族成分众多而且较为复杂，诸多少数民族在边疆地区均有分布。如云南省的少数民族成分多达55个，排在全国的首位。北部边疆的内蒙古自治区为54个，西北边疆的新疆维吾尔自治区为53个。东北边疆的黑龙江、吉林和辽宁三省，民族成分也分别达53、48和51个。从这个意义上说，边疆地区可谓是名副其实的多民族地区。

据统计，至2007年年末，分布在我国边疆地区的少数民族人口数约为6 648.14万人，约占全国人口总数的5.03%。其中以西南边疆的少数民族人口最多，为3 735.41万人；西北边疆次之，为1 271.26万人；东北边疆为1 115.34万人；北部边疆为526.13万人。①

在我国边疆地区，多民族的省份和自治区较多，有一些省（区）还是少数民族人口数量超过千万的民族大省（区）。西南边疆的广西壮族自治区，少数民族人口数排在全国首位，而云南省紧随其后位居第二，两省（区）的少数民族人口数分别达1 944万和1 528.87万，分别占到本省（区）人口总数的38.86%和33.87%。② 西北边疆的新疆维吾尔自治区2008年的总人口为2 130.8万人，少数民族的人口达1 294.5万人，少数民族人口占到新疆人口总数的60.8%，其中仅维吾尔族人口在2007年便达965.1万。③ 西藏自治区的人口总数虽然不多，但少数民族人口的比重相当高，为人口总数的95.96%。④

我国边疆地区的省（区）大都地广人稀，但人口分布的情形各省（区）不尽一致，少数省（区）人口分布的密度也相当大。边疆省（区）中人口密度最小的是西藏自治区，仅为2.3人/平方公里。人口密度最大的为辽宁省，为286.7人/平方公里，远远超出全国的平均水平（2007年全国的平均人口密度为137.6人/平方公里）。这一情况说明，边疆地区的一些省（区）也面临人口压力较大的问题，广西壮族自治区也有类似辽宁省的情形。另一方面，在市场机制的作用下，人口密度悬殊将导致新一轮的人口流动。中华人民共和国成立后，新疆的人口自由流动量甚大，多民族混居的状况较为明显。特别是改革开放以来，受市场导向作用的影响，以上学、工作、经商、务工为主要目的的人口流动，在新

---

① 根据《黑龙江年鉴2008》、《新疆统计年鉴2008》、《内蒙古年鉴2008》、《广西年鉴2008》、《云南年鉴2008》和《西藏统计年鉴2008》，以及吉林省人民政府网站和辽宁省人民政府网站相关数据计算而得。
② 参见《广西年鉴2008》和《云南年鉴2008》相关数据。
③ 国务院新闻办公室：《新疆的发展与进步》，http://www.gov.cn/zwgk/2009-09/21/content_1422414.htm，2011年4月18日链接。
④ 根据《西藏统计年鉴2008》相关数据计算而得。

疆地区的城乡之间、北疆与南疆之间、新疆与内地之间频繁出现。仅 2008 年，新疆就约有 24 万富余劳动力前往沿海经济发达地区打工。另外，每年还有大量的季节性流动人口，在新疆境内和新疆与内地之间移动。每年 8 月下旬至 11 月的棉花收获期间，都有来自其他省（区、市）的数十万流动人口，到新疆从事采摘棉花的工作。①

中国边疆地区的各民族既是一个文化共同体，同时也是一个利益共同体。共同的民族文化与利益关系将各民族联结在一起，形成统一的中华民族。对于各民族的成员来说，"民族"是一个提供文化认同的符号。各民族的成员，通过弘扬民族文化、颂扬民族精神、维护民族形象等方式来表达自身的民族感情，寻找与本民族其他成员之间的文化认同，并获得归属于该民族的满足感与安全感。当民族能够维持某种相对稳定的文化认同时，该民族的成员便集结在民族的旗帜之下，反之该民族则会出现离散乃至分裂。

一般而言，不同的民族可以说是不同的利益共同体。随着民族意识的增强，尤其是随着民族成员对民族利益认识的加深，民族的利益意识也将随之强化。民族成员尤其是代表人物一旦产生强烈的民族利益意识，便会极力维护和谋取本民族的利益。而日益强化的民族利益意识，又反过来强化民族利益共同体的地位。

受以上诸多因素的影响，我国边疆地区形成了错综复杂的民族文化关系与民族利益关系。由于边疆各民族交往的日益密切和频繁互动，兼之改革开放后边疆地区引入市场竞争机制，民族文化关系与民族利益关系不仅越来越活跃，而且出现民族之间的竞争关系逐渐超过共处相安关系的倾向。当前，我国边疆地区出现的民族问题，有相当一部分是由民族文化以及民族利益所引发的。对于少数民族而言，民族文化既是该民族形成和存在的基础，也是该民族核心利益的重要部分，其他民族对于自己民族的文化是否尊重，本民族文化是否受到相关法律的保护，边疆少数民族通常是十分看重的，或者说这是一个十分敏感的问题。经济方面的民族利益也不可忽视。近年来，由于土地、山林等自然资源的占有，经济收入待遇以及在就业、上学等方面国家制定的政策，均涉及经济利益分配方面的问题，在这一方面边疆地区产生了不少的矛盾和纠纷，实际上是当事人认为经济方面的民族利益受到侵犯，或经济利益分配不公所导致。

在这样的情形下，不同民族在民族文化和民族利益方面的碰撞、摩擦甚至冲突就在所难免，且时有发生，只不过在不同的地区与不同的时机，这种碰撞、摩擦甚至冲突发生的起因、表现形式以及尖锐的程度有所不同而已。而当这些矛盾

---

① 国务院新闻办公室：《新疆的发展与进步》，http://www.gov.cn/zwgk/2009-09/21/content_1422414.htm，2011 年 4 月 18 日链接。

和冲突积累到一定的程度，对民族关系产生严重影响的时候，便可能发展为亟待解决的重大的民族问题。

跨界民族问题是边疆民族问题中的一种特殊形式。我国陆上边界长达2.2万公里，与14个国家接壤，是世界上邻国数量仅次于俄罗斯的国家。我国的少数民族大多居住在边疆，其中有不少民族因为历史、政治和地理等原因跨国境而居。这种跨越国家的政治疆界但却又在地理上相连的民族分布，就使得边疆的民族问题变得更加复杂。

我国的跨界民族，大致可分为"跨界民族"（狭义）与"亲缘民族"两种基本类型。狭义的跨界民族，是指居住在我国和邻国的同一民族，最早居住在同一地区，后来由于迁徙和国界变动等原因分别居住在两个或两个以上的国家，但目前主要分布区域仍然相连或相邻，语言和文化基本相同，可称为我国及其邻国的"跨界民族"。狭义的跨界民族是分布我国及其邻国的同一民族，其成员以及相关研究者对此并无异议，此类民族有如景颇族、彝族、哈尼族、傈僳族、拉祜族、苗族、瑶族、佤族、朝鲜族、蒙古族等。至于"亲缘民族"，则指在我国及邻国的一些具有共同族源关系，但目前对其是否为同一民族尚有异议的民族群体。这些民族有共同的族源关系，以后因迁徙或国界变动等原因，其中主要的部分逐渐向不同的方向发展，并产生了明显的差异，目前其整体是否为同一民族，其成员以及相关研究者持有不同看法者，可称为中国与邻国的"亲缘民族"。这一类民族如我国的傣族、布依族、侗族、壮族，以及中南半岛北部的泰族、佬族、掸族和岱族等。①

跨界民族大多语言相通、习俗相近，居住在边境线一带的跨界民族更是往来便利、走动频繁，相互之间有的存在着血亲或姻亲的关系，有的甚至还是世交。沿边的跨界民族双方的村寨一般相隔几里路；有个别村子村名相同，分上下两村，上村在这个国家，下村在那个国家。逢节日喜庆丧葬，当地群众互相走访，或祝贺或帮忙，甚至牛马也会牧放到对方的山岭。②

跨界民族问题，不仅具有一般民族问题的基本内涵和特征，而且因受相关的国家因素和地缘政治格局的影响而更加复杂，并对我国边疆地区产生着多方面的深刻影响。跨界民族有不同于其他民族的特点。建立在共同历史文化基础上的边疆民族，一方面有共同的民族利益，同时在与其他民族交往的过程中形成相应的利益关系；另一方面，边疆民族在文化积淀与社会发展水平等方面又不同于内地民族，相应的利益关系也有所区别。跨界民族分别居住在国界两边的中国及其邻

---

① 参见方铁：《云南跨境民族的分布、来源及其特点》，载《广西民族大学学报》2007年第5期，第9~14页。

② 参见范宏贵：《中越跨境民族溯源》，载《中国民族报》2004年1月2日第4版。

国，具有特殊的民族感情与民族认同。在正常的情况下，分别居住在国界两边的跨界民族，各有其国家观念和现实利益，其共同利益是隐藏不露的。但另一方面，跨界民族内部的民族感情与民族认同不仅存在，而且在某些情况下会突出地表现出来，甚至改变原有的民族关系格局，并由此产生不同于非跨界民族的特殊的民族问题。

在中国的边境管理方面，许多边境线一带常常是便道林立，边民互市或走亲访友等皆无须通过办理出入境手续即可取便道出入邻国。这一方面给跨国犯罪留下了隐患（如不少犯罪团伙利用边民法律意识淡薄、生活贫困和熟悉当地情况等特点，利诱他们从事跨国毒品或跨国人口犯罪）；另一方面，这种"有国无界"式的肆意出入，也冲淡乃至消解了跨界民族的国家意识，模糊了边民和跨界民族的国家界限，不利于强化跨界民族的国家忠诚和公民对国家的政治责任。此外，跨界民族也是一支守卫本国边疆、维护边疆稳定的重要力量。生活在边疆的跨界民族所具有的国家自豪感、荣誉感、归属感和使命感，对维护和巩固边疆地区稳定，都起着举足轻重的作用。

应当引起我们重视的是，一些邻国对待本国的跨界民族的优惠政策，对我国边疆地区产生了复杂甚至是负面的影响。如在西南边疆靠近越南的我国边境地区，当地干部群众反映越南对待边民和跨界民族的政策要比中国优惠，边民和跨界民族所得到的实惠远比我方要多。这在一定程度上造成了中国边民和跨界民族的思想波动乃至混乱，在历史上的某些时期，还因此出现边民和跨界民族成规模外迁的严重情形。

在国家安全方面，由于全球化的深入推进，民族问题也变得扑朔迷离。教育，尤其是高等教育在提高各民族素质的同时，也唤醒了一些民族成员的民族自我意识，民族意识在民族精英和极端民族主义者的加工下容易与民族主义合拍，因为"民族意识与民族主义之间并不存在不可逾越的鸿沟。当民族意识无节制地走向旺盛的时候，也就有了生成民族主义之虞"①。现代信息技术的飞速发展，也对民族主义产生深刻的影响，其中之一便是使得民族精英或民族主义者对民族成员的动员变得越来越便利和快捷，而且这种动员通常能在较短时间聚集起较大的能量。事实上，即便无需借助现代信息技术等手段，民族主义也能在跨界民族中掀起巨大波澜。如越南的"赫蒙（苗）族独立运动"，就曾殃及我国的西南边疆地区，在云南省文山州的马关等县造成恶劣的影响，引发了当地苗族群众不安和骚动，给边疆地区的稳定造成了冲击。

---

① 周平：《论构建我国完善的族际政治整合模式》，载黄卫平、汪永成主编：《当代中国政治研究报告Ⅳ》，社会科学文献出版社 2005 年版，第 226 页。

（二）边疆地区的宗教问题

我国是一个多民族多宗教信仰的国家。特别是在我国边疆地区，生活着各种各样的少数民族，涉及的宗教信仰很多，由此产生边疆地区宗教问题的复杂性，宗教问题的表现形式也是多种多样的。

边疆地区各民族的宗教信仰具有广泛性和普遍性。一方面，生活在边疆地区的少数民族大多数信仰宗教，有的是某个民族的大部分人口信仰同一种宗教，有的是在一个民族中存在着不同的宗教信仰，有的则是几个不同的民族信仰同一种宗教。其中，一些少数民族信仰同一种宗教的情况比较普遍，如藏族普遍信藏传佛教，傣族多信南传上座部佛教，回、维吾尔、哈萨克、柯尔克孜、乌孜别克、塔吉克、塔塔尔、东乡、保安、撒拉等民族流行信伊斯兰教。① 以云南省为例，回族多信仰伊斯兰教；傣族、布朗族、德昂族、阿昌族和部分佤族则信仰南传上座部佛教；大部分白族、彝族和部分纳西族、拉祜族的人口信仰大乘佛教；藏族和部分纳西族信仰藏传佛教；部分彝族和白族信仰道教；相当多的傈僳、景颇、拉祜、苗、怒族和一部分白族、彝族的人口信仰基督教，其中也有一些人信仰天主教。在新疆维吾尔自治区，信仰伊斯兰教的有10个少数民族，即维吾尔族、哈萨克族、回族、柯尔克孜族、塔塔尔族、乌孜别克族、塔吉克族、东乡族、撒拉族、保安族。伊斯兰教有各种教派，传到新疆的主要是逊尼派中的大伊玛目哈乃斐派和什叶派中的伊斯玛伊勒派，以及苏非派（衣禅派）。新疆的维吾尔、哈萨克、回、乌孜别克、塔塔尔等民族的大多数人信仰逊尼派；维吾尔、乌孜别克等民族中也有相当一部分人信仰苏非派；塔吉克、柯尔克孜等民族的人口，则大都信仰什叶派中的伊斯玛伊勒派。

另一方面，边疆地区各种宗教的教徒增加，宗教场所设施得以恢复和兴建，各种宗教团体纷纷成立。以云南省为例，截至2007年12月底，云南省信仰佛教、道教、伊斯兰教、基督教、天主教五大宗教的群众约有437.5万人，约占全省总人口的10%。其中，信仰佛教的282.5万（汉传佛教172.7万、藏传佛教19.4万、南传上座部佛教90.4万人），信仰道教的24万人，信仰伊斯兰教的64万人，基督教58.5万人，天主教8.5万人。宗教神职人员共1.5万人，其中佛教5 222人（汉传佛教1 253人、藏传佛教2 433人、南传上座部佛教1 536人），道教239人，伊斯兰教3 729人，基督教5 303人，天主教166人。正式登记的宗教场所有5 784所，其中佛教2 485所（汉传佛教779所、藏传佛教39所、南

---

① 参见牟钟鉴：《少数民族宗教问题突出特点与特殊地位》，载《中国民族报》2002年3月22日第三版。

传上座部佛教1 667所），道教136所，伊斯兰教865所，基督教2 230所，天主教68所。全省共有云南省佛教协会、云南省道教协会、云南省伊斯兰教协会、云南省基督教"两会"（基督教"三自"爱国运动委员会、基督教协会）、云南省天主教"两会"（天主教爱国会、天主教教务委员会）7个全省性宗教团体，39个州市性宗教团体，148个全县性宗教团体；有云南佛学院、昆明伊斯兰教经学院、云南基督教神学院3所地方性及省内自办的宗教院校。①

边疆地区居住着种类繁多的民族。各民族宗教信仰上的差异，导致了边疆地区各民族信仰的宗教具有种类多样性、教派齐全性，以及信仰呈现多元化格局、地域分布明显的特点。从宗教的层次类别上说，少数民族宗教既有体制化的创生型宗教，又有属于原生型宗教的萨满教和东巴教，还有许多残留的原始宗教信仰，其中影响最大的是伊斯兰教、藏传佛教、南传上座部佛教和萨满教。② 以云南省为例，各民族信奉的宗教种类，有佛教、伊斯兰教、天主教、基督教、道教和原始宗教等6种。云南人口在5 000人以上的26个民族都有宗教信仰，除回族信仰伊斯兰教外，其他民族的成员分别信仰两种或多种宗教。云南集佛教的汉传佛教、藏传佛教、南传上座部佛教三大部派于一省。边疆地区的宗教分布与民族分布相对应，也具有明显的区域性。在云南省，各种宗教在全省16个地州（市）的129个县（市、区）交叉存在，分布范围十分广泛。此外，信教群众相对集中，主要居住在边疆地区、民族地区和贫困山区。这样的地域分布情况，导致了宗教问题与民族问题、贫困问题、境外渗透问题等共同存在。在全民信仰伊斯兰教的10个民族中，除回族散居全国各地，形成大分散、小集中的居住区外，其余9个民族大都生活在西北地区，特别是在新疆，而且都有着相连成片的聚居区域。

宗教作为一种意识形态的存在形式，需要借助一定的组织，开展各种宗教仪式和宗教活动，对教徒的思想和行为产生影响，实现宗教的社会控制功能，对社会产生重要的影响和作用。

作为一种社会意识形态，宗教群体的凝聚力来自于共同的信仰，宗教组织通过对信徒进行宗教教义的灌输，来树立共同的信仰和价值观，从而增强了宗教群体的内聚力。宗教的社会控制功能是依靠向信徒灌输宗教教义来实现的。宗教教义的内容无所不包，但最根本的问题是世界观和人生观的问题。宗教通过宣扬特定的世界观、人生观、道德观，使这些观念、规范和价值观神圣化，对宗教教徒

---

① 参见李崇仁、童志云、李坚主编：《云南年鉴》（2008年，第23卷），云南年鉴社2009年版，第351页。

② 参见牟钟鉴：《少数民族宗教问题突出特点与特殊地位》，载《中国民族报》2002年3月22日第三版。

的心理产生影响。而宗教教徒接受宗教教义，按教义规范和约束自己的行动，实际上就是受到了宗教的某种控制。①

宗教不仅是一种观念或理论，而且信教人员可以发展为实体组织。宗教组织通过开展各种各样的宗教仪式和宗教活动，强化信徒对宗教组织的认同感，将信徒凝聚成一个拥有共同信仰的有机整体，与社会发生相互作用，成为社会生活中不可忽视的一种现实力量。

边疆地区特殊的地理位置，使得边疆地区的宗教更容易与境外宗教发生接触与交流，容易受到境外宗教的影响和渗透。如云南省地处西南边疆，国境线长4060公里，有8个地州的26个县市与缅甸、老挝、越南接壤，全省有10个国家级口岸、12个省级口岸，以及无数的民间交往通道，跨国界而居的民族达15个以上。此外，云南省边疆地区的居民，还与印度、泰国等国家有着密切的民间交往传统。由于边民间的生活往来频繁，经济、文化、宗教的交往较为密切，因此，境内的宗教活动与境外有着千丝万缕的联系，受境外宗教活动的影响很普遍。这种状况导致了云南的宗教问题具有明显的跨境互动的特点。② 新疆的宗教问题也经常受到境外宗教的影响。在与新疆毗邻的中亚、西亚诸国，穆斯林很多，有些国家还把伊斯兰教定为国教。伊斯兰教作为一种跨国信仰的宗教，在长期的历史发展中，各国穆斯林之间形成了天然的联系。在我国对外开放的条件下，这种联系还会日益增多。境外的一些宗教组织，通过各种渠道不断派人来新疆宣传教义，扩大其影响。长期以来，每年都有一定数量的穆斯林去麦加朝觐，有些朝觐人员还会带回一些与传统观点相悖的观点，从而在新疆导致穆斯林内部对一些问题发生分歧和争论，甚至被少数人利用和挑动或采取过激行为，影响宗教内部的和睦相处和边疆社会的稳定。③

边疆地区民族宗教信仰的发展和演变，有与国家相关政策互动方面的原因。在少数民族所信仰宗教的发展中，宗教组织也存在各种的问题。例如，有些基督教徒不依法向政府机关登记，擅自设立宗教活动场所和建立非法组织，成为基督教活动混乱的一个根源。④ 在边疆比较落后的地方，各种巫术、封建迷信活动和邪教组织打着宗教的旗号，从事非法传播活动，不仅影响了宗教的正常传播和发展，也危害着当地群众的安全。

边疆地区的宗教信仰多元化，为各民族的宗教信仰自由提供了有利条件，各

---

① 参见辛世俊：《宗教的控制功能》，载《衡阳师范学院学报》1994年第1期，第48~52页。
② 参见黄泽珊：《云南宗教问题发展动向及对策研究》，载《云南警官学院学报》2008年第3期，第114~119页。
③ 参见王文衡：《正确认识和处理新疆的宗教问题》，载《新疆师范大学学报（哲学社会科学版）》2003年第3期，第12~13页。
④ 参见金泽、邱永辉：《中国宗教报告（2008）》，社会科学文献出版社2008年版，第81页。

民族可以自由选择自己的宗教信仰。随着各民族之间交流合作的不断深入，一方面，各民族的了解逐步加深，有利于各民族的交流与融合；另一方面，由于宗教信仰的不同，各民族在交往中也不可避免地产生矛盾和摩擦。另外，作为利益共同体存在的各个民族，在民族交往中不免要从本民族的立场出发，与别的民族进行利益博弈。当民族利益发生矛盾时，民族问题容易引发宗教问题，从而引起宗教方面的矛盾和冲突。

宗教问题可以说是一个信仰差异问题。从信仰差异的角度来看，宗教方面的问题，主要是指确立和保持不同信仰的个人及其团体或组织之间，由于信仰的不同而导致的世界观、人生观及价值取向的区别和差异，这些区别和差异，可能会影响到信仰不同宗教的人们之间和信教徒与非信教徒之间的关系。因此，从这个角度看，宗教问题主要表现为宗教与其所处国家和社会的关系问题。宗教是一种普遍现象，可以说世界上没有哪一个国家不存在宗教信仰，也没有哪一个国家不要求宗教必须与国家的社会生活、公共秩序、法律规范等方面相适应，以确保宗教与社会和睦相处，避免发生冲突，并成为影响国家和社会稳定的政治问题。①

（三）民族问题与宗教问题的结合

民族与宗教作为两种不同的社会现象，存在诸多的区别。它们的根本区别在于两者分属于不同的社会范畴。民族属于社会群体领域，是包括一定的经济关系、政治关系和思想关系在内的综合形态；宗教本质上是特定人群在思想上对超自然力量的一种信仰，属于意识形态或精神生活的领域。另一方面，民族与宗教的本质差异，并没有削弱两者之间的联系。相反，民族问题与宗教问题始终保持着极为紧密的联系，并相互密切地交织在一起。

少数民族通常与宗教保持着联系，尽管这种联系对不同民族，在不同时期存在着程度上的差异。有些民族或是大部分人口共同信仰一种宗教；有的民族是一部分人信仰这种宗教，一部分人信仰那种宗教；有的民族是多数人不信仰宗教，少数人信仰宗教。在边疆多民族地区，信教人口的比例通常高于其他地区，而且信仰的宗教类型多样。在这样的背景下，作为社会意识形态的一个方面，宗教对边疆少数民族的历史、文化、风俗习惯等方面，产生了程度不同的影响。民族与宗教的紧密联系，使得边疆的民族问题与宗教问题更具复杂性。

民族问题与宗教问题之间的联系具有必然性，两者之间的天然桥梁是"文化"。民族首先是一种社会文化的共同体。随着历史变迁和社会发展，民族特征

---

① 参见张焕金：《试论民族问题与宗教问题的区别和联系》，载《中央社会主义学院学报》2000年第11期，第25~29页。

中的自然属性的影响力逐渐减弱，而社会文化要素的比重则逐渐加大。就宗教而言，一方面它作为人类超越精神的一种表现存在于社会文化之中，作为一种原创精神以无形的方式塑造着社会文化，另一方面，宗教的信仰和精神又必然要外化为观念学说、行为活动和组织制度，从而与社会文化中的其他观念学说、行为活动和组织制度相并列，以某种社会文化的形式呈现在人们眼前。①

作为一种社会文化形式的宗教，与作为社会文化共同体的民族，必然在"社会文化"这一共同基础上发生密切的关系。由于宗教更是对人群的深层意识和总体情感（对世界和人生的感受）发挥巨大影响的精神力量，民族是具有一定个性的最大人群。因此，宗教与民族的相互关联，比起其他的社会文化形式（例如哲学或艺术等）与其他的较小的社会文化共同体（例如具有单面共同性的职业共同体或趣味共同体即行会或俱乐部等）之间的关联，要复杂和深刻得多。甚至可以说，这种关联是一切社会文化形式与一切社会文化群体的关系中，最深刻、最全面、最复杂、甚至是最重要的一种。②

民族问题与宗教问题紧密相联，相互交织，已经共同走过漫长的发展过程。从民族产生的角度看，古代民族在形成过程中，共同的宗教信仰强化了构成民族的基本要素。不仅如此，有些民族的形成甚至就是宗教发展的直接结果。在我国个别民族的形成过程中，宗教在思想意识方面起到了重要的联系作用。例如，在回、撒拉、东乡、保安等族的形成过程中，伊斯兰教就曾在其民族共同心理状态和风俗习惯等方面起到重要的联系与促进的作用。因此，2005年召开的中央民族工作会议在提出"民族"的新定义时，特别强调了宗教在民族形成和发展过程中的重要作用，指出"民族是在一定的历史发展阶段形成的稳定的人们共同体。一般来说，民族在历史渊源、生产方式、语言、文化、风俗习惯以及心理认同等方面具有共同的特征。有的民族在形成和发展的过程中，宗教起着重要作用"。③

在民族发展的过程中，宗教的影响依然广泛而深远。宗教的影响主要表现在两个相互关联的方面：一是宗教组织的影响。宗教在被人们信仰的过程中都会产生和形成宗教职业者和一定的宗教组织。随着宗教的兴旺发展，宗教组织也日渐发展和完善。这些宗教组织往往利用信教群众对宗教的信仰和崇拜，而获得对相应民族的深刻影响力，从而直接干预该民族的社会生活；二是宗教教义的影响。无论哪一种宗教，都为信徒提供了最基本的价值观念。这些价值观念成为相应民族评价社会利益关系是非的基本标准，进而影响该民族谋取利益的各种

---

①② 参见何光沪：《试论宗教与民族的关系》，载《世界宗教研究》1996年第1期，第11~18页。
③ 《中央民族工作会议精神学习辅导读本》编写组编：《中央民族工作会议精神学习辅导读本》，民族出版社2005年版，第29页。

活动。

在我国民族发展的历史过程中，一些少数民族的重大历史性演变大多受到宗教的影响。有的宗教由于长期被统治阶级把持利用，其宗教制度被移植到社会制度中，成为社会制度的一个组成部分。反过来说，许多世俗的社会压迫制度则披上宗教的外衣而具备了"神圣性"。宗教不仅仅在各民族内部产生影响，而且还影响到各民族之间的交往。在历史上，封建统治阶级进行民族压迫和民族歧视的同时，还进行宗教压迫和宗教歧视，他们经常利用各民族宗教信仰的不同（甚至一个宗教内部派别的不同）进行挑拨离间，制造宗教方面的纠纷和民族矛盾。

宗教的发展与民族也有着直接的关联。有的民族在形成和发展的过程中创立了某个宗教，共同的宗教信仰强化了民族的基本特征，增强了该民族的凝聚力。例如，阿拉伯民族创建了伊斯兰教。在伊斯兰的旗帜下，阿拉伯地区紧紧团结在一起，创造了辉煌的阿拉伯文明，并使伊斯兰教传播到亚洲、非洲和欧洲等地区，成为世界性的三大宗教之一。在中国，佛教传入西藏地区后，藏族信仰的本教与佛教相结合产生了藏传佛教。在西藏民主改革以前，政教合一制度实行了七百多年。有的宗教在传播和发展过程中，逐渐囊括了某些民族的文化成果，把它纳入宗教文化的领域而为其所用。例如，藏族的文学、艺术、建筑、医学等大多被包括在藏传佛教中，常常以藏传佛教文化的形式出现。

民族问题与宗教问题的相互联系，使民族问题和宗教问题都变得更加复杂，影响也加倍放大。民族关系与宗教问题交织在一起，宗教往往使一个民族具有特殊的凝聚力，而民族又往往使某种宗教具有旺盛的生命力。但宗教在增强民族凝聚力的同时，也可能强化狭隘的民族主义和民族排他性，容易被敌对势力所利用，从而使相关的问题变得复杂而尖锐。当今世界上的一些国家和地区，连绵不绝的尖锐矛盾和激烈冲突，往往与民族问题、宗教问题联系在一起。特别当狭隘的民族主义与宗教的极端主义结合时，就会产生极大的破坏力。无论是恐怖主义还是霸权主义，都在利用民族与宗教的旗号。民族问题与宗教问题不仅成为国际关系和世界政治中的一个重要因素，而且往往同国家与国家、民族与民族的矛盾和冲突交织在一起，对国际关系和世界政治产生重要而深刻的影响。

我国是一个多民族、多宗教的国家。宗教对广泛分布于边疆地区的各少数民族有着深刻的影响。我国共有55个少数民族，总人口达1亿多，大多数少数民族成员信仰某种宗教。边疆地区的一些少数民族与国外的同源民族毗邻而居，不仅有着传统的亲友关系和密切的经济往来，而且还有着共同的宗教信仰。宗教信仰在这些民族的精神生活中至今仍占有重要地位，有些宗教信仰和活动已与这些民族的风俗习惯融为一体，成为民族共同心理的一个重要组成部分。

民族问题与宗教问题交织在一起，使边疆地区的形势更为复杂，同时也加大了边疆治理的难度。而解决边疆地区的民族问题与宗教问题，既要看到两者的差异，加以区别对待；同时也要注意到它们之间的紧密联系，予以综合考虑，以寻求切实可行的解决策略。

二、边疆民族问题与宗教问题的新特点

边疆地区的民族问题和宗教问题是在历史过程中形成的，并在漫长的演变过程中积淀了丰富的内涵。这些问题在发展演变的过程中，也会深深地印上不同社会历史条件的痕迹，进而形成不同时代的特征。今天，中国正经历现代化和快速融入全球化的过程，边疆地区和边疆民族都正在发生着历史性的巨变。在这样的时代条件下，边疆地区的民族问题和宗教问题，表现出一系列的新内涵与新特点。

（一）民族问题的新特点

边疆民族问题的新特点，是市场经济体制在边疆地区不断建立和推进，从而带来社会结构变化和社会转型的条件下产生的，其产生的背景因素主要表现在以下方面。

首先，少数民族本身发展的因素。边疆多民族地区各少数民族在国家政策的扶持之下，人口不断增多、族体规模有明显的扩大。随着民族经济的不断发展、民族教育的不断提升，尤其是民族地区义务教育的普及，使得生活于边疆一隅的少数民族得到长足的发展，文化水平得以提高，民族素质不断提升。随着经济和社会地位的改善，各少数民族的自我意识不断增强，从经济利益的满足转而思考本民族政治权利的争取，更加关注本民族的发展与进步。因此出现了较为复杂的民族利益分化与利益表达的问题，进而形成多元和复杂的民族问题。

其次，现代化过程深入的因素。随着我国现代化进程的深入和市场经济元素和力量的不断渗透，边疆多民族地区的原生经济形式逐渐被打破，自给自足的传统生产和流通模式逐渐瓦解，外来人口的流入进一步打破了单纯的人口结构。少数民族传统的生活方式必然发生改变，传统的民族价值观念由于受到外来的冲击而必须调整。这些使得各民族之间的利益关系也发生了变化，社会利益也日益多元化。在这样的情形下，现代化推动了边疆地区传统社会结构发生改变，使得边疆地区各种民族的新问题逐渐凸显出来。

最后，外部势力影响的因素。中国的改革是与开放相伴生的过程，随着我国经济体制方面进行的改革，边疆地区相对于内地省（区）而言，更多地承担起了国家对外开放的职能。而随着对外开放的深入，边疆地区必然受到外部势力的

影响，使改革开放以前比较单纯的边疆民族关系变得错综复杂。边疆民族关系既受到国内市场经济的冲击，又受到开放所带来的多元化、复杂化的影响。

由于受上述因素的影响，边疆多民族地区的民族问题出现了一系列新的变化，并呈现出新的特点，主要表现在以下几个方面。

少数民族意识增强，利益分割加剧。边疆多民族地区的民族问题集中在"利益"矛盾方面。国家对各少数民族实行比较宽松的人口政策，甚至是鼓励人口较少的少数民族生育，以增加少数民族人口的数量。这使得少数民族人口的数量不断增加。边疆地区人口的持续快速增长，对于总量上没有增加的自然资源和社会资源带来了压力，尤其是在一些自然资源有限、生态环境恶劣的边疆多民族地区，脆弱的生态无法承载过快增长的人口。因此，少数民族要获得进一步的发展，就必须开辟新的生存领域。各民族要求国家给予更多的政策照顾和扶持，获取更多的自然和社会资源。如果说在利益分化的初期，各个民族间的利益争夺主要集中在经济利益的话，那么，随着民族间的利益意识从无意识到有意识，各民族从要求获得经济利益逐渐发展到要求得到更多的政治权利。这种变化给边疆的各级政府造成了日益严重的压力。

民族意识趋于旺盛，民族分裂主义开始抬头，影响也日渐明显。国家民族政策中扶持与帮助的"输入式"价值取向，在很大程度上促进了边疆少数民族地区的经济繁荣、人口的增长与社会发展。这些都是民族政策实施以来的有效性和有益性的表现。同时，以帮扶为主的民族政策也产生了一些负面影响。少数民族在发展壮大以后，民族意识日渐趋于旺盛，对本民族的认同感大大增强，而相关民族政策过多赋予其经济利益，却忽视了对少数民族国家整体意识的培养，疏于强调少数民族对国家的义务和责任。这样发展下去，生活在边疆地区的部分少数民族，对本民族的认同感可能超越对国家的认同感，民族分裂主义有可能在特定的形势下抬头。这一类的问题，是改革开放以前的边疆地区所没有过的，不但对基层政府带来了严峻的考验，也成为中国在构建边疆多民族地区和谐社会的过程中必须重视的新问题。

跨界民族问题或与跨界民族相关的问题增多。在边疆地区复杂的民族问题中，跨界民族的问题尤其值得关注。跨界民族是指虽属同一个民族（或同一个亲缘民族），但因生活在不同的国家和社会制度下，而具有不同的国籍、国家观念和价值观念的民族。跨界民族跨两国甚至多国国界而居，跨界民族因而成为直接影响边疆地区稳定的敏感因素。有时，源于跨界民族之间的亲缘关系和共同的民族文化、民族习性和民族特征，亦有可能发生跨越两个或者多个国家的同源民族之间相联合而损害国家主权的行为。跨界民族之间的联系是极为复杂的。在边疆地区尤其是西南边疆地区，跨界民族境内外不同部分往来密切，具有同源性的民族自我统一意识增强,并呈现向深度和广度发展的趋势。如在云南省,除汉族、回族在中南半岛北部多数居住在城镇附近,德昂族、彝族在边境一侧或两侧分布较分散外,其余跨界民族主要的聚居区,大都跨越云南省与邻国的边界,即大部分为跨界民族,有相当多的人口在中国云南省与邻国国界的两侧毗邻而居。据统计,云南省与邻国毗邻的县市,面积约占云南省总面积的23.47%,除腾冲、龙陵、镇康等县以外,其余县市均为民族自治地方。居住云南边境诸县市的少数民族人口约有350万,约占当地总人口数的60%,其中跨界民族人口占当地少数民族人口总数的98%以上。①

　　生活在边疆地区的跨界民族,过去和现在都保持着极为密切的联系,相互间常见的往来有通婚访友、朝庙拜佛、节日聚会及互市和游商贸易、过境劳作等形式。毋庸置疑,跨界民族之间正常的经济贸易往来,能够为生活在边疆地区的各个民族带来丰厚的经济回报,有利于促进民族关系的和谐,实现边疆各民族的安居乐业,减少民族问题的负面影响,推进边疆多民族地区和谐社会的构建。但另一方面,中国与邻国经贸往来的扩大,也给跨国犯罪制造了可乘之机。如贩毒集团利用跨界民族居住在边境两侧,相互之间联系密切、走动频繁和往来不易被人注意的特点进行贩毒,并拉拢部分边民下水。而少数参与犯罪活动的边民,主要是通过带路、转运违禁品和帮助联系、窝藏罪犯和违禁品等途径参与犯罪。这些问题往往具有民族问题与国际问题的双重特点,为边疆地区构建和谐社会造成了不和谐的因素。

　　民族问题容易被外部势力所利用。在边疆地区生活的一些少数民族与生活在其他国家的民族,具有民族或宗教的同源性或相似性。例如新疆地区的维吾尔族与基于伊斯兰教的国际伊斯兰教组织有宗教的同源性,哈萨克族与中亚的哈萨克族具有民族的同源性,而生活在云南边境的傣族和缅甸边境的少数民族具有生活习惯和经济利益的同源性等。这种具有国际同源性的少数民族在中国边疆地区为数不少,使得民族问题更容易受到外部势力的干扰和利用。当国家赋予边疆少数民族更多的贸易自主权和经济自主权以后,少数民族与毗邻国家乃至西方国家的接触日益增多,受到外来民族文化和同源民族文化的影响更深。当外来势力抓住中国社会转型过程中凸显的诸多社会问题聚集的机会,煽动少数民族以非法形式争取政治权利,甚至出现危害国家主权的行为时,边疆地区的民族问题,便由国家经济发展和社会转型过程中的利益分配问题,转化为国际性的民族分裂问题,由此加剧了相关民族问题的烈度。这种民族问题中新的特点的出现,使边疆地区

---

① 参见方铁:《云南跨境民族的分布、来源及其特色》,载《广西民族大学学报(哲学社会科学版)》2007年第5期,第14页。

的民族问题变得更加突出和棘手。

民族问题的负面影响进一步增大。如果说,边疆多民族地区的一些民族问题,已经从单纯的经济利益问题、民族发展问题演变为政治权利问题和民族主义问题,从国内的人民内部矛盾问题演化为危害国家主权的问题,从国内民族问题演变为国际性的民族问题的话,那么,这些民族问题的负面影响,还呈现出对边疆地区和国家政治社会稳定的影响进一步增大的新特点。近年来发生产生负面影响的民族问题,规模日渐扩大、参与的人数更多、破坏力更强。以在全国范围内引起广泛关注的云南省孟连胶农与地方政府冲突事件为例,这起因群众经济利益分配不合理为导火线的突发事件,最后演化为惊动全国的警民冲突,是近年来云南省规模最大、影响程度最广和性质最恶劣的群体性事件。这样的事件给当地政府带来了严峻的挑战,也给国家处理边疆民族问题带来了新的难题。导致孟连事件发生的因素不少,但该事件具有边疆民族地区的特殊性,则是十分明显的。近年来,边疆多民族地区产生负面影响的民族问题此起彼伏,社会影响增大,往往需要基层政府在第一时间内采取必要的应对措施才能够防止事态的扩大,同时还需要政府在事后付出较大的治理成本,才可能挽回事件所造成的经济损失。

(二) 宗教问题的新特点

与民族问题的状况大体一致,近些年来,随着国际国内形势的发展变化,边疆地区的宗教情势也出现一些值得关注的新动向,呈现出以下的一些新情况和新特点。

信教群众增多,宗教的影响更加广泛。近年来,边疆地区宗教情势的一个明显的发展动向,便是各宗教组织积极发展教徒,信仰各种宗教的群众出现较快增长的势头。云南省的宗教状况是我国边疆地区宗教状况的一个缩影。近年来,云南省信教人数不断增长。其中,藏传佛教、南传上座部佛教、天主教、伊斯兰教信教人数增长相对平稳;汉传佛教、道教和基督教信教人数增长较快。随着边疆地区宗教的不断发展,信教群众的日益增多,各宗教依托不断发展的宗教组织及复杂的宗教教义,其宗教影响力在本区域乃至国家层面都表现得很明显。尤其是在市场经济的发展带来急速而深刻的社会变迁的时代背景下,宗教获得了广泛的发展空间,并成为社会中的一种重要的价值系统,其社会影响力不断上升。

宗教的世俗化倾向有所加强。宗教情势的另一个重要走向便是世俗化。宗教的世俗化,可以理解为部分宗教功能逐渐被非宗教性的社会功能所取代,或宗教与社会影响出现此消彼长的趋势。宗教世俗化的倾向,在基本方面表现为宗教越来越多地关注世俗事务,关注生态环境、伦理道德,参与社会民政事务的运作,在社会福利和社会保障方面发挥作用。这种关注与参与,将会成为宗教在现代社会上的一大功能。比如云南省佛教界积极参与中国佛教界提出的"人间佛教",伊斯兰教界积极进行禁毒培训,基督教、天主教等积极参加救灾扶贫工作,这些都起到了积极的作用。宗教世俗化的另一表现形式,则是以商业性手段来开放宗教寺院,即将商品经济活动和价值观念引入宗教殿堂,并将寺观文化逐渐商品化。宗教经营活动主要涉及商业、服务业、饮食加工、运输、房地产与旅游业等。其中最突出的是在一些地区,宗教文化与旅游文化相互交织。佛道寺观大都在名山宝地,自然景观独具特色,加上碑林石刻、传说故事,在现代旅游业中的地位日益显现,寺观教堂既是宗教活动场所,又成为广受欢迎的旅游景点。从总体上来看,宗教活动更为重视社会道德功能和人际感情的投入,世俗化的商品经济活动和价值观念逐渐被引入宗教活动,宗教组织、宗教领袖、宗教活动与世俗活动的结合也日渐紧密。

境外宗教组织的渗透和邪教组织增多。境外宗教组织的渗透活动的加剧,是边疆宗教情势的另一特点。这种渗透大致有两种情况:一是出于政治目的,境外宗教组织打着宗教的旗号,企图颠覆我国政权和社会主义制度,利用宗教问题制造事端和挑拨民族关系,以达到其政治目的;二是企图控制我国的宗教团体,干涉我国的宗教事务,在我国境内建立宗教组织和活动据点及发展教徒。以上两种情形有时也相互交叉。这两种渗透形式都有很强的隐蔽性,但其实质都是政治方面的问题,因此危害性很大。以云南省为例,据 2008 年年底的调查,云南省境外利用基督教对云南省渗透的宗教组织,较五年前增加了一倍。除美国、中国香港地区、缅甸等长期对云南进行渗透的国家和地区外,近年来韩国、泰国的基督教势力对云南的渗透活动也十分突出,而且渗透手段不断翻新。境外宗教组织以旅游观光、文化交流、教育科研、经贸合作、兴办企业、慈善救济、捐资助学等活动为掩护,通过非宗教渠道对我国边疆地区进行宗教渗透。如缅甸北部基督教的十多所神学院校,以包食宿、学费和每月发零用钱、发给来回路费等手段,引诱我国一些少数民族青年基督教徒出境读书。[1] 隶属美国理查德·俄姆布瑞德传教会的"印缅爱与行动公谊会",即印缅"爱与行动"组织,以缅甸的木姐、南坎两市为阵地,大肆对云南省进行宗教渗透活动,在中缅边境地区传播基督教并发展教徒,向中国境内散发经书和刊物。该组织曾在云南省瑞丽市的目脑路建盖了一个简易教堂,并在此基础上组建"中国宗教传播执行委员会",拉拢中国边民入教,同时在我边境相关人员中,调查了解我境内信教人员情况及我党政军领

---

[1] 参见张桥贵主编:《云南跨境民族宗教社会问题研究(之一)》,中国社会科学出版社 2008 年版,第 66 页。

导干部信教的信息。① 此外，境外基督教组织还经常组团或个人到云南边境和少数民族地区，利用边疆民族地区信徒的生产生活条件比较落后，防范和抵御境外渗透意识较差等特点，施小恩小惠以收买人心，建立联系并伺机渗透。

边疆地区的宗教问题受到境外因素的影响逐渐增大。随着边境地区的扩大开放，境内外边民交往密切，国内宗教界与国际宗教界的对外交往活动日趋活跃，外来因素对边疆地区宗教问题的影响和渗透也较突出。以云南省为例。云南边境线长达 4 060 公里，在地缘关系方面"接三国、近八国"。云南省沿边境一线 8 个地州 25 个县，16 个民族的信教群众与缅甸、越南、老挝等国跨境而居，自古以来就有边民互市及通婚的习俗，又有与境外边民类似的宗教信仰。这样的区位特点，使边疆地区的宗教问题容易受到境外因素的影响，并由此形成斩不断理还乱的复杂局面。

宗教问题与民族问题的结合更加紧密。如前所述，边疆地区的许多民族信仰宗教。但凡有着某一宗教信仰的民族，对于这个民族中的每一个信教者来说，其宗教感情与民族感情、宗教习俗与民族习俗、宗教心理与民族心理、宗教意识与民族意识、宗教文化与民族文化等，无不是相互交错、相互渗透的，甚至难分难解。因此，宗教问题与民族问题也相互联系和互相影响。由于各个民族信仰的宗教常与民族文化相结合，从而成为该民族的价值体系和信念系统的主要部分，同时，宗教又以民族和民族文化为载体，因此民族问题往往打上宗教的烙印，或以宗教信仰的形式出现。还应指出，宗教问题往往也体现出鲜明的民族特色。

（三）民族问题与宗教问题的发展趋势

随着民族问题和宗教问题的不断发展，尤其是在新的历史条件下出现的新的特点日渐明显，边疆地区的民族问题和宗教问题也出现了一些新的趋势。其中一些趋势较为明显和突出，而有的趋势则正在形成的过程中。但无论是哪种情形，边疆地区的民族问题与宗教问题，其发展演变的新动向都值得我们关注。

由民族与宗教产生的矛盾和问题逐渐增多，并与我国进入矛盾多发期的形势结合在一起。自改革开放以来，原有比较单纯的社会结构逐渐解构，各个阶层之间的流动性增强，以经济利益为主要的凝聚力和推动力，新的社会阶层逐渐形成，这是中国社会转型期的一个明显特征。在我国的边疆多民族地区，因市场经济的建立和社会资源占有的经常变动，各个民族之间的联系逐渐增强，而生活于共同地域的各个民族间的交流与互动增强，使彼此之间产生对相互经济状况和社

---

① 参见张桥贵主编：《云南跨境民族宗教社会问题研究（之一）》，中国社会科学出版社 2008 年版，第 55 页及第 58 页。

会地位的对比，在对自然资源和社会公共资源进行分割的情形下，民族之间的矛盾和摩擦难以避免，相对于改革开放以前，这些矛盾呈现出增加和复杂化的趋势。在边疆地区的各民族之间，甚至出现非制度性的冲突与对抗的现象。而随着改革开放的深入发展，边疆地区现代化程度的进一步提升，民族矛盾与宗教问题还会呈现逐渐增多的趋势。此外，经过经济体制改革和社会制度改革，一些在计划经济时代的社会政治制度，因不再适应社会发展的要求而逐渐失效，新的适应市场竞争和社会需求的制度尚未建立，或者说还有待完善，使得我国进入二十一世纪以来，社会矛盾和利益争夺有所升级，在较大的范围内进入了矛盾多发的时期。至今仍在困扰全局的带普遍性的问题，比如就业问题、社会保障问题和利益分配问题将日益凸显，这些问题与边疆多民族地区的民族与宗教两大因素相结合，使情况变得更加复杂和敏感。边疆多民族地区的民族矛盾逐渐增多，宗教方面的问题趋于突出，将是在较长的时期内，伴生在中国矛盾多发时期大背景之下出现的一大趋势。在今后较长的发展时期，地方政府乃至中央政府处理边疆多民族地区的民族问题和宗教问题，制定和执行民族和宗教方面的各项政策，必须考虑以上因素。

民族问题和宗教问题所造成社会影响的烈度提高，可能产生的破坏性作用增加，对政府来说是一个值得重视的新问题。在改革开放以前，边疆多民族地区少数民族主要的任务是发展本民族的经济，改善基本的生活生产条件，尽快解决温饱问题。在这样的需求条件下，各少数民族在国家的帮助和扶持之下致力于发展经济，彼此之间的关系比较融洽，需求的层次较低，社会秩序相应也较稳定，没有出现影响全局和破坏力较大的民族和宗教方面的问题。然而，随着民族地区基本生活条件得到改善，少数民族基本解决了温饱问题，在这样的情形下，市场竞争所促成的各少数民族对自然资源和社会资源，甚至在某些方面的政治权利的分配，使情况可能更趋复杂。当前国内的政治参与渠道，从总体上来说，还无法满足边疆各民族旺盛的政治参与需求以及政治表达的愿望。如果这些旺盛的参与热情被境外势力利用和煽动，有可能在一定范围内演化为烈度较高，破坏性较大的民族及宗教方面的问题，从而破坏边疆地区和谐的民族关系，使当地的局势趋于复杂化。在今后的一段时期，边疆地区的民族问题还将继续发展，其中一些可能偏离正常的方向，宗教方面的问题可能会更加复杂，并受到境内外各种势力的左右或影响。因此，防范民族矛盾升级，以及民族和宗教问题的出格，仍然是党和政府需要认真考虑的问题。

民族问题和宗教问题，可能成为某些民族领袖人物谋取利益或表达利益诉求、进行利益博弈的手段。毕竟现实利益是驱动人们行为的重要动因。随着我国市场经济的迅速发展，人们的民族意识、利益意识被激发出来。另一方面，由于地区之间的资本和劳动力的流动、人力资本在各地区分布的差异、各地区的城市化程度、农村工业化程度、制度和政策因素的差别，以及人与人之间技能、知识、地位方面的差别因素，目前我国地区之间的差距继续扩大，群体之间的贫富分化也日益明显，阶层差距也在逐渐扩大。而地区间贫富悬殊的拉大和社会分层的加速，不可避免地导致相对失落感的增加，促成了一批利益失衡者的产生。而在边疆民族地区，现实所获利益的失衡者，尤其是少数民族中的一些精英，他们往往利用特有的利益凝聚与整合的能力，借助宗教问题或民族问题进行利益表达，提出相应的各种要求，以使其利益需求得到政府更多的关注。应该说，现代化或者现代化进程的推进，本身就是人民群众被充分动员并投身于其中的结果。被动员起来并投身现代化进程的人民群众，对现代化及其成果充满了期待，而且期望值还会随着现代化进程的推进而有所提高。如果这种期待得不到满足，他们就会产生挫折感和某种被剥夺感。在此种情形下，民族问题或宗教问题可能成为一些民族或民族领袖在利益追求过程中借用的便捷途径。同时，民族问题和宗教问题也成为更多利益攫取过程中的一种利益表达手段。在民族问题潜藏的利益失衡背后，往往透露出民族主义或民族利益诉求的膨胀。"经济的发展在为人们提供更多的总体物质利益的同时，也促使人们通过政治活动来争取和实现更多的物质利益，并维护这种利益状况。"① 这反映在一部分边疆民族地区，某些人为了攫取更多的利益，而以各种民族问题和宗教问题为幌子，并借助各种手段包括非制度的手段，试图改变或影响目前已形成的利益分配格局。

民族问题和宗教问题有时与敌对势力的破坏联系在一起。自改革开放以来，我国的宗教信仰摆脱了自我封闭的状态，对外交流日益频繁，并开始走上国际宗教活动的舞台。伴随着这一社会发展进程，一些境外势力利用宗教加紧对我国进行渗透与破坏。纵观近年来国内重大的民族宗教事件，大都有境外敌对势力在其中推波助澜。这些敌对势力，有些就是宗教极端势力、民族分裂势力和国际恐怖势力，他们以宗教的极端面目出现，以"民族独立"为目的，一方面制造舆论蛊惑人心，一方面大搞暴力恐怖活动，以此来破坏边疆地区的社会安定。如达赖集团利用藏传佛教在信教群众中的特殊影响以及信教民众崇拜活佛的传统，在西方敌对势力的支持下，不断变换花招，采取各种手段谋求西藏独立，从事分裂祖国的活动。再如"7·5"事件，就是由境外分裂势力一手策划、指挥的敌对活动。他们利用宗教在群众中的广泛影响，歪曲宗教教义，煽动不满情绪，蒙骗和裹胁群众，搞暴力恐怖活动，其目的就是要挑起事端，制造暴力事件，搞分裂和干扰国家的稳定与发展，最终达到改变中国政治制度的丑恶目

---

① 周平：《中国少数民族政治分析》，云南大学出版社 2007 年版，第 84 页。

的。因此，对中国政府来说，不仅要积极防范境内外的分裂势力、极端势力与恐怖势力，还要防止境外势力利用宗教问题进行敌对活动，以达到自己不可告人的政治目的。

三、边疆地区民族问题与宗教问题的影响

上述的民族问题和宗教问题虽产生和存在于边疆地区，但其影响却波及全国。它们既会影响到边疆各民族的生产生活以及边疆的发展与稳定，也会危及国家的稳定和繁荣，影响各民族之间的团结，甚至影响到中华民族的凝聚和进一步发展。

（一）对边疆各民族的影响

边疆地区大多属于少数民族聚居区，民族构成和民族关系十分复杂。一旦民族问题和宗教问题在某些因素的刺激下，其负面影响呈现出显性化趋势并相互纠集，首当其冲的受害者便是生活于边疆地区的各民族，尤其是少数民族自身深受其害。

民族问题与宗教问题扰乱边疆各民族的正常生活，使各民族尤其是少数民族的利益受到严重影响。随着市场经济体制的逐步建立，边疆各民族的生产经营活动逐渐打破民族界限的藩篱，而被纳入统一的市场体系。在市场经济的浪潮中，各民族人民既得利益的实现已不可能局限于本民族内部，或通过自给自足的方式来完成。而必须在市场规律和市场机制的作用下，与其他民族的成员展开公平的竞争，在更大范围的生产、分配、交换与消费等经济活动中实现。近年来，随着社会经济的发展与社会环境的变化，边疆地区先后发生一些群体性的冲突事件和骚乱事件，不仅给各族人民的生命财产造成损失，而且严重破坏当地正常的生产生活和社会秩序，致使相关的生产经营活动难以进行，各民族人民的现实利益无法得到有效实现。造成群体性的冲突事件和骚乱事件的原因较复杂，但这些事件大都与相关者的利益受到侵害，或者相关者应得利益未受到合法的保护有关，而导致产生民族方面的问题，这是值得我们注意的。在边疆地区某些经济利益分配不公的情况下，民族问题和宗教问题经常与经济利益问题联系在一起，严重的甚至影响各民族之间正常的经济交往，给少数民族尤其是人口较少民族的利益实现造成不利的影响。

民族问题和宗教问题若处理不好，将影响国家照顾政策的顺利落实，使少数民族的利益受到损害。政策的制定必然要打破旧的利益格局并形成新的利益结构，而政策的执行则必将这种利益结构的变动和调整落到实处。在相关政策执行

的过程中,利益受损者、因没有得到政策实惠而产生失落感的群体,可能会设法阻止相关政策的有效执行。

中华人民共和国成立尤其是改革开放以来,党和政府针对一些处境困难的民族,尤其是居住于边缘一线的人口较少民族的状况,制定和实施了帮扶照顾的政策,从而加快了受惠民族脱贫致富的步伐。政府对人口较少民族进行大规模的经济援助,其影响有积极与消极两方面。政府对人口较少民族大规模的经济援助,确实加快了人口较少民族地区脱贫的速度。同时,也应看到,政府对人口较少民族采取大量"输血"及"包下来"的政策,出发点是好的,但客观上也使这些民族滋长了浓厚的依赖思想,严重的还可能导致其丧失文化自我,对该民族传统文化的保护与发展产生消极影响。另外,由于人口较少民族多数与其他民族相杂居,实行对人口较少民族的经济方面的特殊政策,在实际操作上有困难,一些边疆地区的其他民族,对针对人口较少民族实行的优惠政策也有意见。或者说,党和政府对一些少数民族采取的大量"输血"及"包下来"的政策,造成了受惠民族与其他民族之间新的反差,引起未享受优惠政策的其他民族的不满。在民族关系和宗教关系趋于和谐、相关矛盾隐性存在的情况下,不患贫而患不公的社会心理尚不至于外化为实际行动,而一旦民族关系和宗教方面的矛盾被激活,民族问题和宗教问题可能与利益分配上的不公平相结合,引发非受惠民族出现抵制帮扶照顾政策的行为,给边疆少数民族的实际利益造成损害。

在不同的历史发展阶段,影响民族团结和民族关系的关键因素各有不同。在封建王朝统治时代,民族歧视、民族压迫、民族剥削是民族团结和民族关系的大敌。而在改革开放不断深入、社会转型快速推进的今天,因社会和经济的资源以及现实利益分配方面产生的矛盾,则成为影响民族团结和民族关系的主要因素。在边疆多民族地区,利益分化尤其是民族地区的利益分化,将导致不同民族间利益获取的差距逐渐增大,从而出现不同的民族性利益群体,使原来相对简单、合理的利益分配关系趋于复杂。在这样的背景下,利益获取关系往往与民族关系交织在一起。尤其是多民族杂居的地区,因利益产生的矛盾和相关的冲突,往往与民族关系相互交织,从而使民族之间的关系更趋复杂。

另外,生活在边疆地区的少数民族大都信仰宗教。无论哪一种宗教,都为所信奉的少数民族提供了基本的价值观念。这些价值观念成为少数民族评价民族团结和民族关系的基本标准。边疆多民族地区宗教信仰的复杂多样性,加之受宗教世俗化趋势逐渐增强等因素的影响,使宗教关系具有向民族关系渗透的作用和惯性,在某些情况下,边疆地区的民族关系便带上浓厚的宗教色彩,呈现出错综复杂的局面。一旦民族之间在宗教方面的矛盾和冲突与政治功利目的结合在一起,便有可能破坏我国民族团结的局面,影响边疆地区的现代化建设。

(二) 对边疆发展和稳定的影响

实现边疆地区的发展与稳定，有赖于边疆地区民族问题与宗教问题的有效解决。如果边疆地区的民族问题和宗教问题处理得好，就能实现边疆社会的稳定，为边疆地区的发展提供良好的环境。反之，就会使不稳定的因素不断增加，引发社会和政治的不稳定，影响边疆地区的健康发展。边疆地区民族问题和宗教问题对边疆发展及稳定的影响，大致表现在以下几个方面。

若边疆地区的民族问题与宗教问题得不到有效解决，将破坏边疆地区正常的社会秩序。在当前经济建设确定为国家发展重心的形势下，现实利益的分配势必影响我国的民族关系与边疆政局的稳定。由于边疆民族地区利益分配格局的改变，以及国家针对弱小民族制定帮扶特殊照顾政策等方面的原因，边境多民族地区不同民族之间的收入差距有可能扩大，边疆民族地区的贫富分化问题将渐趋严重，由此引发一些干部和群众的不满情绪，从而在不同民族之间、富裕和贫困的群体之间产生隔阂甚至对立。在各民族普遍信仰宗教的边疆民族地区，在一些宗教组织尤其是带有政治功利目的的宗教活动的作用下，不同民族之间、富裕或贫困的群体之间产生的误解与隔阂，可能掺杂宗教和民族的色彩，从而危及边疆的社会稳定。

应该指出，宗教活动对边疆地区的影响是相当复杂的。尤其是影响较大的几种宗教，在边疆地区的发展态势以及影响各不相同。以云南省为例。云南省目前宗教的活动总体上保持平稳，但局部地区和个别宗教的活动不稳定，发生突发性事件的可能性也在增加。其中南传佛教、伊斯兰教、道教的活动受外来影响较小，将继续保持相对稳定的状态；汉传佛教在平稳发展的同时，将出现逐渐向少数民族地区扩展的趋势，对少数民族的影响也会逐渐增加；藏传佛教虽然已形成稳定发展的内在机制，但由于达赖集团的渗透和干扰，局部地区仍有出现反复的较大可能；基督教和天主教活动受西方敌对势力影响较大，尤其是基督教活动中的不正常现象和不稳定因素较多，有可能出现难以控制的局面。

民族问题和宗教问题将影响边疆地区社会的发展，甚至使边疆的发展丧失机会，进而拉大与内地的差距。没有稳定的环境、稳定的生产秩序与生活秩序，生产力就会遭到破坏，经济社会发展的速度和质量必然下降，甚至陷入停滞和衰败。民族和宗教方面的问题对社会经济发展的影响，在边疆地区主要表现在以下方面：

第一，使边疆地区的社会陷于混乱，使经济建设系统失效，难以正常发挥作用，而且使社会经济运行遭受冲击和挑战，使经济生活偏离正常的轨道。

第二，破坏了边疆地区市场经济的制度环境，阻碍域外生产要素尤其是生产资本向边疆地区的流入，而且在一定程度上导致边疆自身的各种生产要素向外流出，致使边疆社会经济的发展因缺乏必要的生产要素而停滞不前。

第三，打破了边疆地区各界力量齐心合力发展经济的良好局面，相关社会力量和各种经济活动主体可能被卷入民族宗教冲突的"浑水"，以致错失经济发展的良机。

民族问题和宗教问题将分散各级政府的注意力，削弱各级政府组织和推动社会经济发展的能力。由于历史上形成的原因，边疆地区的生产力水平较低，资金和财富的积累能力差，市场环境和投资环境不完善，经济活动的产出效益低，域外流入的生产要素少，经济发展的活力不足。此外，还表现在边疆地区的社会发育程度低，社会机制不健全，人们的文化水平低，社会自身的发展能力差。因此，边疆地区社会经济的自我发展能力较弱，发展速度缓慢，对政府的依赖性强，属于典型的政府推动型发展模式。这就需中央政府和边疆的各级政府，通过运作各种资源发挥有效的引导、管理和推动的作用，使边疆地区实现快速的跨越式的发展。然而，边疆地区民族问题与宗教问题的大量存在，尤其是其中一些问题的逐渐发展和趋于显性化，将分散各级政府的注意力，冲淡经济和社会发展这一主题，导致中央政府和边疆各级政府在治理边疆地区时，形成稳定第一、发展第二，以及为实现稳定不惜牺牲发展的思维模式，将有限的人力、物力和财力资源，大量投入到民族问题和宗教问题的解决之中。如果这样处理问题，必然导致边疆地区出现交通基础设施和城市公用设施薄弱，公共卫生状况堪忧，社会保障体系脆弱，教育发展水平滞后以及生态危机严重等公共产品极度缺失的状况，严重削弱边疆地区经济社会发展的基础。

（三）对国家的影响

从理论方面来说，人类社会的存在与发展产生了宗教，宗教形成后又反作用于人类社会。数千年的历史证明，宗教在诸多的社会形态、国家和民族中得以长期存在和发展，绝不是偶然的，而有其内在的必然因素。关于宗教的社会功能与作用历来纷争不已。若将宗教放在社会大系统中考察，人们发现宗教的社会功能与社会作用是不可忽视的。另一方面，宗教活动和因宗教而产生的社会问题，对我国边疆地区产生重要的影响，尤其是所产生的消极作用不可忽视。

民族问题和宗教问题有可能影响国家的稳定。现阶段我国在民族和宗教方面出现的矛盾，总体上来看属于人民内部矛盾，但在一定条件下，特别是受一定范围内存在的阶级斗争及国际上某些复杂因素的影响，一些矛盾也有可能出现对抗的情形。一些别有用心的人以宗教领袖或神职人员的身份，打着维护本民族利益的旗号从事阴谋活动，更增加了民族问题与宗教问题变化的不可预见性。在我国边疆地区，一些宗教神职人员干预行政、司法和教育等现象时有发生，已成为影响边疆民族地区社会稳定的一个因素。至于分裂势力和境外敌对势力利用宗教进行渗透和破坏活动，更是严重影响了边疆地区社会的稳定。在某些边疆地区，宗教日益成为分裂势力、境外敌对势力和恐怖分子的重要武器，他们还在我国边疆的一些地区支持不良分子阴谋夺取宗教活动的主导权。目前我国处于矛盾的多发期，对民族和宗教方面的问题如果处理失当，有可能形成消极作用扩大的连锁反应，从而危及国家利益。

民族问题和宗教问题若处理失当，有可能影响国家的经济建设。经过三十多年的改革开放，我国社会进入了持续快速发展与矛盾凸显时期并存的阶段。目前在全国范围进行的体制改革、结构调整和经济发展方式转变，在深度方面已涉及经济、政治、文化等诸多领域；在影响方面则触及人们的诸多切身利益。就业、分配、教育、医疗、腐败、公平等问题，逐渐成为人们关注的焦点。社会上的诸多利益诉求日趋复杂多变，因利益调整而出现的各种矛盾进一步凸显。边疆地区因有其特殊性，表现较为突出和复杂，上述挑战应引起高度重视。进而言之，极少数分裂分子打着宗教、民族的旗号，在边疆地区搞分裂破坏甚至恐怖活动，也直接影响到边疆民族地区社会的稳定和经济的建设。

民族问题和宗教问题若处理失当，将影响中国的国际形象，为持有敌意的国家攻击中国提供口实。美国和一些西方国家出于政治目的，肆意插手中国的民族问题和宗教问题，力图使之政治化和国际化。近年来中国与美国、法国等国家以及欧盟的关系出现波折，与国内外的分裂势力试图使中国的民族问题国际化有关。欧盟对西藏问题不公正的指责，也曾使中国与欧盟的关系一度紧张。这些国家和外国势力怂恿甚至支持中国的分裂主义势力，攻击中国的民族政策、宗教政策和人权状况，粗暴干涉中国的内政。从事分裂活动的达赖喇嘛，近年竟然在国际上获得诺贝尔和平奖。边疆民族地区处于我国对外交往的前沿，同时也处于接受外来影响和反分裂反渗透的前沿。边疆地区若在民族或宗教方面出现引起关注的问题，有可能为国际社会所关注，甚至被国外的敌对势力所利用。因此，我们务必妥善处理国内的民族问题和宗教问题，不让国外持有敌意的国家和势力获得攻击中国的口实。

（四）对中华民族的影响

中华民族的凝聚与发展，是社会主义中国存在和进步的有力保证。中国各民族经过长期的融合，逐渐凝聚成统一的中华民族。巩固这个民族共同体，对促进统一多民族国家的发展具有重大而深远的意义。中华民族既是社会主义中国巩固的基本前提，也是国家发展和长治久安的基础。中华民族的持续发展，同样是中国的民族关系走向团结和谐的首要条件；中华民族发展的程度越高，民族关系协调的基础就越牢靠。对于中国来说，能否提高新的民族共同体的整合程度，关乎国家的前途和命运。因此，中国在政治建设方面的一项重要任务，便是加强民族关系的协调与整合，进一步巩固中华民族大家庭。

中华民族是由 56 个民族凝聚而形成的。中华民族的主流，是由诸多分散存在的民族单位，经过接触、融合的长期过程而形成，最终成为一个你来我去、我来你去，我中有你及你中有我，同时又各具个性的多元统一体。中华民族包括的 50 多个民族单位体现了多元，中华民族的统一性则体现了一体的原则。[①] 在长期的历史发展过程中，中国各民族在长期交往中相互融合，相互的联系日渐紧密。20 世纪初出现"中华民族"的概念，以后逐渐获得包括汉族和少数民族在内的各个民族的认同。在抗击帝国主义侵略的斗争中，中国各个民族的联系进一步加强，在抗日战争胜利后，以一个统一民族的雄姿屹立在世界民族之林。中华人民共和国的建立，标志着中国民族国家构建的完成，中国由此实现了民族与国家的统一。

在中华民族中，汉族因人口最多，文化最悠久，影响也最大，是中国诸多民族的大哥，其他民族也都是兄弟关系。汉族其事实上也是混合诸多民族成分形成的。汉族与少数民族的亲密关系，表现在各民族的语言方面，是汉语成为各民族的通用语，汉族与少数民族亦在互相吸收彼此的词汇。在文化传统方面，我国各民族文化的基本特点是共性大于个性，同时各民族的文化又具有多样性。在经济方面，各民族经过长期的密切交往，我国已形成了一体化的社会经济。在日益强大的中国，民族融合、和谐发展是必然的趋势。在发展的过程中虽然可能出现一些曲折和不和谐的杂音，但只要我们坚持团结、进步、和谐发展的主流，妥善解决发展中出现的各种问题，中华民族沿着健康发展的轨道继续前进，是完全可以预期的。中华民族为世界和人类做出自己应有的贡献，是中国多少代人为之奋斗的目标，我们一定要让这一目标尽早实现。

四、边疆地区民族问题与宗教问题的治理

党中央提出构建社会主义和谐社会的重大任务，就是要使社会主义物质文明、政治文明、精神文明建设与和谐社会建设全面发展，由社会主义经济建设、政治建设、文化建设三位一体发展为社会主义经济建设、政治建设、文化

[①] 参见费孝通：《中华民族的多元一体格局》，载《北京大学学报（哲学社会科学版）》1989 年第 4 期，第 1~19 页。

建设、社会建设四位一体。构建社会主义和谐社会重大任务的提出,适应了我国改革发展进入关键时期的客观要求,体现了广大人民群众的根本利益和共同愿望。

正确对待和妥善处理边疆地区的民族问题与宗教问题,是实现边疆地区构建社会主义和谐社会的重要前提。民族关系和宗教关系是边疆地区最重要的社会关系之一。边疆地区的民族问题和宗教问题不仅是客观存在,而且在发展和演变的过程中不断地表现出新的内涵和特点,进而对边疆地区乃至整个国家产生深刻影响。边疆地区民族问题与宗教问题的治理状况,还直接影响着边疆治理的其他任务的完成。因此,慎重对待和处理边疆地区的民族问题与宗教问题,是边疆治理任务中具有重大意义的内容。

(一) 加快经济社会的发展,为解决民族问题与宗教问题提供坚实基础

边疆地区经济社会发展滞后、生活贫困是许多民族问题与宗教问题产生的根源。

边疆地区经济社会发展滞后,主要表现在边疆地方政府的财政收支方面。一方面,边疆地区地方政府的财政入不敷出,而且支出远远高于收入。比如,在2007年,西藏的财政支出大约是财政收入的15倍。另一方面,边疆地方政府的财政收入远远低于内地,尤其是东部沿海发达地区地方政府的财政收入。比如,2007年江苏的财政收入为27 314 074万元,而云南为6 140 518万元。全国财政收入最高的省份是广东,为33 103 235万元,收入最少的是西藏,为248 823万元。广东的财政收入约是西藏的133倍。新疆、内蒙古、西藏、广西、云南等边疆省区的财政收入,只占全国地方财政收入总额的约13%(参见表5-1)。

表5-1　　　　2007年部分边疆省区的财政收支状况　　　　单位:万元

	全国总计	5省区合计	内蒙古	云南	广西	新疆	西藏
地方财政收入	286 497 896	21 690 966	6 506 764	6 140 518	5 184 245	3 610 616	248 823
地方财政支出	492 484 949	56 619 447	14 545 732	14 702 388	12 971 100	10 593 638	3 806 589

资料来源:中华人民共和国国家统计局网站。

边疆地区经济社会发展的滞后,还表现在边疆地区的贫困问题方面。多民族聚居的边疆地区,是我国目前贫困发生率最高的地区。西藏的贫困发生率是

19%，而全国的平均水平为 4.6%。① 边疆地区的贫困面很大。西藏、云南、广西、新疆和内蒙古等省区贫困县的数量很多。在云南省 35 个边境县市中，有 25 个县市分别属于国家级或省级的贫困县，其中有 22 个县市为国家级特困县。边疆地区少数民族的贫困问题，不仅涉及面广，而且程度严重。2003 年，云南省红河州红河县的 20 万名哈尼族群众中，处于绝对贫困（人均年纯收入低于 637 元）和低收入（人均年纯收入 637～882 元）状态的人口就有将近 10 万人。而在全国范围，少数民族中的绝对贫困人口，占全国绝对贫困人口的比重大约为 45%。②

造成边疆地区经济社会发展长期滞后的主要原因，大致有以下几个方面。

一是边疆地区的自然条件欠佳，历史上经济建设长期滞后。边疆地区的自然地理条件普遍恶劣，很多地方位于山区、沙漠或草原地区，或者是高寒多风、干旱少雨、土地贫瘠的地方。这些地方自然条件差，生态状况脆弱。如西藏的沙化土地年均增长 3.96 万公顷，相当于一个中等县的面积。新疆是我国水土流失和土地沙化治理面积最大、治理任务最重、治理难度最大的省区。目前水土流失面积达 103 万平方公里，占全国水土流失面积的 28.9%，90 个县（市）中有 80 多个县（市）有荒漠分布，近 2/3 的土地面积和 1 200 多万人遭受荒漠化的危害。而且新疆的水土流失和土地沙化有加剧之势，土地沙化以每年 100 多平方公里的速度在扩展。③ 恶劣的自然环境是造成边疆地区交通不便的重要原因，与外界沟通和联系长期以来十分困难，使得边疆地区在历史上一直落后。直至今日，就全国而言，边疆地区依然是信息闭塞、群众思想观念落后、经济社会发展滞后的地区。

二是在中华人民共和国成立后的相当一段时间，我国与周边国家关系紧张，国家从备战的角度考虑，投入边疆地区的建设资源不足。长期以来，我国的北部、西北部和西南部的边疆地区，都与周边国家处于紧张状态或军事对峙之中。在这些地方，不但国家放缓甚至暂停了经济社会的开发建设，而且，大量军队的驻扎，也需要当地经济上的保障，进一步消耗了边疆地区经济社会开发的资源。

在较长的时期，各级政府极其重视边疆地区的稳定，而相对忽视边疆地区经济社会的发展。边疆地区由于特殊的地理位置，对国家的国防安全和领土完整具有重大的战略意义。因此，在政府的日常工作中，维持稳定是头等大事。在较长的一段时期，各级政府的注意力主要不在经济建设方面，也是边疆地区的经济社

---

① 参见方盛举：《中国民族自治地方政府发展论纲》，人民出版社 2007 年版，第 53～54 页。
② 参见葛忠兴主编：《中国少数民族地区发展报告（2004）》，民族出版社 2005 年版，第 50～51、53 页。
③ 参见周平等：《中国民族自治地方政府》，人民出版社 2007 年版，第 112 页。

会发展滞后的一个原因。

三是长期以来，国家经济结构改革滞后的制约。边疆地区多是重要矿产资源储量丰富的地区，但是由于我国现有的经济结构，使得边疆地区更多地是向中东部地区输送廉价的原材料和资源型产品。长期以来，国家"对民族地区资源型产品实行计划低价，而对东部加工型新产品实行竞争性高价，一低一高，不仅不合理，而且在事实上造成民族贫困地区反为发达地区经济'献血'的反常现象。"① 在资源开发领域，边疆地区不但没能从中获得应有的收益，反而要承担资源开采后环境退化的代价。因此有研究者认为，"对少数族群聚居区的经济开发如果不使当地居民感受到自己是'发展'和'进步'的受益者——特别是在个人的能力提升和社会事务参与上，而不是简单增加的不稳定的经济收入，当地居民就会顺理成章地认为他们的家乡正在遭受剥削，或者这些族群从经济开发中得到的收益显然是整体收益中比例过小的一部分，而他们却必须承担由于土地损失及环境退化所带来的损害，这样反抗性的族群政治运动就具有了社会基础。"②

由于发展程度不足，边疆地区与内地尤其是东部地区的差距日益拉大，边疆人民的生活相对贫困，从而产生心理上的失衡感和被剥夺感。民族个体或某个民族衡量自己价值的重要手段，是比较自己与本民族或他民族的个体，或者自身所属民族与周围民族在社会生活方面的地位。如果比较的结果是负面的话，就会出现正面的或消极的抵抗性行为，进而强化民族意识和民族内部的不满情绪。在这样的状况下，边疆地区的少数民族会将不满向政府和汉族发泄，或者是向当地占优势的民族发泄，同时会弱化少数民族的国家认同，甚至会使民族关系紧张，从而导致民族问题多发。而民族问题的酝酿或发生，往往又以宗教问题作为外衣，或者以宗教问题的面目出现。因此，解决边疆地区的民族问题与宗教问题，不能仅仅看到民族问题和宗教问题本身，还必须考虑到社会环境等诸多方面的相关因素。

发展边疆地区的经济社会，是解决边疆民族问题和宗教问题的重要前提。在这点上，政府一方面应继续保持对边疆的经济援助，比如对口支援工作，同时，政府要重视长期以来因考虑国防安全而未得到充分发展的边疆的经济建设，给予边疆地区更多相应的优惠条件。边疆少数民族聚居的地方大多资源丰富，拥有大量的煤、水电潜力、天然气、石油和金属矿藏等自然资源。这些都是边疆地区经济起飞重要的资源基础。在国家的西部大开发等优惠政策之外，政府还应更多地运用市场经济手段，立足于边疆本地实际，建立合理的产业结构，保证边疆地区

---

① 谢热：《关于做好新时期民族区域自治工作的几点思考》，载王铁志、沙伯力主编：《国际视野中的民族区域自治》，民族出版社2002年版，第111页。

② 关凯：《族群政治》，中央民族大学出版社2007年版，第75页。

的优势产业和资源能够为当地谋利。只有通过经济建设缩小边疆多民族地区与内地的差距，才能改善边疆各民族的生活，为较好地处理民族问题和宗教问题创造条件。

（二）协调民族利益关系

民族问题与宗教问题的背后，都有不同民族和不同宗教团体内部的或外部的利益冲突或利益争夺，是利益不平衡或利益再分配的具体表现。上述利益矛盾甚至可能升级为对政治权利的争夺。民族问题与宗教问题导致的利益矛盾，常见的表现是直接的经济利益冲突与宗教文化利益的冲突。在边疆地区，由于发展程度的不平衡，各民族和各宗教团体对利益的争夺日趋激烈。

在上述利益争夺加剧的情况下，要协调好民族利益关系，大致有两种解决的途径。最重要的途径是增加利益的供给。只有"蛋糕"做大了，利益总量增加了，各民族才能获得满足自身需要的利益。否则僧多粥少，对利益的争夺就很难缓和。然而，增加利益总量是一项长期而艰巨的工作。在较短时期，较直接的途径是由政府运用各种手段协调好边疆地区的民族利益关系。这就要求建立一种合理的利益协调机制，对各种民族的利益关系进行有效协调，尤其应避免以牺牲某些人群的利益来维护其他人群的利益，防止利益受损群体通过极端的方式来进行利益表达。政府协调好边疆地区的各种利益关系，是当地经济社会稳定发展的一个重要保障。

西藏和新疆地区的情形较为典型。在西藏和新疆从一个贫穷、落后、封闭的社会逐渐向现代社会转变的过程中，外来的经济形态、观念文化等均对本土的居民和社会形成强大冲击，并由此产生各利益群体之间的利益摩擦。这些利益摩擦表现在诸多方面，比如经济利益的摩擦、政治利益的摩擦、文化利益的摩擦和宗教利益的摩擦等。若当地政府处理不好或者未能及时处理这些新出现的利益关系和利益矛盾，那么，一些本来并不大的事件往往有可能发展为社会动乱和冲突的导火索。云南的"孟连事件"就是一个典型的案例。[①] 在不少的边疆多民族地区，不同类型的利益往往交织在一起，即便是较单一的经济利益矛盾，若缺少适当的引导，亦有可能发展成为民族或宗教方面的矛盾。

在民族利益关系的协调过程中，不论是预防性的协调还是针对现实冲突进行

---

① 2008年7月19日，云南省普洱市孟连傣族拉祜族佤族自治县发生的一起突发性的警民冲突事件。在事件中，民警在鸣枪警示无效的情况下，被迫使用防暴枪自卫，导致2名村民死亡。该事件还造成17名村民、41名警察和3名干部受伤，9辆执行任务的汽车被砸，102件警械被损毁或丢失。该事件是当地胶农与企业长期的经济纠纷导致的群体性社会安全突发事件。参见 http://special.yunnan.cn/featare/content/2008-12/30/content_179171.htm，2011年4月18日链接。

的协调,都应根据可能发生的冲突或已经发生的冲突的性质、表现形式、影响范围,以及解决问题的条件等具体情况,采取适当的方式进行协调。协调利益关系有多种手段,其中,再分配是政府对社会利益进行协调的重要手段。政府通过财政政策、金融政策和价格政策等再分配措施,可以缩小边疆地区富人与穷人之间,以及边疆落后地区群众与发达地区群众之间的收入和生活水平差距。例如,中央政府可通过财政转移支付帮助边疆落后地区的经济发展,或者是通过对农产品、黑色和有色金属矿产品以及原材料产品价格的调整,使边疆地区的民众在经济上得到实惠。

政府还可通过政治、行政、法律、社会舆论和传统习惯等方式协调民族利益关系。政治协调既可以通过民族政策,对少数民族的各种政治关系进行合理疏导,尤其是对某些已经形成的不合理的利益关系进行必要调整,还可通过说服、妥协、仲裁、压制等具体的手段,解决已经出现的相关冲突,平息已经发生的争端。法律协调不仅可以通过国家立法,从国家整体的角度对民族利益关系进行规范,也可以通过民族自治机关的地方立法,在不与国家立法相抵触的情况下,对民族利益关系进行规范。行政协调可以及时发现民族利益关系中的违规现象和不合理现象,利用行政的手段,经常性地适时加以调整。社会舆论协调可以对民族利益关系中的各方及其行为或予以支持,或予以谴责,从而对冲突起到平息和遏制的作用。传统习惯协调可以通过历史上形成的解决政治争端的传统方式和习惯,特别是可以充分利用少数民族容易接受的具有民族特点的方式,平息相关的冲突,协调民族利益方面的关系。

(三) 抑制民族意识的过快增长

民族意识是个体成员对自己归属于某个民族共同体的意识,它是在个体成员与其他民族交往的过程中,所形成的对本民族生存、发展、权利、荣辱、得失、安危、利害等方面的认识、关切心和维护感。民族意识具体表现为民族认同意识、分界意识、生存意识、交往意识和发展意识等。而"民族意识的核心是民族认同意识和民族分界意识,归根到底是民族的利益意识。民族意识的增强往往强化民族内部的认同以及民间的差异,并引导民族成员关心、注重和维护本民族的利益,为民族的振兴而努力。"[①] 民族意识增强带来的影响既有积极的一面,也有消极的一面,即"强烈的民族意识会导致对其他社会身份的忽视及对其

---

① 周平:《我国少数民族地区开发过程中的几个政治问题》,载《政治学研究》2002年第1期,第82~89页。

社会责任的懈怠。"① 从消极的一面来说，民族意识是民族利益争夺或摩擦转化为民族问题的关键环节。随着各民族生活水平普遍的提高和改善，民族意识的快速增长成为许多民族问题形成的重要根源和影响民族关系的一个重要因素。

六十年来中国尤其是边疆地区发生了很大的变化，出现了一些过去所未见的情况。一些地方或一些政府部门，对民族区域自治若缺乏实质性的理解，所造成的后果往往是严重的。凡是在边疆或少数民族地区发生的争执，甚至是性质明确的刑事犯罪事件，若当事人是少数民族或者涉及少数民族，处理时一些政府便可能产生疑虑，甚至当作民族关系问题进行处理，这是不正常的。另一方面，有一些少数民族群众，遇事动辄以民族平等、民族权利等借口相要挟，致使相关的问题复杂化。还有一种情形，即有关部门不适当地强调少数民族的身份，而较少进行中华人民共和国国民身份的教育，致使边疆地区的一些边民少数民族身份意识强烈，而对自己是中华人民共和国的国民，拥有国民的权利和义务，则不甚了解或并不重视。

民族意识的膨胀，使一些民族成员过分强调自己的特点和利益，对其他民族的排拒情绪增大，这种意识的消极面具有的狭隘性、保守性和利己性，目前流露和表现较为明显，如此使正常的民族发展和民族间正常的交往，不同程度受到阻滞和破坏。膨胀的民族意识，导致在经济关系中只顾及本民族、本地区的利益，不顾他民族和他地区甚至国家的利益；在处理集体关系方面，只顾眼前的、局部的利益，不顾长远的、整体的利益；在个人相处或发生矛盾时，常以民族归属为亲疏和是非判断的标准；在民族自治地方，常认为本民族干部没有实权；在文化方面，盲目追求传统复归，对于涉及本民族的艺术创作报道异常敏感；等等。强烈的民族意识也常导致对草山、森林、水源的利益争夺，从而对和谐的民族关系格局造成威胁。

在解决边疆地区的民族问题和宗教问题时，需要对民族意识的过快增长保持警惕，构建民族意识增长的预警机制。任何一种民族意识，都有一个酝酿、形成和增长的过程，总会在具体行为中传达出某些信息。如果建立了灵敏的预警机制，及时对各民族的民族意识变化情况进行汇集和分析，并在此基础上制定政策并进行必要的引导，在必要的时候，采取适当的方式加以抑制，便能在引导和促进民族意识发挥积极作用的同时，将其消极的作用和影响降低到最低限度。当前，一方面要加强对民族意识增长可能引发不稳定的国内因素进行预警，另一方面，也要加强对引发民族意识负面作用的国外因素进行预警，确保边疆多民族地

---

① 徐晓萍、金鑫：《中国民族问题报告：当代中国民族问题和民族政策的历史反观与现实思考》，中国社会科学出版社2008年版，第213页。

区的政治稳定。此外,"民族认同意识普遍存在于各个民族当中。但是一般来说,一个民族的上层阶级的民族认同意识,普遍大于其中下阶层的民族认同意识。"① 因此,在建立预警机制的时候,加强对各民族中的政府官员、知识分子等民族精英思想状况的把握,有利于了解各民族民族意识的变化趋势及其原因,有利于各级政府及时制定相关政策。应鼓励和支持对民族团结、民族平等和民族共同繁荣有积极作用的民族意识,化解或弱化对国家安全和稳定产生消极作用的民族意识。

政府应对有可能导致民族意识膨胀的政策进行降温。从总体上来看,我国的民族政策在调整国内民族关系,形成平等的民族关系,促进边疆稳定方面发挥了重大而积极的作用,也取得了明显的成效。但对于民族政策中的一些可能导致民族意识膨胀的因素,也需要进行反思和做相应的调整。"一方面,政府要给予任何一个民族自我生存和发展的机会与权利,还要保护每一民族特有的思想和文化传统,特别是宗教、习俗、伦理的传统,要有理解和宽容。另一方面,又要防止特权的膨胀比如民族独立性的要求。"② 我国目前实行的民族政策,在教育、就业、计划生育、干部培养任用等方面,均给予少数民族特殊的倾斜和照顾,这是有必要的。但另一方面,"由于这些政策将民族身份作为得到优惠条件的前提条件,使得民族身份与人们的现实利益和社会发展机会密切挂钩,在社会交往中,民族身份也被突出出来,这样客观上增强了一些民族的民族意识,强化了民族之间的差异性,人为地拉开了民族之间的界限。"③ 因此,政府应反思现行民族政策中一些可能促进民族意识膨胀的政策,认识这些政策的两面性,采取措施消除相关政策产生的负面影响。尤其是在教育和文化领域,既要鼓励、抢救和发扬各少数民族的传统文化,保留他们的民族语言和民族风俗习惯,又要培养各民族相互依存、相互尊重的意识,遏制极端的、暴力的民族意识。此外,还要考虑到政策既要惠及民族精英阶层,也要惠及民族的普通成员。在边疆民族地区,把"针对少数民族个体的一些教育、就业上的优惠政策转为针对整个民族地区的优惠政策,或者说民族地区的各族群众都能享受到优惠政策",这对于消解民族间竞争和争夺意识、控制民族意识过快增长,将会产生积极而有效的作用。④

---

① 徐黎丽:《论民族意识对民族关系的影响》,载《广西民族研究》2005 年第 2 期,第 28~32 页。
② 谢劲松:《论民族意识及其边界》,载《华中科技大学学报(社会科学版)》2007 年第 6 期,第 1~8 页。
③ 徐晓萍、金鑫:《中国民族问题报告:当代中国民族问题和民族政策的历史反观与现实思考》,中国社会科学出版社 2008 年版,第 212~213 页。
④ 同上,第 214 页。

（四）加强中华民族建设

中国是一个多民族的国家，处于一种"多元一体格局"之中。换言之，在国际政治层面，代表中国的是多元经一体化后形成的中华民族；而在国内政治层面，中国作为一个统一的多民族国家，其内部具有明显的多元性，存在着56个民族。因此，增强各民族对"中华民族"的认同感，便成为中国内部整合的一项根本性的也是具有长远意义的任务。加强中华民族的凝聚力和认同感，就是要使各民族成员，尤其是各少数民族成员的民族意识与作为国家成员的公民意识尽可能地吻合。促进中华民族建设的目的之一，就是要通过对民族国家认同意识的整合，来降低各少数民族自我认同对社会经济发展和国家安全造成的负面影响。从现实的情况来看，如果各个民族都站在中华民族的角度看待本民族的利益，或者民族间的融合度或凝聚性进一步提高的话，许多矛盾和冲突可能由此化解于无形。

提高中华民族的凝聚性和整体性，是根除各个民族间矛盾和冲突的根本措施。中华民族的建设是一项宏大的整体工程，把56个民族凝聚为一个同质性的中华民族共同体，也是一个长期而艰巨的任务，但是，具体的工作必须从现在做起。

政府在这项工作中的主要作用，在于为业已存在并日渐深入的各民族之间的整合消除障碍并创造条件，保障民族整合的进程得以顺利进行。但中华民族的建设与整合，并不能仅仅通过行政手段就能完成。政府通过大众教育以实现各民族成员的公民化，也是众多具体任务中极为重要的一项工作。通过教育实现少数民族成员的"公民化"，是整合"中华民族"的一个重要方面。教育能够帮助少数民族成员具备更高的社会竞争力，上升到更高的社会阶层，摆脱原来所处的较低的社会地位层；教育通过向精英及草根民众传播公民观念，培养国民或公民的意识，使国家内部的分层不再带有民族的特征，以此完成中华民族的建构过程。[1]"对国家来说，理想状态是既能保持多民族共同体成员之间的平等关系和对普遍价值观的共享，同时又能保护不同族群在文化上的多样性，在'多元一体'式的格局中促进少数民族对公民身份的认同。"[2]

增强各族人民对中华民族的认同感，加强中华民族的建设，还需要破除那些在各民族之间人为设置的樊篱，消除人为的民族界限或隔阂。长期以来，我国各民族间的界限和区分已被人为地强化，进而又在各民族中唤醒了民族之间界限意

---

[1] 参见关凯：《族群政治》，中央民族大学出版社2007年版，第111页。
[2] 关凯：《族群政治》，中央民族大学出版社2007年版，第85页。

识与区分意识，亦可称为民族分界意识。这显然无助于中华民族的建设，反而是中华民族整合的障碍。因而，政府在执行国家民族政策的同时，既要宣传和保护少数民族的权益，也要不断强调和塑造对中华民族的认同意识。

促进中华民族建设还需要加强中华民族文化的建设。不能仅为了协调和改善民族关系，而简单地强调保护和弘扬少数民族的传统文化，以及维护少数民族的人口边界和传统居住地，使"'民族'问题政治化和制度化"，同时却忽视在各少数民族民众中培养和巩固中华民族的意识。① 文化一体化是民族国家诞生的一个重要条件。"正是一个'民族'的符号结构使得现代国家成为了民族国家"。② 这种一体化的民族符号结构，或者说民族文化，是在保留各个民族自身特色文化传统基础上一体化后的结果。也就是说，保护和发扬各民族的传统文化的根本目的，是在此基础上创造出一个为各民族都认可的价值观和行为规范。中华民族文化不是建立在某些个别民族文化传统基础上的文化，也不是简单地由意识形态主导的文化，而是需要从各民族的传统文化资源中汲取精华要素进行建构。过去我们在这方面做的工作还远远不够，需要引起政府的足够重视。要明确国家需要的整合标准或观念，以及可接受的多元程度标准。

中华民族认同感的培养和中华民族文化的建设，还需与国家认同建设相结合。国家认同是民族国家巩固的社会心理基础。民族国家加强国家认同建设，是民族国家建设的基本内容，也是民族国家的责任。中华人民共和国是中华民族整合的政治形式。各民族国家认同程度的提高，也会有力地促进中华民族的内部凝聚。

（五）控制民族问题的范围

在解决民族问题和宗教问题的时候，还要注意不能把边疆多民族地区发生的一切矛盾冲突都看做民族问题，不能把与少数民族有关的一切矛盾和冲突都认定为民族问题。

在边疆民族地区，多年来我们奉行"民族问题无小事"的原则。这一原则充分反映了国家对民族问题的重视。但在实践的过程中，这一原则又经常导致边疆多民族地区的一般性矛盾冲突不能及时得到处理，最后演化成为严重的民族问题。因此，要区分边疆多民族地区的一般社会矛盾和民族问题，不能人为地扩大民族问题的范围。

---

① 参见刘娜：《从民族认同到国家认同——民族发展政治理路解读》，中央民族大学硕士学位论文（2007年），第29~30页。

② ［德］尤尔根·哈贝马斯，曹卫东译：《后民族结构》，上海人民出版社2002年版，第76~77页。

不少边疆地方政府在实际处理民族关系的时候，不能正确区分属于少数民族自治权范围内的问题与属于法治范围内的问题，而是走向一个极端，把本来是一般的法治问题政治化或民族问题化。但是，"自治并不一定能保证民族关系的平等、自由与和谐，因而不一定能实现多民族国家的长治久安。"① 自治权若被简单地等同于给予少数民族各种经济上的优惠政策和法律上的倾向性政策，不但不能发挥民族自治应有的积极作用，而且反而会增强民族自治的负面影响。因此，控制民族问题的范围，具有十分重要的现实意义。

一些边疆地方政府在处理涉及汉族与少数民族群体或个体之间问题的时候，较普遍地存在泛政治化的倾向，不管是什么性质的问题，也不论是非曲直、孰对孰错，为了息事宁人而不遵循法治原则，一律采取偏向少数民族一方的"一边倒"立场。但是，民族关系中出现的问题并不都与自治权有关，更不都是民族问题和政治问题。其实还存在着大量的以个体成员身份出现的社会权利问题，这些问题，一般来说与政治上的自治权无关，和普通的社会成员之间的矛盾并无本质上的区别。把一般的社会问题和法治问题泛政治化，从表面上看，虽然满足了尊重和保护少数民族权利的要求，执行了国家的民族政策，但在实际上，由于泛政治化从根本上破坏民族平等原则，因此经常出现"逆向歧视"的现象，损害其他民族或主体民族成员的利益。从长远来看，泛政治化的倾向不利于民族关系的协调发展，不利于民族政策的有效推行，也有无助于民族平等和民族团结原则的落实。② 泛政治化的做法不仅伤害主体民族的利益，从根本上来说也不利于少数民族的发展。这也是对国家的民族优惠政策或倾斜性处理民族问题的原则，一部分少数民族精英并不满意，甚至是鲜明反对的重要原因。在少数人看来，国家的优惠政策和照顾甚至是一种"阴谋"，因为其前提是承认了受政策优惠或受照顾的少数民族群体及其成员，并无能力与未受到政策优惠或照顾的民族，尤其是主体民族汉族进行平等竞争，因此是一种"变相歧视"，目的是让受惠民族产生惰性而不思进取，最终使其受照顾的民族及其文化归于消亡。

边疆地区的各级地方政府，固然要以保障本地区的成员享有平等的权利为首要原则，保证各少数民族在政治、经济和文化等方面权利的平等和利益的公平分配，但是，不能把凡是涉及少数民族个体的问题都看做是民族问题，而是要根据法治的原则，实现法律面前人人平等，而不因民族、宗教等方面的因素而被区别对待。当然，前提是所依照的相关法律和政策，在制定的时候已充分考虑到少数民族群体的权益，充分尊重了少数民族群体的利益诉求。

---

① 朱伦：《自治与共治：民族政治理论新思考》，载《民族研究》2003年第2期，第1~18页。
② 参见周平等：《中国民族自治地方政府》，人民出版社2007年版，第141页和第142页。

控制民族问题的范围，要求建立在区分民族问题与一般社会问题，或人民内部矛盾与敌对势力的破坏的基础之上，并因此采取不同的对策和措施。对真正的民族问题，则应根据国家的民族政策，作为重大的政治问题和民族问题来处理；对其他性质方面的问题，则应按有关的法律和政策处理，不人为增加其他的色彩。

（六）坚决打击民族分裂主义和利用民族宗教问题进行的破坏活动

民族分裂主义及其活动不属于民族问题，而属于分裂国家的政治性质的活动。民族分裂主义是以制造民族分裂、破坏祖国统一为目的的一种政治主张、社会思潮和现实行为。民族分裂主义者制造分裂主义舆论，挑起民族仇恨，有预谋地进行爆炸、暗杀、投毒等恐怖活动，破坏生产、生活设施和人民群众的正常生活，残害维护祖国统一的爱国民族宗教人士、基层干部和各族群众。因此，与民族分裂主义的斗争，既不是单纯的民族问题，也不是单纯的宗教问题，而是一场严重的政治斗争，是一场维护祖国统一、维护民族团结，以及维护人民利益、维护国家尊严的严肃斗争。

利用民族宗教问题进行的破坏活动，虽然披上了民族问题或宗教问题的外衣，但其实质并不是民族宗教方面的问题。民族意识和宗教信仰具有社会动员和聚合民众的功能，因此，民族和宗教常常被民族分裂势力所利用，成为境内外敌对势力进行破坏活动的"正义的幌子"。2009年新疆发生的"7·5"事件就不是一般的民族问题。在该次事件中，骚乱分子采取暴力手段侵害他人的生命财产，属于严重破坏国家法治秩序的行为，对当地各族人民的生产生活都构成了极大的威胁。为了保护当地各族人民群众的生命财产安全，维持良好的民族关系，必须将犯罪分子绳之以法，用法治的手段进行打击。民族分裂主义和利用民族宗教问题进行的破坏活动，既破坏民族团结，又破坏边疆稳定，还威胁到国家的统一和稳定，因此，必须采取坚决的措施进行打击，并形成高压的态势。

应充分利用法律武器，依法抵御和打击境内外宗教极端势力、民族分裂势力和国际恐怖主义势力利用民族问题与宗教问题进行的破坏活动。对任何打着民族、宗教的旗号分裂祖国、破坏社会稳定的行为，都应坚决彻底进行打击，尽可能将其消灭在萌芽的状态。

应加强情报信息工作。要注意研究经济全球化、互联网迅速发展等新情况给边疆民族宗教工作带来的影响，及时制定应对措施。同时，确立不同时期的工作重点，制定反分裂斗争的长远规划。反分裂斗争是一项长期的任务，要时刻保持高度警惕，不可有丝毫的松懈和麻痹。

应加强与周边国家和地区的合作，严厉打击民族分裂主义势力和宗教极端主义势力。当今世界上，民族问题已成为世界性的热点问题，世界范围内的各种民族主义思潮及境外的宗教势力都会对我国的民族问题产生影响。因此，需要在我国与相关国家的双边关系中，以及在诸如"上海合作组织"这样的国际机制框架下，进一步加强我国与其他国家在反恐等方面的合作，保证边疆地区的社会稳定和经济发展。

当然，在对民族分裂主义和利用民族宗教问题进行的破坏活动保持高压态势的同时，也要进行细致的甄别，细化相应的政策，以保护广大无辜的少数民族群众和宗教信徒。

第六章

边疆的发展与稳定

发展与稳定是边疆面临的两大主题。随着现代化的逐步深入,这两大主题更为鲜明地凸显出来。然而,边疆的发展和稳定,既有互为前提,相互促进的一面,也有相互制约,甚至发生冲突的一面。本来边疆地区的矛盾就比内地更加多样和更加复杂,相应地发生不稳定问题和因为不稳定而影响发展的可能性就更大。而且,随着边疆地区现代化进程的不断深入,边疆发展过程中产生的不稳定因素也逐渐增多。边疆地区的稳定,不仅影响到边疆的发展,也影响到整个国家的发展和稳定。因此,边疆发展与稳定的意义十分重大。处理好边疆的发展和稳定问题,就成为了边疆治理的重要内容。

一、治理视野中的边疆发展和稳定

发展和稳定是我国现代化过程中的两个基本主题,但是,边疆地区和边疆治理中,发展和稳定都具有特定的内涵。因此,在讨论边疆治理中的发展与稳定时,首先就要明确这两个基本主题的内涵。

(一) 治理视野下的边疆发展

对于国家来说,边疆发展问题是全局性、根本性、战略性的问题。边疆的发展离不开党和中央政府的政策指导、边疆地方政府的政策实施,但仅以政府为单一中心的治理是不可能实现的,边疆发展离不开各民族的齐心协力,离不开国际间的协作，离不开企业的创新开拓、非政府组织的志愿辅助，等等。边疆的发展其本身就内在地蕴涵着治理的本意，即需要多主体、多中心的协作治理。

从治理的视角来看，发展边疆是一种区域性的地方治理，"是现代社会多层治理结构中的重要组成部分。它是以当代治理理念和思维为基础，将治理思想贯穿于地方政治与行政改革和地方公共事务管理模式再造的发展过程。"① 地方治理是推动地方民主化进程、构建高效的地方政府、促进地方经济社会发展的基本路径。边疆的发展需要治理理念和思维的指导，需要治理实践的推动。目前，在边疆发展的过程中，必须以地方政府为主导，依托民营组织、非政府组织、民间公民组织、国际组织等各种组织化的网络体系，科学规划边疆地区发展战略，解决地方公共问题，高效管理社会公共事务，为地方提供优质公共产品和服务，促进边疆的和谐发展，实现民族团结和国家安定的社会局面。

在边疆发展进程中，边疆地区确定什么样的发展战略目标，采取什么样的战略措施，直接影响着这些地区的现代化建设与和谐社会构建的进程。边疆地区应探索和选择人本集成战略，即以人为本、中心辐射、梯度推进相结合的集成发展战略。其基本的内容是：坚持以人为本，全面、协调、可持续的发展观，促进边疆地区经济、社会和人的全面发展；坚持以不平衡发展理论为指导，以发达地区为轴心，向周围地区扩散、辐射周围地区；坚持统筹发展，发挥各种资源要素的协同作用，促进良性互动的综合集成，推进边疆跨越式发展；坚持依法加速边疆地区自然资源、人文资源向物质财富和精神财富的转化。②

边疆发展是通过一定的制度安排，选择可持续发展的战略，依靠多元主体的治理网络，推动和保持经济持续快速协调健康发展，创造更丰富的社会物质财富，使边疆的整体实力不断加强，奠定构建和谐边疆的坚实物质基础。人民群众日益增长的物质文化需求同落后的社会生产之间的矛盾不仅仍然是我国社会主义初级阶段的主要矛盾，同样也是边疆地区社会的主要矛盾。解决这一矛盾以及边疆经济社会发展中存在的问题，关键靠的是发展。只有通过又快又好的发展，才能更好地促进经济社会协调发展，才能形成更完善的分配关系和社会保障体系，才能创造更多的就业机会，才能从根本上解决两极分化，为边疆的稳定奠定扎实的经济基础。

边疆发展不仅要依靠治理机制，调动和整合社会资源，发挥各种社会主体的力量，共同解决边疆的公共问题，改善和提高公民生活质量，形成边疆可持续发展的能力，而且要通过治理，改革和重塑边疆地方政府，转变政府职能，合理定

---

① 孙柏瑛：《当代地方治理——面向 21 世纪的挑战》，中国人民大学出版社 2004 年版，第 33 页。
② 参见罗崇敏：《中国边政学新论》，人民出版社 2006 年版，第 13 页。

位政府角色,提高政府能力,调节政府与市场、政府与企业、政府与社会的关系,建构政府与企业、社会公民组织之间的战略合作伙伴关系,共同促进边疆经济社会的发展。

在边疆的发展过程中,地方政府应该通过改革创新,建立健全保障经济平稳较快发展的体制机制,推进经济结构调整,转变经济增长方式,切实解决经济社会发展中的突出矛盾和问题,确保经济持续快速协调健康发展。坚持城乡统筹发展,充分发挥城市对农村的辐射和带动作用,充分发挥工业对农业的支持和反哺作用,逐步建立有利于改变城乡二元经济结构的体制,稳定、完善和强化对农业的支持政策,加强农业和农村经济发展,努力实现农民收入稳步增长,促进城乡良性互动、共同发展。

构建边疆的社会和谐,发展是第一要义。发展不仅是中国共产党执政兴国的第一要务,是解决中国所有问题的关键,而且是构建边疆和谐社会的基础,是促进各民族团结进步、共同繁荣发展的迫切要求,是解决边疆地区发展困境和问题的根本途径。在边疆治理上,一定要从战略上、政治上进行规划,以积极的态度和最大的力度去推动。在治理实践中,应着重抓好以下几项工作:一是不断加强基础设施建设。以道路、通信、能源、水利等为重点,加强基础设施建设,夯实经济社会发展的基础,改善各族群众的生产生活条件。二是进一步扩大对外开放。坚持以开放促开发、在开放开发中求发展,通过进一步扩大对外开放获取资金、技术、人才、信息等资源要素,逐步改变落后面貌。三是积极培育有竞争力的产业体系。科学确定产业发展的目标和重点,加大投入,增强其支撑带动作用,促进工业化、城镇化水平的提高。同时,以发展现代农业和提高农民收入为核心,深入推进社会主义新农村建设。四是大力发展教育、科技事业。从实际出发,完善基础教育,发展职业教育,开展继续教育,提升高等教育质量,为经济社会发展培养各类人才。注意技术引进,提高产业发展的技术水平,改变粗放的增长方式,力争实现跨越式发展。五是高度重视生态建设和环境保护。按照国家功能区划的定位,合理安排开发密度,并善于利用生态优势谋求自身发展,在保护生态平衡基础上不断促进人与自然的和谐。

边疆治理虽然属于一种区域性的地方治理模式,但从地方的视角来看则是一种整体治理。这种整体治理就是从中国边疆实际出发,以边疆发展为中心,以协作治理为关键,以边疆稳定为保障,实施边疆政治发展战略、经济发展战略、文化发展战略、社会发展战略、生态发展战略等,关注边疆的未来发展,塑造和提升地方政府可持续发展能力,促进政治边疆、军事边疆、经济边疆、文化边疆、生态边疆的全面建设与协调发展。

边疆的发展有助于促进区域间、民族间、国际间的协调发展、保障边疆人民与全国人民共享改革发展成果，有助于实现各民族共同团结奋斗、共同繁荣，增强中华民族向心力和凝聚力，也有助于贯彻以邻为伴、与邻为善的周边外交方针和睦邻、安邻、富邻的周边外交政策，推动建设周边地区和谐。加快边疆地区的经济社会发展、建设和谐边疆是全面建设小康社会、构建社会主义和谐社会的必然要求。

（二）治理视野下的边疆稳定

边疆地区地域辽阔，资源丰富，地处特殊位置，与多个不同国家相连，民族关系极其复杂，边疆稳定的治理对于整个国家的统一和发展具有重要的战略意义。加快发展和保持稳定是边疆地区社会进步面临的双重目标。稳定是边疆地区经济建设和社会发展的前提，离开了稳定，整个社会必然会陷于混乱和纷争当中，势必对国家的经济造成很大破坏，阻碍社会的前进和发展。稳定对于整个国家来说都是压倒一切的大局，尤其是经济文化等各项事业都相对落后，社会矛盾较为复杂的边疆地区，就更具有重要性和战略性。边疆稳定是实现国家繁荣、社会进步以及维护祖国统一、实现民族团结的基本保障。

边疆稳定就是指边疆地区的社会稳定，即边疆地区社会存在与发展、公民社会行为的有序性与规范性状态，是边疆地区社会有序性发展和公民社会行为规范性的一种动态平衡。这种动态的社会稳定具有开放性、适应性、发展性、包容性等特征。社会稳定并不意味着没有矛盾和问题，而是始终蕴涵着矛盾和冲突的社会运行状态，只是这种矛盾冲突保持在一定的秩序限度之内，对人们的社会生活没有过多的影响。同时社会稳定是全局性与局部性的统一，全局性的稳定有赖于局部性的稳定，有利于局部性矛盾冲突的解决，局部性稳定对全局性稳定具有重要影响，不重视局部性稳定会危及全局性稳定。边疆稳定属于一种局部性稳定，但这种稳定具有极其重要的价值和意义。它不仅有利于整个国家的稳定统一，而且能够为边疆地区社会经济的正常运行与和谐社会的建构提供基本的秩序保障，有利于人民的安居乐业与生活质量的提高，还能形成持续稳定的睦邻友好关系。

社会稳定是一个多维度的复杂系统，包括政治稳定、经济稳定、社会秩序稳定、思想稳定和国际环境稳定等层面。边疆稳定与边疆发展一样，同样内在地蕴涵着治理的本意，同样需要治理。从边疆稳定治理的主体来看，维护与实现边疆稳定的主体不仅仅是政府，而且还包括各种公共的和私人的机构，是多元主体的共同治理。从边疆稳定治理的边界和责任来看，国家与社会、政党与政府、公共部门与私人部门、政府组织与非政府组织等都具有共同的责任，并且这种责任的边界是比较模糊的，难以清晰地进行划分。从边疆稳定治理主体之间的关系来看，它们在边疆稳定的治理过程中相互依赖的程度日益加大，形成一个相互合作、相互协商、相互依存的治理网络。从边疆稳定治理的理想状态来看，善治是理想的公共管理模式，是实现和维护边疆稳定的保障。

自古以来，历代统治者都高度重视边疆稳定治理，由中央来控制地方政权，将中央的政治统治深入到边疆地方政权。边疆的历史发展进程长期受中央政府的主导，边疆稳定为中央王朝所左右。边疆地区都是少数民族生活的地区，能否把国家的统治深入到边疆地区，关键是处理好国家与边疆各少数民族的关系。因此，历朝历代的统治者维护边疆稳定都主要是围绕如何处理国家与边疆各少数民族关系来展开，是一种以族际治理为主要内容的治理。新中国成立至今，中国保持了民族团结、社会稳定、经济发展、各项事业蒸蒸日上的大好形势，基本上实现了边疆稳定，究其主要原因，是以中国共产党领导的政府高度重视营造民族平等、民族团结的民族关系的结果，是中国各民族数千年来占主导地位的相互吸收、相互依存、友好合作、共同发展的民族关系历史的延续，是中华民族多元一体格局逐渐形成并长期发展的结果。六十年以来，中国共产党把马克思主义理论与我国的民族实际相结合，制定了民族平等、民族团结、民族区域自治和各民族共同发展、共同繁荣等一整套民族政策，走出了一条具有中国特色的解决民族问题的路径。这与历史上的边疆治理一样同属于以民族问题的解决为核心的族际主义取向的治理模式。

这种族际主义的治理模式在过去是比较有效的，但在目前，这种治理模式却被日益绝对化和固定化，在某些人的思想观念中似乎成为了一种放之四海而皆准的固定不变的模式。在边疆稳定的治理过程中，许多地方政府和领导者常常自觉不自觉地把影响边疆稳定的主要因素归结为民族问题和民族关系，在处理边疆稳定问题时已经形成了一种较为固定化的思维定式和行为模式。随着时代的发展和社会的转型，中国目前的边疆问题，不再仅仅是民族问题了，除了民族问题之外，还包括其他许多问题，概括起来主要是三个方面，"一是边疆发展，二是边疆稳定，三是边疆安全。边疆发展包括边疆开发、边疆建设、边疆的生态与环保等方面的内容；边疆稳定包括民族问题、宗教问题和利益分化与利益协商等方面的内容；边疆安全包括边境管理、边疆社会管理和边防建设等方面的内容。这些问题从总体上看都属于区域性的问题的范畴，虽然其中也包括民族问题，但民族问题已经不占主导地位了，其中的绝大部分是区域性问题。"① 因此，边疆稳定的治理不再仅仅是解决民族矛盾和协调民族关系的问题，民族问题已经不再是边疆问题的核心，边疆稳定的治理与边疆发展的治理一样，其治理的内容和方式也应该进行必要调整，淡化族际主义治理倾向，强化区域主义取向治理，走向一种

---

① 周平：《中国的边疆治理：族际主义还是区域主义？》，载《思想战线》2008年第3期，第25~30页。

多元化的治理模式。

在边疆稳定的治理过程中,公共政策是重要的治理工具,但不是唯一的工具。在目前的族际主义治理模式中,往往习惯于把公共政策尤其是民族政策作为唯一的治理手段。这与当前边疆地区社会经济发展的要求和治理的基本要求存在着较大的差距。诚然,民族政策是用于解决处理国内民族问题的,但在民族政策的实施中,必须明确的是,"一是民族政策是用来解决民族问题的,而不是解决一切与民族有关的问题的。民族问题是需要通过国家政权来处理的问题,因此,应该是指民族关系中那些能够导致严重后果的矛盾和冲突,而非民族关系中的任何矛盾和冲突,更不能把与民族有关的一切矛盾和冲突都归入到民族问题的范畴。把民族问题加以泛化,在理论上说不通,在实践中更可能会导致严重的混乱甚至预想不到的后果。二是在运用民族政策来处理民族问题的过程中,也应该确定一个限度。只能用民族政策来处理民族问题,而不能用民族政策去处理只是与民族有一定关联的问题,更不能将边疆多民族地区的一切问题都纳入到民族政策的范畴。"① 民族政策并不是边疆稳定治理的唯一手段和工具,还应该使用法律等手段。

边疆稳定的治理是以政府为主导的多元主体的协作性治理。长期以来,我国边疆稳定治理的主体都是中央政府和地方政府。但是,按照现代边疆治理理论,仅仅靠政府进行边疆稳定治理,治理的效果并不理想。要使边疆稳定治理取得应有的效果,必须充分发挥相关各主体的功能和作用,构建一个由中央政府、边疆地方政府、边疆社会组织、公民等结合的协作性主体结构。其中,中央政府是边疆稳定治理的制度安排者和主导力量,主要提出边疆稳定治理的制度框架和国家战略,调动必要资源,督导和推动边疆地方政府,促成边疆稳定治理目标的实现。边疆地方政府是边疆稳定治理的具体责任人,负责落实中央政府的大政方针,承担具体的边疆稳定事务的管理。边疆社会组织和公民是边疆稳定治理的参与者和行动者。传统的边疆稳定治理都是政府行为,边疆社会和公民仅仅是被治理的对象,是边疆治理的响应者,完全处于被动消极的地位,因此不可能从根本上实现边疆的长治久安。

二、边疆的发展与稳定互为条件

社会稳定与发展的关系是手段与目的的关系。社会稳定是发展的手段,只有社会稳定才能为发展提供基本的秩序保障,才能解放和发展生产力,才能提高人

---

① 周平:《中国的边疆治理:族际主义还是区域主义?》,载《思想战线》2008年第3期,第25~30页。

民的生活质量。发展是稳定的目的，实现和谋求社会稳定的目的是为了发展，不是为稳定而稳定，片面追求稳定只能导致社会的僵化，人民生活水平的降低，社会的死气沉沉，最终反而导致社会的不稳定。边疆稳定是边疆发展的前提基础，边疆的发展又能进一步促进稳定的实现和巩固，两者是相互促进、相互依存的关系。边疆地区地域辽阔，资源丰富，与其他若干国家相连，民族关系复杂，因此，边疆地区的社会稳定不仅关系到国家的统一和发展，而且从边疆治理的角度来看，对边疆的发展也具有着重要意义。

（一）边疆稳定有利于政治发展

社会主义国家的性质决定了我们所追求的稳定必然是民主政治基础上的稳定，而不是专制高压下的太平，是一种有机的、制度化的动态稳定。政治民主化不仅是政治发展的基本价值取向，而且还是实现社会稳定的基本制度保障。同时，社会稳定有利于民主政治的有序发展。长期以来，我国边疆一直处于政治的边缘状态，也缺乏长期的持续稳定。加之边疆地区多为多民族地区，受历史传统、宗教习俗、民族文化、自然环境等因素的影响，其政治文明较为落后，政治发展明显滞后于非边疆地区。边疆地区的政治生活常常具有双重属性，一方面，边疆人民生活在统一的国家的政治体制之下，另一方面，他们还不同程度地生活在其本民族的亚政治生活之中，这种亚政治生活具有浓郁的传统色彩，如等级制、原始民主、宗教、习惯法等，这些政治传统不仅影响国家政治一体化的进程，而且影响着边疆地区民主政治的发展。

随着社会主义市场经济体制的建立和发展，随着改革开放的深化以及社会经济的不断进步，边疆地区民主政治发展的要求和任务也日益迫切。同时，随着我国综合国力的增强、国家外交政策的调整，我国政府与周边国家改善了关系，进行了全面深入的合作，边疆地区获得了前所未有的稳定局面。边疆社会的持续稳定既是边疆地区民主政治和政治现代化建设进一步发展的前提和基础，也是国家统一和政治稳定的客观要求。由于边疆地区社会经济的落后、政治资源的匮乏、民族关系的复杂、自然条件的恶劣、社会转型的加速、利益分化的加剧、恐怖主义的侵蚀，加之国际敌对势力的破坏干扰，实现和维护边疆稳定的任务仍然十分艰巨。只有通过有效的治理，才能从根本上实现和维护边疆地区的稳定，使其对边疆民主政治的发展产生应有的推动力量。

边疆稳定对民主政治发展的促进作用主要表现在以下几个层面上：第一，为现行政治体制的有效运行提供稳定的条件，规范政治行为，维护基本的政治秩序，增强现行政治统治的合法性。第二，有利于政治体制改革的有序深入开展。改革是社会发展的动力，没有改革就没有发展，但改革的一个基本前提是社会稳定。稳定的社会环境能够为政治体制改革提供一个有序规范的操作空间和平台，使政治体制改革深入进行。第三，有利于加快边疆政治一体化的进程。边疆的稳定在很大程度上意味着中央政府具有强大的政治权威，能够有效辖治所有的区域，使边疆成为国家政治一体化的有机部分。第四，有利于边疆政治文化的发展。边疆地区大多数属于多民族地区，大多数少数民族的传统政治文化仍然属于地域性的臣民政治文化，这种政治文化对其政治生活发挥着一定的影响作用。社会稳定以及在稳定的社会环境中的政治社会化有利于使这种政治文化逐渐向公民型政治文化转型。

因此，社会稳定是边疆地区政治现代化建设和推进的首要保障，只有边疆的稳定才有边疆政治民主化的发展。

（二）边疆稳定有利于经济发展

社会稳定是经济发展的前提，经济发展必须有一个稳定的环境。综观国际社会，社会稳定的国家经济发展就快，而社会矛盾尖锐、民族纠纷不断，甚至发生内战的国家和地区，经济就会出现衰退混乱甚至崩溃的局面。没有一个稳定的环境，没有稳定的生产秩序和生活秩序，社会经济就会陷于停滞和衰败，生产力就会遭到破坏，人民生活水平和质量就会下降。社会稳定不仅能够容纳经济的发展，而且有利于推动经济的增长。边疆社会稳定有利于推动边疆经济的可持续发展。

首先，社会稳定能够排除对边疆经济发展的各种干扰因素，使边疆地区政府和人民能够聚精会神搞建设，一心一意谋发展。社会的动荡和混乱，不仅会扰乱经济秩序，使经济系统失效失灵，难以正常发挥作用，而且使社会经济运行经常遭受冲击和挑战，使经济生活偏离正常的发展轨道。

其次，社会稳定有利于边疆市场经济体制的建立和发展。由于历史、现实和自然的原因，边疆地区的商品经济发展水平比较落后，市场经济体制尚未建立健全，市场发育的程度还很低下，这严重制约着边疆社会经济的发展。边疆社会稳定能够为市场经济的发育发展提供有序的制度环境，促进市场经济的良性运行。

最后，社会稳定有利于边疆经济全面协调可持续发展。边疆的社会稳定能够使边疆地方政府正确领会国家的总体战略布局，贯彻实施党和政府的政策，提高政策的执行力度和效率，保持政策的连续性和稳定性，实现经济发展的速度和结构质量效益相统一，实现社会经济的全面协调可持续发展。

经济是基础，经济因素在大多数情况下，常常是边疆民族问题产生的基础和终极原因。边疆社会稳定在推动经济全面协调可持续发展的同时，也在一定程度上有利于维护和促进社会稳定，形成经济发展与社会稳定的良性互动与循环。

(三) 边疆稳定有利于和谐文化建设

和谐文化建设是边疆发展的重要内容之一，是构建社会主义和谐社会的重要任务。边疆各少数民族的存续是以文化差异为前提的，有差异才会有发展，但也会有矛盾。民族文化差异具有稳定性和深刻性。边疆各少数民族文化大多是在漫长的历史发展进程中积淀和形成的，且常常与封闭的传统生产方式和传统社会生活相适应。

目前，我国改革发展正处于关键时期，边疆人民群众的物质文化需求也不断提高并日趋多样化，社会利益关系更加复杂，民族意识增强，他们迫切要求加快经济文化发展，缩小差距，消除由于历史遗留下来的经济、文化的落后性而产生的权利享受事实上的不平等。一般来说，现代化的过程是将现代性的因素引入到传统社会中，以促进传统社会的解体和生成新的现代性因素，而传统社会的习俗、信仰、价值观念、行为模式等是长期的历史积淀，在现代化的过程中，势必产生传统与现代、新与旧的冲突，从而影响边疆的社会稳定。因此，边疆文化建设的任务十分紧迫和重要，而边疆社会稳定有利于和谐文化的建设。

第一，社会稳定有利于建设社会主义核心价值体系，增强社会主义意识形态的吸引力和凝聚力。在稳定的环境中，边疆地区党和政府可以通过各种方法和手段，大力宣传主流意识形态，用共同理想凝聚各方面力量，用以爱国主义为核心的民族精神和以改革创新为核心的时代精神鼓舞斗志，用社会主义荣辱观引领风尚，巩固各族人民团结奋斗的共同思想基础，形成占主导地位的社会主义核心价值体系。

第二，社会稳定有利于培育和形成边疆地区的文明风尚。在稳定的社会环境中，边疆各项文化事业才可能得到持续健康发展，国家才可能重视边疆、城乡、区域文化协调发展，加强全民公德教育，加强社会公德、职业道德、家庭美德、个人品德建设，形成良好的文明风尚。

第三，社会稳定有利于建设各民族共有的精神家园，形成占主导地位的统一的中华文化。中华文化是整个中华民族生生不息、团结奋进的不竭动力。边疆社会稳定不仅有利于增强边疆人民对中华文化的向心力和归属感，强化对中华文化的认同感，而且有利于各民族文化之间的交流、学习，相互取长补短，全面客观认识各民族文化，取其精华，弃其糟粕，形成与当代社会相适应、与现代文明相协调、与各民族文化相融合的具有民族性、时代性、先进性的中华文化。

第四，社会稳定有利于推进边疆文化创新，增强文化发展活力。只有在稳定的社会环境中，边疆地区才可能有条件有资源推动文化内容形式、体制机制、传播手段的创新，解放和发展文化生产力。边疆地区既是多民族地区，也是民族文化资源丰富、民族文化异彩纷呈、交流传播的重要地区。只有在稳定的社会环境中，政府才可能重视边疆民族文化发展，加大投资力度，大力发展文化产业，增强文化发展活力。

在稳定的社会环境下，边疆各少数民族人民才能进行持续稳定深入的交往，才能形成平等团结、融洽和睦的民族关系，才能彼此尊重相互的文化价值，才有利于保存、继承和发扬民族传统文化遗产，从而促进和谐文化的形成和发展。

（四）边疆稳定有利于社会建设

边疆地区社会建设与经济、政治、文化等一样，都还十分落后。社会建设的落后，不仅影响了边疆人民生活水平、生活质量的提高，而且还对边疆社会稳定产生不良的影响。实现和维护边疆社会稳定有利于推进以改善民生为重点的社会建设。

第一，社会稳定有利于边疆地区教育事业的发展。教育是边疆发展和振兴的基石，是实现教育公平和社会公平的基础。只有在社会稳定的基础上，国家才可能重视和加强边疆教育事业发展，把教育放在各项事业发展的战略首位，实施素质教育，提高教育现代化水平，优化教育结构，促进义务教育发展，加快普及高中阶段教育，大力发展职业教育，提升高等教育质量。

第二，社会稳定有利于增加边疆居民的收入，改善民生。边疆稳定，有利于国家建立健全合理的收入分配制度，加大对边疆社会发展的投入力度，着力提高低收入者收入，逐步提高扶贫标准和最低工资标准，扩大转移支付，缩小贫富差距，扭转收入分配差距扩大趋势，从根本上改善边疆地区居民的生活质量。

第三，社会稳定有利于边疆地区社会保障体系的建立和完善。社会保障是社会安定的重要保证，而社会保障体系的建立和完善的前提基础是社会稳定，没有基本的社会稳定，社会保障必然是空中楼阁。只有社会稳定，边疆居民的基本生活需要才有保障，其生产、生活的秩序才可能得以维系。

第四，社会稳定有利于完善社会管理，促进公民社会的发育发展。边疆的稳定意味着党和政府能够有效管理和控制边疆地区的社会秩序，能够保障和进一步扩大公民权利的享有，推进社会建设。人类社会发展的历史表明，市场经济的发展必然导致广泛的社会动员和政治参与。社会稳定可以为边疆居民有序参与政治生活提供基本的条件和资源，保障其当家做主的权利，这对边疆公民社会的发育发展具有极其重要的意义。

（五）边疆稳定有利于生态文明建设

生态环境是人类生存发展的基础。当前生态环境问题导致了人类的生存危机，而生存危机又反过来加剧了生态环境的进一步恶化，最终会危及社会的稳定与发展。事实证明，人类社会的生态环境一旦遭到严重破坏，任何社会稳定将失去依托，成为无源之水、无本之木。社会的动荡混乱是生态破坏与恶化的重要根源。而社会稳定有利于边疆生态文明的建设。

只有在稳定的社会环境下，边疆地区才可能逐渐形成节约能源资源和保护生态环境的产业结构、增长方式、消费模式。政府有关部门才可能对主要污染物排放进行有效控制，生态环境质量才能得到明显改善。同时，长期的社会稳定使广大人民生活水平不断提高，对生活质量，尤其对生态环境质量的要求也不断提高，也有助于形成良好的生态文明。

目前，边疆地区的人口持续增长，生态环境脆弱，而有的地方政府没有真正贯彻落实科学发展观，急功近利，无视生态平衡规律，对有限的资源进行肆意乱采滥伐，造成当地生态环境的持续恶化，形成了"贫困—人口增长—生态恶化—更贫困—生育率更高"的恶性循环。因此，边疆地区生态文明建设的任务十分艰巨。要有效扭转这种局面，既要立足于加大地方政府及其领导干部对科学发展观政策的执行力，还要建立健全生态保护的制度体系，建立科学的政绩评价机制，而这一切都离不开边疆社会的稳定，否则，制度、政策、法律的执行就失去了运行的环境。边疆稳定是生态文明建设的环境基础，而生态文明建设又能够促进社会稳定。

三、边疆的发展与稳定面临着挑战

边疆的发展与稳定之间是相互依存、相互制约、相互促进、不可分割的辩证统一关系。就"发展"而言，发展既能够促进社会稳定，同时，发展也会产生各种矛盾，如利益分化、利益冲突和利益调整等，都会影响到边疆的稳定；发展不足或发展滞后，致使人民生活贫困（尤其与内地有很大的差距），也会引发稳定问题；在发展过程中，境外势力的破坏，也会引发稳定问题。社会的非稳定也会影响到发展，甚至危及发展。就"稳定"而言，在边疆治理过程中，有的地方政府长期片面强调稳定，甚至为了稳定而不顾一切，但最终却因发展不足而影响到社会稳定。这是由于地方政府往往通过控制、高压等手段来维持稳定，结果忽视了发展，而发展的滞后又造成人民生活水平低下，以及少数人的暴富与多数人的贫困形成鲜明对照，贫困的人们往往产生强烈的相对剥夺感而成为不稳定的因素或滋生不稳定因素的温床。在边疆治理中，不能单纯强调发展或单纯强调稳定，而必须将二者结合起来，既注意解决发展中出现的稳定问题，又要通过发展来为稳定奠定坚实的基础，使二者相互促进。因此，既要分析影响边疆发展的主要因素,也要研究制约边疆稳定的基本因素。当前,影响边疆发展与稳定的因素主要有以下几个方面。

(一) 过快的利益分化

利益分化是指由于社会结构性变革而使得一种既定的相对稳定的利益关系发生变化重组并使得人们之间的利益关系发生急剧变化而引起的利益差别扩大化的过程。① 利益分化的加速表明了人们之间利益差异的不断扩大化,表明了原有利益关系格局的解体,利益矛盾和冲突日益增多。改革开放以来,边疆多民族地区与全国其他地区一样发生和正在发生着日趋明显的社会利益分化,并且在一定程度上更为显著和严重,已经成为影响边疆地区社会发展与稳定的不可忽视的重要因素。

边疆地区的社会利益分化呈现出加速化的态势。改革开放之后短短的 30 年时间里,中国社会的利益分化迅速扩大,但与全国其他地区相比较,边疆地区的利益分化的速度更为迅猛,在总体上超过其他地区。利益分化在速度上的表现主要是利益差别急剧扩大化,原有利益格局和关系迅速变化。在边疆地区,各种利益主体之间的利益差别迅速扩大,地区之间、城乡之间、行业之间、城镇内部之间、农村之间,尤其是不同民族之间以及民族内部之间,收入差距日益扩大,产生了迅速而显著的利益分化。在过去 30 多年的计划经济体制下所形成的相对稳定均衡的利益结构和利益关系迅速受到猛烈冲击,并导致了利益格局和利益关系的迅速解体。改革开放以来,云南省居民的收入水平有了较大提高,城镇居民人均可支配收入和农村居民人均纯收入分别从 1981 年的 446.41 元、178.1 元上升到 2008 年的 13 250.22 元和 3 102.6 元,上升程度分别达到了 30 倍和 18 倍,但两者之间的差距也在不断扩大。1981 年,两者的差距比值为 2.51,之后几年有所下降,但在随后的年份中却一直处于上升趋势,这种趋势一直持续到现在,2008 年云南省的城乡收入差距比值为 4.27,而在 2004 年曾达到 4.72 的最高值。②

社会利益分化是一把双刃剑。合理的利益分化能够激发社会成员的积极性,从而为经济社会发展提供活力和动力。但是过于快速的利益分化则会侵蚀政治合法性,阻碍经济发展,危害社会稳定,对构建社会主义和谐社会造成威胁。因此,快速的利益分化成为了影响边疆稳定和发展的重要因素之一。快速的利益分

---

① 参见袁明旭:《边疆多民族地区利益分化的成因、特点及影响研究》,载《云南行政学院学报》2007 年第 3 期,第 87~91 页。
② 参见齐荣华:《云南省城乡收入差距影响因素实证分析》,载《思想战线》2010 年第 1 期,第 69~71 页。

化对边疆社会发展和稳定的消极影响主要表现在政治、经济、文化和社会等几个方面:

1. 快速的利益分化对政治发展的负面影响。边疆地区过度快速的利益分化不仅会削弱党和政府的政治合法性,而且还会影响政治稳定,加深政治文化的歧异程度。党和政府的宗旨是全心全意为人民服务,目标是实现共同富裕。如果利益过快分化,产生严重的两极分化,就会偏离党和政府的本质和宗旨,引发下层民众普遍不满和怨恨,降低党和政府的合法性。同时,过度快速的利益分化不可避免地带来利益矛盾冲突的常态化、激烈化,贫富差距过大超过公民心理的承受能力,会给民族关系的和谐带来不利影响,直接影响政治稳定。最后,利益的过快分化还会导致边疆地区政治文化歧异程度的加深。失度的利益分化,严重的两极分化,会使利益受损者、贫困阶层、弱势群体、少数民族产生相对剥夺感,产生政治冷漠症,产生对党和政府的疏离感、不信任感,从而影响国家的政治一体化。

2. 快速的利益分化对经济的负面影响。过快的利益分化会对边疆地区经济的可持续健康发展带来不利影响:

第一,过快的利益分化导致消费总需求不足。在国民收入一定的条件下,居民收入差距越大、利益分化越严重越会损害总消费的增长,制约消费总需求的扩大,从而制约边疆地区经济的进一步健康发展。

第二,过快的利益分化会阻碍产业结构的调整。居民收入差距过大,需求必然会出现两个极端:低收入者把绝大部分收入花在"必需品"上,而高收入者则倾向于"高档品"的消费,导致国内收入的外流,产业结构不合理,出现消费断层,阻碍消费结构的升级。

第三,过快的利益分化会降低人力资本的投入。居民收入差距越大、利益分化越快就越会导致绝大多数人无力进行人力资本的投资,这样就不利于整个社会人力资本的积累,从而不利于经济增长。

第四,过快的利益分化会导致自然资源掠夺式开发。收入差距过大的直接后果会造成大面积的贫困。越贫困,人们就会越倾向于依靠对资源掠夺式的方法来获得收益,形成"贫困—过快利用自然资源—自然资源条件恶化—贫困"的恶性循环。

第五,过快的利益分化与收入差距过大既损害公平又抑制效率。通过非法的不正当手段和方式而迅速致富的行为意味着少数人掠夺了社会和公众本应得到的一部分财富,损害了社会公正。同时,贫富分化会对低收入者的劳动积极性和主动性产生不利的影响,造成对立和不满情绪,影响社会稳定,其最终结果必然是对整个社会的经济效率造成明显损失。

3. 快速的利益分化对社会的负面影响。边疆地区过快的利益分化对公民社会产生许多不利的影响。一方面，过快的利益分化会导致社会治安状况恶化，带来严重的社会问题。两极分化、贫困问题从来就不仅仅是经济问题，而是一个社会政治问题。利益分化严重导致阶层之间矛盾冲突增加。利益分化的不同和收入差距的扩大，会引发不同阶层社会心理上的不满情绪，普通民众对一些"先富起来"的特殊受益阶层往往持不认同感、不信任感，有的甚至产生"仇富"心理；而富裕阶层则会产生对贫困阶层的歧视感、优越感，从而产生阶层之间的隔阂和对立。另一方面，过快的利益分化导致边疆贫困地区社会公益事业投入严重不足，难以打破贫困的恶性循环，阻碍边疆的持续发展。由于地方政府对社会公益事业投入严重不足，致使许多地方公共产品、公共服务严重不足，于是其他不法势力乘虚而入，由此产生了许多严重问题。在云南边疆地区的民族"直过区"①，近年来，国外宗教组织有针对性地在包括"直过区"在内的边境贫困地区开展"播种计划"②等宗教渗透活动，积极发展信徒，争夺边疆地区少数民族群众。更为严重的是，在有些地方非法宗教活动猖獗，例如绿春县大黑山乡边境"直过区"，近年来，以"门徒会"形式出现的非法宗教活动发展势头比较猛，有的村寨其成员接近全村人口的一半，并以军事组织的形式从事非法活动，严重扰乱农村正常的生产生活，增加农民的负担。还有的由于境外教育政策更为优惠，加之使用民族语言进行教学，吸引"直过区"一些群众送小孩到境外上学，接受西方意识形态，或者举家迁到国外。

4. 快速的利益分化对文化的负面影响。过快的利益分化会造成边疆地区文化发展的扭曲性和非均衡性。首先，利益过快分化，贫富差距过大，会造成许多贫困的边疆地区文化教育的严重滞后。过快的利益分化会使人们产生急功近利的思想，过于重视金钱财富，忽视教育文化。其次，过快的利益分化会使社会产生极端化的思想观念和行为。作为富人会认为自己是社会精英，是社会财富的创造者，理应获得更多的利益，而穷人的贫困是因为他们的无能和懒惰造成的。作为穷人，有的会认为富人之所以有钱，主要是靠剥削和为富不仁，因此，必须劫富济贫。再次，过快的利益分化会导致民族文化难以合理地传承和健康发展。一方面，富裕地区和民族的文化具有一种强势地位，不可避免地会对贫困地区的少数

---

① "直过区"，即指"直过民族地区"，是特指云南等省的一些少数民族社会形态从原始社会末期和阶级社会初期直接过渡到社会主义社会的地区。参见《今日民族》编辑部：《"直过区"：期待再跨越》，载《今日民族》2006年第11期，第11页。

② "播种计划"指境外宗教势力通过开办学校，引诱、招收中国青年出境学习，或是派遣牧师、传道人员窜入中国进行宗教活动，另外还通过非法途径到中国散发宗教宣传品等活动，培养自己的代理人。参见德宏州人民政府研究室：《德宏民族"直过区"经济社会发展调研报告——德宏州民族"直过区"经济社会发展与研究课题组调研办公室》，《德宏发展研究》，德宏民族出版社2007年版，第405页。

民族文化产生挤压排斥，使其日益边缘化而走向消亡。另一方面，利益分化失度，使一些人急功近利，常常把民族文化过分商品化，使其成为谋取物质利益的猎奇性的工具，从而导致民族文化的异化。

（二）普遍的利益冲突

随着利益分化的加剧，必然产生不同的利益群体，不同利益群体既有着相同的利益需求，也存在着不同的利益诉求。由于利益需求的多样化和满足利益资源的稀缺性之间的矛盾，必然引起不同利益群体之间的利益矛盾和冲突。由于国家政策滞后和利益协调机制的缺失，边疆民族地区利益矛盾冲突日益公开化、普遍化，这对边疆的社会稳定和发展产生着深远的影响。

边疆地区不同的阶层和族群往往是不同的利益群体或利益主体，这是一种不可否认的客观存在。从根本上说，每一个民族和个人都有自己合法的生存权与发展权，各民族、个人关注和追求自身发展和利益的行为具有无可指责的正当性，也应该得到承认和支持。广义而言，中华民族大家庭的共同利益与边疆各个群体的利益是相统一的，在这一基础上，并不排斥边疆地区各利益群体具有各自不同的利益需求，有权利实现和维护各自的不同利益。只是由于边疆是多民族聚居地区，各民族都有自己的传统习俗、宗教信仰以及价值取向，有的民族跨境而居，这样，各民族之间的利益关系往往会反映到民族关系上来，使民族关系、利益关系变得较为复杂，在利益关系中常常掺杂着民族、宗教、历史、文化等因素，甚或还具有国际性因素。

利益关系具有基础性、普遍性、敏感性、复杂性、动态性等特性。利益关系的变动容易引起人们普遍的紧张感，受到人们的普遍关注，相对比较容易引发矛盾冲突。自改革开放以来，边疆地区利益分化的广度、速度、深度都达到了前所未有的地步，利益关系和利益格局处于比较频繁的调整和变动之中，这些调整和变动又往往受到多种因素的影响，因此，一些看似简单的、技术层面的经济问题、社会问题或细微的文化冲突问题，极易诱发为政治问题，最终影响边疆的稳定和发展。2008年发生在云南省西双版纳孟连县的"7·19"事件就是一个典型的事例。"孟连事件"发生的最根本原因是孟连县胶农与橡胶公司的利益纠纷长期得不到解决，由矛盾不断积累激化所引发的。在其间搅绕着各种错综复杂的利益关系和利益纠纷。

在社会转型期，由于体制机制不健全，利益分化不断加剧，利益冲突普遍化，社会矛盾处于多发期，严重影响边疆社会发展与稳定。目前，我国正处于全面的制度建设和完善时期，各种利益表达机制、利益整合机制、利益竞争机制、利益协调机制、利益分配机制、利益调整机制、利益均衡机制等不健全，公民的参与机制、利益保障机制等不健全，加之政治体制、行政体制改革的滞后，权力制衡监督机制乏力，领导干部绩效考评机制不合理，使得许多利益矛盾冲突没有在早期得以减少和化解，加之某些政府部门及其领导干部与民争利，甚至公开侵害民众合法权益，不关心民众疾苦，对民众的利益诉求置若罔闻，对民众的利益需求采取拖、拽、等、推的态度，导致利益冲突的普遍化。

边疆地区利益竞争日趋加剧。在市场经济条件下，商品流通的扩大、人才的交流、技术的引进，导致利益竞争异常激烈，不可避免地带来一系列的摩擦、纠纷和矛盾，这在东部沿海经济发达地区，人们已经逐渐适应，对激烈的竞争已经习以为常、司空见惯，逐渐形成了竞争意识和竞争习惯。但在边疆地区，由于商品经济发育迟缓，传统文化影响深厚，法制意识、竞争意识、自主意识、平等意识等淡薄，使得人们之间的利益关系十分脆弱和敏感，极易发生利益冲突。国家在党政机关、事业机构、企业单位的体制改革过程中，推行公平、公开、公正的岗位和人事竞争机制，实行"能者上、庸者下"、"奖勤罚懒"、"打破大锅饭"、"择优扶持，激励先进"政策，这在东部沿海地区、经济发达地区广大干部和群众中，早已得到人们的广泛认同，并且深入人心。但在经济欠发达的边疆地区，相当多的人们还很难直面这一现实。由于种种的主客观原因，边疆地区的干部群众要么在竞争过程中根本不具备竞争实力，要么在竞争过程中处于明显的劣势地位，对竞争持否定性认识，也不善于协调彼此之间的利益纠纷。因此，在普遍化的利益竞争中常常产生许多矛盾冲突。

贫富差距、两极分化不断加大，导致利益冲突频繁发生。中国实行的是一种不平衡发展、分步走的战略，即允许一部分人、一部分地区先富起来，然后先富带后富，达到共同富裕的目标。广大边疆少数民族地区的人民群众，支持拥护这一战略方针，因为先富与后富、共同富裕，从根本上说完全符合边疆群众的利益，也使大多数人从中获得了一定的实惠。但由于心理准备不足，对于这一过程的长期性、艰巨性、复杂性的估计不足，加之缺乏相关政策的调控，长时期的贫富差距，以及这种贫富差距不断拉大的现实，使边疆欠发达地区的公民在一定程度上对自己的前途产生了悲观失望情绪，认为财富分配不公平，这样就不可避免地对自身利益产生了"相对剥夺感"，仇视比自己富裕的人群，不满党和政府的政策，对党和政府产生不信任感。"相对剥夺感"作为一种心理失衡状态或心理不满感受，来自对自身利益损失的判断和评价，是其进行社会比较的结果。收入差距过大，两极分化过于严重，往往使低收入群体的某些人的心理承受能力受到挑战，如果超过其能够容忍的极限，就会产生强烈的对抗情绪，在外在因素的驱动下，就有可能导致各种极端行为，发生具有这种相对剥夺感的人如果较多，就会比较容易发生群体性突发事件，影响着社会稳定。"在复杂的社会中，财富的分配显然是利益冲突的最重要根源。"①

边疆地区利益冲突的普遍化主要是以群体性突发事件频繁发生的形式表现出来的。2005年发表的《社会蓝皮书》指出，从1993年到2003年，我国群体性事件数量已由1万起增至6万余起，参与人数也由73万人增至307多万人，2004年增加至74 000起，2005年上升至87 000起，总体数量相当于12年前的10倍，每年以9%～10%的速度递增。在这些数量众多的群体性事件中，边疆地区就占了相当大的比重。2006年1月至2008年7月，云南省文山苗族壮族自治州共发生群体性事件277起，参与人数达14 533人。这些群体性突发事件不仅严重损害了政府形象，而且严重破坏了发生地区的生产生活秩序，影响了边疆地区的稳定和发展。②

（三）无序的政治参与

政治参与是民主政治的重要内容和标志，体现了民主政治的精髓，也是现代社会民主制度赖以存在的基础。美国学者亨廷顿认为政治参与是"平民试图影响政府决策的活动。"③《中国大百科全书》把政治参与定义为"公民自愿地通过各种合法方式参与政治生活的行为。"政治参与是一般公民通过一定途径试图影响政治过程的活动，即政治参与的主体是一般公民。政治参与的行为既可能是有序的参与也可能是无序的参与。有序的政治参与是指一般公民以合法的形式通过制度化的渠道和方式理性地参与政治生活和影响政治决策的过程。有序的政治参与既是民主政治发展的需要和表现，也是民众进行政治诉求，表达政治需求，维护和实现政治利益的基本途径。

边疆社会主义和谐社会的建设离不开有序的政治参与，边疆的稳定和发展也离不开公民有序的政治参与，公民有序的政治参与是边疆社会主义政治文明建设的重要内容，也是促进边疆稳定和发展的政治保障。

无序的政治参与也叫非制度化的政治参与，即公民采取非制度化的方式表达政治诉求，试图影响政府决策的行为。无序的政治参与具有突发性、盲动性、临时性、非理性、破坏性乃至非法性等特征。无序的政治参与会威胁到边疆的社会稳定和社会经济发展。在社会主义民主政治建设实践中，公民的有序政治参与有

---

① ［美］西摩·马丁·李普塞特，张绍宗译：《政治人——政治的社会基础》，上海人民出版社1997年版，第17页。

② 李正谦：《群体性事件成因特点和预防处置对策初探》，中共西畴县政法委员会，2009年4月17日。http: ///www.paxczf.gov.cn/show.asp? id =508，平安西畴政法网。

③ ［美］塞缪尔·P·亨廷顿、琼·纳尔逊，汪晓寿、吴志华、项继权译：《难以抉择》，华夏出版社1989年版，第5页。

了一定的发展，但也要充分注意到还存在着大量的无序政治参与，这对边疆稳定和发展产生着不可忽视的影响。

边疆地区公民的无序政治参与往往表现为一种非理性的两极式政治参与：一方面是典型的政治冷漠，厌恶政治，对政治不感兴趣，缺乏基本的政治知识和技能，政治效能感低；另一方面是非制度化的政治参与，一旦自身权益受到严重伤害，往往诉诸极端的方式向党政部门施加压力，采取暴力方式寻求问题的解决，而不是寻求法制化的手段来维护自身利益。因此，这种政治参与还是一种消极性非理性的参与。这种参与方式是在现代政治生活中，民族意识被唤醒后，民族成员对民族的前途和发展有了更为迫切的关注，或者民族成员意识到本民族的利益、感情受到伤害时进行政治活动的介入，希望政治体系做出应有的反应和行为，但是当政治体系反应迟钝或者参与途径遇到障碍时，民族成员就会选择暴力、抵制，甚至以分裂国家的方式来表达民族的利益和愿望。这往往严重威胁到边疆社会的稳定和发展。

当前，由于市场经济的发展和社会转型的加剧，利益分化不断加剧，公民的权利意识、利益意识、平等意识、自主意识、竞争意识等不断觉醒和加强，边疆地区公民的政治参与呈现出相对高涨态势。但由于边疆地区政治参与途径有限，法制不完备，民族区域自治制度不完善，产生了政治参与需求与制度供给不足的矛盾、政治参与意识要求增强与其自身发展及建设水平较低的矛盾、政治参与要求强烈和体制供给渠道不畅的矛盾。

边疆地区公民政治参与具有一定的国际性影响。我国是多民族国家，尤其在边疆地区，许多少数民族不仅有悠久的历史，而且在历史发展进程中，形成许多跨界民族。生活在不同国家的两个或多个族群因民族个性、风俗习惯、思维方式、价值观念的相似性而被民族成员认为是同一个民族。一旦民族意识被突兀出民族价值体系时，就会产生共同的心理认同，认为民族被人为地分割开来，应该实行民族的联合统一。在这种情况下，如果政治体系不能及时地发现和处理，成员对民族和民族政治体系的认同会比对国家和国家体系的认同强烈得多，就会引起极端的民族意识和偏见。与此相对应，民族成员的行为方式更具主动和积极性，行为一旦受到政治体系或社会体制的阻碍而使得民族利益、愿望难以实现时，他们就会采取非理性的方式来进行政治参与。在一些极端利益的要求下进行政治参与或举行抵制性参与活动，这不仅阻碍国家政治体系在边疆地区的一体化进程，威胁国家的政治稳定，而且还会对周边国家产生一定的影响。

边疆民族地区的政治参与具有非制度化的特点。由于政治参与机制不完善，民族传统政治文化，以及某些公民具有较强的社会挫折感，因此，在政治参与实践中出现了"非制度化参与"现象。"非制度化参与"就是公民采取不符合国家宪法、法律、规章、政策和条例所规定的制度和程序,而进行的影响政治决策过程的活动。如抵制性参与、过激性参与、对抗性参与乃至暴力参与等,影响了政治秩序和政治稳定。

由于边疆地区情况特殊,问题错综复杂,政治文明建设相对比较滞后,民主法治进步缓慢,加之特殊的国情决定,非制度化的政治参与还将在一定的时期内长期存在,制度化的政治参与在边疆地区的实现还有一段较长的路要走。我国是一个发展中大国,君主专制统治的历史漫长,人治色彩浓厚,地域臣民型政治文化影响根深蒂固。民主法治建设又是一个需要较长时间的努力发展完善的过程。同时,城乡差别的"二元社会"结构也难以在短期内得到根本改变,农民、农民工以及城市大量弱势群体对政治的疏离感、无效感、冷漠感、排斥感、厌恶感难以迅速消解。在边疆地区,由于市场经济发育发展的严重滞后,传统政治文化的变革迟缓,加之生活环境的差异,处于多种不同政治系统交叉影响的夹缝,或者说处于当代中国主流政治生活的边缘,导致边疆公民并没有参与到政治过程中,尤其是边远地区的公民,政治参与非常少,再加之缺乏基本的政治技能和参与经验,需要维护和表达自己的利益诉求时,又往往采取非理性化的非制度化的政治参与方式。

边疆地区公民非制度化政治参与还受到民族传统力量的影响。新中国成立后,国家把对乡村社会的政治整合放到了极其重要的位置,最后通过人民公社化运动,党和政府以一种前所未有的方式渗入到乡村社会的各个角落,传统的风俗习惯和力量无法与之相抗衡。但这种渗透在远离政治中心的边疆民族欠发达地区更多的只是形式上的,一些民族传统力量如村社长老、族长等传统权威、宗教权威和精英权威等并没有完全退出历史舞台,而是在党支部、村委会等国家法定的体制内权威外,以一种不同的方式在实际的社区秩序或基层政治生活中仍然继续发挥它的作用,有时它的作用甚至超过了体制内的权威。在村民委员会的选举中宗族势力的影响不容忽视。尽管村委会是由村民经过体制内的民主程序选举出来的,但有些社区的农民在处理日常生活中的问题时,并不去寻求村委会的帮助,更多的仍然是去寻求村社宗族长老的解决。

从总体上看,尽管现行法律规定了若干有关公民政治参与的制度和方式,但由于历史传统和现实因素的影响,公民政治参与的制度化程度和水平仍很低,即使有一些政治参与,主要也是非制度化的政治参与,这对边疆稳定和发展产生着不容忽视的影响。

（四）复杂的跨界民族问题

所谓跨界民族①，是指那些由于民族迁移、战争、外族入侵、民族分割等原因造成的同一民族跨居两个或两个以上国家，并且有着不同政治认同的民族。跨界民族是一个兼有文化与政治内涵的特殊族体。由于其特殊性，跨界民族往往会在国家体制、法律制度、意识形态、文化传统、文明属性、政策取向、政治认同、经济发展等各方面存在差异，有差异就不免会有矛盾，因此跨界民族也就存在容易被某种集团势力利用，使其民族感情、同族观念可能超越其爱国感情、国家观念的特殊性。这也正是跨界民族问题较一般民族问题更为复杂的原因。

中国是一个跨界民族众多的国家，除了移民海外的华人群体外，在中国陆路边疆及其毗邻的周边国家之间，存在30多个跨国（或跨界）民族，其中西北边疆地区即是跨界民族较多的一隅。1992年之后，中国陆路边疆地区成为对外开放的前沿阵地，拥有众多跨界民族的西北、西南地区依靠其自身优势，通过边民互市、边境贸易、文化交流和探亲访友等形式不断加深着中国同周边国家之间的联系，架起了一座国家之间相互往来的桥梁。但是，在发展周边关系的过程中，也不可避免地产生了一些新的问题，如利用边贸的渠道贩运毒品、拐卖人口等违法犯罪问题也相继出现。尤其是在冷战结束后，在世界性的民族主义浪潮影响下，美国等西方势力也利用民族、宗教问题干涉包括中国在内的他国内政，使极端民族主义、极端宗教势力和国际恐怖主义问题也成为影响中国边疆地区社会稳定和发展的重要因素。

在社会历史发展的过程中，国家发展的进程与民族发展的进程往往不完全一致，国家的范围与民族的居住范围也不尽一致。此外，民族的迁徙也会造成国家疆域与民族范围的差异。民族共同体可能被国家的边界分割开来。然而，"民族共同体在长期发展过程中所形成的传统的文化的联系却不会因此而割断，民族成员间的认同也不会被国民间的认同所取代，民族共同体的整体利益仍然存在。在这样的情况下，跨国界居住的民族成员间往往相互同情、相互关心、相互支持、相互声援，并在民族共同体利益的基础上形成一定的政治要求，这就可能同现行的国与国之间的政治关系发生矛盾和冲突而生成政治问题。"②

跨界民族问题是指由跨界民族的分歧而引发的矛盾与冲突，主要包括民族关

---

① 目前，学术界对跨界民族、跨国民族、跨境民族三个术语的内涵与使用有些争论。本文选用跨界民族这一概念。

② 周平：《民族政治学导论》，中国社会科学出版社2001年版，第126～127页。

系恶化、民族矛盾加剧甚至冲突、民族分裂式的民族自决等政治问题。跨界民族问题产生的主要原因包括：一是跨界民族的民族意识的高涨；二是国家民族政策在经济和政治地位上的不平等；三是民族利益的矛盾问题；四是民族文化差异所引发的冲突；五是敌对势力的挑拨离间。多种原因使得跨界民族问题具有明显的政治性、民族性、国际性、复杂性、敏感性、扩展性。

在全球化进一步发展的今天，边疆地区的民族关系呈现出更加复杂的发展态势，受其影响，跨界民族关系表现为对我国的民族感情、爱国情感、国家认同、政治认同的不一致，这直接威胁到国家的统一和稳定。

跨界民族问题不仅影响一个国家的内部政治关系，而且还具有国际政治的特性，常与地缘政治紧密联系在一起。跨界民族问题一开始就有着国际背景或外部势力的介入，同时，跨界民族问题常与宗教问题交织在一起，使一般的社会问题政治化和国际化，跨界民族问题还容易受周边国家的经济、政治、文化和宗教等因素影响。例如，我国新疆地区民族关系比较复杂，有7个民族信仰伊斯兰教，而与新疆接壤的8个国家中有5个是伊斯兰国家，这些国家又与中亚、西亚和阿拉伯等伊斯兰国家紧密联系。当地有5个民族又属于突厥族，毗邻的伊斯兰国家也多属于突厥族，如土耳其。新疆有6个当地民族跨界而居，且毗邻国家就是他们的民族国家，如哈萨克斯坦、塔吉克斯坦、蒙古、俄罗斯等。跨境国家的政治活动和变化，彼此之间会相互影响。尤其是比较敏感的民族问题，只要一有什么风吹草动，就会产生连动效应。

跨界民族的交互影响所带来的不稳定性，对边疆地区的稳定和发展具有直接的影响。如中亚地区突厥民族的独立和伊斯兰教的复兴运动对维吾尔分裂势力起到了刺激作用，他们利用跨界民族往来频繁的便利条件，从事分裂国家的活动。1962年新疆6万边民集体迁到苏联中亚地区，1992年中亚五国成为独立国家后，纷纷制定了对待跨界民族的政策，对居住在国外同属一个民族的人们产生了一定的影响，其中就有1万人返回哈萨克斯坦。中亚地区有100多个民族，① 宗教派别繁多，民族宗教问题突出，有着明显的"巴尔干化"色彩。泛突、泛伊斯兰主义重新抬头，民族分裂势力、国际恐怖势力、宗教极端势力活动猖獗，已经成为影响中国与中亚各国关系的主要障碍，给我国边疆地区的稳定发展带来了消极影响。

我国跨界民族聚居地区目前经济还较为落后，人民生活水平还不高，文化教育程度低，与内地沿海地区相比，社会经济发展差距较大。同时由于跨界民族是

---

① 参见中共伊犁哈萨克自治州委员会党史编委：《中国共产党伊犁哈萨克自治州历史大事记》（上册），新疆人民出版社1996年版，第84页。

一种兼有国际关系与族际关系内涵，又兼有政治与文化内涵的特殊人们共同体，[①] 跨界民族问题往往具有多发性和不安定性。如果国家在处理民族关系问题时，只注意到国内民族间的矛盾纠纷，忽视敏感的跨界民族群体，尤其是忽视矛盾纠纷背后所蕴涵的复杂的民族利益矛盾，就比较容易发生跨界民族问题。跨界民族问题处理得好，有助于跨界民族所在国的社会稳定和主权独立，有利于民族关系的和谐发展。但如果处理不得当，则可能成为国家间发生摩擦甚至激烈对抗的导火索，成为影响跨界民族所在国的一个重要的不安定因素，成为破坏民族关系和谐发展的不利因素。因此，在处理跨界民族问题时除了要重视协调国内族际关系外，还要妥善处理国际关系，尤其是处理好与周边国家的地缘关系及不同属性文明间的关系，建立一种国际地缘综合安全体系和跨国和谐民族关系。

（五）严峻的社会治安形势

从总体上看，边疆地区的社会治安状况是好的。但也应该看到，随着社会转型的加速，市场经济的深入发展，全球化进程的推进，以及当前经济危机的演进，边疆地区的社会治安状况仍然面临着许多严峻的挑战。

1. 刑事犯罪呈高发态势。由于边疆地区特殊的地理位置，聚居主体的多样性和杂居性，决定了其治安形势的个性特征，尤其在侵财、跨国、跨区域流动人口犯罪和犯罪手段方面更为明显。目前我国仍处于体制转轨、社会转型时期，社会经济成分、组织形式、就业方式和利益关系日趋多样化，人、财、物和信息流动频繁，人的价值观念和取向多元化，社会经济快速发展，但社会管理和治安防控却相对滞后，加上市场经济的负面影响及外来的暴力、色情等腐朽文化渗透等原因，滋生和诱发违法犯罪的因素增多，边疆社会治安形势严峻，并呈现出新的特点：犯罪总量增加，恶性程度提高，社会危害加大，隐蔽性增强；犯罪手段升级，智能化程度提高；黑恶势力犯罪仍然存在，犯罪组织化趋势明显，抢劫、盗窃等侵财犯罪和涉毒犯罪居高不下；犯罪人员呈低龄化趋势，未成年人犯罪比例上升等。境外流动人口的卖淫嫖娼问题已较为严重；有的境外人员甚至与境内人员相互勾结，开设地下赌场，聚众斗殴；有的走私武器，非法移民，携巨款出逃；有的境外人员借以旅游或从事贸易之名，收集我国经济、军事机密情报等，各种犯罪分子已经把边疆地区当作其跨境犯罪的天地。这也说明，边疆地区的社会治安形势十分严峻。

2. 敌对势力渗透破坏活动依然猖獗。影响边疆稳定与发展的境外敌对势力

---

① 参见马曼丽、艾买提：《关于边疆跨国民族地缘冲突的动因与和平跨居条件的思索》，载《中国边疆史地研究》2003年第2期，第58~65页。

的渗透活动更加频繁、隐蔽、多样化。当前,虽然阶级斗争早已不是我国社会的主要矛盾,但不可否认的是阶级斗争在一定范围还将长期存在,各种反华势力的存在及其本质决定了其颠覆渗透活动的长期性和复杂性。只要有机可乘,境外敌对势力就会无孔不入,进行捣乱和破坏。在边疆开发中,相对贫穷落后的边疆民族地区,对外开放力度、互市贸易力度将会加大,文化交流不断增多,同时由于毗邻的国家多、边境线长、对外通商贸易口岸多,边民交往频繁,通婚现象增多,这些情况在某种程度上也给境外敌对势力的破坏渗透活动提供了便利。目前,边疆地区境外宗教势力的渗透活动十分频繁,出现了一些利用宗教进行非法渗透活动的现象。西方一些敌对势力千方百计对边疆地区实施西化、分化,利用各种手段、方式,在边疆地区挑起事端,利用人权、台湾、西藏、新疆、宗教等方面的问题干涉我国内政,支持、资助敌对势力、分裂势力等。2009年发生的新疆乌鲁木齐"7·5"打砸抢烧严重暴力犯罪事件,就是一起典型的境外指挥、境内行动,有预谋、有组织的打砸抢事件,对边疆的稳定发展产生了严重的威胁。

3. 流动人口犯罪问题不容忽视。大规模社会人口流动会产生许多附带性的社会治安问题。改革开放前,我国的人口管理十分严格,人们生活在一个熟人的社会,犯罪率较低。但在改革开放后,随着户籍管理的松动,随着经济与社会的发展,人口开始大量流动,产生了一系列社会治安问题。在边疆地区,由于流动人口管理和各项配套措施滞后,导致人口流动处于无序状态,给社会治安管理工作带来了严重冲击。在大规模的人口流动中,不可避免地出现了某些社会犯罪问题。流动人口具有不稳定性和流动性,随之而来的犯罪活动相应的具有隐蔽性和流动性等特点,流动人口中的犯罪分子大多数采取流窜作案,给边疆的社会治安带来严重危害,成为影响边疆地区发展与稳定、困扰人民生活的一个"毒瘤"。

4. 毒品犯罪依然严重。中国的陆地边界线长22 000多公里,漫长的边境线成为毒品犯罪分子实施犯罪的温床。与我国边疆接壤的缅甸等国家多为山区,灌木丛生,边境线复杂,少数民族众多,经济落后,居民生活贫困,这些国家之间的三角地带长期从事毒品的种植、加工和贩卖。一些犯罪分子往往利用边疆与周边国家边境的复杂性铤而走险,贩卖毒品,牟取暴利。在中国政府的严厉打击下,贩毒分子采用的手段更加智能化、隐蔽化、集团化、资讯化、零星化,在毒品走私方面对中国边疆实施"多头入境"和"全线渗透"战略,新型毒品生产贩运日益突出,由毒品引起的犯罪问题成为影响边疆的稳定与发展的重要因素。

(六) 严重的生态危机

生态危机指的是人类赖以生存和发展的自然环境或生态系统结构和功能由于

人为的不合理开发、利用而产生的生态环境退化和生态系统的严重失衡，对公民的生产生活以及生命健康产生明显危害的问题。我国最突出的环境问题的根源主要集中在西部地区：全国水土流失面积360万平方公里，西部地区占了80%；全国每年新增荒漠化土地面积2 400平方公里，大多在西部地区。西部边疆民族地区的生态环境恶化不仅严重危及黄河、长江中下游地区，而且也是西部省区自身经济社会发展水平长期滞后，贫困问题得不到根本解决的症结所在。

边疆地区生态环境承载力脆弱。青藏高原、内蒙古高原、黄土高原、云贵高原以及其他海拔较高、地形复杂的地区本来就是我国生态脆弱区域，加之近年来人口总量以及流动量大幅度增加，消费水平大大提高，对环境生态的破坏力也大大增强。多年来，由于主客观以及历史方面的原因，西部民族地区毁林开荒、开垦草原、过度放牧、乱砍滥伐比较严重，造成一系列生态失衡问题，具体表现在以下方面：

1. 森林面积减少，并且在不断缩小。森林是陆地生态系统的主体，森林植被一旦被破坏，就会加剧水土流失，造成洪涝和沙尘暴等灾害。在过去较长一段时间里，由于短期经济利益的驱动，乱砍滥伐森林严重，造成大批原始森林植被破坏，森林面积锐减。我国森林资源集中分布在东北和西南地区，生态环境十分脆弱的西北地区森林很少。近10年来，西部地区森林面积和森林覆盖率有较大增长，但森林生态系统呈数量增长与质量下降的局面，西部地区幼龄林和中龄林很多，分别占全部林地面积的33.5%和32.2%，林龄结构不合理，生态功能差。过量采伐，乱砍滥伐，毁林开荒，使西部仅有的一些森林遭受前所未有的劫难。四川省丘陵地带的50个县，森林覆盖率只有3%，其中19个县不到1%。①

2. 土地沙化面积不断扩大。我国沙漠化土地174万平方公里，约占国土面积的18.2%，西部地区沙漠化面积为169万平方公里，占国土面积的17.6%，沙漠扩展的面积从20世纪70年代年均1 560平方公里直接攀升到20世纪末的3 436平方公里。沙尘暴呈上升趋势，2000年发生13次沙尘暴，2001年为18次，2002年为11次，2003年为7次，中国的沙尘暴影响范围达200万平方公里，少数强沙尘暴影响范围可达长江以北区域以及朝鲜、日本、美国和加拿大。②

3. 水资源匮乏。江河源头湖泊干涸，水土流失严重。西部地区水资源的总量为15 000亿立方米，占全国总水量的53.33%，但水资源分布却极不平衡，西南地区水多地少，山大沟深，开采困难，地表漏水严重，并且洪灾年年发生。西

---

①② 参见彭珂珊：《西部生态安全与退耕还林（草）》，载《世界林业研究》2004年第17卷第6期，第57页。

北地区干旱少雨,全地区年降水量235毫米,而蒸发量却高达1 000~2 600毫米,地表径流主要集中在汛期。干旱成为西北地区主要灾种之一。随着工业化和乡镇企业的发展,西部酸雨频频出现,大量排放污水,引发水质恶化;地下水过度开采,造成地面沉降、地面塌陷、地裂缝。全国水土流失面积356万平方公里,西部地区为291万平方公里,占全国的81.7%,其中黄土高原地区62万平方公里中有43万平方公里存在不同程度的水土流失,侵蚀严重区年侵蚀模数高达1万吨/平方公里。黄河在流经黄土高原后年携带16亿吨泥沙,含沙量居世界河流含沙量之冠。[①]

4. 牧区草原退化速度加快。西部地区草地面积3.2亿公顷,占全国草地面积的80%以上。长期以来,草地生态功能和综合经济价值未受重视,一些天然草地被当作宜农荒地开垦并随后开荒,自20世纪50年代以来,我国累计开垦了1 334万公顷草原,且大部分在西部,其中有50%因生产力逐年下降而被撂荒成裸地或沙地。退化草原集中分布于北方草原带、西部荒漠草原及荒漠山、青藏高原高寒草原,每年退化面积约为草原总面积的0.5%。[②]

日益恶化的生态环境给边疆地区的经济和社会发展带来了极大的危害。首先,加剧了贫困程度,目前农村贫困人口90%以上生活在生态环境比较恶劣的边疆地区,生态恶化和贫困问题呈双重恶性循环;贫困既是生态环境恶化的后果,也是生态恶化的重要原因。其次,加大经济和社会的压力,脆弱的生态环境使域开发治理成本较高。最后,生态环境破坏加剧自然灾害发生,造成的经济损失巨大。日益频繁的旱灾、风灾、洪灾和地质灾害,严重威胁着边疆地区的发展和稳定。

(七) 不容忽视的恐怖主义

边疆地区是中国周边地缘政治环境最为复杂的地区之一。周边国家众多,各国的政治制度和经济发展水平各异,民族宗教问题错综复杂,现实或潜在热点集中,作为利益交集地带的边疆地区由于地缘政治格局的调整和各国因为民族、领土与边界的争端、民族分立主义和教派冲突、水资源等问题,成为各种力量纵横交错,多种矛盾相互交织的潜在热点地区。特别是近年来,以国际恐怖主义、宗教极端主义和民族分裂主义为代表的各种极端势力在中南亚及周边地区迅速发展,对边疆地区乃至世界和平、安全和稳定构成了严重威胁。同时,由于西方敌对势力常常利用民族矛盾、宗教矛盾和国内矛盾培植、利用、纵容各种恐怖主义

---

①② 参见彭珂珊:《西部生态安全与退耕还林(草)》,载《世界林业研究》2004年第17卷第6期,第57页。

势力，加之受国际民族分裂主义浪潮影响，边疆地区民族分裂主义、极端宗教恐怖主义有所抬头。并且，国内利益关系的急剧调整变化，各种矛盾也会诱发恐怖活动。

1. 国际恐怖主义对边疆地区稳定的威胁。由于恐怖主义活动的无国界和受国际性互动的影响，中国也深受国际恐怖主义的影响和冲击。20世纪90年代初以来，全球范围内不断猖獗和泛滥的国际恐怖主义开始在中国西部边疆地区滋生蔓延。近几年，世界范围的恐怖主义已经染指中国并构成了现实和潜在的威胁。当前，中国的恐怖活动主要有四种类型[①]：一是带有意识形态色彩的民族分裂恐怖主义；二是极端宗教势力进行的恐怖活动——极端思潮恐怖主义；三是帮派、黑社会势力等以极端暴力手段进行的、带政治性目的的反政府暴力恐怖活动；四是以"法轮功"为代表的邪教恐怖主义势力。其中以伊斯兰宗教激进主义恐怖活动和"东突"民族分裂恐怖活动对我国的安全影响为甚，新疆民族分裂主义暴力恐怖活动在20世纪90年代呈上升趋势就是佐证。

中国西北边疆地区的民族分裂活动、恐怖活动呈活跃、上升势头，除了受境外"三股恶势力"[②]的影响和策动外，还与这一地区所固有的民族分裂主义、恐怖主义土壤有关。从近年来的情况看，民族分裂势力呈现出极端化的色彩。同时，在中国境内外的"东突"势力为实现建立所谓的"东突厥斯坦国"的目的，组织、策划了一系列恐怖暴力案件。这些以分裂国家为目的，以一定组织形成出现的恐怖主义组织对新疆地区的稳定与发展构成了现实的威胁。他们培训暴力恐怖分子，积极筹集武器弹药，实施恐怖破坏活动。以1997年伊宁大规模骚乱事件为标志，新疆民族分裂活动进入活跃期，带有"圣战"色彩的暗杀、爆炸等恐怖暴力活动频繁发生。"藏独"近年来也呈现出"暴力倾向"。达赖集团中的激进组织，如"藏青会"、"藏妇会"等，极力主张开展暴力恐怖活动。他们秘密发展分裂势力，隐匿枪支弹药，试图在藏区策动骚乱。恐怖主义活动已经成为影响中国边疆民族地区稳定与发展的一个重要的不稳定因素。

2. 恐怖主义对国家统一和领土完整的危害。"东突"恐怖势力本质上是一股民族分裂势力，妄图分裂中国、分裂新疆是其一切活动的邪恶轴心，也是其恐怖活动的最终目的，从这个角度上说，"东突"恐怖势力的一切活动都是对我国国家统一和领土完整的威胁和破坏。"东突"恐怖势力在境外组织分裂大联盟，共同打造分裂声势，推动新疆问题国际化，以便争取以美国为首的西方反华势力的支持。他们一面在境外大肆勾结反动势力，共同商讨分裂祖国的图谋；一面在境内

---

① 参见宋国涛：《中国国际环境问题报告》，中国社会科学出版社2002年版，第451页。
② 指的是民族分裂主义势力、极端宗教主义势力和恐怖主义势力。

加强分裂宣传力度，以"争取民心"。"东突"恐怖势力在西方敌对势力的帮助下，在境内外建立了多处训练基地，征召、训练恐怖分子，并通过各种途径购买、向境内偷运武器、弹药，组织、发动武装叛乱，同时，利用宗教狂热分子发动"圣战"，制造爆炸、暗杀、投毒、纵火等恐怖事件，为了达到其险恶的政治目的而大肆制造恐怖气氛。其活动本身已经严重威胁到了我国的国家统一和领土完整。

3. 恐怖主义对边疆社会和人民财产安全的危害。1998年5月23日，"东突解放组织"成员在新疆乌鲁木齐市繁华场所投放了40多枚化学自燃纵火装置，制造了15起纵火案，造成了巨大的经济损失。1997年2月25日，"东突"恐怖组织制造了乌鲁木齐市公共汽车爆炸案，造成了3辆公共汽车被炸毁，9人丧生，68名乘客严重受伤。这些惨剧的发生，充分显露了"东突"恐怖组织的凶残本性，以及对社会和人民财产安全的严重危害。2008年3月14日，西藏拉萨市发生严重的由"藏独"分裂分子所制造的骚乱事件，仅据3月21日统计，在这起事件中，共有18名无辜群众被残害致死，382名群众受伤（其中重伤58人），242名公安民警、武警官兵在值勤中伤亡（其中牺牲1人，重伤23人），烧毁民房120间，毁损车辆84台，焚毁砸抢商铺908家，7所学校、5家医院受损，直接经济损失近2.5亿元。3月15日、16日，事件进一步蔓延，紧接着在中国西部若干藏族聚居地四川阿坝、甘肃甘南以及青海等地分别有"藏独"分子骚乱。① 2009年7月5日新疆乌鲁木齐发生的打砸抢烧严重暴力犯罪事件，导致197人死亡，1 680人受伤，260车辆被毁，其中190辆是公交车，50多辆民用车，受损门面203间，民房14间，过火面积达到56 850平方米，全市共有220多处纵火点，有两栋楼房被烧毁。②

4. 恐怖主义对民族团结和睦的危害。恐怖主义势力常常以民族、人权问题为借口，在西方敌对势力的怂恿和帮助下，长期从事着分裂祖国、破坏民族团结的反动行径。他们一面利用舆论工具和各种途径，散布谣言，歪曲事实真相，蛊惑人心，传播分裂思想，攻击我国的民族、宗教政策，挑拨少数民族与政府的关系，一面通过旅游、留学、朝觐、投亲、投寄书刊信件对边疆地区进行渗透。

5. 恐怖主义对现代化建设事业和改革开放的威胁。在社会转型时期，边疆地区出现不少恐怖主义的"苗头"，也发生了不少带有恐怖主义色彩的暴力事件。恐怖势力往往利用社会生活中出现的一些敏感热点问题或社会矛盾，伺机制造事端或动乱，以极端恐怖手段报复社会的事件逐渐增多，暗杀、绑架、爆炸、袭击案件时有发生。中国正处于新旧体制交替、社会剧烈变革的现代化建设时

---

① 参见菅强：《中国突发事件报告》，中国时代经济出版社2009年版，第196页。
② 参见张倩：《新疆"7·5"事件带给我们的思考》，载《中国教育创新》2009年第16期。

期，各种问题错综复杂，各种事物变化纷呈。加之对外开放后国际交往增多以及受国外各种消极因素的影响，也使边疆地区滋生了一些恐怖主义分子，加之新疆、西藏的民族分离主义势力仍是危及整个国家安全的隐患。达赖集团内部的"藏青会"、"藏妇会"等激进派别极力主张进行恐怖暴力活动。2000年7月，达赖集团"安全部"曾指派两名受过培训的间谍偷渡入境，企图让其中一人在拉萨大昭寺广场自焚，让另一名将此拍摄并把录像带送交联合国人权大会，以"控诉"中国政府。这些都极大地威胁着边疆的发展与稳定。

四、实现边疆稳定的治理对策

边疆治理的目标是实现发展中的稳定以及稳定中的发展。边疆的稳定与发展是一个艰巨而复杂的任务，仅仅依靠地方政府是难以有效进行治理的。"人们越来越意识到，地方公共事务的有效治理绝不能仅仅依赖于地方政府，需要将视野扩展到地方政府与其他横向和纵向的政府间关系、地方政府与私人部门、志愿部门和市民之间的关系。传统的由政府主导和影响的地方公共舞台成为多重组织和个人与政府共同表演的场所。"① 因此，边疆发展与稳定的治理，必须在充分发挥党和政府主导作用的基础上，调动一切积极性，使其他地方政府、非政府组织、社区、公民都参与到边疆发展与稳定的治理中来，甚至还需加强国际间合作，形成多中心多层面多维度的治理结构，最终实现边疆稳定与发展的善治。

（一）重视和加强利益协调

马克思主义认为，利益是人的一切活动的根本动因，"人们奋斗所争取的一切，都同他们的利益有关。"② 人类社会由多元主体构成，追求利益和实现利益的满足是人类的本能。然而，社会可供人类分配与消费的利益资源总是有限的，不可能同时满足所有人的所有需求。这种资源的有限性与人类需求的无限性的矛盾始终伴随着人类社会的存在而存在。当前，随着经济体制的转轨与社会结构的转型，边疆社会的利益格局发生了新的调整和变化，社会利益主体呈现多元化特征，利益关系呈复杂化趋势，社会利益分化呈加速态势，利益矛盾冲突呈普遍化状态，这样，不可避免地威胁着边疆的社会稳定和发展。因此边疆治理的首要任

---

① ［美］罗伯特·阿格拉诺夫、迈克尔·麦圭尔，李玲玲、鄞益奋译：《协作性公共管理：地方政府新战略》，北京大学出版社2007年版，译丛总序第4页。
② 《马克思恩格斯全集》第1卷，人民出版社1995年版，第187页。

务就是协调好各民族人民之间的利益关系，综合运用各种手段方法，建构有效的利益协调机制。

第一，建立健全利益表达机制。从政策过程来看，利益表达机制是公共政策科学化、民主化的重要条件。同时，利益表达渠道多样并且畅通，政策参与有序而活跃，可以增进各利益主体之间的相互沟通和了解，减少利益矛盾和冲突。在边疆治理进程中，建立健全利益表达机制具有紧迫性。

边疆地区建立健全多样化的畅通的利益表达机制，首先，需要增加利益表达渠道，建立完善的沟通反馈机制，健全正确处理人民内部矛盾的工作机制，完善信访工作责任制，综合地运用政策、法律、经济、行政等多种手段和教育、协商、调节等多种方法，依法、及时、合理地处理群众反映的问题，引导群众以理性、合法的形式表达利益需求，解决利益矛盾，维护社会稳定。其次，需要建立与完善以民族区域自治制度相配套的各种制度机制，进一步完善人民代表大会制度、政协制度、信访制度等。按照平等原则，适当增加边疆民族地区人民代表大会中各民族代表的比例，使本地各少数民族能够真正在民族内部事务上具有充分的参与权和决定权；落实国家信访条例，完善信访渠道，严格信访程序，追究信访失职责任，并普及宣传国家信访条例。领导干部要重视调查研究，建立收集社情民意的制度，尤其关注弱势群体的利益诉求和愿望要求；实行民族地区涉及社会重大公共问题的政策在正式决定前的公示和听证制度；定期或不定期地开展党政领导干部多部门集体公开办公，使公众能够与行政官员直接对话，就某些公共问题展开协商，同时也可以把这项制度引入到劳资双方、行业之间、团体之间等；建立民情民意收集登记制度，依据登记信息及时将处理意见反馈给社会公众，对不负责任的行政官员依法处理。最后，还要加强对群众的教育和宣传力度，提高他们利益表达的理性化程度，通过制度化渠道来表达自己的利益。

第二，建立健全利益调节机制。利益关系的优化和调节，需要充分发挥三次分配的作用，即：市场的调节、国家的调节和社会的调节。第一次分配是发挥市场机制在资源配置中的作用，重组利益格局，协调利益的实现，充分利用市场机制为不同的利益主体创造公平的竞争环境，调整利益分配格局，减少不同利益群体之间的不公平感。由于市场的利益调节机制不能从根本上保证社会公平，容易导致两极分化、贫富悬殊，因此还应当强调国家进行利益调节的必要性和重要性。政府须建立一整套经济调控和市场监管的法律、政策和制度，确保社会发展的公平与公正。国家运用的调节手段主要包括税收、转移支付等。通过税收等形式把高收入者收入的一部分转移到国家手里，通过转移性支付和社会保障制度为低收入者提供收入保障。同时，还应该加强社会调节的力度，缓解利益矛盾和冲突。边疆地方政府应根据实际情况，在国家和民族区域自治制度的框架内，制定符合自身实际的地方性法规政策，进一步优化利益配置，弥补由于市场竞争导致的公平不足。由于绝大多数边疆地区仍然是落后的农业经济，"四农"（农业、农民、农村、农民工）问题比较突出，因此，地方政府始终应该把提高农民的收入水平作为再次分配政策的重中之重，利用积极的减免税收和给予更多财政补贴的双重政策进行利益调节，实现公平。同时，要努力探索农民增收的新途径，从长远来看应积极推进城市化进程，通过扩大就业建立农民增收的长效机制，消除农民向城市转移的制度性障碍。

此外，对于边疆的贫困群体来说，发挥社会调节的力量对于促进社会的公平也很重要。可以通过政策引导和舆论的导向作用，动员社会各方面的力量，建立慈善事业、民间捐助、社会救助等，借助公益目的、群体目的或团体目的来实现来维护相对范围内弱势群体的利益。

第三，建立和发挥利益补偿机制的作用。建立合理的利益补偿机制，为利益受损者提供一定的补偿，以提高社会公平的程度，这是促进边疆社会的稳定和发展的不可忽视的基本手段。边疆地区建立利益补偿机制的主要内容是建立并完善一套与域内社会经济发展相适应的社会保障制度。

目前，我国的利益补偿机制主要是社会保障制度，包括社会保险制度、社会救济制度和社会福利制度。由于利益受损产生原因的不同，利益补偿并不是无差别的和无条件的，在边疆多民族地区，尤其要充分关注那些边远贫困少数民族，由于受地理、传统、环境、政治等因素的限制，在市场经济中他们往往处于不利地位。边疆地方政府要切实坚持广覆盖、保基本、多层次、可持续的原则，加快健全边疆地区社会保障体系，按照个人缴费、集体补助、政府补贴相结合的要求，建立新型边疆社会养老保险制度。完善边疆地区农村最低生活保障制度，中央和地方政府财政要加大补助力度，做到应保尽保，不断提高保障标准和补助水平。地方政府要以维护边疆最广大人民群众的根本利益为出发点，以社会的稳定和发展为导向，高度重视和维护人民群众最现实、最关心、最直接的利益，综合考虑各方面的利益，按照效率优先、兼顾公平的原则调节各种利益关系，最大限度地实现经济发展和社会公平的统一。地方政府应在具体的政策实施过程中，具体问题具体分析，如果是由于国家造成的政策性利益受损，那么则运用财政政策进行财政转移、价格补贴、税收减免等手段进行利益补偿，"如工农业之间价格差所造成的农民利益受损则可以采用价格补贴和税收减免等手段保护农民的利益，如果是由于在资源、机会等占有起点上的不平等所导致在社会经济发展过程中利益受损的，那么当地政府就应当首先创设公平公正的制度环境，确保每个人不因其性别、年龄、学历、出身、身体、民族或其他个人归属性、先天性因素而受歧视或侮辱，确保社会发展成果、社会基本权利能够被这些成员所共享。"①

（二）扩大公民有序的政治参与

有序的政治参与是参与主体的行为在制度的框架和渠道内依法进行的。政治参与的方式和水平作为衡量现代国家政治发展的一项重要指标，深刻影响着不同时代的政治发展格局。边疆地区的有效治理，离不开公民有序的政治参与。对于边疆地区来说，由于社会发展程度不高，商品经济发育滞后，忽视公民权利、狭隘的民族地域意识还很普遍，相当多的人的主体意识、民主意识、法治意识、国家意识还比较淡薄。在边疆治理中，提高公民的有序的政治参与水平，能够从根本上提高其自身的政治素养和判断力，实现和维护其正当权益，提高其自身的社会责任感、归属感，增强国家认同和公民意识，从而有助于实现边疆的善治。

从公共政策的角度来看，公民的政治参与有助于公共政策制定的民主化、科学化，有助于增强公共政策与公民需求之间的相互适应性，有助于公民利益诉求的表达，使公民容易接受和认同相关的政策，有助于公民帮助政府推行政策的实施。公民政策参与是实现公民权利的基本途径。此外，在边疆地区，由于民主政治的构建还不全面，公民政治参与还有利于有效防止公共权力滥用，促进边疆地区社会的和谐稳定。

在政治学意义上，政治参与具有三个方面的功能，"参与能够提高个人价值；以参与为基础的集体决策易为个体接受并提高参与者'属于'他们自己社会的归属感；同时，参与能够让人们学会如何管理自己，而且能够使参与者认识到，'不仅公共事物也是他的个人事物，而且公共事物的处理一定程度上取决于他的努力'。"② 维护和实现边疆的稳定发展，须加强引导公民有序的政治参与，这需要从多个层面进行努力。

第一，大力发展市场经济。边疆地区公民政治参与是在一定经济基础上形成和发展的，经济发展状况尤其是市场经济的发展对其政治参与具有基础性的影响。一方面，市场经济发展水平影响着少数民族的政治参与。市场经济发展水平较高的地区和民族，政治参与的水平也相对较高。另一方面，公民个人的经济地位也影响着其政治参与的状况。经济状况好的公民与经济状况差的公民在政治参与方面的表现有很大的差异。一般来说，社会经济地位较高的公民参与政治的比例要高于社会经济地位低的公民。在边疆地区，有的少数民族生活在地远偏僻、

---

① 蒋小捷、张瑞才：《西南边疆多民族地区的利益协调机制建构》，载《学术探索》2008年第2期，第35~42页。
② 青觉：《提高少数民族政治参与水平是构建社会主义和谐社会的迫切要求》，载《中国民族报》2008年3月7日第6版。

自然环境恶劣、自然灾害频繁的地区，长期处于落后和封闭的状况，一些地区甚至仍处于与世隔绝、自给自足的"孤岛"式的自然经济状态。人们在温饱问题都难以解决的条件下，是无闲心去关注政治生活的。经济的不发达和生存环境的封闭性，使得人们缺乏参与政治生活愿望的经济保障。虽然有些发展较快的少数民族地区市场经济获得了一定程度的发展，但市场发育程度低，公民的政治主体意识和参与意识普遍薄弱。为此，建立健全市场经济体制，地方政府需为市场经济的发展提供和优化良好的社会环境。中央政府应加大对边疆地区的财政支持力度、扶贫开发力度，边疆地方政府应积极探索适合自身的经济社会发展道路，始终把促进农民增收作为政策制定的出发点和归宿点，内外结合，共同促进本地区的经济社会发展，不断为边疆人民的政治参与提供坚实的物质基础。

第二，加强参与型政治文化的建设。边疆少数民族政治参与必然要受到少数民族政治文化的影响。少数民族在历史上形成的政治文化，主要是地域型和臣属型的政治文化，改革开放以来，少数民族的政治文化逐步向参与型政治文化转变，极大地支持和促进了少数民族政治参与的发展。然而，真正参与型的政治文化在少数民族中还没有普遍形成，这种状况反过来制约着少数民族的政治参与。因此，参与型政治文化的建设对于边疆少数民族的政治参与意义重大。

建设参与型政治文化应从如下几方面入手：一是提高边疆地区少数民族对国家的认同。少数民族公民一般对本民族的宗教信仰、文化习俗和民族意识都存在着高度的认同，而且他们的日常生活问题大多数都是在民族政治生活体系内部来解决，因此，他们对本民族政治生活体系有较高的认同意识。但由此却会对国家政治生活体系产生相对的疏离感。因此，应当在意识层面上加强少数民族群众对国家的认同感，以此提高其对国家政治体系的认同感。边疆少数民族公民的政治参与具有对少数民族政治体系的参与和对国家政治体系参与的双重特性。由于历史上边疆少数民族就形成了不同于汉文化的少数民族文化，各少数民族公民对本民族文化传统、宗教仪式的认同是根深蒂固的，对此，切不可单纯为了营造现代政治文化氛围而在实际行动中伤害少数民族公民的民族情感。有效的途径应该是对边疆地区的少数民族积极引导、加强教育，使国家理念逐步深入各少数民族心中。与其他地区民主政治的发展相比，边疆地区政治民主化进程仍显得较为迟缓，公民的民主参与意识仍然较为淡薄。今后，应大力强化边疆地区基层政权的民主建设，政府应将少数民族公民的选举权、被选举权、罢免权和监督权切实落到实处，从而使少数民族公民在实际政治生活中逐步提高民主参与意识。二是大力发展民族教育，不断提高边疆少数民族地区人民群众的知识文化水平，增强民主意识、国家意识。大力发展民族教育，从根本上提高少数民族公民的素质。公民对政治文化的获得、接受与内化离不开家庭、学校、政权机关等对其的灌输与传播。处在地域—臣属型政治文化圈层中的边疆少数民族公民基本上都是顺从者、"沉默的大多数"。现代参与型的政治文化造就的是政治体系的参与者，参与者对政治体系的有效介入将从实践层面巩固参与型的政治文化。因此，要使边疆地区的人们从顺从者、臣民逐渐向参与者、公民转变，就需要大力发展民族教育，提高边疆少数民族的民主意识和国家意识。三是拓展政治社会化的途径。由于边疆地区大多经济落后，人民受教育程度低，再加之自然环境差，有些政治社会化途径的作用十分有限，因此，边疆地区政府要切实加大对教育的投入，制定相关优惠政策，吸引优秀教师到边疆贫困地区支教。要大力发展大众传媒事业，让电视广播村村通，让边疆地区的人民群众及时了解国家社会政治生活，只有拥有足够的政治信息，有序的政治参与才有可能。促进少数民族政治参与的理性化程度，关键是要系统地提高各少数民族成员的参政素养和参政能力，提高政治参与行为的效度，维护和实现好成员个体和民族整体的合法权益，积极参与边疆治理和社会公共事务管理。

第三，建立健全政治参与机制。建立健全政治参与机制，规范政治参与的程序，不断拓宽参与渠道使之制度化、规范化，对于边疆少数民族的有序政治参与起着关键作用，边疆地区政府应根据本地区实际情况——本地区民族的风俗习惯、文化传统等积极探索多样化的政治参与途径。民族区域自治制度、人民代表大会制度的确立为少数民族的自主自愿参与提供了条件和机遇，但民族政治参与要达到一定的质量和水平却需要一个过程，并会受到诸如民主意识、政治行为能力、政治制度的改革力度与完善程度、社会综合条件等因素的制约。只有建立健全政治参与机制，才能不断提高各民族政治参与的广度和理性化程度。

第四，发挥地方政府的引导作用。边疆少数民族地区政府作为群众政治参与的目标指向之一，在公民政治参与的过程中，应该进行积极的引导，使公民的参与行为向有序的方向发展。在边疆地区，社会矛盾相对复杂，党和政府应该关注那些持续时间长、问题突出和影响大的政治参与，并对其进行积极引导，避免无序化参与的发生和扩大。从大局上主动积极引导公民政治参与的方向，促进政治参与的有序化发展。

（三）加强公共危机管理

面对频发的公共危机事件，做好公共危机管理工作，既是维护边疆地区社会稳定，促进政治、经济、文化、社会、自然协调发展的必然要求，也是边疆治理的重要内容。

危机管理的出发点是要求树立危机意识，建立起危机预警系统，有效应对公共危机。维护边疆稳定，促进边疆发展，加强危机管理应从以下几方面入手：

1. 加强对边疆地区群众的公共危机教育,提高他们的危机意识和防灾能力。一是要加大宣传的力度,保证公众的知情权,使公众对突发事件有清晰的认识和判断,本着科学、理性的态度认真对待突发事件。二是要号召公众参与社会秩序的恢复工作,尽快恢复社会的正常状态,可以稳定公众的情绪,保证社会秩序的稳定。三是要加强公共危机模拟训练和预警演习,并通过媒体传播、学校教育和职业训练等方式不断培养全员参与意识和社会责任。

2. 边疆地区政府要制定具有可操作性的预备防范和解决社会危机的方案。在处理公共危机中,政府应该起主导作用,而其中政府的政策又起着很关键的作用,只要政策能及时、主动地调整,社会危机就可以马上缓解。当然,随着经济社会的发展,危机处理的主体已经不再仅仅是政府,因此,政府在制定预警方案时应该注意整合各方面的力量,有时,为了整合这些力量,应该运用平等协商的方式。制定公共危机处理预案的基本框架一般包括这几点:第一,建立科学明确的制度和合理的程序;第二,建立应急决策机构和信息中心;第三,构建完善的紧急救援职能网络;第四,明确处理公共危机的基本底线,不得违反宪法和法律规定,不得侵犯基本人权。

3. 政府要督促重点行业、重点领域建立详细的预警方案。对边疆地区来说,发展中资源、环境问题相对突出,政府应高度重视。值得一提的是边疆的农村、山区,在应对和处置突发公共事件方面,基本上处于不设防的状态,一旦发生突发公共事件,往往人财物损失相当严重。因此需要高度关心和重视农村,尤其是对少数民族聚居区、山区、沿江流域、高危企业的应急管理体系建设,要经常给予耐心指导,增加应急经费投入,督促其建立详细的预警方案。此外,对社会影响力比较大和人流密集的交通、环保、建筑、商贸等行业,政府有关部门要经常检查其安全生产流程和防范措施。如果发生重大安全生产事故,政府应迅速导入补救措施方案、救助方案,使之运行尽快程序化、规范化。

4. 建立职能明确的指挥中心。事实证明,一个强有力的指挥系统,对危机处理是十分必要和必需的,政府首脑如果不通过指挥系统进行及时、果断的决策指挥,后果往往不堪设想,会给社会和个人带来无法弥补的损失。因此,政府必须加强立法调研工作,加快立法步伐,明确各职能部门应急管理的职责权限,明确规范各法律主体在应急管理工作中的法律责任和行政权力,明确公民个人权益与社会整体利益的关系,统一规定应急管理的监测预警、应急报告、信息发布、应急处理、统一指挥、属地为主、责任追究、举报等制度。

5. 建立完备的信息沟通系统。随着全球信息化进程的加快,及时、准确、全面、可靠的信息交流,是政府应对、处置各类突发公共事件,进行应急管理决策的主要依据。边疆地区由于自然、经济等发展条件的制约,信息相对闭塞,尤其是部分边疆少数民族群众，信息的掌握极为有限，严重制约其参与社会政治生活，作为边疆地区政府，要克服边疆地区的不利因素，建立健全信息交流机制，这有利于政府实时、有效采集应急管理信息，及时做出相应的预警、处置、恢复重建等决策，防范突发公共事件发生，减少应急决策失当，减轻突发公共事件造成的损失。同时，充分发挥广播电视媒体以及宣传的作用，力争与群众进行信息互动，建立通畅的信息沟通渠道，保障公民知情权、参与权，从而动员社会力量的参与，营造正确、科学的舆论导向，不断满足人民群众对各种突发公共事件信息的需要，实现政府信息、大众传媒与民间舆论的良性互动。此外，政府还应对事件的整体规模、性质、处置措施等信息，及时准确地予以公开，及时而真实的信息发布，能够引起群众对危机的关心，建立起群众对政府的信心，不仅能够有效地预防危机的爆发或限制危机的态势，也可调动民众的积极性，争取广泛的合作支持。

6. 建立社会危机管理基金，专款专用。危机管理基金主要用于社会救助和赔偿，是危机预警不可或缺的关键组成部分，应该纳入边疆地区政府正常的财政预算。当边疆社会危机放大以后，危机的解决往往需要当地更高一级的政府出面，这就必须使政府活动费用（财政支出）能得到保证，以便有足够的力量进行善后处理。所以，社会危机的管理基金是构成预警机制的重要保障。

7. 加强危机管理的绩效评估。危机管理的一项重要工作就是要对各种潜在危机风险随时进行评估，把握危机数量、种类、性质、特点和规律，根据危机的不同性质，对危机进行分级分类，为每一类别的危机制定具体的危机应对战略和战术，一旦发生危机，就可根据评估数据迅速进行危机处理。同时，加快建立一个灵敏、实时、准确的信息监测系统，及时捕捉、搜集相关信息并加以分析处理，掌握危机的各种变化和最新信息，监测危机发生的概率，量化危机管理中的各类信息。同时，要加强公共危机管理工作的绩效评估，促进危机管理水平和能力的提高。

（四）加强跨国协商合作

我国与14个周边国家陆地接壤，陆地边境线长达2.2万公里，其中少数民族地区占1.9万公里；全国共有边境县（旗）135个，其中少数民族地区占107个；目前有国家级陆地边境口岸43个，其中有34个在少数民族地区，此外，少数民族地区还有地方对外口岸190多个，国家特种口岸2个。[①] 为此，在边疆治理中加强跨国协商合作具有重要的意义。边疆地区党和政府应该实施对外合作和

---

① 参见罗崇敏：《中国边政学新论》，人民出版社2006年版，第8页。

对外开放战略、横向联合与合作战略和对外区域合作战略，提高对外合作和开放水平，实现稳定和发展，促进经济社会协调发展。

第一，加强反恐与禁毒方面的跨国合作。在边疆地区，境外潜在的恐怖主义以及沿边少数民族地区一直存在着诸多的非传统安全隐患，切实把握和消减这些非传统安全隐患，铲除境外恐怖主义可能乘虚而入的土壤，才能改善边疆地区与各国跨国合作交往的安全环境。20世纪90年代以来，边疆与毗邻的各国安全环境发生了变化，中国与各国家的安全环境得到实质性改善，但局部安全问题趋于复杂。边疆地区的民族分离主义、宗教极端主义、国际恐怖主义、毒品走私、跨国犯罪等非传统安全问题日趋泛滥，这些问题看似并不直接危害国家主权独立和领土完整，但却或多或少、间接或直接地与中国边疆地区的安全环境相互交织，影响到国家的可持续发展能力，不同程度地影响到边疆的发展与稳定。

恐怖主义等非传统安全威胁的全球性特点，促进了新型安全合作模式的产生。随着经济全球化和现代科技的发展，恐怖主义的国际化发展特点越来越明显。现代恐怖主义已非一国事务，也非某一国所能单独应对。因此，开展国际反恐合作是维护国际安全的有效途径。中国积极参加了上海合作组织、东盟地区论坛、联合国等各种国际和地区、次地区安全对话合作进程，探索新的安全协作模式。

在毒品问题上也需加强快跨国非传统安全合作机制的建立。通过非传统安全合作，边疆地区不仅能够为反恐、反毒、能源开发等方面的安全合作开辟广阔前景，而且还能加快经济一体化的进程。面对边疆地区日益严峻的安全形势和三股恶势力的跨国犯罪活动，我国政府在反恐问题上必须加强与其他国家的合作，联手出击，维护和平与稳定。主要包括：高层会晤频繁为各国集中力量消除恐怖主义势力对地区安全威胁提供了可能；举行以反对国际恐怖主义为主要内容的大规模联合军演；建立合作协调机制讨论地区安全形势和加强地区安全合作等问题。

边疆地区政府在中央政府的领导和指导下，也应该积极主动加强与国际社会的合作，坚决堵住毒品走私大通道。首先，与各国签署相关条约，联手打击该边疆地区的各种毒品犯罪活动，彻底铲除毒品滋生的根源；其次，扩大与各国反毒跨国合作范围，签署一系列反毒合作多边协定，不定期召开反生产、贩运和吸毒会议，协调反毒立场和行动；最后，与联合国保持密切合作关系，配合联合国开展的国际反毒计划。

第二，加强经济方面的跨国合作。边疆治理问题的核心是发展问题，中心是经济建设。加快边疆地区经济发展的步伐，无论对于缩小差距，实现共同富裕，还是对于加强民族团结，维护祖国统一和社会稳定都具有重要的意义。这不仅是一个重大的经济问题，也是一个重大的政治问题。因此，加强经济方面的跨国合作也是边疆治理的重要战略之一。

建立边境经济合作区,发展与周边国家区域经济合作。设立跨境经济合作区,将吸引区域外资金、技术、人才等要素向区域内流动和聚集,为经济发展提供强劲的动力和广阔的空间。边境地区贸易、投资以及经济的发展,将为边民就业和脱贫致富提供更多的机会,有利于促进边境地区的社会稳定。

加强边境贸易的规范化管理。中国的边境贸易,应当符合国际贸易规范要求和建立社会主义市场经济体制的客观要求。当前,应该由国家统一制定法律和政策,对边境贸易进行统一规范化管理。为此,应当抓紧制定边贸的法律、法规,完善有关管理制度。边疆地方政府应当从实际出发,坚持现汇交易、易货贸易和其他贸易并举的方针。在条件许可的情况下,尽量采用现汇交易,同时,积极引导边境贸易从局部进行到全线展开,从狭窄的边境线向纵深的地带发展。目前,我国的边境贸易基本上仅仅在边境线上展开,准确地说,只是在边境口岸进行。因此,边疆地方政府应当做好"内联"工作,举办洽谈会,吸引其他省市进行边境贸易,开辟出口货源;采用联营方式共同开展边境贸易,发挥统一联合优势;吸引国内其他省市地区到沿边地区投资,将"内联"从外贸领域扩展到生产领域。

(五) 推进文化整合

从狭义上来看,文化是人类在发展过程中所创造和积累的精神财富的总和。边疆各少数民族在长期的发展过程中形成了各自丰富多彩的文化,边疆地区各民族文化是中国文化的重要组成部分,多元文化的并存,是文化创新发展的前提和基础,但同时也会带来各民族之间沟通交流的困难,也会产生一些民族问题,成为影响民族团结与边疆稳定的因素。为此,要实现边疆的善治,促进边疆的发展和稳定,必须推进多元文化之间的整合。

当前,文化结构的封闭性是制约边疆民族文化发展的一个重要因素。历史上边疆少数民族及其文化严重封闭,与外界少有文化信息交流,较少受到先进文化的辐射和浸润,不仅民族现代意识发育迟缓,而且使民族文化结构严重缺乏现代科学文化和现代理性因素,严重制约着民族素质的提高。在边疆治理进程中,推进各民族之间的文化整合需要注意以下问题:

首先,要有健全的文化心态。在文化整合过程中必须克服情绪化、非理性化的文化偏见,健全文化心态,用一种理智客观的眼光看待全球化条件下民族文化的发展。既要同任何假借全人类名义大行其道的文化霸权作斗争,又不能拒斥其他民族的优秀文化。与此同时,还要坚持文化的民族性,正确处理文化的多元性与统一性的关系。对文化的民族性不可片面狭隘地理解,它本身就含有世界化的内在属性，越是民族的才越是世界的。我们所提倡的民族文化迈向世界，实质上是将世界的东西民族化，将民族的东西世界化。历史发展的教训已经证明并将继续证明，推行文化封闭主义是没有任何前途的，只能导致落后和偏执。文化孤立主义和封闭主义是无视文化历史发展的趋势，无视全球化的时代背景，企图在一个封闭的环境修复构造自己的文化原型，这样必然导致文化的排他性，畏惧变革，最后导致本民族文化的停滞乃至凋谢。因此，具有健全的文化心态，增进文化心理适应能力，是推动民族文化整合发展的重要环节。边疆民族文化资源是千百年来各民族人民创造的精神财富的积淀，尽管有些内容与当代社会不相适应，但仍然有相当多的精华和精髓，在过去和今后都在发挥积极作用。因此，在文化整合过程中，既要继承和发扬本民族优秀文化传统，以民族优秀传统文化来增强少数民族群众的民族自信心和自豪感，还要以先进科技文化知识来促进少数民族群众的市场意识和自我发展意识，使之得到有机的统一，这是发展边疆民族文化的根本。

其次，必须明确文化整合的主体。民族文化整合的主体只能是自己，失去主体的文化整合事实上不成为整合，实质上是"被吞噬"，失去了文化的主体性和独立性，也就是迷失了自我。在边疆治理过程中，推进文化整合正确的做法是以我为主，博采众长，为我所用，将各种文化因素进行有机结合，抛弃糟粕，消化吸收精华，在动态发展过程中，使文化结构不断重组、优化。不容忽视的是，全球化进程中的文化整合常常伴随着文化冲突。但也正是冲突激荡过程中，才可能萌发新的发展生机。从文化发展史看，民族文化的更新与创造常常由外部刺激所引起，异质文化的冲击对自身发展有其重要意义，有时还会催生新型文化的降临。为此，应以一种理性的方式看待和应对文化的冲突问题，一方面使文化冲突保持一定张力以求民族文化的发展，另一方面又应该避免过分的冲突而导致民族文化的"萎缩"。在全球化进程中，中国文化走向世界，世界文化进入中国，多元文化共处共融，是一种不可逆转的趋势。边疆的发展和稳定，离不开多元文化的相互融合和促进。

再次，正确处理文化创新与保护的关系。在文化整合过程中，要特别注意不同历史阶段中民族文化的特质与发展，以及与之相适应或不适应的民族体制、社会组织、生产方式、经济形态、习俗观念等及其发展演化。在市场经济的不断发展和全球化的推动下，边疆民族文化在保持其民族特性的前提下要不断进行整合和创新。同时，还要尊重和保护民族文化的多样性，尊重和肯定各民族的文化价值和特性，这样才能促进各民族间的相互尊重、理解与交流。边疆治理离不开民族文化的保护和建设，要通过法律手段有效地保护和弘扬民族文化，实现自然生态、人文生态与经济发展和谐共荣。

最后，要重视对文化结构的重构。随着现代化进程的加快，随着市场经济的发展，不同地区不同民族的交流空间范围不断扩大，各种现代传媒的传播速度日益加速，各种传统文化受现代文明的冲击也渐趋激烈。社会转型、体制转轨，导致了文化生态的急剧变化，边疆地区文化本身要生存和发展就必须适应这些变化，要致力于文化结构的改革和重构。边疆文化结构重构的中心是打破传统文化"一统天下"的格局。边疆民族文化相对来说处于落后的状态，这种落后既表现为内容的单一、原始、粗朴，又表现为结构功能的僵化、退化和衰败。对此，必须进行结构改造。一要大力进行智力开发，提高学习和引进现代的科学文化素质和理性思维的能力。二要进行国家认同的启蒙，使之既要看到自己的差距，明确本民族所处的历史方位，改变对传统的盲目崇拜和依赖的心态，又要强化对国家的认同，推动民族文化向现代转变，使多元一体的民族文化发扬光大。三要加强与时代精神的结合。任何一个民族的文化要活力永存，就要从不断变化的社会实践中汲取鲜活的营养，从其他民族文化中汲取精髓，不断调适与时代的关系来发展自己。历史证明，能否从其他民族的文化中汲取营养对一个民族的发展至关重要。

（六）推进制度创新

治理意味着统治方式与管理方法的改变，意味着制度层面的创新。由于边疆地区商品经济发育程度低，社会内部缺乏现代性因素的积聚，人的受教育程度低，素质不高，民族宗教因素复杂，传统文化习俗的影响浓厚，地方政府能力有限，因此，实现制度创新的动力和能力不足，只有依靠国家政权体系的力量，通过中央政府强制性的制度变迁，激发其制度变迁能力来实现制度创新。制度是一种"公共产品"，制度供给是国家政权体系的基本功能之一。在某种意义上，制度供给比资金和技术的支持更为重要。在边疆治理的进程中，各级政府应当在充分调查研究的基础上，尽快制定和完善适合边疆地区实际的产权制度、分配制度等各项制度，建立起新型的社会激励结构，有效解决边疆地区发展内在动力不足的问题。

制度既是边疆治理的框架，也是边疆治理的手段。制度创新既是边疆发展的制度推动力，也是从根本上解决边疆发展问题的重要手段。边疆的发展离不开有效的制度创新。制度创新是在经济转轨、社会转型、社会分化、利益调整、文化冲突、问题频发的新形势下，解决由于这些变迁所产生的新问题、新矛盾的根本途径。在边疆发展治理中，制度创新的价值主要在于：在价值理念层面坚持以人为本，不断追求社会公平和正义，发展民主政治，实现善治；在实践行为层面上不断提高发展制度的质量和绩效，降低制度运行成本，减少制度摩擦，增强制度优势互补，优化制度生态，不断促进政治、经济、社会、文化的协调发展。

边疆发展的治理过程，在某种程度上就是一个不断进行制度创新的过程。当前，边疆地区的制度创新主要应从以下方面入手：

一是走出对制度认知的误区，进行观念创新。在东部沿海和大都市，大多数人已经比较深刻地认识到了制度的重要性，也比较注重制度创新和制度遵从。但在边疆地区，大多数人对制度的认知还存在着一些误区。广大公民对制度的重要性认识不足，仍然认为制度可有可无，有的甚至对制度都还缺乏基本的了解。少数民族群众最熟悉最重视的是风俗习惯，其政治文化还属于典型的封闭的地域性臣民文化，是一种典型的制度虚无主义。有的人认为制度是领导干部管制老百姓的，制度创新与普通人关系不大，是一种典型的制度特殊主义，而非制度的普遍主义。有相当一部分人认为制度是人制定的，既然是人制定的，就可以随着人的意志情感而变动，是一种典型的制度工具主义。由此，有的领导干部认为，制度创新就是随意地改变制度或随心所欲地制定出一些新制度，以至于有的地方政府一年就产生了几千项"制度创新"的举世瞩目的"成就"。只有走出这些制度认知的误区，才能提高制度创新的绩效。还有相当一部分人对制度抱着绝对顺从的态度，不敢变革，不能以发展理性的眼光和行为来对待之，是一种典型的制度保守主义。

在边疆稳定与发展的治理过程中，一定要从实际出发，以解放思想为主导，重视观念创新，不断适应形势的发展，以实践来检验一切，自觉地把思想认识从那些不合时宜的观念、做法和体制的束缚中解放出来，从教条主义和形式主义的桎梏中解放出来，突破阻碍发展的错误思想观念的束缚。在边疆治理中，观念创新起着重要的指导作用，没有观念创新，就形不成新的思路，形不成新的方法，建立不了新的体制和机制，无法促进边疆的发展与稳定。

二是深化对发展的认识，制度创新服务于发展的需要。首先，要树立发展是主题、发展是关键、发展高于一切、只有发展才能保持边疆稳定的思想。边疆地区的稳定和国家安定团结依赖于发展，一切制度创新都要有利于发展。邓小平多次强调发展是硬道理。科学发展观的第一要义是发展。其次，要树立全面系统的发展观。发展不仅仅只是经济的发展，还包括政治发展、文化发展、社会发展和生态保护。不能单一化、片面化、表象化地理解发展。要树立全面系统的发展新观念。发展并不等同于经济增长，发展是经济、文化、教育、卫生等社会事业的全面发展，包括思想观念的更新以及人的全面发展，发展意味着整个社会的变革。再次，要树立科学的发展观。发展要讲科学，要以科学的理论作指导，要制定科学的发展规划，要采用科学的发展方法，要使用科学的衡量发展的指标。发展不能靠蛮干，更不能随心所欲、急功近利、为所欲为，发展必须讲科学、靠科学。最后，要树立以人为本的发展观。发展归根结底是人的发展，是人民生活质量的提高，是素质修养的提高，是幸福指数的提高，是生命质量的提高。因此，发展的核心是以人为本，制度创新的核心是以人为本。边疆的发展必须以人民的利益为主，政府的一切工作都要从边疆最广大人民的根本利益出发，边疆的发展建设要依靠人民，发展建设的成果要由人民群众共享。

三是在发展体制上，要把市场机制的基础性作用与政府的指导性作用有机结合起来。我国经济体制改革的目标是建立健全社会主义市场经济，必须确保市场对资源的基础性配置作用，加快以市场为取向的改革步伐，从根本上消除束缚生产力发展的体制性障碍，按照市场经济的规律办事，改善边疆地区投资环境，促进市场发展，大力培育市场主体，进行机制和体制创新，充分发挥市场配置资源的基础性作用，为加快发展创造新的体制环境。政府要更加重视边疆地区的发展与稳定，把边疆治理作为重要的战略规划，高度重视边疆发展，制定有利于边疆地区稳定和发展的法规政策，加大对边疆地区的支持力度，增加对边疆地区的投入。

边疆地方政府需切实加快政府职能转变，大力发展市场经济，大力发展社会生产力。在市场经济体制下，在全球化的大趋势下，中央政府对边疆地区的发展应有新的思路和措施，要以《民族区域自治法》和党的民族政策为指导，遵循市场经济的基本规律，以启动内部活力为重点，以改善边疆人民生活质量为目的，尽快破解制约发展的"瓶颈"，通过加大财政转移支付力度，确保边疆地区财政负担人员的工资按时足额发放和各级党政机关的正常运转，为边疆地区深化改革提供良好的条件和环境。边疆地方政府要加快以民生为重点的社会建设，尽快改善贫困地区的水、电、路、通讯等基础设施，加大科技教育的投入，建立科技创新体系，以乡镇农技站、科技示范大户为基本队伍和载体，促进农业科技成果的转化和推广，从根本上提高政府公共管理和公共服务水平。

四是在发展主体上，充分调动各阶层各民族群众的积极性和创造性。在坚持公有制为主体的同时，旗帜鲜明地鼓励、支持和引导各种非公有制经济在边疆地区的发展，尊重和保护一切有益于人民和社会的劳动，保护一切合法的劳动收入和合法的非劳动收入，树立多元发展的新观念，调动各方面的力量投入边疆地区的发展之中。所有制结构的调整是整个制度创新的关键。边疆地区经济发展缓慢与所有制结构不合理密切相关，经过二十多年的调整，目前全国的所有制结构大体是非公有制经济占30%左右，东部沿海一些发达地区几乎接近一半。而西部地区的非公有制经济仅占20%左右，这在很大程度上制约了边疆地区市场经济的发展。边疆地区的治理开发，要把发展私营经济等非公经济作为经济的新的增长点和突破口，让它们在地区发展中起重要作用。调整所有制结构，让边疆多元主体参与发展，加大非公有制经济的发展力度，就成为边疆治理的一项重要任务。

五是在发展的动力上，必须依靠科技进步、劳动者素质提高。边疆治理的成效关键取决于科学技术的发展和人的素质的提高。为此，边疆地方政府必须真正实施科教兴国战略，以科技进步作为强大的动力，以科技创新改造传统产业，以科技创新调整经济结构，以科技创新提高管理者和劳动者的素质，以科技的跨越推进经济和社会事业的跨越。要高度重视科学教育的发展，加大教育投资，夯实基础教育，大力发展职业教育，深化高等教育改革，引导各族群众学习和接受新的先进的科学思想和文化知识，建立与市场经济相适应的道德体系和思想观念的同时，要加强在边疆地区扫除青壮年文盲和农村实用技术的培训，提高劳动者的素质。

六是在发展的管理体制上，要变革传统的管理体制和管理方法，改变政府包揽一切的行为，切实转变政府职能。中央政府和边疆地方政府要把工作重点放到经济调节、市场监督、社会管理、公共服务上来，实现"市场主导、企业主体、政府规范"的运行机制。政府管理经济运行的机制，要从直接参与经济活动向宏观管理转变，从行政手段为主向法律和经济手段为主转变，从政府配置社会资源为主向市场配置社会资源为主转变。边疆地区由于信息不畅、管理者素质低、市场化程度不高，政府还是全能型政府，其所管理的事务无所不包，出现了管理职能的越位、缺位和错位问题。制度创新，最重要的是政府经济管理体制的创新。必须实现由政府直接行政指令性管理为主转变为政府进行宏观管理为主、间接管理为主、经济和法律手段为主的政府管理运行机制。

七是在政府治理范式上，要加快治理范式的变革。政府治理范式就是指政府在公共管理过程中的治理理念、治理结构、治理机制、治理方式和治理目标。在边疆治理的制度创新中，政府治理范式的变革具有根本性的意义。无论是中央政府还是边疆地方政府，都要加快治理范式的变革。在治理理念上，不能再拘泥于传统的固定模式，必须以绩效、回应性、责任性、发展性为导向和选择标准，不再寻求僵化的整齐划一的模式，不再以追求单一的机械稳定为终极价值目标，树立服务型政府、有限政府、责任政府、法治政府的理念，重视市场、社会的作用。在治理结构上，政府要加快公共权力运行方式的变革，加强权力运行的规范化和法制化，从根本上改变权力本位、官本位的问题，提高公共政策的民主化、科学化、公正化，提升政府能力，加快政府职能转变。在治理机制上，重点是加快建立健全约束与激励机制，明确权力的边界，界定政府与市场、政府与社会、政府与企业的关系,对政府角色进行科学合理的定位。在治理方式上,从人治型、强制型、单一型、事后型向法治型、协商型、多元型和前瞻型转变。在治理目标上,边疆治理要从"善政"达致"善治",建立更具绩效性、回应性、责任性、民主性、合法性的发展新模式。

第七章

边疆的多元文化与协调

民族文化的多元性是边疆的显著特点。这既体现在各民族间文化的差异性，同时也体现在边疆民族文化与中原汉民族文化间、与境外同源民族间关系的多元性上。由此，在边疆民族形成以及边疆民族文化建构的过程中，势必出现文化的竞争与冲突，并成为影响边疆民族地区稳定的最主要根源。在这样的背景下，以文化调适为基点，建立适应边疆民族地区社会和文化特征的政策框架，解决边疆社会不稳定的问题，就成为关键。而从尊重各民族文化的价值出发，适当疏导边疆民族国家认同与民族认同间的关系，实现边疆公民社会的建构无疑将成为解决上述问题的钥匙。

一、边疆民族文化的多元性

边疆民族以及边疆建构的过程，绝非一朝一夕之功，而是在历史的长河中各民族不断接触、融合以及互动的结果。以汉民族为主体的中华民族以"滚雪球"的方式不断吸纳周边的少数民族进入汉民族中，周边少数民族在不断的迁徙以及各民族的交往互动中合作或者竞争，分化或者整合，同时也不同程度上受到汉民族主体文化的冲击和影响，进而形成了今天的民族分布格局以及民族文化特征。由此，无论是从边疆民族体质和语言的构成来看，还是从边疆民族形成和发展的过程来说，以及各边疆民族之间及其与汉民族之间的关系，都有着一定的区别，从本体以及形成过程的角度都呈现出多元的状况。

（一）族群的多元性

放眼中国边疆地区，无论是在历史上还是在当下，可以说中国少数民族聚居的地区绝大部分都是边疆地区。全国陆地边境线长2.2万公里，民族自治地方就占了1.9万公里。全国边境县（旗）有135个，民族自治地方占107个。在56个民族中，有30多个少数民族与境外同一民族相邻而居，这还不包括僜人、盲人、克木人等一些跨境而居但未被识别的族群。

在上述边疆民族中，从语言上来看，在西北边疆有属于阿尔泰语系突厥语族的哈萨克族、塔塔尔族、柯尔克孜族、维吾尔族和乌孜别克族等，在北部边疆有同属于阿尔泰语系蒙古语族的蒙古族、达斡尔族等；在东北边疆有同属于阿尔泰语系通古斯语族的鄂温克族、鄂伦春族等；同时还有部分属于印欧语系的塔吉克族和俄罗斯族。在广大的西部、西南部和南部边疆地区广泛分布有汉藏语系的诸多民族，其中绝大部分西部地区和部分西南地区分布有氐羌语族的藏族、哈尼族、拉祜族、傈僳族、怒族、景颇族、独龙族等；在中南地区有属于百越语族的壮族、傣族、布依族、仡佬族等，以及属于苗瑶语族的苗族和瑶族。在西南的南部边疆地区有属于南亚语系孟－高棉语族的佤族、布朗族、德昂族。此外，还有对语言归属划分尚有争议的京族和朝鲜族。①

由上可知，中国边疆民族主要分属于四个语系②，分别是阿尔泰语系、印欧语系、汉藏语系以及南亚语系。历史上四个不同语系的民族的先民在生活的地域空间上即有一定的差异，比如隶属于阿尔泰语系的民族的先民多来自中国北方及西北方的一些游牧民族。如据历史记载，在秦汉时期，在中国东北方就生活有被称为肃慎、东胡和秽貊的游牧民族，而在北方主要生活有丁零和匈奴的游牧民族，在西北有被中原汉族称为小月氏、乌孙、氐人和羌人的游牧部落。③ 其中，汉藏语系的民族部分来自于西北的游牧以及农耕和狩猎间杂的民族，如在史书上所记载的氐羌和西戎系的民族。同时，在汉藏语系民族进入西南后，又与当地土著融合后形成僰人、叟族和昆明族等；在南方与闽越、骆越、南越等民族交错而居形成了今天的百越系的民族。再次，南亚语系的民族先民则可能源自于西南和南方地区的狩猎及兼事农耕的民族，他们的先民极有可能来自于被称为"濮"的民族。然而，生活空间上的差异，构成族群的主体人群的不同，不仅在边疆民族生计模式

---

① 参见杨庭硕、罗康隆、潘盛之编著：《民族文化与生境》，贵州人民出版社1992年版，第221～226页。

② 其实如果把生活于台湾岛内的高山族也囊括在内，应还包括南岛语系。但由于本书着重讨论的是陆路边疆，因此未把台湾岛包括在内。

③ 参见王文光：《中国民族发展史》（上册），民族出版社2005年版，第167～182页。

的差异上体现出来，而且作为各民族本底的文化对该民族社会结构和文化观念的形成都具有深刻的影响。如同属于氐羌语族的民族都有一个共同的特点——白石崇拜，在现今藏族和羌族的日常生活中仍可见到这种文化观念的痕迹。

中国边疆民族另一个值得注意的特征是，尽管大多数在同一语系内部的各民族间都有着一定的亲缘关系，但是由于从远古的先民到现代民族的形成经历了很长的时间，各民族在形成和发展的过程中往往会经历过多次的迁移，由此文化接触和文化融合在所难免，各民族内部也出现了一定程度上的分化。在同一民族内部，由于聚居地区生态环境的差异以及受到不同外来文化的影响及影响力大小等的作用，而形成了很多支系。比如，今天我们所谈论的藏族即为一个"多元一体"的民族。现今藏族生活地区可以分为安多、康巴和卫藏三个地区，并分别持安多、康巴和卫藏（拉萨）方言。此外，在上述三个方言区还间杂着一些持与藏语有亲缘关系语言的族群，如木雅藏族、白马藏族和嘉戎藏族等。其中木雅藏族被认为是和历史上的西夏人有同源异流的关系，木雅人是唐末北徙而被藏族同化了的党项羌人的后裔①。白马藏族是"藏化之氐人"，是在历史上汉、藏、羌、氐几个民族的政治和文化在白龙江流域地区出现过拉锯的局面后，"同而未化、融而未合"后形成的族群。②嘉戎藏族则是包括一些零星夹杂在藏语支和彝语支之间的操羌语支语言的群体，他们同出自于甘青地区南迁的牦牛羌，以及吐蕃东扩后卫藏地区迁入嘉戎地区的藏族，并与隋唐时期生活于本地的古氐羌部落融合后形成的族群。③从藏族的个案可见，今天被我们识别为藏族的那一个"人们共同体"，其实是同化、融合部分氐羌以及其他民族后形成的，其血统上和文化上都不是单一的。而类似藏族这样的情况，在中国边疆民族中还很多，在同一民族内部可以区分出诸多相异的支系。从一定程度上可以认为，有时边疆民族内部的差异性要远远大于民族之间的差异性。

（二）过程的多元性

民族并不是长期稳定的人们共同体，而是在历史过程中经常有变动的民族实体④。来自中国北方、西北、东北以及来自南方的土著民族不断迁徙，与中原的汉民族接触、融合，同时相互之间也不断发生互动，进而逐步形成了今天中华民族多元一体的格局。也正是在这一历史进程中，边疆民族才能分化成与自己先民相异的、多元的格局。东北部边疆、西北部边疆、北部边疆以及西南部和南部边

---

① 参见格勒：《藏族早期历史与文化》，商务印书馆2006年版，第282页。
② 同上，第306~307页。
③ 同上，第307~334页。
④ 参见费孝通主编：《中华民族多元一体格局》（修订本），中央民族大学出版社2003年版，第35页。

疆为不同的民族所占据，民族文化特征与地域生态环境叠加起来，形成了具有地域特征的区域文化特征。诚然，作为本底性的民族的族源是有着一定的决定性作用的，但更为重要的是，边疆各民族在各自发展形成的过程中如何融合、采借和吸纳周边民族的文化，如何受到中原汉族文化的影响，通过怎样的历史过程形成相对稳定的人们的共同体，这些问题是更加值得关注的。因为如果说共同的祖先订立了民族发展的主调，那么各边疆民族发展形成的协奏曲则是由多民族相互作用、共同演奏完成的。

边疆民族的形成是一个十分复杂的过程。在长期的历史进程中，有的族称是清楚的，有的则是混乱的，史书上所载的族称中，即有自称又有他称，既有单称，又有统称和泛称。有的族体消失了，或绝于天灾人祸，或融于其他民族。汉族融合了许多少数民族或少数民族的某些部分，而由于民族迁徙、战争、灾荒造成的人口流动，历代王朝戍边、屯垦以及少数民族阶级的掠夺人口或强制的手段，在一些少数民族中也融合了不少汉人和其他族体。有的民族虽然族体本身还存在，但却被冠上了新的族称；有的民族随着迁徙和与周边民族的交往融合而形成多源性的新族体；有的民族是由中国境外进入的外国民族人口为主体，并吸收境内某些民族人口成分融合而形成的；有的民族则是从领国迁入而成为中国境内的民族。① 概括起来，中国边疆民族形成的模式主要有：

第一，由史书记载的春秋以前所称的"四夷"独立发展而来的边疆民族。在战国时出现的东夷、南蛮、西戎、北狄的族群的"天下"观念，把除位于中心之外的其他民族都作为蛮夷，并以此来记录中国的民族分布及构成。在这一模式下，主要是指由单一的一种蛮夷发展起来的民族。然而，纯粹地、没有与其他民族进行融合而形成的民族在中国边疆民族中是非常罕有的，更何况在民族形成过程中族称也发生了很大的变化，事实上现今上述四类民族已经分化成了诸多的民族，而只具有空间上的意义。

第二，由某一古老的民族在不断迁徙的过程中发展而来的一个或多个民族。如现今的羌族、蒙古族、朝鲜族、满族、苗族、瑶族等。

第三，由某几个古老的民族不断融合和迁徙发展而来的民族，其族体与其先民的族体已经有很大的差别。如藏族、白族、壮族等。

第四，由某一古老民族不断分化后，各支系之间又融合而形成的民族。如纳西族、傈僳族等。

第五，由境外进入国内的民族，如布朗族等。

第六，由境外进入国内后与境内民族融合逐步形成的民族，如佤族等。

---

① 参见黄光学、施联珠：《中国的民族识别》，民族出版社2005年版，第52页。

而形成诸多模式的原因在于，国家对边疆的政策、对边疆民族发展的政策、移民制度，边疆的治理模式，民族战争与冲突，生态环境等。如移民屯垦打破了土著民族的居住格局，进而通过文化、通婚等方式改变了土著民族的族体构成。民族迁徙也是通过同样的过程，在与本地民族交往互动的过程中，不断吸纳本地民族的文化，同时本地土著民族的文化也影响到外来的其他族群。又如，古时的"和亲"的民族政策，是通过建立姻亲关系，达到民族共融、和平相处的局面。此外，在少数民族地区推行土司制度，用土官治土，也对边疆地区民族的分布格局、民族的形成和发展等都产生深远的影响。当然，还有一个值得注意的情况是，与境外民族的文化交流以及历史上的藩属政策等，也对境外民族的进入以及与境内民族的融合产生了深远的影响。正是以上各因素的影响，边疆民族的形成过程集中地体现为"同源异流"或者"多元融合"的特征。

（三）影响的多元性

在中华民族多元一体的格局中，无论是对于汉族，还是对于诸多的少数民族，二者都是互为依托、你中有我、我中有你的统一体，边疆民族何尝不是如此。正是在边疆民族形成过程中多元融合的方式，使得边疆民族在宗教信仰、语言、民族认同等多方面都表现出多元性。关于这一点，可以从"藏彝走廊"——多民族互动的走廊，即各民族间文化的关联性中看出。

"藏彝走廊"位于川、滇、藏边境横断山脉的六江流域地区，自古以来就是藏缅语族诸民族南下和壮侗、苗瑶语族诸民族北上的交通要道和众多民族交汇融合之所。现今居住的也主要是藏缅语族的藏、彝、羌、白、纳西、傈僳、普米、独龙、怒、哈尼、景颇、拉祜、基诺等民族[1]，是我国一个单独的"历史形成的民族地区"[2]。在距今 4100 年以前，藏缅各历史民族或族群已陆续进入或经过"藏彝走廊"。见于文献记载的最早进入"藏彝走廊"的古藏缅语族人群之一是蜀王蚕丛所部，后又有《山海经》中所记载的氐人的先民出现在走廊内。随着公元前 1100 年前后，在"藏彝走廊"内部石棺文化的遍布，有一支属藏缅语族缅语支的人群沿怒江、澜沧江通道南下，而后进入今缅甸境内，这支就是今缅甸族的先民。时至春秋战国时期，邛人开始在青衣江流域出现，他是早先沿岷江或大渡河通道前来的古藏缅族群的一支。战国后，西羌族群始向西南迁徙，通过走廊的北端和西北端几个入口，先后进入。其后，随着中原文明开始步入帝国时期，"藏彝走廊"始纳入帝国行政建制。在《史记》记载的西南夷中，邛、斯

---

① 参见石硕主编：《藏彝走廊：历史与文化》，四川人民出版社 2005 年版，第 3 页。
② 费孝通：《关于我国民族识别的问题》，载《中国社会科学》1980 年第 1 期，第 23~25 页。

榆、嶲、徙、昆明、白马等均属"藏彝走廊"中的历史民族或族群。① 一般认为,藏彝走廊与氐、羌、戎有关,有学者认为还应包括夷系和胡系的民族。② 由此,藏彝走廊在形成之初就呈现出多民族共融的特征。事实上,藏彝走廊狭小的地域空间内,民族文化叠加、覆盖和融合的现象一直是其不变的主旋律,在民族迁徙的过程中,一些最早生活在藏彝走廊内的民族的文化被覆盖了,外来文化在本地保留了下来;或者本地土著民族的文化并没有消亡,而是与外来文化融合形成新的文化特质并对其后由此经过的民族产生影响;还有就是外来的民族创造的文化和本地民族创造的文化融合起来,并向走廊外部的民族产生影响;等等。在这些河谷中,至今还保存着即将消失的被某一民族语言淹没的许多基层语言,同时还积淀着许多至今还起作用的历史遗留,表现在他们的宗教、文艺、风俗、习惯等方面。

比如古代文献《后汉书》记载中的"邛笼"——石碉群,现今从岷江上游的羌族开始,到西藏西部都有,尽管现在关于二者之间的关系并没有统一的定论,但是可以肯定的是这一地区历史上可能处于同一种文化的影响。此外,在"藏彝走廊"的各藏缅语民族中保留下来的宗教种类及各种原始宗教形态也极为丰富和复杂多样。如在"藏彝走廊"北部的藏族分布地区,不仅集中了现在藏传佛教的所有教派,甚至连在历史上从西藏地区已经完全消失的觉囊派,以及在西藏和其他藏区已大为衰落的佛教传入以前最古老的苯波教派也均在"藏彝走廊"地区较好地保留下来,同时在藏传佛教的覆盖之下,在民间的社会生活层面仍大量保留着可称做"底层"的各种原始宗教成分。③ 如在今被识别为藏族的白马藏族、嘉戎藏族中都保留有苯波教的遗迹。其中,在嘉戎藏族的信仰中普遍存在着敬白石头,供在每家屋顶的小塔上,山上象征山神的石堆上面也放白石头。这种对白石崇拜的信仰,有学者认为是古氐羌人的一种古老信仰,也是藏族同化和融合此地古羌的一种信仰遗风。而在佛教进入嘉戎藏族之后,嘉戎藏族供白石的小塔上插了很多麻理旗或树枝干和各种颜色的鸡毛,这是白石信仰中又渗入了藏传佛教和苯波教文化因素的明显例证。在"藏彝走廊"南部的各彝语支民族中则不仅保留着异常丰富的各种原始宗教形态,同时也保留着与宗教相关的迄今为止世界上形态最原始、最生动的"东巴文"象形文字系统。此外,藏彝走廊内民族语言相互渗透的现象也很突出。在藏彝走廊中有一种语言叫尔龚语,它与木雅语、史兴语、贵琼语、扎巴语、普米语同属于羌语支。其实这些语言是

---

① 参见石硕主编:《藏彝走廊:历史与文化》,四川人民出版社 2005 年版,第 50~60 页。
② 参见李绍明:《藏彝走廊研究中的几个问题》,载《西南民族大学学报》2007 年第 1 期,第 14~17 页。
③ 参见石硕主编:《藏彝走廊:历史与文化》,四川人民出版社 2005 年版,第 29 页。

零星夹杂在藏语支与彝语支之间，他们都证明操这些语言的民族之间是"同源异流"关系，只是以后彼此分离隔绝发展后，形成了独立的语言。唐以后，这些民族逐渐丧失了自己的民族特征而融合于藏族之中，但其语言还未完全同化掉，保留了一定的原貌，这就是尔龚语。①

由对"藏彝走廊"形成的历史过程以及"藏彝走廊"的特征的分析可见，其实在中国各边疆民族形成的过程中也呈现出我中有你，你中有我；形同意不同，意同形不同；族同语不同，语同族不同；教同族不同、族同教不同等复杂现象。既有跨族群的文化，又有跨文化的族群。② 多元的族群形成过程促成了边疆民族文化特征、宗教信仰、语言的多元性。同时，多元的族群文化也对周边国家和地区民族的形成产生了一定的影响。如现今中国的壮族就与中南半岛十多个民族有着一定的亲缘关系，而在西北属于突厥语族的民族又与中亚和西亚诸多同语系民族保持着较密切的文化联系，在宗教信仰和民族心理上都产生一定的影响。可见，不仅在境内各民族文化间相互影响，同时也对境外诸多国家的民族文化产生了影响。

（四）表征的多元性

由上可知，每一个边疆民族的形成与发展都是在一定的历史和社会情境下，不同民族继承和发扬本族群的文化，吸收和采借其他民族的文化，逐步建构起人类共同体的过程。由于历史上边疆民族来源的多源性以及边疆上生态环境的极大差异，使得在边疆民族形成之初生计模式的多样性就表现出来。而在随后民族发展的过程中，"同源异流"、"多元融合"的发展模式，使得各民族之间你来我往，文化涵化和融合的现象十分突出。一方面，在中国历史上很难找到一个不与周边民族发生关系的民族。另一方面，在中华民族多元一体的格局中，以汉民族为主体的中原民族也对边疆产生了不同程度的影响，汉民族文化对本民族文化覆盖的多一些或者少一些，也促成边疆多元民族文化特征的形成。概括起来，边疆民族多元文化的表征可以归纳如下。

第一，边疆民族族源的多源性。考古学的资料证明，在新石器时期，我国边疆民族的发端之时就表现出鲜明的文化多元的特征。如果借用在华夏民族形成过程中便已产生的对周边民族的观念——"四夷"的观念来划分最早生活于华夏族周边的民族，那么在迄今已经发现的新石器文化的遗址中，大汶口文化和山东

---

① 参见格勒著：《藏族早期历史与文化》，商务印书馆2006年版，第321页。
② 参见翁乃群：《藏彝走廊族群认同及其社会文化背景的人类学研究》，载《西南民族大学学报》2007年第1期，第18~19页。

龙山文化属于我国后称东夷的民族集团；马家窑文化及其后的齐家文化则属于我国后称西戎的民族集团；马家滨文化和河姆渡文化应属于古越族的民族集团创造的文化，良渚文化继承了马家滨文化和崧泽文化，又受到北方某些文化的影响，产生了印纹陶文化，而这也是古越的民族集团创造的；大溪文化以及其后的屈岭文化亦属于南蛮民族集团；两广地区新石器文化基本上也属于古越族的文化；新乐下层文化、富河文化、红山文化间有密切关系的文化，应属于我国后称"东胡"的文化系统；在北方以畜牧业、狩猎为主的游牧民族的文化，也就是后称的北狄民族集团的文化。① 在"四夷"之间很难区分出一个真正的源头，既相对独立的出现，但又在相互密切联系的基础上发展。此外，在我们所区分出来的四方民族集团中，都不是单一的民族，都包括多种民族成分，其内部是相当复杂的。除了孟高缅语族和印欧语系的边疆民族以及朝鲜族是从境外迁入中国境内后发展形成为一个独立的民族外，中国境内的边疆民族都是由新石器时代这些文化的创造者逐步发展而来的。此外，从人种的构成上，尽管现今我国边疆民族都属于蒙古利亚人种，但是其中也融合了欧罗巴人种和尼格罗人种，只是由于长期的融合繁衍，现在已经从体质特征上很难区辨出来了。

第二，边疆民族生存空间的多样性。由对上述新石器文化考古资料的追述，其实也可以看出在我国进入文明时代以后的民族分布，早在新石器时代就大体形成了。西戎民族集团的先民先后生活在甘肃东部及其毗邻的青海、宁夏地区，有部分甚至分布在东起泾水、渭水上游，西至湟水，南达白龙江，北至内蒙古阿拉善左旗的地区；古越民族集团则先后聚居在浙江宁波、绍兴平原的东部地区，以及长江以北、太湖周围的浙江地区，同时在闽江下游地区以及两广地区也可见古越族的文化遗存；南蛮民族集团则先后居住在湖北江汉平原向北直到河南南阳地区；东夷民族集团发端于山东南部和江苏淮北地区，东及东海，西北至黄河北岸，皖北、河南也有发现；东胡民族集团大抵分布于内蒙古乌尔吉木伦河流和西拉木伦河流域以及辽河流域地区；北狄民族集团分布于内蒙古、黑龙江、宁夏的呼伦贝尔草原、松嫩平原、浑善达克沙漠、巴丹吉林沙漠、河套地区，以及新疆、西藏部分地区。② 当然，上述所列的仅仅只是在新石器时代"四夷"的大体空间分布范围，其实即使同是在新石器时代，这些民族集团的活动空间也略有差异，只不过作为各个大的民族集团的发源地，无论随后怎样迁移与融合，族体发生了怎样的变化，但是今天大部分边疆民族的分布格局仍然遵循了这样的规律。北方为满通古斯语系的民族所把持，而南方则属于汉藏语系民族的天下，在西南的部分地区有少量的孟高棉语族的民族。不同语系的民族在发源之时就已经表现

---

①② 参见翁独健主编：《中国民族关系史纲要》，中国社会科学出版社2001年版，第10~14页。

出了生活空间的多元性。

第三，边疆民族生计模式的差异性。一个民族的文化特征的形成并不是偶然的，它必然与其生活的自然空间密切相关。上述我们从边疆民族的族源、分布空间进行了阐释，这里我们将关注到与他们生活空间密切相关的生计模式。我们还是以新石器时代各民族集团先民创造的文化为基点来思考这一问题。其实，在新石器时代，不同民族集团的先民在生计模式上就已表现出极大的差异。比如，西戎民族集团的先民大多以农业生产为主，过着定居的生活，是典型的农业民族；东夷的民族由于生活于河网密集的地区，因此也是一群以农业为主的群体；南蛮民族集团的先民也大抵应该是从事农业生产的民族；古越集团民族的族源构成较为复杂，但从文化上来看他们应该也是属于农业民族；而东胡民族集团内部有一定的差异，有部分民族是以农业为主兼有畜牧渔猎的生活，而另外一部分民族则是过着农业和渔猎的经济生活；北狄民族则是我国北方典型的狩猎、畜牧经济为主的民族。大体上，也可以归纳为以长城为界，长城以北大部分民族都是从事狩猎和畜牧经济的民族，只不过在东北地区，由于河道纵横，所以当地民族大多从事以农业为主、兼事狩猎和渔猎的生计模式；长城以南的广大地区都是以农业为主要生计模式的民族。当然，这里仅只是以新石器时代考古学的资料为依据，其实，从现今边疆民族的分布及生计模式来看，在西南地区也有从事狩猎－采集的民族以及兼事农耕和游牧的民族。而这种生计模式的分布，可能也与历史上民族迁徙密切相关。不过，如果从现今边疆民族的经济文化类型来看，可以说在中国大陆边疆地区几乎囊括了世界上主要的三种经济类型：狩猎采集、畜牧、农耕经济，及其中间的一些过渡形态。

第四，边疆民族宗教信仰的多元性。宗教是人类"理解他们的经验"和他们生活于其中的世界的一种努力。① 人类在认识自然、改造自然的过程中，感受到了来自社会外部的压力，同时也发觉人在面对自然时的无奈，因此产生了宗教情感。边疆民族也概莫能外。在与自然长期抗争的过程中，生活于不同地域空间的边疆民族产生了相异的宗教观念或者宗教信仰，而生活于相似地域空间的民族则可能保有类似的宗教信仰。譬如在中国北方边疆民族中同属于阿尔泰语系满通古斯语族和突厥语族的各民族的一个共同特点是都有萨满文化，而在南方由齐家文化、大溪文化和河姆渡文化发展起来的民族都有一个共同的特点——巫文化。诚然，一个民族发展形成的生态环境对于其宗教信仰的建构有一定的影响，但是在民族迁徙与融合的过程中，文化之间的相互影响更不容忽视。正如前文所述，

---

① 参见［英］菲奥纳·鲍伊，金泽、何其敏译：《宗教人类学导论》，中国人民大学出版社 2004 年版，第 25 页。

中国各边疆民族在形成之初就存在一个潜规则——文化分化与重组、吸收与传播，而这一点在边疆民族宗教信仰中得到了充分的体现。譬如，前文提及的阿尔泰语系满通古斯语族的民族尽管都保有萨满文化，但是同样在这些民族内部由于受到藏族的影响，因而可以看到藏传佛教的信仰体系，只不过从深层文化上看仍然以萨满为基础。而在西南的边疆民族中，如苗族、傈僳族、佤族、拉祜族、怒族和独龙族等部分群众就放弃了以往巫术崇拜转而信仰基督教，这可以作为外来宗教团体的活动对边疆民族宗教信仰影响的例证。还有一种情况是在同一民族内部的不同支系之间保有不同的宗教信仰，但同时又以某一后来传入的宗教为共同的信仰，这一点可以在藏族中充分地体现出来。现在看来，在藏族庞杂的人们共同体中，大多族群都以藏传佛教为主要的信仰，但是在一些历史上处于藏传佛教传播边缘地区的藏族族群又可以看到在其未进入藏族地区之前、在卫藏地区盛行的苯波教的踪迹。此外，在边疆民族中还可见到一种跨越族群、跨越地区的多民族保有共同的宗教信仰的状况。如最早由突厥语族的民族带入中国境内的伊斯兰教的信仰，由于民族交往在少部分藏族、傣族和蒙古族中都可见。可以说，现今世界上主要的三种一神论的宗教都可见于中国边疆民族地区。由此，在中国边疆民族中，同宗同信仰，同宗不同信仰，同族不同信仰，同信仰不同族的现象交错叠加，信仰的多源造就了边疆民族信仰的多元性。

　　第五，边疆民族语言的复合性。语言是一个民族中相对比较稳定的文化特征。聚居在一起的民族是用相同的语言交谈的，没有共同的语言也就不可能进行日常的共同生活。不同民族之间的人不能直接用各自的语言来进行沟通，这是由于他们所持的语言不同。但是，即使在同一民族内部，如果来自不同地方，他们之间也不一定能够进行直接的沟通，就是说他们之间的语言有一定的差异。然而，语言学家的研究也发现，不同民族的语言之间也存在着一定的亲缘关系，由此从追溯各民族语言的亲缘关系入手，就可以考察各民族之间的亲缘关系。诚如上文以语言谱系的划分为脉络对中国边疆民族的区分，可以发现在中国诸多边疆民族中语言构成是很复杂的。尽管在总体上对陆路的边疆民族可以区分出四大语系——汉藏、阿尔泰、印欧、南亚语系，并且对其下的各语支的民族也进行了划分，但是我们仍然可以发现在这些民族中仍存在着一部分难以明晰地确定其语言归属的族群。如藏族中讲尔龚语的族群，以及操白马藏话的白马藏族。此外，在中国边疆民族地区，还有一部分由境外迁入的民族，其语言归属很难划分到上述四大语系，语言另有所属。其实，不仅各民族语言间有很大的差异，即使是在同一民族语言内部，其语言的结构也很复杂。比如在达斡尔族的语言中，现属于阿尔泰语系蒙古语族，但它不同于现代的蒙古语，而可能属于古代蒙古语的方言之一。这是由于在蒙古帝国崩溃以后，统一的蒙古语言瓦解后，由于长期与操满通古斯语言的民族密切交往，在日常用语中融合了不少的满通古斯语词和汉语的词汇，达斡尔语便独立发展起来，形成蒙古语族中与蒙古语并列的语支。再加之边疆地域空间的独特性，国界线的划分常常使得同一民族跨界而居，有时民族语言的共同性更促成了国界线两侧民族交往的密切，甚至其交往程度要远远高于同一民族与境内其他民族的交往。同族不同语、同语不同族、同域不同语的状况即成为中国边疆民族语言多元性的表征。

第六，边疆民族认同的多重性。民族是一个历史范畴，民族这一社会历史现象是以某些确定的因素为标志划分而称的人们共同体。① 今天我们所看到中国边疆民族的划分，实际上一个历史时期下的产物。在一个民族体系下边我们可以识别出多个族群，因而可以说民族是包括若干个族群的复合体。复合体的维系则是以这一群人对于他们的历史、文化、语言乃至血缘等方面的意识认同。由此，一个族群的成员身份，是一种社会定义，是成员的自我认定和其他族群对之认定这两者之间的相互作用。② 由上述对中国边疆少数民族的分析可知，由于族群的多元性、过程的多元性以及影响的多元性三方面的结构性因素，决定了中国边疆民族的认同也必将是一个多元的认同。民族形成的"同源异流"，多民族间的密切交往与融合都决定了边疆民族的认同意识不是完全统一的。如生活于西南边疆地区的克木人、四川白马藏族的族群认同就存在对本民族不认同的状况，而更强调对本族群的认同。此外，在不同的历史时期，同一民族、同一族群的认同也是有差异的。如在西北生活的锡伯族，由于历史上在清朝的统治下曾被纳入八旗子弟的范围之中，因此在清朝时期他们自认为满族，在新中国成立后民族识别的过程中，又改为锡伯族的民族认同。然而，值得注意的是，由于边疆民族居住的地域空间的独特性，国家边界的分隔使族群共同体分居在不同的国家，于是不同国家的同一族群因为国家背景和边疆政策的不同，族群认同也表现出差异性。对于某一边疆民族而言，可以同时保有对本民族的认同，对本族群的认同，以及对本地域的认同和国家的认同等不同层次的认同，族群认同的范围遂有所差异。

第七，边疆民族社会发展的不均衡性。纵览中国的历史，边疆民族一直是围绕着以长江、黄河流域为核心的中原汉民族聚居区繁衍生息，并在不同程度上与汉民族文化接触、融合。由于民族生存环境的差异性，受汉民族文化影响的大小，以及政权的更迭、边疆民族政策的变更、民族间的战争与冲突等等对边疆民族的社会发展状况都产生了一定程度的影响。再加之各民族生活方式的不同，宗教信仰的不同等，更决定了边疆民族对于自然资源不同的利用方式和态度，使得

---

① 参见黄光学、施联珠：《中国的民族识别》，民族出版社2005年版，第1页。
② 参见马戎编：《民族社会学——社会学的族群关系研究》，北京大学出版社2004年版，第71页。

各民族的社会经济发展状况并不均衡，各民族间、同一民族不同族群间社会和经济发展水平亦有差别，这也成为边疆民族文化多元性的一个显著特征。

二、边疆多元民族文化的互动

与人类关系最密切的东西往往是人最感陌生的东西，文化就是如此。从历史来看，文化的生成可以说与人类的发展如影随形，人类的进化与文化的演进基本遵循着同一个轨道。人类不断地进行文化创造，通过"人化"创造出绚丽多彩的文化形态，同时也在文化的孕育下不断成熟起来，经历着"化人"这一历程。①"人化"和"化人"这两个并行不悖的过程，也是文化生成的过程。正是在这一过程中，人完成了改造自然的过程，同时也在实践过程中创造了文化观念、社会道德规范、价值观念以及生活方式、生计模式等，凝结于文化之间，从而规范和影响着人类的行为。基于上述思考，前面我们概貌性地阐释了边疆民族多元文化的特征，在这里我们将更进一步，分析这样的文化特征生成的机制，讨论边疆民族间、民族文化间的交融互动如何形塑了边疆多元民族文化，这样一种多元文化的互动的过程对于边疆民族治理将有怎样的影响。

（一）接触与涵化

在边疆多民族交流互动的进程中，各民族文化间的接触在所难免，各民族间取长补短，使得原有的文化系统发生变迁，同时也创造出了新的不同于以往的民族文化。正是在这一不断变化的进程中，促进了边疆民族的形成和社会发展。事实上，文化接触与文化涵化之间的关系就如同一个硬币的两个方面，文化涵化正是不同民族在文化接触时产生的文化变迁过程及其结果。由此，涵化现象的出现必须以"两个或多个自己的文化系统相连接"为前提。"一个自立的文化系统"就是人类学文献上所说的"一个文化"。自立的系统指的是完全的、在结构上独立的系统，不是其他某个大系统的一部分或须有赖于另一个大系统而生存。它不需要其他系统而能延续自己的功能。②

有学者也认为，涵化是指悬居于一个强大民族内的弱小民族（指相互的人数比而言），在其特定社会生境下，经过文化冲突后，使自己适应该社会生境，

---

① 参见舒扬：《当代文化生成：一个多维视角的研究》，载《开放时代》2007年第5期，第71~77页。
② 参见黄淑娉、龚佩华：《文化人类学理论方法研究》，广东高等教育出版社2004年版，第225~226页。

与主导地区民族协调运作，但是仍保持着自身文化的独立性的现象。① 借用物理学上的术语，也就是说涵化发生的前提是发生文化接触的两民族之间在势能上必须有一定的差距，才能推动文化涵化由处于"高势能"的民族向处于"低势能"的民族的方向发展。比如在诸多边疆民族的形成进程中，汉民族建立的中央政权通过对边疆地区移民、屯军等方式，与边疆民族不断发生着文化接触，汉民族带来的稻作文化、姓氏概念等都对其产生了潜移默化的影响。边疆民族也感受到汉民族文化强大的向心力的作用，纷纷潜心向汉民族学习。如在南诏时期，南诏国王在其治下大力推行汉文化，并把本族子弟派往四川等地学习儒家思想。这样，使得各边疆民族文化共同处于汉族创造的以儒家思想为代表的"大传统"的笼罩下，中国边疆民族在文化上也表现出与境外同宗民族差异性的特征。

不过值得注意的是，其实不仅在有势能差距的两个民族间会产生文化涵化的现象，在相邻的民族间同样可以普遍地发现文化涵化的现象。互相接受了对方的一些文化特质，结合到自己的文化系统中，形成了我中有你、你中有我的现象。比如云南的普米族，其祖先原是川、康、甘、青一带的牧民，元代随蒙古军南迁入滇。在与纳西、彝、藏、白等族杂居的过程中，吸收了他们的一些文化特质，形成了自己的特质：有女子不落夫家；行夫兄弟婚；丧葬习俗各地不同，受邻近民族影响，有火葬、土葬及二者并存的形式。

除了上述提及的文化接触双方必须保持有相对独立的文化系统外，文化间的连接关系以及文化接触的情况也会对涵化产生影响。前者，主要是指文化间的连接说明不同文化接触时发生什么事情。接触事实上不是发生在文化之间，而是在互相建立联系的集团之间和个人之间。这又可以区分出两种类型的连接关系。第一种是文化之间的接触，如传教与新教、交换、统治与被统治等。第二种是人与人之间的接触，或者是两个文化系统中一些成员之间的接触。后者主要是指发生涵化的原因。在这些原因中既可能是直接的文化传播的结果，也可以是受到诸如生态和人口的因素的制约而引起的文化涵化。② 比如，两个民族在接触时，其传统的生计模式、人口规模、分布状况、生态环境等对于涵化的模式和涵化的程度都有影响，涵化便进入一个长期延续的过程。事实上，如果涵化进程不受到扰动，涵化双方可能长期并存下去。发生文化接触的两个或多个民族之间经过文化之间的传递、文化的结合、替代或者融合和同化的过程，形成新的文化或者把非本民族的其他文化整合到自己文化中，甚或本民族的文化对其他文化产生影响。

纵览边疆民族文化形成、发展的过程中，文化涵化的现象是始终不变的主

---

① 参见杨庭硕、罗康隆：《西南与中原》，云南教育出版社1992年版，第258页。
② 参见黄淑娉、龚佩华：《文化人类学理论方法研究》，广东高等教育出版社2004年版，第227~228页。

题。从"四夷"发展而来的边疆民族,一方面,从四夷每个民族集团中分化出来,在特定的地域空间和生态环境下发展;另一方面,新分化出来的各民族之间、各民族与其他语系的民族之间也交叉融合,形成新的民族以及新的民族文化特质。白族的形成大抵就是经历了这样的一个过程。白族的先民是秦汉时期的僰人、东汉时的叟人、南北朝时的爨人、隋唐时期的西爨(西爨白蛮),这些族称反映了洱海地区古代各民族的分化融合。在白族形成的过程中,还把大量的汉人融合在内。从公元前2世纪汉王朝经营西南开始,汉人便不断来到洱海地区。在唐朝政府的支持下,洱海地区建立起了以白蛮文化为中心的南诏国,汉族文化尤其盛唐文化对这一地区产生过深刻的影响。同时,白族还融合了当时生活于西南地区的其他民族成分和文化,形成了不同于汉族和其他少数民族文化的自己本民族的文化。

由白族的个案也可以看出,其实民族间的文化融合并不仅仅是单向度和单层面的,可能在一个民族的形成过程中曾先后受到了不同民族文化的影响,并在不同的时期发展形成了自己本民族的文化,而这些文化可能又会对此时的周边民族的文化产生影响。但是由于随后发展的历程中,两种民族较为独立的发展,并又受到其他文化的影响,二者之间的文化相似性越来越少。经过一段时间的发展后,可能会发现某些在最初对其他文化产生涵化作用的,但在本民族中已经消失的民族文化却在周边的民族中残存。上文所述的藏族的形成便是一个很好的例证。由古老的氐羌民族系统、胡民族系统以及本土土著民族系统发展而来的藏族,从民族开始形成直至成为一个稳定的人们共同体的过程中,曾先后与北方胡系民族、中亚和西亚的伊朗、勃律、克什米尔等文化接触,随后在与彝语支的民族分化后,又有部分藏族受到了彝族文化的影响,进而形成了今天藏族多元一体的格局。同时,藏族在与周边民族接触融合的过程中,同样对其他民族的文化产生涵化作用。譬如,藏对蒙古族、满族文化的涵化作用等。涵化现象的存在对各民族文化大有益处,因为民族的接触和涵化能够架起一条沟通双方文化的桥梁,这一过程既是新民族孕育的方式之一,也是构成民族文化变迁和民族社会发展的有效途径。当然,与之相对,文化涵化也会对边疆民族社会产生一定的影响。如若涵化双方是以一种非均衡性、非自主性的方式下发生,即使在已接受其他文化的本族群中,也可能存在不认同的状况,这成为潜在地引起边疆社会不稳定的原因之一。

(二)竞争与冲突

任何文化都是历史地形成的,是人类社会实践的历史积淀,但是由于各民族所处的物质生活条件的不同,民族特征和文化禀赋不同,使得不同的民族文化存在着明显的差异性和多样性。不同国家、民族文化形式的差异性与多元化样态，既为多民族间文化交流和融合提供了可能，也为不同文化的对立与冲突埋下了伏笔。可以说，民族或者族群间的竞争与冲突也是民族文化交流中一种独特的互动方式。尽管在边疆民族的日常交往中这一方式并不是最主要的民族文化互动的方式，但是在民族的融合、文化的形成中也是不可或缺的方式。

导致各民族间文化的竞争与冲突的原因很多，从深层来看，文化本身内在的矛盾和张力，再加上不同文化之间的差异，是导致文化间产生竞争与冲突的主要原因。其实我们现在经常谈到的边疆民族文化多元性或者多样性的特征，都是指一个民族文化的殊异性。[①] 这种殊异性通常与文明的起源相关，有着漫长的历史积淀过程。这种文化的殊异性通过人们的日常生活各个方面明显地表现出来，并通过文化传承而构成了一个民族所特有的文化传统。对于任何一个民族来说，文化的殊异性不仅体现出多方面的文化情趣，而且在思想和心理的深层还饱含着强烈的民族优越感、自尊感和认同感。可见，民族文化作为一个独立的系统，其物质文化层面、精神文化层面都会呈现出一定的殊异性特征，文化竞争与冲突正是在民族交往的过程中，由于外来文化的进入与本民族文化系统中某一方面产生竞争而诱发的文化冲突现象。

由此，边疆民族的文化互动常表现为竞争与冲突两种形式。比如说，某一时期、某一民族占主导地位的文化模式和文化观念由于不再有效地规范社会和个体的行为而陷入了危机，同时新的文化特质开始出现并遇到了旧文化模式或文化精神的排斥和抵制，于是新旧文化模式或文化精神之间展开了对抗。[②] 这指的是在同一民族内部出现的文化冲突。还有一种类型，也是文化冲突的主要类型，是不同民族文化间部分文化因子之间发生的冲突。这样的现象在边疆民族交往互动的过程中非常普遍。比如，近代中国东蒙地区的开垦就诱发了蒙汉之间的文化冲突。近代东蒙地区的开垦实际上经历了两个阶段，第一个阶段是私垦。由于蒙古人对农作物以及农副产品的需求，遂促成了蒙古人自愿招募汉农耕种土地，始开了清朝东蒙地区的私招私垦的先河。康熙年间与内地接壤的卓索图盟蒙古族招募汉人开垦耕种的现象较为普遍。第二个阶段是官垦时期。清政府于光绪二十八年（1902年），在东北和内蒙古各地推行新政，假借移民实边的名义实行官垦，专派垦务大臣或督办，设立垦务局、蒙荒局等垦务机关。由此，内蒙古的农业进入官垦的阶段。官垦与私垦不同，是具有强制性的，在此基础上大量招募内地移民

---

① 参见阎孟伟：《全球化背景下文化冲突的深层根源》，载《河南师范大学学报》2007年第6期，第7~10页。

② 参见关健、李庆霞：《文化的构成与文化冲突》，载《边疆经济与文化》2005年第5期，第48~50页。

报领土地，使他们在蒙古地区的入住具有合法性。同时由于官垦较之于私垦速度较快，同时官垦使得政府直接受益，并侵占了当地蒙古族大片的土地，因此激起了蒙古族与汉族之间的文化冲突，在20世纪初爆发了蒙古人民的抗垦斗争。诱发蒙汉文化冲突的主要原因是，开垦已经破坏了当地蒙古族传统的生计模式和生活方式。蒙地开垦初期清政府规定蒙民应留一定的生计地。但是随着开垦的泛滥，蒙民生计地的面积逐渐缩小，由"台吉每员留地四方，壮丁二方"①，降到"台吉二方地，壮丁一方地，佐领二方地"。个体牧地的限量不符合游牧经济的特点，它满足不了放牧的需求。强迫开垦牧场，使一部分牧民被迫搬迁寻找新的牧场，而一部分牧民则留在原地，过半农半牧的生活，由牧民变为农民。还有一部分人变卖生计地，变成无业游民。②

东蒙开垦所诱发的民族文化的竞争与冲突的事实，也促使我们思考这样一个问题。其实在两个民族发生文化竞争与冲突的过程中，冲突一般是在文化的某个或某几个方面发生冲突的，甚或是由对文化系统中某一方面的冲突对整个文化系统的其他方面产生影响，文化冲突有一定的连带效应。如民国时期中央政权对西南边疆民族地区的改造，以推广"新生活"运动为口实，提倡"文明"，严禁景颇族携刀进入芒市集镇，激怒了景颇族群众，经济上抑制了阿昌族的制刀生产，还损及傣族的燃料来源和产品销售，进而殃及当地各民族，打乱了各民族固有文化的正常延续运作，扰乱了传统的各民族族际关系。③

同时，文化冲突发生的方式不同，对于文化冲突所诱发的文化融合或者文化变迁的作用也不同。上述两个个案中我们看到都是中央政权以行政干预为手段，打破了各民族传统的生计模式和生活方式，继而诱发了二者的文化冲突，并最终导致处于弱势地位的边疆民族文化断裂，这也是边疆民族在交往互动的过程中普遍存在的一种文化冲突发生模式。其实，在多民族交往的过程中，文化冲突还较为突出地出现在持有两种不同宗教信仰的民族在接触时发生的文化变迁现象。如哈萨克族作为阿尔泰语系民族中的一支，早期保有了萨满的宗教信仰，后在与维吾尔族等突厥语系民族的交流中，在伊斯兰教的巨大的文化影响下，整个民族都放弃了萨满，而改信伊斯兰教。

由上可见，边疆民族在交往互动中，文化竞争与冲突是在所难免的。正是几种文化相互接触、冲突的过程，激起了各个民族的自尊心和自豪感，每个独立的

---

① 田志和：《论内蒙古东部蒙旗抗垦蒙地抗租》，载内蒙古档案局、内蒙古档案馆编：《内蒙古垦务研究》，内蒙古人民出版社1990年版，第167页。
② 参见孟根：《近代东蒙地区的开垦和蒙汉文化交流》，载《中央民族大学学报》2005年第2期，第52~57页。
③ 参见杨庭硕、罗康隆：《西南与中原》，云南教育出版社1992年版，第252页。

民族才更能够认识到本民族文化的价值和意义,从另一方面看,民族文化的竞争与冲突也加强了各民族间的联系,促进了民族间的多元、和谐共处。但是,由于边疆民族文化间、边疆民族文化与"大传统"之间文化差异性的历史性及社会性存在的属性,使得文化间的竞争与冲突将成为边疆社会中一个显著的特征。同时在当今民族主义、极端宗教主义运动,边疆民族与境外民族、边疆民族内部以及边疆民族与主导民族间的文化竞争与冲突逐渐激化,影响了边疆社会稳定的长期发展。

(三) 合作与秩序

无论是边疆民族各文化之间的接触与融合也好,还是边疆各民族文化之间的竞争与冲突也罢,其结果只有一个,就是在边疆各民族以及边疆与中原民族之间建构起一定的文化秩序,形成一定的文化格局。其实,我们今天所看到的中华民族多元一体的格局正是上述两种作用力的效用。中原民族与边疆民族之间建立起了长期的合作以及互补的关系,边疆各民族之间也建构起了和平共居的关系。由此,文化的合作及其文化秩序的建立是民族文化多元发展的必然结果。这既是单个民族文化自身的需求,同时也契合了人类社会发展的需求。从整个人类发展的历史进程看,文化冲突只是暂时的,而文化之间的合作与融合才是永久不变的主旋律。

当然,文化合作以及文化秩序的建立必须以一定的条件为基础,同时,达成文化合作的两个或多个民族集团之间必将存在的一定的分工,也即文化合作的层面也是多维的。有时各边疆民族之间,或者是边疆民族与中原其他民族之间通过生计方式的互补,建构起了文化合作的关系。这一点,在中国边疆民族之中是非常普遍的,其中最值得一提的就是"茶马互市"。其实,今天我们所谓的"茶马古道"源自古代的"茶马互市",即先有"互市",后有"马道"或"古道"。它主要穿行于今藏、川、滇横断山脉地区和金沙江、澜沧江、怒江三江流域,是以茶马互市为主要内容,以马帮为主要运输方式的一条古代商道,也是我国古代西部地区以茶易马或以马换茶为中心内容的汉藏民族间的一种传统的贸易往来和经济联系之道。① 这种贸易有悠久的历史,远在唐朝就已有文献可考。中唐以后,茶不但在内地有广大的市场,而且运销塞外。宋时内地茶叶生产有了飞跃的发展,"茶马互市"也成为一种经常性的贸易。政府明文规定以茶易马,并设茶马为一司。至元朝时期中央政府在藏区设立和推行了驿站制度,拓展了唐宋时代

---

① 参见格勒:《"茶马古道"的历史作用和现实意义初探》,载《中国藏学》2002年第3期,第59~64页。

就已形成的茶马互市路线,从此以后,"茶马古道"既是经贸之道、文化之道,又是国之道、沿藏之道、安藏之道。明朝时期其性质已发生很大的变化。在实行茶叶专卖的同时,还制定了更加完备的茶马市易制度,并成立了针对茶叶的巡视监察制度,实行不定期的检查和察访。① 发展至清代后,"茶马互市制度"逐渐衰落,并不再受到中央政权的控制,转而成为民间经营的茶马贸易。究其原因,为什么在中国历史上会出现这样跨越几个朝代的族际间的贸易形式?有观点认为,茶马互市贸易所提供的茶叶满足了日常藏族人民对茶叶的需求。在藏民的日常生活中,餐餐必有茶,出外旅行必带的也是茶,一时一刻都离不开饮茶。还有一种观点认为,由于牧区生活的藏族人民平时食用肉食、乳制品较多,喝茶可以解油腻、助消化等作用。因此,对于长期以来过着自给自足的自然经济生活的藏族人民来说,虽不需要外界供给很多的东西,但是茶却是绝对不可缺少的。从中央政府的角度来看,推行"茶马互市"制度无疑也是益处多多的。"茶马互市"除为朝廷提供一笔巨额的茶叶收入解决军费之需外,更重要的是通过茶马贸易,既维护了国家在西南地区的安全,实现了"羁縻"政策,维护了国家的统一,又满足了国家对战马的需要。如在宋朝时期,契丹、西夏和女真等的崛起,及其对两宋政权的严重威胁,迫使朝廷保持同西南地区少数民族的友好关系,维持西南地区的和平安宁,不致腹背受敌,能够腾出手来集中力量与西北少数民族政权抗衡。在这种情况下,同西部的藏族搞好关系,对两宋政权的防务就具有十分重要的战略意义。② 对于贸易双方的汉藏民族以及涉及的边疆民族地区而言,茶马互市对于促进边疆各民族的交流也是不无益处的。第一,茶马互市的发展和"茶马古道"的繁荣,促进了川藏和滇藏沿线高原城镇化的发展。如沪定、康定、德格、甘孜、巴塘、中甸、昌都等比较著名的高原城镇就是随着"茶马古道"的开通、繁荣而相继出现的。第二,"茶马古道"也是各民族交往和融合之道。近千年来,随着"茶马互市"的发展和"茶马古道"的开通,汉、藏等各民族常年往来其间,尤其元代以后,汉族居民一批接着一批源源不断地涌进康藏地区,汉族居民沿着"茶马古道"移居康藏高原,形成了汉藏和平共居的局面。同时,汉族的进入也带来了先进的生产技术,促进了康藏地区的经济发展、市场繁荣、民族团结和社会进步。可见,"茶马互市"不仅推动了滇、川、藏边疆地区的汉藏民族及其周边民族(如回族)的交流与互动,同时也促成了在上述地区形成了汉藏和平共处的文化秩序,游牧和农耕两种文化之间相互补充,共同

---

① 参见象多杰本:《略论茶马互市的历史演变》,载《青海社会科学》2007年第5期,第79~81页。

② 参见格勒:《"茶马古道"的历史作用和现实意义初探》,载《中国藏学》2002年第3期,第59~64页。

发展。

不过从对"茶马互市"的社会事实的分析我们也看出，在中原民族与边疆民族发生文化互动的时候，其实二者之间还是存在一定的不均衡性。中原的汉民族依托中央王朝的强制性手段，能够顺利地进入边疆少数民族地区，并通过相互之间的经济交换，同时也是能量的交换，甚或文化的接触，使得在二者之间建构起一定的文化秩序，在这一秩序中边疆民族与汉民族之间并不是平等的，因而可以说这是一种不对等的文化秩序。那么，是否就只存在这样一种形式的文化合作与文化秩序建构模式呢？其实不然。在中国的西南边疆民族地区我们可以看到在多民族之间的和平共居的模式。同一个民族的不同支系之间、不同民族之间，虽然被国界线分隔成两个部分，但是都长期保持着密切的联系。当受到灾难时，大家互相帮助；在和平时期保持着密切的经济往来；在日常的生活中通过彼此之间姻亲关系的建立保持了亲缘关系。这种文化上的多样性、兼容性、互补性，族群关系上的相互制衡性，生态环境上的复杂性等，构成了多民族"和平共居"的文化秩序。由此，该文化秩序是在承认彼此文化的相对独立的基础上，尊重每个民族文化的价值的基础上，尊重各民族不同风俗习惯的基础上建立的文化秩序，因而也是一个较为稳定的状况。边疆民族在文化合作的过程中，实现了"美美与共，天下不同"的目标。

然而，在当今社会发展的历史背景下，尽管也广泛地存在着各民族和谐相处、和平共生的局面，但是由于政治经济秩序的变化、全球化市场体系的建构，使得各民族在利用资源参与国际生产、获得权益保护的能力上有差异，而国际政治、经济规则的制定往往为已实现工业文明的民族所保持，评判的标准由他们的价值观来决定，因而往往在一些经济欠发达的民族中，其文化的价值并没有得到充分的重视。他们与其他民族的合作以及文化秩序的建构通常以一种不平等的方式表现出来，各文化间具有一定的"差序格局"。

由上述对边疆民族多元文化互动机制的研究表明，在边疆民族文化形成和发展过程中，多是以文化涵化，或是以文化冲突，甚或以文化合作的方式发生互动。其实，如果把边疆治理也视为一定社会和历史情境下的政策制度，那么它本身也是一种社会事实。它受到当时社会情境下的文化观念和社会结构的限制，并镶嵌于"大传统"的文化框架下，通过上述三种方式与边疆民族多元文化间发生互动，也即"大传统"与"小传统"的互动。在二者互动的过程中，边疆治理政策的制定，一方面要受到"大传统"的约束，另一方面在针对具体边疆民族时又要尊重边疆民族的"小传统"，因而如何处理二者之间的关系成为决定边疆治理成效的主要因素。

三、边疆民族多元文化与边疆治理

边疆民族作为一群生活于边境线周边的民族，其生活的地域空间是非常特殊的。"边疆"不仅是一个地理单元，同时也是一个文化空间。"边疆可以是政治上的边疆，也可以是文化上的边疆"。"文化上的边疆，系指国内许多语言、风俗、信仰，以及生活方式不同的民族而言，所以亦是民族上的边疆"①。多元的民族及其文化的互动，在影响着民族及其民族文化的同时，也作为一种复杂的背景和主动的行为体影响着边疆治理。这样一种即在的现实状况，也对国家的边疆和边疆治理产生了某种强烈的期待。这一点在边疆民族文化与国家主导文化、民族文化与现代化这两个向度上表现得尤为明显。

（一）边疆民族文化与国家主导文化

国家主导文化不仅强调的是在一国范围之内的主体文化，更突出的是这种主体文化必须与一定的权力支配关系密不可分。国家主导文化的形成必定与一定历史时期人民的生活方式、物质发展水平、政治经济等因素相关，也是人们实践活动的结果。一个时代的社会主文化按主次来划分，可以得出几组相互联系又相互区别的概念：主导文化、主体文化以及主流文化。这三个概念落实到社会事实上，有时是同一的，有时却是各有所指。② 同时，国家主导文化应该对居于从属地位的亚文化或者各种多元文化有一定的凝聚力，一国的文化安全是要协调好国家主导文化与多元文化之间的关系，也即解决好一元与多元的关系问题。在当今民族-国家的框架下，一元与多元文化的关系就表现为国家主导文化与边疆多元民族文化之间的关系。

历史上，在中国的文化传统中，对其自身内部以某一地区为核心再向东、南、西、北四周进行辐射式划分和描述，其实是一个自古以来从未间断的现象。在西起喜马拉雅山脉东至东亚海域、北自内陆草原大漠南达热带岛屿这样一个相对稳定的范围内，几千年来尽管也多次出现过不同的文化中心、多个亚文化文化中心相互并立或同一个文化中心在历史的演变中时常迁移的情况，但总体上说一直存在着一个以中原汉文化为核心向四周不断扩散、交融的基本倾向。此结构特征可以概述为"一点四方"。即以中原某地为中心点，向四周延伸出四个方向；

---

① 吴文藻：《边政学发凡》，载《边政公论》（第一卷）1942 年，第 5～6 页。
② 参见高丙中：《主文化、亚文化、反文化与中国文化变迁》，载《社会学研究》1997 年第 1 期，第 113～117 页。

中心点既是出发的起点也是回归的终点。在这种"一点四方"的空间结构作用下，滋生出了"溥天之下，莫非王土；率土之滨，莫非王臣"式的中原汉文化本位的历史观。① 在这样的观念的指引下，长期以来中原汉文化也被认为是国家的主导文化，以中原文化的价值观、道德观、思想规范等对周边民族产生影响。

尽管在中国历史上也曾先后出现过以汉民族为主体建立的王朝以及以边疆民族为主体建立的王朝，前者如汉唐王朝，后者如元朝及清朝，但是在这些民族的统治下，仍然是以汉文化，也即儒家文化为主导，制定边疆政策，处理边疆民族关系。在以汉民族为主体建立的王朝治下，以文化和分布区域的不同来区辨"华夏"与"蛮夷"，形成"中国戎夷五方之民"的划分。在这样的天下观下，为了实现这些蛮夷与中原汉民族间和谐关系的建构，由此发展出了大一统的理论。这一理论由儒家思想出发，通过礼的统一、政令的统一和制度的统一来维持天下统治结构的运行。所谓"礼"是指仪礼，《礼记·曲礼上》有："夫礼者，所以定亲疏，决嫌疑，别异同，明是非也。"即用"礼"来区分亲疏等级、规范各种行为、区分华夏和蛮夷、评判和处理各个等级之间的是非等。② 对于蛮夷必须采用"用夏变夷"的方式，对边疆民族地区采取武力征服、移入汉民族、纳为藩属国的方式实现。而作为边疆民族地区，在与中原汉民族交往的过程中，由于感受到二者间在经济和社会发展水平上的差异，在汉民族建立的王朝势力较强时都潜心地向中原汉民族靠拢，学习汉民族的传统文化，儒家思想也开始在边疆民族中传播。由此，由中原汉民族所创造的儒家思想获得了合法性地位，成为中原汉民族治下理所当然的国家主导文化。在主导文化的控制下，也注意到了边疆民族文化的多样性，也出现了有选择地向边疆民族地区采借这些文化，最典型的就是推行"胡服骑射"的制度。同时，针对边疆民族文化多样性的特征，也采用不同的治理方式。如在西南民族地区推行的土司制度，在西北、东北和南部边疆地区推行藩属制度，就是国家主导文化与边疆民族文化调试的体现。

然而在中国历史上，即使在边疆民族为主建立的王朝治下，也大多注意到了传统汉民族所创造的儒家文化的价值，在一定程度上接受和继承了其作为国家的主导文化。这一方面是由于长期的文化接触与融合，使得边疆民族也从一定程度上获知和部分接受了中原的儒家文化思想；另一方面为了实现政权的承接以及保持政策的延续性，因此在具体处理国家主导文化与边疆民族文化时也大多批判地继承了儒家文化思想。这一点，在满族所建立的清朝时期可以充分地体现出来。满族入关以后，即开始鼓励清朝贵族学习汉文，学习汉文经典，接受汉民族

---

① 参见杨庭硕、罗康隆：《西南与中原》，云南教育出版社1992年版，总序第3～4页。
② 参见李大龙：《传统夷夏观与中国疆域的形成——中国疆域形成理论探讨之一》，载《中国边疆史地研究》2004年第1期，第1～14页。

正统思想教育；同时还接受了汉民族所倡导的治国方略——"恩施并重"，并大胆启用汉族知识分子为官。同时，在仔细研读儒家经典后，边疆民族对传统的"华夷"观进行创新和发展。① 其实，在儒家学说中，也还有强调华夷相通、以华变夷的思想。孔子作《春秋》，主张"诸侯用夷礼，则夷之；进于中国，则中国之"。② 清朝就曾提倡不能过于严华夷之别，要求各民族承认满洲贵族建立的清王朝的正统性，同时也可以积极地联合其他少数民族的上层人士，实现大一统的局面。可见，即使在边疆民族建立的政权下，也不是完全抛弃了传统的以儒家思想为国家主导文化的观念，而是批判地继承以及发扬了这些文化，实际上是国家主导文化与边疆民族文化互动的结果。比如，清朝在西南边疆民族地区推行的"改土归流"的政策，即是以大一统的观点来治理边疆。

可见，在中国古代封建王朝时期，国家主导文化可以认为等同于儒家文化。在这一文化的影响下，在一定程度上认识到了边疆民族文化的多元性，同时也强调了中原汉民族文化具有的强大的向心力，正是在边疆民族多元文化与中原汉文化互动的过程中，实现了中华民族大一统的格局，也在一定程度上体现了作为主导的一元文化对多元文化的价值，以及多元文化对一元文化的价值。只不过，这样的认识和调试还是相对有限的。

进入近现代以后，尤其是在遭受到内忧外患的双重打击下，国家的主导文化发生了一些变化。如在19世纪与20世纪之交，传统文化是主体文化，以皇权为代表的封建主义勉强保持着主导文化的名义，被称为"西学"、"西方文明"的现代资本主义文化逐渐在公共领域攫取了主流文化的地位。辛亥革命推翻了清皇权，资本主义文化不再需要在"中体西用"的框架下论证自己的附属价值，而一跃成为社会的主导文化。到"五四"时期，主流文化是现代文化，主体文化却是传统文化，主导文化很长时间未见分晓。可见，文化权力（意识形态）、文化潮流、文化的基本构成，在所指上并不总是同一的，在变化上并不总是同步的，在社会变革时期尤其如此。③

20世纪中叶开始，随着无产阶级掌握政权，中国的国家主导文化发生了变革，社会主义文化成为主导文化。正如强调意识形态的学者所指出的，"我国当今社会的主文化，就是以马克思主义为指导的、吸取中华民族和世界优秀文化遗产的、为人民服务的社会主义文化"。④ 社会主义国家主导的文化，要求能够真

---

① 参见马大正：《中国古代的边疆政策与边疆治理》，载《西域研究》2002年第4期，第1~15页。
② 韩愈：《源道》。
③ 参见高丙中：《主文化、亚文化、反文化与中国文化变迁》，载《社会学研究》1997年第1期，第113~117页。
④ 郑杭生：《社会主义条件下主文化与反文化的对立》，载《人民日报》1991年5月9日，第5版。

正实现各民族的平等,实现中华民族的统一和谐。在这样的要求下,对于边疆民族多元文化也采取了一些调试措施。如修正极左的"大民族主义",在边疆民族地区贯彻民族区域自治政策,培养少数民族干部,推进社会改革等,其旨都在加强边疆民族对国家的认同感。但是,由于在新中国成立初期制定和执行政策时,片面地强调了对单个边疆民族的平等、结果的平等,而忽视了边疆民族地区的内部差异性,实际上是"团体的多元主义"。① 边疆民族的多元文化特征没有得到应有的考虑,也致使其结果适得其反。20 世纪后半叶以后,在部分学者的发起下,国家也开始思考国家主导文化与边疆民族文化之间的关系。国家主导文化的建设目标是建立"文化多元"、"和谐统一"的民族—国家,在汉民族以及中国各少数民族间建立超越族群的共同的中华民族的认同,由单纯强调民族的权力的思维模式向实现每个民族都享有公民权力的转变,建设公民社会。由此,在对待边疆多元民族文化时,一方面要充分重视本民族文化的价值和意义,另一方面要在边疆民族中建立超越族群认同、民族认同的国家认同意识,赋予边疆民族充分的公民权。

由上述对中国历史及近现代国家主导文化和边疆民族多元文化的关系的回溯可见,国家主导文化作为与一定的政治权力紧密结合的文化,对整个社会具有一定的强制力和规范作用,处于核心的一级;而边疆民族文化作为整个社会中非常重要的组成部分,对于构建整个国家的和谐统一具有重要的价值,处于同一序列中另外一级,二者是一元与多元的关系。一元的形成、发展与稳固离不开多元的支撑,多元的团结与和谐也离不开一元的统领,整个人类社会正是有了多元的组成结构也才更加稳定,维持了"社会的多样性",人类社会也才能延续下去。而在以往中国边疆民族治理的过程中,虽然也都关注到了边疆多元文化的重要性,但是由于其制定政策的逻辑起点是把国家主导文化视为以儒家文化为代表的文化,并过高地估计了该文化的价值,所以也从一定程度上遮蔽了边疆民族多元文化的价值,边疆社会与国家之间保持着一定的张力。尽管在新中国成立初期通过民族识别、民族区域自治政策的执行,从一定程度上关注到了边疆多元文化的价值,但是在制定边疆政策时,片面地强调政治权益的保障,而忽视了其文化上的诉求,因而也未能达到预期的效果。由此可见,建立适合当前社会情势的、健康的国家主导文化是真正尊重边疆民族多元文化价值的前提。

(二) 边疆民族文化与现代化

在当前的社会情势下,制定科学合理的边疆治理政策,就必须由边疆民族文

---

① 参见马戎:《当前中国民族问题研究的选题与思路》,载《民族社会学研究通讯》2007 年(总第42 期),第 2~29 页。

化特征出发，尊重边疆多元民族文化的价值。在这一过程中，首要解决的问题就是处理好边疆民族文化与现代化间的关系。在促进边疆民族社会以及经济发展的同时，也要尊重边疆民族文化，关注到边疆民族的民族情感，处理好边疆民族国家主导文化与边疆民族文化、民族认同与国家认同、社会发展与经济发展的问题。这都需要在实现现代化的同时从文化上进行调试以及心理上进行疏导。为了达成这一目标，有必要从现代化的本质开始讨论，从分析现代化背后的文化逻辑的基础上，提出边疆治理策略。

尽管诞生于19世纪下半叶的直线进化论思想已经一再地遭到广大的社会学者的批判，但是在今天全球快速发展的背景下，人们还是有意无意地使用这样的观点来思考人类社会发展的问题。无论对于政治家还是学者而言，人类社会有承续的发展始终是不变的论调。在近两个多世纪里，随着工业资本主义在西方社会的大获成功，西方国家在科技、经济与军事力量等方面的发展及其影响在其他地区的迅速扩张，西方工业社会的发展模式也被戴上了耀眼的光环。工业社会就等于"现代化"，就等于先进，等于发展。在这样的观念的引导下，越来越多的国家也开始步入了现代化的漩涡中。与此同时，工业社会的极大成功，也在全球逐步形成了一个政治外交舞台和商业贸易市场，所有亚非拉地区的发展中国家也纷纷被吸纳到这一全球化的市场和世界体系中，主动或者被动地进入了这个"现代化"进程，边疆民族社会也难逃现代化的谜团。在整个世界都向现代化迈进的过程中，也有学者和国家注意到了步调一致的现代化给地方社会带来的影响，传统文化的流失，族群矛盾的激化，社会不稳定等，进而也开始反思现代化对于广大的发展中国家到底意味着什么，对于各国社会、政治和经济将带来怎样的影响，本土文化在现代化的进程中如何能够得到保护等问题，思考在现代化、全球化的背景下如何实现国家的社会稳定和民族的发展。

关于现代化的讨论早已成为学术界和各国政府关注的问题。普遍的共识是，"现代化"或者"现代化理论"是一些观点的集合，它在20世纪五六十年代产生过巨大的影响，至今仍支配着发展活动。"在本质上，现代化是一种进化论思想，它以工业化、自然经济向商品经济转变及都市化为依据，认为所有国家都处于一个直线发展道路上的不同阶段，并最终将成为一个工业化、都市化与有序的社会。"[①] 可见，现代化是与经济发展密切相关的。事实上，人们一提到现代化，马上想到的是西方城市形象，发达的制造加工业，兴旺的金融业，以及较高的社会福利，等等。现代人的生活方式应是富足而自由的、舒适而健康的。这一切都

---

① [美]凯蒂·加德纳、大卫·刘易斯，张有春译:《人类学、发展与后现代挑战》，中国人民大学出版社2008年版，第11~12页。

必须以经济发展为基础，代表的是西方工业化和资本主义带来的文明。同时，现代化又是与全球化亲密无间，可以说当前的"全球化"实质上就是一个西方的现代工业文明模式向全世界扩散的过程，全球化是现代化发展的结果，也是现代化发展到一定程度的表征。

此外，现代化也与现代性的思想有着一定渊源，现代性作为现代化的内核，指引着现代化前进的方向，可以说现代化就是现代性的外显方式。从本义上看，现代性指社会生活组织模式，大约 17 世纪出现在欧洲，并且在后来的岁月里，不同程度地在世界范围内产生着影响。经过了几十年的发展，现代性以前所未有的方式，把我们抛离了所有类型的社会秩序的轨道，从而形成了其生活形态。在外延和内涵两方面，现代性卷入的变革比过往时代的绝大多数变迁特性都更加意义深远。在外延方面，它们确立了跨越全球的社会联系方式；在内涵方面，它们正在改变我们日常生活中最熟悉和最具个人色彩的领域。[1] 现代性的观点，与经济的世界体系的建构密切相关，并通过经济制度影响到各个国家的政治制度。它充分利用了西方工业社会以来的一个特点，就是经济制度脱离于社会结构之外并成为影响和决定社会其他方面的主导因素。因此，经济的全球化，必然带动了社会生活组织模式的现代化。现代性之所以具有这样的能量，其实与现代性的动力机制有着密切关系。越来越多的学者关注到了现代性与时间和空间的关系，指出现代性派生于时间和空间的分离和它们在形式上的重新组合，正是这种重新组合使得社会生活出现了精确的时间—空间的"分区制"，导致了社会体系（一种与包含在时—空分离中的要素密切联系的现象）的"脱域"；并且通过影响个体和团体行动的知识的不断输入，来对社会关系进行反思性定序与再定序。[2] 全球化的经济发展模式，打破了空间的阈限，各个国家都处于世界这个超级大市场下进行交换，进而对时间的同一性提出了要求，不同国家、不同地区、不同民族的人们必须按照相同的时间分区来进行生产，从而从一定程度上影响到了日常的生活方式。

在现代性的思想指引下，现代化成为一种发展模式的最高追求，这样一种发展模式对全球社会将有怎样的影响呢？其实，关于现代化的发展模式的讨论也是近期发展社会学者和发展人类学者较为关注的问题，在他们看来现代化的发展模式背后隐藏着两条潜规则。第一，就是直线的进化论的思想，认为"现代型社会"只有一个源头，一种发展方向，也只有一种道路。因而也只有西方社会的唯一的一种发展模式可以采用。第二，认为世界性现代化发展模式实际上是以把

---

[1] 参见［英］安东尼·吉登斯，田禾译：《现代性的后果》，译林出版社 2000 年版，第 1 页和第 4 页。
[2] 同上，第 14 页。

广大的第三世界国家纳入到西方的市场体系中,使其产生一种依附的发展模式。这一观点强调发展在本质上是一个不平等的过程,处于西方资本主义边缘的经济被整合进了资本主义,而这种整合在一开始就是在不平等的基础上实现的,在为中心的制造业提供原材料的过程中,边缘地区开始依附于国外市场,无法发展自己的制造业。① 同时,一旦依附生产建立的社会结构稳固下来之后,它会不断被复制,边缘地区不可能有资本积累。这样最终将导致富国越来越富,穷国越来越穷。

对现代化话语下的发展模式的批判,只是对于现代化理论诸多批判中的一小部分。自20世纪末开始,广大的发展中国家越来越发现现代化的发展模式并不是灵丹妙药,隐藏在其后的种族中心主义倾向的价值观是其致命的问题。人类学者的研究不断证明,经济发展有许多形式和方式,而不能简单地归结为一种社会向另一种社会的转变。同时,现代化论者还认为与西方工业社会相对的农业社会或者穷国的人民中,其行为是非理性的。但同样是来自人类学者的研究结果表明,如果这些国家或地区的人民发现改变很重要的话,那么他们也会马上做出反应。此外,该理论还忽视了经济增长在微观层面的政治含义。也就是说,现代化的发展并没有惠及全世界贫困的国家和人民,所有的人群并没有都受益,相反它致使一些群体、一些地区以及一些国家被边缘化了。国家之间的贫富差距被拉大,也出现了极端富裕的超级大国和较为贫困的弱势小国,而前者往往依托其强劲的经济实力而在国家政治、经济秩序中推行霸权主义。

在这样的背景下,人们也开始反思在现代化的进程中,地方或者本土文化的价值何在。难道实现现代化只有唯一的一条发展路径,即以消除各国、各民族间的文化差异为代价,全盘否定以往社会、经济发展的模式?其实,正如涂尔干在其《社会分工论》中所指出的,社会分工所达成的社会的有机团结,是以个人的相互差别为基础,使每个人都拥有自己的行动规范,都能够自臻其境,都有自己的人格,这样自由发展的空间越广,团结所产生的凝聚力就越强。② 如果我们把涂尔干的社会概念扩大一点,不仅仅限制于某一民族—国家内的社会,而是整个人类社会,那么我们发现如果依照这样的思路来思考现代化的问题,可能就会获得不一样的收获。现代化的发展模式并不是以消灭每个社会、每个民族文化的独特性为前提,也并不是只有唯一的一种类型的实践现代化的发展路径,在现代化的发展目标之下,在不同的民族—国家中,结合本民族的文化特质和传统的文

---

① 参见[美]凯蒂·加德纳、大卫·刘易斯,张有春译:《人类学、发展与后现代挑战》,中国人民大学出版社2008年版,第15~16页。
② 参见[法]埃米尔·涂尔干,渠东译:《社会分工论》,生活·读书·新知三联书店2000年版,第91页。

化观念，在资本主义发展路径和地方化的发展路径之间可以找到一条可行的道路。而这一目标的达成，就必须在充分尊重和关照到不同社会文化的价值的基础上，以实现文化的多元化为主旨来实现整个社会、整个国家的现代化。对于全球各个种族、各个国家也罢，对于一国内部不同民族之间也同样如此。

20世纪中叶以来席卷全球的现代化浪潮不仅仅带来全球经济发展、社会发展西方化的状况，同时也极大地压缩了传统的时间和空间的阈限，世界上每一个角落都被纳入到世界体系之中，世界每一个角落发生的事件也会潜在地对全球化产生影响。种族与种族之间、国家与国家之间、民族与民族之间沟通方式的变化，使得各种文化接触、交融的渠道增多，并极大地缩短了民族交往的社会距离。正如吉登斯所指出的，现代性的后果之一就是："社会关系从彼此互动的地域性关联中，从通过对不确定的事件的无限穿越而被重构的关联中'脱离出来'"，也即"脱域"。① 一方面民族间的交往越来越少地受到传统文化的限制，另一方面全面的交往也使得各种地方性的、本土文化获得了充分交流的机会，由此，文化的竞争与冲突也成为这一过程中的衍生品诞生出来。在此过程中，最直接也是最主要的冲击的方式便是多元的价值间的冲击与碰撞。自第二次世界大战以来，全球思想战线就呈"百花齐放"和所谓"诸神之战"的态势，新的思想和新的文化观念不断涌现，使得凡是参与现代化的国家都卷入到这一浪潮中来。

为什么现代化与多元价值的冲击有着天然的联系呢？正如前文所述，诞生于20世纪中叶的现代化理论突出的一个特质即是具有极强的西方民族中心主义价值观。他们力图建立一套西方的现代化的评价体系，并通过向周边的发展中国家灌输西方的现代化的发展模式，实现全世界的西方化，在其背后最核心的还是灌输一套西方的价值观念。即使是在对世界体系的划分，也是建立在认为世界是一个单一的相关体系的观点上，以西方社会为中心，区辨出"第一世界"和"第三世界"的概念。在他们看来，传统社会是贫穷、非理性与乡村化的，其经济需要在技术与高投资的基础上向前飞跃，而飞跃的前提是基础设施建设、制造业的发展及有效的管理。当这些社会步入成熟阶段并能够独立发展时，技术就会渗透到整个经济中，最终进入高消费、高生产与高工业化时代。可见，不仅是经济发展的路径，非西方国家必须依托于西方已经实现现代化的国家；而且在技术、社会组织方式、政治政策等方面都必须向西方学习，才能达到西方式的现代化的乌托邦。而技术、社会组织方式、政策等等无不与一定价值观念密切相关，更不用提类似于生活方式、消费观念等，也都与西方资本主义社会的意识形态密切相关。从而，在现代化的冲击下，地方性的、民族性的多元文化以及文化价值观念

---

① [英]安东尼·吉登斯，田禾译：《现代性的后果》，译林出版社2000年版，第18页。

都被暴露在了西方资本主义的单一的文化价值观前，现代化在文化领域上的冲击集中表现在一元的价值观与多元的、作为地方性知识的价值观之间的冲突。

同时，正如前文所论述的，现代化又与全球化、世界体系等密切相关。实现全球现代化的目标必须是以提高发展经济水平为前提，经济的现代化是实现全球现代化的前提条件。也只有在全球建立起统一的世界大市场之后，西方处于现代化顶端的国家才能通过市场，或者是生产、贸易的方式灌输现代化的观念。同时，跨国的世界市场的建立，也是从社会结构上改变了非西方世界国家的社会结构。现代西方资本主义社会中的一大特征是市场在经济中扮演着支配的角色，"从根本上说，就是由市场控制经济体系"，它会对整个社会组织产生致命后果，它意味着要让社会的运转从属于市场，社会关系被嵌入经济体系之中。西方工业社会的发展历程表明，与工业社会的出现相生相随的是把相互孤立的市场转变成整合的市场经济，把诸多被规制的市场转变成一个自发调节的市场。[①] 从而，在整个社会建立一套以交换或交易为核心的市场规则。因此，自西方工业社会诞生之初就被反复强调的理性、敬业的职业道德、金钱至上的文化价值观念就获得了合法性，并且暗合于市场规则中，通过市场规则的传播而实现对这些价值观念的传播。关于这一点，可以从近几年我国受西方消费文化影响而出现的消费主义、物质主义等等得到证明。仿佛具备了这些价值观，就表明实现了西方工业社会所谓的现代化。

现代西方工业社会通过现代化理论所灌输的是西方的单一的价值观念，而人类学者的研究也发现，在人类社会中并不仅仅只存在如西方的单一的价值规范，在很多族群中，其价值规范仍然是很有意义的。比如，在中国少数民族社会中普遍存在的"小富即安"的思想，其实就是一种不同于西方经济理性的文化理性观念。生产的目的不求得物质财富的积累，而只以每日的需求来衡量劳动力的投入多寡。与这样的价值观相对应的是一种自给自足的生计模式，其经济的规则就是家计原则。这个原则的实际运用，既可以是互惠的，也可以是再分配的，它们与市场制度没有任何相同之处。与之不同，还有两种经济的行为原则。其一是互惠的，其二是再分配的。前者如仪式性的礼物馈赠，后者如太平洋岛屿上的夸富宴。前者多在家庭和具有亲属关系的群体之间发生，目的在于维持传统的对称的社会结构，而后者多在同一个首领支配下发挥作用，具有一种地域特征，是为了维持村落或者地域社会的结构。上述三种都是在西方工业社会以前以及现在仍然还存在的价值观，及其相对应的市场规则。这些社会的一个共同特点是，经济制度都是

[①] 参见［英］卡尔·波兰尼，冯钢、刘阳译：《大转型：我们时代的政治与经济起源》，浙江人民出版社 2007 年版，第 50 页。

嵌入于社会关系中，市场并不具有主宰人类社会一切行为的能力，同样也没有这样的利益诉求需要市场去制约人们的行为。维系传统的亲缘关系，实现社会再生产的价值等等，都有可能是这些社会中的价值观，并不存在金钱至上的价值观念。

那么，一边是来势汹汹的西方的"理性"的价值观及市场规则，另一方是广泛存在于第三世界国家中的被西方视为"非理性"的多元的价值观和市场规则，难道真的没有解决之道吗？在面对西方文化观念大举入侵的时节，广泛的发展中国家真的就束手无策了吗？其实不然，民族文化的现代调试应是可选择的道路之一。其实，越来越多的学者在面对现代化给发展中国家以及发达国家带来的问题时，也开始思考作为文明的多极的组成部分，难道在现代化的冲击下只能同质化了吗？通过对这些社会研究表明，其实并不仅仅只有现代西方所谓的一种经济理性。在一些欠发达的社会中，建立在文化理性基础之上的经济观念可能更能解决现代西方现代化后给我们留下的传统文化消失、过度的消费、贫富差距拉大等等问题。从这一角度来看，多元民族文化的价值和意义也才能充分地体现出来。

四、边疆和谐文化的现代治理

我国边疆民族地区幅员辽阔，少数民族人口众多，文化多元。有很多民族是跨境而居，并且由于历史、地理以及民族迁徙的原因，与邻国的民族在历史文化背景、族群认同、血缘、语言、宗教信仰、文化习俗、经济和社会等方面保持着天然的联系。然而现实社会中，又存在着国家政治和经济制度的差别问题。在经济日益全球化的时代，通过经济交往使得国家与国家之间的联系更为紧密，国际政治经济秩序的风云变幻对于一个国家内部的稳定和谐也会产生极大的影响。加之近年来极端民族主义、极端宗教主义和恐怖主义在全球的扩散和传播，也给边疆社会的稳定带来了极大的隐患。此外，历史上国家对边疆的治理政策以及新中国成立以来的民族识别政策、民族区域自治政策和"兴民富边"等经济和社会发展政策对边疆民族的社会和文化都产生了一定的影响。在上述各方面因素的合力作用下，边疆民族地区呈现出经济社会发展不平衡，边疆民族与国家之间出现心理疏离感，国家认同与民族认同及宗教认同的混淆甚至冲突，地缘政治、国际分离主义、民族主义等对边疆民族地区的涟漪效应，国外宗教冲突、群体性事件等对边疆民族带来的共振效应等问题，这都一定程度上给边疆民族地区的和谐社会建构带来了影响。

反观全世界各国在边疆民族地区所做的工作，其核心要义都在促进边疆地区和谐社会的建构。而和谐社会的建构必须以和谐文化建构为核心。只有各族群间、各族群与国家间文化和谐了，社会才能和谐。以往我们对于和谐文化建设的研究多局限在价值和精神层面的探讨,但是由人类社会的研究表明,社会的不同部分是相互整合的系统,只有对于某种文化事项存在的广泛背景有所了解,才能真正认识它的意义。由此,对于边疆和谐社会、和谐文化建构的研究必须从分析物质层面和制度层面的和谐与冲突入手,来思考精神层面的和谐问题。边疆和谐文化建设也不仅仅关涉到精神层面的文化建构,还应从物质层面来思考边疆民族地区社会和谐发展的问题,从根本上解决文化心理、制度性障碍等对边疆社会和谐建构的影响。

(一) 现代国家背景下边疆和谐文化建构的基本路径:建设公民文化

美国学者菲利克斯·格罗斯在其《公民与国家——民族、部族和族属身份》一书中,开宗明义地提出现代世界各国普遍存在的国家形态可以区分为两类:部落国家和公民国家。"公民国家是自由公民的联合体,所以,在同一地域里居住的所有具备资格的居民,不论其出身、宗教、族群(Ethnicity)或文化背景如何,都是国家的成员。部族国家则往往把宗教、族群和政治制度混同为一个单一的原则和属性,因此,它是一种与平等权利不相容,甚至不能容忍少数群体(Minorities)存在的高度排他性的制度"。[①] 可见,在部落国家的框架下,是把族群意识与国家意识等同起来,因此有着极强的民族主义取向。而在公民国家的框架下,族群意识只是国家政治框架中的亚文化群体的意识,民族、族群等只是作为一种个人的身份特征融入于公民这一范畴中。民族权力的展现必须通过公民这个身份来实现。从二者的内涵来看,公民国家应该是更适应当今社会发展的一种国家形态;而公民国家建立的最核心要义就是要建立平等的公民权力以及保障机制,要树立公民文化的国家主导文化。而长期以来这一点无论是在国家层面还是在具体的民族层面,也即公民层面是缺失的。因此,边疆和谐文化的现代建构也即是以公民文化建构为核心的文化和社会建构过程。同时,公民文化的建构并不是无根之木,必须建立一定的保障机制,也即物质的基础。如各民族间如何实现真正的平等问题,宗教信仰的自由如何体现,边疆民族文化的价值如何体现等等,都是值得思考的问题。概括起来,边疆和谐文化的建设应该是以文化认同建设为核心,以公民为单位的扶持政策的建设为途径,以边疆民族多元民族文化保护和传统宗教信仰保护与疏导为主要内容的科学体系。

文化认同的建设旨在引导边疆民族梳理好国家认同与族群认同之间的关系。

---

① [美] 菲利克斯·格罗斯,王建娥、魏强译:《公民与国家——民族、部族和族属身份》,新华出版社2003年版,第6~7页。

"生活在同一个社区之内的人，如果不和外界接触，就不会自觉的认同，民族是一个具有共同生活方式的人们的共同体，必须和'非我族类'的外人接触才能发生民族的认同"。① 在一个多族群国家中，族群与族群之间的交往、族群与国家之间的互动在心理认同上都会产生一定的影响，二者集中地表现为国家认同和族群认同。在一定的时期，可能出现民族认同大于或者等于国家认同的状况，如近代西方社会极端民族主义掌控下的强调由单一族群建立的民族—国家；也可能出现国家认同高于族群认同，如中国传统的"中华民族多元一体"的观念。产生这样决然对立的局面的关键在于，前者过分强调了民族认同，认为只有把族群等同于政治化的民族，才能充分实现族群的权力。后者是强调族群只是作为一定的文化身份，其权力的体现主要是通过公民身份。由此，后者是在以"文化多元主义"为指引处理族群关系的国家，它强调所有公民在政治及宪法规定的所有权力和义务方面的平等，包括维持和发展自己独特文化的权力，由此族群只是代表不同文化群体的角色。② 可见，文化认同建设的关键在于把边疆民族的族群认同纳入到国家认同的范畴之下，建立一个在中华民族共同的认同基础之上的国家认同，同时充分顾及到在"一体"的格局下的"多元"民族文化的价值，国家认同作为一种文化和政治的认同，而族群认同则是文化的认同。国家认同是一个民族国家从历史的发展和文化的传统中延续下来的共同文化，也是囊括所有民族在内的集体认同。民族认同只是关涉到个人层面的认同，个体有选择认同这一族群、不认同其他族群的自由。选择什么样的族群认同并不会对个人的政治权益、经济利益产生影响。个体、族群都会产生一种对国家极强的向心力。也即是把族群认同去政治化、国家认同政治化和文化化，进而实现边疆、民族、国家之间和谐共生的局面。

其实，族群认同要能够去政治化，也就要求我们必须修正以往在制定民族政策时把族群与扶持政策、政治权力绑定在一起的做法，片面地强调了以"群体优惠"为政策的出发点，从本质上这是一种"团体的多元主义"。人类学家戈登也曾指出"团体的多元主义"的特征是，"种族和族群通常都被看做具有法律地位的实体，在社会中具有官方的身份。经济和政治的酬赏，无论是公共领域还是私人领域，都按照数量定额分配，定额的标准是人口的相对数量或由政治程序规定的其他方式所决定。这类平等主义强调的更多是结果的平等，而不是机会的平等。"③ 这一思路也与长期以来我国执行的民族政策有相似之处。对少数民族的扶持政策并不是针对个体，而是以族群来进行划界。同一个民族，生活于城市的

---

① 费孝通：《中华民族多元一体格局》（修订本），中央民族大学出版社 2003 年版，第 9~10 页。
② 参见马戎：《民族社会学：社会学的族群关系研究》，北京大学出版社 2004 年版，第 615 页。
③ 马戎编：《西方民族社会学的理论与方法》，天津人民出版社 1997 年版，第 131 页。

和生活于农村的可以享受到不同的优惠政策。同一民族,生活在自治地方的与生活在非自治地方的享有着不同的权利。政策追求的是结果的平等,是体现各群体间的平等,而不考虑群体内部的差异性。因而,这样的政策可能会使部分利益受损的族群成员对竞争规则的公平性提出质疑。如果是采用以个人为单位的扶持的政策就可以从一定程度上解决这一问题。对于边疆民族地区这一点尤为重要。在中国边疆地区,尽管大部分地区都列入民族自治地方,但是在自治地方中各个族群间的权力分配并不是均等的。边疆地区主体民族与其他民族之间的权力分配,以及边疆民族与汉族之间的权力分配也是不均衡的,此外即使边疆民族离开了边疆民族地区,但是由于其先天的因素的制约,使得其发展的能力上也有所差异,因此群体为单位的扶持政策并不能做到真正的平等。由此,以个体为单位的扶持政策一方面对于整体社会的意识形态教育来说,《宪法》和政府宣传强调的是"个人之间的竞争机会平等"(法律上的平等),使少数族群因优惠政策而产生的依赖心理的副作用尽可能降低;另一方面在具体地区以族群或个人为对象来制定和执行各项具体政策时,仍然会考虑和照顾到族群差异的协调,对弱势族群和个人给予适当照顾。[①] 这样也可以消除同一民族中个体对于群体扶持政策的意见,也可以消除同一地域空间中不同边疆民族之间关于利益分配的意见,实现边疆的和谐社会建设。

关注边疆民族的利益诉求,不仅应涉及政治权力和经济发展的权力,同时对边疆民族文化的价值也应当给予充分的重视。在现代化的进程中,由于经济的一体化以及信息交流沟通的更为便捷,使得在各民族中灌输了应该要学习使用同一的语言、文字,应该具有同一的价值观念。边疆民族地区在推动社会与经济发展的过程中将不可避免地接受到这些外来文化的冲击,致使边疆民族文化流失、传统道德规范约束力减弱、边疆民族逐步失去信仰等,长此以往也是不利于边疆民族地区社会和谐发展的。因此,关注边疆民族的利益诉求,就应该注重边疆民族多元文化的传承与保护,包括对传统的手工技艺、手工艺人的保护,对民族传统语言文字的保护,传统社会组织的保护。首先,传统的手工技艺以及手工技艺的传承人,既是作为一个民族文化的精髓,也是一个民族文化延续的钥匙,更是一个民族核心的价值观存续的载体。其次,民族语言作为文化的载体,也是族群一个重要的标记,对于保持民族文化的多元性也是很有价值和意义的。最后,传统社会组织,是一个民族根据其生产活动与生活方式,形成的具有特色的社会组织形式与运行规则,在现代西方社会中,传统的文化约束力越来越弱化的情势下,

---

① 参见马戎:《当前中国民族问题研究的选题与思路》,载《民族社会学研究通讯》2007 年总第 42 期,第 2~29 页。

边疆民族中传统的社会组织形式的控制作用无疑是很有价值的。同时，保留了这些社会组织，现代国家与社会才能有效运行。

当然，传统宗教信仰保护与疏导对于边疆和谐社会的建设也是非常重要的。各族群的宗教信仰也与语言一样可以被看做是族群的文化特征之一。宗教是人类在认识世界的过程中产生的一种特殊的认识世界的方式，由此也产生了一定的宗教情感。对于宗教的需求也是人类自然的需求。宗教一方面会影响着人类认识世界、思考世界的方式，另一方面也规约着人们日常的行为。宗教是人们日常生活中不可忽视的组成部分。宗教对于边疆民族和谐社会的建构的意义主要体现在两个方面。第一，宗教一般以族群为边界。在边疆民族地区，由于地处文化上的边陲地区，因此历来就是多种宗教信仰杂糅、交融作用的地区，宗教问题复杂。在中国的疆域范围内不同的民族可能共同保有与中原地区截然不同的宗教信仰，而与境外的其他族群保有相同的宗教信仰；或者是由于外来宗教势力进入边疆民族地区，使得边疆民族传统的宗教信仰消失或者融入新传入的宗教信仰中，进而建构起不同于传统宗教信仰又不同于新引入的宗教信仰的地方化的宗教信仰。在现代民族主义、极端宗教主义高涨的形势下，原本较为复杂的边疆民族地区的宗教问题又加上外部势力的介入，使得宗教成为诱发社会不稳定的重要因素，宗教情感与族群认同及其对边疆民族地区的社会和谐产生重要的影响。第二，宗教也存在与现代社会之间的相互适应问题。纵览当代各种宗教信仰，可以发现某些宗教的一些教律、信条和习俗可能确实与现代社会的社会、经济、伦理相抵触，因此应当把宗教信仰和与宗教相关的生活习俗区分开来，才能解决宗教与日常生活之间、与公民国家建设之间的冲突，实现边疆社会的和谐。

总之，边疆和谐文化的建构不应是单向度的建设，也即仅从国家层面或者从精神文化层面考虑是不够的，而应充分考虑到边疆民族的文化特征，由尊重边疆民族、尊重边疆民族多元文化的价值出发，既考虑到作为国家一级的主导文化对边疆民族文化的影响，同时考虑到多元的边疆民族的利益诉求、文化心理特征，在国家与边疆民族互动的过程中，实现多声部的和谐。

（二）现代国家背景下边疆和谐文化建构的政策保障：由刚性向弹性政策体系的转变

诚如上文所述，公民文化的建设是一个系统工程，它从培养和形成强烈的主体意识、参与意识的观念入手培育公民文化，在政治上建构较强的政治认同感和公民认同感；在思想上提倡个人价值和国家社会价值的认同和统一，表现出高度的社会责任感；在文化上建构一体多元的文化观念。这些目标的达成不仅需要从文化和社会层面进行营造和建构，同时也需要一定的政策和制度框架作为支撑。

由公民文化尊重文化多元、构建统一的公民认同的核心要义出发，充分考虑到当前我国边疆地区国内外交往日益频繁的状况，边疆社会稳定也呈现出动态稳定的特征，决定了公民文化的建设要求是以一个具有一定弹性的政策框架作为支撑。

首先，边疆社会的历史形成过程及其民族特征的渐变性决定了现阶段边疆治理必须采用弹性的政策框架。中国历来是一个多民族统一的国家，历史上尽管形成了以汉民族或者某一少数民族为主体建立的不同的国家政权，但是长期以来各民族都保持着相对独立的发展机会和发展空间，这也成为形成中华民族"各美其美"的特征的一个重要原因。与此同时，中国传统多民族形成和发展的过程并不是一个各民族相对孤立的发展过程，事实上是一个不断演化的过程，自秦汉以来的统一多民族中国，一些民族消亡了，一些民族产生了，各民族的形成与发展是一个动态历史过程，是在质变与量变的过程中演进。即使是对于同一民族，分布于不同的地域、与不同的民族杂居、所处的发展进程不同，也都呈现出差异性的特征。正是基于对这一问题的重视，在中国历史上各代王朝大多采用因地制宜的方式来制定民族政策。实践证明，往往民族关系处理的较好、国家较为统一的时期，多是采取弹性的政策框架来制定民族政策。比如在历史上出现的土官制度、藩属制度等等也都是针对不同的民族制定的差异化的政策。又比如，汉朝国家政权的建立不仅使汉族统一起来，也直接统一了汉族周边的各少数民族，并在相当一部分少数民族地区设置郡县，而且还有专门的民族"自治地方"——"道"。这些不同历史时期针对少数民族尤其是边疆少数民族的政策，都关注到多民族历史形成过程及民族的特征是渐变的本质核心，提出弹性的政策框架，是现今处理边疆民族问题、实现公民社会建构值得重视的问题。

其次，当前社会转型和社会急剧变迁背景下更要求必须制定弹性的政策框架。在当前社会转型和国家化进程不断推进的过程中，边疆民族社会也正处于巨大的变迁过程中。社会转型给传统的边疆社会带来的是人们行为方式、生活方式、价值体系的变化；国家化进程的推进带来的是传统社会结构性的转变。与之相随的全球化市场体系的建立，把最偏远的村庄都纳入世界经济体系中，更推动和加剧了边疆社会的变迁。由于边疆民族在历史上生存条件的差异以及社会发展状况的不同，致使边疆各民族在进入市场经济以后，其参与经济发展能力的差异就被凸显出来，并在经济领域出现了一定的"族群分层"，民族之间的差距逐步拉大。同时，处于弱势的民族，由于教育、观念的差异，也越来越难以公平地参与到市场竞争中，各个民族从本地区经济发展的利益中所获得的份额和发展机会也可能是不平均的。这就从客观上限制了边疆民族经济和社会的平等发展。

客观的发展现状表明，在边疆民族地区普遍存在着不同民族间、不同民族支系间、同一民族不同地区间发展非常不均衡，民族差异性的利益诉求没有能够得到有效的保护，这就要求以往相对较为机械的、僵化的民族政策框架应该进行适当的调整，以此来适应新形势下边疆社会的发展状况。这也要求既有的着眼于短期的、"救火式"的刚性边疆管理和社会控制政策，必须向弹性的、灵活的、互动的、可调适的政策体系和内在控制转变。

最后，边疆社会变迁的持续性更决定了现阶段弹性政策框架的制定成为必然。在传统的国家体制特别是计划经济体制中，社会结构表现为一种刚性存在，边疆民族社会稳定的相关政策，也相应表现出模式化的刚性特征。从当前全球化、市场化发展的趋势来看，随着经济、信息和政治交往的频繁，社会流动将空前加强，无论从深度还是从广度上来看地区间、民族间、村落间的互动将更加深入，由此决定了边疆少数民族地区的刚性社会相应地向弹性社会转变成为必然，社会稳定也越来越表现出动态特征。在这样的背景下，边疆治理的一大趋势是将加快边疆社会控制模式由单一型向复合型、由依附型向参与型、由以行政管理、法律控制、纪律控制、国家机器等强力控制的硬控制模式，向以教育为基础手段，包括民俗、道德、社会舆论、宗教等文化控制的软控制模式转变。由于民俗、道德、宗教、文化等软控制具有一定的弹性，在不同的地区和民族中有不同的呈现，因而也必须贯彻弹性的政策框架。

因此，从边疆社会的历史发展过程、发展现状以及未来的发展趋势看，动态变化是其主要的特征，弹性政策框架体系的提出实际上是契合了这一客观事实。总体看来，这种被称为弹性的政策框架体系，其内涵是融合了国家、边疆少数民族及各民族之间的多元文化和诉求，着重于调试国家与边疆少数民族、少数民族之间的既存或潜在的文化矛盾和冲突，并特别强调了作为边疆少数民族文化诉求的表达机制，满足他们合理的特殊文化需求。

（三）现代国家背景下边疆和谐文化建构的制度保障：搭建边疆民族文化诉求表达机制

公民文化是一整套完整的价值系统，它需要从多个层面进行调适，需要从多个维度入手才能建构。除了从外部建构一定的政策体系来进行保障和维护，从内部出发提供诉求满足同样非常重要。可以说，是否能够满足边疆少数民族差异化的诉求，是能否建构起统一的国家认同和公民认同的关键。国家作为保护公民权益的政治实体，必须从公民的需求出发，真正满足不同群体、不同民族的利益诉求。同时，国家也有责任建构一条畅通的利益诉求表达渠道，使得个体能够真正表达自己的意愿。

值得强调的是，长期以来在中国边疆地区由于忽视了各民族间的文化差异、发展程度的差异、社会结构性的差异等，使得不同民族、同一民族不同支系、同一民族不同聚居区内都有很大的区别，不能获得平等的发展机会和享受到政策的优惠。这也成为诱发边疆地区各民族间、民族内部之间冲突的重要原因。究其原因，很重要的是因为现行民族政策制定未能充分关注到政策指向群体的文化诉求的问题。

一方面，边疆民族的文化诉求是多方面的。任何一个民族都有自身特定的生活模式，这种生活模式经常通过民族语言、民族服饰、民间节日、宗教信仰等文化符号表现出来。边疆民族期望通过这些文化符号来甄别民族身份，凝聚本民族的社会力量。由此，边疆少数民族的生活方式也在一定程度上受到文化的制约，文化在满足人类的需要当中，创造了新的需要。由于不同民族拥有不同的文化特征，在社会沟通往来的时候，就很可能出现各种文化碰撞。不同民族都希望他族能够充分尊重本族的文化，尤其是宗教信仰，只有在族群交往过程中，各民族真正做到"美人之美"，才能实现"美美与共"的大同社会。边疆民族文化诉求导致的地域性民族冲突，随着矛盾的发展和激化，很可能动摇国家整体社会。我国的社会实践已经充分证明，国家在采取经济或政治制度方面的措施加强边疆民族社会稳定的同时，应该更加注重满足边疆民族的文化诉求，才能增强边疆民族的国家认同意识，从根本上实现"中华民族多元一体"的和谐、安定局面。因此，我们应该从宗教认同、民族认同和国家认同的层面来研究边疆民族的文化诉求。

而且，由于我国当前尚处于社会主义市场经济体制初步确立的"磨合"期，在新的背景下，边疆民族的文化诉求也在发生着一定程度上的变化。边疆各民族间的结构性分化的特征越发明显，一些历史上占有较好的发展机会和发展条件的民族与发展基础较差的民族在发展的空间和发展的机会上差距越拉越大。在这一过程中，民族政策难免会出现诸多新的情况和新的问题，进而导致民族政策"弱化"或"不适应"。而这恰恰又与各民族自我发展意识越来越强烈和我国边疆公民文化建设日益加强的现实，形成比较大的反差。从现阶段对边疆民族地区推行的经济政策上来看，如"富民兴边"、"西部大开发"等政策只是站在政策制定者主体的立场来思考边疆民族地区的经济发展，而没有关注到边疆民族的最根本的利益诉求，更没有考虑到政策与边疆民族传统社会文化的适应性问题，因而在推进的过程中、政策的实施中都面临重重矛盾，政策也很难达到预期的效果。

另一方面，在以往的政策框架下，边疆少数民族文化诉求的表达机制还有待完善，这也是加剧边疆少数民族社会不稳定的动因之一。构建公民社会的一个重要环节就是实现社会"公平正义"。诉求表达机制是政治参与的重要形式，它是人们向政治系统提出和反映自己的愿望和利益诉求，希望得到满足和有力保护的过程。同时也是国家在公民中构筑和加强政治认同感的重要手段，是体现国家意志和保障公民基本权益的内在要求。近年来随着经济的发展，一些地方政府在发展经济、制定政策时并没有把政策指向群体作为参与的主体，使其在这一过程中发挥"主人翁"的价值，而往往将其架空，由此制定出来的政策也很难完全符合边疆民族的需求，从而也不能充分维护边疆民族切实的权利。由于诉求表达机制或者渠道的缺失造成了政府很难聆听到基层民众的需求，甚至为了达到政府的目的一厢情愿地制定一些粗暴的措施，使得往往事与愿违，甚至成为诱发边疆民族上访、与政府发生冲突的重要原因。

因此，有必要实现政策制定的主导价值观的转换。由边疆民族内部分析其利益诉求入手，来制定边疆民族经济发展政策；由直接进行经济补助向提升其参与经济竞争的能力出发，来制定政策；由外来的企业主导边疆地区项目投资，改为鼓励和提供当地民族参与融资、利益均沾的"内发式"的经济发展模式。着重人的发展，而不是只强调经济产值，考虑各民族之间的平等，其发展的主体是地方社区居民，而不是政治与工业文化精英，同时也必须充分尊重本民族传统文化的价值。① 而这也应成为边疆民族地区制定经济发展政策的依据。由此，消除边疆民族内的心理不平衡感，满足边疆民族经济发展、文化发展的需求，保障其利益诉求的实现。

可以说，边疆民族文化诉求表达机制的建设，将在中国特色的社会主义公民文化制度建设中发挥重要的作用。在这其中，最为关键的是修正以往政策制定多从政策制定者的角度，较少关注到政策目标群体文化需求的状况，充分认识边疆少数民族多元的文化诉求，从而达到调适国家利益与边疆民族利益、国家主流文化与边疆民族文化之间关系的目的。同时，边疆少数民族文化诉求的表达，不仅必须依托各种国家体制下的诉求表达渠道，而且必须获得管理机构运行的资金保障，以及有针对突发性事件时可利用的应用机制和机构。把国家体制下的文化诉求表达机制与地方经验结合起来，充分调动地方参与诉求表达的积极性，实现对政策制定和政策执行过程的真正参与。这样才可以建立起边疆少数民族群体的多样性的文化需求的实现途径，修正政策制定中从国家主位的视角与复数的边疆多元民族文化及其需求之间的不对称性，从而达到国家利益与边疆民族利益、国家主流文化与边疆民族文化之间的和谐与均衡。

---

① 参见［日］鹤见和子：《内发型发展论：以日本为例》，载北京大学社会学人类学研究所编《东亚社会研究》，北京大学出版社1993年版，第77~84页。

第八章

边疆的民族认同与国家认同

从国家的民族结构来看,我国是一个典型的多民族国家。而国家的"多民族"性质,在边疆地区表现得最为突出。所以,我国的边疆也被称为"边疆多民族地区"。边疆的各个民族都有着与生俱来的民族认同,同时又保持着对国家的认同。这两种不可分割地联系在一起的认同之间的相互关系,尤其是国家认同的程度和所处地位,对多民族国家的稳定和统一具有决定性的意义。如何处理好边疆多民族地区的认同问题,尤其是维护国家认同的地位,既是边疆治理面临的重大课题,也是边疆治理的重要任务。

一、边疆治理视野中的认同问题

边疆治理之所以要重视复杂的认同关系和认同问题,是由于这个问题不仅客观存在,而且影响极其深远。边疆地区的国家认同和民族认同及其相互关系,都属于政治文化的范畴。而边疆地区复杂的认同关系,对于边疆地区居民尤其是少数民族处理民族与国家的关系的行为发生了重要的影响。正《比较政治学:体系、过程和政策》一书说:"人们过去的经历中形成的态度类型对未来的政治行为有着重要的强制作用。……态度类型影响政治生活的正在进行中的活动,构成这些活动的基础"①。处理这样一种无法回避又十分重要的问题,就成为边疆治

---

① [美]加布里埃尔·A·阿尔蒙德、小G·宾厄姆·鲍威尔,曹沛霖等译:《比较政治学:体系、过程和政策》,上海译文出版社1987年版,第29页。

理的重要任务。

（一）多民族国家边疆与多样性的认同

我国的边疆，既是少数民族的主要聚居地，同时又生活着许多汉族人口，是我国民族构成最为多样和复杂的地区。边疆地区，各个民族都有自己的民族认同，又保持着对国家的认同，形成了复杂的认同关系。但说到边疆地区的民族认同，主要是少数民族的民族认同。因为只有这样的民族认同，才对边疆和国家的稳定构成深刻的影响。而边疆地区民族认同的多样性和复杂性等，都是就少数民族的民族认同而言的。

"认同"一词来自于英语的"Identity"（用来表示身份、属性等方面的确认或同一性），被广泛运用于社会科学研究以后，常常用来表示某个特定主体与特定客体之间的关系。在民族学、社会学、政治学中，"认同"一词一般用来表示个体对自己与特定的群体、组织或政治单位之间同一性或一致性的确认。

这里讨论的少数民族认同，是指少数民族成员对自己与某个民族共同体、国家共同体之间同一性关系的认定、确认的过程。而这种认定或确定本身，是一种复杂的文化心理过程。对于少数民族的成员来说，最重要的认同，是对自己与所属民族的同一性关系的认定或确定，即民族认同，以及对自己与国家共同体的同一性关系的认定或确定，即国家认同。这两种认同关系，对少数民族自身以及国家共同体来说，都具有重大而深远的影响。

作为对自己与本民族同一性关系的确认，少数民族的民族认同是少数民族成员在自己与民族群体之间的一种心理过程，表现为少数民族成员对所属民族的归属感、情感依赖、责任意识、政治效忠，以及对本民族文化的赞美、对民族精神的颂扬、对民族形象的爱护，还表现在为所属民族的利益而努力和奋斗的实际行动。反过来说，少数民族的成员形成了对所属民族的归属感、依赖感，形成了责任意识、政治效忠，为所属民族的成就和文化而自豪和荣耀，以及努力为所属民族的利益而奋斗，就形成了对所属民族的认同。民族认同的内容很丰富，具体又可划分为文化认同、社会认同、政治认同等多个方面。在少数民族的民族认同中，文化认同是基础，社会认同是形式，政治认同是根本。

各个少数民族本质上是由特定的历史文化联系凝聚起来的人群共同体，但它们同时又是利益共同体，历史上还曾经是政治共同体。每个民族既相对独立，又与其他民族形成紧密的联系。少数民族民族认同的形成和巩固，既受少数民族共同体内部各种因素的影响，又受到来自于少数民族外部的诸多因素的影响。

从民族共同体的内部来看，在少数民族的民族认同形成和巩固的过程中，以下因素的影响十分突出：

第一，民族文化的熏陶。每个少数民族都有自己的民族文化，正是这种共同的文化把民族成员联结为一个整体，使其成为民族。但对于少数民族的成员来说，民族文化又是一种先天的环境因素，反过来对民族的成员发挥着熏陶和模铸的作用。今天之中国，民族身份是人们最基本的社会身份。这一点在边疆地区表现得更为突出。这种社会身份的确定，从每个人出生后户口登记就开始了。换句话说，一个人自出生就必须属于某个民族，并常常受到民族文化的影响。在此过程中，民族文化是一种无处不在的氛围，对所属民族成员"润物细无声"式的影响是极其深厚的。长期置身于其中的民族成员不可避免地会对民族群体产生深深的情感依恋。

第二，民族意识的影响。民族意识是建立在民族共同体成员对自己民族根深蒂固的热爱和对自己民族利益深切关怀基础上的关于民族的生存、发展和民族权利的思想观念，以及本民族与其他民族相区别的意识。民族意识是一种内容复杂的族体意识体系，包括两个基本的方面：一是对本民族的意识，即对本民族的生存、发展和权利的意识，二是民族分界意识，即本民族与其他民族的区分意识。边疆各个少数民族，都有强弱不等的民族意识。这样的民族意识自然会对民族成员造成深刻的影响，在不断强化他们对本民族的归属感的同时，也不断地强化着他们与其他民族的区分，从而使他们更加忠诚于自己的民族。

第三，民族精英的示范。边疆少数民族的精英分子与普通大众相比，他们受教育程度更高，能力更强，有的还在国家和地方政权中担任一定的职务，因而拥有更多的社会资源和政治资源，在少数民族中具有较强的影响力。他们不仅深谙民族文化，对民族的传统有着更深刻的认识和体会，对民族的利益和前途更为敏感、自觉和更具洞察力。而且，他们对民族共同体有着更深刻的认同（在危机感的压力下，自我认同愈加强烈），民族意识更为强烈，对民族共同体负有更多的责任和肩负着更大的使命。他们往往通过自身的示范作用（有时也进行主动的宣传），对少数民族成员的民族认同产生着不容低估的影响。

第四，民族利益的强化。边疆少数民族的成员在长期的共同生活中形成了共同的文化，这种共同的文化又成为强有力的纽带把他们联系成为一个整体，所以他们是文化共同体。每个少数民族又与其他民族处于复杂的利益的关系中。中国各民族的历史，就是一部族际间利益竞争的历史。每个少数民族都要通过自己的民族来争取、实现和维护利益，所以，每个少数民族同时也是一个利益共同体、命运共同体。新中国成立以来，国家通过政策给予少数民族极大的照顾，更进一步强化了少数民族作为利益共同体的地位。在这样的情况下，对本民族的认同能够给民族成员带来诸多的实际利益，因而进一步强化了少数民族的民族认同。

在少数民族内部的各种因素强化着少数民族的同时，也有少数民族之外的因素对少数民族的民族认同产生着促进作用。在这方面，较为突出的因素有以下几个方面：

第一，他族的文化和认同产生的排斥。每个民族在认同于本民族的同时，自然要将其他民族的成员排斥于本民族之外，从而对其他民族产生某种排斥作用。对于少数民族的成员来说，对本民族的认同就意味着对他族的排斥。一个民族的内部认同越强，它对其他民族成员形成的排斥力也就越大。在各个民族都保持着很高的认同的情况下，一个人如果不强烈地将自己归属于自己的民族，他就会因为失去文化符号而无法在复杂的社会系统中确认自己的身份，在茫茫人海中找不到自己的社会坐标。就像意大利的民族民主思想家马志尼所说的那样："既没有姓名、标志、声音，也没有权利"，"他是一个没有旗帜的兵，没有能力对其余人类尽他的义务"。①

第二，族际间利益争夺形成的压力。各个民族间的关系，首先是一种文化关系，同时也是经济关系、政治关系，而不论是哪种关系，其中都渗透着族际利益竞争。这种竞争其实就是族际间的利益争夺。在我国现代化快速推进的过程中，每个少数民族与其他民族间的利益争夺也在加强。国家采取的对单个民族进行扶植的政策，更是强化了各个少数民族以民族的名义争取利益的冲动。族际间如此一种刚性化的利益关系，反过来又对少数民族的成员形成压力，迫使他们要为自己的民族共同体中争取、实现和维护利益，从而加强对本民族的认同。

第三，国家民族政策对民族分界的强化。新中国成立以来，国家的民族政策就以同情、关心、帮助弱小民族为基本的价值取向。基于这样的价值取向，国家将处于持续变动中的各个民族一个个地识别出来，给予其固定的族称和明确的政治地位和法律地位，并帮助其编撰历史和创造文字，然后再逐一给予政策倾斜和帮扶，从而使各个文化意义上的民族政治化，族际界限明朗化、固定化。在这样的条件下，在户籍登记、个人履历表以及身份证上标明民族成分成为了制度化的规范，而这些规范又在时刻提醒着每个人的民族身份。这样一种非此即彼的刚性规定和选择，进一步强化了少数民族的民族认同。

相对于汉族来说，少数民族的民族认同明显更强。这一点，在民族结构复杂的边疆地区表现得更加突出。不过，边疆的各个少数民族的民族认同又存在着明显的差异。有的少数民族的民族认同十分强烈，也有的少数民族的民族认同比较弱，在这两者之间又存在着各种不同的类型。一般来说，如果一个民族的开放程度比较高，与其他民族融合度比较高，民族文化中包含其他民族的因素比较多，民族文化的独特性表现得不是十分突出的民族，民族意识的水平也相对较低，其

---

① ［意］马志尼：《人的义务及其他论文集》，纽约1915年英文版，第53页。

民族认同的程度相对要弱一些；而民族的开放程度比较低，与其他民族的融合度相对较低，民族文化的特殊性和生活方式的特殊性十分突出，民族意识就相对比较强，其民族认同的程度就要高一些。此外，民族的体貌特征、民族性格、本民族传统声誉及其受到其他民族尊重的程度等，都对民族认同产生很大的影响。

在人类以民族的形式存在和发展的时代，民族认同对于民族共同体来说，意义十分重大。民族成员对本民族的族称、文化、生活方式的认同，以及这种认同的持续，是民族共同体实现内部整合及维持自身存在的基本条件。一个民族的解体及消逝，与其成员的民族认同弱化紧密相连。这一点对边疆地区的少数民族来说，也是同样存在的。也就是说，少数民族成员对本民族的认同，是少数民族存在和发展的必要条件。民族平等的原则本身，必然地包含着对其民族认同的肯定。

当然，肯定边疆各少数民族的民族认同，并不是要对少数民族的民族认同采取不加分析的态度。事实上，少数民族的民族认同，尤其是不断加强的民族认同，也蕴涵着消极的影响，这种认同也会对少数民族的民族意识产生强化作用，并在一定程度上成为各个民族之间融合的屏障。因此，对少数民族的民族认同采取鼓励的态度，并不值得提倡。

（二）共同政治屋顶下的国家认同

边疆少数民族虽然生活于边疆，但又与汉族和其他地区的少数民族一起，共处于统一的国家政治共同体当中。国家不过是人类为组织和管理社会生活而创造出来的一种政治形式，是人类社会超越了氏族和部落发展阶段后形成的政治架构。就其本质而言，国家是一种以暴力为基础的公共权力。构成国家实体的其他要素都是在此基础上形成的。从各个民族的角度来看，统一的国家政权就是一个能够维护各民族利益、能够为共处于其中的民族群体遮风挡雨的政治屋顶。长期共处于同一个政治屋顶下的各个民族，也必然地形成了对国家的认同。而作为各民族共有的共同体，国家的稳定和发展也有赖于各个民族对它的认同。

所谓"国家认同"，是政治认同的一种类型，指社会成员或社会群体等对国家的同一性关系的确认，主要表现为对国家的归属感。这里讨论的国家认同，是边疆少数民族对国家的认同。

少数民族的国家认同，其本质是少数民族成员对自己与国家共同体同一性关系的确认。少数民族的国家认同，首先是通过少数民族成员个体来表现的。这种个体性的表现，是少数民族国家认同的基本形态。某个少数民族的成员普遍（或大多数人）持有的认同态度，即少数民族在国家认同上的共识，则构成少数民族集体性的认同，这对国家具有重要的影响。

作为少数民族对自己与国家之间相互关系的一种心理过程，少数民族的国家认同依次表现于以下几个层次：首先，对国家具有归属感，即把自己看做这个国家共同体的一员，如宣称"我是中国人"；其次，具有国家意识，能够从国家的角度来考虑自己与国家的关系及其他相关的问题；再次，尊重国家的主流文化，生发出爱国主义的情怀，对国家的成就和荣誉引以为自豪；最后，也是最根本的，是效忠于国家，愿意为国家的利益而努力。当少数民族的成员宣称"我是一个中国人"的时候，在接受国旗、国徽、国歌这些国家象征的时候，在表现自己爱国主义情感的时候，在为祖国的体育健儿在国际比赛中夺取金牌而由衷的喜悦和自豪的时候，甚至在为祖国的利益而献身的时候，都是其国家认同的流露和表现。

那么，少数民族的国家认同是如何形成的呢？

对于国家认同的形成，有两种基本的解释理论，一是民族主义的解释，二是自由主义的解释。民族主义对于国家认同形成的解释，基于国家与民族的同一（"国"与"族"的统一）的观点，视国家认同为国族认同，因而认为，当人们确认了民族国家对自我实现的关键性意义，就形成国家认同。"在看待国家认同基础的问题上，自由主义基本上采取强调制度作用、减低文化认同的做法。它鼓励一个自由民主体制中的公民多想想自己所要认同的国家在政治、经济、社会制度方面是否具备足够的合理性设计，而不是思索自己认同的国家是不是由一个同质性民族所构成，以及它是否反映自己所钟爱的文化风尚。"[①] 这两种理论具有某种普遍性的解释意义，但却难以有效地解释中国少数民族国家认同的形成。

少数民族的国家认同，尤其是边疆少数民族的国家认同的形成，显然要复杂得多。在中国历史上的王朝国家时代，少数民族的国家认同，是作为共处于同一个政治屋顶下的独立族体单位对国家的认同；而在当代，即民族国家时代，少数民族的国家认同，则是作为统一的中华民族的组成部分对国家的认同，这实际上是一种国族对国家的认同。少数民族所处的地位不同，其国家认同的形成也有所不同。

在王朝国家时代，边疆少数民族对国家的认同是以一种特殊的方式构建起来的。在民族国家形成以前，各少数民族尚未与其他民族一起构建起统一的国族，它们都是一个个独立的民族。边疆各个少数民族都建立了（或曾建立过）各自独立的政治体系，其中的一些民族政治体系还取得了国家的形态，是独立的国家政治体系。少数民族的成员形成并保持着对本民族的国家政治体系的认同。但

---

① 杨妍：《地域主义与国家认同——民国初期省籍意识的政治文化分析》，天津人民出版社2007年版，第13页。

是，边疆少数民族在与中原王朝政治体系交往的过程中，中原王朝所创造的强大的国力和辉煌的文明，产生了政治上的吸引力、军事上的威慑力，也具有经济上的影响力和文化上的感召力。于是，这些民族逐渐内附、归附、臣服于中原王朝，成为了王朝国家中的少数民族。少数民族成员的国家认同就是在这样一种特殊的环境中形成的。国家认同的对象是王朝国家。虽然绝大多数王朝国家的政权由汉族掌控，但也有一些国家政权是由少数民族掌控的。所以，王朝国家时代的少数民族国家认同，既有对主体民族汉族的国家政权的认同，也有对少数民族国家政权的认同。其具体的形成经历了由民族的政治体系（主要体现在民族领袖上）对王朝国家的认同再到少数民族成员对国家的认同的环节和过程，少数民族成员的国家认同是在其所属民族政治体系对国家的认同基础上形成的。从一定意义上说，少数民族成员的国家认同带有被动的性质，是一种个体感受服从整体利益的表现。而国家认同的形成，明显是基于民族利益的考虑。

20世纪初，"中华民族"的概念出现了。这个一开始是用来指称汉族的族称，很快就得到少数民族的响应。[1] 随后，各民族在共同遭受帝国主义的侵略并面临亡国灭种的威胁和共抗外侮的过程中，不仅结成了利益共同体，而且结成了命运共同体，相互联系日渐紧密，进而共同接受了"中华民族"这个共同的族称，形成了作为一个民族的中华民族[2]。在中华人民共和国成立之时，中华民族取得了国家的外貌，成为了真正意义上的国家民族。在这样的情况下，少数民族的国家认同具有了新的内涵。

中华人民共和国是中华民族的民族国家。少数民族国家认同的对象，不再是他族的国家政权，而是自己的国家政权。因此，少数民族的国家认同具有了国族认同的内涵，即有了对自己的国家政权的认同的内涵。对于绝大多数的少数民族来说，民族成员都把国家认同当作是理所当然的。这种理所当然的确认当中，自然就包含着民族主义在国家认同问题上所说的"最高的善"的内涵。而且，少数民族的国家认同不再具有被动的性质，而是一种主动的认同。

不过，较之于少数民族的民族认同，少数民族的国家认同仍然带有某种外在的性质。少数民族对本民族的认同，深深植根于民族文化和民族情感当中，是与生俱来的，而且根深蒂固，不可取代。只要民族共同体存在，民族认同就必然存在。反之，如果少数民族的成员不认同于自己的民族，以及民族认同程度的下

---

[1] 1913年内蒙古西部的王公会议，在反对分裂祖国行为的通电中申明："我蒙同系中华民族，自宜一体出力，维持民国。"

[2] 由于历史和现实的原因，组成中华民族的各个民族还保留着一定的独立性，它们作为民族的地位得到了国家的承认。但是，它们已经结成了统一的中华民族（这里所说的"中华民族"已经不是中国各民族的总称，而是一个统一的民族）。费孝通先生用"多元一体"来概括中华民族的特点，是十分贴切的。

降，都会被视为问题甚至是严重的问题。而少数民族的国家认同则是在少数民族加入统一的国家政治共同体后才形成的，是构建起来的。在王朝国家时代，这种认同具有明显的外在性，甚至带有从外部强加的性质；在民族国家时代，少数民族已经融入到中华民族当中，但少数民族在国内人口结构中处于少数的事实，势必引发出使少数民族不将国家政权看做自己的政权的可能性。

　　由于上述特点的存在，少数民族的国家认同具有某种不稳定性，或者说，在总体稳定的情况下会常常变化。而且，少数民族的国家认同常常受到挑战。在国际国内形势发生变化的情况下，这种挑战就屡屡出现，并演化成为严重的政治问题。因此，少数民族的国家认同，必须纳入国家建设的总体结构中去考虑，需要不断地去加强。

　　生活于边疆的各个少数民族，其国家认同的状况也不尽相同。各个少数民族的国家认同的状况，不仅受到民族的历史、文化、宗教、民族意识、发展程度、族体规模、区位特点等因素的影响，同时也会受到国际因素的影响。在这些因素的影响下，各个民族的国家认同存在差异。有的民族的国家认同根深蒂固，而有的民族的国家认同却常常出现问题。

　　少数民族的国家认同，对于少数民族自身和国家都是十分重要的。对于少数民族来说，一定程度的国家认同，是该民族加强与其他民族的融合，进一步融入中华民族，进一步在国家政治生活中发挥作用的前提和保障，也是少数民族主动运用国家政权来维护自身利益的基础。而对于国家来说，少数民族的国家认同的程度，直接关系到多民族国家的统一和稳定。在少数民族保持着较高水平的国家认同的情况下，国家的统一就具有坚实的基础。如果某个或某些少数民族的国家认同出现问题，国家的统一、边疆的稳定就会产生问题，出现麻烦。如果多个少数民族的国家认同出现问题，国家的统一就会受到严重的威胁。

（三）两种认同在边疆的纠缠

　　边疆各民族都有很强的民族认同，同时又有明确的国家认同。这样，两种认同就紧紧地纠缠在一起，形成一种难分难解的关系。诚然，作为多民族国家，民族认同与国家认同是中国自古以来就存在并在现实中具有新的表现的问题，既是一个历史的问题，也是一个现实的问题（其实，民族认同与国家认同的关系问题是多民族国家一个恒久性的问题）。但是，民族认同与国家认同的相互关系问题，在边疆地区表现得最为突出，或者说，中国的民族认同与国家认同的关系问题，主要就存在于边疆地区。此外，其他的认同问题在边疆也同样存在。这样，边疆地区也就成为了中国认同问题、认同关系最为复杂的地区。不过，在边疆地区复杂的认同关系当中，民族认同与国家认同关系，是最主要的、最突出的认同关系。

　　对于生活于边疆的少数民族来说，少数民族成员的民族认同和国家认同的程度并不是同一的。少数民族本身的民族认同与国家认同的程度也不尽相同。不过从总体上看，边疆少数民族的民族认同都比较强，其程度差异主要体现在国家认同当中。表现得比较明显的是，有的民族的国家认同的程度普遍地要高一些，有的民族的国家认同的程度普遍地要低一些。对于边疆少数民族来说，最根本的问题在于如何处理民族认同与国家认同的关系，即将国家认同置于什么位置。将这两个方面的因素结合起来，边疆少数民族的认同就形成了以下几种类型：

　　第一类：民族认同与国家认同都很明确，但少数民族将本民族看做中华民族的组成部分，把国家看做自己的国家，因而将国家认同置于最高位置，将国家利益视为最高利益，将民族认同置于从属于国家认同的地位。

　　第二类：民族认同与国家认同都很明确，但少数民族的中华民族观念淡薄，将对本民族的认同置于最高位置，将本民族的利益视为最高利益，将民族认同凌驾于国家认同之上，甚至有意无意地将民族认同与国家认同对立起来。

　　第三类：民族认同明确而坚定，国家认同模糊而游移，甚至处于某种虚置状态，两种认同之间的关系较为松弛。少数民族并不将民族认同与国家认同明确地对立起来，也不明确地将民族认同凌驾于国家认同之上，甚至还有意无意地使民族认同服从于国家认同。

　　第四类：民族认同明确而坚定，国家认同模糊而游移，较为淡薄，甚至处于某种虚置状态，两种认同之间的关系松弛，但少数民族常常有意无意地强调民族认同，并不明确地承认国家认同，事实上是将民族认同凌驾于国家认同之上。

　　两种认同相互关系的不同类型的影响各不相同，从对少数民族融入中华民族这个新的民族群体，从边疆稳定和国家统一的角度看，第一种类型的认同关系是最为有利的，第三种类型的认同关系次之，第四种类型的关系，没有积极意义，但消极影响也较为有限，而第二种类型的关系，不仅阻碍了少数民族融入中华民族的进程，而且对边疆的稳定和国家的统一具有破坏性的作用。

　　以上几种类型的认同关系在边疆地区都存在，但以第一类、第三类（即国家认同优先的类型）为主，尤其是第一种类型占主导地位；第二类、第四类（民族认同优先的类型）也同时存在。其中，前一种情况在个别少数民族中有一定的表现，后一种情况则在多个少数民族中都有表现。这种状况表明，边疆少数民族的认同状况总体比较好。国家认同达到这样的水平，对于多民族国家来说已属不易。但是，边疆少数民族的国家认同也还有待于进一步提升。如何将两种认同整合起来，巩固和提升少数民族的国家认同水平，仍然是边疆治理面临的一个重要课题。

二、两种认同的过去与现在

边疆地区少数民族的民族认同和国家认同以及两种认同之间的关系，是在历史上形成并由过去发展到现在的，并且在不同的社会历史条件下具有不同的内涵和特点。因此，考察边疆少数民族的两种认同及其相互关系，就必须简要地梳理两种认同的形成和发展演变，并通过这样的梳理来揭示其间丰富的历史内涵和现实内涵。

（一）两种认同在历史上的交集

边疆少数民族的民族认同和国家认同及其相互关系，是历史上形成的。这是一个"自然的历史过程"，也是一个蕴涵着丰富文化内涵的历史构建过程。少数民族在民族共同体形成的过程中，自然而然地形成了对自己民族的认同。但是，随着少数民族逐步融入由汉族控制的中原王朝国家，少数民族对王朝国家的认同逐步形成和巩固。在少数民族的国家认同形成以后，民族认同就与国家认同历史地联系在一起了。

中国各民族的民族认同和国家认同的形成和发展，都是在民族共同体的形成和发展过程中产生的。这样一个过程，在先秦时期就开始了。"这个时期，中国多民族竞相登上历史政治舞台，展开了频繁的、激烈的竞争。通过这种竞争，一些民族发展了，一些民族衰微了，一些民族甚至消失。"[①]

在中国各民族中，汉族一直处于主体和主导的地位。汉族的形成是在秦汉时期。秦兼并了六国之后，统一了具有五百年历史的诸夏（认同于"华夏"族称的各个族群），为汉族的形成奠定了政治基础。汉代以后，诸夏在与其他民族群体的交往过程中，因为汉朝的巨大影响而被称之为汉人，华夏诸族也接受了这样的族称并相互认同，于是，这些族群就成为了汉族。汉朝也就成为了汉族的国家政治体系。这是一种建立在王朝统治范围基础上，以维护王朝的利益为目的，通过王朝实施政治统治，国家最高权力属于皇帝的国家形态，即王朝国家。

在汉族建立国家政权的同时，与汉族发生直接联系的其他民族也建立了形态各异的政治体系[②]，其中相当数量的民族政治体系取得了国家的形态，是名副其实的国家政治体系。这些民族的政治体系在各自民族的发展过程中，都发挥了巨

[①] 王钟翰主编：《中国民族史》，中国社会科学出版社1994年版，第6页。
[②] 关于少数民族政治体系的论述，可以参见周平所著《中国少数民族政治分析》（云南大学出版社2007年第二版）的相关章节。

大的社会历史作用,不仅有效地维护了民族利益,维护和促进了民族社会的发展,而且对民族成员进行了政治整合,从而维持了民族共同体的稳定,使其得以持续存在和发展。当一个民族的政治体系衰弱和解体,这个民族就难逃解体、丧失独立性或灭亡的命运。民族政治体系的能力和发展水平,往往直接决定着民族的命运。

各个民族在生存和发展的过程,不可避免地展开了竞争,形成了族际竞争。"这种竞争是十分激烈的,竞争的胜利者,趋向了发展和强盛、文明;竞争的失败者,趋向了没落直至消失。……尽管每个消失的民族都有各自不同的具体原因,但归根到底,是他们自己在竞争中落伍了,从而随历史的流逝而消失。"① 各个民族之间的竞争,集中体现在民族的政治体系的竞争之中。

汉族及其国家政治体系也是在这种竞争中发展起来的。"汉族是中国历史上起主导作用的民族,它的生产力水平最高,政治、经济、文化都比少数民族先进,在中国历史上长期居于统治民族的地位,它的发展、兴衰,它的方针、措施,对少数民族的发展、兴衰产生着重大的影响,甚至在某些时期起着关键性的作用。"② 汉族的这种影响,也主要是通过其王朝国家实现的。

秦以后的王朝国家,在统一的情况下都比较强盛,君主大多有开疆拓土、扬威德于天下的雄心,而地处中原的王朝国家的周边又没有出现力量强大到能够与之抗衡的政治共同体。因此,在激烈的族际竞争中,王朝国家周边的少数民族逐渐进入到王朝国家政治体系之中,王朝国家从而扩大了自己的统治范围。

早在汉代,"汉族基本形成后,在与我国北方的匈奴与羌族,东北方的夫余与乌桓、鲜卑,西北方的西域与柔然,南方的西南夷诸族与百越的长期相处中,通过经济、文化,和平往来,兵戎相见,和战相间,错居杂处,互通婚媾等等方式,把众多的散布四方的各民族糅合统一于一个国家"。③ 其中,最早臣服于中原王朝国家的民族是匈奴。在汉代以前,"匈奴统一广大北方游牧地区,形成了统一的多民族游牧国家"。④ 此后,少数民族融进王朝国家的事例不断发生,一直持续到最后一个封建王朝,形成了一个壮观而奇特的民族过程。当这些民族纷纷加入王朝国家时,它们也就成为了中国民族大家庭的一员。这个统一政治屋顶下的民族,也就成为"中国民族"。

各个少数民族进入到王朝国家后,就融入到这个国家政治体系上,与汉族一道共同建设王朝国家这个各民族共同的政治屋顶,在国家政治生活中发挥了重要

---

① 王钟翰主编:《中国民族史》,中国社会科学出版社1994年版,第22页。
② 同上,第3页。
③ 同上,第148页。
④ 同上,第154页。

的作用。有的民族，如蒙古族、满族，还曾经掌控了王朝国家政权，不仅使自己成为统治民族，而且对中国各民族的发展和国家形态的演进发挥了巨大而深远的影响。

各少数民族的成员在自己的民族融入王朝国家以前，不仅形成并保持着对自己民族高度的认同，也形成并保持着对自己民族的政治体系的高度的认同。而当自己民族的政治体系采取国家形态的条件下，对民族政治体系的认同也就是国家认同。在这样的情况下，民族认同与民族的国家认同是一致的。而且，对本民族的国家的认同，集中地体现着民族认同。

当这些少数民族融入到王朝国家以后，也逐渐形成对王朝国家的认同。这样的国家认同是在少数民族自己的政治体系融入到王朝国家以后才建立起来的，是经由本民族的政治体系而形成的。这是一种全新意义的国家认同，是在本民族与汉族的政治关系发生重大改变的情况下逐渐形成的，具有明显的历史构建的特征。从某种意义上说，这样的国家认同是少数民族对本民族政治体系认同的转移。对于一些少数民族的成员来说，这样的国家认同既不是建立在对本民族政治体系认同的基础上，也不是自我体验的结果，因而具有一定程度的外在性，也容易产生矛盾和冲突。

具体来说，各个少数民族融入王朝国家政治体系的方式有着很大的不同，有的是归附、依附、臣服于王朝国家，而有的民族则是归附后又控制了王朝国家政权；各个民族与作为主体民族的汉族的关系不尽相同，再加上各个民族的民族文化、生活方式和宗教信仰的不同，所以，各个民族对国家认同又有很大的差异。

但从总体上看，少数民族对统一的国家政权的认同，是在少数民族融入到王朝国家以后才形成的。少数民族的民族认同与这样的国家认同的结合，也是少数民族被纳入到统一的王朝国家政治体系以后才形成的。而各个少数民族与汉族同处于一个国家政治体系当中，这是在特定社会条件下形成的民族过程的产物。就是在这样一种特殊的社会历史过程中和民族过程中，边疆少数民族的民族认同与国家认同建立起了联系，两种认同紧密地结合在一起了。因此，少数民族的民族认同与国家认同之间的联系，虽然是构建起来的，但却深深植根于民族的发展过程中，植根于民族自身的历史文化之中，不仅有着深厚的民族文化土壤，也有着深厚的民族文化内涵。

（二）两种认同在不同历史条件下的表现

边疆少数民族的两种认同在长期发展中经历了不同的社会历史阶段。在不同的社会历史条件下，两种认同以及两种认同之间的关系既受民族自身发展的影响，也深受当时的社会历史条件的影响。因此，两种认同在不同的历史条件下会有不同的表现。

两种认同关系的核心,是国家认同的形成和发展。这就决定了对少数民族的两种认同关系的讨论必须紧紧扣住国家形态的发展这个线索。中国的古代国家形成于夏朝,至今已经四千多年的发展过程。如果将两种认同的状况追溯到中国第一个中央集权制的国家——秦朝的形成的话,其间也有两千多年的历史。不过,从总体上看,从秦朝到清朝,虽然历史的跨度很大,但国家形态都是一致的,即都是王朝国家。中国国家形态的演变过程中的重大转折,出现于20世纪初。随着最后一个王朝国家被中华民国取代,中国开始了构建民族国家的历史进程。这个在中国国家形态演变历史上具有根本性影响的民族国家构建过程直到中华人民共和国的成立才结束,至此,中国的国家形态发展步入了民族国家的时代。既然如此,边疆少数民族的国家认同及其民族认同与国家认同的关系,也可以分别置于王朝国家和民族国家的背景下分别加以考察。

1. 王朝国家时期的认同。少数民族的国家认同以及民族认同与国家认同相互关系的构建,是在王朝国家朝代发生的。少数民族的国家认同及民族认同与国家认同之间关系的发展,也在王朝国家条件下经历了漫长的历史过程。因此,少数民族的认同问题在王朝国家时代的发展具有十分重要的意义。而在王朝国家时代,对少数民族的国家认同及民族认同与国家认同关系的意义来说,产生根本性影响的因素主要来自两个方面,即少数民族与王朝国家的关系,以及王朝国家的民族(边疆)政策。

少数民族与王朝国家的关系,是一个极其复杂的问题。因为历史上的"中国"概念与今天的"中国"概念大不一样,两者的疆域并不相同;历史上的中国各民族并非今天的中国各民族,有些在中国历史上发挥过重要影响的民族今天已经不在中国的范围内。具体地讨论中国各民族的关系问题,并不是本书的任务。本书仅仅是在边疆治理的视野中讨论少数民族的国家认同的形成方式,因此,只是从宏观上分析少数民族与王朝国家发生关系的基本方式(类型),而不讨论各个少数民族融入王朝国家的具体过程。

少数民族与王朝国家的关系,首先体现在少数民族融入王朝国家政治体系的方式上。少数民族融入王朝国家的方式,不仅影响到少数民族在王朝国家中的地位,也对少数民族的发展具有长远的影响,并直接影响着少数民族的国家认同的形成。纵观历史上少数民族融入王朝国家的历史,少数民族融入王朝国家的方式主要有以下几种:

第一,被征服型。这是少数民族在与中原王朝的交往过程中,被汉族的王朝国家所征服。少数民族建立的政权被纳入到王朝国家政治体系之中,彻底丧失了独立性,并被改造成为王朝国家的地方政权。在这样的情况下,少数民族融入到王朝国家当中,并逐步建立起对王朝国家的认同。

第二,主动归附型。这是少数民族在与中原王朝的交往过程中,既深受王朝国家的影响,也面临着王朝国家政治、经济、文化、军事方面的强大压力,少数民族的政治体系基于民族整体利益的考虑,主动归附于王朝国家,成为王朝国家的藩属,向其输诚纳贡。王朝国家则承认少数民族合法性,保留其一定的独立性,授予其封号。在这样的情况下,少数民族融入到王朝国家当中,成为王朝国家的国民,并逐步建立对王朝国家的认同。

第三,军事征服型。这是少数民族的政治体系在与中原王朝国家的军事对抗中击败了中原王朝国家,少数民族直接入主中原,夺取并直接掌握了王朝国家的政权。在这样的情况下,少数民族对王朝国家的各级政权进行了根本性的改造,使之成为该民族对王朝国家范围内其他民族实行统治的工具,从而实现了少数民族政权与王朝国家的直接融合。

第四,自然迁入型。这是少数民族在与王朝国家境内各民族的交往中,其成员陆续迁入王朝国家,在王朝国家的范围内继续生存和发展。当迁入民族的人口达到一定规模后,他们便以一个民族共同体的面貌出现,从而成为王朝国家范围内一个独立的族体单位。融入王朝国家以后,这样的民族一般都不能建立统一和独立的国家政治体系,只能在不同的地域建立非国家形态的政治体系,主要是基层政治体系。

少数民族与王朝国家的关系,还体现在少数民族与汉族文化的融合中。少数民族融入王朝国家以后,少数民族文化与汉族文化之间的相互影响便开始了。各个少数民族的文化都对汉族的文化发生了深刻的影响,从而使汉族文化中包含了许多少数民族文化的因素,但总体上看,汉族文化对少数民族的影响则更大,并使一些少数民族被同化。关于民族同化,如果是王朝国家运用政权的力量推行强制同化政策,那么,在道德评价的层面上会被否定。但如果这种同化是在自然状态下进行,并被自愿接受,这样的同化就无可非议,具有进步意义。少数民族在与汉族交往的过程中,这样的同化一直在静悄悄地进行,一些少数民族被彻底同化了,一些少数民族则被部分地同化了。由于同化,少数民族文化中融入了大量的汉族文化的成分,从而促进了少数民族与汉族的融合。少数民族与汉族融合的程度,直接影响了少数民族与王朝国家的关系。

少数民族融入王朝国家的方式,以及少数民族与汉族融合的程度,都直接影响着少数民族与王朝国家的关系,进而也影响着少数民族对王朝国家的认同,以及少数民族的民族认同与国家认同之间的关系。一般来说,在少数民族被王朝国家征服,以及少数民族通过军事征服控制了王朝国家的情况下,少数民族对王朝国家认同的程度比较高;在少数民族与汉族融合程度比较高的情况下,少数民族对王朝国家认同的程度也比较高。

另外,王朝国家的民族政策,对少数民族的国家认同也具有很大的影响。王朝国家,不论是由汉族控制还是由少数民族控制,都通过一定的族际政治整合来保持国家的统一。由于民族构成的特殊性,中央王朝的族际政治整合在大多数时候都是针对少数民族的。在长期的历史过程中,代表国家的中央王朝采取了羁縻制、以夷治夷的土司制、和亲和武力威胁、战争征服等方式,对少数民族实施政治整合,将其整合在一个统一的国家结构之中。总的来说,族际政治整合的基本方式是恩威并用,用统治者的话来说,就是"抚之以仁义,示之以威信"①,或"慑之以兵,怀之以德"②,"顺者以德服,逆者以兵临"③。在少数民族服从于中央王朝的情况下,对其采取怀柔政策;在各少数民族敌视中央王朝,反抗强烈的情况下,则采取战争征剿政策(这种以统合为主的族际整合方式,对族际竞争中处于劣势的民族有诸多的限制和压制,在道德审视中可能乏善可陈,但其政治作用却是不可否认的,它促进和保障了多民族国家的形成和统一)。王朝国家卓有成效的政治整合,也能有效增强少数民族的国家认同。如果王朝国家的政治整合失败,未能有效地执行正确的民族政策,或制定和执行了错误的民族政策,就会对少数民族的国家认同造成消极的影响。

2. 民族国家时期的认同。进入民族国家时代,少数民族的国家认同及其与民族认同的关系发生了根本性的改变。这种改变,根源于少数民族与其他民族的关系及少数民族在国家政治生活中的地位发生了重大的改变。

中国民族国家的构建过程,也是中国各民族最终凝聚为统一的中华民族的过程。历史上中国各民族间的民族融合一直在进行。中国民族国家的构建,大大加快了这种融合的进程,进而形成了一个以"中华民族"为族称的统一民族。而民族国家的建立,又使这个统一的中华民族取得了国家的形式,成为国家民族。

随着统一的中华民族的形成,特别是中华民族建立了自己的民族国家,包括少数民族在内的各个民族就不仅仅是中国境内的一个民族,而且是中华民族的组成部分,即国族的组成部分。在这样的条件下,少数民族对国家的认同,就由对"他族"国家的认同,转化为对"我族"国家的认同;外在性的国家认同逐步由内生性的国家认同所取代。

然而,现实的情况却要复杂得多。在民族国家形成的过程中,中国各民族在长期融合的基础上整合为统一的中华民族,但各民族单位仍然保持着相当程度的独立性。中华人民共和国成立以后,国家又把少数民族一个个地识别出来,不仅

---

① 《贞观政要》卷五。
② 《清太宗文皇帝实录》卷二十一。
③ 《清太祖武皇帝实录》卷一。

给予其法定的族称和政治地位，并且通过具体的政策来强化各个少数民族的民族属性，从而把组成中华民族的各个民族的界限法律化、固定化了。在这样的情况下，少数民族对本民族的认同相对于对中华民族的认同来说更加具体，更加实在。因此，目前尚不能使各个少数民族对国家的认同都达到对"我族"国家的认同。

在民族国家时代，少数民族既保持着深厚的民族认同，又作为中华民族的组成部分对国家形成了内在性的国族认同。在这样的条件下，整合少数民族的两种认同，尤其是提升少数民族的国家认同水平，仍然是边疆治理中面临的一个重要问题。

（三）两种认同的现代意蕴

边疆地区少数民族的两种认同及其相互关系是在历史上形成的，并在不同社会历史条件下获得新的内涵，形成相应的特点。因此，就某一个具体的历史时代而言，认同问题都是现实问题。站在现实的立场上来看，少数民族的两种认同，不仅保持着民族国家时代认同的基本特点，也出现了新的情况，进而沉淀为新的内涵。

中国进入民族国家的时代以来，国家采取的一系列涉及少数民族和少数民族地区发展的政策，如民族政策等，都对少数民族和少数民族的发展产生了深刻的影响，进而影响了少数民族的民族认同和国家认同。一方面，尤其是改革开放以来，随着对内改革和对外开放的深入，中国的现代化进程在加速推进，社会开始由传统社会向现代社会转型。这一点在边疆多民族地区表现得更为明显，一场不仅涉及社会生活各个层面而且深深触及人们内心世界的变革在少数民族社会和少数民族中持续地展开，由此导致的显性影响已经表现得较为充分了，但其隐性的影响却更加深刻，并将在一定的条件下显性化。另一方面，随着全球化进程的加速推进，中国更加全面地深入到世界体系之中，国外因素对少数民族社会和少数民族自身的影响也是巨大而深刻的。在这样的历史背景下，少数民族的民族认同和国家认同，以及两者之间的关系，都出现了一些新的内容。

1. 民族认同获得了新的内涵。新中国成立以来，国家进行了大规模的民族识别。这项工作对少数民族的民族认同的影响是深远的，或者说，是基础性的。

中华人民共和国成立后，中国共产党的民族政策取得了国家意志的形态。但是，民族政策的基本价值取向没有改变，仍然是同情、关心、帮助弱小民族。所谓落实民族政策，实际上就是在政策上对少数民族实施照顾和帮扶。而为了实施这样的政策，首先就要对少数民族的种类和数量进行确认。为此，国家开展了民族识别工作。这项工作经历了三个阶段：第一阶段是 1950~1954 年，从 1953 年第一次人口普查中自报的400多个民族名称中,除已经公认的蒙古、回、藏、维吾尔、苗、瑶、彝、朝鲜、满、黎、高山等民族外,经过识别和归并,确认了壮、布衣、侗、白、哈萨克、哈尼、傣、傈僳、佤、东乡、纳西、拉祜、水、景颇、柯尔克孜、土、塔吉克、乌孜别克、塔塔尔、鄂温克、保安、羌、撒拉、俄罗斯、锡伯、裕固、鄂伦春民族,共计38个少数民族;第二阶段是1954~1978年,从自报的183个不同称谓的民族名称中,新确定了土家、畲、达斡尔、仫佬、布朗、仡佬、阿昌、普米、怒、崩龙(现改为德昂)、京、独龙、赫哲、门巴、毛难(现改为毛南)、珞巴等16个少数民族;第三阶段是1978~1987年,除1979年确认基诺族为单一的少数民族外,主要是对贵州和湖南等地的一些自称为少数民族的人们共同体进行识别、归并。至此,中国的民族识别工作结束,一共识别和确认了55个少数民族,为落实民族政策奠定了基础。

民族识别工作是一种国家行为。被确认的少数民族,都获得了法定的族称(族称的改变,也必须得到中央政府的认可)、法定的社会地位和政治地位,以及国家通过法律和政策赋予的各种权利。非经国家批准,任何一个族群都不能自称和被称之为"民族",国家也不再增加少数民族的种类。于是,少数民族的种类、数量、名称以及族际间的界限也就制度化了。这样一种刚性化的制度框架成为了少数民族发展的基本社会条件。相应地,少数民族的民族认同的发展演变,就在这样一种刚性化的制度框架中展开的。

在这样的条件下,随着社会的发展,既出现了促进少数民族的民族认同增强的力量,也出现了消解少数民族的民族认同的力量。前者如对少数民族实行照顾的政策(通过利益的给予强化少数民族成员对本民族的认同)、族际间利益争夺的加强,后者如少数民族成员的社会流动、族际间的通婚,两个方面的因素都对少数民族的民族认同产生了深远的影响。然而,这两种因素在各个少数民族间的分布是非均衡性的,因此,有的少数民族的民族认同呈增强的趋势,而有的少数民族的民族认同则表现为下降的趋势。

在这样的背景下,少数民族的民族认同出现了一些新的特点:一是民族认同的整体性增强了。由于进行了官方性质的民族识别,少数民族获得了法定的族称和地位,少数民族内部支系林立的状况逐渐改变,于是,少数民族内部支系间的分界和争执逐步消弭,少数民族的支系认同逐渐淡化,并形成了对统一的民族共同体的认同。二是民族认同的自觉性逐步提升。随着受教育水平的提高,及由于民族照顾政策的实施而导致的少数民族的利益得到保护和照顾,少数民族对本族的认同逐步由先天性因素导致的盲目认同向在认识到自己与民族共同体的关系基础上形成的理性化认同的方向转变,逐渐形成自觉的、主动的认同。三是各个少数民族的民族认同的程度不一致。从整个少数民族的情况来看,有的少数民族的民族认同呈现明显增强的趋势,而有的民族认同则呈现逐渐淡化的趋势;而从少数民族个体的情况来看,一些成员的民族认同呈明显增强的趋势,也有的少数民族成员的民族认同呈现淡化的情况。少数民族的民族认同呈现一种非均衡分布的状态,不过从总体上看,少数民族的民族认同还是比较强烈的。

2. 国家认同出现新的情况。新中国成立以来,也出现了一系列的影响少数民族国家认同的因素。这些因素概括起来有三个方面:一是国家因素;二是社会的整合性因素;三是意识形态因素。

中华人民共和国成立后,国家政权的性质、国家建设的成就、国家的民族政策等,都对少数民族的国家认同产生了深厚的影响。首先,新的国家政权将维护广大人民群众的利益作为制定政策的出发点,有效地维护和促进了少数民族的利益,国家成为少数民族利益的根本保障。其次,国家从关心、帮助弱小民族的角度出发,对少数民族实施了帮助和扶植的政策,从而极大地提升了少数民族的利益,成为了少数民族利益的维护者。最后,新中国成立以来,国家建设取得了巨大的成就,使少数民族产生了强烈的国家自豪感和中华民族的民族自豪感。这对少数民族的国家认同,尤其是边疆地区少数民族的国家认同的影响是强烈的。对于生活于边疆,尤其是生活在边缘一线的少数民族(特别是跨境民族)来说,国家的强大和富强,尤其是相对于邻国的比较优势,是最能强化他们的国家认同感的。

社会发展过程中形成的整合性因素,对少数民族国家认同的影响也是深远的。第一,随着国家统一经济体的形成,尤其是市场经济体制的确立,各个民族的经济都深受国家统一经济的影响,少数民族的经济完全丧失了独立性,并融入到统一的国家经济当中。第二,在社会发展的过程中,尤其是改革开放以来,随着市场经济体制的建立,少数民族与其他民族之间、少数民族地区与汉族地区之间、边疆与内地之间,经济、文化、人员的交流日渐频繁,每一个少数民族与其他民族间插居住的现象更加突出。广泛的交流和混杂居住,加强了各民族之间的联系。第三,随着电视、网络的普及,大众传播媒介的影响力不断扩大,主流文化凭借影响力不断扩大的大众传播媒介,对少数民族的影响日渐深入,并对少数民族的日常生活产生了全面的影响。

在人民民主的国家中,中国共产党的执政是全面执政和长期执政。在这样的一种政治格局下,共产党用党的意识形态统一了国家意识形态和社会意识形态,从而使意识形态在社会生活和政治生活中发挥着十分显著的作用。在这样的形势下,意识形态也对少数民族的国家认同产生了深刻的影响。除了统一的指导思想,以及社会主义的核心价值等对少数民族的国家认同发生强化作用之外,党和国家所倡导的汉族离不开少数民族,少数民族离不开汉族,少数民族也相互离不开的"三个离不开"的思想,也对少数民族的国家认同产生了积极的影响。

在上述因素的影响下，少数民族的国家认同发生了潜移默化的改变，出现了一些新的特点：一是实现了外在化的认同向内在性认同的转变。各民族凝聚成为中华民族及民族国家的建立，为少数民族的国家认同由外在化的认同向内在性的认同转变提供了基础性条件，而民族国家建立以后的多方面的因素则最终促成了这种转变的完成。因此，少数民族对国家的认同，已经是一种内在的认同。二是国家认同得到巩固。国家是包括少数民族在内的中华民族的国家，国家有效地维持和提升了少数民族的利益，使少数民族将其视为自身利益的根本保障，从而加强了少数民族对国家的认同。从总体上看，少数民族国家认同增强的趋势明显。三是由自发的认同向自觉的认同转型。在与国家频繁的互动过程中，少数民族对本民族与国家的关系有了明显的认识。在这样的条件下，少数民族对国家的认同已经超越了历史长期存在的那种由于已经生存于现在的国家共同体当中而形成的认同，发展成为由对民族与国家的关系有了清晰认识基础上的认同。四是少数民族国家认同程度的差异性很大。由于历史、文化、宗教、区位等因素的影响，各个少数民族国家认同的程度存在着差异，少数民族成员中国家认同的程度也有很大的差异。相对来说，生活在边境一线的少数民族比较容易产生国家认同方面的问题，生活于内地或远离边境的少数民族，一般不会产生认同问题。

三、认同整合对于多民族国家的意义

对于多民族国家来说，少数民族的民族认同与国家认同之间的关系对国家的统一和稳定具有重要的意义。国家处理这种关系和认同整合的方式，又对两种认同之间的关系和国家的稳定具有重要影响。

（一）多民族国家对国家认同的依赖

中国的国家演进历经王朝国家和民族国家两种形态，但不论是王朝国家时代还是民族国家时代，中国都是多民族国家。在王朝国家时代，除了汉族以外，其他民族也加入到王朝国家这个国家政治共同体当中，从而成为典型的多民族国家。多民族国家本身，就是一个由多个民族组成的国家政治共同体，是一个典型的多元一体政治结构。国内的各个民族都把国家作为共同的政治屋顶，并共同来构建和支撑这个庞大的政治屋顶，多民族国家则为各个民族提供利益保障，维护各民族的利益。在这样的情况下，共同生活于这个统一的政治屋顶下的各民族都有责任和义务来维护这个共同的政治屋顶。各民族对国家政治体系的支持是国家稳定、巩固和发展的基本条件，而各民族的支持又以各个民族对多民族国家的认同为前提。

在民族国家时代，虽然各个民族在历史上长期的民族融合的基础上形成了中华民族这样一个新的民族共同体，但由于历史和现实的原因，中华民族并没有实现内部的同质化，相反，组成中华民族的各族体还保持着相当大的独立性。民族国家内部民族构成和民族关系的复杂性，使得中国仍然具有多民族国家的性质。并且，这种多民族国家的特点将长期存在。从这个意义上看，中华人民共和国是数十个民族共建的民族国家。在这样一种复杂的社会历史背景下，国家的稳定和统一与各民族（主要是少数民族）对国家的认同直接相关。

共处于统一的国家政治体系中的各个民族，既形成了对国家的认同，又保持着高度的民族认同。而且，认同作为民族共同体成员普遍持有的心理状态，并不是恒定不变的，而是一个可变的量。对于国家政治共同体来说，国内各民族（尤其是少数民族）的国家认同是弥足珍贵的。一定程度并且稳定的国家认同，是多民族国家统一和稳定的重要的社会心理基础。这种认同的最低标准，就是在认同的序列上，各个民族都将对国家的认同置于对自己民族的认同之上。没有这样的基础，多民族国家的统一和稳定就会受到威胁，甚至面临瓦解的危险。多民族国家统一和稳定的程度，与各民族国家认同的水平成正比。对于多民族国家来说，国家认同是极其重要的社会资源和政治资源。

中国统一多民族国家建立和发展的过程，就是各个民族尤其是边疆少数民族的国家认同形成和增强的过程。历史上，各个民族加入到王朝国家以后，便与汉族一起共同建设统一的政治屋顶。正是这些少数民族进入到王朝国家政治共同体之中，才形成了多元一体的中华民族共同体。正如费孝通先生曾经指出的那样：包括汉族和少数民族在内的中国各民族在历史上"经过接触、混杂、联结和融合，同时也有分裂和消亡，形成一个你来我去，我去你来；我中有你，你中有我，而又各具个性的多元统一体"①，这就是中华民族。统一的多民族国家就是在这样的过程中形成和发展的。在不同的历史条件下，国家政治共同体内的民族成分不同，各个少数民族融入到多民族国家政治体系以后在国家政治生活中所处的地位也不同，有的民族还掌控了王朝国家的中央政权，成为名副其实的统治民族。因此，不同时代的多民族国家具有不同的含义，各个民族的国家认同也有不同的内涵和特点。

历史上各少数民族融入王朝国家政治体系的决定，首先是由各个民族的政治领袖们做出的。"民族政治领袖是掌握民族政治权力，领导民族政治生活，代表民族利益，率领民族共同体驰骋于政治舞台的杰出人物。"② "作为一种特定的民

---

① 费孝通：《中华民族的多元一体格局》，费孝通主编：《中华民族多元一体格局》，中央民族学院出版社1989年版，第1页。
② 周平：《民族政治学》（第二版），高等教育出版社2007年版，第185页。

族政治角色，民族领袖在民族政治生活中发挥着独特的和与众不同的巨大作用。"① 在归附或臣服于中原王朝并融入这个国家政治体系的过程中，少数民族的领袖发挥了十分重要的作用，首先形成了对王朝国家的认同。但是，在加入王朝国家政治体系以后，各个民族的成员也普遍地形成并保持了对王朝国家的认同。从这个意义上说，各个民族融入统一的王朝国家的过程，就是各个民族形成对王朝国家认同的过程。王朝国家发展尤其是由于各个少数民族融入到王朝国家之中而使王朝国家版图扩大的过程，就是少数民族的国家认同发展的过程。反之，如果没有少数民族尤其是边疆各民族对王朝国家的认同，多民族国家的民族结构和领土就不会是今天这个样子了，也就不会有今天的多民族国家。

在民族国家时代，各个民族融合成为了中华民族，共同建立了民族国家。各个民族的国家认同的程度越高，国家稳定和统一的基础就越厚实，相应地国家也就越稳定。而如果某个民族的国家认同出现了问题，没有达到支持国家统一的基本标准，就会出现民族分裂的问题，直接冲击国家的稳定和统一。

（二）多民族国家易发生国家认同危机

作为一种心理状态，民族认同与国家认同都不是一成不变的，其程度或水平是处于不断变动之中的。多民族国家内的民族认同和国家认同，都既会提升，也会下降；既会出现增强的趋势，也会出现弱化的趋势。在这种变化的过程中，多民族国家内民族认同与国家认同之间的关系，也是处于变动之中的。

如果国内各民族的认同关系中，出现了国家认同增强而民族认同弱化的变化及趋势，这对国家的稳定和统一是极为有利的，它进一步巩固了国家稳定和统一的社会心理基础。但是，如果出现了反向变化，即民族认同增强而国家认同却出现弱化的趋势，国家的权威就会受到挑战，并会危及国家的稳定和统一，国家认同危机便出现了。

中国是一个以汉族为主体的多民族国家，汉族人口占全国人口的绝对多数，而且历史上绝大多数王朝都是汉族控制国家政权。因此，汉族虽然也保持着很高的民族认同，但这种民族认同与国家认同之间具有高度的同一性。汉族的成员对民族的认同与国家的认同是一致的。因此，国家认同危机一般不会出现于汉族当中。而少数民族的情况就较为复杂了。少数民族在历史上就形成了对国家的认同，而且认同的程度都比较高，从而为多民族国家的建立和巩固奠定了坚实的心理基础。但是，少数民族的民族认同与国家认同之间存在着差异甚至是矛盾，却是不可否认的客观事实。少数民族的民族认同与国家认同之间有着与汉族不一样

---

① 周平：《民族政治学》（第二版），高等教育出版社2007年版，第188页。

的内在联系。因此,少数民族的民族认同与国家认同之间是会发生上述的反向变化的,少数民族中具有产生国家认同危机的可能性。

所谓认同危机,即国家认同危机,其实就是少数民族的国家认同与民族认同之间的平衡被打破,出现了一方面是民族认同上升,另一方面则是国家认同下降的反向变化,少数民族的国家认同相对民族认同来说处于弱势,并影响到国家的权威,进而给国家的统一造成消极影响。

然而,对于国家认同与民族认同之间存在差异的少数民族来说,认同危机的出现也不是必然的。只要国家认同与民族认同之间保持一个恰当的关系,国家认同强于民族认同,就不会发生认同危机。诚然,少数民族的民族认同和国家认同都会发生变化,会出现增强或减弱的变化。如果两种认同之间是一种同步的正向变化,一般不会发生认同危机。如果出现了下述两种情况,就可能会酿成认同危机:一是两种认同出现了反向变化的趋势,即少数民族的民族认同增强的同时,国家认同则出现弱化的趋势;二是虽然国家认同的程度没有出现明显下降,但少数民族的民族认同出现了迅速上升的势头。

历史的经验表明,少数民族的国家认同下降和民族认同迅速上升,都有可能出现。就国家认同而言,当国家的民族政策出现失误,少数民族的利益受到损害或者少数民族认为自己的利益受到了损害,少数民族对国家的认同就会下降。而这样的情况又会为民族主义的传播提供条件。如果民族主义乘虚而入并造成影响的话,国家认同将会持续下降。而就民族认同而言,少数民族的民族认同有可能在民族主义意识趋向于旺盛的情况下迅速地发展起来,其发展的速度可能会大大超过国家认同增长的速度。而民族意识与民族主义之间,并不存在不可逾越的鸿沟。在民族主义的影响下,民族认同就会出现迅速上升的势头,并超越于国家认同之上。

从历史和现实的情况来看,认同危机通常发生于边疆地区,而不会发生于内地。一方面,内地的少数民族较早地融入到以汉族为主体的中原王朝国家,其文化中融入的汉族文化的因子较多,与汉族文化有较高的融合度。另一方面,这些少数民族重建民族国家政治体系的可能性几乎不存在。因此,这些民族对统一多民族国家的认同程度较高而且稳定,不容易发生认同危机。而生活于边疆地区的少数民族的情形就不同了。由于远离国家政治、经济和文化中心,受到汉文化的影响相对要晚一些,也要小一些,其文化中包含的汉文化的因素要少一些。相反,由于紧邻他国,与其他民族的交往要多一些,因而受到外来文化的影响也要深厚一些。而且,这些民族的政治体系融入多民族国家的时间要晚一些,一些民族的政治体系在近代都还保持着一定的独立性。与此同时,还深受境外势力的影响。因此,这些民族中发生认同危机的可能性相对要大得多,认同危机一般都发生于边疆地区。

而认同问题一旦发生，在那些民族认同高于国家认同的民族中，当民族利益与国家利益不一致或发生直接矛盾的时候，民族利益就可能被置于国家利益之上，出现以民族利益反对国家利益的可能性。历史的经验也表明，多民族国家内的认同问题会造成一系列严重的政治后果。

第一，在边疆地区贯彻和实施国家的法律和政策的阻力增大。国家的法律和政策在全国范围的贯彻和实施，是统一多民族国家政治运行的基本要求。而在边疆地区，由于受到的影响因素较多，国家法律和政策的贯彻及实施是最容易出现问题的。在国家认同弱化的情况下，国家政权的权威常常面临挑战；在那些出现认同问题的区域，国家的法律和政策的贯彻和实施就会遇到阻力，法律和政策不被认可和接受，法律和政策被误解或有意曲解的可能性很大，一方面大大削减了国家法律的效力，另一方面则增大了法律和政策贯彻及实施的成本。

第二，引发一系列社会政治问题并形成对国家统一的冲击。在边疆地区少数民族的民族认同胜于国家认同的情况下，边疆地区各种历史的和现实的问题，盘根错节的矛盾和摩擦，都会被置于民族利益与国家利益的对比中重新进行考量，并引起连锁反应。同样的问题在不同的背景下会有不同的解释，导致不同的结果；已经解决的问题会再次被提出，新的问题会不期而至地出现。在这样的背景下，自然资源问题、人口问题、利益分配问题等常常被提及。而这些问题一旦产生，都会给边疆的稳定造成极大的威胁。

第三，出现分裂主义思想和活动的可能性迅速增大。在认同问题形成并逐步发展的情况下，民族主义的思想和情绪就有了滋生和传播的土壤，如果受到不怀好意的蛊惑和煽动，民族主义的思想和情绪就可能迅速蔓延。而一旦出现了这样的情形，分裂主义的思想和行动就可能乘势而起。所谓民族分裂主义，从思想根源上看，就是不认同于现行的国家政治体系。而这些因素，对边疆的稳定和国家的统一来说，都是一种严重的威胁。

第四，为敌对势力分裂国家提供了可乘之机。境外敌对势力千方百计地对我国边疆地区的渗透和破坏，已经是一个由来已久的问题。不愿意看到一个强大中国崛起的人们，对边疆多民族地区的渗透是无孔不入的。渗透和破坏的目的，就是分裂国家，或通过分裂国家来破坏中国的迅速崛起。而边疆地区出现的认同问题，尤其是与之伴随的民族主义的强化、民族意识的高涨等，对于境外敌对势力而言，是十分难得的机会。因此，境外敌对势力总是要拿这个问题大做文章，伺机煽动民族分裂运动。

(三) 认同整合是多民族国家面临的历史性课题

认同危机对多民族国家来说具有诸多的消极影响，因此，多民族国家必须高度重视边疆地区的国家认同问题，慎重对待认同危机问题。在这个问题上掉以轻心，就会酿成始料不及的政治后果。而要避免认同危机或消除认同危机，就必须协调好民族认同与国家认同之间的关系，促使相关民族保持一个合理的认同结构，将国家认同维持在一个较高的水平上，这就是所谓的认同整合。

认同整合的核心，是在民族认同与国家认同同时存在，并且两种认同在某些情况还会出现不一致甚至矛盾的情况下，协调好两种认同之间的关系，使国家认同保持较高的水平，并在认同序列上保持优先的地位，从而巩固国家的权威，避免出现以民族认同对抗国家认同甚至否定国家认同的情况，从而形成一种有利于多民族国家统一和稳定的政治文化氛围。

认同整合对于多民族国家具有十分重要的意义，它既是多民族国家国家建设的重要内容，又是多民族国家统一和稳定的重要条件。而且，解决多民族国家内的民族认同与国家认同之间的关系问题，也不能期望一劳永逸。这是一个在历史的长河中不断被注入新的因素的问题，历史会不断地赋予其新的内涵。

纵观世界上的各个多民族国家，都面临着认同整合的问题，并采取了多种多样的方式来进行认同整合。有的国家的认同整合较为成功，保持了多民族国家的巩固和统一；有的国家的认同整合并不是那么成功，多民族国家陷入了民族分裂主义的严重威胁之中；而有的国家则由于认同整合的失败，在特殊的国际形势下应对失策，最终导致了多民族国家的瓦解。世界各国的成功经验和失败教训为探索有效的认同整合方式提供了丰富的历史文化资源，但却不能提供一种对所有多民族国家具有普适性的认同整合方式。因此，每个多民族国家都面临着认同整合问题，都必须根据所处的具体情况来探索解决国内认同问题的道路。

中国在多民族国家建立和发展的过程中，一直十分重视认同整合问题，不仅进行了制度构建，而且还形成了多种灵活的政策来处理认同问题。尽管国家分裂主义的活动在历史上和现实中都出现过，甚至历史上还有国家分裂的时代，而且即使在认同整合较为成功的时期，有些政策和措施并不合理，特别是放在道德评判的平台上看更是乏善可陈，但从总体上看，历史上的认同整合还是成功的。正是基于此，国家统一和民族和睦才构成了中国国家发展的主流，才维持了一个庞大的多民族国家。

但是，中国的认同问题并没有在历史上一劳永逸地解决，中国今天仍然面临着认同问题，这在边疆地区体现得尤为明显，个别地区的认同问题已经相当突出，并且已经对多民族国家的巩固和统一构成威胁。因此，国家必须重视边疆地区的认同问题，加强认同整合的研究，探索在新形势下实现认同整合的有效路径，妥善地解决国家尤其是边疆地区面临的认同问题，维护国家的统一和稳定。

四、边疆治理中的认同整合

边疆地区的认同关系十分复杂,并对边疆和国家具有深刻的影响。因此,必须通过积极的治理来有效地处理这些问题。从某种意义上说,这个问题上的治理成效,直接影响着边疆治理的整体绩效。

(一) 国家认同在边疆地区面临着挑战

边疆少数民族的国家认同,是边疆稳定、民族团结的基础性条件。如果边疆少数民族的国家认同出了问题,即下降到较低程度,边疆地区的稳定和民族团结就会受到破坏。目前,从总体上看,边疆稳定和民族团结的形势是好的。这就证明,我国边疆国家认同的总体状况是不错的。绝大多数少数民族具有很强的爱国热情,主动维护国家的统一和边疆的稳定,在维护国家利益、捍卫国家主权和领土方面做出了很大的贡献。在1979年的对越自卫反击战中,一些少数民族边民勇敢地拿起武器走向战争的最前线,并且英勇善战。在面对有着亲戚关系而又效忠于敌国的对方边民的时候,他们没有迟疑和退缩,义无反顾地站在国家的立场上,为维护国家的利益而英勇战斗。而这样的例子,并非个别。这是地处边缘一线少数民族具有牢固的国家认同的生动体现。从总体上看,边疆少数民族的国家认同保持在一个较高的水平上。

但是,边疆少数民族国家认同的程度并不是一成不变的,国家认同的总体上处于良性状态的局面并不代表着所有区域、所有民族的国家认同都处于比较好的水平。事实上,在多种因素的影响下,某些局部地区也出现了少数民族国家认同受到冲击和弱化的现象。个别地区的居民,国家观念淡漠,甚至缺乏国家的观念。随着我国周边形势的稳定,和平环境的长期持续,以及不断深化的对外开放,边境地区的居民频繁地往返于邻国和本国之间。在这样的形势下,一些居民在强调自己的民族特性的同时,却有意无意淡化甚至模糊了国家之间的界线。边疆地区的一些居民,他们不在乎自己是哪个国家的公民,但却十分在乎是哪个民族的成员,甚至不承认自己是国家的公民,只承认自己是某个民族的成员。在日常的社会生活中,民族间的界线和区分很清晰,而国家间的界线和区分却相当模糊;受邻国一些针对性很强的优惠政策的吸引,边疆的一些居民甚至不愿意自己的子女接受本国的基础教育,而是将自己的女子送到邻国接受小学、中学教育。在他们的观念中,只要能在学校学习到知识和文化就行,而不在意孩子接受什么样的思想观念和道德观念;一些地区的居民,对经济前景深怀忧虑,甚至丧失信心,因此而出走国外,甚至举家外迁。个别村寨中外迁的人口甚至多于仍然留守的人口。这种现象长期持续，逐渐形成移民潮；一些边境地区的居民，不仅到邻国谋生，而且还到邻国学习语言，参加武装训练，甚至到境外加入某些有特殊背景的组织，有的甚至加入了境外的武装组织，从事有损于国家利益的活动；还有一些地区的居民，甚至将民族认同明显地置于国家认同之上，因而民族情结高涨，很容易接受民族分裂主义思想，容易受到民族分裂主义者的煽动，很容易加入到民族分裂主义的行动中或对民族分裂主义活动采取同情的态度。这些情况表明，在边疆的一些地区，国家认同已经面临着挑战。在个别地区，国家认同面临挑战的形势还比较严峻。

另外，在某些特定的情况下，国家认同弱化或面临挑战的问题并不直接以不认同于国家或以民族利益反对或对抗国家利益的形式表现出来，而是采取某种曲折的形式表现出来。其中，最为突出的就是以少数民族与汉族矛盾的形式出现。边疆地区的一些少数民族居民，将国家与汉族联系在一起，将对国家的不满转移到对汉族的不满。在这样的情况下，少数民族与汉族间的矛盾就不仅仅具有民族矛盾的含义，而且包含着少数民族对国家不满或不认同于国家的内容。

在国家认同面临挑战的问题上，那些以实际行动表现出来的国家认同弱化的问题、具象的东西比较容易引起重视，而思想意识方面的问题、抽象的东西则常常被忽视。其实，边疆地区的居民只强调自己归属于民族，只是对所属民族有感情而对国家没有感情，民族情结浓厚，缺乏公民意识（有的甚至是缺乏国民意识）等，都是将民族的利益置于国家利益之上，本质上都是国家认同的弱化，都是国家认同方面实实在在的问题。一旦民族利益与国家利益发生冲突（有时这样的冲突是实际存在的，有时这样的冲突是由于一些人的挑唆而制造出来的），国家认同的弱化就会显露出来，一些人就会站在民族的立场上（有时甚至是站在主要是居住于邻国的民族的立场上）反对或对抗国家利益。

国家认同在边疆的某些地区出现弱化的问题，是在相当长的时间中逐步形成的，冰冻三尺非一日之寒，而且还有进一步发展的势头。造成这一现象的原因也是多方面的，并非某个单一的因素造成，是一个典型的"多因一果"现象。概括起来看，导致这一结果的主要因素有以下几个方面：

一是长期的落后和贫困。边疆的许多地方，新中国成立前还处于资本主义早期的各种社会形态，有的还处于原始社会的末期，新中国成立后通过"直接过渡"实现了社会形态的跨越，但与内地在经济、社会发展方面的差距却不可能在短时期内改变。经过长期的建设和发展，尤其是改革开放以来的迅速发展，这些地区的人民的生活有了显著改善，但贫困面貌未得到根本性改变，与内地和发达地区的差距进一步拉大。许多边境县市属于省级或国家级贫困县，有的甚至是国家级特困县。严重的落后和贫困，消解了边疆居民对国家的积极情感和评价，这成为其国家认同下降的一个重要原因。

二是边疆治理中存在问题。边疆的国家认同状况，与边疆治理的政策和效果紧密相连。边疆地区广泛而巩固的国家认同，是有效的边疆治理的直接结果。但是，我国的边疆治理在取得巨大成就的同时，也存在着治理不到位，缺乏统筹规划，政策有偏差等方面的问题。我国在边疆治理中长期采取族际主义的取向，对一个个具体的民族给予帮扶，实施优惠政策，而不是普惠制的区域主义治理，结果是在某个或某些民族得到政策优惠的同时，那些没有得到优惠政策的民族则觉得自身利益相对受损，或在利益比较中失去了优势地位，因而产生了对政府的不满情绪。另外，国家的一些边疆照顾政策未能得到有效落实，而邻国则采取了针对性的优惠政策吸引我国边民，这对边民的国家认同造成了消极性的影响。

三是民族意识的增长速度过快。国家意识或国家观念是国家认同的基础，国家认同是国家意识的表现形式。同样地，民族意识是民族认同的基础，民族认同是民族意识的表现形式。在国家意识和民族意识的关系中，既有两者同时增长或减弱的关系，也存在着互为消长的关系。在后一种情形中，如果民族意识增长的速度太快，打破了国家意识与民族意识之间已经建立的平衡关系，就会出现国家意识淡化，国家认同弱化的倾向。从边疆多民族地区的情况来看，这些年来民族意识增长的速度是相当快的。在温饱问题解决以后，随着受教育程度的提高，少数民族基于浓厚民族情感的自我认同意识和民族间的分界意识在理性反思的基础上逐渐加强。民族主义取向的政策和边疆治理，则促进了少数民族从民族利益的角度来认识民族与民族的关系、民族与国家的关系，从而加强了民族认同感和民族间的分界意识。在近年来兴起的民族文化热和民族文化产业热的背景下，对少数民族的民族文化的挖掘、整理和弘扬，不仅营造了浓厚的民族文化环境，也在进一步激发了少数民族的民族自豪感的同时，促进了民族意识的增长，从而在一定程度改变了民族意识与国家意识之间的相互关系。

四是周边环境的影响。长期以来，随着我国在改革开放中国力的增强以及实行睦邻、安邻、惠邻的周边政策，我国与周边国家既存的矛盾和冲突得到化解，影响周边关系的因素得到有效控制，我国与周边国家保持了良好的外交关系，边疆地区长期处于和平环境之中。这样的好形势来之不易，但是，从国家认同的形成机制来说，国家间的紧张关系对边疆居民的国家归属感具有强化作用，而和平环境则会松懈其国家归属感。在这样的形势下，如果不能通过有效的政治社会化手段强化边疆居民的国家意识，国家认同水平下降的问题就很容易出现。

五是境外敌对势力的渗透和破坏。对于一个生活着56个民族的多民族国家来说，高水平的国家认同是国家统一、稳定和强盛的重要心理基础，也是国家的核心利益所在。削弱国民的国家认同尤其是少数民族的国家认同，也是对国家核心力量的打击。在复杂的国家环境中，境外的敌对势力通过削弱边疆少数民族的国家认同来达到其分裂中国、破坏我国建设和发展的努力从来都没有停止过，在我国边境地区开展了形式多样的宣传和渗透活动，许多慈善活动、传教活动的背后常常隐藏着险恶的政治用心，这对边疆居民的国家认同产生了直接和间接的破坏作用。

（二）认同整合是边疆治理的重要任务

边疆地区的国家认同弱化或受到了挑战，是一个不容回避的事实。这样的情况在有的地区是初露端倪，有的地区则达到了不能再被忽视的程度。但是，不论是何种程度的国家认同弱化，其影响或可能导致的后果都是相当严重的，都会削弱甚至危及边疆的稳定和多民族国家的统一性。历史上"千里之堤溃于蚁穴"的教训，值得吸取。

边疆地区出现的国家认同问题，是国家认同与民族认同的对比中，国家认同的主导地位受到了动摇。解决这一问题的根本出路，就是协调好两种认同之间的关系，维持和稳定国家认同的优先地位。协调两种认同的关系，建立和维持国家认同优先的认同结构，就是所谓的认同整合。

边疆地区的认同问题，是典型的边疆问题。解决这一问题的认同整合，是边疆治理的重要内容，在边疆治理中处于十分重要的位置。所有的边疆问题，都不仅影响到边疆的稳定和发展，也影响到整个国家的稳定和发展。因此，边疆治理中的所有问题，都必须站在国家整体利益的高度，以全局性的思维加以慎重对待。但相比较而言，认同问题更具有基础性的特点。相应的，认同整合也就成为边疆治理中的基础性工程。认同整合的成果，对边疆治理的其他内容具有支撑作用。反过来说，边疆治理的其他方面的成果，也能够进一步巩固和扩大认同整合的效果。因此，在边疆治理中不仅要高度重视认同整合，而且要将认同整合与边疆治理的其他任务结合起来，相互配合，相互促进。

在边疆治理中进行认同整合，本质上是对边疆地区的国家认同与民族认同的关系进行调整和协调，从而形成和保持一种对国家的稳定和发展有利的认同关系。要达此目标，就涉及两个方面的工作：一是巩固和强化国家认同的优先地位，二是使民族认同与国家认同保持一个恰当的关系。而在理论上和实践中，国家认同又与国家意识紧密地联系在一起，民族认同则与民族意识紧密地联系在一起。国家认同是国家意识的一种表现形式，民族认同则是民族意识的一种表现形式。因此，边疆治理中的认同整合，必须与国家意识和民族意识联系起来，通过调整国家意识和民族意识来调整二者之间的关系。具体来说，一是要增强少数民族的国家意识，二是要控制少数民族民族意识的过快增长。

增强边疆少数民族的国家意识，涉及多个方面，是一项系统工程，需要站在国家的角度全面研究和实施。从边疆治理的认同整合的角度来看，主要是涉及以下三个方面：

第一，通过政治社会化过程传播国家观念，强化居民的国民身份或公民身份。人们牢固的国家观念以及相应的国民意识或公民意识，既是国家意识的组成部分，也是强化国家意识的主要途径。从社会身份来看，不论哪个民族的成员，都是中华人民共和国的国民；从政治身份来看，具有中华人民共和国国籍的人，都是国家的公民。强化国民意识和公民意识，应该是政治社会化的基本内容。然而，这一工作在政治社会化的过程中却未受到应有的重视。从长远来看，这不能不说是一种失误。现在，应该通过政治社会化的各种媒介，强化边疆民族地区居民的国民意识和公民意识。如果国民意识和公民意识牢固地树立起来，国家意识就会得到提升并趋向于巩固。

第二，国家通过政策合理调整民族间以及少数民族与国家间的利益关系，有意识地强化少数民族对国家的利益依存关系。新中国成立以来，国家十分重视少数民族的利益，实施一系列以同情、关心和扶持少数民族利益为基本取向的民族政策，以维护少数民族利益（或利益给予）作为民族政策的根本出发点，而没有突出对各个民族之间、民族与国家之间的利益关系的合理调整，以及巩固少数民族对国家的利益依存关系。因此，少数民族对国家的认同并没有随着国家民族政策的实施而得到同步和持续增强。要改变这种状况，必须在制定和实施民族政策的过程中，创新思路和形成新的价值取向，把在民族间、民族与国家间建立合理的利益关系，以及维护国家的整体利益作为民族政策的重要取向。

第三，在边疆治理中淡化民族主义取向的治理方式，强化区域主义的治理方式。我国的边疆治理长期以来坚持族际主义的治理方式，把调整和处理民族关系作为边疆治理的主要内容。但随着平等、团结、互助的民族关系的建立，边疆治理就应该逐步转向以属于区域性问题为主要内容的区域主义的治理。然而，这一转变并没有如期而至。我国的边疆治理仍然继续采取民族主义的取向。这样的做法，进一步强化了民族间的利益差别，不利于少数民族国家认同的巩固和加强。因此，在强化国家认同和国家意识已经作为边疆治理的重要内容的条件下，必须逐渐淡化边疆治理中的民族主义取向，逐渐转向区域主义的治理。

对于民族意识，要有一个客观、全面的认识和评价。民族意识的内容有多个方面，其表现形式更是多种多样，归纳起来有两个基本方面：一是民族的自我意识，二是民族间的分界意识。民族意识的结构和表现是复杂的，同样，民族意识的作用和影响也是复杂的。诚然，多民族国家内各个民族适度的民族意识或民族意识的觉醒和适度增长，对于凝聚民族共同体、振奋民族精神、促进民族奋发向上和提升国家活力等具有积极意义，但也必须看到，多民族国家内各个民族强烈的民族意识也会引发严重的问题。民族意识与民族主义意识形态之间并不存在不可逾越的鸿沟，民族主义就是在民族情感和民族意识的基础上形成的。① 迅速增长的民族意识有可能导致民族主义的蔓延。从国家认同的角度来看，迅速增长的民族意识，可能在促进民族认同增强的同时，改变民族认同与国家认同之间的对比。因此，对多民族国家的国家认同来说，民族意识有可能成为一种消解性的力量。这就表明，民族意识具有两面性。它的影响既可以是积极的，也可以是消极的；它既能成为建设性力量，也可以成为破坏性力量。正如我国一个学者断言的那样："民族意识既是天使又是恶魔，关键看它在什么时候什么场合出现和怎样发挥作用"②。

既然民族意识有可能影响到国家认同的巩固和增强，尤其是快速增长的民族意识会带来很多意想不到的后果，因此，在边疆治理的认同整合过程中，要对少数民族民族意识的增长保持必要的警惕，要对少数民族民族意识的过快增长具有应对手段。

首先，要建立民族意识增长的预警机制。民族意识作为一个民族成员普遍持有的对本民族以及本族与他族关系的一个心理状态，并不是一成不变的，而是处于一个动态的过程之中。从我国目前的情况来看，少数民族的民族意识呈现一个不断增强的态势，但各个民族在增长的速度以及现有的程度上，都存在很大的差异。而且，民族意识的适度增长，并不会导致消极的后果。因此，对民族意识的增长，并不能一概地否定，而是要建立必要的测评指标，随时掌握民族意识变化的状况。在这样的基础上，对民族意识的快速增长建立预警机制，从而采取必要的引导性和防范性的措施，以免民族意识的增长导致严重的后果。

其次，在宣传和管理中淡化民族身份。我国是一个多民族国家，每个民族尤其是少数民族的地位和族属身份应该受到承认和尊重，少数民族的利益应该得到保护。然而，这并不等于说在政治宣传中、在政治生活中、在社会管理中，总是要强调社会成员的民族身份。总是强调社会成员的民族身份，在强化国民的族群区分和社会成员的民族认同的同时，也会给建立社会成员的国民身份和国民认同制造障碍。在社会成员意识中民族身份和民族身份认同十分明显而强烈的时候，国内社会成员无差别的国民身份和国民认同就不容易建立起来，而国民身份和国民身份认同，是国家认同的基础。因此，在宣传和管理中淡化民族身份，强化国民身份，是边疆治理中认同整合的重要内容。

---

① 参见周平：《民族政治学》（第二版），高等教育出版社 2007 年版，第 235 页。
② 王逸舟：《当代国际政治析论》，上海人民出版社 1995 年版，第 128 页。

最后，要强化民族文化与国民文化的整合。民族文化是我国十分丰富也是极其重要的资源，不仅对发展文化产业意义重大，而且对整个国家的可持续发展也具有十分重要的意义。弘扬民族文化，发展民族文化产业，都是重要的战略选择。但是，民族文化是民族情感和民族意识的重要载体，民族文化中承载着太多民族性的因素。在发展民族文化的过程中，其中所蕴涵的民族情感、民族意识都会随之放大。因此，在发展民族文化过程中，统一的国民文化或中华文化的形成和发展受到影响以及促进民族意识过快增长的可能性，也应该被认识到并有一个恰当的估计。从边疆治理的角度来看，在发展民族文化的过程中，不仅要关注民族文化发展的价值导向，而且要提倡民族文化与国民文化的交融，把民族文化整合到国民文化之中，使民族文化的发展有利于中华文化的发展和壮大。

（三）加强中华民族建设

要从根本上改变边疆地区少数民族的认同状况，最重要的是要加强中华民族建设。我国当今的各个民族，都是统一的中华民族的组成部分，而不是独立于中华民族的民族。但是，就目前的情况来看，中华民族的内部凝聚度和整体性都还有待于提高，中华民族还有待于进一步建设和发展。在各个民族全面融入统一的中华民族，并且对中华民族保持高度认同的时候，国家认同就具有一个十分深厚的基础。其实，对中华民族的认同就是国家认同的另外一种表现形式，因为中华人民共和国就是中华民族的民族国家。

加强中华民族建设，首先要在肯定中华民族建设对于国家和各个民族的意义的前提下，确认民族融合的价值。中华各民族之所以能够共处于一个统一的国家政治共同体中，共建统一的多民族国家，是各民族在长期的交往中不断融合的结果。中国民族国家的构建，也是与各民族融合为统一的中华民族分不开的。已经充分显现了历史价值的民族融合，也会在现在和将来进一步彰显其现实价值。各个民族间的相互融合，是"汉族离不开少数民族，少数民族离不开汉族，少数民族也相互离不开"的重要基础。

加强中华民族建设，就必须破除那些人为地设置于各民族间的樊篱，融化民族界限的坚冰。长期以来，中华各民族间的界限和区分已经被人为地强化，进而又在各民族中唤醒了民族间的界限意识和区分意识，即民族分界意识。这些思想，显然无助于民族间的相互融合，是民族融合的障碍。在现实中增进民族融合，首先碰到的障碍就是这些思想，首先要解决的便是如何破除这些障碍的问题。

包含各个民族文化因素的中华民族文化是中华民族巩固和发展的基础。加强中华民族建设，还必须挖掘历史上各民族融合的文化内涵，夯实中华民族的文化基础。长期以来，这项具有深远意义的工作并未受到足够的重视。与构成中华民族的各个民族的历史文化的挖掘和整理比较，中华民族的文化的构建相形见绌。这样的情况再也不能继续下去了，必须大力弘扬中华民族文化和中华民族精神，促进中华民族的民族意识的发展。

今天，中国的现代化建设正在快速推进。现代化既是深厚的解构性力量，也是巨大的整合性力量。现代化的快速推进和全面展开，为中华民族建设提供了难得的历史机遇。抓住这个历史机遇，促进民族融合，提升中华民族的凝聚度，定会为国家的发展和中华民族的腾飞创造极为有利的条件。

第九章

边疆社会的管理和控制

社会管理和控制是边疆治理中不可或缺的部分,更是关乎边疆治理成效的关键问题之一。边疆社会相对特殊的社会发展进程、社会发育结构及其本身所具有的多民族、跨国性等因素,使其相比其他地区更体现出复杂性、多元化的社会特征。如今处于转型期的边疆社会又面临着现代化的巨大冲击,新元素的植入打破了边疆社会的传统结构,必将带来一系列转型期的社会不适应症状,并使边疆地区的一些社会问题日益凸显出来。边疆社会的有序运行迫切需要加强社会管理和控制。实际上,实现更有效的社会管理和控制也是当前整个中国社会发展面临的重要课题,社会管理日益成为与经济发展、政治稳定同样甚至更加重要的领域,如何建立党委领导、政府负责、社会协同、公众参与的社会管理体制,实现有效的社会管理和控制是全社会共同面临的任务,而边疆社会的管理和控制不仅面临如何与全国其他地区保持同步的问题,更面临着社会结构本身的相对特殊性以及经济社会发展的相对滞后性所产生的影响问题。因此,通过有效的社会管理和控制,实现对边疆社会问题的治理,维护边疆社会的稳定,促进边疆社会的发展,对构建和谐边疆社会具有重要意义。

一、边疆治理中的社会管理和控制

这里所谓的"社会"是狭义的社会,主要涉及与人们日常生活密切联系的社会公共事务,包括教育、科技、文化艺术、医药卫生、体育等公共事业以及社会服务、社会公用事业以及维持社会秩序的公共事务等。相应地,社会管理指的是政府等公共机构及其他社会组织或主体对社会公共事务进行的一系列管理活动和过程，如对社会治安、人口、环境、社会保险、福利以及社会服务等方面的管理，它以改善、保障人民物质和文化生活的需要为管理目标。社会控制则是指社会及其组织、群体运用社会规范以及与之相应的手段和方式，对社会成员的社会行为及价值观念进行指导和约束，对各类社会关系进行调节和制约的过程。它不仅包括对现有社会秩序的维护，还包括对现有社会秩序的完善和促使新的社会秩序的建立；不仅包括对破坏社会秩序、违背社会规范的行为的制裁，还包括对广大社会成员经常性教育，使社会规范成为人们的自觉行为；不只是社会的领导机关、管理者对一般社会成员的控制，同时也包括社会成员之间的相互控制，以及一般社会成员对社会领导机关和管理者的监督。社会管理和社会控制密切相关，两者最终目标是一致的，实施主体都是多元化的，手段也都是多样的。

加强社会管理和控制，是当前中国政府行政改革的重要任务，也是构建社会主义和谐社会的需要。2006年召开的中共六中全会对社会管理给予了高度的重视，明确提出了加强和改进社会建设和社会管理的历史任务。全会公报中提出："必须创新社会管理体制，整合社会管理资源，提高社会管理水平，健全党委领导、政府负责、社会协同、公众参与的社会管理格局，在服务中实施管理，在管理中体现服务。"

同样，加强社会管理和控制是构建和谐边疆社会的必然途径，这与边疆当前面临的社会问题困扰、边疆社会稳定的战略意义以及边疆长足社会发展的需要有关。

（一）转型期边疆地区的社会问题

边疆这个词曾经在相当长时间内被人们拿来与落后、偏远等负面词语关联在一起，但是经过多年的改革开放，边疆已经成为开放的前沿、对外贸易的桥头堡、具有浓郁异国情调的旅游之地……在令人欣喜的变迁过程中，边疆的一些安全问题却并没有完全消除，包括民族主义、分裂势力和宗教渗透问题，而另一些问题则在边疆的社会转型过程中进一步凸显出来，这些问题突出体现在几个方面：一是艾滋病问题。据卫生部统计，中国自1985年出现第一例艾滋病病人以来，截至2009年10月底，累计报告艾滋病病毒感染者和病人319 877例，其中艾滋病病人102 323例；报告死亡49 845例。[①] 从地区分布差异看，报告病例数排行前四位的省（区）为云南、河南、广西、新疆[②]，其中三个是边疆省（区）。二是毒品问题，尤其体现在云南、广西等边疆地区。临近"金三角"的

---

① 参见《中国艾滋病感染者和病人31万例2009年新增4.8万》，载《中国新闻网》2009年11月30日。
② 参见《中国艾滋病感染人数约70万44万人不知自己感染》，载《京华时报》2008年12月1日。

云南省是边疆省（区）中受毒品危害最严重的地区，据统计，仅2008年1月至2009年6月，云南省公安边防总队共破获毒品案件2 087起，缴获毒品2.293吨，抓获犯罪嫌疑人2 594名。① 三是跨境犯罪问题。跨境犯罪的治理难点就在于其跨境性，犯罪分子来回穿插于国境线两侧，境内作案，境外藏身，给追踪工作带来阻碍。而且由于涉及邻国主权问题，致使侦破工作无法顺利延续，对边疆地区的社会秩序造成了严重威胁。四是走私问题，包括商品走私、枪支弹药走私两个方面。这些商品打着商贸的标志，偷税漏税，扰乱了边疆地区正常的经济秩序。五是人口流动问题。改革开放以来，云南、广西出现了人口的大流动，其中非正常的人口流动所带来的问题比较多。在许多边境地区，大量的境外流动人口中有相当一部分属于"三非"人员，即非法入境、非法居留、非法就业的外国人。例如，根据云南德宏州五年的调查统计，公安出入境管理部门共查处清理境外"三非"人员6 000多人次（其中遣送出境3 500多人次，纳入管理2 800多人次）；同时还协助外省（区）、外地州遣返境外"三非"人员20多起近200人。② 在这些"三非"人员中，非法通婚、违反计划生育等现象普遍存在，其中一部分人还在我国境内利用人熟地熟的有利条件，在边境一线进行盗窃、走私、拐卖妇女乃至杀人等违法犯罪活动，严重扰乱了边境社会治安秩序，影响了边境地区社会稳定。

边疆地区所面临的社会问题，一方面可以看成是边疆社会转型的伴生现象。新中国成立以来，边疆地区的开发与发展持续推进，在这一过程中，边疆社会日益卷入了现代化的浪潮中，尤其是经历跨越式发展的那些边疆地区，如"直过区"，原有的自我发展路子被打乱了，来自于外部社会的各种现代元素逐步打破了其传统因素。随着边疆地区经济社会的深刻变革，人们的生活方式、价值观念以及社会的组织形式、利益关系等都发生了深刻变化。边疆社会的相对特殊性，使边疆在面临社会现代化的过程中所感受的冲击更大，社会不适应和社会解组现象增加。传统与现代的碰撞，必然带来文化的冲击和社会的失调。例如艾滋病的流行与传播与现代社会中性观念的开放有密切关系，又如走私问题、跨境人口流动等本身就是边疆对外开放的伴生现象。

另一方面，有些社会问题与边疆地区本身所具有的特殊社会结构有关。作为开放前沿和口岸的边疆地区本身所具有的特殊性、多元化特征，使得边疆社会的某些社会问题变得更为突出，治理难度更大。以前述人口流动为例，边境地区不仅存在边境与内地之间的人口流动，而且存在跨国境的人口流动。其中非法跨境

---

① 参见《云南公安边防总队：不让毒品逾边关》，载《中国日报》2009年6月25日。
② 参见何跃：《云南边境地区主要贸易口岸的境外流动人口与边疆安全》，载《云南师范大学学报（哲学社会科学版）》2008年第2期，第35~43页。

人口流动，给边疆地区的社会安定带来了一些难题，对边疆地区的社会管理提出了更多要求，这是由边疆地区的自然和社会环境所决定的。在这些因素的综合作用下，边疆地区的社会管理无论涉及的范围还是复杂的程度都大大增加，防范社会风险的难度进一步加大。

应对当前边疆地区的社会问题困扰，降低边疆社会转型中的各种风险，只能通过强有力的社会管理和控制才能实现。

（二）边疆社会持续稳定的战略意义

毗邻他国的地理位置使边疆社会有了重要的战略意义。纵览当今世界，虽然经济的全球化过程日益加剧，但国家仍然是体现和保护民族利益的重要主体。正因如此，边疆既是一个国家总体社会的一部分，更是特殊的一部分。边疆地区历来是一国的边防前线、战略要地，边疆社会的安全与稳定，是关乎国家安全与稳定的大事。维护边疆的和谐稳定一直都是各国十分重视的问题。在影响边疆和谐稳定的因素中，无论是传统安全领域的民族分裂、恐怖主义、宗教极端势力因素，还是非传统安全领域的跨国犯罪、走私、非法人口流动、毒品犯罪等因素，都只能通过提高边疆社会管理和控制的水平才能够得到根本的治理。对于传统安全领域的威胁，提高边疆社会内部的管理和控制水平，是预防民族分裂、恐怖主义、宗教极端势力等三种势力搞破坏的根本所在，也是应对周边国家政局动荡的重要基础。内不治则外乱，边疆社会的管理和控制水平低下导致的社会差距拉大以及整体的发展滞后很容易成为敌对势力煽动群众、制造民族情绪的借口和手段。对于非传统安全领域的威胁，提高社会管理和控制的水平，构建社会管理和控制的有效机制，是解决这些问题的根本途径。事实一再证明，这些社会问题的治理不仅需要有力的政府，更需要一个全社会共同参与的机制。因此，提高边疆社会的管理和控制水平，减少边疆社会内部的不和谐因素，具有十分重大的全局和战略意义。而且，边疆社会秩序的维护，本身也是边疆经济社会发展的前提和基础。没有稳定，也就没有发展，这在边疆地区可以说是一个至关重要的头等大事。

（三）促进边疆地区社会长足发展的需要

加强边疆社会的管理和控制是促进边疆经济发展的一个基础。由于各种历史和现实的原因，边疆地区大多在经济和社会发展方面相对内地而处于滞后的状态。全国80%以上的贫困县都集中在边疆地区。这些地区的发展，离不开边疆地区有效的社会管理和控制体制的建立及社会管理和控制水平的提高。有效的社会管理和控制可以为边疆经济的发展提供良好的社会秩序和投资环境，从而促进边疆经济的发展。而经济发展程度又是影响边疆社会秩序和社会稳定的重要因素。经济发展的程度决定了边疆政府的财政状况，从而决定着边疆政府提供公共服务和公共产品的能力，决定着政府扶助贫困的能力，影响着边疆人民的生活水平。只有大力促进边疆地区的经济发展，才能让边疆居民感受到实惠，才能真正体现国家对边疆地区的重视。而且，由于边疆与民族区域自治地方有一定的重合，边疆经济的发展还与民族自治和民族平等的体现有关。邓小平在民族区域自治制度的论述中，就特别强调了经济发展对于贯彻民族自治制度的重要意义，他强调，"实行民族区域自治，不把经济搞好，那个自治就是空的。少数民族是想在区域自治里面得到些好处，一系列的经济问题不解决，就会出乱子。"① "政治要以经济做基础，基础不坚固还行吗？如果我们只给人家一个民族区域自治的空头支票，而把人家的粮食吃光，这是不行的。"② 他在1987年6月27日的一次谈话中明确指出："观察少数民族地区主要是看那个地区能不能发展起来。"③

　　加强边疆地区的社会管理和控制也是边疆社会事业发展的重要保障。边疆社会管理的最终目的在于人们生活质量的提高，因此，社会管理和社会事业关系密切，社会管理的内容涉及教育、科技、文化、卫生、环保、公益、慈善等社会生活的方方面面，都是社会事业的范畴。从社会发展的角度而言，社会事业的范围涵盖了教育事业、文化事业、医疗卫生、社会保障、体育事业、社区建设、科技事业、人才事业、人口和计划生育等领域，它们是提高公民文化素质，加强公民法制意识，改善公民精神风貌，完善社会安全体系，促进社区和睦相处和实现社会公平正义等的根本途径。从人的发展的角度而言，社会事业的所有方面都以人为本，都在于促进人的发展，它通过教育、卫生、社会保险、社区建设和文化生活等一系列措施改善人的生存环境，提高人的生存质量，促进人的全面发展。社会事业中最重要的就是要建立健全社会保险、社会救助、社会福利和与慈善事业相衔接的社会保障体系。依法扩大养老、失业、医疗、工伤等社会保险的覆盖面，积极开展特殊群体的社会救助、社会福利和优抚保障服务，以及下岗失业人员的再就业服务和社会保障服务，进一步完善城市"低保"制度，探索建立农村居民最低生活保障制度。加大收入分配的调节力度，努力解决部分社会成员之间收入差距过大的问题，促进社会公平。不管是从什么角度来看，边疆地区社会事业的发展，既是直接关系边疆居民生活质量的问题，更是直接影响边疆居民幸福感，影响边疆居民对社会和国家满意程度的重要内容。而边疆居民的生活质

---

①② 《邓小平文选》第一卷，人民出版社1994年版，第167页。
③ 《邓小平文选》第三卷，人民出版社1993年版，第247页。

量、幸福感、满意度又都直接影响着边疆地区的向心力,影响着边疆居民的社会认同和国家认同。因此,边疆的社会事业发展状况,可以说是一个有关各民族团结、有关政治稳定的大问题。

加强边疆地区的社会管理和控制是实现边疆社会、经济协调发展的迫切要求。放眼当今世界,虽然各个国家的发展水平不一,面临的问题也不尽相同,但都不同程度地存在着经济社会发展不协调的问题。一些发达国家长期推行高福利政策,这虽然有利于缓解贫富差距的矛盾,但它所带来的经济发展放缓、财政收入增长减慢,使高福利政策难以为继。而且,高福利政策还使一部分人的进取精神削弱,经济发展活力受到抑制。而在另外一些发展中国家,既存在经济发展水平难以满足社会发展需要的问题,也存在单纯强调经济发展而忽视教育、文化、卫生等社会事业的问题,导致社会事业发展滞后。而边疆社会又往往是发展中国家内部的欠发达地区,经济社会的协调发展更是一种迫切需要。加强社会管理,恰恰也是推动边疆经济和社会协调发展的一种途径。

二、边疆社会管理和控制的现状

追溯历史,边疆地区的社会管理和控制模式大致经历了从"防"到"兴"的演变。我国历史上各个王朝几乎都设立了专门机构并采取多种措施对边疆地区进行管理和控制。这些措施虽然在客观上推动了边疆社会的发展,促进了民族大融合和大团结,但是其理念表现出较强的政治倾向,边疆社会的管理和控制主要目的在于防止对中原的攻伐、预防动荡和分裂。新中国成立以来,边疆地区的社会管理和控制进入了一个崭新的历史时期,中央政府在边疆地区实行了民族区域自治制度及兴边富民等促进边疆经济发展的政策,边疆地区的社会管理和控制政策实现了由"防"到"兴"的转变。迄今为止,边疆地区的社会管理和控制已取得了明显成效。

(一)部分社会问题的治理取得了一定成效

近些年来,经过各级政府的努力,边疆地区部分社会问题的治理取得了明显的成效,这些社会问题相比早期比较严重的局面来说已得到了较好的控制。例如毒品问题治理和艾滋病防治方面成效比较显著。在毒品问题治理方面,通过打击毒品交易、替代种植、加强国际合作、社区戒毒防毒工作等,一定程度上控制了吸毒贩毒的蔓延。在艾滋病防治领域,从20世纪80年代以来,艾滋病社会政策经历了从对抗到协作,从道德至上到多元理性,从"以病为中心"到"以人为中心"的转变之后,正在走向理性。①边疆各级政府部门逐渐能够正视艾滋病问题,并采取积极措施,从宣传教育等预防措施、到出台艾滋病"四免一关怀"政策,探索了与非政府组织、社区多方合作的防艾模式。艾滋病在边疆地区的肆意流行已经得到遏制,广大边疆地区的居民也从对艾滋病的无知、盲目恐惧状态转变为科学认知、自觉预防的心态。防治艾滋病的良好社会局面逐步形成了。

云南省德宏傣族景颇族自治州为此提供了一个典型的例子。这里地处西南边陲,紧邻缅甸,特殊的地理位置使其成为"金三角"地区借道中国贩运毒品的主要通道,成为我国毒品泛滥、艾滋病感染的高发区。1989年云南省首次发现的146例感染者全部来自德宏州瑞丽市。这个地区1989年检测出的146例艾滋病感染者分布于1个县、6个乡镇、17个村民委员会、61个村民小组,到2003年,艾滋病疫情已波及93%的村民委员会和46%的村民小组。②自2003年以来,该州积极开展了禁毒除源、堵源截流、查缉毒品、禁吸戒毒工作,通过加强与缅甸地方区域性禁毒合作、开展边境联合禁毒执法会谈会晤、联合扫毒行动、发展替代经济等挤压了境外毒品生存空间,通过对吸毒人员进行强化禁吸毒、戒毒管理,禁吸戒毒两次达到了95%以上,建成了许多无毒社区。同时,在艾滋病防治方面制定了严格的措施、配备专门经费和人员、加强重点人群筛查、免费推广使用安全套、高危人群行为干预、抗病毒治疗等积极措施,形成了"领导重视、部门联动、全社会参与、齐抓共管、全方位开展"的艾滋病防治局面,遏制了艾滋病快速传播蔓延的势头。

(二) 社会稳定的总体局面得到了较好保持

新中国成立以来,党和国家自始至终把边疆的社会稳定工作放在战略和全局高度考虑,制定和实施了一系列有利于边疆社会稳定的政策,实行民族区域自治;注重民族团结;支持少数民族经济发展;兴边富民;促进各民族共同繁荣发展;巩固和发展平等、团结、互助、和谐的社会主义民族关系;实行正确的宗教政策,确保宗教活动规范有序进行,保护爱国宗教人士和正常宗教活动,反对非法宗教活动;及时化解各种矛盾,营造边疆和谐、团结、稳定的新局面;严厉打击各类严重刑事犯罪活动,不断增强边疆人民群众的安全感。这一系列的措施,保障了边疆地区社会稳定的总体局面。

虽然近年来,随着社会经济的发展以及周边国际环境的变化,边疆社会也出

---

① 参见夏国美:《中国艾滋病社会政策的推进与改革》,载《探索与争鸣》2006年第11期,第29~33页。

② 参见德宏州防治艾滋病工作委员会办公室编:《德宏州2004~2006年艾滋病防治工作总结》,第17页。

现了小范围的群体冲突事件和分裂势力制造的骚乱事件，如2008年发生在西藏拉萨的"3·14"打砸抢烧严重暴力犯罪事件和2009年发生在新疆乌鲁木齐的"7·5"打砸抢烧骚乱事件。但在事件发生后，在中央的坚强领导、正确方针指引下，各级政府部门在第一时间迅速做出反应，制订了周密的善后处理工作方案，事件都得到了妥善的处理，这些地区的社会秩序很快得到恢复，边疆社会的整体稳定局面并没有受到威胁，边疆社会仍然维持了良好的生产生活秩序。

（三）社会事业较改革开放前有了明显的发展

新中国成立后，党和政府采取了积极的扶持政策，在财力、物力、人力方面大力支持边疆地区经济文化等各项事业的发展。为了帮助边疆地区经济的发展，国家在政策上予以多方面照顾，如财政定额补贴、支持经济不发达地区发展资金、边境建设事业资助费、少数民族贫困地区温饱基金、民族教育补助等。仅"十一五"期间，我国就先后出台14个支持少数民族和民族地区经济社会发展的政策性文件，如扶持民族贸易和民族特需商品生产的优惠政策、关于繁荣发展少数民族文化事业的若干意见等。累计安排8个民族省区财政扶贫资金342.4亿元，年均增长15%；安排少数民族发展资金30.4亿元，年均增长28.9%。不断加大对边疆地区经济社会发展的支持力度，2009年推进"兴边富民"行动，覆盖了全国所有136个边境县和新疆生产建设兵团58个边境团场，累计投入资金22亿多元，有效加快了边疆地区建设步伐。①

如今，边疆地区的社会事业有了明显的发展，人们生活水平正日益提高。第一，教育事业有了较大程度的发展。义务教育逐渐普及，"十五"以来，云南、西藏、新疆的"普九"人口覆盖率分别达到了85%、59.4%、80.99%。边疆地区的高中阶段教育规模逐步扩大，职业教育、高等教育也有了较为明显的发展，逐渐形成了社会化多元办学的格局，边疆地区居民整体文化素质有了明显提高。第二，文化事业发展成效比较显著。改革开放以来，尤其是"十五"期间，各边疆地区的文化事业有了明显的发展，各边疆地区普遍重视保护本地文化遗产，发挥边疆文化事业的优势，制作了不少优秀文化产品，引起了不小反响。如云南的《云南映象》、西藏的《多彩的哈达》、新疆的《格萨尔王传》等。广播电视覆盖率明显提高，例如2006年，西藏广播综合人口覆盖率达85.8%，比2001年的81.7%提高4.1个百分点；电视综合人口覆盖率达86.9%，比2001年的

---

① 参见：《"十一五"期间我国民族地区经济持续快速发展》，http://www.gov.cn/jrzg/2010-12/22/content_771056.htm，2010年12月22日链接。

80.1%提高6.8个百分点。① 第三，医疗卫生事业有了较明显的进步。改革开放以来，边疆地区因地制宜开展城市和农村医疗卫生体制改革，初步构建起了覆盖城乡居民的基本卫生保健网络、疾病预防控制体系、医疗救治体系、卫生和食品药品执法监督体系、重大疫情信息网络体系建设加快，应对公共卫生突发事件的能力进一步增强，边疆地区的健康水平有了明显改善。大多数地方病、传染病得到了明显的控制，婴幼儿死亡率大幅下降，人口平均预期寿命明显提高。第四，初步建立了包含养老、失业、医疗、生育、工伤五项社会保险的社会保障体制，社保覆盖面不断扩大。另外，各地还因地制宜地推进了企业退休人员养老保险金、最低工资、失业保险金、失业人员医疗补助金和城市居民最低生活保障标准，以城市低保和农村特困人口社会救助机制为基础的新型社会救助制度等。

（四）基础设施大大改善

改革开放以来，国家在边疆地区实行边境开放政策，除大力发展边疆经济以外，还加大了支持力度，加强能源、交通、通讯等基础设施建设，使边境地区的投资环境明显改善，生产生活条件发生了根本性变化。"十一五"期间，国家共投入1 670多亿元支持民族地区公路、水运、铁路等基础设施建设，是"十五"时期的2.2倍。到2009年年底，民族地区公路总里程达到88万公里，乡镇通公路比重达到98%，建制村通公路比重达到88%。其中，2006年青藏铁路建成通车，结束了西藏没有铁路的历史。② 在东北边境地区，东部边疆加强了以珲春为中心的东北亚金三角的基础设施建设，恢复了中国出图们江出海的通海航行权力，61公里的图们—珲春国家二级公路建成通车，65公里的图们—珲春铁路全线贯通；北部边疆北安—黑河铁路开通，实现了中俄黑龙江江海联运。在西北边境地区，1990年开通的北疆铁路，与陇海、兰新两大干线，构成了"欧亚大陆桥"在中国境内的全部线路，被誉为二十世纪的新"丝绸之路"，是中国出口的一条重要通道。另外民航建设也飞速发展，2010年，新疆拥有在用运输机场16个，是全国拥有机场数量最多的省区之一，运营新疆航空市场的航空公司达到52家，开通航线130条，通航城市达79个，完成旅客吞吐量达1 169万人次。以乌鲁木齐市为中心的航空网络形成了便捷的与中亚国家、内地大城市及伊宁、喀什等边境城市的空中交通联系，这也为下一步建设覆盖中亚、南亚、中东、俄

---

① 资料来源：中国广播网，2007年11月8日。
② 参见：《"十一五"期间我国民族地区经济持续快速发展》，http://www.gov.cn/jrzg/2010-12/22/content-771056.htm，2010年12月22日链接。

罗斯乃至欧洲等国家和地区的国际航线奠定了基础。① 基础设施的建设大大改善了西北边境地区的投资环境,从根本上为经济发展提供了有力保证。在西南边境地区,1997 年 3 月 18 日建成通车的南昆铁路贯穿了整个大西南。另外,通向境外的基础设施建设也大幅度提升。以云南为例,至 2010 年 12 月,昆明通达缅甸、老挝和越南国际公路的云南境内段已全部建成高等级公路;泛亚铁路云南境内段正在加紧建设;航空方面,云南民用机场已经开通 12 个,全省民航年旅客吞吐量居全国第四位。正在建设中的昆明新机场,定位为中国面向东南亚、南亚的西南枢纽门户机场。② 交通的发展对中国建设面向西南开放的"桥头堡"做出了有力的贡献。

(五) 社会管理体制的改革初显成效

从社会管理和控制的主体结构来看,政府在边疆社会管理和控制中发挥着强有力的主导作用,同时以民间组织和公民参与为代表的社会力量开始成长。政府在社会管理和控制中发挥主导作用,这对于边疆社会来说是必要的。边疆地区由于社会发育程度相对滞后,整个社会管理对象自治能力与其他发达地区相比还存在相当的差距。这样一种现实状况,需要政府在社会管理中发挥主导作用,以促进各项社会事业的发展。政府的这种主导作用全面体现在社会管理的各个领域,包括制定社会政策和法规,依法管理和规范民间组织及社会事务,化解社会矛盾,调节收入分配,维护社会公正和社会稳定等方面。与此同时,社会力量开始在边疆地区的一些社会事务中扮演更加积极的角色,对政府的作用形成了有益的补充。其主要体现就是民间组织的成长和公民参与意识的觉醒。民间组织属于政府和市场之外的公共领域,不以营利为目的,主要开展公益性、互助性和自律性活动,具有民间性、独立性和组织性等特征。边疆地区的生物多样性、社会文化多样性、经济的相对落后等为民间组织发挥社会管理和控制作用提供了一定的条件。近些年来,民间组织开始在边疆社会的管理和控制中崭露头角,其活动涵盖了扶助贫困、医疗卫生服务、行业中介、教育服务、科技服务、文化发展、环境保护、社区发展等领域。另外,随着边疆社会经济的发展以及与内地交流的频繁增加,边疆地区居民的民主意识和参与意识有了较为明显的提高,逐步意识到和学会了表达自身利益诉求。

从社会管理和控制的方式来看,行政、经济和法律手段开始在当前边疆地区

---

① 参见:《新疆将新建四个机场 成西部门户重要航空枢纽》,中国新闻网,2011 年 1 月 20 日。
② 参见:《云南积极建设我国面向西南开放的重要"桥头堡"》,http://www.gov.cn/jrzg/2010-12/06/content-1760284.htm,2010 年 12 月 6 日。

的社会管理和控制中得到综合使用。在政府主体行为领域，经济手段、法律手段和行政手段是政府进行社会管理的常见手段，三种手段既有区别又有联系，相互补充，共同构成了政府社会管理的手段体系。行政手段是政府管理社会的基本手段。其中，行政命令的社会管理和控制手段实际上是计划经济体制的产物，在计划经济体制下，政府掌握着大多数社会资源，扮演着全能角色，习惯于通过行政命令的方式管理和控制社会。伴随着经济体制由计划经济体制向市场经济体制的转型，边疆社会也越来越多地进入了市场经济的体系中，市场经济体制趋于完善，边疆地区的政府也逐步重视到了法律、经济调节等手段。另外，在社会领域，经济手段和法律手段越来越成为边疆社会控制的主要手段。法律是对社会成员具有最强约束力的控制手段，它是由国家制定或认可，并依靠国家强制力执行的社会规范体系。社会管理和控制的法治化是现代社会的重要趋势。随着法制建设的推进，边疆地区居民的法律意识日益增强，法律知识逐步增加，法律手段在边疆社会控制中的作用日益突出。

三、当前存在的问题和面临的挑战

虽然边疆社会管理和控制取得了明显的成效，但由于各种各样的原因，其中仍然存在一些社会问题，同时又面临着来自内外部社会的挑战，只有对这些问题和挑战形成客观认识，才可能更好地对边疆社会进行管理和控制。

（一）存在的主要问题

边疆的社会管理和控制虽然取得了一些明显的成效，但是同时还存在一些突出的问题。当前边疆地区社会管理和控制中存在的问题突出表现在以下几个方面：

1. 现有的边境管理体系对边疆社会发展的适应不足。一是边境管理部门体制不顺。当前我国边境地区参与边境管理的部门有边防部队、武警边防大队、公安、外事办、林业部门等。这些部门均有独立执法的权力，但各个部门尤其地方的职能部门责、权、利不明，在管理中不分主次，这种多头管理的体制政出多门，不仅造成边境管理出现"灯下黑"的区域较多，而且极易产生推诿扯皮的现象，滋生地方保护主义。在同一个系统内部，也同样或多或少地存在类似问题。例如在公安的出入境管理系统结构中也存在分管机构重叠、权属多头、管理体制不明确的问题。公安出入境管理工作分属三个部门负责，国内公民非公务出国（境）的审批发证和对入境人员的入出境、居留、旅行管理等由公安出入境管理部门负责，而出入境人员的出入境边防检查和对边境地区边民的发证工作又是由实行现役制的公安边防部门负责,对出入境车辆的管理则是由公安交警部门负责。三个部门三个警种,其行使的虽然都是国家事权和公安保卫业务,但是由于体制不顺、任务交叉、管控脱节、人车分离,以及资源不能共享等问题,使三个警种处于各自为政的状态,无法实现公安优势的最佳整合,造成人、财、物力的极大浪费,加之管理部门在管理理念和管理手段上的落后,所以公安管理部门目前的状况很难适应形势发展的需要。① 另外,不同边境管理部门之间还存在标准不一的情况。例如,我国外事、公安、边防三个部门均可以管辖国内居民、港、澳、台居民及外国人的出入境,但管辖的标准宽严不一,外事部门较宽,公安部门较严;签证样式方面,外事与公安在内容、格式、要求上的不同,有时候就会让外国人产生误解而造成非法居留现象,而按照《中华人民共和国外国人入境出境管理法实施细则》第四十二条规定,"对违反本实施细则第十六、十九、二十条规定,非法居留的外国人,可以处警告或者每非法居留一日,处500元罚款,总额不超过5 000元,或者处3日以上、10日以下的拘留"。② 假如是因为对签证内容的误解而产生的非法居留,受到罚款的外国人心理上就会难以接受。因而,统一签证标准已经是边境管理中必须要解决的问题之一。

二是基层边境管理力量不足。随着边疆地区的对外开放,边境贸易的发展,边境地区的内外交流日益频繁,跨境往来业务和流动人口迅速增加,边境管理工作任务也变得更加繁重,边境管理的机构和人员配置必须要适应这一形势的需要。但目前边境管理的发展远远滞后于这一形势的需要,原因是多方面的,既和管理体制不合理有关系,也和有关部门和领导对此问题还没有充分重视有关系,尤其是在基层,由于没有配备专门的外管机构和人员,外管队伍力量过于薄弱,导致跨境流动人口的管理无力,非法跨境婚姻管理等在某种程度上成为盲区。据有关资料统计,全国仅有专职外事干警7 000余人,这种由基层外管力量不够造成的最直接的后果是散居社会中的入境人员管理失控,对此类人的居留、旅行、任职等活动的管理难以进行,对基层发生的"三非"现象和涉外案件难以发现和依法处理。③

三是边境管理立法滞后。我国政府曾制定了一系列边防法律法规,有关省、自治区、直辖市也制定了相应的地方性法规。国家有关部门对出入境检查、口岸管理等工作颁布了专项的规章。然而由于边境管理事务的复杂性及多变性,边境

---

① 参见张安生、张晓明:《对出入境管理工作的新思考》,载《云南公安高等专科学校学报》2002年第3期,第89~92页。
② 引自中华人民共和国外交部网站 http://www.fmprc.gov.cn/chn/pds/fw/lsfw/fgzl/t267619.htm。
③ 参见魏琴:《当前出入境管理中存在的问题及对策》,载《湖北公安高等专科学校学报》2001年第4期,第60~63页。

管理立法中依然存在不能适应边境管理需要的现象，主要体现在两个方面。一个是目前仍然缺乏统一的边境管理立法。在出入境管理方面，我国目前制定了一系列单行法规，包括1985年公布的《中华人民共和国外国人入境出境管理法》、《中华人民共和国公民出境入境管理法》，1986年公布的《中华人民共和国外国人入境出境管理实施细则》，1986年公布的《中华人民共和国公民出境入境管理法实施细则》，1980年公布的《中华人民共和国国籍法》等，但结构相当松散，没有形成独立统一的移民法体系，关于某些方面的规定，要么显得疏漏不善，要么显得相当滞后，不能很好地规范出入境管理工作。至于统一的边境管理立法，由于涉及的问题相当复杂，至今也没有什么进展。① 另一个方面是有些法规之间存在较大差异，导致执行难的问题。例如关于治安处罚权限的规定，《中华人民共和国外国人入境出境管理法》第二十九条规定对外国人违反该法的行为，"县级以上公安机关可以处以警告、罚款或者十日以下的拘留处罚。"这说明只有县级以上公安机关才有权处罚。但《中华人民共和国治安管理处罚条例》对一般行政违法行为，公安派出所就有权处以警告或50元以下罚款，50元以上罚款和治安行政拘留必须经分、县局公安机关审批。两部法律同样适用于在华的外国人，但处罚权限不同，《中华人民共和国外国人入境出境管理法》实际上提高了对外国人处罚的审批权限。②

边境管理中存在的这些问题，导致了相关社会问题的应对不足，尤其体现在跨境流动人口、毒品和跨境犯罪等问题的应对不足上。

2. 对社会事业发展的重视程度还不够。改革开放以来，虽然边疆地区的经济发展日益加快，但由于受历史、自然和区位等诸多因素的影响，总体发展水平与内地尤其是东部地区相比，仍然存在着较大的差距，近十几年来，这种差距还呈拉大趋势。边疆地区的经济基础比较脆弱，产业结构比较单一，人口素质也不高。也许正是因为如此，各级政府基本上都把边疆地区的经济发展作为首要的关注点，而对社会事业的发展重视程度不够。"当边疆地区面对经济发展与发达地区相比较而严重滞后的局面时，一方面激发了人们集中精力抓好经济建设、追赶发达地区的决心，形成了追赶型经济特点；另一方面，追赶型经济特点所内含的急迫心态导致了经济建设过程中'极端功利主义'，一些地区'以经济建设为中心'变成了'以经济建设为唯一'……"③ 地方政府容易出现这样的倾向，即把发展只理解为经济的发展，用经济政策代替社会政策，政府的主要精力和工作

---

① 参见牛继承：《再论边境管理行政法规的制定》，载《边疆经济与文化》2009年第2期，第76~77页。
② 参见魏琴：《当前出入境管理中存在的问题及对策》，载《湖北公安高等专科学校学报》2001年第4期，第60~63页。
③ 参见纳麒：《论西部民族地区"社会发展优先"的战略选择》，载《云南社会形势分析与预测》(2005~2006)，云南大学出版社2008年版，第2页。

重点放在了聚精会神抓项目、一心一意谋经济上。与此相适应，还形成了以GDP的增长指标论英雄、出干部的政绩观和干部评价体系。这就使得许多干部把全部精力都投放到如何千方百计地促进经济增长上。各级地方政府往往通过运作财政资金和银行资本，参与各种招商活动以及土地批租、经营城市等方式，广泛而直接地参与经济活动，把第一要务确定为发展经济，甚至确定成实现多少生产总值和财政税收，从而使许多真正应由政府承担的社会发展方面的工作长期停顿。毋庸置疑，边疆地区的经济发展是事关国家统一、边疆稳定和民族关系和睦的重要问题，也是解决边疆地区众多问题的基础。经济固然是社会的基础，但社会是由多种要素构成的复杂整体，并不仅仅是一个单纯的经济社会。经济增长不能代替社会发展，GDP指标不能替代反映社会发展总体水平的综合指标体系。经济社会的协调发展，不仅需要坚实的经济基础，更需要关注与人的全面发展关系密切的卫生、教育、文化等各项事业的发展水平，满足民众日益增长的需求。这些都不是靠单纯地发展经济能解决的问题，而必须要通过卫生、教育、司法和社会保障体制改革和加大政府对此类事业的投入来不断地促进发展才能解决。

　　片面追求经济增长，最终必然导致两个结果：一是对社会发展不够重视，GDP成为唯一重要的追求，而城乡公共服务水平、教育发展能力、科技创新能力、信息获取能力等社会事业的发展与内地的差距拉得更大；二是不注重经济发展的环境特别是公共软环境的建设和营造。实际上一个地区的经济发展，首先依赖于一个良好的大环境，特别是良好的社会人文软环境。没有一个安全、宽松舒心的具有民主和法治气息的适宜于干事创业的社会人文环境与公共政务环境，就不可能吸引来众多的投资者和重大的发展项目。在一个缺乏安全和信用的社会，在一个政府管制、行业垄断、市场分割、区域封锁的地区，有经验和眼光的投资者望而生畏，知难而退，从而反过来又会阻碍这些地区的经济发展。

　　3. 政府社会管理和控制的水平不能适应边疆社会发展的需要。以政府为代表的公共权力主体，作为边疆地区社会管理的垄断性主体，在边疆社会管理中处于支配性的地位，承担了几乎全部风险和责任，社会管理蜕变成了较次程度的国家管理。在这种情况下，政府社会管理和控制的能力就尤其重要，但是当前的问题是边疆的政府社会管理和控制水平还有待提高，这既与体制有关，也与政府能力建设有关。边疆的地方政府职能上的"越位"、"缺位"和"错位"问题还不能得到有效的解决，一方面介入了一些政府不该介入和管不好的领域，而另一方面对于该管的事务又管不好。例如在地州、县一级的地方政府中，职能不清的现象还没有彻底改观，政府控制和影响经济主体行为、政企不分的现象仍然时有发生，这与当前全社会的经济体制转轨是不同步的。从政府能力建设来看，边疆地区，尤其是较为偏僻的边疆地区，政府公务人员的总体素质相比内地来说还有明显的差距,这直接影响了政府社会管理和控制的能力。除此以外,政府在社会管理和控制中所采取的方式和手段仍然显得比较单一,重视行政手段,而对法律和经济手段的使用不够,不能适应当前边疆社会管理和控制的需要。政府社会管理和控制的理念相对落后,效率、公平、民主、参与、透明化和法治性等理念没有得到强化,这在一定程度上制约了政府社会管理和控制水平的提高。

4. 社会协同力量没能在社会管理和控制中发挥应有的作用。由于社会发育的相对滞后,加上政府的强势作用,边疆地区社会管理和控制中的社会协同程度还比较低,这表现在几点:第一,社区自治建设滞后。按照《中华人民共和国村民委员会组织法》和《中华人民共和国居民委员会组织法》的规定,农村村民委员会和城市的居民委员会都是公民自我管理、自我教育和自我服务的群众自治性组织,其通过"民主决策、民主选举、民主管理、民主监督"自行管理本地区的公共事务和公用事业。可是在边疆地区,其实践的主要形式集中于选举,其他三项实行得还很不到位。农村的乡镇政府及城市的基层政府对自治组织只是业务上的指导关系。但是在实际运行过程中却发生了职能错位,自治组织实际上成为基层政权的派出机构,行使了一级政府的职能。第二,民间组织的作用还十分有限。其原因主要有两方面:一方面的原因来自于政府,由于长期既得利益的驱使,有些行政部门往往难以割舍已有的利益,导致民间组织很难在社会事务中发挥作用。另一方面的原因来自于民间组织自身。民间组织的发展往往很不成熟,能力较弱,难以承接好政府剥离出来的部分社会管理职能。而且,民间组织对政府部门存在较强的依赖关系。民间组织需要官方认可,其获取政策扶持和资金支持的能力也相对有限,因此,从属或挂靠于某个政府权力机关,是不少民间组织起步时的共同特点。另外,民间组织与政府之间缺乏有效沟通的机制,也是影响民间组织参与边疆社会管理和控制的因素之一。政府在民间组织管理方面往往存在两种偏向,或者认为民间组织带有很多不稳定因素,必须保持高度警惕,提高准入门槛,或者认为民间组织"小鱼不起浪",对民间组织重视不够。民间组织与政府之间缺乏有效的沟通渠道,带来的后果就是民间组织的合理意见不能有效上达相关政府部门,有些民间组织只能选择运用其社会影响力干扰政府决策,例如通过大众传播媒介制造声势,虽然这也是合法的,但这样可能会使一些不合理的、激进的因素掺杂其中,这种事情一旦发生,反而会使政府官员对民间组织产生戒备心理和抵触情绪。第三,公众参与缺乏有效机制。边疆地区的公众参与尚缺乏一种有效的机制,主要表现在三个方面:一是参与意识滞后。参与意识是公民参与社会管理活动的前提,如果没有对参与的重要性的认识,也就不会有参与的愿望,公民就不会积极参与到社会管理中去,因此,参与意识是公民参与社会管理的前提。然而，大多数公民一方面认为政府制定决策之前应该征求公民意见，而另一方面又认为自己的意见很难影响政府决策，对自己的意见和建议影响政府决策的可能性很没有信心。说明公民参与社会管理的社会环境并不成熟，或者公民参与行为大多数时候并没有得到积极的反应，使得居民的参与意识并不强烈。二是参与途径有限。公民广泛参与社会管理，离不开有效的途径和方式，没有有效的途径和方式，参与社会管理只能是一种美好的愿望和空想。虽然对政治参与途径的认识和运用状况受到公民文化素质和政治面貌的影响，但总体上边疆地区的居民不仅对政治参与途径的主观认识不够，而且对不同参与途径的接触和运用状况也非常有限。三是参与程度比较低。在边疆地区，无论是社区活动、选举活动还是社团组织和志愿者活动，公民参与的程度都是比较低的。相比之下，边疆地区公民参与社会管理的领域主要集中在与自身生活紧密相关的社会事务上，如社区活动、排忧解难等自我服务的活动上。总体来看，边疆地区的公民参与领域还非常狭窄，参与程度明显不足。

所以，无论是社区建设、民间组织的发展或者是公民参与方面，边疆地区都体现出较强的"弱社会"性质，这与"党委领导、政府负责、社会协同、公众参与的社会管理格局"目标还存在着较大的差距。

（二）面临的挑战

除了充分认识边疆地区社会管理和控制存在的问题外，还应该进一步看到其所面临的一系列挑战。只有认清这些挑战，才能做出更好的应对，更有效地管理边疆社会，促进边疆地区的和谐社会建设。当前边疆社会管理和控制所面临的挑战既有来自外部社会的，也有来自于边疆社会内部的，具体来说体现在几个方面：

第一，复杂的境外社会状况给边疆社会的管理带来了巨大压力。边疆地区的社会管理不仅要应对国内社会转型带来的一系列挑战，而且还会受到国际社会环境的影响。境外出现的一些问题往往会牵连边境地区。例如2009年8月8日，缅甸果敢地区发生武装对峙，造成果敢地区边民心理恐慌，3万余名边民涌入我境，而且缅方炮弹射入我境，造成我边民死伤，这就需要边疆地区及时做出反应，有效应对突发情况。除此以外，国外敌对势力、民族主义兴起和民族分裂势力也在随时伺机制造事端，对边疆的社会管理和控制构成了极大的挑战。这方面以西北边疆最为突出，新疆、西藏地区反分裂斗争仍然面临严峻挑战。就新疆而言，中西亚地区"泛突厥主义"的泛滥，使该地区民族分裂活动的国际化倾向日益明显。境内外"东突"、民族分裂势力相互勾结，制造社会骚乱、破坏扰乱社会秩序，搜集武器，进行爆炸、抢劫活动，胁迫群众聚力闹事，冲砸政府机构等，大搞恐怖暴力活动，企图以宗教为蒙蔽群众的手段，以暴力活动谋求"独立"。美国"9·11"事件后，境内外"东突"民族分裂主义分子正加紧组织整合，其暴力活动的组织性越来越强，其推行"圣战"的企图越来越明确。就西藏地区的情况看，达赖集团长期坚持搞民族分裂，打着所谓"人权"、"民主"、"宗教自由"等旗号，继续向西藏和其他藏区进行政治、宗教极端主义渗透，进一步加强与"民运分子"、"台独分子"和境外其他分裂主义分子的勾结，阴谋分裂祖国，利用年轻的"藏独"分子阴谋制造暴力恐怖事件，破坏民族团结的安定局面，扩大国际影响，吸引国际视线与国际关注，为最终实现其分裂祖国的政治目标服务。在西南边疆地区，来自境外的宗教渗透，以一种更隐秘的方式威胁着边疆社会的秩序。中越边境上，近年来，越方大兴土木修建教堂和庙宇，开辟宗教活动场所，其中在沙巴修复天主教堂一座，每周一、三、五、七做礼拜；老街修复寺庙及天主教堂各一座，由于我方河口县至今尚没有公开的宗教活动场所，因而吸引了许多河口边民及省内外到河口旅游和经商的人群，他们闻风而动，出境到越南去参加宗教活动。因此，边疆社会管理中必须灵活应对，采取有效措施抵制这种渗透。

第二，全球化给边疆地区的社会管理和控制提出了更高的要求。全球化主要体现为经济的全球化。经济全球化反映了市场力量的强化，经济全球化实际上就是世界范围内的市场化。加入世贸组织以后更是标志着中国在更大范围和更深程度上参与经济全球化的进程。随着边疆社会对外开放程度的加强以及边疆社会本身的现代化，边疆社会的经济体系也日益卷入世界经济体系中，资本、技术、信息、劳动力等生产要素突破国界，在全球范围内加速流动与组合，这对边疆社会的管理和控制提出了更高的要求，尤其是对边疆社会的地方政府提出了更高的要求。经济全球化要求边疆地方政府管理的法制化。边疆地区的地方政府必须按照市场经济规则的要求，尽快完善法律体系，提高施政透明度，并且要通过提高公务员的素质，增强公务员依法行政的意识和依法行政的能力。另外，经济全球化也要求边疆地区的地方政府要进一步转变政府职能，从直接的经济管理中退出，避免地方政府在经济管理方面的越位现象，并按照精简、统一、效能的原则，提高政府行政能力和行政效率。

第三，边疆地区社会结构的分化重组还会带来一些新的社会问题。随着边疆地区经济社会的发展，边疆的社会结构也出现了急剧的分化重组特征。由经济生活的剧烈变化产生了对人们精神上、心理上，乃至道德观、价值观、生活方式等方面的巨大冲击，社会生活日益多元化。积极与消极、社会进步与社会颓废、正面效应与负面效应的社会现象混杂出现。与非边疆地区一样，社会结构的急剧变革及失衡现象，容易引发多种社会问题。不过这些伴随现代化过程出现的问题对于边疆社会管理和控制带来的压力更大,因为边疆社会所经历的社会变迁要比非边疆地区更突然、更急剧。首先是社会风气颓废、拜金主义流行的问题。有伤风化的社会颓废风气蔓延下去,必将成为阻碍社会发展的重要因素,拜金主义的流行,直接导致了边疆部分群众的功利取向和浮躁心理,伴随这一趋势出现的还有近些年边疆社会经济犯罪的增加。其次是社会腐败问题。这包括干部腐败和行业腐败。虽然人们通常对此问题深恶痛绝,但是又自觉不自觉地卷入了大众化的腐败行为方式和思维模式中。干部腐败损坏了边疆干部的形象,不利于边疆社会的管理和控制,而行业腐败更会产生特权阶层,加大普通群众的心理不平衡感。最后是贫富差距拉大的问题。边疆的社会发展一方面发展了生产力,提高了人民的生活水平,但另一方面又在某种程度上促成了边疆社会贫富差距的拉大。当边疆社会"一部分先富起来"的富裕群体迅速出现时,还存在着相当部分的贫困阶层群体,分配不公问题也正日益成为边疆群众的敏感问题。这些问题如果得不到更妥善的处理和控制,同样可能会给边疆社会的稳定构成很大的隐患。

第四,边疆地区社会发展的相对滞后性给社会管理和控制造成的压力和挑战。边疆地区历史上就是少数民族相对比较集中的、资源丰富却又发展落后、贫困较为明显的地区。全国80%以上的贫困县都集中在边疆少数民族地区。虽然边疆地区自改革开放以来社会经济有了较大的发展,但大多数边疆地区仍然处于相对落后状态,尤其是陆疆地区,往往工业化水平较低,农业在三次产业中所占的比重较大,城市化水平也比较低,城市综合实力较差。边疆地区经济发展、基础设施建设总体滞后和各族群众生活水平较低的局面,短期内难以得到根本改变,文化教育整体水平低下和社会发育程度不足的状况,也还没有得到彻底的扭转。而且,大多数陆疆地区与内地的差距还在逐渐拉大,尤其是西部边疆省区还处在相对较低的经济发展层次。以国家统计局发布的2009年经济运行数据为例,全国人均GDP排行中排在前五位的全部都是东部沿海地区,而排在后五位的全部都是西部边疆地区,依次分别为广西、西藏、云南、甘肃、贵州。而在边疆省(区)范围内,民族自治地方经济发展程度往往更低。以云南为例,2002年,云南民族自治地方人均GDP仅为云南省的74.74%,全国的48.39%,农民人均纯收入仅为全省的89.31%,全国的58.04%。[①] 边疆地区社会发展的相对滞后性给社会管理和控制造成了较大的压力,因此,在边疆地区,发展仍然还是一个首要的问题,也是解决其他社会问题的基础。

[①] 参见格桑顿珠、纳麒主编:《云南民族地区发展报告》(2003~2004年),云南大学出版社2004年版,第70页。

四、如何实现有效的社会管理和控制

边疆社会的管理和控制，是一项系统工程。有效应对当前边疆社会管理和控制面临的突出问题和挑战，保持边疆安定有序和快速发展，形成边疆的和谐社会局面，必须从多方面同时着手。

（一）强化并优化边境管理

强化边境管理，必须使边境管理工作适应边境新形势的需要，做到既有利于开放，又严格管理。加强对边境地区的安全保卫和治安管理，严格边境口岸、通道等出入境人员的检查验证，建立健全有关边贸、旅游、生产等管理制度，防范、打击各种不法分子的非法越境、偷渡、走私、贩毒等犯罪活动，预防、制止和查处各种违反边境管理法规的违法犯罪行为。特别是对走私、贩毒、偷渡问题突出的边境地区，应采取专项治理整顿措施，通过强化边境管理与重点整治，维护边境社会治安稳定，保卫边境地区群众正常的生产生活环境，巩固和发展与邻国的睦邻关系，保障改革开放和西部大开发战略的顺利实施。

优化边境管理，需要从机构设置、人员配置、立法等几个方面着手：

首先，要改变边境管理政出多门、重叠交叉的现象，形成外事、边防、公安分工明确、职责清晰、相互协调的整体机制。在公安系统内部，也应将执行出入境管理任务的部门，包括出入境管理部门、边防检查部门和口岸交警部门合并为一个机构，实行公安机关内部相对独立、自我保障的垂直领导体系（可省级试行），实现管控统一资源共享，最大限度地减少中央事权与地方利益之间的矛盾，减少内部扯皮，实现公安优势的最佳整合。① 建立部门协调和联动机制。必须根据我国出入境工作特点，处理好管辖权的集中与分散、专管与兼管的关系，在公安机关出入境管理部门与公安机关边防检查部门的业务分工和组合上要进一步合理安排，把各方的力量调动起来，做到人、财、物力及信息资源的共享，各级出入境管理部门，边检部门与有关涉外管理单位要建立健全信息联系点，成为一个上下贯通、左右衔接的信息网络库，形成有机的管理整体。对一些重要的边境管理事务，应制定统一标准。例如在出入境管理中，应通过外事、公安、边防三个部门的协调，做到在签证内容、格式、要求上的标准统一，减少可能出现的误会和麻烦，使之符合出入境管理工作特点。

---

① 参见张安生、张晓明：《对出入境管理工作的新思考》，载《云南公安高等专科学校学报》2002年第3期，第89～92页。

其次，要设立打击涉外领域违法犯罪的专门业务机构。随着公安涉外事务范围的扩大，出入境管理部门所涉及的事务不仅仅是与出入境有关的事务，而是涉及公安工作的方方面面，这样会使出入境部门难以独自处理日渐增长的涉外业务。为此，在公安机关内部必须有合理分工，把出入境管理的专管与兼管确立起来，把各方面的力量调动起来，出入境管理部门应以签证业务、外国人居留、旅行管理、"三非"问题处理、中国公民出境审批、护照及其他证照的颁发、国籍的处理为工作重点，至于涉外案件，则主要归刑侦、治安、交通等有关管理部门专管，出入境管理部门协助配合，做好兼管工作。①

再次，加强边境管理队伍尤其是基层外管队伍建设。应提高相关部门对边境管理工作的认识，边境管理的机构和人员落实到位，通过更多宣传教育、学习等方式提高边境管理人员对相关边境法律法规的认识，提高其管理能力。对于当前散居入境人员管理无效的现状，基层外管工作没有落实是关键原因之一。因此，应将出入境管理尤其是外管工作落实到基层，派出所应编设专职或兼职外事民警、户管员，重点学习出入境管理法规和业务知识。在有条件的居委会要成立入境人员户口促报站，落实促报员。明确机构和人员的职责，建立统一规范的管理工作秩序，确定考核办法，并与分、县局、派出所其他业务的管理考评接轨，纳入目标责任制，完善激励机制，奖优罚劣，提高出入境管理工作人员的工作积极性。与此同时，完善各项管理规章制度，制定"出入境管理工作职责"、"涉外接待单位工作职责"、"涉外户管员、外管联络员工作职责"等工作制度，建立"外管工作情报登记册"、"入境人员临时住宿登记表"等表册，落实外管工作岗位责任制，将外管工作纳入各项考核内容之中。通过这种方式把入境人员的管理落实到日常工作中去，以便及时了解来华境外人员在我国的停留状况及行踪去向，从而及时发现如非法居留、非法偷渡及其他违法活动，也可为查控敌对分子、国际通缉犯罪人员提供一手情报。②

最后，进一步完善边境管理的相关立法。应继续巩固目前已经形成的以两法实施细则、《治安管理处罚法》、《边防检查条例》为主体，各地方省（市、区）的法规、规章和部门规章为有效补充的法律架构。将带有全国性普遍性的问题进行人大一级立法，将区域性地方性问题由省（市、区）、部门一级立法。对于已有法规中存在较大差异的规定，应逐步修正完善，使其渐趋统一。

（二）构建多元化的社会问题解决机制

边疆社会面临的社会问题，具有明显的复杂性、多元性，要有效治理这些社

---

①② 参见魏琴：《当前出入境管理中存在的问题及对策》，载《湖北公安高等专科学校学报》2001年第4期，第60~63页。

会问题,必须要构建多元化的社会问题解决机制。这不仅需要构建社会问题治理的合理化主体结构,也需要各种方式方法齐上阵,包括行政、法律、文化等方式以及国际合作途径的综合使用。当前边疆社会最需要重视的是四个方面:

一是在社会问题治理的主体结构中,应该在提高政府管理水平的同时,客观认识和推动民间组织在社会问题治理中的积极作用。

在边疆某些社会问题治理领域,民间组织崭露头角,正扮演着越来越重要的角色。在艾滋病问题治理中,民间组织已经成为一支重要力量。例如2008年在云南省德宏州开展的防治艾滋病国际国内合作项目有全球基金、中英、中澳项目,与克林顿基金会、世界宣民会、艾滋联盟等民间组织合作的项目等15个,投入项目资金达949.3万元。[①]西双版纳的"佛光之家"是2003年7月26日在云南省西双版纳州景洪市启动的艾滋病防治公益组织项目。这个项目由联合国儿童基金会提供经费,云南省艾滋病防治办公室负责协调,西双版纳州佛教协会具体组织实施。该项目根据当地傣族和布朗族等少数民族信奉南传上座部佛教的实际情况,借助宗教的影响,利用佛教僧侣的特殊身份与地位,因地制宜地开发和动员佛教力量参与艾滋病防治工作,积极开展艾滋病宣传教育和行为干预工作,给感染者提供咨询、关怀、转介服务、心理咨询等服务。项目成立以来成绩卓著,在防艾公益组织中颇有影响力。[②] 在禁毒领域,也活跃着大量的民间组织。例如,在毒品问题的另一个重灾区——云南省的瑞丽市,被中央电视台评为"2006年度十大法治人物"的由景颇族妇女组成的瑞丽市卡南村女子护村队队员们,她们在村里的男人几乎都吸毒、贩毒的情况下,奋起抗争,制定村规,捍卫自己的家园。[③] 云南戴托普药物依赖治疗康复中心也是在戒毒领域颇有名气的民间组织,这一中心集药物滥用治疗、康复及科研于一体,是中国首家采用治疗社区(Therapeutic Community, TC)模式,是从社会学、心理学、行为学、临床医学、预防医学等多学科结合的角度对药物滥用者进行治疗及善后服务的一个专业机构。[④]

事实证明,民间组织在有些工作中优势突出,对于那些政府不方便做的事情,例如在预防艾滋病领域中对商业性工作者的行为干预,民间组织发挥了重要的作用。民间组织通过选择特定人群作为项目对象,探索出了一些比政府部门工

---

① 参见德宏州防治艾滋病工作委员会办公室编:《德宏州2008年防治艾滋病工作情况报告》,2009年1月编,第35页。

② 参见西双版纳佛光之家网站,http://www.fgzj.org/index.php. 2009年12月3日链接。

③ 参见何映荷:《瑞丽江边的女子护村队》,http://www.csonline.com.cn/news1/1/200702/16/t20070216_209236.htm, 2007年2月16日。

④ 参见"云南戴托普药物依赖治疗康复中心简介",中国红丝带网,http://www.chain.net.cn/qshcy/fzfzz/yndtpywyzlkfzxzl/kfzxjgjj/569.htm, 2007年6月6日链接。

作更有效、更灵活的工作方式，可以弥补政府的不足。民间组织通过开展项目充实了地方治理社会问题的资金，他们所开展的各种项目也提高了社会问题应对的效率，改善了项目对象的生活质量和社区环境。但是目前民间组织在边疆社会问题治理中发挥的作用还很有限，其原因是多方面的，既是民间组织本身的能力建设滞后所致，也是源于当前边疆社会管理体制的限制，即民间组织没有发展的空间。边疆地区的政府职能转变滞后，往往不愿意轻易放弃既得利益，把本属于社会领域的事情交给社会，而且，边疆地区的一些地方政府，由于担心宗教渗透，容易形成对民间组织的怀疑和排斥态度。

因此，从社会问题治理的角度出发，应该对民间组织的参与采取更务实的、区别对待的态度：一方面，对于那些有不良企图的民间组织，应严格审查和监督，谨防宗教渗透；另一方面，则是要从务实的角度充分发挥社区和民间组织在边疆社会管理中的作用。边疆社会要以民间组织服务经济社会发展为核心，以提高民间组织能力建设为重点，推进管理体制创新，建立与我国经济社会发展水平相适应，布局合理、结构优化、功能到位、作用明显的民间组织发展体系；建立法制健全、管理规范、分类管理、分级负责的民间组织管理体系；还要探索民间组织参与社会管理的有效途径，例如政府可以设立项目，由民间组织申请并开展项目，再由第三方负责评估的方式为民间组织参与社会问题治理提供有效途径。

二是加强社会问题治理的国际合作。边疆的许多社会问题带有明显的跨境特征，例如毒品、艾滋病、跨国犯罪、非法移民、恐怖主义等，对于这些社会问题，如果只是从国内社会治理的角度看问题，很难取得实质性的效果。因此，对于这一类社会问题，必须加强国际合作，强化共同治理的意识与途径。以西南边疆地区为例，要充分利用与东盟国家的区域合作机会，在2002年发表的《中国与东盟关于非传统安全领域合作联合宣言》的基础上，全面履行中国的职责，进一步扩大和加强与东盟在非传统安全领域的全面合作，包括严厉打击贩卖妇女儿童、恐怖主义、武器走私、洗钱、国际经济犯罪和网络犯罪等方面的合作。在禁毒领域，要认真落实中缅、中老、中越、中泰《禁毒合作谅解备忘录》，建立健全与有关国家的禁毒合作制度和工作机制，与"金三角"周边国家积极开展边境禁毒执法和跨境联合扫毒行动。同时，要抓住大湄公河次区域经济合作不断深化和中—东盟自由贸易区建设的有利时机，把边疆地区的扶贫攻坚、产业结构调整、资源开发、边境贸易、边境旅游与境外毒品替代种植发展统筹考虑，积极争取国际社会的支持帮助，加大对境外毒品替代种植发展的扶持力度，努力减少"金三角"毒品对我国和国际社会的危害。

三是强化法律对预防和解决社会问题的作用。首先要建立健全各项法律制度，避免出现法律"真空"、模糊与相矛盾等现象；其次是巩固和强化社会治安综合系统，形成精干、高效、负责的执法队伍和一整套打击犯罪活动的机制，提高执法人员的业务思想素质和装备刑侦水平，准确严厉地打击各种犯罪；最后是建立制度化的硬约束机制，加强各种监督与权力制衡机制，严明党纪、政纪和法制，清除腐败现象。此外，必须进一步加强法制知识的宣传与教育工作。对于广大边疆党员干部进行的法制教育，是实现依法治国的前提；对于普通民众的法治宣传和教育，是形成边疆群众自觉遵守法律、依法维护自己权益的重要手段。

四是要遵循系统性原则。同其他任何社会环境一样，边疆的社会问题普遍存在，并且相互影响和相互制约，有些社会问题之间因果交叉，例如艾滋病问题与吸毒问题，吸毒问题与贫困问题都有因果交叉、相互影响的特征。这就要求边疆社会问题的治理不能头痛医头，脚痛医脚，孤立解决，治标却不治本。要透过现象抓住本质，标本兼治，把社会问题的具体处理与消除其产生根源的努力结合起来，还要从全局出发，区别轻重缓急，通盘考虑，把社会问题的解决纳入边疆经济社会发展的短期、中期和长期规划中去，使一个社会问题的解决有助于其他社会问题的治理，使近期社会问题的解决有利于防止远期社会问题的发生或加剧，从而收到社会问题综合治理的良性循环效果。

（三）探索长效的社会控制机制

和谐边疆的一个重要内涵就是边疆社会协调有序地运行，这需要探索一套长效的社会控制机制。目前，应重点考虑几个方面：

1. 引导边疆地方习俗文化在边疆社会控制中发挥积极作用。边疆少数民族传统文化中蕴含着积淀深厚、丰富多彩的和谐文化。在历史长河中，边疆的许多少数民族都形成了一些优良的风俗习惯和道德意识，例如在傣族、侗族、基诺族的传统习俗中，包括了一些人际和谐、社会责任感、敬老爱幼、团结互助、路不拾遗、不贪人之财物和侵犯别人利益等多方面的优良传统和规范。在边疆各少数民族的宗教信仰中，也有很多有利于和谐社会建设，能够与社会主义社会相适应的文化资源。这些优良传统和规范往往能够与现代法律制度形成互补，发挥独特的社会管理和控制作用。所以边疆社会的管理和控制可以充分利用边疆社会特有的习俗、道德和文化资源，弘扬优良传统，挖掘边疆社会内部的有益物质资源、文化资源、人力资源和组织资源并使之与外部社会的资源结合起来，对于其中与现代法律有出入的做法进行引导，从而使其能够继续在边疆社会发挥社会管理和控制的作用，对于那些可以在边疆社会发挥社会管理和控制作用的习俗、习惯等，要挖掘其作用，引导其与法律制度互补，形成内外控制兼有的局面。这样做不仅有意识地弘扬和保留了优秀的民族传统文化，构成和谐的、多姿多彩的边疆文化，还能使边疆社会控制达到事半功倍的效果。

与此同时，必须对边疆社会的落后习俗、观念等与有益文化资源做出区分，对那些不利于促进边疆社会和谐与发展的资源应该抛弃或加以改造，才能运用到社会管理和控制中。对于那些违背国家法律的落后习俗、习惯和其他社会规范，应加以控制和取缔。例如，宗族组织及其规范是以狭隘的血统、血缘为根据的社会控制形式，若任其显性发展和蔓延，以致出现只分宗族内外不分是非，依族规标准而不顾国家法律的意识和做法就会对国家法制乃至他人利益可能造成危害，因为在宗族组织和族规的控制下，宗族成员极有可能以宗族利益而不是正义和公理作为个人行为与选择的尺度，进而在是非面前宗族成员就可能从宗族利益出发或以族规为标准而做出不顾甚至损害国家法制或他人利益的事情来。另外，还需要协调好现代法律制度与边疆社会的地方习俗、文化和规范的关系。例如有些少数民族地区的习惯法，对于维护当地的社会秩序、形成良好的道德环境和行为规范有积极的作用，具有很强的社会控制能力，但其中一些具体的做法并不符合法律精神。对于这样的习俗，需要加以引导，协调其与法律的关系，使其和法律制度形成互补。

2. 对边疆的一些突出问题建立预警机制，以便做到有效准备和及时反应。社会预警就是对社会运行状况发出信号，显示社会已经或即将发生无序现象的临界状态，以期引起社会管理者和公众的注意，及时采取对策，使社会运行状况不再继续恶化的一套制度和方法。[①] 任何社会都存在这样那样的不稳定因素，而当前边疆社会的管理和控制所面临的外部挑战和内部结构的分化重组可能会加剧一些不稳定因素的出现，如果这些不稳定因素的积聚和汇集达到一定的临界点，就会对边疆社会的稳定构成威胁。为防患于未然，边疆社会需要建立一套机制，在混乱状态即将来临之前，能够拉起警报，告诫社会管理者及早研究应对措施，以防止社会混乱的出现。

首先，要建立一套社会监测体系，收集社会运行的重要数据，如反映社会的失业问题、犯罪问题、贫富差距、人口流动等多方面的数据，随时监测社会的运行状态。设定和区分预警的标准等级，对于那些达到设定要求的、超过正常状态或快要达到临界点的问题，要及时发现、及时采取措施。其次，要建立严格的社会信息反馈机制。通过建立健全突发事件报告制度，完善信息保证系统，健全预警预报责任制，追究不按时上报有关预警信息的责任，形成通畅灵敏的预警信息传达机制。另外，还要建立统一指挥、功能齐全、反应灵敏、运转高效的应急机

[①] 参见丁水木等：《社会稳定的理论与实践——当代中国社会稳定机制研究》，浙江人民出版社1997年版，第283页。

制，这需要建立一套稳定的应对突发事件和危机事件的机构和制度，确保及时做出反应并能采取有效妥当的应对措施。

3. 逐步完善矛盾纠纷化解机制和利益协调机制，减少社会矛盾和冲突。矛盾纠纷调处机制的建设。边疆社会的民族性、地方性以及宗教信仰的相对普遍性，使社会矛盾的滋生可能具有了更多的土壤基础。因此，在边疆地区的社会管理和控制中，矛盾纠纷的调节处理具有深刻的意义，是关系边疆社会稳定乃至全国稳定团结的大问题。各级政府要充分认识人民内部矛盾的复杂性和处理工作的艰巨性，加强理论观念、领导体制、工作机制等方面的建设，切实提高边疆各地区各部门正确处理新形势下人民内部矛盾的水平，构建一套能够不断解决矛盾、化解冲突、规避风险并由此促进社会和谐的运行机制。具体来看，需要从以下方面入手：第一，正确对待和处理群众的各种困难和问题，坚决依法纠正各种损害群众利益的行为，从源头上预防和减少人民内部矛盾。第二，建立健全信访工作长效机制，完善信访工作格局，依法及时合理地处理群众反映的问题，引导群众以理性、合法的形式表达利益诉求、解决利益矛盾，确保群众合理合法的利益要求得到保护和满足，自觉维护安定团结的局面。第三，加强人民调解、行政调解、司法调解及民事诉讼的衔接和协调并使之规范化、程序化、制度化。要探索和总结调解工作中一些行之有效的经验和做法，针对新情况新问题，采取行之有效的调节手段，共同做好对人民调解工作的指导，有效化解社会矛盾和纠纷机制。第四，建立和完善矛盾排查机制、应急处置机制和责任追究机制，努力做到把矛盾解决在基层、解决在萌芽状态。尤其是在处理群体性事件时，应坚持依法办事，按照政策办事，坚持公平公正的原则，依法维护群众正当权益，化解社会矛盾、维护社会稳定。

利益协调机制的建设。随着边疆社会的改革开放进程，社会利益群体分化的现象也日益凸显出来，除了传统的民族利益分化，还出现了更多的利益群体分化现象，包括不同阶层之间、不同行业之间的利益分化，随之出现了不同的利益群体：有些是利益分配的优势群体；有些是利益分配的弱势群体；有些是利益受损群体。利益群体的分化是社会发展的必然现象，利益群体分化加剧必然会给社会稳定构成威胁，影响社会和谐，因此必须从机制上加以协调和控制。利益协调机制的建设，要坚持"以人为本"的工作方针，把边疆各族、各界人民的根本利益作为制定方针政策的基本着眼点，充分考虑群众的长远利益和现实利益，正确反映和兼顾不同利益关系，努力找准最大多数人的共同利益和不同阶层、不同群体具体利益的平衡点。具体来看，应该着重以下方面的工作：第一，落实依法治国方针，维护公平正义。从制度上保障社会各阶层之间相互开放和平等竞争。完善个人所得税征收体制，调节收入差距，加大对农业和农村地区投入，采取切实有效的扶贫措施等多种手段，逐步消除户籍、地域、身份二元结构及双重标准等方面的制度性限制，保证社会成员享有公平的发展机会，缩小地区差别、阶层差别和城乡差别，从而减少社会不满情绪。第二，完善利益表达的机制。包括人民代表大会制度、民族区域自治制度、国家信访制度、民情收集制度、民意调查制度、决策听证公示制度、集体决策制度、对话协商制度、民情民意反馈制度等。第三，重视少数民族权益。增加边疆地区人民代表大会中各少数民族代表的比例，放低少数民族公务员招聘、晋升的门槛，使各少数民族拥有充分的参与权和决定权。第四，尊重和保护各种合法团体与组织的成立与运作。倡导政府与经济社会生活中不同利益集团的沟通与交流，形成与社会多元发展趋势相适应的多渠道、多层次利益协调机制。第五，保护弱势群体的基本权利，为其提供必要的社会援助。关心困难群体，努力为他们排忧解难，保证全体人民各得其所，能够享有正当的经济、政治和文化权益，共享改革发展的成果。继续完善社会救助制度、最低生活保障制度、廉租房制度等关系弱势群体生活的各项制度。

（四）多种措施促进边疆经济与社会协调发展

边疆社会地理位置是一种优势，其经济发展可以发挥门户作用，成为开放的前沿阵地。当今社会，跨过边境省区之间的资源共同利用，环境共同治理，生产要素跨国优化组合的趋势日益明显。边境贸易已经成为边疆地区对外开放的主要形式，成为边疆地区参与世界经济一体化和区域化的主要方式。现代边境贸易活动十分广泛，除由商品进口和出口构成的传统边境贸易形式外，还包括边境经济技术合作。边境贸易已经成为边境地区参加国际分工的纽带，更是邻国间边境地区在经济上、科学上互相依赖的表现形式之一。如西北边疆所属的亚欧大陆不仅是世界上资源最为富集的地区之一，也是世界上市场潜力最大的地区，西北边疆与亚欧大陆国家的经济技术合作的加强，可以带动中国的向西开放格局的形成。又如西南边疆相邻的各东南亚国家，普遍有着丰富的自然资源，而且由于这些国家从20世纪90年代以后都不同程度地加快了对内深化改革，对外扩大开放的步伐，正日益成为国际投资的新热点。20世纪90年代以来西南边疆周边地区各种层次、范围的国际区域合作组织不断涌现。东盟推出了"东盟自由贸易区计划"和"大东盟战略"，相继吸收了越、老、缅、柬入盟，东南亚的一体化进程大大加快。此外，涉及中、老、缅、泰、柬、越六国的大湄公河次区域合作也在不断深入发展。这一切都使西南边疆成为连接东亚和东南亚的重要区域。

边疆地区要继续利用这种优势，积极参与区域经济合作，大力促进边贸发展。要以地区经济技术合作作为切入口,积极推动和参与"图们江开发区"、"澜沧江—湄公河流域开发区"、中国—东盟自由贸易区建设、新亚欧大陆桥的开发建设等国际区域经济合作,逐步形成和完善 APEC 经济技术合作体系;以专业领域合作项目为切入口,形成以科技、环保等优先领域为核心,以信息交流和法律规范为基础,以具体项目为内容的 APEC 经济技术合作网络系统;以股份制为切入口,吸引企业参与、尽快建立 APEC 经济技术合作的资金筹集、技术转让、自负盈亏、利益分配等机制,确保经济技术合作项目的良性发展。把参与区域经济合作与全面建设小康社会和构建社会主义和谐社会的目标紧密结合起来,以开发和开放为动力,以项目合作为突破口,坚持平等协商、互利互惠、共同发展的原则,充分利用各种合作机制,拓宽合作领域、提高合作水平、拓展发展空间;突出交通、能源等基础设施建设,大力开展旅游、投资贸易、环境保护、人力资源开发等领域的合作,逐步拓展新的合作领域,实现优势互补、互利共赢、共同发展;深化改革,扩大开放,发展外向型经济,促进区域经济、社会、环境的协调发展。认真贯彻党和国家关于少数民族和民族地区发展的各项特殊优惠政策。大力开展"兴边富民行动",加快边境民族地区的交通、能源、水利、通信、口岸等基础设施建设;积极发展边境贸易和特色经济。

在经济发展的基础上,加快社会事业发展,促进边疆经济与社会的协调发展。第一,促进边疆教育事业发展,要加大民族教育投入,优先帮助少数民族和民族地区以实现"两基"目标为重点,加快发展高中阶段教育、职业教育和高等教育;用好少数民族教育专项补助资金,落实"两免一补"政策,普及义务教育;在普及和巩固义务教育尤其是农村义务教育的基础上,大力发展职业教育、提高高等教育质量;坚持以人为本,全面实施素质教育;加强教师队伍建设,提高整体水平,加强和改进以育人为核心的师德建设,完善师德考核评价体系和激励机制;改善民族地区群众的文化设施条件,搞好农村广播影视公共服务体系建设,积极听取公众意见促成文化设施真正发挥实际功效;重视和发挥创造机制的作用,全面贯彻尊重劳动、尊重知识、尊重人才、尊重创造的方针,激发各行各业人们的创造活力,使一切有利于社会进步的创造愿望得到尊重,创造活动得到支持,创造才能得到发挥,创造成果得到肯定。第二,促进边疆文化事业发展。要深化边疆文化体制改革,创新体制,转换机制,加大投入,确保公益性文化事业繁荣发展;制定和落实文化产业发展的优惠政策,大力发展文化产业,打造一批具有边疆特色的文化精品,培育和扶持一批少数民族群众直接参与的社区和基层民族文化产业和企业。实施外向战略,扩大文化的对外开放;实施人才战略,加快引进和培养文化人才;推进文化带动战略,扩大文化市场空间;大力发展有关少数民族古籍、文物、出版、语言文字、报纸等公益性文化事业,同时实施广播电视村村通、户户通工程建设。第三，加强民族地区公共卫生设施建设，加大医务人员培训力度，建立健全少数民族地区农村医疗卫生服务体系，建立和实施民族地区农村贫困家庭医疗救助制度，切实做好禁毒和防治艾滋病工作。

（五）继续推进边疆社会管理体制的改革

边疆社会管理体制改革的最终目标就是形成和健全党委领导、政府负责、社会协同、公众参与的社会管理格局，其具体方案需要结合边疆社会的实际情况来展开。

坚持党委领导仍然是边疆社会管理和控制中的一项根本原则。党委的领导作用主要体现为总揽全局、协调各方利益、制定总体方针以及通过法律贯彻党的意志等方面。政府负责主要表现在经济调节、市场监管、社会事务管理和公共服务等领域。作为社会管理重要主体之一的政府，在边疆社会管理主体系统中具有不可取代的作用。政府是一系列制度安排的最终结果，在政治属性上代表了国家的整体意志：一方面要实施国家的阶级职能，另一方面又要履行非阶级性的社会职能。对于边疆社会而言，今后应继续做好三个方面的工作：第一，要进一步理顺党政关系、减少以党代政的现象。坚持党委领导，是全国也是边疆地区社会管理中必须始终坚持的根本原则。党委通过发挥总揽全局、协调各方的核心作用，把握时代要求，科学判断形势，确定正确的大政方针，指导制定国家法律法规，支持和监督政府依法行政、依法管理社会事务等多方面的作用，决定和影响着边疆地区的社会管理的效果，从而也影响着和谐社会最终在边疆地区的实现程度。在边疆地区的社会管理中，虽然权力过分集中的现象已经有了很大的改观，但是以党代政的现象仍然存在。特别是基层社会管理中，以党代政、党政不分的现象还是很突出的。党的组织国家化和行政化，会使各级国家权力机关、司法机关和行政机关不能发挥应有的作用。第二，积极推进行政管理体制改革，进一步转变政府职能。建立真正适应市场经济体制、结构合理、运行协调、精简高效的管理体制。一方面，政府要切实担负起应尽的责任，包括建立健全社会建设和管理的政策法规，依法管理和规范各类民间组织、社会事务、社会事业；建立健全社会保障制度，建立处理人民内部矛盾和各种社会矛盾的有效机制、社会治安综合治理机制，实施有效的社会控制，维护社会秩序和社会稳定；建立公共突发事件的应急机制，确保人民群众的生命和财产安全；推进社会事业管理体制改革，推动公益事业，发展公共服务，提高服务效能，满足社会需求。另一方面，凡是公民、法人和其他组织能够自主解决的，市场竞争机制能够调节的，行业组织、中介组织通过自律能够解决的事项,除法律法规另有规定外,政府不应再过多做行政干预。① 第三,增强政府社会管理和控制的能力,需要提高政府机构设置的科学性、合理性,改变传统的管理理念,改变单一的行政手段,加强对经济、法律和文化等多种管理手段的社会管理,加强政府公务人员的能力培训,提高政府的信息化管理水平,真正建立高效、公正、透明、回应的政府。

边疆社会的管理不能仅仅靠政府的单一力量。要想达到社会的善治和和谐状态,离不开发达的公民社会。公民社会的实体形式,就是政府以外的各种社会组织。大量的事实一再说明,公民社会对边疆社会公共事务的参与有助于社会问题的解决,对边疆政府的社会管理工作是一种有益的补充。这需要重点从民间组织、社区建设和公民参与三个方面入手。

增强民间组织在社会管理中的协同作用,重点需要做好几个方面的事情:第一,健全和完善民间组织的相关法律法规,以促进民间组织的发展,并对民间组织的发展及其对社会事务的参与进行有效监管。一方面,要尽快在法律中明确社团、基金会、民间非企业单位与其他民间组织的同等法律地位,推行政府购买制度,建立民间组织税收、社会保障等制度。另一方面,要进一步完善保障民间组织民间性、民主性、非营利性的相关规定,制定注销、撤销、取缔民间组织的执法程序等政策,加强对民间组织的监督管理。第二,引入中介评估及社会监督机制,为民间组织提供有效的社会机制环境,减少政府部门对民间组织的直接管理。首先,对民间组织的税收运行情况进行有效控制,即在民间组织取得法人登记后,应向税务部门提交章程和减免税申请,由税务部门根据其公益性质决定是否同意其减免税申请。其次,民间组织的财务也应向社会公开,接受捐赠者和其他公民的监督。再次,由审计部门对民间组织的工作经费、项目经费进行定期审计。最后,通过中介机构对民间组织进行评估,提高民间组织的运行效率和社会服务能力。第三,建立政府与民间组织之间的有效沟通渠道。政府可以建立相应的机制促进与民间组织的交流和沟通,加强彼此的信任感,而不是单方管理和监督民间组织、一味地怀疑和犹豫。例如,政府可以通过更多地召开新闻发布会、举行听证会等多种方式听取民间组织对某些社会事务的看法。一旦这种渠道形成一种良性机制,民间组织和社会利益就有了合法的表达渠道,自然也就会降低民间组织通过政府不欢迎的方式参与社会管理的机会。

积极促进边疆地区的社区建设,完善居民自治组织的管理和服务功能。边疆和谐社会的实现程度与居民生活密切相关,和谐社会的最终归宿和体现关键在于

---

① 参见李学举:《加强社会建设和管理 促进社会和谐与发展》,载《求是》2005 年第 7 期,第 16~19 页。

基层。在整个社会管理和运行体系中，城乡基层自治组织发挥着协调利益、化解矛盾、排忧解难的重要作用。城乡基层自治组织的发展程度直接影响着社会管理和运行的效果，对于和谐社会的形成发挥着重要作用。相比全国其他地区而言，边疆地区的社区建设还是比较滞后的，因此还需要继续推进社区建设，逐步完善基层自治组织的社会管理和社会服务功能。完善村民自治，一是要完善制度体系，健全民主选举、民主决策、民主管理和民主监督的制度，完善"村务公开"的实施办法和操作规程，切实提高村民自治的制度化和规范化水平。二是处理好村委会与村党组织、与乡镇政府之间的关系，使村民委员会成为名副其实的村民实现自我管理、自我教育、自我服务的基层群众性自治组织而不是政府意志的执行者。完善城市居民自治，就要健全社区组织建设，包括社区党组织和社区群众自治组织、居民会议、社区协商议事会等制度，吸纳社区内各方面人士参与社区管理，培育各类社区民间组织、志愿者组织，形成社区管理的合力。三是增强社区工作者的整体素质。可以利用民主选举程序面向社会公开选聘社区干部，解决好社区工作者的工资和福利待遇问题。加强培训，不断提高社区工作者的整体素质。四是提高社区服务水平。这需要不断拓展社区服务的内容，充分挖掘和合理利用社区资源，重点发展面向广大居民的各项便民、利民服务，面向老年人、残疾人和困难群体的社会救助和社会福利服务，面向下岗失业人员的再就业服务和社会保障服务，面向社区单位的社会化服务，积极开展自愿者服务。要完善服务方式和手段，整合服务内容，推行"一站式"和"一条龙"服务，实现社区服务网络化、信息化。五是丰富社区文化生活，创造文明、和谐的社区氛围。这需要充分利用社区资源，抓好社区学习、活动场所建设，面向社区居民开展各类健康有益的教育活动，创建学习型社区。特别是要加强对未成年人的思想道德教育，为他们健康成长创造良好的社会环境。根据居民文化需求，开展丰富多彩的社区文体活动，开展和谐社区、文明社区、文明楼院建设，创造和谐共处、方便舒适、整洁优美的人居环境。

提高边疆社会管理和控制的公众参与程度。第一，增强公众的市民意识和民主意识。公民的文化素质直接影响和决定了公民参与意识和民主意识的发展。边疆地区公众参与社会管理的意识还比较低，其中最主要的原因就是居民的总体文化素质还不够高。因此，教育事业的发展是增强公众参与意识和提高公众参与能力的最主要因素。大力发展边疆多民族地区的文化教育事业，是提高边疆居民参与社会管理的重要保障。第二，拓宽公众参与的有效途径。要充分调动公众参与社会管理和控制的积极性，发挥他们在民主决策、民主管理、民主监督中的作用，不仅需要政府从意识上重视民主行政，重视民意，而且要建立相应的制度，采取切实可行的措施，确保边疆居民能够通过正常的渠道参与社会管理和控制。

例如在推进政务公开工作中,不仅应该具体规定政府公开有关信息文件的范围、时间、次序、步骤和方式,更要设计出公民简便、快捷地获取相关政府资讯的程序、渠道和工具。另外,要充分利用现代科技信息的成果,建立电子政务,使互联网成为一种便利的政府公民双向互动途径。还可以建立行政评议机制,开展市民(公民)对政府活动进行评议的活动。第三,引导公民参与的理性化与合法化,避免公民参与危机。要完善公民参与的相关法律法规,规范公民参与的程序和方式,引导公民参与的理性化。公民在参与过程中必须遵守国家的法律,维护社会公共秩序,使参与具有合法性和有序性;要引导公民培养合作精神,在公民参与中学会与政府合作,也要与其他公民合作;强化公民在参与中的理性意识,使其既要维护自身的正当权益,也要为对方的权益考虑,防止因失去理智而导致秩序的失控。

第十章

边疆治理与周边关系

边疆治理的状况不仅取决于国内的治理政策，还受制于我国与周边国家的关系。由于边疆地区位于与其他国家接壤的区域，边疆问题的产生和边疆治理的状况都会受到国家的对外关系，特别是与周边国家关系状况的影响。我国边疆地区长期欠发达的状况与周边的国际紧张形势和边界争议有着密切的关系。而今天边疆地区的发展则得益于周边国际形势的缓和以及我国与周边国家关系的改善。因此，研究我国的边疆治理，还需要从国际关系尤其是周边关系的角度，考察对边疆治理具有重要影响的原因，分析我国与周边国家以边界问题为核心的关系的历史变迁对边疆治理状况的不同影响，进而归纳和分析当前边疆治理过程中涉及的与周边关系相关的问题，并分析这些问题的跨界影响，探讨治理这些问题的有效方式。

一、边疆治理与周边关系紧密相关

以现代民族国家体系为基础发展起来的国际政治理论的传统观点认为，包括国防建设在内的边疆治理更多的是民族国家主权内部的事务。也就是说，民族国家有权按照自己的意愿来制定和推行治理边疆的任何政策，以实现本国的政治、经济和社会目标。根据这种传统观点，一国在思考边疆问题、制定边疆政策的时候，其视角更多是内向性的，仅在涉及国防和边界划分等与领土主权密切相关的问题上，才会把眼光投向周边国家。但是，这种传统的对边疆治理的狭隘理解受到了越来越多的挑战。由于世界朝着全球化的趋势发展以及国际政治格局的相应变革，民族国家在进行边疆治理的时候，不得不越来越多地考虑与对外关系相关的各种国际层次的和次国家层次的因素。边疆治理不再仅仅是传统意义上一个国家的内部事务，而是与对外关系相关的既涉及传统的国防安全、又涉及非传统的国家安全的重要事务。全球化、区域一体化以及中国的崛起带来的地缘政治格局的变化，是使边疆治理与周边关系紧密联系在一起的重要因素。

（一）全球化与区域一体化

全球化与区域一体化是当前世界政治变化的重要趋势。这两个趋势的发展，使得一国的边疆治理超越了民族国家的主权边界，使得一个国家的中央政府以及边疆地方政府在治理边疆的时候，必须考虑相关政策对周边关系的影响，以及周边关系对边疆治理的影响。

简单地说，全球化是指人员、技术、信息、贸易、投资、民主和市场经济日益趋于跨国界流动的过程。它是一个涉及经济、文化和政治等方面的复杂现象。经济全球化是全球化最主要的一个方面，它是诸如对外贸易、外商跨国直接投资、短期证券投资、资金流动、技术传播和跨国移民等不同形式的国际一体化，也即生产要素以空前的速度和规模在全球范围内流动，以寻求适当的资源组合的过程。在经济全球化浪潮面前，任何国家的经济都不再独立于其他经济体或不受其他经济体的影响，都不可避免地融入到全球经济之中。20世纪90年代以来发生的多次国际性或全球性金融危机便是经济全球化的一个表现。文化全球化是全球化的另一个重要方面，它是指世界上某个地方产生的信息、商品和观念的全球流动，这种流动减少了不同民族、不同区域和不同人们之间的文化差异。全球化的第三个方面即政治全球化侧重于强调非国家行为体（包括各种政府间的和非政府的国际组织、社会运动、宗教运动、次国家政府以及个人等）在世界政治中的作用。[①] 经济、文化和政治全球化并不是同步发展的，文化和政治全球化的发展滞后于经济全球化的发展。

全球化从以下几个方面对世界产生影响：一是空间的缩小。人们的生活，从工作、收入到健康都受到世界其他地方的影响。在墨西哥首先爆发的甲型H1N1流感就造成了全球性的影响。二是时间的缩短。资金、贸易、信息、市场和技术以前所未有的速度发生变化并在全球范围传播，对遥远地方的人们产生影响。三是边界的逐渐消失。在全球化的趋势下，民族国家的边界不再坚不可摧，不但贸易、资本、信息和人员的流动受边界制约的影响越来越小，而且观念、规范、文

---

① 参见［英］安德鲁·海伍德，张立鹏译：《政治学》（第二版），中国人民大学出版社2006年版，第172~173页。

化和价值观也越来越摆脱了边界的限制。日本学者大前研一等人提出"无边界的世界"概念,用以形容全球化对世界造成的影响。一方面,边界的消失,意味着以民族国家和主权边界为基础的传统政治边界不再是密不透风,而是变得具有可渗透性;另一方面,这也意味着时空分离的影响的削弱。这有利于各国从国外吸引资金、技术,学习和借鉴其他国家先进的管理经验、好的思想观念以及优秀的文化,发展本国的经济与社会,从而使本国在世界竞争上保有优势,在硬权力上,不落后于其他国家,在软权力上,对其他国家的人民具有吸引力。

全球化带来好的一面,也带来坏的一面。全球化使得全球各地人们的联系越来越紧密,并以更快的速度联系到一起。在全球化背景下,主权国家的内部事务与外部事务之间的界限日趋模糊化,削弱并消除了国内问题与国际问题之间的差别。民族国家的自主性在减弱,而各国政府在处理全球化问题时,越来越力不从心,越来越难以单独应付这些问题。全球化带来的威胁,比如艾滋病、全球犯罪网络和环境退化等,其增加的速度超出了民族国家的应对能力,甚至是超出了国际社会共同做出反应的能力。

自 20 世纪 70 年代以来全球化的迅猛发展,正在改变人们对空间观念的认识。对民族国家体系来说,空间观念的变化意味着构成现有国际体系基石的主权概念的变化。一方面,全球化日益使世界联成一体,世界各国开始面对共同的命运;另一方面,全球化降低了国家边界和国家政府的重要性。全球化正在使各国融为一体,同时又使各国相互分离;它增强了某些国家的力量,同时也侵蚀着另外许多国家的主权。在这样的背景下,参与全球事务和地区事务的,不再局限于单一的国家中央政府,而是扩展到了次国家层面的次级政府和其他行为体。全球治理的观念逐渐为人们所接受。全球治理是一个由全球层面的治理、民族国家层面的治理以及地方层面的治理等多个治理层次构成的整体。全球化使边疆地方不再偏远。边疆地方政府作为次国家政府,在边疆治理中扮演着越来越重要的角色,其行为对国家的对外关系产生越来越大的影响。

在全球化的趋势下,还出现了一波民族主义运动的高潮。自 20 世纪 90 年代以来,全世界的民族主义运动形成了一个新的高潮。民族(族群)逐渐成为国际关系中重要的非国家行为体,发挥着越来越大的作用。我国边疆地区由于地理位置和民族构成的特殊性,使得政府在进行边疆治理时,必须从民族的角度来考虑国内政策的国际影响,同时也要考虑周边国家国内政策对我国造成的影响,拓宽民族政策的视野,在全球化的背景下来认识边疆地区的少数民族问题,制定适应新时代变化和要求的边疆治理政策。

在全球化浪潮席卷每一个国家的同时,在地区层面上还出现了区域一体化的现象。区域一体化一般是指一个地区中若干国家之间通过条约组成集团,建立一整套国际或超越国家的组织机构，实行一定程度的政策协调和紧密合作，甚至制定和执行共同的政策。今天区域一体化的现象主要体现为北美地区美加墨三国建立的自由贸易区、以欧盟为代表的欧洲地区的一体化进程，东南亚十国构成的东盟的一体化努力，以及美洲自由贸易区和拉美南方共同市场等。这些区域贸易集团，"大多数是1990年后作为对经济全球化的反应而开始形成的"。①

在全球化和区域一体化的背景下，以各国中央政府为代表的国家间关系"呈现出了多层化的趋势；从国际层面向超国家层面、跨国家层面以至次国家层面推进"。② 我国大部分边疆地区已经纷纷加入到了区域性的国际合作潮流之中，成为广义外交关系中的一个主体。比如，在东北边疆，当地政府正逐步加入到东北亚的地区性国际合作之中，强化与日本、韩国、俄罗斯和蒙古等国的合作。在西北边疆，新疆等省区加强了与中亚国家的合作与交流。在西南边疆，广西和云南等省区积极与东盟国家建立联系，通过参加像大湄公河次区域合作这样的多层次的交流与合作，加入到东南亚地区的区域一体化过程之中。云南省更是提出要把云南建设成中国—东盟自由贸易区经济合作的基地。

（二）地缘政治格局的变化

中国周边邻国众多，是世界各大国中邻国较多的国家之一，也是为数不多的同时在地缘政治上面临较多军事强国以及核国家的大国之一。中国的周边邻国中有像俄罗斯这样的传统军事强国，也有像印度这样正在崛起的大国，有越南这样不断发展的国家，还有像蒙古、老挝、缅甸和朝鲜这样的贫穷国家。对中国来说，地缘政治格局对国家安全与发展的影响十分重要。我们对边疆治理的认识也需要放在地缘政治格局的视野下来进行。全球化的迅猛发展，使得传统的地缘政治学向新的地缘政治学转变，要求我们更多地从全球环境整体的高度出发，分析中国所处区域的独特性及其特殊的关系模式。③

中国周边地缘政治格局的变化，主要是源自于中国自身的快速崛起。改革开放以来，中国的经济持续快速增长，与周边国家和地区的经济贸易交往和政治文化交流日益紧密。中国的崛起是伴随着对外开放而出现的。我国实行的全方位对外开放政策，使得原来处于国家边缘地位的边疆地区，变成了对外开放的前沿。像西南的云南和西北的新疆，在以往的国家战略中，属于我国的内陆腹地，是相对

---

① ［英］安德鲁·海伍德，张立鹏译：《政治学》（第二版），中国人民大学出版社2006年版，第180页。
② 杨光斌、李月军等：《中国国内政治经济与对外关系》，中国人民大学出版社2007年版，第173页。
③ 参见倪世雄、赵可金：《地缘政治与中国周边外交新思维》，载潘忠岐主编：《多边治理与国际秩序》，上海人民出版社2006年版，第205页。

封闭的地区,也是我国重要的战略纵深地区。而在新时期,这些边疆地区,一方面依然是国家的国防重地,另一方面,也已成为国家对外战略的窗口和桥头堡。

随着中国经济实力的增强和军事力量的逐步现代化,中国在东亚地缘政治格局中的地位日趋重要。在亚太地区,大国之间的力量关系正在调整。中国权力的增强,不仅使得中国在大国关系中的地位上升,也使得中国与周边国家的关系发生深层次的变化。而从次国家层面来看,中国边疆地区相对于周边国家的变化及其引起的一系列问题也是不容忽视的,这使得中国对周边国家的政策的重要性也不断增强。而中国内部的边疆政策也将在地缘上影响到中国与周边国家的关系。

中国是一个少数民族众多的国家,各少数民族在地理上主要聚居于广阔的边疆地区。这一现实使得边疆治理的状况对中国的对外关系,以及和平崛起战略构成了不容忽视的影响。边疆地区复杂的民族分布状况,使得中央政府需要通过对边疆的有效治理,增进边疆少数民族对国家的忠诚感,在政治上把边疆与国家其他部分整合到一起。这样,一方面可以"为可能影响到对地区控制的意外事件做军事上的准备",另一方面可以应对使中国面临的安全挑战复杂化的长期存在的民族分裂运动,以及文化上相似和政治上同情的境外人士煽动的可能导致中国分裂的活动,防止可能威胁到国家统一和安全的国际恐怖主义和犯罪组织在边疆地区,尤其是在边境地区培养叛乱分子或者与当地叛乱分子联合的情况出现。①

总之,随着中国的崛起,周边国家与我国的共同利益越来越多,但是,由于中国影响力的增强,邻国对中国的怀疑和戒备心理也在同时增加。因此,中国在国家层面和次国家层面上的邻国政策,关系到中国能否保持周边地区的稳定和邻国对中国的友好态度②,从而进一步影响到边疆治理的成效。

二、周边关系的变迁与边疆治理

传统上,边疆治理是一个内政问题。中央政府如何看待边疆以及采取什么样的边疆政策是边疆治理状况的决定因素。但是,由于边疆地区位于与其他国家接壤的区域,因此,边疆治理的状况还要受到国家的对外关系,特别是中国与接壤的周边国家的关系状况的影响。当前的边疆治理是在继承中国与周边国家关系历史变迁的基础上进行的。理解边疆治理问题,首先需要把边疆置于这一历史背景之下来认识。

---

① 参见[美]埃弗里·戈尔茨坦:《中国的崛起及国际社会的反应:国际环境和民族特性》,载朱锋和罗伯特·罗斯主编:《中国崛起:理论与政策的视角》,上海人民出版社2008年版,第93页。
② 参见张蕴岭:《构建中国与周边国家之间的新型关系》,载张蕴岭主编:《中国对外开放:战略与实践》,社会科学文献出版社2008年版,第41~42页。

（一）周边关系的历史变迁

1949年新中国成立以后，与周边国家的关系发生了巨大的变化。在这些变化中，既有合作的一面，也有纷争和冲突的一面。中国与周边国家关系的状态与变化，对我国的边疆治理产生了非常重要的影响。

新中国成立之初，首先就面对与其他国家建立外交关系的问题。争取世界主要国家，特别是大国的外交承认是当时外交工作的一个重点。而周边国家由于其特殊的地理位置，它们是否承认新中国，对刚刚成立的新中国来说也具有重要的意义。在最早承认新中国的社会主义国家之中，苏联于1949年10月2日、朝鲜于1949年10月6日、蒙古于1949年10月16日、越南于1950年1月18日与新中国建立正式外交关系。而在亚洲民族独立国家之中，最早承认新中国的国家是缅甸，而最早与新中国建立正式外交关系的是印度。在1950年4月1日印度与新中国建立外交关系以后，缅甸于1950年6月8日、巴基斯坦于1951年5月21日、阿富汗于1955年1月20日、尼泊尔于1955年8月1日、老挝于1961年4月25日分别与新中国建立大使级外交关系。新中国成立之初，周边的社会主义国家和民族独立国家对新中国的承认，有效地稳定了我国的边疆形势，大致确定了边疆治理的边界，为后来国家制定开发和建设边疆的政策打下了坚实的基础。

苏联解体后，中俄两国于1991年12月27日签署会谈纪要，解决了两国关系的继承问题；1992年1月3日，中国与哈萨克斯坦建立外交关系；1992年1月4日，中国与塔吉克斯坦建立外交关系；1992年1月5日，中国与吉尔吉斯斯坦建立外交关系。迄今为止，在所有与中国接壤的国家中，中国与不丹尚未建立正式外交关系，但一直保持了友好交往的关系。

然而，中国与周边国家外交关系的建立并不是一帆风顺的，其中充满了曲折和坎坷。在这些困难中，最为棘手的就是新中国与周边国家的边界问题。新中国的成立对东亚地区来说有着很重要的意义，那就是新中国开始按照民族国家国际体系的规则来构建新的地区秩序，而这种秩序与中国过去历代王朝建立的朝贡体系有着本质的不同。构建新的地区秩序的思想基础是领土主权观念。领土主权意味着每一个民族国家都应有固定的疆域和边界。而这种观念是东亚地区过去所没有的舶来观念。根据领土主权观念，中国同周边许多国家就出现了历史遗留的边界问题。在划分边界的过程中，新中国与许多周边国家不可避免地卷入到边界争议之中。但是，边界问题能否得到顺利解决，对新中国与邻国的关系非常重要，它是一个关系到新中国能否打消邻国对新中国的疑虑、安定四邻，能否争取到一个有利于新中国经济建设的国际环境的重大问题。

中国同周边国家的边界问题有三种情况。第一种情况是中国同某一国家从未正式划定过边界，双方接壤的地方只存在着一条传统习惯线，如中国与尼泊尔、巴基斯坦、阿富汗、老挝和蒙古之间。第二种情况是中国同某一国之间有一部分边界在历史上曾经划定过，但是仍然有一部分边界未划定过，而已划定的部分边界存在需要解决的问题。这部分边界问题往往又和帝国主义时期列强从中国周边蚕食中国领土有关。划定边界的条约主要有，中国与沙皇俄国自1727年以来签订的各种边界条约和议定书，中国与英国签订的有关西藏与锡金以及云南与缅甸的边界条约，中国与法国签订的有关中越边界和中老边界的条约，中国与日本签订的有关中朝边界的条约。对中国来说，这些边界条约的绝大多数都是在外国武力的威胁或其他种种压力下签订的不平等条约，在新中国成立后，需要按其内容分别予以承认、废除、修改或重订。第三种情况是实际控制线。也就是说，上述经条约划定或传统习惯线确定的边界，在国家政局不稳或困难时期被某些统治邻国的帝国主义国家利用，以种种借口越过条约划定的边界线和传统习惯线，侵占中国的领土。而中国人民解放军进驻国防边界线时，有的进驻到了符合条约划定的边界线和传统习惯线，有的由于邻国部队的占驻而未进驻到条约划定的边界线和传统习惯线，从而形成一条实际控制线。①

  新中国成立后，即表示愿意在条件成熟的时候逐一同邻国妥善解决边界问题。1955年4月，周恩来总理在参加万隆会议时宣布："中国同12个国家接壤，同有些国家的一部分边界尚未确定。我们准备同邻邦确定这些边界，在此以前我们同意维持现状，对于未确定的边界承认它们尚未确定。"② 1957年7月，周恩来总理在全国人民代表大会上指出，解决边界问题的目的是安定四邻，争取国际形势的和缓，便于国家进行建设。③ 周恩来总理的这些讲话定下了新中国解决边界问题的原则和立场，即和平谈判、友好解决、不诉诸武力，既照顾历史背景，又照顾业已形成的现实情况，在最终解决以前维持现状，不以武力改变现状。甚至是"我们约束我们的政府和人民不超越边界一步，如果发生这类事情，我们愿意指出我们的错误并立即退回国境"。④这些原则和立场在当时来说，对稳定边疆具有重要的意义。

  边境地区出现的偶然的零星冲突增加了新中国同周边国家解决边界问题的紧迫性。中缅边界在英国1885年统治缅甸后，有三段国界存在未解决的问题。1955年11月，中缅双方的边防部队就因误会在黄果园发生冲突。经过长期和耐心的外交谈判，中国与缅甸于1960年10月1日签订边界条约。新中国在与缅甸解决边界问题过程中形成的工作程序将我国解决边界问题的原则立场具体化，成

---

  ① 参见杨公素：《当代中国外交理论与实践（1949~2001）》，励志出版社2002年版，第104~110页。
  ②④ 转引自张历历：《当代中国外交简史》，上海人民出版社2009年版，第96页。
  ③ 参见方连庆等主编：《战后国际关系史：1945~1995》，北京大学出版社1999年版，第441页。

为此后解决与其他邻国边界问题的榜样。1961年10月5日，中国与尼泊尔签订边界条约；1962年12月26日，中国和蒙古缔结边界条约；1962年中国与朝鲜签订边界条约，并在1964年签订《中朝边界议定书》，正式划定边界；1963年3月2日，中国和巴基斯坦签订《关于中国新疆和由巴基斯坦实际控制其防务的各个地区相接壤的边界的协定》；1963年11月22日，中国和阿富汗签订边界条约。

但是，由于我国边境线周边国家数量众多，构成复杂，加之历史宗教等因素，中国的边界问题并没有得到完全解决。新中国与一些国家在边界问题上不但有争议，甚至为此发生过军事冲突。1949年以来，在新中国所卷入的几次战争中，除了抗美援朝战争、抗法援越战争和抗美援越战争外，其他战争几乎都与边界问题有关。几次陆地边界军事冲突发生在中国与印度、中国与苏联、中国与越南之间。

中国与印度之间的边界问题概述。中国和印度之间在历史上从未划定国界，仅有一条传统习惯线。由于近代英国对印度的殖民主义政策以及积极侵略中国新疆和西藏的政策，中印之间关于边界有争议的地方有三段，所涉地区面积共为125 000平方公里。1954年印度单方面提出把"麦克马洪线"这一"未定界"改为"已定界"，向中国提出领土要求。在1959年西藏发生叛乱后，印度不仅要中国承认被印度占领的东段和中段有争议地区划入印度，而且要求把中国历来管辖下的新疆阿克赛钦地区划归印度，并在1959年8月和10月派武装部队进犯中国领土，挑起中印间的武装冲突。此后进行的中印和平谈判由于印度的强硬态度，没有取得实质性进展。从1962年起，印度在中印边界的东、西段增设哨所，成立对付中国的新军团，向中国领土推进，多次打死打伤中国边防人员。10月20日，印度军队分多路对中国的边防阵地发动大规模的全面进攻，中印边界战争爆发。最终，中国在战场上取得全胜。为了缓和中印关系，中方在11月21日主动声明，从12月1日起中国部队将从1959年11月7日实际控制线沿线后撤20公里。但是，印度并未同意和中国进行边界谈判。1971年8月9日，印度同苏联签订了带有军事同盟性质的《印苏和平友好和合作条约》。在中国眼里，"此时的印度不但其本身对中国西藏的政治安全形势构成消极影响，而且还成为苏联势力的延伸"。[①] 随着双方关系陷入长期僵冷对立的局面，中印边界也因此而陷入军事对峙的状态。1976年，中印互换大使，双方关系开始解冻。1981年6月，中国外交部部长黄华访问印度，双方同意就边界问题进行外交谈判。印度

---

① 蓝建学：《中国对印度关系的战略定位》，载张蕴岭主编：《中国对外开放：战略与实践》，社会科学文献出版社2008年版，第235页。

也改变了先前"不谈判"政策以及"不解决边界问题不发展关系"的平行政策。但是,从 1981 年 12 月起开始的边界谈判进展不利,双方分歧依然巨大。1987 年,印度单方面在非法占有的中国领土上成立"阿鲁纳恰尔邦",同时又不断越过中印双方的实际控制线,蚕食中国领土,经常派遣军用飞机入侵中国领空,在中印边界东段地区举行大规模军事演习。1987 年,双方在桑多洛河谷地区发生军事冲突。

1988 年 12 月,印度总理拉吉夫·甘地访华,两国关系实现正常化。在双方发表的联合公报中,两国领导人同意通过和平友好方式协商解决边界问题;在寻求双方都能接受的边界问题解决办法的同时,积极发展其他方面的关系,努力创造有利于合情合理解决边界问题的气氛和条件。为此,双方将采取一些具体措施,如建立关于边界问题的联合工作小组和经贸、科技联合小组。进入 20 世纪 90 年代以后,随着两国关系的改善,双方关于边界问题的磋商也有所进展。1993 年,印度总理拉奥访华,双方在 9 月 7 日签署《中印两国政府关于在中印边境实际控制线地区保持和平与安宁的协定》。该协定规定,中印边界问题应通过和平友好方式协商解决,双方互不使用武力或以武力相威胁,在两国边界问题最终解决之前,双方严格尊重和遵守双方之间的实际控制线,双方将把实际控制线地区各自的军事力量保持在与两国睦邻友好关系相适应的最低水平。在 1995 年中印边界问题联合工作小组第八轮会谈和副外长级磋商之后,双方同意于 1995 年年内撤出旺东地区距离最近的四个哨所,以便双方军队脱离接触,并决定在 9 月举行首次边防人员会晤,在军事领域建立信任措施。1996 年,中国国家主席江泽民访问印度,这是中印建交以来中国国家元首首次访印。双方签署了《关于在中印边境实际控制线地区军事领域建立信任措施的协定》。2003 年,中印边界谈判升格为"特别代表"规格。2005 年,中国和印度签订了《关于解决中印边界问题政治指导原则的协定》。此后,在双方的互访中,两国领导人均同意边界问题的早日解决符合两国的基本利益,并重申愿从两国关系的总体利益出发,通过平等友好协商,寻求边界问题的政治解决。在边界问题解决之前,双方将根据 1993 年、1996 年和 2005 年协定的规定,保持边境地区的和平与安宁。

但是,直到今天,印度仍是在与中国建交的邻国中,唯一一个没有与中国签订边界条约的国家。近期,在边界问题上,双方的关系日趋复杂,在一定程度上,甚至有倒退的趋势。2009 年 6 月,印度空军司令声言中国是最大的威胁,并在有争议的"阿鲁纳恰尔邦"增兵约 6 万人,部署先进武器。印度总理辛格在 6 月 9 日的国会讲话中也声称在领土问题上绝不妥协。6 月 15 日,由于亚洲开发银行执行董事会通过《印度国别伙伴战略(2009~2012)》文件,决定向

"阿鲁纳恰尔邦"地区提供贷款,引发了中方的强烈不满。但是,几乎与此同时,中国国家主席胡锦涛在叶卡捷琳堡承诺争取早日妥善解决中印边界问题,印度总理也承诺不会允许任何人在印度领土上从事反华政治活动。

中国与苏联(俄罗斯)之间的边界问题概述。20世纪60年代以后,中苏关系恶化,两国的边界充满了战争的危险。1960年7月,苏联在新疆的博孜艾格尔山口附近地区挑起武装冲突。此后,来自苏联的边界挑衅事件不断增加。1964~1969年,中苏边界上发生的纠纷达4 189起。苏联从1967年以后十多次入侵其在1964年中苏边界谈判时承认是中国固有领土的珍宝岛。1969年3月,苏军在珍宝岛袭击中方的巡逻战士,用重炮向中国境内纵深开炮,后被中国边防部队击退。此后,苏联继续试图以军事压力来改变中苏的边界现状。6月10日,苏联在新疆裕民县巴尔鲁克山西部地区制造绑架和打死中国牧民的事件,7月8日又侵入黑龙江省抚远县内八岔岛地区,8月13日在新疆裕民县铁列克提地区挑起更为严重的流血事件。即"铁列克提"事件①。事件之后,中苏双方都在争议地区周围集结了大量军队,双方的军事冲突一触即发。9月11日,中国总理周恩来在北京机场会见了苏联部长会议主席柯西金,讨论边界问题。双方同意不应为边界问题而打仗,双方为此应首先签订一个关于维持边界现状、防止武装冲突、双方武装力量在边界争议地区脱离接触的临时措施协议,进而谈判解决边界问题。从1969年10月起到1978年6月,中苏双方共进行了15轮会谈,但一直未达成协议。

中苏关系在1989年戈尔巴乔夫访华后实现正常化。1991年5月16日中苏签订了关于东段边界的协定,同时双方关于在边境地区减少军事力量的谈判也有了明显的进展。1991年苏联解体后,中俄于1994年9月4日签署了《中俄边界西段协定》,基本上解决了两国长期存在的边界争议。2004年,中俄签订了关于中俄国界东段的补充协定,使得中俄之间的边界问题得以彻底解决。此外,中亚各国独立后,原来的中苏边界转变为中国同俄罗斯、哈萨克斯坦、吉尔吉斯斯坦和塔吉克斯坦四个国家的边界。在与俄罗斯解决边界问题的同时,1994年4月中国与哈萨克斯坦签署《中哈国界协定》,此后又分别在1997年和1998年签署了两个补充协定,解决了中哈边界问题;1996年7月中国与吉尔吉斯斯坦签署《中吉国界协定》,1999年又签署补充协定,解决了中吉边界问题;1999年8月,中国与塔吉克斯坦签署《中塔国界协定》,2000年,中、塔、吉三国签署《中、塔、吉关于三国国界交界点的协定》,2002年中塔国界补充协定签署,中塔边界问题也得以解决。

---

① 1969年8月13日,为报复3月的珍宝岛事件,苏联在新疆裕民县的铁列克提争议区对中国边防部队发动突然袭击,造成更为严重的流血事件。参见张历历:《当代中国外交简史》,上海人民出版社2009年版,第139页。

中国和越南之间的边界问题概述。 中国和越南两党中央曾在1957年和1958年以换文的形式表示尊重《中法界约》划定的两国边界，同意维持现状，边界问题应由两国政府解决，各自的地方政府无权解决领土的归属问题。但是，从20世纪70年代开始，在中苏交恶的大背景下，中越之间在边界上的冲突也越来越多。从1974年起，越南就开始使用武力强占它单方面认为是它的领土，私自废除旧界桩，出现单方面改变边界实际管辖的状况。鉴于中越边界争端不断发生，1975年中方建议举行边界谈判，在边界问题解决前双方严格维持边界现状，并采取措施防止继续发生纠纷和冲突。但是，越南政府一方面中断与中国的边界谈判，一面以"恢复历史边界原状"为旗号，有组织、有计划地不断以武力蚕食中国领土。面对越南的边界挑衅和枪杀中国边民的行为，中国于1979年2月17日进行自卫反击，中越边境武装冲突爆发。在攻下越南20多个城镇和战略要地后，中国军队于3月5日奉命开始撤退，并在16日全部撤回中国边境。此后，双方副外长级会谈于4月举行。经过两轮谈判后，由于双方主张的差距太大，会谈便无限期地停止下来。1980年，越南通过载有反华内容的宪法，双方的边境冲突不断。在整个20世纪80年代，广西境内的法卡山，云南麻栗坡县境内的老山、扣林山、八里河东山、者阴山等成为双方军队激烈争夺的地区。

直到1990年中越关系稍有松动后，两国才加快了解决边界问题的步伐。1991年11月5~10日，在越共中央总书记杜梅和部长会议主席武文杰访华期间，双方签署了《中越两国政府关于处理边境事务的临时协定》。在11月10日发表的《中越联合公报》中，双方同意将继续采取必要的措施，维护两国边境地区的和平与安宁，鼓励两国边民恢复和发展传统友好往来，把中越边界建成和平与友好的边界。两国之间存在的边界等领土问题将通过谈判和平解决。1992年12月4日，中国国家总理李鹏访问越南，在《中越联合公报》中，双方重申通过谈判和平解决两国之间存在的边界领土争议问题；在谈判解决前，双方均不采取使边界领土争端复杂化的行动。在中越高层互访不断发展的同时，中越组成专家小组于1992年10月和1993年2月先后在北京和河内举行了两轮边界谈判。1993年8月，两国政府代表团就边界领土问题举行了第一轮会谈。同年10月，中越双方在河内正式签署《中国和越南边界领土问题的基本原则协议》。经过多轮政府级谈判和两国陆地边界联合工作组会谈，1999年12月30日，双方签署《中越陆地边界条约》。2002年2月27日至3月1日，在中国国家主席江泽民访越期间，双方同意加快陆地边界勘界工作。2009年2月23日，双方完成了陆地边界全线勘界立碑工作。同年11月18日，中越双方在北京签署《中越陆地边界勘界议定书》、《中越陆地边界管理制度协定》和《中越陆地边界口岸及其管理制度协定》三份文件。至此，中越陆地边界历时10年，全线勘定完毕。与此同时,双方同意继续通过外交谈判解决中越之间的海上问题。2011年4月12日至15日,中国中央军委副主席郭伯雄访问越南,双方在联合新闻公报中同意"积极开展包括陆地边界联合巡逻在内的边防交往,同时适度增加海军北部湾联合巡逻的科目和范围,努力建设和平、合作的边海防。"①

(二) 周边关系的历史变迁对边疆治理的影响

新中国成立后,与周边国家的关系及周边地区的国际形势对我国的边疆治理产生了深刻的影响。大体上,这种影响可以表现为延滞了我国边疆治理的进程,使边疆地区的开发和建设远远落后于内地和东部沿海地区的开发和建设。

在东北边疆地区,新中国成立伊始,为了边疆的安宁和稳定,支持国内的经济建设,被迫卷入朝鲜战争之中。但是,朝鲜战争结束以后,交战各方迟迟未签署和平协议,导致朝鲜半岛的局势一直不能彻底缓和下来。因此,虽然中国参战的一个重要目的是保障当时作为中国重要的农业和工业基地的东北地区的安全和稳定,但是,在一定程度上,朝鲜半岛持续的紧张局势使得中国必须在东北边疆地区保持足够的军事力量,各级政府难以放开手脚建设边疆。近些年来,朝鲜不断进行导弹试验,并在2006年和2009年进行了两次地下核试验,造成朝鲜与韩国、日本和美国等国家之间的关系紧张。2009年6月12日,联合国安理会在朝鲜第二次核试验之后的1874号决议,要求朝鲜不再进行任何核试验和导弹发射,早日重返《不扩散核武器条约》和国际原子能机构,尽快加入《全面禁止核试验条约》,并对朝鲜提出了一系列更加全面和严厉的制裁措施。而与此同时,朝鲜与韩国之间围绕"北方界线"的冲突不断升级,并在2010年11月23日发展为延坪岛炮击事件。随后,韩国与美国以此为借口展开频繁的军事演习,朝鲜半岛局势进一步恶化。而这些形势对东北边疆发展的影响显然是负面的。朝鲜的核试验地点距离中朝边境仅有百余公里,使得东北边疆地区有可能受到核污染及核试验造成的地震的威胁;而国际社会制裁朝鲜,或者是朝鲜半岛南北双方陷入长期紧张的军事对峙局面,也会严重限制中国与朝鲜半岛的贸易的发展,影响东北边疆地区的经济发展。

在北部边疆地区,中苏关系经历了短暂的蜜月关系之后开始恶化,最终双方还兵戎相见。中苏关系的恶化迫使中国调整国家的外交战略。在20世纪50年代,中国实施的是"一边倒"的联苏反美战略,到了60年代,调整为反帝反修战略,进入70年代,又进一步调整为联美反苏战略。1966年,苏联与蒙古签订

---

① 《中越就中央军委副主席郭伯雄访越发表联合新闻公报》,http://news.xinhuanet.com/2011-04/15/c_121309198.htm,2011年4月17日链接。

了为期 20 年的具有军事同盟性质的友好合作互助条约。这使得中国的华北、东北和西北三个方向都面临着来自苏联的军事威胁。中苏边境冲突发生之后,苏联在中苏边界陈兵百万,并且威胁对中国实施核打击。苏联部署在中苏、中蒙边界上的导弹占其导弹总数的 1/3。在苏联强大军事力量的威胁下,中国不仅是北部边疆地区,连同内地的治理方略都被迫进行调整,实行战备体制。1966 年 3 月 16 日,周恩来总理在中共中央华北局会议上提出"备战,备荒,具体到华北来说,就是要建立战备体制"。① "铁列克提事件"后,战备工作进一步强化。中共中央发出命令,要求边疆居民和驻边疆部队充分做好反侵略战争的准备,加强团结,共同对敌。在中苏边界谈判开始前,为防备苏联的军事打击,在京的一些党和国家领导人、大批党政机关及干部家属"战备疏散"到外地,全军各部队进入一级战备,从中央到地方都处于临战状态。当时的"三线建设"正是在中苏交恶的背景下展开的备战工作。战备工作的进行,使得与中苏交界的边疆地区陷入一种封闭状态,而任何大规模的与战备无关的基础设施建设和经济建设都不再是政府的首要考虑。这样,在相当长的一段时期内,北部边疆的治理也就无从谈起。② 北部边疆的重新开放,是在苏联从蒙古撤军、中苏关系正常化之后。进入 20 世纪 90 年代,这一地区的治理才有了一个良好的国际环境,边贸得以蓬勃发展,当地经济迅速恢复,人民的生活水平不断提高。在喀什地区,1991 年苏联解体后,喀什的对外贸易获得飞速发展的机会。喀什共与五个国家接壤,目前除了阿富汗和印度以外,拥有 5 座边贸口岸与吉尔吉斯斯坦、塔吉克斯坦和巴基斯坦相连。2008 年,喀什地区的外贸总额为 16.6 亿美元,有外贸企业 180 家。喀什从中国的"口袋底"变为对外开放的"桥头堡"和贸易门户。③

在西南边疆,中印发生武装冲突之后,两国在边境上各陈兵数十万,边境贸易完全中断。进入 90 年代以后,双方才陆续开放了几对边境贸易口岸。1991 年,在中国国家总理李鹏访问印度期间,双方签署了《中印两国政府关于恢复边境贸易的备忘录》。2006 年 7 月,双方还开放了自 1962 年以来就一直封闭的乃堆拉山口。2003 年,印度明确承认"西藏自治区"(而非西藏地区)是中华

---

① 参见沈志华主编:《中苏关系史纲(1917~1991)》,新华出版社 2007 年版,第 386 页。

② 三线建设历经 3 个五年计划,投资总额达 2 052 亿元(占同期全国投资总额的 43.4%)。新建项目以钢铁工业、铁路和军事工业为主,根据靠山、分散和隐蔽的原则分布在西南、西部的三线地区。由于这种布局严重违反经济建设规律,造成人财物的巨大浪费。在大三线建设中,因计划不周和上马仓促所造成的直接经济损失高达数百亿元,并留下长期经济效益低下的后遗症。同时,军队规模迅速膨胀,在 20 世纪 70 年代突破 600 万人,在 1970 年到 1973 年之间,每年直接国防开支保持在 140 亿~160 亿元,占财政支出的 20% 左右。参见冯玉军:《中俄关系的发展与前景》,载张蕴岭主编:《中国与周边国家:构建新型伙伴关系》,社会科学文献出版社 2008 年版,第 18 页。

③ 参见李伟:《喀什:在民族与信仰间穿行》,载《三联生活周刊》2009 年第 26 期,第 56 页。

人民共和国领土的一部分。印度态度的转变,为西藏边疆地区的治理提供了一个较好的国际环境。但是,悬而未决的边界依然是治理西藏时的一个不确定因素。边界问题若不能解决的话,边疆治理也就难以取得理想的效果。中印在2008年的贸易额达到520亿美元,比2007年增加了34%。但是,边境的紧张局势削弱了两国商人彼此投资的意愿。而流亡印度的达赖集团的存在,更是加剧了解决中印边界问题的紧迫性。可以说,中印边界的状况对西藏地区的繁荣与稳定发挥着根本性的影响,它不但与当地的经济发展问题挂钩,而且还与宗教和民族问题交织在一起。因此,中国需要在与印度过去13轮边境谈判中所达成的共识的基础上,与印方一道克服目前的困难,加强双方的军事互信,逐渐减少各自在边境的军力,保持这一地区的边界安宁,尽快推动边界问题的彻底解决。

中越边境先后经历了40多年持续的半战争和战争状态,首先是20世纪50年代的援越抗法战争、其次是60年代的援越抗美战争,最后是70年代末到80年代的中越边境战争。从20世纪60年代开始,在当地边民眼中原本模糊的"界线"和"国家"意识因双方关系交恶而被强化。1979年的中越战争后,边境地区被列为边境管理区,凡年满15周岁的当地居民一律办理边境居民证或通行证方能在管理区活动,1965年以前那种边界10公里之内边民能自由出入的景象不复存在,这种情况持续到1990年以后才有所改观。在这期间,这一地区的治理几乎没有什么重大的成就。

中越战争对云南边疆地区的影响巨大。在整个战争期间,云南省的文山壮族苗族自治州直接经济损失达19.8亿元,间接损失无法计算。文山州成立了支前办公室,从1984年到1993年间,全州支前物资供应共计粮食11 099.63万公斤、食用油678.425万公斤、木柴煤炭19 687万公斤、肉食2 105.365万公斤、禽蛋及副食品1 439.565万公斤、鲜(干)腌菜12 844.95万公斤、香烟839.99万条。此外,文山州的文山、马关、富宁、麻栗坡、砚山、广南和西畴各县共组织民兵连108个,共计10 393人,民马连55个,共计4 838人,3 764匹马。① 而从1949年到1992年,国家在文山州的固定资产投资仅为8.2亿元。② 1992年中越关系实现正常化后,文山州才从"一切为了前线,一切为了胜利"的政策转移到以经济建设为中心的轨道上来。这一年,云南边疆开始战区的恢复建设。1992年年底,国务院批准文山州8个县全部对外开放,1993年,国务院批准恢复天保口岸为国家一类开放口岸。此外,文山州另有3个省级口岸,19条对外通道和24个边贸互市点。但是,经过十多年的建设,战争遗留的问题并没有得

---

① 参见周宇:《北回归线上的疤痕》,载《凤凰周刊》2009年第10期,第39~45页。
② 参见http://www.ynethnic.gov.cn。

到完全解决。边境一线的经济基础薄弱，科教文卫各项社会事业的发展滞后，群众贫困面大。到 2006 年，云南战区 22 个县市中有 15 个是国家扶贫开发重点县，有贫困人口近 170 万人。① 截至 2003 年年底，文山州战区因战伤残（亡）人员共计 5 894 人，其中伤残 4 377 人、死亡 1 517 人，涉及的家庭成员有 1.65 万人属贫困人口。妥善处理好伤残（亡）人员及家属问题，以及扫除战争期间埋下的大量地雷、保障边民生命安全等问题成为当地政府治理的一项重要内容。②

总地说来，中国与周边国家围绕边界问题的关系的变化所带来的最大影响在于，整体国际环境的逐渐改善，加之中国全方位的对外开放政策，使得边疆地区由原来封闭的边缘地区逐渐转变为开放的前沿地区。这种转变使边疆地区获得了更多的发展机会和更好的发展条件。尽管还存在中印边界这样的不确定因素，但是，我们相信中央政府和边疆地方政府能够在和平的环境中围绕边疆治理从长计议，制定长远的发展规划和建设目标，使边疆进入稳定发展的阶段。

三、周边关系视野下的边疆治理问题

边界问题属于传统安全问题。然而，在全球化和区域一体化的背景下，世界变得越来越小，国家的利益范围也远远超出了传统的边界限制，大量的非传统安全问题被纳入到国家利益的考量之中，越来越多的国内问题溢出国家边界，成为国际性问题。在与周边国家关系的各种问题中，无论是与传统安全相关的边界等问题，还是新出现的非传统安全问题，都是当前边疆治理中不可忽视的重要问题。这些问题既需要在主权国家层面上进行处理，也需要在次国家层面上加以应对。

（一）边境管理

当前边疆治理中存在的各种问题中，与周边关系最为密切的问题就是领土问题。主权国家的领土及其边界只有在边疆地区才从抽象的概念和线条变为具体的问题。边境管理主要包括对边界的管理和对边民的管理两个方面。

1. 边界管理。中国是世界上陆地边界最长、陆上邻国最多的国家之一。中国的陆地边界有 2.2 万多公里，从东北到西南，共与 14 个国家接壤，东邻朝鲜，北邻蒙古，东北邻俄罗斯，西北邻哈萨克斯坦、吉尔吉斯斯坦、塔吉克斯坦，西

---

① 《云南省战区恢复建设成绩斐然》，http://www.yn.gov.cn/yunnan, china/72621643502977024/20060609/1076551.html，2009 年 7 月 17 日链接。

② 参见《王云凌副州长在全省战区恢复建设工作会议上的汇报发言（摘要）》，http://www.yn-ws.gov.cn/Detail.aspx? ID=5598，2009 年 7 月 17 日链接。

和西南与阿富汗、巴基斯坦、印度、尼泊尔、不丹接壤，南与缅甸、老挝、越南相连。在陆地边界上共有 9 个省区，即辽宁、吉林、黑龙江、内蒙古、甘肃、新疆、西藏、云南和广西（详情参见表 10-1）。

表 10-1　　　　　　　　　　我国的陆地边界概况

边界名称	接壤省区	界长（公里）
中朝边界	吉林、辽宁	1 334
中俄边界	吉林、黑龙江、内蒙古、新疆	4 370
中蒙边界	内蒙古、甘肃、新疆	4 710
中哈边界	新疆	1 753
中吉边界	新疆	1 096
中塔边界	新疆	453
中阿边界	新疆	92.45
中巴边界	新疆	599
中印边界	新疆、西藏	1 920
中尼边界	西藏	1 415
中不边界	西藏	600
中缅边界	西藏、云南	2 185.74
中老边界	云南	500
中越边界	云南、广西	1 347

资料来源：许渭生：《边境管理学》，中国政法大学出版社 2004 年版，第 50~70 页，根据中印关系在 2005 年的变化，原来中国和锡金的边界计入中印边界；另参见中华人民共和国外交部网站。

边界一旦确定，那么，边界的管理主要是中国人民解放军的边防部队和公安武警边防部队根据我国与周边国家的边界条约和相应的国界管理制度文件对已勘定的边界线和界碑进行管理。在管理过程中，边防部门要采取措施保护和维护界标，防止其损坏、移动、毁灭或遗失，还要与对方国家的主管部门按照双方商定的时间，定期对界标状况进行联合踏查，按照商定的时间、程序和范围对国界线进行联合检查。如果发现因不可抗力原因界标不能在原位恢复或重建，再由双方的边界联合委员会在不改变国界线走向的前提下确定竖立该界标的另一适当点位。除了对界标或其他边界设施的损坏、移动和灭失事件的处理外，边界管理还包括了其他一些日常边界事件的处理。这些边界事件包括：隔界射击；隔界或越界对另一国境内的公民进行杀害、伤害或其他危害公民身体健康的行为；人员、牲畜、家禽和运输工具（航空器、车辆、船舶）等越界；非法越界砍伐、耕种、捕鱼、狩猎、采集果实和药材或从事其他生产作业活动；非法运送货物过境；抢夺、抢劫、诈骗、盗窃、破坏或损坏另一国境内的财物；火灾蔓延过境；流行病、疫情和病虫害蔓延过境；非法的隔界交往；等等。

对边界的管理还包括对界河的管理。界河在相关各国间可能导致的问题是，由于自然原因或某国单方面整治和开发界河造成国家间的领土和边界纠纷。尽管边界一般早有相关条约明确界定，但因水土流失造成的诸如河流改道、河岸崩塌等自然变化，不但会造成国土的严重流失，还会产生新的边界纠纷和争议。出现这种情况的时候，需要有关各国重新稳固和界定边界。我国东北边疆界河的这种自然变化尤为突出。比如，根据1962年和1964年的《中朝边界条约》和《中朝边界协定》，双方共有岛屿162个，其中中国一侧有57个。由于自然变化和人为因素的影响，到1972年的时候，双方岛屿减少到143个（其中增加38个，消失57个），而中方减少到52个（增加17个，消失22个）。1995年鸭绿江发生的洪水使得吉林省鸭绿江大堤毁损千余处，五处河流改道，流失的国土面积达1 300万平方米，被切割到朝鲜一侧的森林资源超过亿元。①

在边界的管理中，目前存在的最大问题是对中印有争议的边界的管理。这些边界争议若处理不当，很容易造成两国间关系的恶化，甚至是边防部队的兵戎相见。

2. 边民管理。除了对已勘定的国界线的管理，边境管理还包括对生活在边境地区常住居民即边民的管理，以及经边境地区的出入境管理。

稳定的人口数量是国家的重要构成要素之一，而稳定的边民数量则是防止出现"有边无防"局面的前提，它在边疆治理中的重要性不仅在于它涉及边民生活水平提高的问题，而且也在于它事关国家安全的问题。历史上，很多王朝的屯垦戍边活动，目的就是通过在边境地区驻扎亦民亦兵的人口，在开发边境地区的同时，抵御外来侵略，保卫边境线的安全。可以说，没有边民，边疆的安全和稳定就会出现问题。边界线的维护需要边民，国家国防政策的有效实现，既要依靠边疆地区的政府，还要依靠广大的边民群众。因此，对边民的争夺和控制也成为国家安全的一个重要组成部分。新中国成立以后，先后组建了10个生产建设兵团和3个农建师，其中在新疆、黑龙江、内蒙古、西藏、广西和云南等边疆省区组建的生产建设兵团和农建师在我国的国防建设上具有重要地位。直到今天，尽管在形式和性质上发生了一定程度的变化，但是新疆生产建设兵团依然存在并在

---

① 参见王志坚、翟晓敏：《我国东北国际河流与东北亚安全》，载《东北亚论坛》2007年第4期，第71页；何大明等：《中国国际河流可持续发展研究》，载《地理学报》（增刊）1999年6月，第5页。

新疆的经济建设、社会稳定和国家统一等方面发挥着极为重要的作用。

然而,由于种种原因,边境地区的人口数量与内地相比,具有较大的不稳定性。生活于边境地区的边民在国境线两侧很容易流动。这种流动,有的是正常的合法的短期流动,有的是移民,而有的则属于负面影响较大的出于经济原因的外流和非法移民,甚至是出于政治原因的外逃。边民的外流和外逃对国家安全和边疆稳定造成不同程度的影响,需要政府在边疆治理中加强边民管理,尤其是边民的出入境管理,在周边国家之间形成正常的、合法的边民流动秩序。

在20世纪60年代的中苏边境和90年代以来的云南边疆地区出现过边民大量流失的现象。不同时期边民流失的原因各不相同。60年代中苏边境上边民流失的原因主要在于苏联方面利用新疆地区的分裂主义势力所进行的煽动。1962年5月29日,苏联在新疆的伊犁和塔城地区策划和裹胁具有俄罗斯血统的中国边民逃往苏联。塔城、裕民、霍城等九县市前后大约有5.6万多边民外逃苏联,带走和损失牲畜30多万头,有40多万亩土地没人耕种。① 其中,塔城县外逃人口达该县总人口的68%,霍城边境三个公社原有人口1.6万余人,外逃后只剩3 000余人。② 60年代末,中苏边境还零星发生过苏联策划与煽动,由新疆分裂主义势力推动的外逃事件。这一时期的边民外逃是在特殊的国际政治环境下出现的边民流失现象。

除了特殊的国际关系原因以及敌对势力的煽动以外,另一个造成边民流失的重要原因是我国与周边各国边疆治理政策的差异。这种政策差异主要体现在经济方面。由于紧邻其他国家,并且各国边民在历史上有着千丝万缕的民族、语言、文化、宗教和血缘联系,因此,经济层面的国际示范效应是造成边民流失的直接原因。边疆很多少数民族聚居区经济发展普遍落后。"贫穷与邻国相对优厚的条件引发了云南边境地区少数民族的大规模移居国外。"③ 在云南35个边境县市中,有25个分别属于国家级和省级贫困县,其中有22个为国家级特困县。近些年来,与云南接壤的一些国家纷纷在边境地区对边民实行优惠政策。越南政府对北部边境少数民族无偿提供一定数量的资金、良种、化肥和生产工具,帮助其边民改造、修缮房屋,改扩建中小学,大幅度提高教师工资待遇,实行免费教育、

---

① 参见马大正:《国家利益高于一切:新疆稳定问题的观察与思考》,新疆人民出版社2002年版,第40~45页。
② 同上,第231~232页。
③ 赵显人主编:《西部大开发与民族地区经济社会发展研究》,民族出版社2001年版,第426页。另参见张鹤光等:《中越边界(文山段)跨境民族调查报告》,载《文山师范高等专科学校学报》2002年第2期,第1~11页。

免费就医等，造成我国边境地区群众的不平衡心理和失落感，导致部分边民外流。① 与云南临沧接壤的缅甸北部佤邦政权也在边界线一侧实行医疗和贸易等方面的社会优惠政策。1999年10月和2000年3月，佤邦先后通过发放补助、免费接送和提供口粮、耕牛、生产工具以及生活费和医疗费等优惠措施鼓励中缅边界上的10多万缅甸居民迁往南部土地肥沃的缅泰接壤地区，这一政策又导致了不少云南佤族边民流入缅北佤邦。②

由于生活贫困，中越边境一带一些边民举家外迁，很多边民还把子女送到周边教育条件优于国内边境地区的国家接受教育。从20世纪末，云南边境线上的思茅、临沧和保山等地区学生外流到教育条件更好的缅北佤邦地区学习。而西方国家则借机利用宗教和教育为掩护，对边民进行渗透和分化。③ 这种对青少年教育的争夺还发生在西藏地区。不少藏族青年到境外的"达赖学校"学习。根据联合国难民署的统计数据，从1993年到2006年，经过尼泊尔所谓的"西藏难民接待中心"出走的藏人中30%是学生和失学儿童，而这正为流亡印度的达赖喇嘛自20世纪60年代兴办的免学费、包吃包住包穿的"达赖学校"提供了机会。④

边民的外流不但会造成边境地区无人居住，形成边防真空地带，还会被境外的民族分裂分子所利用，成为境外分裂主义势力渗透的重灾区。除了在新疆和西藏的分裂主义渗透势力比较典型以外，内蒙古、云南等边疆地区都有程度不一的分裂主义渗透势力。比如，有针对我国蒙古族自治地方的来自境外的"三蒙统一运动"和来自境内的"内蒙古独立运动"；⑤ 有针对云南的来自境外的王宝集团"联合1200万苗族同胞建立苗族王国"，建立"拉祜族独立国家"以及傈僳族境外武装等分裂势力。比如，目标是把苗族聚居区统一起来，建立苗族自己的国家的王宝集团，目前在老、越、中三国接壤的苗族聚居地区进行大量活动，其主要成员多次潜入马关、麻栗坡和富宁等县的苗族村寨，通过策反诱骗等方式招募"苗族兵"，导致边境地区部分贫困边民举家迁往国外定居。1995年，王宝集团在马关县策动23户110余名苗族农民非法迁往老挝。1996年，有198户752

---

① 参见张鹤光等：《中越边界（文山段）跨境民族调查报告》，载《文山师范高等专科学校学报》2002年第2期，第7~8页。

② 参见王介南：《缅中关系与我国西南周边安全》，载《世界经济与政治论坛》2004年第4期，第60页。

③ 参见王介南：《中缅关系的发展与面临的挑战》，载张蕴岭主编：《中国与周边国家：构建新型伙伴关系》，社会科学文献出版社2008年版，第251页。

④ 参见郑东阳：《西藏公仆子女禁读境外"达赖学校"》，载《凤凰周刊》2008年第23期，第32~36页。

⑤ 参见金炳镐主编：《中国民族自治区的民族关系》，中央民族大学出版社2006年版，第122页。

人迁往越南、老挝和缅甸等国。① 在老挝与云南红河州交界地带，王宝集团甚至攻击并杀害当地干部。② 境外分裂主义势力的渗透，对边疆治理来说是一个严峻的考验。

边民的不正常流动不仅影响到我国的国家稳定和国防安全，而且还影响到周边国家的社会稳定。边境地区非法越境问题突出，使边境一线成为滋生犯罪的温床和违法犯罪的庇护所。一些边民移居周边国家后，参加当地的反政府武装，对所在国政府构成威胁。比如，缅甸的民族武装组织就非常欢迎我国边民加入他们的军事组织，扩充他们的军事力量。还有一些非法越境人员到境外后，自己组织起来，逐渐发展壮大成黑帮团伙。这些团伙人数众多，拥有武装和社会组织，从事毒品贩运和军火走私活动，对国内和境外相关国家的社会治安均构成严重威胁。

一些来自境外的移民对边疆地区当地的婚姻、社会和经济关系造成了复杂的影响。传统上，我国边民与其他国家的边民存在着通婚现象。近些年来，边民通婚现象增多，而这些通婚者基本上都没有领取结婚证，导致了我国边境一线无国籍、无户口、无结婚证的"三无"人员增多，严重影响了我国《婚姻法》的贯彻执行和计划生育工作的开展。涉外婚姻家庭的超生现象对其他边民群众的影响颇大，造成边境地区早婚早育和非婚生育现象突出。另外，涉外婚姻还造成人口管理混乱，给扶贫工作和义务教育的普及工作带来沉重的压力。

在对边民管理的同时，还需要对非法越境的劳工以及难民进行管理。中国和周边国家事实上存在着劳务交流的现象。但是，根据现行法律，中国还未对外开放普通劳务市场，因此，进入中国的来自周边国家的劳工几乎都是非法入境的人员。自20世纪90年代以来，朝鲜人、越南人等从边境非法入境并非法居留于中国的现象日趋严重；而来自巴基斯坦、阿富汗等一些国家的持有效证件入境但滞留不归的人数也在逐年增长。在广西，从1998年到2001年，非法穿越边境到广西的越南人估计在6万人左右。③ 出入境管理在边疆地区的社会治理中发挥着守门人的作用，因此，需要加强经由边境地区的出入境管理，严厉打击非法越境现象。

此外，在我国还居住着来自越南、老挝、柬埔寨、印度、斯里兰卡和伊拉克等国家的难民。在这些难民中，大部分是印支难民。到2003年年底，约有299 300名越南难民居住在广西和云南等6个南方省区的农村、国营农场。这些难民及其后代的国籍问题至今悬而未决。此外，还有一些老挝和柬埔寨难民居住在云南等地。在过去20年中，联合国难民署为在中国的印支难民就地融合支付了

---

① 参见张鹤光等：《中越边界（文山段）跨境民族调查报告》，载《文山师范高等专科学校学报》2002年第2期，第6页。
② 参见谌彦辉：《模糊的边界》，载《凤凰周刊》2007年第19期。
③ 参见尹鸿伟：《越南劳工非法"入侵"中国》，载《南风窗》2009年第11期，第52~56页。

8 500多万美元，而中国政府也为此支付了7.58亿美元，为安置难民所需要的基础设施、住房和生活补贴、职业培训提供了大部分资金。① 2009年8月底，缅甸政府军与地方武装果敢军发生冲突，导致大约3万名缅甸边民涌入毗邻的云南省，使我国边疆局势一度紧张，为边疆治理蒙上一层阴影。

（二）国际河流的开发与保护

国际河流是指在地理和经济上影响到两个或多个国家的河流，既包括前述的界河，也包括流经多个国家的河流。当前许多国家均把国际河流看做是国内的自然资源，都想从河流中获得最大的利益，对国际河流进行无节制的开发利用，纷纷在河流上拦河筑坝、截留水源、超量用水、过度捕捞、过量挖沙、大量排污等，造成国际河流的"公地悲剧"。2006年，阿根廷与乌拉圭就两国界河乌拉圭河上修建造纸厂可能污染河水，造成酸雨的问题产生分歧。乌拉圭在界河上建设造纸厂的计划遭到阿根廷居民的强烈反对，并导致两国的外交纠纷。美国使用科罗拉多河进行灌溉，减少了该河的流量，降低了该河流到墨西哥时的水质，造成了墨西哥农民的失业或破产。法国阿尔萨斯的钾矿使莱茵河受到盐污染，但是受害最大的国家却是荷兰和德国，两国为此还要支付更大份额的河流保护成本。

国际河流的开发利用问题还与全球性的淡水危机相关。地球上的水资源只有3%是淡水，目前的淡水供应比1970年减少了1/3，而与此同时，世界各国对淡水的需求却在不断增加。据估计，到2025年，世界人口中的2/3将生活在面临中等或严重水荒问题的国家。"尽管大多数淡水问题属于国内问题，但此类问题已经越来越具有国际维度。"② 在中东地区，除了土耳其和伊拉克外，大多数国家都面临缺水的危机。1967年的中东战争，一个起因就与水有关。中东三大水系，尼罗河、两河流域和约旦河都有因水而发生战争的历史。巴以之间存在水资源主权的分歧，以色列和约旦之间在约旦河上有争议，叙利亚和以色列之间也围绕戈兰高地上丰富的水资源而发生争夺。③ 在中亚，各国也在为水资源展开争夺，甚至不惜以武力相威胁。1997年6月，吉尔吉斯斯坦宣称正计划向哈萨克斯坦和乌兹别克斯坦收取水费，1998年5月，哈萨克斯坦的供水被吉尔吉斯斯坦以其没能履行所商定的能源运输、付清所欠款项为由切断10天。在土库曼斯坦与乌兹别克斯坦之间、乌兹别克斯坦和哈萨克斯坦之间也有水资源的争议。1997年7月，乌兹别克斯坦把德鲁日巴运河的流量减少70%，使其与哈萨克斯

---

① 资料来源于联合国难民署中文网站。
② ［美］卡伦·明斯特，潘忠岐译：《国际关系精要》（第三版），上海人民出版社2007年版，第380页。
③ 参见潘京初：《水与中东和平进程》，载《国际政治研究》2000年第1期，第101～102页。

坦的关系陷入僵持状态。2000年在哈萨克斯坦、吉尔吉斯斯坦和乌兹别克斯坦出现了三方水资源争端。因为哈萨克斯坦没有满足已同意的能源供应，吉尔吉斯斯坦中断对其供水。在这场争端中，乌兹别克斯坦威胁要使用武力夺取锡尔河在哈萨克斯坦境内的托克托古尔大坝。而塔吉克斯坦也曾试图把锡尔河作为在与乌兹别克斯坦的领土争端中的一种进攻武器。[①]

我国拥有国际河流的数量和跨境共享水资源量，均名列世界各国前列。我国一共拥有大小国际河流（湖泊）40多条（个），其中主要的国际河流有15条，流经包括我国在内的20个国家，其中境外的19个国家中有14个与我国接壤（详情参见表10-2）。在这些国际河流中，除了一部分是界河外，大多数是流经多个国家的跨界河流。

表10-2　　　　　　　　　　　　中国主要的国际河流

地区	河流名	发源地	流经国家
东北地区	黑龙江	蒙古国	中国、俄罗斯、蒙古
	鸭绿江	中国吉林	中国、朝鲜
	图们江	中国吉林	中国、朝鲜、俄罗斯
	绥芬河	中国吉林	中国、俄罗斯
西南地区	伊洛瓦底江	中国西藏	中国、缅甸
	怒江—萨尔温江	中国西藏	中国、缅甸、泰国
	澜沧江—湄公河	中国青海	中国、缅甸、老挝、泰国、柬埔寨、越南
	珠江	中国云南	中国、越南
	雅鲁藏布江—布拉马普特拉河	中国西藏	中国、不丹、印度、孟加拉国
	巴吉拉提河（恒河）	中国西藏	中国、尼泊尔、印度、孟加拉国
	森格藏布河（印度河）	中国西藏	中国、印度、巴基斯坦、阿富汗
	元江—红河	中国云南	中国、越南、老挝
西北地区	额尔齐斯河—鄂毕河	中国新疆	中国、哈萨克斯坦、俄罗斯、蒙古
	伊犁河	哈萨克斯坦	哈萨克斯坦、中国
	塔里木河	吉尔吉斯斯坦	中国、吉尔吉斯斯坦、塔吉克斯坦

资料来源：何大明等：《中国国际河流可持续发展研究》，载《地理学报》1999年6月，增刊，第2页。

---

① 参见冯怀信：《水资源与中亚地区安全》，载《俄罗斯中亚东欧研究》2004年第4期，第67~68页。

这15条主要的国际河流，分布在我国的东北、西北和西南三个方向。在东北边疆，主要的国际河流有鸭绿江、图们江和黑龙江。三条河流均是重要的界河。在西北边疆，额尔齐斯河、伊犁河和塔里木河是重要的国际河流。前两条河流是流经缺水严重的哈萨克斯坦的国际水道。近年来，哈萨克斯坦因其国内水资源短缺，对我国在上游开发利用这两条河的河水持批评态度，并把与我国的跨国水资源分配列为其对外经济政策的重点。西南边疆的云南是我国国际河流最多和最集中的省份，主要有伊洛瓦底江、怒江、澜沧江与红河。伊洛瓦底江从西藏发源，流经云南，进入缅甸，注入印度洋的安达曼海。伊洛瓦底江是缅甸最大和最重要的河流，其流域面积占缅甸国土的60%以上，在云南省内的主要支流有大盈江和瑞丽江。怒江也从西藏发源，流经云南，进入缅甸，在缅甸境内被称为萨尔温江，汇入印度洋的莫塔马湾。澜沧江发源于青海，经西藏进入云南，出境后被称为湄公河，经缅甸、老挝、泰国、柬埔寨和越南汇入南海。由于流经的国家众多，对沿岸各国的灌溉、供水、发电、航运和旅游具有重要意义，湄公河被称为"东方的多瑙河"。红河发源于云南，进入越南，注入北部湾。①

对这些国际河流进行公平合理的利用和协调管理，将影响我国近1/3国土的可持续发展，影响我国与东南亚、南亚、西亚和东北亚国家的区域合作、地区稳定，也将影响到我国与14个接壤国的睦邻友好和9个省区、132个县市、30多个跨界民族的对外改革开放、跨境经济合作和稳定。

和其他地区一样，我国边疆地区对国际河流的开发可能会引发国际矛盾和冲突。各边疆省区在制定与国际河流相关的开发计划时，常常忽视开发计划对周边国家的影响。比如，在2006年年初，西藏自治区通过一个旨在保护国家水资源、在青藏高原上建立一道生态安全屏障的计划。该计划投资金额达107亿元人民币，计划在2006年到2010年期间建设12个项目。② 由于西藏是我国西南地区大多数国际河流的发源地，因而，这些计划无疑将影响到与周边国家的水资源分配状况，对中国与印度、缅甸、泰国、巴基斯坦、孟加拉等国的关系产生影响。例如，南水北调西线工程涉及从雅鲁藏布江、伊洛瓦底江、怒江—萨尔温江、澜沧江—湄公河等国际河流大规模跨流域远程调水，西线引水工程一旦完成，将对印度河和布拉马普特拉河等印度主要河流流量产生影响，因此，南水北调西线工程必将引起这些国际河流下游各国的关注和警惕。而在云南省建设中的小湾电站和曾经引发很大争议的怒江梯级水电站建设计划，人们主要关心水电开发对当地生态环境的影响，但是，很少有人关注这些电站一旦建成，将对缅甸和泰国等下游

---

① 参见杨明：《云南省国际河流现状及问题》，载《云南地理环境研究》1998年第2期，第49~54页。
② 参见法国更新治理研究院编，金俊华译：《治理年鉴2007》，新星出版社2007年版，第111页。

国家造成的负面影响。这从长远看是不利于各级政府对这些国际河道的开发建设的，并可能损害中国与周边国家的友好关系。

边疆地区对国际河流无节制的开发，还会导致河流的跨国污染问题。一旦出现此种现象，将对我国与周边国家的关系产生不利影响。2005年11月13日，位于松花江畔的中国石油吉林石化公司双苯厂发生爆炸起火。由于松花江最终汇入黑龙江进入俄罗斯境内，因此，爆炸引发的污染问题，最终演变为一个国际性事件。松花江沿岸城市居民的饮用水因为河水中混入高毒性致癌苯类污染物而面临暂时停水的威胁，与中国接壤的俄罗斯东部地区哈巴罗夫斯克的150万居民的饮用水也受到威胁。为此，时任中国国家环保总局局长的解振华会见了俄罗斯驻中国大使，通报污染事故的详情，双方还建立热线联系。此外，中国在黑龙江兴建临时水坝，减少受苯类污染物污染的江水流入俄罗斯境内，俄罗斯也修筑了类似的水坝。中国还向哈巴罗夫斯克市的滤水厂提供了150吨的活性炭。该事件的影响不仅局限于国家层面的中俄关系，由于河流的污染主要对两国边疆地区的居民造成直接影响，因此，该事件也对次国家层面的中俄关系产生了深远影响。

对国际河流的开发，不仅仅是单纯的国内经济和社会发展问题，而且还涉及了如何使经济利益与外交关系协调一致，实现"睦邻、安邻、富邻"的外交的目标。① 也就是说，国际河流的开发不再是一个单纯的国内问题，对国际性河流的治理问题也不再是国际河流流域某一国家独自的事务，而是一个国际问题。在相关纷争可能不断增加的背景下，围绕国际河流展开的主权国家间的地区性合作以及次国家层面上的合作越来越多。比如，目前在东北边疆地区有以图们江合作为主体的"东北亚经济合作圈"，在西南边疆地区有以澜沧江—湄公河为主体的"大湄公河次区域经济合作"等。这些合作不但要解决合作各方实现有互补优势的"跨境资源与市场共享"，获取"区域协作的综合效益"的问题，而且还应当解决诸如跨境水污染控制、生物多样性保护、重大突发事件的预警预报和防护，以及消除地区贫困、维护区域安全等问题。特别是随着印度和越南等周边国家在经济上不断崛起，与中国有关跨境资源与市场争夺及生态环境维护等问题的冲突越来越激烈的背景下，我国在国际河流的合作开发方面，需要更多地考虑境内的"国内开发"对境外的"国际影响"，重视上游开发和管理对下游国家的补偿效益。②

---

① 参见法国更新治理研究院编，金俊华译：《治理年鉴2007》，新星出版社2007年版，第111页。
② 参见何大明等：《中国国际河流可持续发展研究》，载《地理学报》（增刊）1999年6月，第4~5页。

(三) 边疆治理中的民族和宗教问题

1. 跨界民族问题。当代的国际体系依然是一个由民族国家构成的体系。纯粹的民族国家是民族的认同意识与国家疆域重合的产物。但是，在实际中，全世界几乎没有一个国家满足这个理想条件，也就是说民族的边界与国家的边界并不完全重合，有相当一部分民族被国家的边界所分割，从而形成跨界民族的现象。跨界民族就是"那些因传统聚居地被现代政治疆界分隔而居住于毗邻国家的民族"。① 在跨界民族中，一部分是原住民，一部分则是无国家民族，他们跨越边境居住在多个国家，但在民族感情、生活习俗、语言文字、宗教信仰等方面联系密切，与移民群体有所不同。

在全球化的背景下，民族国家遭受到来自内外两个方面的压力：一是国际性的、地区性的或全球性的权力组织结构替代了民族国家传统的部分职能，甚至是出现了一些超国家的组织，如欧洲联盟，人们开始讨论民族国家是否还有存在的必要；二是次国家的、地方民族主义和地方主义要求分离，威胁到既有民族国家的存在。此外，在意识形态上，全球化还在一定程度上促使民族认同与国家认同进一步分离，腐蚀着民族国家长期以来赖以生存的合法性基础。在这种背景下，民族国家必须从中央和地方两个层面实现边疆的善治，才可能解决跨界民族问题，整合民族意识，维护自己存在的合法性。

跨界民族在边疆治理中的重要地位，在于其可能会危及民族国家的主权完整与安全。许多民族分离主义运动往往首先都是跨界民族问题引起的。跨界民族问题也是地缘政治中的重要内容。跨界民族引发地缘政治问题的方式主要是通过分离主义运动，增强本民族的向心力，以及居住国的离心力，危及所在国的主权，从而影响地缘政治格局以及相关国家在国际政治中的权力地位。② 许多民族援引民族自决原则，纷纷要求建立本民族的国家。自联合国成立以来，全世界国家的数量迅猛增加，冷战结束以来，又出现了许多新的民族国家。但是，在现代民族国家体系之下，建立新的独立的民族国家并不是解决跨界民族问题的唯一途径。跨界民族现象不可能完全消除，跨界民族问题也不会通过民族自决原则一劳永逸地得到解决。因此，除了一些极端的民族主义原因以外，国家的边疆治理理念或相关政策就显得格外重要。

我国的跨界民族状况十分复杂。在与我国接壤的14个国家中，除了巴基斯坦外，与其他国家均有跨界民族，而且跨界民族的总数达到31个，分别是朝鲜

---

① 葛公尚主编：《当代国际政治与跨界民族研究》，民族出版社2006年版，第12页。
② 参见葛公尚主编：《当代国际政治与跨界民族研究》，民族出版社2006年版，第37~39页。

族、赫哲族、鄂伦春族、鄂温克族、蒙古族、俄罗斯族、哈萨克族、维吾尔族、塔塔尔族、柯尔克孜族、塔吉克族、藏族、珞巴族、门巴族、傣族、景颇族、傈僳族、怒族、独龙族、阿昌族、德昂族、拉祜族、佤族、布朗族、哈尼族、彝族、瑶族、布依族、苗族、京族、壮族。这些跨界民族少的跨两国而居，多的跨四国而居。东北和西北边疆的大多数跨界民族，其民族主体在境外，并有自己的主权国家；而西南边疆的大多数跨界民族的主体在我国境内，无论是在境内还是在境外都属于少数民族。①

跨界民族问题的一个重要表现是这些民族的贫困问题。在我国西南边疆与东南亚各国接壤地区，贫穷是当地跨界民族经济生活的典型特征。发展经济、消除贫困是边疆地区的一个艰巨任务。同时，由于跨界民族的大量存在，使得西南边疆地区既因为边境口岸地区的对外贸易而受益，也因为人口的高度流动性和周边国家的社会问题受损。比如，云南省面临严峻形势的毒品问题，其祸根就来自于境外的"金三角"地区，并随着边民的来往和缅甸难民营的形成而不断扩大在边境地区的传播范围，并进一步扩散到内地。

一些跨界民族往往会有把民族界线转化为具有主权意义的边界的意识，民族统一主义在一些跨界民族中有很强的吸引力。比如，我国的朝鲜族在境外有两个政治实体。朝鲜半岛局势的变化，中国与朝鲜和韩国关系的变化均会影响到朝鲜族自治地方的稳定与发展。而近来中韩之间出现的关于长白山的"另类边界争端"对民间意识观念的影响不容忽视。2007年在长春举办的亚冬会女子短道速滑接力赛上，韩国队队员在登台领奖时突然举起"白头山（即长白山）是我国领土"的纸牌，令全场愕然。虽然中、朝、韩三国官方在边界问题上并没有异议，但是，民间暗藏的民族统一主义情绪有可能最终影响到国家的决策，并最终影响到东北边疆地区的发展。②

2. 跨界宗教问题。边疆地区的宗教状况十分复杂，边疆地区群众信奉的宗教不仅种类多，而且往往具有跨界性，甚至是全球性的宗教。

云南省是我国宗教种类最多的省份。除了一些少数民族信仰的原始宗教以外，还有佛教、天主教、基督教、伊斯兰教、道教等世界上或国内较大的宗教。其中，佛教、天主教、基督教和伊斯兰教等宗教的各个教派在云南均有传播。

边疆地区宗教的跨界性，一部分源自于信奉这些宗教的民族在分布上的跨界性，一部分源自于历史上边疆地区往往是世界主要宗教最初的传播地域。跨界宗教也会威胁到国家的主权。比如，中国与蒙古的关系就受到藏传佛教的影响。蒙

---

① 参见葛公尚主编：《当代国际政治与跨界民族研究》，民族出版社2006年版，第293~294页。
② 参见段宇宏：《边界争议问题困扰中国》，载《凤凰周刊》2008年第25期，第32~33页。

古 85% 的人信仰藏传佛教，大多数人把十四世达赖奉若神明。因此，蒙古在达赖访蒙问题上一直态度暧昧，并在 1979 年率先打破与中国建交的社会主义国家不邀请达赖访问的惯例。此后至 2006 年，达赖 7 次前往蒙古讲经①。在中国与印度的关系中，藏传佛教也是一个重要的影响因素。存在跨界宗教传播的边疆地区，不可避免地面临着来自各种国际性宗教势力的渗透问题。这使得在涉及宗教问题的边疆治理过程中，必须考虑相应宗教政策的国际影响，做到既满足国内的政治要求，又能应付来自国际社会的关注或压力。

民族分裂主义势力与宗教势力的结合，使边疆治理工作的难度进一步加大。1994 年泰国清迈基督教会在西方国家宗教组织的支持下成立了"全世界文蚌族同盟会"（又称"泛克钦组织"），其宗旨是建立"文蚌独立国"，要将克钦族、景颇族、傈僳族、怒族等民族聚居区统一起来组成一个国家。②"文蚌同盟"经常入境活动，鼓动边民外迁，诱使云南边境近万名景颇族和傈僳族群众迁至境外。③ 2008 年 3 月 14 日，在西藏拉萨爆发的骚乱，也是一次具有国际藏独背景的骚乱，影响范围不仅局限于西藏一地，还波及甘肃、四川、青海等地的藏区。

在西北边疆的维吾尔族中，有一股很强烈的民族分裂主义思潮，该思潮与伊斯兰极端主义和国外分裂势力相结合，逐渐形成今天新疆中亚地区的三股破坏力量，即民族分裂主义、宗教极端主义和国际恐怖主义。主张"疆独"的"东突"势力不断利用宗教活动进行分裂主义宣传，寻求国际敌对势力的支持，并公开宣扬要通过恐怖暴力手段实现"疆独"的目的。目前境外的"东突"组织有五六十个，而新疆境内也有一批恐怖主义组织。新中国成立以来，新疆的恐怖主义事件就没有绝迹过。而自 20 世纪 90 年代以来，由"东突"组织策划的恐怖主义活动在新疆愈演愈烈。1990 年 4 月，新疆阿克陶县发生"巴仁乡暴乱"；1993 年新疆南部发生 10 起系列爆炸案；1996 年新疆恐怖主义分子策划"断桥赶汉"行动，试图刺杀 24 名新疆的党政干部和宗教人士；1997 年 2 月 5 日至 9 日，伊宁发生了持续四天的骚乱，陷入混乱状态。而乌鲁木齐更是成为恐怖主义活动的首要目标：1992 年 2 月 5 日发生爆炸案；1997 年 2 月 25 日发生公交车爆炸案；1998 年 5 月发生系列纵火案；2009 年 7 月 5 日更是发生了导致 197 人死亡的暴力骚乱事件。这些恐怖主义组织甚至袭击我国的驻外机构，先后袭击过中国驻土耳其大使馆、中国驻土耳其伊斯坦布尔总领馆、中国驻荷兰大使馆、中国驻德国

---

① 参见林方文：《解密中蒙关系演变史：专访前驻蒙大使黄家骙》，载《凤凰周刊》2009 年第 10 期，第 88 页。

② 参见张桥贵主编：《云南跨境民族宗教社会问题研究（之一）》，中国社会科学出版社 2008 年版，第 55 页。

③ 参见谌彦辉：《模糊的边界》，载《凤凰周刊》2007 年第 19 期。

慕尼黑总领馆。恐怖主义分子还杀害在国外的新疆商人和我国外交官。① 在针对非军事人员和机构的同时，新疆的恐怖主义袭击还指向了军事人员。2008 年 8 月 4 日，恐怖分子袭击了喀什地区的武警边防支队，一共造成 16 名武警死亡，16 人受伤。② 而由"世界维吾尔青年代表大会"和"东突民族代表大会"牵头，联合了十多个国家二十多个"东突"组织在 2004 年 4 月集合而成的"世界维吾尔代表大会"，把"东突独立"确立为自己的最高纲领，成为"东突"分裂势力的代表。③

（四）跨国犯罪问题

技术的发展，使得全球的时空大大缩小，这为跨国犯罪提供了更多的便利。毒品、走私、人口拐卖、盗版、武器的非法交易以及国际恐怖主义等均是全球化时代里，世界各国共同面对的问题。而这些现象的出现和蔓延，都与国家之间的边界有关，但又超越了一个国家的边界。在边疆治理的过程中，早已不能忽视这些超越了传统主权观念的非传统安全问题。美国中央情报局的一名前高级官员坦承，国际犯罪组织在全球转移人员、金钱和武器的速度比他在中情局内部转移这些资源的速度要快。④ 因此，任何一个单一的国家政府不再能够单独地处理这些问题，另外，任何一个单一国家内部的不同层级政府在应对这些问题上的努力，又都具有了国际意义。跨国犯罪中的大多数都是通过一个国家的边界和边境地区向其他地区逐渐扩散的，因此，对这些问题的处理，一方面是代表主权国家的中央政府的责任，而另一方面，落实到具体的操作层面上，是次国家政府，特别是边疆地方政府的责任，需要通过对边疆的有效治理来实现。边疆地方政府若能有效地解决这些问题，将能维护边疆的社会稳定，促进边疆地区的经济发展，保卫国家安全。

在边疆地区面临的各种跨国犯罪问题中，最严重的莫过于毒品问题。据 1999 年联合国《人类发展报告》估计，1995 年全世界的非法毒品交易总额达到 4 000 亿美元，大致相当于西班牙的经济规模，以及世界贸易的 8%，超过了钢铁或汽车贸易所占份额，大致相当于纺织业（7.5%）和石油天然气行业（8.6%）所占贸易份额。1999 年，全球有 2 亿名吸毒者，而且吸毒者数量增加

---

① 参见张植荣：《中国边疆与民族问题：当代中国的挑战及其历史由来》，北京大学出版社 2005 年版，第 270~272 页。
② 参见邓飞：《喀什：民族的两端》，载《凤凰周刊》2008 年第 26 期，第 22 页。
③ 参见段宇宏：《"东突"转型期的应对之策》，载《凤凰周刊》2008 年第 26 期，第 36 页。
④ 参见 Moises Naim，"The Five Wars of Globalization"，载 [美] 阿特等编：《国际政治经典选读》（世界政治与国际关系原版影印丛书），北京大学出版社 2005 年版，第 576~577 页。

的态势并没有得到缓解。不断增加的吸毒者和毒品贸易威胁着全世界每一个地方的人们。当前我国面临着来自"金三角"和"金新月"两个地区的毒品的威胁。"金三角"缅北地区是对中国危害最大的境外毒源地,中国查获的海洛因绝大多数来自该地区,其生产的冰毒入境也不断增多。1996 年以后,尽管金三角最大的毒枭坤沙已向政府投降,但金三角鸦片的年产量仍然高达 2 500 吨,金三角依然是世界上毒品最大的产地之一。1997 年以来,缅北贩毒势力不断加强对中国的毒品渗透。缅方毒品越过中缅边境源源不断流入我国,使我国的禁毒形势变得极为严峻,严重危害西南边疆的安全和社会治安。"金新月"地区,特别是阿富汗生产的海洛因向中国的渗透也在不断加剧。

与毒品问题密切相关的一个问题是艾滋病问题。艾滋病是一个典型的全球性问题。联合国艾滋病规划署估计 2009 年全球新增艾滋病感染者 260 万人,到 2009 年年底,全球大约共有 3 330 万人感染艾滋病。① 由于各种原因,艾滋病在我国的传播速度也非常快。截至 2008 年 9 月 30 日,我国累计报告艾滋病病例 26 万多例,据相关部门估计,我国现有艾滋病病毒感染者和病人约 70 万,其中可能有 44 万人不知道自己已被感染。② 卫生部截至 2010 年 10 月的数据表明,我国累计报告艾滋病病例 37 万多例,死亡 6 万多例。③ 我国艾滋病疫情的地区分布差异较大。西南边疆地区和西北边疆地区是艾滋病泛滥的两个重灾区。报告病例总数约占全国 80% 的排行前六位的省区中,云南、广西和新疆均属边疆地区。④ 这几个边疆省区由于毗邻"金三角"和"金新月"这两个世界上主要的毒品基地,不但面临着巨大的禁毒压力,而且也承担着阻止艾滋病传播,消灭艾滋病的重任。

边疆地区面临的另一个突出的跨国犯罪问题是非法拐卖妇女和女孩,从事性交易等活动的犯罪问题。全世界有许多来自发展中国家和转轨国家的妇女和女孩陷入这种奴隶贸易之中,妇女不仅丧失了自由,还丧失了尊严和健康。由于越南在地理上与中国毗连,近年来,越来越多的越南妇女和儿童被拐骗入境并转卖到内地,被拐骗的儿童趋向低龄化,而且除了过去那样被卖给中国人做妻子以外,越来越多的女性被拐骗、介绍到非法的卖淫场所。

武器的非法贸易也是边疆地区面临的一个跨国犯罪问题。这是一个导致社会和国家不稳定的不断发展的产业。由于战争等原因,打击枪支弹药的跨国贩卖一

---

① UNAIDS *Report on the Global Epidemic Report*:2010,P. 16. & P. 23.
②④ 参见《中国艾滋病感染人数约 70 万 44 万人不知自己感染》,http://news.xinhuanet.com/politics/2008 - 12/01/content_10436744. htm,2009 年 7 月 15 日链接。
③ 参见《卫生部:我国累计报告艾滋病 37 万多例》,http://news.xinhuanet.com/video/2010 - 11/30/c_12833289. htm,2011 年 4 月 17 日链接。

直是云南等边疆省区武警边防部队的一项重要任务。

(五) 国际经济合作与环境保护问题

边疆地区在国家全方位的对外开放战略中，渐渐占据了对外开放的"桥头堡"位置。利用周边国家的市场、资金、技术和人力为本地的经济发展服务，成为边疆地区经济发展的一个重要策略。中国在参与国际经济区域一体化安排方面，选择了"两翼战略"，即在南面和东面，致力于发展"10+1"、"10+3"和"10+6"等的合作；在北面和西面，致力于发展上海合作组织范围内的经济合作。① 2000 年，中国提出建立中国—东盟自由贸易区计划，并承诺在 2010 年之前建成。该自由贸易区的建成，将会促进成员国之间的地区经济一体化。上合组织于 2001 年成立以来，除了加强区域安全合作以外，还加强了区域间经贸往来，推动区域经济合作。中国、俄罗斯、哈萨克斯坦、乌兹别克斯坦、吉尔吉斯斯坦、塔吉克斯坦六国政府先后签署了一系列旨在促进多边经贸合作的国际文件，主要包括《关于区域经济合作的基本目标和方向及启动贸易和投资便利化进程的备忘录》及其议定书和《上海合作组织成员国多边经贸合作纲要》。根据这些协议，上合组织在经贸领域的短期任务是积极推进贸易投资便利化的进程；中期任务是在上合组织框架内实施贸易投资便利化，并在此基础上开展大规模的多边经贸合作；长期目标是逐步实现货物、服务、资本以及技术的自由流动。中央政府层面的国际合作对地方政府，特别是边疆地方政府来说是非常有利的机会。比如，2006 年，中国有 9 个省市在政府工作报告中提出要加强与东盟的合作。②

在国家层面的国际经济合作之外，很多边疆地方政府都在积极主动推动次国家层面的对外经济合作。与其他国家接壤为边疆地区的对外交往活动提供了极大的便利。黑龙江以发展同俄罗斯的经贸关系为重点，而云南则以发展同越南和缅甸的经贸关系为重点。边疆地方政府积极参加了图们江地区次区域合作和澜沧江－湄公河地区的次区域经济合作。

在国内经济高速发展的同时，中国对周边国家的能源和资源需求大幅增加。与周边国家的能源合作成为我国对外经济合作的一个重要内容。中国需要从周边国家获得更多的石油、天然气和其他自然资源。缅甸是天然气储量丰富的国家，储量居世界第十位。2008 年，从缅甸曼德勒经中国瑞丽到昆明的中缅跨境输气

---

① 参见李静杰：《中俄战略协作伙伴关系的形成和发展》，载张蕴岭主编：《中国对外开放：战略与实践》，社会科学文献出版社 2008 年版，第 203 页。

② 参见王玉主：《中国与东盟相互依赖关系的战略塑造》，载张蕴岭主编：《中国对外开放：战略与实践》，社会科学文献出版社 2008 年版，第 246 页。

管道项目正式启动。该项目从构想到实施，云南省作为边疆地方政府，其作用不容低估。俄罗斯石油储量占世界总储量的13%，天然气储量占世界总储量的33%。近来，中国加强了与俄罗斯在能源领域的合作。2006年，支线通往中国的"东西伯利亚—太平洋"石油管道（泰纳线）开始施工。

环境退化往往是经济开发的代价。而环境退化问题是一个超越了民族国家政府能力范畴的全球问题。虽然全球化可以改善环境保护的前景，通过环境友好型的技术、标准和消费者及环保主义者的压力的传播实现对环境的控制和管理，但是，全球化也增加了环境保护的压力。可再生资源被迅速耗尽，变得不再可持续；纸张出口导致森林和雨林被砍伐；对鱼的需求导致过度捕捞，渔民被迫上岸。环境退化导致全球变暖和海平面的上升，将吞噬许多国家的全部或部分领土。环境退化还带来了一系列的恶劣气候。①

边疆地区的经济发展不仅是国家内部的事务，它还有外部影响，具有外部性。这种外部性既有积极的一面，也有消极的一面。正面的外部性有利于周边各国贫穷地区的共同发展，改善各国边民的生活状况，这是为各国所欢迎的，也对我国与周边各国的关系具有促进作用。但是，负面的外部性，则会引发一些问题。由于经济和社会发展的程度不同，不同国家对这些外部性的认识可能也各不相同，而且，外部性的负面效应直接会对居住在边境地区的居民产生影响，可能在民众中造成不良影响。比如，我国出于禁毒目的在境外推行替代种植，一方面的确改善了周边国家边民的生活水平和生活条件，但是，由于替代作物中很多是橡胶，而大面积种植橡胶将会破坏水土保持，造成环境灾难。边疆地区由于工业发展排放的有害气体和污染物很容易飘过主权边界，对周边国家的居民构成威胁；本国经济的发展带来对木材资源的大量需求，对水利资源的过度开发，等等。这些都会对相对落后的周边国家带来不利影响。在蒙古存在着一股排挤中国、鄙视中国人的不友好情绪，其原因之一就在于中国到蒙古的淘金者淘金所产生的汞，污染了蒙古的牧场。而现代外交理论认为，国家之间良好关系的增进，有赖于通过公众外交在其他国家的民众中树立良好的国家形象，增强本国在其他国家民众中的吸引力。而上述对环境造成破坏的经济开发活动中的负面外部性则会在周边国家的民众中间，在次国家层面破坏建立良好国家形象的努力，并进而影响国与国之间的关系，并反过来影响到边疆的可持续发展。

---

① 参见 *Human Development Report* 1999，http://hdr.un.org。

四、周边关系视野下的边疆治理主体

新的边疆治理结构是在中央政府的主导下,由中央政府、边疆地方政府、边疆社会,其他地方政府和社会组织支持和参与的多维结构。从与周边国家关系的角度来认识边疆治理,这一新的治理结构具有很强的现实意义。传统上,中央政府是处理对外关系问题的唯一主体。但是在今天,边疆地方政府的行为越来越具有外向型,对国家的对外关系产生影响。在这种情况下,边疆治理既要重视中央政府的作用,又要重视单个边疆地方政府的作用及多个边疆地方政府在面对外部世界冲击的时候彼此之间的互动和联合,此外,还要关注社会组织的作用。

在周边关系视野下,边疆的主要治理主体在治理实践中的地位和作用体现如下:

(一) 中央政府是边疆治理的主导者和决定者

当前涉及周边关系的边疆治理的最重要的主体依然是中央政府。许多对外关系问题首先需要中央政府出面,制定整体的对外战略,确定与周边国家的关系走向,从而确立边疆治理的基本思路和具体目标。

在传统的安全领域,中央政府的主要作用是与周边国家解决边界问题,并保持一条友好、和平与安宁的边界。安全可靠的战略周边是边疆发展的良好的外部条件。尤其是与印度的关系,中央政府的首要目标是"防止印度领土成为反华势力破坏中国安全和稳定的跳板"。[①]

在边境管理中,目前对边界的警戒工作主要由公安武警边防部门来完成。公安边防部队在北京以外的30个省(自治区、直辖市)设立公安边防总队,在边境和沿海地区(市、州、盟)设公安边防支队110个,在沿海地区设海警支队20个。在开放口岸设现役边防检查站207个,在边境沿海地区县(市、旗)设公安边防大队310个,在沿边沿海地区乡(镇、苏木)设边防派出所1 691个,在边境主要通道、要道设边境检查站46个,在边境地区的重点地段、方向部署机动队113个。[②]

---

① 蓝建学:《中国对印度关系的战略定位》,载张蕴岭主编:《中国对外开放:战略与实践》,社会科学文献出版社2008年版,第240页。
② 参见《2008年中国的国防》,http://www.gov.cn/zwgk/2009 - 01/20/content_1210224.htm,2009年5月1日链接。

在非传统的安全领域,中央政府同样扮演着主导者的角色。在这方面,中央政府往往是充分利用一些国际组织来实现边界的和平友好和边疆地区的稳定,保障边疆治理的顺利实施。1993 年,中国、缅甸、泰国、老挝和联合国禁毒署代表正式签署了次区域合作的《东亚次区域禁毒谅解备忘录》,确定在东亚次区域禁毒国际合作中,各方每年举行一次高级别例会,商讨禁毒合作事宜。在与东盟国家关系的发展过程中,中国与东盟的合作逐渐涵盖了主要的非传统安全领域。2002 年,中国与东盟签署了《非传统安全领域合作联合声明》,把打击贩毒、贩卖妇女儿童等偷运非法移民、海盗、恐怖主义、武器走私、洗钱等作为合作的重点。2004 年,中国又和东盟签署了《非传统安全领域合作谅解备忘录》,制定中长期合作规划,在上述非传统安全领域开展更为有效的合作。在 2001 年成立的由中国、俄罗斯、哈萨克斯坦、吉尔吉斯斯坦、塔吉克斯坦和乌兹别克斯坦组成的"上海合作组织"框架下,中国政府与中亚国家在打击"三股势力"和跨国犯罪方面展开了卓有成效的合作,并签署了一系列重要的安全合作文件。这些文件主要是针对非传统安全问题的,比如,《打击恐怖主义、分裂主义和极端主义上海公约》、《关于地区反恐怖机构协定》、《关于合作打击非法贩运麻醉药品、精神药物及其前体的协定》、《成员国合作打击恐怖主义、分裂主义和极端主义的构想》。自 2002 年以来,中国军队还分别与吉尔吉斯斯坦、哈萨克斯坦、塔吉克斯坦、俄罗斯、巴基斯坦、印度和蒙古等国的军队联合举行反恐演习、海上搜救演习、反恐联合训练与维和联合训练。

中国政府与周边国家围绕国际河流也开展了一些合作。在中国与哈萨克斯坦之间的额尔齐斯河是哈萨克斯坦中部的主要水源。自 1999 年起,中哈双方举行了三轮磋商,同意以互不损害对方利益和环境为基础,公平合理地使用跨界河流,就伊犁河与额尔齐斯河水资源设施和水资源状况定期交换情报。[①] 2005 年,中国方面同意,一旦各方面条件允许,将采取措施,对西藏自治区的帕里河的天然坝体进行有控制的泄洪,以回应印度方面的关切。在 2006 年的联合宣言中,中印双方认为自 2005 年中方向印方提供雅鲁藏布江(布拉马普特拉河)和朗钦藏布江—萨特莱杰河水文资料的做法有助于预报和缓解洪水,在这种合作的基础上,双方同意继续举行磋商,以早日就帕隆藏布江和察隅曲—洛希特河达成类似安排,并同意建立专家级机制,探讨就双方同意的跨境河流的水文报汛、应急事件处理等情况进行交流与合作。

在全球化时代,中央政府在进行边疆治理的时候,需要遵循国际社会逐渐形

---

① 参见张蕴岭主编:《中国与周边国家:构建新型伙伴关系》,社会科学文献出版社 2008 年版,第 357~358 页。

成的非严重伤害原则和睦邻合作原则，以及污染者支付原则、警戒原则、预防行动原则、可持续发展原则和代际平衡原则等。① 这些原则是国际社会在环境保护领域逐渐形成的国际惯例，但是对处理其他问题方面也具有很好的借鉴意义。中央政府要积极推进国际合作，巩固已有的多边合作机构，建立新的多边的、多层次的合作机制和机构，甚至在国际河流开发与保护等非传统安全领域采纳一定程度的有弹性的主权观念。

（二）边疆地方政府是边疆治理的执行者和参与者

在中央政府确定了与周边国家的关系走向后，边疆地方政府就可以配合中央政府建设"安定的周边"、"合作的周边"、"繁荣的周边"的整体外交战略和边疆治理政策，承担一些国家层面的合作项目的具体执行工作。

边疆治理中的一些问题需要中央政府和边疆地方政府的共同努力。地方政府在边境管理中扮演着重要的作用，对中央政府的边境管理工作起着重要的支撑和保障作用。在边界管理方面，边疆地方政府会根据我国与周边国家管理边境事务的协定，与对方国家的地方政府展开合作，加强边境管理，共同做好界务维护工作。比如，2007年6月，云南省与越南的老街、河江、莱州、奠边省在昆明签署成立五省联合工作小组的协议，商定举行定期会晤，加强对两国界碑及边界线走向的巡查和维护，打击破坏界碑的行为，及时修复受损界碑，杜绝非法入境行为，处置边境突发事件，并加强边防部队的合作，推广和完善边界定期或不定期的联合巡查执勤制度。此外，边疆地方政府在边民管理中的作用也非常重要。由于边界具有一定的不可控制性，以及边民边界意识淡薄，很多边民在出入境的时候，并不办理边境通行证，使得政府很难统计准确的边民流动情况，从而给国内的管理工作带来一定的困难。公安边防部门需要在当地政府各部门的配合下才能有效地完成这些工作。随着人口外流数量、频率、时间、范围越来越大，边疆地方政府各部门需要加强与公安边防部门在信息情报等方面的沟通与合作，建立全方位的边境秩序维护网络，实现边境社会的安全与稳定。

边疆地方政府要承担具体执行中国与周边国家或国际组织签订的协议或条约的责任。西北边疆省区配合"上海合作组织"的议程和工作重点，与俄罗斯和其他中亚国家一道打击民族分裂势力、宗教极端势力和国际恐怖主义势力对西北边疆的渗透；东北边疆省份则以朝鲜半岛和东北亚地区为重点区域，在边贸、移民、边界管理以及敏感物质管控等方面加强对口合作；西南边疆省区则与东南亚

---

① 参见［美］卡伦·明斯特，潘忠岐译：《国际关系精要》（第三版），上海人民出版社2007年版，第275~276页。

国家合作，加强在贩毒、走私、海上犯罪、非法武器买卖、国际河流等非传统安全问题上的合作。① 边疆地方政府在政策执行等方面的绩效水平直接影响着边疆治理状况的好与坏。在 20 世纪 90 年代相当长一段时期内，"中央政府最担心的是地方政府没有能力或不愿意执行国家规定或国际承诺。地方分权和边境控制的放松带来了许多政策漏洞和管理空白，使非法毒品跨境运输以及走私高关税货物或盗版产品日趋猖獗。"因此，中央政府重新"把由地方和中央双重领导的海关和边防工作收归中央统一领导。"②

近些年来，中央政府与边疆地方政府在禁毒领域配合默契。一方面是中央政府不断加强对边疆省区缉毒力量的支持，加强与周边相关国家在缉毒领域的合作。国家禁毒办大幅度增加禁毒基础设施建设经费和地方禁毒专项经费，改善基层禁毒部门的工作条件，加强基层禁毒部门的缉毒力量。比如，2006 年中央财政在继续对云南支持的同时，直接投入 1.1 亿元，支持西藏、新疆、吉林、广西等 6 省区公安禁毒、边防、铁路、交通、民航、海关、邮政等部门查缉毒品的力量；公安部还协调中央编办为云南增加禁毒专项编制 2 000 名。与此同时，中央政府不断加强与周边国家在禁毒领域的合作力度。为最大限度减少"金三角"毒品对国内的危害，中国政府积极推进国际禁毒合作，加强与缅甸、老挝等周边国家的禁毒执法合作与替代种植合作工作。1997 年 3 月中缅两国签署《中缅两国边境地区管理与合作协定》，就边境地区禁毒开展合作。2005 年，外交部牵头成立的"五人小组"开展了对解决缅北毒源地问题基本政策的研究工作；商务部牵头成立的工作小组推进了易制毒化学品内外销管理、替代发展和鼓励企业到缅北、老北投资等工作。为缓解有关地区因罂粟禁种引发的粮食紧缺状况，中国政府向缅北地区提供了 1 万吨大米的粮食援助和医疗援助，巩固缅甸北部罂粟禁种成果。2006 年 4 月，国务院出台专门文件，设立 2.5 亿元替代发展专项资金，鼓励国内企业前往缅甸和老挝北部开展替代发展工作。针对"金新月"地区毒品问题日益严重的情况，中国公安部门加强与上海合作组织成员国在缉毒方面的合作，禁毒部门积极构建与阿富汗、巴基斯坦等国的禁毒合作渠道和机制，努力减少"金新月"地区对我国的毒品危害。③

另一方面，处于禁毒前沿的边疆地方政府积极配合国家的政策，积极行动。2004 年，中国与东盟签署了在非传统安全领域合作谅解备忘录后，云南省警官

---

① 参见王逸舟：《改革开放以来中国外交的特色》，载张蕴岭主编：《中国对外开放：战略与实践》，社会科学文献出版社 2008 年版，第 10 页。
② 陈志敏：《沿海省份与中国对外政策》，载郝雨凡、林甦主编：《中国外交决策：开放与多元的社会因素分析》，社会科学文献出版社 2007 年版，第 265 页。
③ 详见中国国家禁毒委员会：《2007 年中国禁毒报告》，http://news.xinhuanet.com/legal/2008-06/26/content-8442000.htm，2009 年 7 月 15 日链接。

学院为缅甸和老挝等国培训了多批缉毒警察。2006年，黑龙江、内蒙古等省区配合俄罗斯等国开展"通道—2006"行动，集中开展查缉毒品专项行动。

在执行国家政策、配合国家政策展开行动之外，边疆地方政府也会就某一跨国问题主动采取积极的次国家层面的政策，与周边国家及其地方政府达成协议，在次国家层面上推动边疆治理的进程。比如，目前在禁毒领域广为推行的替代种植项目，最早便是由次国家政府和组织推行的。1992年，云南省的国营孟连农场与缅甸佤邦总部经济计划委员会签订合作项目协议书，在佤邦推行替代种植开发项目，主要以种植橡胶和甘蔗等经济效益较好的经济作物来替代当地毒品种植。① 边境地区的公安部门积极支持替代种植项目。仅就云南省勐腊县公安局来说，该局每年30%的经费和警力全部投入到了老挝的毒品替代种植上。② 云南省还与企业携手合作推行替代种植项目。边境地区的各级政府和企业先后在这个项目上投资5亿多元人民币，无偿或廉价提供各类经济作物种子百余吨，各类经济苗木数十万株。自20世纪90年代初以来，西双版纳州的众多糖企在老挝推广种植甘蔗，并在十多年的时间里，为老挝培训了近万名技术人员。到2005年，我国帮助缅甸和老挝开展替代种植的农作物超过62万亩。③ 缅甸罂粟种植面积连年大幅下降。2006年缅甸罂粟种植面积为21 500公顷，比2005年下降32%。④

在经济发展方面，边疆地方政府与周边国家在技术、资金和市场等方面进行合作的积极性更高。比如，云南省与周边国家的地方政府建立了各种双边合作机制，自20世纪80年代末期以来，不断与老挝北部各省建立友好关系，除了禁毒和替代种植外，双方在边贸、交通、林业、机械、电力、农业、教育、培训等领域展开广泛的交流与合作。21世纪初以来，双方开始探索"云南—老挝北部合作机制"的建设。⑤ 此外，云南还建立了云南—泰北、云南与越南五省区经济合作协商会，并计划建立云南—缅甸、云南—柬埔寨等双边合作机制，推进"孟中印缅"地区合作机制等。经过多年的努力，云南省渐渐形成同时面向国内和东南亚、南亚的区域合作格局，并力图成为连接泛珠三角区域合作与中国—东盟区域合作以及澜沧江—湄公河次区域合作的桥梁，并推进中国云南—东盟自由贸易区的建设。

---

① 参见谭双寿：《"替代种植"多方共赢》，载《中国农垦》2006年第3期，第39页。
② 参见伍皓、王长山：《罂粟禁种的国际合作》，载《中国社会导刊》2005年第14期，第15页。
③ 参见晋群：《云南帮助缅甸老挝罂粟替代种植》，http://finance.sina.com.cn/g/20050126/06321322510.shtml，2009年7月20日链接。
④ 参见中国国家禁毒委员会：《2007年中国禁毒报告》，http://news.xinhuanet.com/legal/2008-06/26/content_8442000.htm，2009年7月15日链接。
⑤ 参见方芸：《中国与老挝关系的发展与未来》，载张蕴岭主编：《中国与周边国家：构建新型伙伴关系》，社会科学文献出版社2008年版，第237~238页。

广西壮族自治区近年来也积极主动融入泛北部湾经济合作、大湄公河次区域合作等多个区域合作机制之中。从2004年开始,由中国和东盟十国政府经贸主管部门以及东盟秘书处共同主办的中国—东盟博览会每年定期在南宁举行。此外,广西还积极参与和越南的"两廊一圈"合作。

其他的边疆地方政府也充分利用各自的区位优势,开展不同形式的跨国区域合作。在新疆,由中国、俄罗斯、哈萨克斯坦和蒙古参与的阿尔泰区域合作也逐渐由科技合作发展为涉及其他诸多领域的政府间全面合作。此外,西北和东北地区的边疆省区均积极加入到该地区的国际性区域合作之中。然而,各地方政府参与区域性的国际经济合作也可能导致彼此之间的利益冲突,这就需要各方在维护国家整体利益的前提下来协调彼此之间的关系。必要的时候,还需要中央政府出面,协调和平衡各方利益。

(三) 非政府行为体是边疆治理的协助者和协调者

在政府之外,非政府行为体在边疆治理过程中也扮演着不能被忽略的角色。无论是在艾滋病防治领域,还是在毒品根治方面,或是扶贫和环境保护方面,非政府组织发挥的作用都越来越大。仅在云南省,就有大量的国内和国际非政府组织在从事禁毒防艾、扶贫环保等活动,协助政府更好更快地解决这些问题。同时,非政府行为体,像一些国际组织还在一些跨国问题的解决过程中扮演着协调者或牵头人的角色。比如,鉴于东南亚一带跨国人口贩卖活动猖獗的情况,国际劳工组织牵头在我国云南、越南、柬埔寨、老挝和泰国同时开展"湄公河次区域五国反对拐卖妇女儿童项目"。为了协调中越两国打击跨国拐卖人口的工作,联合国儿童基金会还专门出面牵线,促进中越双方在此问题上的合作,并在广西建立照料和保护被拐越南妇女的遣送站。在经济开发方面,亚行主导了大湄公河次区域合作(GMS)。该机制从1992年起开始,现已形成较为全面的合作机制,合作的地理范围包括了柬埔寨、老挝、缅甸、泰国、越南以及中国的云南和广西。在该合作中,亚行还提出了昆明—河内、昆明—曼谷等经济走廊的建设计划。

我国的边疆治理受到与周边国家关系的影响,因此,不是一个单纯的国内问题。与周边国家构筑友好往来关系,保持一条安宁的边界线,以及周边国家与我国毗邻地区的经济发展和社会稳定,都能为我国的边疆治理提供良好的外部环境,甚至是善治的动力。相反,一个敌对的、动荡的或落后的周边则会影响边疆地区的安全与稳定,并延滞我国的边疆治理进程。与此同时,边疆治理状况的好坏对我国与周边国家的关系也有一定程度的影响。周边关系视角下的边疆治理好坏,主要是取决于在跨国问题上是否较好地协调了与周边国家的关系,并得到周边国家的支持。仅从国内角度来解决边疆治理过程中的跨国问题，不但无助于边疆的长远发展，而且可能会引发周边国家的巨大反弹，造成双方之间政治上的互不信任，恶化我国与周边国家的关系。

涉及周边关系的未来边疆治理，应该在服从国家整体外交战略部署的前提下，进一步打破中央政府与边疆地方政府之间的传统界限、政府主体与非政府主体之间的严格区别，构建一个多中心、开放式的治理结构，即在中央政府的主导下，充分发挥边疆地方政府与非政府主体的作用，形成一个由中央政府、边疆地方政府、边疆非政府主体支持和参与的多维结构。通过各主体积极发挥各自的作用，使边疆地区成为一个与周边国家在政治上互信、在军事上加强合作、在经济上互助互惠、在人员和文化上交流频繁而丰富的地区。通过不同渠道和不同层次的交流与合作，在共同利益的基础上，消除周边国家因边疆的发展和中国的迅速崛起而产生的疑虑和不安，把边疆地区建设成实现我国"睦邻、安邻、富邻"外交政策目标的前沿阵地。在这一过程中，边疆地方政府的作用将日趋显著。因此，具备国际眼光和丰富的国际交流经验的、开放的边疆地方政府对边疆的善治来说必不可少。

第十一章

边疆治理的国际比较

我国的边疆治理历史悠久，规模宏大，成效显著。同样，国外许多国家，特别是国土面积较大的国家，也对边疆治理极为重视，将边疆治理作为国家建设的一项重要任务，纳入到整个国家战略体系之中。纵观世界各国边疆治理的历史，既有大规模、综合性的边疆治理实践，又有局部性、针对性的边疆治理措施；既存在相似模式，又各具鲜明特色。而这与不同时期人们对边疆认识的发展程度及各国国情有着直接联系。通过回顾世界各国边疆治理的主要实践，全景式展现主要国家边疆治理的历史进程，可以归纳边疆治理的基本模式，分析不同模式的主要特点。同时，借鉴各国边疆治理的经验教训，能够对我国边疆治理理论与实践的发展做进一步探索，实现"他山之石，可以攻玉"的研究价值。

一、国外边疆治理的主要实践

边疆治理是指国家对边疆问题的解决，这种国家行为在世界各国普遍存在。但由于人们边疆观念和各国国情的不同，边疆治理在各个国家中的重视程度、实施规模、持续周期和具体政策都存在较大差异。为此，我们针对各国边疆治理的特点，并结合我国当代边疆治理的现状，选取部分代表性强，有借鉴意义的国外边疆治理实践，进行简要介绍，以此展现国外边疆治理的基本概况和主要经验。

（一）美国对西部边疆的开发

在世界边疆发展史上，美国对西部边疆的开发与治理是在民族国家内部进行的首次大规模、综合性的边疆治理实践。美国西部开发始于独立战争胜利后不久,至今已 200 余年。根据开发内容与程度,可以大致分为两个阶段。第一阶段是美国经济扩张时期,为时最长。大体上从 18 世纪 80 年代独立战争胜利直到 20 世纪中叶第二次世界大战结束,达 150 多年之久。这一阶段是美国西部地区从原始状态到现代化的发展阶段。第二阶段大体上从第二次世界大战结束至今,是以高科技为先导的深层次开发阶段。美国的边疆开发与治理不仅对美国自身的发展和强大,而且对整个世界政治、经济、外交格局的形成,都产生了深刻的影响,正如特纳所指出的那样,"直到现在为止,一部美国史在很大程度上可说是对大西部的拓殖史。一个自由土地区域的存在,及其不断的收缩,以及美国定居的向西推进,可以说明美国的发展"。①

1. 推动经济发展。美国对西部边疆的治理,首先表现在经济开发方面。面对广袤而肥沃的土地,获取经济利益成为人们长途跋涉,向西推进的直接动力。而当时的美国政府也采取了多项措施和政策,进一步激发了人们的"西进"热情。

首先,土地政策是西部开发的核心。在西部开发的初期,美国实行了以销售为主的土地政策。1784 年、1785 年和 1787 年联邦政府连续制定了三个土地法案,确定了处理西部土地的三个步骤:第一步,将西部土地全部收归国有,以彻底排除各州争夺西部土地和边民非法占地产生的纠纷;第二步,在西北地区根据人口增长情况逐步建立权力平等的新州;第三步,再以法定形式陆续将这些土地投入市场,按地段出售国有土地。规定每英亩土地售价为 1 美元,最小出售单位为 640 英亩②。美国的土地政策刺激了土地投机行为,这引起了拓荒者和广大小农的强烈不满。在他们不断斗争的压力下,国会被迫几次对土地法进行调整。首先,于 1820 年和 1822 年通过土地法,将每英亩售价由 2 美元降到了 1.25 美元,出售面积降到 40 英亩。其次,通过先占法,保护垦殖定居者利益。这些均为后来联邦政府土地政策的调整做了准备。19 世纪 60 年代以后,联邦政府的土地政策开始有了较大的转变,其特点是以销售为主转向以赠与为主。最具代表性的有《宅地法》、《莫里尔土地法》、《太平洋土地法案》。③ 美国政府的土地政策刺激了移民的涌入,加快了美国西部开发的步伐,是美国西部开发取得成功的关键。

其次,交通建设是西部开发的先导。独立以来,美国历届政府非常重视交通

---

① 何顺果:《一个具有重大意义的主题——从特纳的"边疆假说"谈起》,载《美国研究》1992 年第 1 期,第 96~109 页。
② 参见张友伦:《美国的独立与初步繁荣》,人民出版社 1993 版,第 117 页。
③ 参见尹秀芝:《联邦政府的土地政策与美国西部开发》,载《北方论丛》2005 年第一期,第 105~107 页。

运输业的发展，尤其是铁路业。早在1802年通过的《俄亥俄授权法》就规定，用出售公有土地所得的一部分收入修建公共大道。为了吸引私人投资铁路建设，联邦政府实行了铁路建筑的优惠政策，给铁路建筑提供各种形式的援助，主要有三种方式：一是对进口铁轨豁免关税；二是以贷款形式，予以直接财政支持；三是授予铁路公司土地。从1862年后，政府把大量国有土地赠送给私人铁路公司，在1863~1871年间私人铁路一共获得12 762.8万英亩的国有土地。① 至1880年，美国已建成铁路达150 086公里，成为世界上铁路线最长的国家。美国交通业的飞速发展为美国西部开发创造了十分有利的条件，对美国西部的农业、工矿业及城市化进程起了巨大的推动作用。它把工业发达的东部和正在开发的西部联结起来，推动了本地经济、政治、文化的发展，促进了国内统一市场的形成，推动了西部的开发和建设。

再次，科学技术是西部开发的支撑。一方面，注重吸引人才。通过《移民法》，设立移民局专门负责移民事宜，到欧洲、亚洲和拉美各地招徕移民。② 欧洲各国的工人和农民纷纷涌入，保证了西部的矿业开发及其铁路交通建设所需要的大量劳动力，并带来了先进的生产技术和经验。另一方面，注重科研机构的建设。美国政府通过法令，以划拨土地和拨款资助的办法，鼓励建立农业和机械技术学院。在联邦政府给各州拨转的1 300多万英亩公有土地上，先后建立了69所农业和机械技术学院。这些院校在西部成为农业科技的教育中心和科研中心。农业的机械化、科学化提高了农业生产力发展水平，这也是西部农业迅速发展的主要原因。20世纪中期以后，科技在美国西部边疆开发中的作用更加凸显，20世纪30年代发端于美国西部加利福尼亚斯坦福大学及其周围地区的科技研究和开发活动和60年代在美国掀起的高科技革命，使得加州圣何塞市的圣克拉拉县变成了举世闻名的"硅谷"。1994年，仅加州一州的国民生产总值即达8 757亿美元，在美国50个州中已跃居第一位。硅谷高科技园对工业的创新，为美国西部深层次开发以至整个美国经济的发展，开辟了新的天地，展示了更为广阔的前景。

最后，产业选择是西部开发的依托。在经济发展中，依托何种产业进行开发，是一个极其关键的问题。任何政策和措施最终都要落实在产业的选择上。随着西部开发在广度与深度上的推进，产业政策也在不断调整。阿巴拉契亚山以

---

① 参见盖茨：《在不一致的土地制度下的宅地法》，载《美国史评论》第41卷，1936年第7期，第657页。转引自颜星等：《从美国政府的政策看其西部开发成功的经验》，载《文山师范高等专科学校学报》2005年第1期，第85~88页。
② 参见徐玮：《内战后美国对西部边疆的开发及其作用》，载《北方论丛》1985年第3期，第79~85页。

西、五大湖周围的区域内，土壤肥沃、日照充足，早期的拓荒者便在这里种植小麦和玉米，这一地区的俄亥俄、印第安纳、伊利诺伊和威斯康星等州先后变成了美国小麦和玉米的主要产地，该地区也被誉为美国著名的"小麦王国"；在阿巴拉契亚山石油和烟煤矿产资源以及苏必利尔湖矿区的优质铁矿资源发现后，大湖平原地区又重点发展了采矿业，并在此基础上将这一地区建设成了美国新的钢铁工业和汽车工业基地。美国西海岸地区的开发首先得益于1848年加利福尼亚金矿的发现。采矿业的急速扩展带动了农业、食品加工业和设备制造业的发展。第二次世界大战期间，该地区又担负起"民主国家的兵工厂"的使命，联邦政府加大投入，建立了军事工业和其他制造业。硅谷的兴起使加州成为美国高技术产业的中心，加之冷战期间联邦政府向国防工业的持续投入，以及美国经济中心向西部的转移，这里在战后形成了新的独立的综合工业体系。①

2. 建构民主政治。美国西部的边疆治理，在推动西部经济迅速发展的同时，还面临着如何使资本主义的民主制度移植到西部，并成长起来的挑战。这既是美国边疆治理的重要目标，也是边疆治理成功推进的保证。在美国西部的发展过程中，政治建设与经济开发几乎是同时起步，并始终交织在一起，这也成为美国边疆治理中的重要特征。

首先，在开发之初为西部地区奠定了自由与民主的基调。在西部地区的民主政治问题上，建国初期的美国政治家们就给予了高度关注，并始终将自由、民主的精神蕴含在各种开发政策之中。在西部开发的过程中，联邦公共土地政策对西部的拓殖具有决定性作用，这一政策的基本内容和方针是由1784年、1785年和1787年三个土地法奠定的。其中，1787年的《西北法令》第三部分就明确规定"保证西北领地的人们有信仰自由、比例代表制、陪审制、习惯法特权、人身保护法以及私人契约的保障，禁止奴隶制，禁止制定保存巨额遗产的贵族继承法。"②美国联邦西部公共土地的政策规定：（1）实施西部土地"国有化"；（2）这些公共土地的处理应以国家的"公共利益"为准绳，并向广大移民开放；（3）这些公共土地的处理应采取现金支付的原则，在市场上公开拍卖；（4）在当地移民人数不足6万时，联邦政府应在这些"合众国"的西部土地上建立"临时政府"，临时政府由一名总督、一名秘书和三名法官组成；（5）在领地自由男性人口达5 000人时，由当地居民按一定比例选举领地立法机关，并从立法代表中选举国会议员一名，但在国会中只享有辩论权而无表决权；（6）当领地自由居民达6万人时（特殊情况除外），即可自由成立永久宪法和州政府，它应被接纳为联

---

① 参见韩景旺、康绍大：《美国历史上成功开发西部的经验及启示》，载《石家庄经济学院学报》2004年第5期，第505~508页。

② [美]雷·艾伦·比林顿，周小松等译：《向西部扩张》（上册），商务印书馆1991年版，第293页。

邦正式成员，并在一切方面"享有与原有诸州平等的权利"；（7）在成为联邦正式成员之前，领地政府"将永远是美利坚合众国邦联的一部分"，领地和新州的政府必须实行"共和制"，在领地内"不得有奴隶或强迫劳役"存在，传统的民主和自由必须保障，包括宗教和信仰自由，等等。①法制是政治民主的基础，西部新建各州的法律条款也体现了自由、民主、平等的精神。依照1789年宪法，新建的各州都宣布实行"共和"，并保障人民的各种自由权利，削减州长权力并增大各州议会的权力，这一规定使各州议会更加民主化。这些规定包含了自由与平等的原则，既把西部变成自由劳动的巨大领地，在西部确立了自由农民土地私有制，也为整个西部朝着民主的方向发展奠定了基础。

其次，不失时机地推动西部民主政治的发展。在西部开发的过程中，人们逐步发现，民主制度不但能够确立下来，而且可以更快地发展起来。西部地广人稀，使自由主义与平等主义较易产生和保持；人们在艰苦的拓荒环境下，形成了平等、合作和创新的精神，这都为民主政治的发展提供了有利条件，使其在范围与程度上都超越了东部地区。一方面，西部各州宪法扩大了政治民主。西部各州的宪法不是东部的翻版，而是"借用了东部各州宪法的最自由化的内容从而表明他们比东部制宪人物更为民主"②，在许多方面扩大和加深了美国的民主。在19世纪新成立的西部各州开创利用创制权、公民投票权、罢免权这类制度，把立法置于人民监督之下。"从印第安纳州和伊利诺伊州开始，西部各州正式加入联邦时，州宪法都规定成年男子的选举权，建立的政府机构反映出完全信任人民"，"废除了投票者的规定，民众选举的议会至高无上"③。另一方面，民主在西部的发展和扩大还表现在妇女选举权上。早在1861年，堪萨斯州就允许妇女在学校享有选举权。1869年怀俄明州第一个在法律上确认妇女的选举权，这也走在了全国的最前面。直到1920年8月，美国才以宪法第19条修正案形成在全国范围内确认妇女选举权，扩大了选举的范围。④

3. 塑造西部精神。"文化"，从狭义上理解，是指某一时期的社会心理层面，并以特定的价值取向和精神气质表现出来。任何伟大实践的背后总有着强大而持久的文化作支撑，美国西部的边疆治理历时200多年，取得举世瞩目的成就，这与西部开发过程中所形成的一种"西部文化"或"西部精神"有着紧密的联系。

美国的"西部精神"首先是欧洲清教思想的一种延续。清教徒所信仰的清

---

① 何顺果：《美国史通论》，学林出版社2001年版，第110~111、152~153页。
② ［美］雷·艾伦·比林顿，周小松等译：《向西部扩张》（下册），商务印书馆1991年版，第428~429页。
③ 同上，第407页。
④ 参见姜德琪：《美国西部开发的政治影响分析》，载《史学集刊》2002年第3期，第49~55页。

教思想源于宗教改革时期的加尔文教,以"原罪"、"契约"和"禁欲"为基础。清教徒自认人类罪孽深重,呼吁其教徒反省自身的劣根性和堕落本能。他们认为自己肩负上帝使命,要为人类做出榜样,引导其向上帝赎罪,获得拯救。作为首批北美移民,当清教徒们到达北美新大陆,这一尚未被"玷污"的蛮荒之地时,更认为是上帝的旨意要他们在此重建"伊甸园",这种使命感也催生了人们的开拓精神;而从上帝与人类订立契约的"契约说"中产生了清教的人权基础,这也为自由、平等的理念奠定了基础。新教的"禁欲主义"在主张合理追逐财富的同时又强调合理限制消费的必要性,从而有力地推动了西部资本的积累。清教思想在西部开发中的巨大作用也印证了韦伯对新教伦理与资本主义精神的论证,"构成近代资本主义精神乃至整个近代文化精神的诸要素之中,以职业概念为基础的理性行为这一要素,正是从基督教禁欲主义中产生出来的","被称为资本主义精神的那种态度,其根本要素与我们在这里表明的清教世俗禁欲主义的内涵并无二致"。①

美国的西部精神虽然与新教思想一脉相承,但在西部开发的过程中已经具备了"本土化"内涵,其核心就是实用主义和个人主义。实用主义,从理论上讲,是一种知识论上的原则,要求知识观念符合于经验,没有经验内容的观念没有意义。实用主义在美国影响极大,至今仍然占据着"美国的国家哲学"的宝座。而这一思想在西部开发过程中就具体展现为一种立足现实、注重实效、崇尚进取的精神,因为在美国人的心目中,生存就意味着风险,而在相对原始、环境恶劣的西部地区尤其如此,只有进取才能生存。实用主义哲学大师詹姆士曾说过:"我觉得自己情愿把宇宙看做是真正危险和富于冒险性的,我决不退缩,决不认输!"② 美国西部的开发,包括后来的对外扩张和工业奇迹都展示了这种实用主义精神对美国社会巨大而深远的影响。

个人主义既是一种价值理念,又是一种研究方法,它主张个体的人是人们思考和实践的出发点和归宿,这相对于中世纪的神权政治和君主专制具有重大的进步意义。作为一个新兴的移民国家,个人主义可以说是美国人与生俱来的思想观念,而且由于西部自身的条件所致,这种个人主义更加强烈。对美国人来说,辽阔的荒野确实是可以任意驰骋的乐园,他们相信自己,自傲自大,轻视其他国家和民族几乎达到旁若无人的程度。美国人认为"除美国人外,别人都无所谓才

---

① [德] 马克斯·韦伯,于晓、陈维刚等译:《新教伦理与资本主义精神》,三联书店 1987 年版,第 141 页。

② [美] 威廉·詹姆士,黄果梁译:《实用主义》,商务印书馆 1979 年版,第 151 页。

能；认为欧洲人的智慧、创造力和天才早已枯竭。"① 这种强烈的个人主义易于衍生出民主、平等与合作的意识。个体的完整与独立使人们意识到人与人之间的平等，也增强了权利观念。平等是合作的前提，而边疆的孤独感和共同困境，使合作既成为一种本能需求，也成为一种生存条件。同时，美国政府也通过了一系列法案，如《独立宣言》、《宪法》、《公务员法》和《州际商务委员会法案》等，巩固和发展了自由、平等和民族的精神。西部精神是在西部开发中逐步形成的，而这种精神又同时成为西部开发的精神支柱，推动西部，乃至整个美国继续向纵深发展。

4. 整合族际关系。民族问题一直备受各国重视，特别是多民族国家，民族问题的处理关系到整个国家的稳定与发展。而在多民族国家中，少数民族又多聚居于边疆地区，这也使边疆问题与民族问题天然的联系在一起，纵观各国的边疆历史，多数国家都将解决民族问题视为边疆治理的重要一笔。

在美国西部开发的过程中，民族问题主要涉及土著印第安人和移民集团（主要指非欧洲移民），为了更好地解决这些问题，美国政府改变了最初的民族理论——"盎格鲁遵从"理论，转而推行"熔炉"政策。"熔炉"理论是1782年美籍法国移民克雷夫科尔最早提出的。该理论强调代表"东道主"国主导文化的盎格鲁—撒克逊民族将与代表亚文化的新移民在美国社会熔炉中"冶炼、合成"，产生一个"新人"。依据"熔炉"论的意识形态学说，这个"合成体"应该是由每种文化的最佳特征所组合。随后，这一理论在特纳开创的边疆学派中得到更加详细的阐释，特纳在其学说中将边疆描述为一个"大坩埚"，所有的拓荒者在这里被美国化、被融合为一体。② 特纳认为不同族裔集团在美国西部的开拓中经历了相遇、冲突、竞争、妥协、一体化这样五个阶段。特纳的"五分法"表明，他已看到美国各族裔集团之间的异质性的存在，并对这种异质性持积极态度，认为这不是阻碍美国各移民集团融合为一体的因素。特纳认为，美国社会的多样性和异质性是由于来自各国的移民出于不同的社会利益和社会理想移居美国而造成的。这种多样性和异质性在美国西部开发中因领土和就业问题而造成冲突，但这种冲突随着个人奋斗思潮的渗入和各方不同的教育背景而转化为一种积极的竞争。在竞争中，民主意识和合作精神随着西部开发的不断深入而渗入各个移民的思想之中，使移民从单纯的竞争意识中走上相互妥协、较为积极的轨道。为了一个共同的目标，为了最终实现"美国梦"，在这个西部"大熔炉"

---

① [美] 约翰·凯瑞、鸿柳斯·韦伯格、托马斯·哈慈肖恩编：《内战以来美国生活的社会构造》。转引自高芳英：《西部开发与美国精神》，载《史林》2001年第3期，第93~97页。

② 参见 [美] Frederick Jackson Turner, *Frontier in AmericanHistory*, New York, 1962, P23. 转引自钱皓：《美国民族理论考释》，载《世界民族》2003年第2期，第10~16页。

中，各国移民在经历了冲突、竞争、妥协、合作后，最终走向"共同体"——一个与欧洲毫无关联的新美国的"殿堂"。

作为新建立的移民国家，"熔炉"理论对美国国内的族际整合发挥了重要作用，但我们也要清醒地看到，"熔炉"理论在实施的过程中，并不像其描述的那样美好，甚至在很多时候是极端野蛮的。以印第安人为例，印第安人是美洲大陆的主人，建国之初，美国有100多万印第安人，形成了400个部落，他们当时大体处于新石器文化阶段。美国的向西拓殖首先是大量掠夺印第安人的土地，大批印第安人被屠杀或因疾病传染而死亡。到19世纪末，印第安人仅剩下25万人。1820年到1850年间，美国政府强迫印第安人从密西西比河向西迁，1830年制定了《印第安人迁移法案》。在以后的西部开发中，又进一步侵占了印第安人的土地。1887年，美国国会通过《土地总分配法》即《道威斯法案》，取消保留地土地公有制，保留地由州管辖，迫使印第安人同化。同样，美国也在一定程度上排斥或歧视亚裔人和其他民族的白人后裔。①

（二）苏联－俄罗斯对西伯利亚和中亚地区的开发

在世界边疆史中，美国的西部开发可谓是波澜壮阔、气势恢宏。而能与之媲美的就首推苏联及俄罗斯的边疆开发了，苏联的边疆治理主要是指其对西伯利亚和中亚地区的开发。俄罗斯由于自身版图的变化，继续开发西伯利亚地区就成为其主要的边疆治理实践。

1. 苏联的西伯利亚开发。西伯利亚指苏联乌拉尔山脉以东至太平洋沿岸之间的地区，总面积1 277万平方公里，这一广阔的地带由于自然条件的束缚，在很长一段时间内一直与"遥远"、"荒凉"、"贫穷"、"野蛮"等贬义词联系在一起，但随着西伯利亚地区能源价值与军事地位的显现，对其开发也就逐步成为国家的一项重要战略。西伯利亚地区的开发始于沙俄时代，但在范围和程度上都极为有限。直至苏联的建立，终于拉开了大规模开发西伯利亚的序幕。

首先，制定长远规划，逐步有序推进。计划性和有序性是西伯利亚开发的突出特点。苏联对西伯利亚的开发始终坚持统筹安排、综合开发，呈现出从西往东、由南向北循序渐进的趋势。大约以10年为周期，苏联政府在西伯利亚地区实施了多项长期投资纲要，每一项长期投资纲要的实施都标志着一个新的开发阶段。20世纪30年代对重点开发库兹巴斯和伊尔库茨克—契姆霍握所进行的区域规划；50年代完成对叶尼赛—安加拉地区建立9个工业区的规划；60年代对重点开发秋明油田的规划；70年代为配合贝阿铁路的建设，规划了沿线近200万

---

① 参见王铁志：《美国的民族问题和民族政策》，载《西北民族研究》1998年第1期，第125~138页。

平方公里的地区；80年代对整个西伯利亚的综合发展进行了长远、深入的规划。这些规划确立了苏联综合开发西伯利亚的中长期目标，并成为开发计划的基本内容。计划性和有序性确保了西伯利亚在发展方向和战略目标上的继承性和有效性，是苏联成功开发西伯利亚的重要保证。①

其次，突破区划局限，建立新型组织。在苏联的经济布局中，经济区与行政区基本吻合，而这极易导致地域壁垒和条块分割的形成，不利于地区经济的综合发展。为此，苏联在开发西伯利亚的过程中，构建了一种新的组织形式——区域生产综合体，以此克服"行政区经济"的弊端。区域生产综合体的前身是区域性生产组合，由苏联学者科洛索夫斯基最先提出，后来演变、发展为区域生产综合体。这是按区域配置生产力的一种综合性经济形式，即根据某一地区的自然环境、经济水平，有目的地配置专业生产部门和辅助性生产部门，通过合理利用各种资源，统筹规划，以实现经济效益的最大化。区域生产综合体的优势突出的表现在五个方面：第一，资本、劳动力、原材料、燃料动力、水土等资源，以及生产副产品和废料能得到更好、更合理的利用；第二，能实现专业生产部门和辅助生产部门的结合、企业的合理集中以及生产的协作化、综合体内部各企业的合理分布；第三，能较好地实施综合体整体或各部分共同的新的基础设施的建设及其合理的配备和利用；第四，改善综合体内外的社会经济和生产的联系；第五，地区的机能分配合理化，改善人口分布及建设系统。② 苏联第一个区域生产综合体乌拉尔—库兹巴斯综合体从1928年开始组建，到1937年基本完成。从20世纪60年代起，区域性生产综合体在原苏联东部得到广泛推广，1971年苏共二十四大首次正式肯定了这种组织形式，并决定将其作为开发东部的新的重要方法。虽然这种组织方式也存在问题，但总体上适应了当时开发的需要，发挥了重要的推动作用。

再次，利用国际市场，开展国际合作。早在列宁时期，苏联就利用租让制引进外资开发西伯利亚的自然资源。外资不但解决了当时国内资金短缺的困难，而且对于恢复和发展西伯利亚作用很大。但由于当时世界政治气候的影响，这种国际合作的范围还比较狭小，主要局限在社会主义阵营内部。从20世纪70年代开始，西方资本开始注入，主要流向能源和原材料领域。这种国际合作也被当时的苏共所认可，在苏共二十七大文件中明确提出要"在远东建立一个有机的包括在全苏分工和国际分工系统内的高效率的国民经济综合体"，当时苏联的领导人戈尔巴乔夫在1986年7月视察符拉迪沃斯托克（海参崴）的讲话中和1988年9

---

① 参见马瑞映：《苏联开发西伯利亚的成效与经验》，载《探索与争鸣》2003年第9期，第44~45页。
② 参见张锦冬：《原苏联的东部大开发对我国西部开发的启示》，载《经济纵横》2001年第10期，第20~23页。

月视察克拉斯诺亚尔斯克的讲话中都曾明确而具体地阐述了这一新的思想和举措,其中在视察符拉迪沃斯托克的讲话中提出了要把远东变成向东方广泛开放的窗口的战略目标。① 通过引进外资,苏联实现了与西方广泛的经济交往与合作,不但缓解了西伯利亚开发的资金紧缺问题,重要的是改善了苏联经济发展的国际环境,以致有西方学者认为,"苏联人用一个苹果换回了一个苹果园"。

最后,优先发展教育,重视专家作用。苏联在开发西伯利亚的进程中,极度重视教育,采取了优先发展的措施,这集中表现在苏联科学院西伯利亚分院,即"科学城"的建立。1956年,苏联科学院三名院士在致苏共中央和苏联政府的信中指出,苏联科技力量主要集中在经济发达的莫斯科、列宁格勒和基辅,而西伯利亚和远东的经济与科技力量薄弱,只有加快开发蕴藏全国70%自然资源的西伯利亚,才能使国民经济的布局渐趋合理。1957年5月18日苏联部长会议通过决议,决定创建苏联科学院西伯利亚分院。为此,苏联抽调全国的著名科学家到西伯利亚分院担任领导和从事科研工作。在西伯利亚的开发中,"科学城"的价值迅速显现,针对国家开发的总体设想,提交了《西伯利亚到1990年的生产力发展问题》、《西伯利亚能源动力发展综合设想》、《西伯利亚生物和资源保护》等一系列科研报告;针对国家经济建设重大项目,如"贝阿大铁路"的修建,提供了《贝阿铁路沿线地区地质构成及地震活动特点》、《贝阿铁路开发建设对生态环境的影响》等论证报告。同时,"科学城"还发挥了科技辐射作用,科研人员兼任教学专家,著名的新西伯利亚大学的教师中70%来自"科学城",在物理系和数学系,兼职教师的比例更高达90%。② 他们结合自己的实践经验和研究课题进行教学,给学生们带来了各学科的最新动态信息,解决了学校教学中长期存在的知识陈旧、课本过时等问题。

在这些措施基础上,苏联还进行了大规模的交通建设,并长期鼓励向东部移民,经过半个多世纪的开发,西伯利亚地区已经成为重要的能源基地和东西方大桥梁,并被视为俄罗斯振兴的希望。

2. 苏联的中亚地区开发。在苏联的边疆治理中,中亚地区也占有十分重要的地位,从今天的版图看,中亚地区主要由哈萨克斯坦、吉尔吉斯斯坦、乌兹别克斯坦、土库曼斯坦和塔吉克斯坦五国组成。相比西伯利亚,中亚的情况更为复杂,难度更大。毕竟对西伯利亚更多的是在纯自然状态下的能源、资源开发,而由加盟共和国组成的中亚地区不但经济、文化极端落后,民族矛盾更是尤为严重。因此,苏联成立伊始,开发中亚即成为巩固苏维埃政权、建设社会主义的一

---

① 参见周伟平:《略论俄罗斯远东地区开发战略》,载《当代亚太》1998年第7期,第54~64页。
② 参见理论与当代编辑部:《俄罗斯:一座'科学城'带动百业兴》,载《理论与当代》2000年第4期,第39~40页。

项重要国策。

首先,增大政府投入力度,促进区域经济发展。要在极度落后的情况下实现经济起步,首要必须解决资金问题。为此,苏联实行财政倾斜政策,加大资金、设备的投入,加快中亚能源、冶金、矿产、机械制造等重工业基地和以棉花、谷物为特色的农业基地的建设。从20世纪30年代开始,联盟中央在财政十分紧张的情况下,对中亚实行明显的倾斜政策。"一五"计划(1929~1932年)期间,全苏固定资金增长了289%,中部发达地区为199%,而哈萨克斯坦则达549%,中亚四国为494%①。另外,从"一五"时期起,联盟中央还有计划、有步骤地将俄罗斯中部的企业连人带设备一同迁至中亚。如第二次世界大战期间共有308个大型企业疏散到中亚,其中哈萨克斯坦有150个,同时还兴建了大批新企业。1944年哈萨克斯坦、土库曼斯坦工业企业数比1940年分别增加了460个和50个。乌兹别克斯坦建成了280个新企业,其中有5座大型水电站、14个机器制造厂和金属加工厂。② 同时,苏联也加大人才支援力度,"一五"期间仅向土库曼斯坦派遣的各种专业技术人员就达2.5万名,1928~1936年有170万斯拉夫人来到中亚③,人是生产力中最积极、最活跃的因素,大量熟练工人、工程技术人员和科技人才的到来对中亚地区的经济腾飞、社会进步起到了直接的推动作用。

其次,强制推行苏联模式,维持中央高度集权。中亚各民族大多具有悠久的历史文化,虽然沙皇俄国用武力把中亚的土地并入俄国的版图,但中亚各民族在文化上和心理上仍保持较强的独立性。在中亚地区的政治设计上,列宁开始并不主张联邦制,但经过巴什基尔人为争取自治权斗争的例子,已经清楚地认识到,苏维埃政权下各民族自治在当时的重要地位。因此,列宁主张在中亚建立民族国家。中亚五国正是在这种情况下,才开始出现了具体的加盟共和国体制,明确规定各加盟共和国享有维持内部社会秩序、管理地方经济及实施教育等多项权利。虽然在列宁时期,各共和国是相对自由和不受侵犯的,但到了斯大林时代,一切都被改变了。在严重歪曲民族自决原则的前提下,中亚民族国家的划界工作开始。中亚五国划界主要工作是由联盟中央一手进行操纵,中亚各国毫无自主权可言。而这5个民族国家一经建立,都被套上了联盟的政治枷锁,只有无条件地接受,虽然称之为联邦体制下的加盟共和国,但这更多的是在形式意义上。而实际上,苏联采取的是高度集权的政治体制。苏共中央没有给加盟共和国一定的地方权力和任何选择自己发展模式的余地,甚至对中亚各国的发展采取的都是低调的处理方针。苏共中央高度集权,中亚各国完全处于被动的、从属的政治地位。这

---

① 参见苏联科学院经济研究所编:《苏联社会主义经济史》(第3卷)三联书店1982年版,第309页。
② 参见苏联科学院经济研究所编:《苏联社会主义经济史》(第5卷),三联书店1984年版,第444页。
③ 参见[美]迈克尔·刘,陈尧光译:《俄国在中亚》,商务印书馆1965年版,第59页。

种高度集权的模式，在一定时期内克服了分裂主义的影响，维护了国家的统一，但也为日后苏联的解体埋下了深深的隐患。

再次，扶持少数民族发展，加快民族融合步伐。苏联建国后认识到尽快缩小、直至消除中亚等落后地区与苏联中西部发达地区的差距是在多民族国家中建立和巩固社会主义制度的重要标志之一。1921年、1923年俄共（布）和1927年联共（布）都明确提出党的主要任务是帮助少数民族赶上"走在前面"的俄罗斯族，以使全苏各个地区共同过渡到社会主义。为此，苏联在经济倾斜的同时，加大了文化、教育、科学事业的发展力度。中亚的诸多民族文盲率高，且不少民族没有自己的系统文字。面对这一实际，新成立的苏维埃政府推出了被称为"卡伦尼扎特细亚（当地民族化）"的语言政策方针：对发达地区实行民族自治政策，保证各民族语言的发展；对欠发达的边远地区，采取扶持和发展其民族文化和语言的政策。这一语言政策短期内解决了苏维埃政权成立初期的困境，得到了各民族和各社会阶级的拥护和支持。① 当然，这一政策既是民族平等、共同发展的表现，也蕴涵着更深的政治意图，即用一种微妙的方式切断中亚对泛伊斯兰和泛突厥势力的天然联系。"扫除文盲"和"创制或改造文字"是扶持少数民族发展的重要方面，经过二十多年的发展，中亚少数民族缩小了与其他民族的差距，实现了各民族的共同繁荣。但后来，苏联领导人对"社会主义"和"共产主义"做出了错误判断，他们认为："共产主义已经成为苏联人民急切的实践任务……阶级间差异的消逝，共产党人之间关系的发展加强了社会和民族的同质化……这样就没有了民族差异，尤其是语言差异。这些都被视为阶级差异最终消失的过程。"② 而在实践中，这种民族同质化并没有诞生新的民族，实际上成为一种"俄罗斯"化。

3. 俄罗斯的西伯利亚开发。苏联解体后，西伯利亚地区作为俄罗斯的边疆继续保留下来，并且其区位意义大为增强。从版图角度看，西伯利亚地区所占版图面积的比重从苏联的27.7%上升为36.5%，这使俄罗斯的领土重心大大东移。正如俄罗斯著名学者米·季塔连科所说："和苏联相比，俄罗斯作为一个独立的国家已经更加成为一个亚太国家"。③ 并且独立后的俄罗斯失去了原在波罗的海、

---

① 参见［苏］马卡·莱普里切，王尚达译：《俄罗斯联邦的语言政策：语言多元性与民族认同》（Language Policy in the Russian Federation: language diversity and national identity），载《国际社会语言学》（Sociolingüística internacional. Primavera）2002年春季号。转引自王尚达等：《苏联对中亚的语言政策：评论和反思》，载《俄罗斯中亚东欧研究》2005年第6期，第66~71页。

② ［苏］米歇尔·布鲁切利，王尚达译：《苏联共产党的语言政策：评论与观察》（The Language Policy of the Soviet Communist Party: Comments and Observations），载《东欧季刊》（East European Quarterly）1987年第21卷。转引自王尚达等：《苏联对中亚的语言政策：评论和反思》，载《俄罗斯中亚东欧研究》2005年第6期，第66~71页。

③ 朱勇征等：《东北亚经济开发战略研究国际学术讨论会论文集》，吉林人民出版社1994年版，第63页。

黑海沿岸的许多重要港口，从而使远东地区的港口成为俄罗斯对外联系的重要渠道。从外交政策看，俄罗斯"新东方政策"的出台，使其更加重视对亚太的外交，积极参与亚太地区经济合作，努力构建亚太地区的安全机制，也正因此，相比苏联时期，俄罗斯对西伯利亚的开发更为重视，这也进一步显现了边疆治理的政治意义。俄罗斯对西伯利亚的开发与治理主要包括以下几个方面：①

首先，继续发挥政府作用。俄罗斯延续了苏联的传统，注重对开发的长远规划。先后制定了多项开发纲要，如《解决远东经济地区、外贝加尔地区的危机及到2000年的社会经济开发纲要》、《1996～2005年远东和外贝加尔经济与社会发展联邦专项纲要》和《1997～2005年西伯利亚社会与经济发展联邦专项纲要》等。并且继续增加投入，实施政策倾斜。多渠道筹资，增加对该地区开发的投资。据计算，保障纲要实施总共需要371万亿卢布的资金（按1996年货币价格）。为了保障这一数额庞大的资金到位，俄罗斯广辟渠道，多方筹集资金，俄联邦中央预算占20%～25%；并给予有关优惠政策扶持某些部门经济的发展。为了弥补地理上的不利地位和改变一些薄弱部门的面貌，俄政府采取一些必要的扶持措施，给予一些优惠政策。例如，为减轻运输条件对该地区生产生活的影响，俄政府大幅度降低远东到西部地区的运费；为了消除该地区由于自然灾害而造成的后果，俄政府采取诸多硬件、软件措施。

其次，充分运用市场机制。深化改革，充分发挥市场经济机制的作用。通过深化改革，逐步解决该地区经济结构畸形、经营方式粗放、条块分割严重等问题。通过发挥市场经济的作用，充分调动各方面的积极性，广泛为经济、社会潜力的发挥创造条件，尽可能提高各经济部门和各类所有制单位的生产效益。实现资金来源的多元化，在开发的总预算中，中央政府以外的资金所占比例达到75%～80%，主要包括：地方联邦主体预算，中央各部委的部门投资，企业自身投资，居民投资，吸引外资，设立专门的发展基金等。

再次，积极利用国际资本。加强同亚太国家的经济联系，借助外国力量开发远东地区。由于俄国内开发这一地区的力量有限，俄十分重视通过国际经济合作来开发该地区。为此，俄采取诸多有利于吸引外资的措施，例如，国家向外国投资银行提供担保；修改投资法，以利于外商投资；通过保险和抵押机制，降低外商投资风险；允许外商资本和所获利润自由流动等等。通过上述一系列优惠措施，创造"吸引力不比邻近亚太国家差的投资气候"。俄罗斯新的经济开发战略最主要的特点是注重开发中的国际经济合作，把借助外国力量开发远东作为重要手段。在《1996～2005年远东和外贝加尔经济与社会发展联邦专项纲要》中，

---

① 参见周伟平：《略论俄罗斯远东地区开发战略》，载《当代亚太》1998年第7期，第54～64页。

从目的、任务到措施都贯穿着国际经济合作：在目的中写明"要使远东地区成为俄罗斯参与亚太经济一体化政策中的主要环节"；在任务中，把"建立具有综合生产能力的出口基地"作为主要的一项；在措施中把"吸引外资"作为筹集投资基金最重要的一条渠道。为了争取更多地引进开发远东的外资，俄正在采取和准备采取许多更为超常的措施，包括同东北亚等亚太国家进行高级别谈判，签订开发远东的协议等。

最后，注重解决社会问题。俄罗斯在发展经济的同时，加强了对社会问题的解决，保证地区经济可持续发展。对这一方面，纲要中突出强调了以下两方面：一是要增加居民的食品和生活用品的供应、增加就业、控制人口外流、增加人口，保证经济发展的劳动力资源；二是保护生态环境与合理利用资源，保证该地区经济的可持续发展。在西伯利亚地区分布着较多的土著民族，俄罗斯在开发过程中，对少数民族问题也给予了关注，俄罗斯联邦采取了若干措施保障土著民族权利和遵守相关国际法准则。1999年《关于保障俄罗斯联邦土著小民族权利的联邦法》（简称1999年《土著民族权利法》）是向前迈进的重要一步，该法为小民族确立了一系列广泛的权利。其他重要的保护土著民族权利的联邦法律包括1996年《关于民族文化自治联邦法》、2000年《关于北方、西伯利亚和远东地区土著民族社区组织一般原则的联邦法》以及2001年《关于北方、西伯利亚和远东地区土著小民族传统上自然占用的地域的联邦法》。2001年《联邦土地法》也将对土著民族的土地权利产生重要影响。涉及俄罗斯联邦土著民族法律保护的立法活动说明其已意识到了这些社群的权利。① 但这些法律尚未对俄罗斯土著民族的生活产生预想的积极影响，如不被歧视、参与权和文化保护等方面，而原因主要还是在于具体的执行与实施方面。

（三）国外边疆治理的特色举措

美国和苏联、俄罗斯的边疆开发堪称世界边疆治理史上的经典，但这种大规模、综合性的边疆治理毕竟为数较少，大多数国家仍是一种局部性和针对性的治理。由于国情的差异，这些国家采取的措施往往极富特色，因此，考察这些国家的治理实践也具有较强的借鉴意义。

1. 澳大利亚的生态旅游。澳大利亚虽跻身发达国家行列，但其西部地区与东南沿海地区经济与社会发展水平仍存在较大差距。西部地区自然条件独特，土著居民占人口的绝大多数，而且保留着自己独特的文化和传统。如何将经济发展

---

① 参见［英］亚历山大·莎夏吉，廖敏文译：《俄罗斯联邦法律中的土著民族权利——以北方、西伯利亚和远东地区小民族为例》，载《西南民族大学学报》（人文社科版）2007年第9期，第73~80页。

和保护土著文化有机结合就成为政府制定开发政策的一个重要原则。为此，澳大利亚经过多方考察与评估，为了避开"资源优势陷阱"，最终选择生态旅游作为西部经济与社会发展的突破口。1994年3月，澳大利亚政府公布了《国家生态旅游战略》，并于1997年推出了《土著人旅游业发展战略》。1999年，澳大利亚旅游业年收入就达160亿澳元，远高于其他行业，旅游业带动了交通、服务、餐饮等行业的蓬勃发展，使得土著人地区经济发展水平显著提高。土著人的就业率上升了5%，生活水平有了较大的提高。①

澳大利亚是目前世界上公认开展生态旅游较为成功的国家。生态旅游（Ecotourism）是由国际自然保护联盟（IUCN）特别顾问谢贝洛斯·拉斯喀瑞（Ceballas-Lascurain）于1983年首次提出。当时就生态旅游给出了两个要点，其一是生态旅游的对象是自然景物；其二是生态旅游的对象不应受到损害。为了推动生态旅游的起步与发展，澳大利亚政府首先在规划上给予大力支持，要求各地方政府在制定当地旅游发展规划时，必须统一考虑土著人旅游发展计划，把土族旅游列入当地、州和全国旅游计划的一部分。在政府统一规划下，沿海发达地区在资金、技术和服务等方面为土著地区提供了大量支持和帮助。其次，在强调土著人自力更生的同时，政府在资金上给予支持，金融机构也为其提供低息或无息贷款。

澳大利亚在西部发展旅游业的一个重要特点，就是将开发与保护结合起来，这种保护主要针对民族文化和自然环境，他们的理念是"开始就要考虑结束"。澳大利亚政府加大对文化遗产的保护力度，筹集资金修葺和保护土著人的原居住地和文化遗产。将旅游业收入的一定比例作为再投资，用于文化设施的维护。澳大利亚在发展西部旅游时注重对生态的保护，把生态旅游定位为以科学的方法持续利用自然资源的一种经济活动，只能在严格保护自然资源、不破坏生态环境的前提下，遵循持续利用和经济合理的原则，分区域开展旅游活动。在生态保护中，注意发挥社会各方面的作用，包括中介组织。澳大利亚各个大学的旅游专业、旅游科研机构以及绿色环球21等组织，都以多种多样的方式在旅游发展中扮演着不同的角色。大学和科研机构通过对旅客的调查、旅游市场分析和专业培训，为旅游企业提供信息和人才。绿色环球21等组织通过全球性旅游业可持续发展标志的认证，在世界范围内宣传推销旅游产品。这些中介组织为澳大利亚旅游经济的腾飞发挥了十分重要的使用。②

2. 巴西的增长极战略。巴西作为南美洲的重要国家，其国内也存在区域发

---

① 参见张宝宇：《地区开发有难题——他山之石可攻玉》，载《民族工作》2000年第4期，第4~9页。
② 参见杜万全等：《澳大利亚保护事业与生态旅游的考察报告》，载《四川林业科技》2004年第4期，第32~34页。

展不平衡状态，特别是中西部、东北部和亚马孙河流域发展差距较大，甚至形成了"两个巴西"的说法，从而对国家的稳定造成负面影响。为此，巴西政府提出了"国家一体化"方针，加快边疆落后地区的发展。在巴西诸多的边疆治理措施中，发展极战略尤其突出，而且成效明显。"发展极"也称为"增长极"，是一种区域不平衡发展理论，佩鲁最早提出了以"增长极"为标志的不平衡增长理论。在他看来，经济增长是在不同部门、行业或地区，按不同速度不平衡增长的，经济增长首先出现和集中在具有创新能力的行业，而不是同时出现在所有的部门，这些具有创新能力的行业常常在空间的某些点上集聚，于是形成了增长中心或增长极。它们会产生类似"磁极"作用的离心力和向心力，即极化作用和扩散作用。

巴西对发展极理论的运用首先体现在迁都巴西利亚上面。首都是一个国家的政治中心，往往也是经济文化中心，是人们情感归属和联系的重要纽带，具有极强的凝聚力，而巴西政府通过迁都的确达到了政治、经济和文化中心转移的目的。迁都之前，巴西利亚是一座仅有10万多人口的小城，工农业均不发达，迁都之后大大刺激了中西部地区的经济特别是农业经济的迅速发展。如今，巴西利亚城已变成拥有10多个卫星城，人口达200万的现代化城市，巴西利亚城市的兴建及其相应的公路、铁路、电力等基础设施方面的大量投资，对周边地区产生了极大的经济辐射力，很快在巴西利亚四周建立了汽车、机械制造等重工业基地，成功地将巴西的经济重心从沿海转至中部。目前，巴西利亚已成为发展北部、东北部和中西部地区经济的中心和一个"增长极"。[①]

除首都这个特殊的发展极外，巴西还根据区域资源特点，建立发展极。其中以"玛瑙斯发展极"影响较大，1967年巴西政府颁布了288号法令，在亚马孙州首府玛瑙斯1万平方千米的地区建立玛瑙斯自由贸易区，以优惠的税收政策吸引外国和内地的企业前往投资设厂，同时设立亚马孙投资基金，从资金上扶植具有战略意义的项目。自由贸易区的建立，有力地促进了电子、摩托车等技术密集型产业的发展，并带动了配套企业和服务业的发展。玛瑙斯由原来只有10余万人口的小城市发展成为124万人口的大都市，从业人员10余万，旅游业也得到迅速发展。目前，玛瑙斯的年产值近百亿美元，电子产品占全国市场的15%，彩电产量占全国市场的80%，钟表产量占25%，成为开发闭塞的亚马孙地区的门户、辐射源和主要增长极。此外，还包括以发展橡胶业为主的"阿克里发展

---

① 参见周宝砚、杨宁：《试论巴西开发落后地区的政府干预举措》，载《北方经济》2007年第7期，第41~43页。

极",以农牧业和矿产为主的"阿马巴发展极"等。①

3. 韩国的岛屿开发。海疆作为边疆的重要组成部分,对其开发与利用日益受到各国的重视。除利用海洋资源外,岛屿开发是海疆开发的一种重要形式。在世界岛屿开发中,韩国是较为重视的国家,而且也取得了明显的成效。

韩国的岛屿开发是其对落后地区开发的重要组成部分。② 岛屿综合开发事业的目的在于通过整备和扩充岛屿的生产、收入、生产基础设施,改善居民生活环境,谋求扩大岛屿居民的收入,提高福利。岛屿综合开发事业的对象——岛屿,即可指定为济州岛以外的海上所有岛屿中常住人口 10 人以上的岛屿。不过即使为居住人口 10 人以下的岛屿,根据岛屿情况认为有必要实施开发时,也可以纳入其范围。

韩国政府根据《岛屿开发促进法》,1988 年 5 月指定开发对象岛屿,并确定和开始实施《第一次岛屿综合开发 10 年计划(1988~1997)》。政府在实施第一次计划过程中,针对 449 个岛屿实施生活、生产基础设施、环境福利设施等 3 106 项建设,共投资 9 706 亿韩元,为改善岛屿环境、扩大居民收入和解决居民夙愿事业做出贡献。在完成前期计划的基础上,政府 1998 年又开始实施《第二次岛屿综合开发 10 年计划(1998~2007)》。第二次计划在有人岛屿 491 个中选择 410 个岛屿为开发对象岛屿,计划投资 20 683 亿韩元,共 375 个项目。在第二次计划的前 5 年,为实施岛屿综合开发事业已经投入 9 821 亿韩元,完成生活、生产、环境、福利设施等总计 2 594 项建设。③

为了有力地促进岛屿综合开发,在第二次计划中,中央政府承担所需投资的 69.5%,地方政府承担 27.3%,依靠民间融资占 3.2%。通过第二次计划,政府为促进供电、给水、交通等生活基础设施建设的项目达 1 261 项(占 36.3%),为促进渔港建设、农业基础设施、储藏设施等生产基础设施建设的项目达 1 173 项(占 33.8%),为促进环境、卫生、医疗、福利设施等环境福利设施建设的项目达 508 项(占 14.6%),其他建设项目为 533 项(占 15.3%)。④ 韩国政府计划在第二次计划期间分阶段推进重点建设事业,2002 年主要集中于道路、供电、

---

① 参见张宝宇:《地区开发有难题——他山之石可攻玉》,载《民族工作》2000 年第 4 期,第 4~9 页。

② 参见金钟范:《韩国落后地区开发政策特点及启示》,载《东北亚论坛》2005 年第 5 期,第 58~63 页。

③ 参见[韩]行政自治部区域振兴课(报道资料):《向岛屿地区支援 3 066 亿韩元促进区域均衡发展》,2003 年 3 月 15 日,转引自金钟范:《韩国落后地区开发政策特点及启示》,载《东北亚论坛》2005 年第 5 期,第 58~63 页。

④ 参见[韩]行政自治部区域振兴课(报道资料):《21 世纪岛屿开发发展方案制订计划》,2001 年 9 月 25 日,转引自金钟范:《韩国落后地区开发政策特点及启示》,载《东北亚论坛》2005 年第 5 期,第 58~63 页。

给水等生活基础设施；2003～2005年主要集中于生产、收入的扩大；2006～2007年主要集中于文化、福利事业及防灾设施事业。同时，根据海洋时代及文化世纪对岛屿的新要求，政府提出要根据岛屿条件和特点，例如，利用岛屿所具有的自然、风土特点，设置特色化的目标，并促进相关事业的发展。另外，为了摆脱岛屿环海性、隔绝性、狭小性等地理局限性，作为远景计划，政府考虑制订大规模建设连陆桥、连岛桥的方案。

二、国外边疆治理的基本模式

模式是对事物生成及其运行的一种规律性总结，并且向人们展现着一种研究的思维路径。模式的产生是人们对某一事物认识深化的标志，它既具有解释与分析能力，也发挥着预期与导向作用。因此，探索事物的发展模式也就成为理论研究的重要任务。

对于边疆治理的模式问题，学界至今尚无明确的划分标准，而这一理论上的遗憾与人们对边疆治理的理解程度有着直接联系。在很长一段时间内，人们对边疆治理的认识更多地局限于边疆开发，特别是边疆经济的开发，从而导致人们忽视了边疆治理的丰富内涵。其实，从国外边疆治理的实践中，我们可以看出，边疆治理是地方治理的一种特殊类型，是边疆这一特殊区域内的政治、经济、文化等方面的综合发展，是边疆状态的一种整体提升。而这其中，政府、市场与社会作为资源配置的主体发挥着核心作用，三者的地位与关系直接决定着某一阶段或某一国家边疆治理的性质与面貌。所以，我们对边疆治理的研究也以此为参照，将边疆治理的模式划分为市场自由竞争、政府计划主导、政府市场混合和西方多元治理四种类型。

（一）市场自由竞争模式

市场自由竞争模式是资本主义自由竞争时期，资本主义各国对边疆地区的治理模式，从17世纪中叶资本主义经济制度逐渐在西欧产生并确立，一直延续到20世纪30年代资本主义世界性经济危机爆发。这一模式的主流倾向就是崇尚市场的自组织和自发调节作用，主张市场机制自由运行和自由放任的经济政策，政府不直接介入经济活动，更多的是扮演"守夜人"角色，因此，市场自由竞争模式在一定程度上是古典自由主义理论在边疆治理问题上的特殊运用。

在经济发展层面上，首先肯定市场的绝对主导地位，古典自由主义的创始人之一亚当·斯密在其名著《国富论》中第一次确立了系统的市场自由竞争的理论体系。斯密以抽象的理性"经济人"作为其整个学说的前提假设，认为人是有理性的，而这种理性就表现在对个人投入与产出的计算上，从而实现个人利益的最大化。而自由竞争的市场恰恰符合了人类利己本性的自然秩序，因此，在市场自由竞争的条件下，个人的经济行为可以自动达成社会利益的实现，也即是我们通常所说的"一只看不见的手"在这个利益协调的过程中发挥着重要的作用。斯密写到，"每个人都在力图应用他的资本，来使其产品能得到最大的价值。一般地说，他并不企图增进公共福利，也不知道他所增进的公共福利为多少。他所追求的仅仅是他个人的安乐，仅仅是他个人的利益。在这样做时，有一只看不见的手引导他去促进一种目标，而这种目标绝不是他所追求的东西。由于追逐他自己的利益，他经常促进了社会利益，其效果要比他真正想促进社会利益时所得到的效果为大。"① 在斯密看来，市场这只"看不见的手"是富有效率的，并且具有自我调节的功能；政府不应当以自己的干涉行动来破坏自由市场机制的运行。

在政府功能层面，主张有限政府。市场的自发调节并不意味着政府的无所作为，只是将其限定在一个相对狭小的范围，扮演着"守夜人"的角色。有限政府是以天赋人权、自由平等为基础，认为"人天生都是自由、平等和独立的，如不得到本人的同意，不能把任何人置于这种状态之外，使之受制于另一个人的政治权力。"② 而现实中的自由只能在"国家的权力不被滥用的时候才存在。但是一切有权力的人都容易滥用权力，这是万古不易的一条经验。有权力的人们使用权力一直到遇到界限的地方才休止。"③ 在这一理念的支撑下，人们对政府权能的设定始终主张法治与分权，反对绝对、无限和任意的政府权力，强调对政府权力的限制和监督。而将政府在实际中的作用限定在三个方面：第一，保护社会，使其不受其他独立社会群体的侵犯；第二，尽可能保护社会上各个人，使之不受社会上任何其他人的侵害或压迫；第三，建设并维持某些公共事业及某些公共设施。④

任何理论的发生都是对现实状态的一种抽象反映，这种边疆治理模式之所以适用于资本主义诞生的初期，除了对市场的偏好外，更有其对当时社会形势的深深顾虑。因为在资产阶级革命初期，资产阶级尚无力完全夺取政权，因此他们对政府的态度是矛盾的，既对政府寄予保护自身发展与安全的期望，又害怕封建力量尚存的政府构成对他们财产安全的威胁、干预和剥夺。在这种情况下，他们只能把政府当作异己的力量加以怀疑、限制，试图通过政治与经济的权力界定来排除政治与政府的干扰，从而获取独立生长的空间。在这种观念支配下，"认为经

---

①④ ［英］亚当·斯密，郭大力等译：《国民财富的性质和原因的研究》下卷，商务印书馆1974年版，第27页。

② ［英］约翰·洛克，叶启芳等译：《政府论》，商务印书馆1964年版，第57页。

③ ［法］孟德斯鸠，张雁深译：《论法的精神》，商务印书馆1961年版，第154页。

济与政治是相互独立或者只是通过个人心理间接相关的说法，成为早期自由主义观点最为明显的要素之一"。①

美国、加拿大等国的早期边疆治理是这种模式的典型代表。应该说，这种模式总体上适应了当时边疆发展的需要，治理效果比较明显。这一模式成功的核心就在于尊重经济行为主体追求自身利益这一"经济人"本质。经济行为主体追求自身利益的内在倾向是任何制度和体制下经济增长的不竭动力和源泉。制度安排应是尽力张扬而不是否认以至于打压这一内在倾向。早期的边疆是一种近乎原始的状态，生存条件极为恶劣，也正因此，个人激情的极大释放就成为治理效果的一种可靠保证。如美国西部开发初期的土地政策就充分激发了民众的热情，"这种哲学给予人民极大的自由去追求和实现其经济抱负，推动了一个世纪以来物质财富的迅速增长"② 同时，政府维持了社会的自由与平等，通过制定和实施各种法律，利用自身所拥有的垄断性强制权力保护个人权利和产权。

就如同真理再向前的一小步就是谬误一样，理论的过度放大也必然走向极端，市场的自发调节是建立在多种理想状态的前提下，而在现实中却无法实现，如外部性的存在，信息的不对称等。在这种情况下，个体的理性往往导致集体的非理性，如美国、加拿大等国在边疆治理过程中都出现了生态破坏、产业布局不合理和民族问题处理极端化等问题，这都与市场的完全自由和放任有着直接联系。

（二）政府计划主导模式

政府计划主导作为边疆治理的一种模式，主要包括两种类型：自然经济下的专制国家和传统社会主义的计划体制。

边疆作为国家的特殊区域，从其产生的那一刻起，就存在着如何治理的问题。而在漫长的专制社会中，任何国家行为都是少数统治阶层意志的体现。所以，边疆治理自然也不例外，其措施的制定与实施都由政府直接控制，而且，在自然经济的条件下，市场交换仅仅是一种特殊性存在，其范围和影响力都非常有限，因此，政府主导也就成为边疆治理的唯一选择。如果从政府与市场的关系上看，这一历史阶段中，政府主导地位的获得可以说是一种自然或自发的状态。而传统的社会主义计划体制却恰恰相反，它是一个自觉的过程，当然这中间不乏对市场的误解。在现代边疆治理中，计划体制是一种非常典型且影响极大的模式，曾一度主导整个社会主义阵营的边疆治理。因此，有必要进行简要介绍。

---

① ［美］乔治·霍兰·萨拜因，盛葵阳等译：《政治学说史》下册，商务印书馆1986年版，第758页。
② ［美］保罗·萨缪尔森，萧琛译：《经济学》（第十七版），人民邮电出版社2004年版，第262页。

这一模式从理论上讲，源于马克思主义经典作家对市场与计划的认识。马克思运用辩证唯物主义和历史唯物主义的观点，从经济运行的宏观绩效和社会公正两方面对市场和市场经济进行了彻底的批判和否定，认为市场经济，尤其是资本主义市场经济会导致失业、贫困、经济危机和不道德。"由竞争关系所造成的价格永远摇摆不定的状况，使商品丧失了道德的最后一点痕迹……危机像过去的大瘟疫一样按期来临，而且它们所造成的悲惨现象和不道德的后果比瘟疫所造成的更大"①。因此，要消除这些弊端，就必须消灭商品货币关系。而私有制又是商品经济存在的前提条件，因此，马克思主张消灭商品经济和私有制，由建立在生产资料公有制基础上的政府全面计划替代市场、指挥生产、协调经济运行。不仅如此，要消灭私有制，则必须通过社会革命，建立一个能够使每个社会成员全面自由发展的"自由人联合体"的社会制度，也就是我们平常所说的"共产主义"社会制度。在这个社会制度中，生产资料的私有制为社会的或公共的所有制所取代；社会资源与劳动时间实行"有意识的社会调节"，即社会资源是由"一个社会中心"（在国家存在的条件下，这个社会中心就是国家）进行有计划的分配或配置。总之，马克思认为，只有建立了与私有制市场经济相反的公有制计划经济，才能消除经济危机、失业、贫困和社会不公，实现社会资源的高效合理配置。

而这一模式在现实中的实际运用，是社会主义国家对社会发展程度的错误判断所导致。马克思、恩格斯所设想的以生产资料全民所有、计划经济、消灭商品货币关系等为特征的未来社会，是以生产力的高度发达和人民思想文化素质充分发展为基础的。而在第二次世界大战后，随着经济实力的增强和国际政治地位的提升，苏联等社会主义国家认为，社会主义阶段已经完成，共产主义即将成为国家建设的主要任务。而事实上，即使到了20世纪50年代前后，尽管苏联的生产力发展水平已达到相当的高度，但苏联的工业化程度、社会物质财富积累、人民的思想文化水平等，远没有达到实行纯粹的全民所有制所应具有的水平。

在苏联、东欧剧变之前，整个社会主义国家都是遵循着政府计划主导的模式，对边疆地区进行开发与治理。应该说，这既是对纯粹市场机制深刻反思后的结果，也是在当时国内国际环境压力下所做出的略显无奈的选择，但从治理的效果看，这种模式的优势还是相当明显。边疆落后和复杂的局面，必然要求中央政府有能力对其开发的总体目标、规划和开发战略实施强有力的干预和调控。能够把稀缺资源，包括受过科学技术教育的专业人员，集中于边疆治理的某些领域，

---

① 中共中央马克思恩格斯列宁斯大林著作编译局译：《马克思恩格斯全集》第1卷，人民出版社1956年版，第614页。

而且从理论上讲,政府计划主导模式有可能比市场经济模式更好地兼顾中央、地方和个人利益,尤其是兼顾整体利益和局部利益、长远利益和短期利益,减少自由市场自由竞争模式下的过度竞争及其危害和损失,从而实现边疆与内地的平衡发展。并且相对于其他模式,政府计划主导模式有更大的可能迅速实现经济水平和经济结构的转变,加速国家政治的一体化进程。苏联对西伯利亚和远东地区的迅速开发、改革开放前的新中国对西部地区的开发尤其是部分地区的迅速工业化,都是最典型的案例。

但这种模式的缺陷也是明显的,它的最大"硬伤"就是在否定市场机制的同时,将计划机制推向了极端。从对西伯利亚和中亚地区的治理实践和最终绩效来看,虽然都在一定程度上促进了地区经济发展,维护了国家的统一,但是这种治理是面向计划而不是面向市场,由此边疆地区建立起来的产业结构往往不适应社会需求,不仅这些产业经不起国际竞争的检验,而且在边疆地区内部也往往出现总量和结构上的供求失衡。这种整齐划一也使边疆地区的政治发展丧失了活力,在苏联模式的集权体制下,中亚五国的自治权基本处于虚化状态,在这种集权体制下,民主与法制都十分匮乏。联盟中央和加盟共和国在利益分配上存在矛盾,人民群众也长期处于禁锢与僵化的社会政治氛围当中,从而使中亚五国失去了社会发展和前进的活力。

(三) 政府市场混合模式

市场自由竞争和政府计划主导在边疆治理中都暴露了其自身所固有的弊端,为了克服"市场失灵"和"政府失灵",资本主义国家和社会主义国家都进行了长时间的探索,分别修正了原有的理论,确立了政府与市场相结合的混合模式。

20世纪30年代席卷资本主义世界的严重经济危机,深刻暴露了市场自身内在的无法克服的缺陷和市场机制自发调节的局限性,使经济的发展处在了无政府干预就不可能继续运行的状态。长期占统治地位的以自由放任为中心的自由主义学说让位于凯恩斯的干预主义。凯恩斯理论认为,资本主义的衰退和失业,是由社会需求不足造成的。为了防止衰退,实现充分就业,唯一的途径是由政府支持消费者有足够的购买力,从而保证充分的需求。"为确保充分就业所必须有的中央统治,已经把传统的政府机能扩大了许多……不能让经济力量自由运用,须由政府来约束或指导","这是唯一切实办法,……可以让私人策动力有适当运用"。[①] 1933年,美国推行"罗斯福新政",就是把这种理论付诸实践的第一次大规模尝试。直到20世纪70年代,西方主要资本主义国家的政府对经济进行的

---

① [英] 凯恩斯,徐毓译:《就业利息和货币通论》,商务印书馆1963年版,第327~328页。

干预和调节，基本上都是以凯恩斯主义为理论指导。虽然此后因"滞胀"局面的出现，各种新自由主义思潮又盛极一时，但在实践上，各国政府并没有真正也不可能放弃政府对市场的干预和调节。政府与市场的联合已是不可逆转。

　　社会主义各国在发展过程中逐渐认识到政府全面管理的弊端，从20世纪50年代以后，各个社会主义国家都对经济体制进行了改革，在不同程度上缩减和削弱了政府经济职能，但仍没有脱离传统计划体制的轨迹。到了20世纪80年代以后，传统的政府职能已经越来越不适应市场机制运行的要求，严重阻碍了市场化的进程和国民经济的发展，社会主义国家开始大规模地推行改革、引入市场机制，以市场调节代替政府计划。"社会主义国家开始认识到：维护社会主义的唯一办法是改变其运行方式，不偏离制度的基础，但在国家集权经济的范围内允许进一步的分权和经济自由化"。① 应该说，从20世纪中后期开始，各国对边疆的治理均采取了政府与市场混合的模式，发挥市场配置资源的基础性作用，并注重政府的宏观调控。20世纪中期以后，美国的西部边疆治理、苏联后期和俄罗斯的西伯利亚治理，包括日本、巴西、意大利等国都采取了这种混合模式。这一模式的长处在于兼顾了市场机制与政府干预的积极作用，使两种调控手段在一定程度上实现优势互补。但市场竞争仍为最基本的调节手段，国家干预以不妨碍市场机制发挥作用为限。既强调竞争的重要性，又警惕个人和企业（特别是私人垄断企业）的垄断本能，为了维持一种有序的竞争，政府既要直接立法，又要致力于间接地为建立有序竞争创造重要的条件。同时，在物质资本和人力资本的形成和来源上，既有私人资本的投资，也有相当的政府投资或者政府直接开办教育事业和公共事业，促进边疆地区开发。这实际上成为世界上大多数国家治理边疆地区的共同模式。

　　但这种模式也并不完美，从理论上讲，市场与政府的"失灵"并不能构成两者结合的充分条件，在发挥市场与政府各自优势的同时，也可能更加放大原有的不足，甚至产生新的难题，如20世纪70年代的"滞胀"现象。因此在边疆治理中，这种混合模式依然存在许多问题，边疆在多数情况下属于欠发达区域，边疆治理是在一种区域不均衡的前提下展开的，而要摆脱这种状态就必须产生更高的经济效率，而在政府与市场的混合模式中，往往容易导致竞争机制弱化，科技创新乏力和寻租的普遍存在，从而牺牲了经济效率。在萨缪尔森和斯蒂格里茨的《经济学》巨著中，两者也都认为，不完全竞争将导致经济的低效率，追求利润最大化的不完全竞争通过控制价格和限制产量，从而导致社会福利的"净

---

　　① ［波兰］格泽戈尔兹·W·科勒德克，刘小勇等译：《从休克到治疗——后社会主义转轨的政治经济》，上海远东出版社2000年版，第76页。

损失"。而如果政府干预过度则极易形成垄断,不利于培育和提升企业、行业乃至整个边疆地区的创新动力以及国内、国际竞争力。没有政府保护的产权人格化的企业,在国内国际都没有竞争力;相反,长期受政府各种保护的企业,可能永远羽翼难丰。

由此可见,在边疆治理的混合模式中,尽管人们十分谨慎地寻求着市场与政府的"黄金分割比例",但结果往往是如同钟摆一般,不停地在两者中间做出调试,这也促使人们在思维方式上寻求突破,努力在市场与政府之外发掘边疆治理的第三种力量,构建一种全新的边疆治理模式。

(四) 西方多元治理模式

"治理理论"是20世纪末期在西方国家出现的一种全新的社会科学研究范式。这一理论的提出有着广阔的时代背景和深刻的历史原因:市场与政府的失灵使人们更加关注如何改善社会的治理水平;全球化的发展使人们更加关心整个世界事务的处理。对于如何理解"治理",理论界仍存在着较大的争议。作为治理理论的主要创始人,罗西瑙将治理界定为一系列活动领域里的管理机制,它们虽未得到正式授权,却能有效发挥作用。与统治不同,治理指的是一种由共同的目标支持的活动,这些管理活动的主体未必是政府,也无须依靠国家的强制力量来实现。[1] 另一位研究治理的学者格里·斯托克提出了五种关于治理的观点:(1)治理是指出自政府但又不限于政府的一系列社会公共机构和行为者;(2)治理意味着在为社会和经济问题寻求解答的过程中存在的界限和责任方面的模糊性;(3)治理明确肯定了涉及集体行为的各个社会公共机构之间存在的权力依赖;(4)治理指行为者网络的自主自治;(5)治理认定,办好事情的能力并不在于政府的权力,不在于政府下命令或运用其权威。政府可以动用新的工具和技术来控制和指引;而政府的能力和责任均在于此。[2] 联合国全球治理委员会在《我们的全球合作伙伴》中,将治理概括为"治理是各种公共的或私人的个人和机构管理其共同事务的诸多方式的总和"。

虽然"治理"的内涵仍存在争议,但从多位学者和各种机构的定义中,我们不难看出"治理"的实质所在,它是国家与市民社会突破零和博弈,实现双赢的一条新道路,即它在公共利益的实现方式上,由一元、强制、垄断走向了多

---

[1] 参见[美]罗西瑙:《没有政府统治的治理》,剑桥大学出版社1995年版,第5页;《21世纪的治理》,载《全球治理》1995年创刊号。转引自俞可平:《治理与善治》,社会科学文献出版社2000年版,第2页。

[2] 参见[德]格里·斯托克,华夏风译:《作为理论的治理:五个论点》,载《国际科学》(中文版)1999年第2期,第19~30页。

元、民主、合作。具体说来，首先，治理理论认为政府不是国家唯一的权力中心，各种民间组织如非政府组织、协会、志愿性组织等同样是合法权力的来源；其次，治理强调国家与公民社会之间的合作，如谈判对话、模糊公私部门之间的界限，并重视公私之间的依赖关系；最后，治理注重在各种组织和个人参与的基础上，最终通过形成一个合作的网络，来分担各种公共事务和责任。

"治理理论"包括宏观层面的全球治理和微观层面的地方治理，而两者都最终指向"善治"，即使公共利益最大化的社会管理过程。善治的本质特征，就在于它是政府与公民对公共生活的合作管理，是政治国家与市民社会的一种新颖关系，是两者的最佳状态。① 全球治理是治理理论在国际领域中的应用，主张打破传统民族国家与国际社会的二元对立，消解传统民族国家主权的绝对性，作为一种客观历史发展进程，全球治理理论是国际政治发展到新阶段的客观现实，它体现了全球化时代的政治民主要求与发展趋势，是政府组织、非政府组织以及全球公民社会三方面力量在全球政治领域的博弈结果。全球治理理论也给传统政治管理模式带来了挑战，要求主权国家积极改变自己的传统角色，在全球治理中维护和发展自己的利益，同时造福于全人类。

地方治理指的是，在一定的贴近公民生活的多层次复合的地理空间内，依托于政府组织、民营组织、社会组织和民间的公民组织等各种组织的网络体系，共同完成和实现公共服务和社会事务管理的过程，以达成以公民发展为中心的、面向公民需要服务的、积极回应环境变化的、使地方富有发展活力的新型社会管理体系。② 地方治理面临的任务主要包括：地方组织应该如何防范和解决由国际资本自由流动带来的十分消极的后果；地方组织需要懂得如何创造良好的、可持续发展的环境，为外来投资和地方自主性经济体系的发展奠定必要的基础；地方组织必须明确如何建立自主、灵活、弹性的组织体系，加强对外部环境的反应能力和驾驭能力，提高对社会、公民多样化需求的回应水平，更有效地提供公共物品和公共服务。③

治理理论的产生对边疆治理的实践意义重大，治理理论与边疆治理的结合是推动边疆地区发展的必然要求。边疆作为国家的边缘区域，从地方治理的角度看，边疆治理要突破政府与市场的二元模式，必须重视社会自身的力量，促进政府、市场与社会的有机结合与良性运转；从全球治理的角度看，边疆的区域特点决定了它必将受到全球化的冲击，但这也为边疆治理拓展了思路，通过国际合作，克服"边缘"对边疆发展的阻碍。"治理"理论虽然诞生于 20 世纪 90 年

---

① 参见俞可平：《全球治理引论》，载《马克思主义与现实》2002 年第 1 期，第 20～32 页。
② 参见孙柏瑛：《当代发达国家地方治理的兴起》，载《中国行政管理》2003 年第 4 期，第 47～53 页。
③ 参见孙柏瑛：《当代地方治理》，中国人民大学出版社 2004 年版，第 59～63 页。

代,但作为一种治理的实践,却已经先于理论,并且也在边疆治理上体现出来,如美国、加拿大在边疆开发中,就极为重视社会自身力量的参与,社会自组织的存在与发展是西部成功开发的重要环节;俄罗斯在西伯利亚的开发过程中,其重要措施就是加强国际合作,充分利用各种国际组织的力量。

但准确地说,治理理论作为边疆治理的一种模式,仍处在探索与构建的过程中。如何在社会发育程度较低的边疆地区,实现"善治";如何在国际合作中,警惕大国以"全球治理"为借口,损害国家利益,这都是治理理论在应用于边疆治理中需要慎重对待的问题。

三、国外边疆治理的简要评价

通过对国外边疆治理实践与模式的考察,我们可以发现,世界各国在边疆治理的过程中展现了各自的特色,既有许多成功的经验值得我们借鉴;也存在一定的问题,需要我们深刻的反思。利用好这些"可以攻玉"的"他山之石",能够使我们更深刻地理解边疆治理,从而更有效地推动我国边疆治理的发展。

(一)国外边疆治理的成功经验

在国外成功的边疆治理实践中,虽然各国边疆的特点不一,采取的治理措施多样,但仔细对比后,我们又不难发现,其中仍存在诸多共同之处。这些共同的成功经验是边疆治理的基础条件,具有较普遍的适应性。

1. 政府宏观调控。在各国的边疆治理中,政府都发挥着重要的作用,这既是边疆治理的需要,也与政府自身的角色有关。首先,由于所处的特殊地理位置,多数情况下,边疆地区往往自然条件恶劣,经济发展落后,科学技术水平较低。在这种区域不平衡的前提下,进行边疆治理,单纯的市场机制无法实现区域发展平衡,因为资本的特性决定了它必将流向回报更高的地区与行业,这就需要在边疆的开发与治理过程中,采取一定的非均衡发展战略,克服市场自身的缺陷。其次,政府作为公共权力的主要承载者,拥有强大的动员、整合和支配能力,无论在何种社会形态中,政府的社会角色决定了在边疆治理中,政府必定是主要的参与主体,在区域非均衡的状态下,为市场机制的运行和社会自身的发育提供各种基础性条件。

政府在边疆治理中的作用主要体现在两个方面:首先,为边疆治理奠定基础条件。政府在边疆治理的起步阶段,发挥着基础性作用,为边疆发展提供各种基础条件,如直接注入大量资金,实施区域倾斜政策和修建大型基础设施等。以铁路的修建为例,1865年,美国全国有35 085英里铁路,其中只有3 272英里位于密西西比河以西。到了1890年，全国铁路总长达199 876英里，其中密西西比河以西的铁路线长达72 473英里，即55年前全国铁路线总长的一倍多。① 苏联20世纪30年代就开始对第一条西伯利亚大铁路进行改建和修建复线工程，并在一些重要的工矿区新修了铁路线，以便运输大宗产品和原料。1974～1985年，又历时10年修建远东第二条西伯利亚大铁路—贝阿铁路。

其次，为边疆治理安排制度保障。政府对边疆治理的直接介入是必需的，但这种介入是有时间限制和范围要求的，过度的直接介入并不利于边疆地区的持续发展。政府在边疆发展起步后，其作用就更多地表现在制度安排方面，有效的制度安排能够为边疆的发展提供持续的动力。边疆治理过程中的制度安排主要表现在长远规划和政策法规上。如苏联在开发西伯利亚时，大约每隔10年，政府就在西伯利亚和远东地区实施一项长期投资纲要，每实施一项长期投资纲要就形成一个开发阶段。而在美国，法案的制定始终贯穿于西部开发过程中，1784年、1785年、1787年三个土地法令为以民主方式解决西部土地问题及建立自由农民土地制度奠定了法律基础。1862年颁布《宅地法》，1873年颁布了《鼓励西部草原植树法》，1877年的《沙漠土地法》，1878年的《木材石料法》，1906年的《森林宅地法》，都调动了广大移民垦荒的积极性。第二次世界大战后又制定了一系列进一步开发的法案，如1961年的《地区再开发法》、1962年的《加速公共工程法》和《人力训练与发展法》、1964年的《经济机会均等法》和《阿巴拉契亚地区开发法》，以及1972年的《农村发展法》等。

2. 科学技术推动。科学技术是生产力，这是马克思主义的一个基本观点和著名论断，它指出了人类精神生产与物质生产的相关性，揭示了科学技术的社会本质。马克思的理论主要强调两点：第一，科学技术不仅仅是意识形态的一部分，具有意识形态的特征，而且也是生产力的一部分，具有生产力的特征，"生产力中包括科学"。第二，科学是生产力和社会发展的强大动力，"是一种在历史上起推动作用的、革命的力量"。邓小平同志在结合时代特征的基础上，更加明确地提出了"科学技术是第一生产力"的思想。而边疆作为一种欠发达地区，要实现追赶型或超越式的发展，必须依靠科技的力量，这已成为各国边疆治理的共识，特别在知识经济时代，这种作用表现得尤为突出。

注重科技的力量，首先要重视科技的创新，这是科技发展的源泉与动力。美国政府历来重视技术创新工作。早在18世纪80年代末，一些地方政府和私人团体就不断向技术革新者提供奖金和资助。1790年联邦政府正式成立了专利局来

---

① 参见［美］丹尼尔·布尔斯廷，中国对外翻译出版公司译：《美国人——民主历程》（中译本），三联书店1993年版，第139页。

管理发明创造和技术革新,以专利制度来保证技术发明的推广。据统计,在1840年以前,美国政府颁布的专利许可证达11 500份,其后10年内发出的专利证就大大超过了2万份。①

其次,加速科技成果向现实生产力的转换。美国政府十分重视技术推广。早在西部开发初期,美国就十分重视对农业科技的研究和运用,制造和改进生产工具,引进和改良品种,建立科技普及网络,把农业机械化、水利化、化学化和良种化以及科学种田方法的推广,作为提高农业生产力水平的重要手段。到19世纪末,西部农业发展水平超过东部,率先实现农业机械化和农业现代化。

最后,重视科技人才的培养。科技的进步,归根到底要依靠科技人才的培养,大量高科技人才是边疆开发与深层次发展的基础条件。进入20世纪,科学技术在美国更是被看做是工业发展的基础。西部的研究与发展经费大大超过其他地区,联邦政府还资助西部发展高等教育,尤其是华盛顿大学的快速发展(五六十年代学生增加两倍)就与联邦政府的扶持息息相关。"硅谷"的崛起是西部高新技术产业发展的一个缩影。1957年苏联科学院西伯利亚分院的组建,是开发西伯利亚地区的重要一步。到80年代末,西伯利亚分院已发展成为苏联科学院最大的分支机构,它在促进西伯利亚生产力发展、培养适合地区发展的各种专业人才、提高经济和社会效益等方面,发挥了极大的作用。

3. 注重地区特色。边疆虽然都位于国家的边缘区域,但不同国家的边疆,在自然资源、文化类型、政治设置等方面都存在较大差异,这也决定了各国的边疆治理只能从本地区的实际出发,选择适合的发展战略,绝不能一味模仿或照搬他国模式,这也成为各国边疆治理的共同经验。以自然资源的开发为例,苏联与澳大利亚都是边疆地区资源丰富的国家,两国在开发过程中也都注意到对自然资源的开发与利用,但采取的方式却差异较大。

苏联在开发中,注意到西伯利亚的能源和水利资源十分丰富,这就为开采石油、天然气,发展水电站和火电站提供了源泉。从20世纪30年代起,特别是50年代以来,西伯利亚地区陆续建设了许多大型水电站,提供了丰富的动力;石油和天然气的开采,为能源工业的发展奠定了雄厚的物质基础;丰富的煤炭储量也为发展冶金业提供了保障。基于此,西伯利亚发展了独具特色的优势产业:一是能源、燃料、动力工业相当发达,成为国家的主要基地。二是由于有充足的能源及水源,结合该地具有的丰富矿产资源,可以大力发展耗能量和耗水量大的工业。西伯利亚自然优势的利用和发挥,繁荣了地区经济,也促进了全国经济的发展。

澳大利亚在边疆开发中,注意到旅游资源、民族文化和生态保护三者之间的

---

① 参见[苏]阿·符·叶菲莫夫,庚声译:《美国史纲》,三联书店1972年版,第443页。

关系,把"生态旅游"确定为边疆开发的主要战略,澳大利亚把生态旅游定位为以科学的方法持续利用自然资源的一种经济活动,只能在严格保护自然资源、不破坏生态环境的前提下,遵循持续利用和经济合理的原则,分区域开展旅游活动。即使开展旅游的地方,也要采取分流客源、架设索道、修建便道,对不同景区实行不同限制等措施,保护植被和生物多样性。通过保存完好的自然生态为旅游业提供生机盎然、千姿百态的景观资源,通过旅游业的发展反哺保护事业,使二者相辅相成、良性互动,实现资源、环境与经济的协调发展。

由此可见,任何一项成功的边疆治理战略都是在综合分析地区特色的基础上形成的,即使是单纯的资源开发也不例外。这也要求各国在制定边疆治理措施时,必须认真分析边疆地区的自然、经济、政治和文化特征,在边疆治理方式的选择上,并不存在固定答案,适合的也就是最优的。

(二) 国外边疆治理存在的问题

在借鉴国外边疆治理成功经验的同时,也应该注意到各国在实践中所存在的失误,只有意识到在我国边疆治理中可能发生的问题,才能做到未雨绸缪,避免重蹈覆辙。

1. 生态问题。恩格斯曾说过:"我们不要过分陶醉于我们对自然界的胜利。对于每一次这样的胜利,自然都报复了我们。每一次胜利,在第一步都确实取得了我们预期的结果,但是在第二步和第三步却有了完全不同的、出乎意料的影响,常常把第一个结果又取消了。"① 而不幸的是,人们对边疆的治理却一再验证着恩格斯的这一论断。在边疆开发的过程中,人们往往将自己置身于自然之外,肆无忌惮地向大自然索取各种资源,实现着所谓的"发展与进步",但却忽视了人自身就是大自然的一部分,生态环境的破坏最终也将摧毁人类文明自身。

在边疆治理的过程中,特别是早期的边疆开发,生态破坏的事例比比皆是。美国早期的西部开发,由于未重视生态环境的保护,视水土为用之不尽、取之不竭的资源,滥砍乱伐、掠夺式的土地经营,使西部生态环境遭到严重破坏,最终受到大自然的惩罚。19世纪30年代开始的一连串震惊世界的"黑风暴"灾难,波及美国本土二十多个州。大平原100多万英亩农田2~12英寸厚的肥沃表土全部丧失,变成一片沙漠。1934年小麦减产51亿公斤,1935年,美国土壤侵蚀调查发现,独立战争(1775~1783年)时期,美国平均表土大约9英寸厚,1935年只有大约6英寸厚,在不到200年的时间里,损失了大约23%的表土,这其

---

① [德] 恩格斯,中共中央马恩列斯著作编译局译:《自然辩证法》,人民出版社1984年版,第304页。

中大部分表土的损失是在西部土地大开发期间发生的。① 苏联也同样有过这样的惨痛教训。20世纪50年代苏联在哈萨克、乌拉尔和西伯利亚等地毁林毁草开垦了6 000万公顷土地,虽然生产了全苏粮食总产量的2/5,但好景不长,1963年就受到大自然的惩罚,风暴席卷了整个垦区,致使80%的新垦区受灾,苏联为此付出了沉重代价。②

虽然各国后来均意识到生态保护的重要性,也采取了诸多措施,但这种先发展、后治理的模式,代价极为巨大。"因此我们必须时时记住:我们统治自然界,绝不像征服者统治异民族一样,绝不像站在自然界以外的人一样,相反地,我们连同我们的肉、血和头脑都是属于自然界,存在于自然界的;我们对自然界的整个统治,是在于我们比其他一切动物强,能够认识和正确运用自然规律。"③因此,采取一种可持续的发展模式也就成为现代边疆治理的唯一可行选择。

2. 民族问题。民族作为以共同文化为纽带的人群共同体,在当代民族国家内部和国际舞台上都扮演着重要角色。解决民族问题是民族国家,特别是内部民族构成十分复杂的民族国家的一项重要任务。在世界各国中,少数民族的聚居区与边疆地区有较大的重合性,这也就使民族问题成为边疆治理过程中不可忽视的一部分。但纵观各国处理边疆民族问题的实践,失误频现。究其原因,主要在于对民族的理解上还存在偏差,忽视了民族生成与发展的客观性与规律性。因此,对民族问题的解决往往主观随意性较大,在具体方式上也显得简单、粗暴。

美国在边疆开发的过程中,存在许多根深蒂固的民族问题,最突出地表现在黑人问题、印第安人问题以及移民集团问题等方面。美国虽然在《独立宣言》中宣称"所有的人生而平等",但在较长的历史时期,一直奉行的是种族歧视政策。对黑人实行奴隶制和种族隔离,对亚裔人和其他民族进行排斥,对印第安人则更为野蛮,直接驱赶屠杀和种族隔离。印第安人作为美洲的土著居民,在殖民时代来临后遭受到血腥屠杀。根据资料表明,在美国独立之后的128年中,联邦军队共进行了114次战争,参加过8 000多次战斗和冲突,其中大部分都是对印第安人的镇压,印第安人口由15世纪的三四百万锐减至目前的一百万左右。④

加拿大也是一个疆域广大的多民族国家,在民族问题上,加拿大主要是处理与当地土著民族的关系,加拿大的土著民族包括美洲印第安人、因纽特人和梅蒂斯

---

① 参见李春芳:《近现代美国西部开发中的生态环境问题及对中国西北开发的借鉴意义》,载《甘肃理论学刊》2006年第2期,第157~160页。
② 参见张锦冬:《原苏联的东部大开发对我国西部开发的启示》,载《经济纵横》2001年第10期,第20~23页。
③ [德]恩格斯,中共中央马恩列斯著作编译局译:《自然辩证法》,人民出版社1984年版,第304页。
④ 参见刘海池:《美国民族问题探析》,载《内蒙古民族大学学报(社会科学版)》2002年第3期,第34~36页。

人,印第安人和因纽特人是最早的土著居民,梅蒂斯人起初是指殖民时代早期进行皮货贸易的欧洲裔男人与土著妇女结合所生的后裔,后来也泛指任何种族混合所生的后代。由于土著民的人口数量很少,加之居住非常分散,故其力量十分单薄。因此,在加拿大未出现过土著民对欧洲殖民者的大规模武装抵抗。加拿大主要通过签订条约,来处理与土著民族的关系。一类是《印第安人法》及其形成后百余年来的各种修正案,另一类是殖民者或加拿大自治领当局代表英国王室与由一些酋长和头人所代表的各个部落土著民以及其他方面缔结的不平等条约。通过条约,强迫土著民把他们本来居住的、在法理上应当属于他们所有的数百万平方公里土地的权利,割让、转让和出让给了加拿大政府,最终只留下约2.6万平方公里保留地属于自己。弱小的加拿大土著民,尽管没有像其他许多国家的土著那样遭到大规模的凶残杀戮,但极度不平等的法律限制使得土著居民的维权之路至今仍步履维艰。

在处理边疆民族问题上存在失误的国家还包括苏联,如前所述,民族问题的激化最终成为苏联解体的直接原因之一。由此可见,民族问题的处理效果往往制约着边疆的发展,甚至影响到整个国家的稳定,这也要求任何国家面对民族问题时,都应该在尊重民族发展规律的基础上,结合地区实际,认真而慎重地对待。

四、国外边疆治理的借鉴意义

边疆治理问题在我国日益受到重视,逐渐成为国家基本战略方针的重要组成部分,但到目前为止,具有中国特色的边疆治理体系仍处在不断探索之中。而借鉴国外的理论与实践,无疑为我们提供了新的理念与思路,在当前我国的边疆治理中,应着重注意以下三个方面:

(一) 边疆治理的目标设定:经济、政治和文化的统一

目标在事物的发展过程中具有导向作用,对于边疆治理,目标的设定是需要解决的首要问题。在传统意义上,人们往往把边疆开发,特别是边疆经济开发作为边疆治理的主要内容,有时甚至将两者相等同。其实,边疆治理的内涵非常丰富,经济发展仅仅是其目标体系中的组成部分。边疆治理是通过对边疆问题的解决,进而推动边疆地区的发展,最终实现国家的整体发展。因此,对于边疆治理的目标,应包括经济、政治、文化三个方面。

1. 经济发展是边疆治理的首要任务。边疆地区的经济发展存在着诸多特点:一是落后性与不平衡性并存。绝大部分的边疆地区,社会生产力发展水平仍然比较低下,部分地区尤其是少数民族聚居地区甚至还处于温饱线以下,许多基本生活条件都难以保障,远没有进入现代化发展阶段。同时,边疆地区经济与社会发

展差距极大，大中城市水平较高，边远地区水平较低，从整体发展水平来看，无论是在区域内部，还是在区域之间，不平衡性都十分突出与显著。二是自然资源丰富与生态环境恶劣并存。一方面，边疆地区自然资源相当丰富；另一方面，生态环境又出现急剧恶化的趋势。前者为边疆地区的开发和发展提供了重要的有利条件，后者则成为边疆地区经济社会发展的巨大障碍。

地区之间的这种悬殊差距，长此以往，必将影响到边疆地区的稳定与和谐。而且，经济的落后也制约着其他各项事业的发展，因此，促进边疆地区的经济发展，并且让广大居民切实享受到经济发展的成果，既是边疆治理的目标，也是边疆治理的必备条件。而边疆的现有基础和条件也决定了，边疆经济在发展战略上，必须选择一种跨越式的发展方式。通过对自身发展要素和对已有的先进科学技术成果和经验模式的充分利用，在生产力跨越的基础上，通过产业结构的优化和城乡经济的协调发展，最终实现区域经济发展水平的整体跃进。

2. 政治发展是边疆治理的重要内容。同内地相比，边疆地区的政治发展既有共性要求，又存在特殊之处。就内容来看，主要体现在政治整合和民族政治两个方面。

"政治整合"概念可以在多个层面使用，对于民族国家内部来说，政治整合就是将国家内部存在明显差异的地理区域、价值观念、社会群体和行为方式进行有效协调和统一的政治过程。政治整合的基本目标就是维护国家这一政治共同体的统一与和谐，防止国家内部的"破碎化"。地区发展的非均衡性是我国边疆治理的客观前提，如经济发展落后、亚文化影响大等。这种边疆与内地的异质性，加之国外敌对势力的干涉，使国家层面的政治整合难度加大。因此，如何在非均衡的前提下，强化政治整合的力度就显得意义格外重大。

民族政治问题是边疆政治的另一特色，我国少数民族人口主要集中在西部及边疆地区。2000年人口普查显示，广西、云南、贵州、新疆4个省区的少数民族人口之和占全国少数民族人口的一半以上，再加上辽宁、湖南、内蒙古、四川、河北、湖北、西藏、吉林、青海、甘肃、重庆和宁夏，以上16个省区的少数民族人口占全国少数民族人口的91.32%。我国陆地边境线全长2万多公里，绝大部分是少数民族地区。因此，整合族际政治关系，完善民族区域自治制度就必然成为边疆政治发展的重要内容。

3. 文化发展是边疆治理的必要条件。边疆地区文化的发展涉及多个层面。

第一，是科学技术的发展。边疆的发展需要科技的支撑，这在国外的实践中已被一再证明。但在我国的边疆地区，特别是西部边疆地区，教育和科技发展比较落后，知识贫困的现象突出。从纵向发展的角度看，边疆地区的教育和科学文化水平都在不断提高，但由于区域发展的差异，现在部分区域教育发展水平上的差异仍然很大。这也需要国家给予更大的支持,增加投入,为边疆发展奠定更加坚实的人力资本。

第二,是边疆精神的塑造。新中国成立后,大批解放军转业官兵、内地支边青年和城市知识青年,响应党的号召,开始了大规模的边疆开发。新疆建设兵团在新疆天山南北大面积开发,使一片片荒漠变成了绿洲,形成了"热爱祖国,无私奉献,艰苦创业,开拓进取"的兵团精神;北大荒人在东北三江平原上开荒建场,使"北大荒"变成了"北大仓",形成了"艰苦奋斗、勇于开拓、顾全大局、无私奉献"的北大荒精神;对海南和云南的开发,使原始丛林变成了天然橡胶和热带作物生产基地。

今天的边疆,很大一部分地区仍然是自然条件恶劣,经济社会落后的状态。边疆的治理更加需要一种不畏艰险、埋头苦干的精神,继承和发扬老一辈拓荒者的优良传统在今天的边疆治理中依然重要。当然,对边疆精神的塑造既要继承,又要与时俱进,注入新的理念。在当代的边疆治理中,尤其要注意法治精神和可持续发展理念。

第三,是公民意识的强化。这是边疆文化发展的核心。公民意识是指公民个人对自己在国家中地位的自我认识,也就是公民自觉地以宪法和法律规定的基本权利和义务为核心内容,以自己在国家政治生活和社会生活中的主体地位为思想来源,把国家主人的责任感、使命感和权利义务观融为一体的自我认识。

公民意识首先是一种国家认同意识,其次是一种权利与义务意识。这两者对边疆地区的发展都至关重要。现代公民意识的培养既能够增强人们的国家认同意识,也是边疆地区社会发育的重要条件。

经济、政治、文化作为边疆治理的目标,三者之间相互联系,相互促进,经济发展为政治和文化的发展奠定物质基础;政治发展为经济和文化的发展提供制度保障;而文化发展又能够为经济和政治的发展提供精神动力。任何单一层面的发展只能导致事倍功半,而这也正是传统边疆治理收效甚微的重要原因。

(二)边疆治理的参与主体:政府、市场和社会的结合

边疆治理是参与主体不断建设的过程,结合当代西方边疆治理的模式,我们可以看出,当代的边疆治理已经突破了单一主体的模式,向主体多元化的趋势发展。因此,我国边疆治理的主体应是政府、市场和社会的结合。

1. 政府是边疆治理的主要参与主体。政府作为公共利益的代表者,参与边疆治理既是自身职能的要求,也是边疆治理成功的必要保证。特别是市场机制不够完善,社会发育程度不高的边疆地区,政府的参与就显得意义尤为重大。

首先,政府为边疆发展奠定必要的基础条件。边疆地区由于历史与现实的诸

多因素，往往发展基础薄弱，资金短缺、科技落后、人才匮乏，在这样的基础上实现跨越式发展，政府的作用更加凸显。政府可以通过制定边疆发展的长期规划，实施资金与政策的倾斜，为边疆发展的起步奠定基础条件。

其次，政府为边疆发展提供良好的外部环境。在边疆发展的过程中，政府可以通过制度创新与制度安排，为市场机制的完善与社会自身的发育提供各种必要的制度保障；可以综合运用行政、法律和经济等手段，维护边疆的安全和稳定，为边疆的发展保驾护航。当然，边疆地区的特点不同、边疆治理的阶段不同，政府参与的程度与方式也应做相应的调整。

2. 市场是边疆治理的重要参与主体。现代经济是一种市场经济，市场在资源配置中发挥着基础性作用。只有以市场为导向，充分发挥市场机制，边疆地区的经济发展才能保持高效率，拥有高质量。传统观念一般认为，市场只能提供私人产品，满足私人需要，但现代公共产品理论已经证明，市场同样可以提供某些公共产品，而且成本更低、效率更高。但我们也应该看到，无论提供何种产品，市场总是以利润最大化为目的，这也就要求我们对市场作用的负面影响有所警惕。

3. 社会是边疆治理的必要参与主体。社会在这里主要是一种狭义层面的理解，指各种非营利组织和公民个体。社会自身的参与是现代治理理论的最大特色，对于边疆治理来说，传统意义上是一种从上而下、单向度的治理模式，忽视了边疆地区自身积极性的发挥，这就使许多治理措施在实施的过程中大打折扣。因此，只有边疆社会自身的积极参与，构建一种双向互动的治理模式，才能真正增强边疆自身的"造血"功能，从而实现边疆地区治理能力的提升。当然，目前边疆社会的发育程度还普遍比较低，但这并不能成为我们忽视社会自身参与的理由，促进边疆社会的发育本身也是边疆治理的应有之义。

政府、市场和社会作为边疆治理的主体，并不是一种"各自为战"的局面，而是要在发挥自身优势的基础上，取长补短，形成一股边疆治理的合力，只有这样才能将边疆治理推向深入。

（三）边疆治理的战略选择：边缘的中心化

在疆域广大的国家中，边疆地区的发展滞后与地处边缘地带，远离全国的政治、经济和文化中心有着直接联系，特别在我国，政治、经济和文化的中心不但分布相对集中，而且重合现象明显，所以，地理上的边缘也就成为了发展上的边缘。但在今天，随着全球化的发展和知识经济的兴起，"中心—边缘"已经不再是一种固定的模式，人们认识角度的不同、主导要素的改变都可以使"中心"和"边缘"在空间结构上发生调整和变化，地理意义上的边缘同样可以成为区域经济或文化的中心或次中心。因此,"边缘的中心化"既是边疆治理的重要目标,也是推动边疆发展的重要方式。简言之,边疆地区的"边缘中心化"就是指通过适宜的发展模式,在边疆内部形成新的发展中心或次中心,并通过中心的辐射和扩散作用带动周边区域共同发展,是发展极理论在边疆地区的一种运用。

1. 从范围上讲,边疆地区发展要优势互补,加强合作。边疆地区的发展不能只依靠各个省或自治区自身进行单打独斗,而应该根据区域特点和自身优势形成跨越行政区划的发展区域,综合利用各地区的优势,降低区划设置所造成的交易成本,也要挖掘自身优势,加强与东部或中部发达地区的合作。同时,在全球化时代,边疆地区的边缘劣势恰恰成为其加速发展的区位优势,与其他国家相邻,可以更加充分地利用国际市场,开展国际合作。如我国西南边疆的发展,既要加强内部的合作,也要注重与东南亚、南亚各国的交流,从而促进整个区域治理水平的提升。因此,边疆地区发展中心的选定,不能仅仅局限在省级区划内部,而要具有更广阔的视野。

2. 从类型上讲,边疆地区发展既需要经济中心,也需要文化中心。传统增长极理论更多的关注经济中心的扩散效应,应该说这对我国边疆的发展依然适用。但对于边疆的深层治理来说,特别在知识经济的时代,文化的扩散效应往往意义更大。例如美国"硅谷"和苏联"科学城"的发展就尤为典型。但文化的中心也不应只是应用科学或自然科学的中心,人文科学和社会科学的繁荣同样意义重大,在一种人文关怀缺失的环境里,边疆地区的健康发展往往很难保障。

3. 从层级上讲,边疆地区发展中心是多层次的。边疆地区的发展中心包括整个区域层面和局部区域层面。在整个大的边疆区域可以形成发展中心,而在边疆内部的部分区域,同样可以形成某些次一级的发展中心,这样有利于促进整个边疆地区的协调、统一发展。边疆地区在发展中心的布局上,应尽量避免相互重合,从而更好地发挥其辐射和扩散作用,带动整个区域的发展,避免边疆地区内部差距的拉大。

发展中心的形成,并不是一种完全主观的行为,而是受多种因素的制约,如自然、历史、传统等,只有在综合考虑各种条件的基础上,抓住机遇,发挥自身的比较优势,才能真正实现边缘的中心化,从而促进边疆地区的整体发展。

第十二章

边疆治理的转型与重构

新中国的边疆治理已经走过六十年的历程了。长期而有效的边疆治理,彻底改变了边疆的面貌,促进了整个国家的发展,并赋予了边疆治理新的内涵,形成了全新的边疆治理模式。然而,在我国由国家建设时期向国家发展时期转变,以及周边地缘政治格局改变和国家间利益争夺加剧的形势下,边疆治理现状与形势要求之间的差距也越来越明显。因此,对我国当代以来的边疆治理进行全面的反思,厘清形势变化对我国边疆治理的挑战,并在此基础上通过边疆治理的重构实现边疆治理的转型,进而构建边疆治理的新战略,提升边疆治理的能力和水平,是我国边疆治理面临的紧迫任务,也是边疆治理研究必须直面的现实。

一、当代边疆治理的反思

当代边疆治理经过六十年的实践,治理的思路、方式、成效,以及优势和不足等,都已充分地显露出来。并且,改革开放以来,国家的形势发生了巨大而深刻的变化。边疆治理已经处于全新的社会历史条件之下,新的形势对边疆治理提出了新的要求。在这样的条件下,对边疆治理进行全面的反思,不仅十分必要,而且正逢其时。

(一)边疆治理还不完善

经过全方位和长期的边疆治理,当代边疆治理取得了显著的成效。新中国成立以前边疆地区长期存在的经济落后、社会事业缺乏、民生凋敝、有边无防、整体破败、危机频现的局面得到彻底改变。边疆的面貌发生了巨大的改变，形成了边防巩固、经济发展、社会进步、人民生活改善、民族团结的崭新局面，有效地维护了国家的主权和领土安全。这些有目共睹的巨大变化，在近代以来的历史上是不敢想象的。

随着边疆开发和建设的发展，边疆与内地的差距大大缩小，边疆地区的异质性程度显著降低。特别是边疆省区的省会城市和中心城市的发展，更是十分迅速，充满了现代气息和活力，已经与内地城市无异。随着交通和通讯条件的改善，这些城市与内地的联系日益紧密，已经不再显得遥远。随着这些改变的形成和增多，边疆与内地之间的分界线在逐步向外推移，边疆的范围已经大大压缩了。许多过去被看做边疆的地方，特别是边疆省区的省会城市和中心城市，如今已经不再具有边疆的性质，逐步从人们的边疆概念中淡出，甚至出现了边疆城市内地化的趋势。

然而，就在整个国家的建设和发展与边疆的建设和发展进入了最好的时期，国力日益强盛，边疆全面发展的形势下，近几年来边疆地区却矛盾重重，事端频发，且有愈演愈烈之势。除了拉萨的"3.14事件"和乌鲁木齐的"7.5事件"这些影响全国、震惊世界的重大事件外，边疆的各种事件都迅速增多，而且尚有新的危机在潜伏着。

随着改革开放以来现代化的快速推进，我国已经进入现代化的关键时期。在现代化的冲击下，传统的生产方式、生活方式、社会结构和价值观念被严重解构并逐步退出历史舞台，曾经长期实行并十分有效的社会管理方式和社会控制机制已经日渐式微，而新的社会管理方式和社会机制尚未全面建立。在这样的形势下，各种社会矛盾集中爆发，进入了所谓的矛盾多发期。正如塞缪尔·亨廷顿所说的：现代性增加稳定，现代化导致不稳定。这样的现象也必然地出现在边疆地区，边疆地区出现的一些矛盾和问题，都是这一现象的表现。

但是，近年来边疆地区出现的矛盾和问题，并不全都属于这一现象，即并不都是现代化进程中经常出现的矛盾和问题。其中的相当多数，其实是边疆特有矛盾和问题的集中爆发。这些矛盾和问题的发展和凸现，与边疆地区的现代化进程之间存在着一定的联系，甚至就是被现代化进程激活而凸现出来的。但就矛盾和问题的性质来说，却是边疆地区特有的矛盾和问题，是典型的边疆问题。

近年来由边疆地区一系列事件的爆发而凸显出来的诸多边疆问题，不仅要慎重对待，而且将对边疆治理进行反思的问题凸显了出来。新中国成立以来，我国边疆地区的建设和发展的确成绩显著，但评判边疆治理的成效，不仅要重视边疆地区的建设和发展，同时还要看已经存在的边疆问题解决的程度和效果，以及边疆与内地之间的差距缩小的程度。而从边疆问题的角度来看，许多长期存在的、突出的边疆问题得到了较好的解决，但一些传统的边疆问题仍然存在，并且在新的形势下有了新的表现；从边疆与内地的差距来看，边疆省区的省会城市和中心城市与内地相应城市间的差距大大地缩小了，但广大的农村地区和中小城市，尤其是沿边一线的农村和中小城市，与内地的差距还相当大。同改革开放前相比，差距进一步地拉大了。这些现象表明，我国的边疆治理还存在问题，而且冰冻三尺，非一日之寒。

第一，对边疆治理的认识还不到位，尚缺乏整体性的认识。对于我国这样一个幅员辽阔和边疆面积广大的国家来说，边疆治理不仅在国家治理中占有十分重要的地位，而且必须长期坚持。大国治理，边疆为重。为了形成和巩固对边疆治理的认识，有效进行边疆治理，必须把边疆治理提升到治国方略的高度，并形成相应的边疆治理理论。我国历史上的中央王朝或中原王朝，大都有自己的边疆治理理论。"中央王朝与中原王朝的治边理论，大致包括统治者的边疆观与治边观、治理边疆地区的理论、治理边疆蛮夷的理论、开发边疆资源的理论、边疆地缘政治关系的理论、重北轻南的治边倾向及其演变、疆域形成与演变的理论、邦交与国防的理论，以及平民思想家的治边理论等项内容。"① 可是，新中国成立以来的边疆治理，虽然内容丰富，却没有被纳入治国方略的范围，也没有形成自己的边疆治理理论，不论是学界还是政府，都没有形成明确的边疆观。

第二，没有构建边疆治理的整体战略，边疆治理缺乏连续性。边疆问题是全国性的问题，不仅是中央政府而且是各个省区市政府必须面对的全局性问题。边疆地区的地方政府，承担不起全面解决边疆问题的重任。因此，全面解决边疆问题，必须运用国家的力量，动员全国的资源。况且，边疆问题将长期存在，并随着社会历史的变化而出现新的特点，只有坚持长期治理才能逐步解决边疆问题。实践经验也表明，作为一个高度中央集权的国家，我国的边疆治理只有进入国家战略的层面才能引起充分的注意，并有效动员国家和社会资源去实现边疆治理。因此，为了有效推进边疆治理，必须要制定边疆治理战略。但是，几十年以来，我国一直没有制定这样的战略，在边疆治理中没有稳定的框架，致使边疆治理缺乏连续性和稳定性，甚至出现时紧时松、时有时无的状况，从而限制了边疆治理效能的发挥。

第三，长期坚持族际主义的治理，治理方式脱离实际。长期以来，边疆一直

---

① 方铁：《古代治理边疆的理论与实践研究构想》，《社会科学战线》2008 年第 2 期，第 130～136 页。

被当作民族地区对待。① 在学界和政府的视野中，边疆地区就等同于"民族地区"。按照这样的逻辑，既然边疆是"民族地区"，那么，基本的边疆问题自然就是民族关系中的矛盾和冲突，即民族问题。所以，边疆治理的着眼点和主要任务，就是处理民族问题，协调民族关系。而在处理民族问题和协调民族关系的过程中，基本的出发点和着眼点又是同情、关心和帮助处于弱势地位的少数民族。因而，首先就将少数民族一个个地识别出来，给予其固定的族称和明确的政治地位和法律地位，还帮助其编撰历史，创造文字，然后一个个地给予政策倾斜和帮扶。② 这样的治理方式，是一种族际主义取向的治理。这样的治理方式下，边疆问题的分析和解决，都被纳入到民族问题的框架当中。事实上，边疆问题并非都是民族问题，相当数量的边疆问题是区域性问题。将边疆问题都当作民族问题这种以偏概全的做法，既不利于边疆问题（尤其是非民族性边疆问题）的解决，又将民族问题扩大化了。

第四，长期重稳定轻发展，迟滞了边疆的发展。在边疆治理中，长期将稳定作为最高目标，在区域经济布局、国家政策的倾斜、对边疆地区的地方政府的要求或政绩评价、地方政府主要干部配备等方面，都把稳定作为最高的要求和最基本的考虑。对于边疆地区的党政领导来说，只要不出现稳定问题，就算辖区内的经济社会没有发展也不是问题。在地方政府的评价中，相对于稳定而言，建设和发展成为一个软指标。在这样的思维和框架下，边疆的建设和发展就没有受到应有的重视，甚至是常常被忽视。国家边疆治理的精力主要集中于边疆稳定，在稳定和发展的关系中出现了明显的一手硬、一手软。由于在边疆的建设和发展方面投入的力量不足，边疆地区的经济社会发展较之于内地而明显滞后，边疆地区人民生活的改善远不如内地，未能公平分享改革开放带来的利益。边疆地区发展的滞后发展到一定的程度，尤其是当边疆与内地的差距达到一定的程度，发展不足反过来成为影响稳定的根本因素。边疆地区频繁发生的破坏稳定的事件，除了敌对势力的煽动和破坏之外，更有着深刻的经济社会原因。

第五，治理的主体和方式单一，治理的效能有限。边疆治理的基本主体，理所当然地应该是国家政权。但是，国家政权中又包括中央政府和边疆地区的地方政府。同时，随着改革开放的不断深入，市场的力量日渐壮大和社会不断发育，市场和社会的力量在区域经济社会发展中的作用日渐突显。因此，为了有效解决边疆问题，既要发挥中央政府的作用，也要发挥边疆地区地方政府的作用；既要

---

① 其实，要从民族构成上界定边疆的话，"边疆多民族地区"的概念也要比把边疆看做"民族地区"来得更为准确。把边疆看做"民族地区"还蕴涵着一个错误逻辑，就是不把汉族作为中国的民族来看待。

② 这是一个典型的"民族主义"取向的政策。

发挥政府的作用，也要发挥市场和社会组织的作用。在发挥各种力量的作用的基础上，以中央政府为主导，形成边疆治理的合力结构。在这样的条件下，还应该根据形势的变化和国家治理方式的变化，不断创新治理方式，以发挥边疆治理的最大效能。但现实的状况却不甚理想，边疆治理基本上是政府在唱独角戏，虽然市场的因素也在边疆治理中出现，但所起的作用十分有限，而社会力量则基本没有被纳入边疆治理的视野。治理的方式中也有一些新的东西出现，但基本上没有跳出传统治理模式的框架，基本还是历史上沿袭下来的那一套。这也是我国边疆治理滞后的一个重要原因。

从总体上看，当代的边疆治理，已经取得了巨大的成效，但它本身还不完善，还需进一步发展和完善，并逐步走向成熟。

（二）一些边疆问题仍然突出

由于边疆治理本身的不完善，所以边疆治理在运行了半个多世纪并取得了巨大的成绩以后，许多问题仍然存在，其中的一些问题还相当严重，并有日渐突出之势。

第一，开发和建设不足。在新中国成立之时，边疆还有广袤的土地和相当数量的地区，基本上没有什么开发和建设，有的地方是尚未开垦的处女地，完全处于纯自然状态。经过新中国成立以来的半个多世纪的治理，边疆的落后面貌发生了翻天覆地的变化。但是，边疆地区总体上开发和建设不足的状况并未得到根本改变。从总体上看，由于历史因素和自然条件的影响，再加上国家支持的力度不足，边疆地区的开发和建设远不尽如人意。除了城市和自然资源富集的地区得到开发外，很多地方特别是偏远地区和高寒地区缺乏开发，有的地方甚至还处于原始蛮荒状态。生活于这些地区的人民，生活相当贫困，未能享受到改革开放和现代化带来的便利。基础设施还很落后，一些偏远地区的乡镇还不通公路，不通公路的行政村更是不在少数。与内地相比，边疆明显落后，而且这样的差距正在逐步拉大。在边疆的大城市和中心城市与内地的差距缩小的同时，其他地区由于与内地的差距拉大而出现了更加边缘化的趋势。

第二，贫困问题突出。边疆地区缺乏开发和建设的问题由来已久，基本上没有什么像样的工业企业，传统的生产方式十分落后并占据统治地区，基本上处于自然经济状态。少数民族的传统生产方式和经济形态在工业化和市场经济面前，越来越处于劣势。自然资源只能由国家统一开发，开发的自然资源基本上由国家拿走并调往中、东部地区，边疆所拥有的自然资源和资源的开发大都没有给当地人民带来什么实惠。在共同的发展中，东部掠夺西部、内地掠夺边疆和富裕人群掠夺贫困者的问题较为突出。所以，边疆地区的经济社会发展明显落后于内地，更落后于发达地区。人民生活虽有所改善，但总体上还比较贫困，与内地特别是东部地区人民生活水平的迅速提升形成鲜明的反差。国家快速的经济发展并没有给边疆人民带来太多的实惠，边疆地区的人民并未充分享受到改革开放带来的利益。贫困问题不仅是边疆治理中的"老大难"问题，而且是边疆地区许多问题产生的根源。少数民族由于贫困而产生的心理失衡、挫折感和怨恨，不仅会催生民族问题，引起人口大量外流，而且还会成为民族分裂主义和恐怖主义的温床。在边疆地区的多次事件中，参加者多为在近年来的经济发展中被边缘化的人。贫困问题，已经成为边疆治理必须面对的最大的敌人。

第三，民族关系存在隐忧。边疆历史上形成的民族关系本来就十分复杂，新中国成立后国家又采取了民族主义取向的政策来处理民族关系，并把边疆问题的治理纳入民族关系的框架进行。因此，不仅把作为文化现象的民族群体政治化①，把民族间的界限政治化、法律化、固定化，而且要不断地加以强化。国家十分重视民族问题，并且把边疆治理中的区域性问题纳入民族问题的分析框架。少数民族在民族意识不断增强的同时，也常常通过民族问题这种方式来争取、实现和维护自身利益。于是，边疆多民族地区的贫困问题、社会问题、文化冲突问题等，都会与民族问题相纠缠，民族问题总是常变常新。另外，由于族际界限的固定化、政治化，民族融合存在许多人为障碍，中华民族的凝聚和发展举步维艰。少数民族对本民族的认同大大高于对中华民族的认同。② 在这样的背景下，虽然国家一再强调各民族间的团结，强调"三个离不开"，但民族关系总是出现问题。其实，对于边疆治理和国家的统一和稳定来说，民族融合比民族团结更为有利。而从国家推动的角度来看，促进民族融合的难度并不比将一个个的民族划分出来并将族际界限固定化后再来促进民族团结更大。

第四，社会建设滞后。从整个国家来看，随着经济的发展和国力的增强，社会建设越来越受到重视。特别是党中央提出构建社会主义和谐社会的方针后，社会建设全面加强。但是，从边疆的情况来看，社会建设滞后的问题还十分突出。首先，边疆地区的社会事业在相当长的时间未受重视。国家在边疆地区社会事业建设方面的投入，远远不如内地尤其是东部地区，社会事业建设的欠账较多。其次，边疆地区的社会管理面临着比内地更加复杂的形势。除了民族问题、宗教问题这些传统的问题以外，边疆地区的利益分化和利益争夺问题、人口的跨境流动问题、毒品问题、走私问题、艾滋病问题、境外势力的渗透问题相继凸显，给边

---

① 在中国，中华民族才是具有政治意义的国家民族，即英语中的 Nation 表示的民族；其他民族尤其是少数民族，是英语中的 Ethnic group 或 Ethnos 表示的民族，都是具有共同历史和文化的人群共同体，即文化民族。这些民族的绝大部分，尚处于分化和聚合的民族过程之中。

② 中华民族的认同是国家认同的另外一种表现形式。

疆地区的社会管理造成了诸多的困难，而边疆的社会管理又长期未受重视，并且力量薄弱，手段单一。所以，如何加强社会管理，是一个必须面对的难题。最后，社会保障困难重重。由于经济落后，基础薄弱，地方政府财力不足，所以，推进社会保障的难度相当大，远远落后于内地。

第五，生态形势严峻。边疆地区，尤其是边缘一线的少数民族聚居区，大多处于崇山峻岭、丘陵峰峦、密林深箐、戈壁草滩，许多地区是干旱苦寒地带，或高纬度的寒带和亚寒带、低纬度的热带和亚热带地区。虽然山川壮丽，但从总体上看自然条件较差，自然生态脆弱。传统的农业和牧业，基本上是向自然界索取的产业。这些产业发展到一定的程度，其对生态环境的破坏就日渐突出。而这里基于生计的人们，生态保护的意识和能力都十分欠缺。因此，随着经济的发展，这里的生态危机频频爆发。土地沙化、草原退化、风沙和沙尘暴频发，山体滑坡、泥石流等地质灾害呈增多的趋势。近年来，环境污染的事件也越来越多。这些问题的增多，不仅威胁着当地人民的生产和生活，也对国家的生态安全构成严重威胁。而这里的一些生态问题的解决，还需要周边国家的配合，进行跨国治理，解决生态问题的难度相当大。

第六，文化冲突凸现。边疆多民族地区，也是文化多样性突出的地区。从历史上走来的各个民族，已经形成了特有的文化协调方式。但是，伴随着现代化快速推进而来的现代文化大量进入这一区域，文化冲突的问题逐步突出起来。边疆多民族地区的文化形态虽然多样，但都是在长期适应当地环境和生存条件的过程逐步积淀下来的，既是典型的民族文化，又是典型的传统文化。可是，在现代化向这些区域深入的背景下，随着滚滚而来的物流和人流，现代化文化也向这些区域大举渗透。少数民族的传统文化与这些现代文化之间，尚未形成相互融合的机制。现实的情况是，现代文化正在作为一种解构性的力量对少数民族传统文化形成巨大的冲击。如此的文化冲突，已经使当地居民尤其是少数民族感到生存空间受到挤压，产生从未有过的危机感和挫折感。而这样的文化失衡和心理失衡，又会促成新的社会问题和政治问题。其中，有些民族问题就是文化冲突的曲折表现。

第七，国家认同面临挑战。国家认同是多民族国家统一和稳定的社会心理基础。相反，国家认同水平的下降，尤其是边疆少数民族的国家认同水平的下降，会导致民族分裂主义的盛行和边疆的不稳定。边疆多民族地区，国家认同历来就是一个严峻的问题。新中国成立以来，由于少数民族的利益受到照顾，少数民族的国家认同得到了增强。但是，由于少数民族政治化，族际界限固定化和法律化，民族融合受到阻碍，中华民族的内部融合障碍重重，作为国家认同之基础的中华民族的民族意识和民族认同增长缓慢。而与此同时，少数民族的民族意识则增长较快。个别少数民族的民族意识,甚至呈现快速增长的趋势。一方面,民族意识是民族认同的基础,民族认同随着民族意识的增强而出现快速增长的势头;另一方面,边疆治理中的许多问题被纳入民族问题的框架处理,少数民族的贫困、民族地区的落后,都会对国家认同造成损害。在这样的形势下,国家认同在边疆地区就受到了民族认同增强和许多社会问题指向国家的双重挑战。

第八,境外势力的渗透日趋严重。自新中国成立以来,境外势力对边疆地区的渗透活动从来就没有停止过。随着我国对外开放的深入,实力的增强、国际地位的提高,以及周边地缘政治格局的改变,这种渗透和活动呈现加剧的趋势。境外势力的渗透,大都是有组织的进行的。其中,有的是直接针对国家统一和民族团结的,以分裂国家为目的,甚至到边疆组织人员到国外进行军事训练;有的则是打着传教、扶贫救济等幌子并以做好事、发展公益事业、助贫济困的方式进行,极富隐蔽性。在新疆、西藏等热点地区,中央和各级政府,对境外势力的渗透保持着较高的警惕性,并进行了较为严格的控制。但对面积广大的非重点地区,警惕性就相对较差。特别是对那些日渐增多的打着各种幌子的渗透活动,一些边境地区的基层干部,不仅缺乏警惕性,而且由于缺乏鉴别力而在其中起了推波助澜的作用,甚至在无意中充当了境外组织的代言人。这样的渗透不显山不露水,却会在潜移默化中发挥作用,边疆民族的国家意识和国家认同就在不知不觉中淡化了。一旦问题显露出来就会发现,冰冻三尺已非一日之寒。

(三) 形势对边疆治理提出了更高要求

在边疆治理不断推进的同时,整个国家的形势也在迅速地发生变化。经过改革开放以来三十多年的建设和发展,整个国家的面貌已经发生了根本性的变化,从而为边疆治理提供了一个全新的环境条件。

第一,国家实力增强,国际影响扩大。改革开放以来,随着我国现代化进程的加速推进,我国的国力显著增强,不仅经济总量居于世界前列,而且财政收入大幅增加,总量已经超过 6 万亿元人民币[①],人民生活从温饱不足发展到总体小康,政治建设、文化建设、社会建设取得举世瞩目的成就,现代化建设已经进入"三步走"的第二阶段。我国的国际影响也显著扩大,我国正朝着大国和强国迈进。一方面,这一切为国家进行边疆治理提供了前所未有的良好基础,国家完全有条件在边疆治理方面投入更多的物力和财力;另一方面,如果不能通过有效的边疆治理建设强大、稳定、安全的边疆,也与我国现有的经济实力和逐渐成为大

---

① 1978 年我国的财政收入是 1 000 亿元,2008 年我国的财政收入已经超过 6 万亿元。经过 30 年,我国的财政收入增长了 60 多倍。

国、强国的趋势不相吻合。大国和强国不应该有一个衰弱的边疆,边疆的衰弱会延缓我国成为大国和强国的步伐。

第二,国家追求综合实力,边疆发展的意义重大。国家实力的增强,为我国的进一步发展奠定了坚实的基础。在这样的条件下,国家的发展已经超越了有条件的地区先上,条件好的地区先发展,西部支持东部发展,边疆为内地的发展做出牺牲的阶段,而要追求整体发展和综合实力的提升。为了达到有效提升国家整体综合实力的目标,仅仅靠东部、中部的发展是不够的,还必须大力提升西部的发展水平;除了内地的发展外,还必须大力促进边疆的发展。否则,边疆在开发和建设方面的落后,就会成为水桶的短板,成为国家整体综合实力提升的薄弱环节。而且,边疆与内地在发展上的差距,还会引出严重的政治问题。所以,边疆开发和建设的意义十分重大,能够产生巨大的边际效应。

第三,为了实现协调发展,边疆治理的地位凸显。中国共产党第十七次代表大会提出,要深入贯彻落实科学发展观,要把科学发展观作为我国经济社会发展的重要指导方针。"科学发展观,第一要义是发展,核心是以人为本,基本要求是全面协调可持续,根本方法是统筹兼顾。"① 从整个国家的角度来看,全面发展、协调发展和可持续发展,都涉及边疆地区。尤其是协调发展和可持续发展,进一步凸现了边疆治理的地位。协调发展包括区域间的协调发展。而在区域协调发展中,边疆与内地、西部与东部的协调发展,是十分重要的内容。而要实现可持续发展,边疆的意义同样重大。自然资源丰富的边疆地区,是可持续发展的重要生长点。

第四,社会逐步发育,成为新的边疆治理主体。改革开放以来,我国的现代化与市场化结合在一起,快速地向边疆地区推进,使这里延续千百年的传统社会受到巨大的冲击。在现代化和市场化的双重作用下,边疆地区的传统社会逐步向现代社会转变。在这样的背景下,社会也在逐步发育。不仅公民意识觉醒,逐步由法定公民向事实公民转变②,而且,建立了数量众多的企业,以及各种形式的以公民为基础的新的社会组织。与此同时,各种与现代社会相适应的新的社会机制也逐步生成。于是,边疆地区就同时存在着政府、市场和社会三种力量,从而为边疆治理提供了政府以外的其他力量,为构建新的治理结构提供了条件。

第五,周边国家关系改善,边疆治理赢得了宽松的外部环境。边疆地区与

---

① 胡锦涛:《高举中国特色社会主义伟大旗帜,为夺取全面建设小康社会新胜利而奋斗——在中国共产党第十七次全国代表大会上的报告》。

② 按照宪法和法律享有公民身份的人,如果缺乏公民意识和受到其他方面的限制而不能真正享有公民权利时,他只是法定公民。法定公民如果真正享有了公民的权利,他就由法定公民转变为事实公民,成为真正意义上的公民。

14个国家接壤，边疆治理深受我国与周边国家关系的影响。我国与邻国关系正常，边疆治理就能在一个宽松的环境下正常进行，并不断发展。而我国与邻国关系紧张，边疆地区的气氛随之紧张，边疆治理的正常进程就会被打断，甚至出现倒退。20世纪我国与印度、与苏联、与越南之间的几次边界军事冲突，都使我国相关边疆地区的开发和建设受到严重损害和大幅倒退，甚至从根本上影响到国家在边疆治理上的整体考虑。改革开放以来，随着我国国力的增强和外交上的胜利，我国与周边国家的关系明显改善。尤其是随着我国实行睦邻、安邻的周边政策，边疆治理获得了一个宽松的周边环境。再加上我国实行全方位的对外开放，边疆地区由原来封闭的边缘地区逐渐转变为开放的前沿地区。这样的环境条件，是新中国成立以来边疆治理从未有过的，边疆地区获得了更多的发展机会和更好的发展条件，特别是为那些溢出国界的边疆问题的解决，提供了难得的机会。

这样的形势是几十年来的边疆治理历史中最好的。它不仅对边疆治理提供了极其难得的机遇，也对边疆治理提出了新的要求。

第一，要加快经济社会发展。国家一定要抓住边疆治理的难得的机遇，加大力度进行边疆的开发和建设，促进边疆的经济发展和社会全面进步。一方面，在经济发展和社会建设的基础上，改善人民生活，提高人民生活水平，尽快使贫困地区的人民达到小康生活，享受到改革开放带来的实惠；另一方面，要通过快速的发展，在防止边疆与内地发展差距拉大的基础上，逐步缩小边疆与内地的发展差距。

第二，要促进边疆的社会稳定。边疆社会稳定的实现，涉及多个方面的问题，是多种因素共同作用的结果，关键问题还是要改变边疆的贫困面貌。要在经济发展的基础上，使人民生活有明显的改善。同时，还要加强社会管理和社会控制，及时化解各种利益矛盾，创新民主形式，为公民的政治参与提供制度化的渠道；要对各种犯罪活动进行坚决的打击，并对境外势力的渗透保持高度的警惕。

第三，要增进边疆的民族团结。边疆各民族的关系，影响巨大而深远。我国的经济社会结构已经发生了深刻的变化，边疆的民族关系也出现了新的情况，产生了新的问题。有许多问题和现象，是前所未遇的。改善边疆各民族的关系，必须坚持与时俱进的原则，不能墨守成规，更不能抱残守缺，要不断创新工作思路和工作机制，从基础性的工作入手。很多问题，换一种思路，会使过去长期解决不了的问题，出现新的转机。

第四，要改善边疆的生态环境。边疆生态环境恶化的状况再也不能持续下去了，否则将贻害子孙。长期以来造成的生态环境恶化的问题，既与缺乏生态保护的观念和方法有关，也与盲目开发有关。有些问题的产生，还与邻国的做法紧密联系在一起。因此，边疆地区既要加强生态环境保护，也要处理好经济开发与生态环境保护的关系，同时还要协调邻国政府，进行跨国治理。

第五，要巩固边疆的安全形势。边疆的安全，即是国家的安全。边疆不安，国家不稳。边疆的安全，既有诸如领土、主权等方面的传统安全，也有经济、社会、资源、生态等方面的非传统安全。要巩固和改善边疆的安全形势，既要加强边防，更要打牢边疆安全的社会基础，并加强社会管理和社会控制。当前，尤其要加强对境外势力的渗透的防控。一定要把工作落实到基层政府，绝不能再对境外势力的渗透采取听之任之甚至漠然视之的态度了。

第六，要形成多元治理格局。在边疆治理中，国家既是主导，又是最基本的主体。历史上是这样，现在还应该是这样。但是，在市场和社会发育的基础上，边疆治理不能仅停留在国家的层面上，要创新边疆治理的主体结构，要充分发挥社会力量、市场因素在边疆治理中的作用，尤其是要形成中央政府与地方政府合作，政府与社会力量结合的多元治理主体，在边疆治理中形成合力，创造多元共治的新形势。

进行了数十年的传统边疆治理，不仅自身并不完善，而且与新的形势的要求之间存在着差距。因此，只有促成边疆治理的转型，对边疆治理进行重构，才能使边疆治理出现新的面貌，创造更好的成绩。

（四）国外的经验值得借鉴

边疆是国家的边缘性区域，这样的边缘性区域与中心区或核心区之间存在着明显的差异。因此，只有国土面积较大的国家，才存在这样的边缘性区域。对于任何一个具有边疆的国家来说，边疆的开发或治理，都是国家治理的一个重要方面。从世界各国的情况来看，凡是将疆域的边缘性部分认定为边疆的国家，都对边疆进行了不同程度的开发和治理。美国自独立战争以后，便对具有边疆含义的西部进行了长期的开发。这样的边疆开发对美国的意义十分重大。美国的发展和强大，是与其西部开发联系在一起的。从某种意义上说，正是西部开发的成功，才造就了美国的强大。苏联和俄罗斯的边疆开发，堪与美国的西部开发媲美。苏联对西伯利亚和中亚地区进行了大规模和持续的开发，俄罗斯不仅继承了苏联的边疆开发，而且将其提高到新的水平。这些开发不仅使西伯利亚地区成为了重要的能源基地，而且使其成为连接东西方的桥梁，为苏联和俄罗斯成为横跨欧亚的大国奠定了基础。除了美国、苏联—俄罗斯这些疆域辽阔的国家进行过大规模的边疆开发外，其他边疆区域相对较小的国家则采取富有特色的措施进行边疆治理，并取得了不错的成效。这些边疆治理的经验，是世界各国边疆治理史的宝贵财富，值得我国借鉴。

首先，边疆治理不能只注重经济方面的开发和建设，必须把经济建设与政治建设、文化建设和社会建设结合起来。从边疆全面发展的角度来看，经济意义上的开发和建设固然重要，它是整个边疆治理的基础性工程，但边疆治理的内容又不仅限于此。边疆的建设，应该是经济建设、政治建设、文化建设和社会建设的有机结合，边疆的发展应该是经济、政治、文化和社会相结合的全面发展。边疆治理的目标，就是推动边疆的全面发展。

其次，边疆治理要取得良好的成效，必须充分发挥市场和社会的作用。市场是资源配置的重要手段，边疆治理尤其是边疆的开发和建设中所必需的资金、技术和人才，都可以通过市场的方式获得。而社会力量的引入，能够给边疆治理增添新活力。因此，边疆治理必须充分利用市场手段，动员社会力量参与。在政府的推动和主导下，将市场和社会的力量动员起来，才能够发挥边疆治理的最大效能。

最后，在边疆地区建立增长极，推动边疆共同发展。我国边疆的面积广大，分布于国家的边缘，不同区域的发展条件之间存在很大的差异。因此，边疆治理要充分利用全球化和知识经济兴起带来的机遇，通过政府的推动和引导，在条件较好的边疆地区建立若干经济文化中心，并给予政策的扶持，使其形成聚合效应，在快速发展的基础上形成增长极。然后，再通过这些次级中心的辐射和扩散作用，带动周边区域发展。

二、边疆治理的重构

对我国边疆治理进行重构，是全面反思我国当代的边疆治理，尤其是总结边疆治理的成功经验和存在的不足，分析新的形势对边疆治理提出的要求，借鉴国外边疆治理的成功做法，得出的必然结论。但是，边疆治理的重构并不是一个简单的结论，它有着自己丰富的内涵。

（一）边疆治理必须重构

重构就是重新构建，即重新构建边疆治理模式。重构本身，也包含着转型的内涵。重构就是构建新的治理模式，使边疆治理由传统型转变为现代型，在重构中实现转型。从这个意义来说，重构是实现转型的具体方式。边疆治理的转型与重构，既是边疆治理适应时代发展的需要，也是边疆治理走向成熟的表现和标志。

为什么要对边疆治理进行重构呢？因为当前边疆治理的背景已经发生了根本性的改变，边疆治理进入了新的时期，即国家发展时期。

边疆治理重构，是新的社会历史条件提出的任务。我国历史上的边疆治理，由于总体上处于王朝国家时代，是在王朝国家的历史框架下进行边疆治理的，因此属于王朝国家边疆治理的类型。新中国成立后,我国进入民族国家时代,整个边疆治理是在民族国家的框架下进行的,是民族国家的边疆治理。但是,当代的民族国家边疆治理,又可划分为国家建设时期的边疆治理和国家发展时期的边疆治理。前者突出建设,后者突出发展。

新中国成立以来六十年的发展,基本上可以划分为前后相继的两个时期。前一个时期为国家建设时期,后一个时期为国家发展时期。前一个时期向后一个时期的转变发生于世纪之交,基本的标志就是:国家实力显著增强,步入了世界强国的行列,人民生活总体达到小康水平,现代化"三步走"战略的第一阶段已经实现,并向第二阶段转变。"2001年,我国国内生产总值达到九万五千九百三十三亿元,比一九八九年增长近两倍,年均增长百分之九点三,经济总量已居世界第六位。人民生活总体上实现了由温饱到小康的历史性跨越。"[1] 由于这些成绩的取得,我国已经进入国家发展时期。到2007年,我国经济总量"跃至世界第四、进出口总额位居世界第三,人民生活从温饱不足发展到总体小康,农村贫困人口从两亿五千多万减少到两千多万,政治建设、文化建设、社会建设取得举世瞩目的成就。中国的发展,不仅使中国人民稳定地走上了富裕安康的广阔道路,而且为世界经济发展和人类文明进步作出了重大贡献。"[2] 这些巨大的成就,进一步丰富了国家发展时期的内涵和强化了国家发展时期的特点。

从国家的角度来看,不同的时期有不同的目标和追求。国家建设时期的主要任务,是建立各项制度,解决人民生活的温饱,探索发展道路,增强国家经济实力,在世界民族国家体系中争取国家地位。因此,国家特别重视经济增长,并通过政策的引导,促使有条件的区域率先发展。而在国家发展时期,国家则特别重视制度的完善,人民生活的富裕,追求全面发展和均衡发展,提高国家的整体实力(综合实力),巩固世界强国的地位,在国际事务中扮演重要角色,发挥更大的影响力。

国家建设时期和国家发展时期前后相继,但两个时期之间的区别是十分显著的。不同时期的边疆治理也各有特点,并面临不同的任务。在国家建设时期,边疆治理的核心任务是巩固和稳定边疆,为国家的建设提供一个稳定的边疆环境,因而把稳定作为边疆治理必须完成的首要任务。边疆的开发和建设也受到高度重视,但这毕竟是第二位的目标,而且内容较为单一。在国家发展时期,边疆治理的主要任务是要建设强大的边疆,实现富民、强国、睦邻的目标,因此,边疆治

---

[1] 江泽民:《全面建设小康社会,开创中国特色社会主义事业新局面——在中国共产党第十六次全国代表大会上的报告》。

[2] 胡锦涛:《高举中国特色社会主义伟大旗帜,为夺取全面建设小康社会新胜利而奋斗——在中国共产党第十七次全国代表大会上的报告》。

理以发展为重,并通过发展来增强稳定的基础,促进边疆的稳定,而且边疆的发展并不仅仅是开发和经济建设,而是涉及经济、政治、文化、社会和生态等各个方面。这个时期边疆治理的一个长远目标,是缩小边疆与内地的差距,降低边疆的异质化水平,增强边疆与内地之间的同质性,逐步从根本上解决边疆问题,强化国家的全面整合。法国、美国等的发展也表明,边疆与内地、西部与东部的差距缩小并实现同质化后,国家的整体实力得到极大的提升,分裂的可能性被彻底根除。

新中国成立以来的边疆治理,是在国家建设时期形成的。为了解决这一时期边疆治理的任务,边疆治理形成了相应的思路和框架。在国家进入发展时期以后,时代对边疆治理提出了新的要求,边疆治理要完成新的历史使命。为此,就必须重新构建边疆治理模式,以适应新的时代的要求。

边疆治理重构的目的,就是要构建一个完善的边疆治理模式,以实现建设强大边疆及富民、强国、睦邻的目标。这样的边疆治理模式,既要有理论基础,又要有制度框架,还要有操作方式,是理论与实践相结合的边疆治理模式,能够为建设强大边疆和富民、强国、睦邻的目标提供有效的支撑。

从这样的要求来看,边疆治理重构要特别注意发现边疆的优势,挖掘边疆的发展潜力。在内地的发展达到较高程度,并出现趋向于饱和的情况下,更应该发现边疆的优势,挖掘边疆的潜力,加强边疆治理尤其是边疆的开发和建设,为我国经济发展提供新的增长点,培养新的增长极。

其实,边疆也有自己的优势,如地域辽阔,能源矿产资源储量大,光热条件较好,生物资源多种多样,文化旅游资源丰富;市场潜力大,劳动力成本低,具有发展劳动密集型产业的比较优势;与十几个国家和地区接壤,是我国通往亚欧一些国家的重要通道,具有发展周边经济贸易合作的区位优势。如果能够有效地挖掘边疆的潜力,完全有可能使边疆的开发和建设成为我国全面发展中的一个增长极。

今天重新构建边疆治理模式,是为了完善边疆治理,适应新的时代对边疆治理的要求,建设强大的边疆。因此,边疆治理重构涉及的内容就相当广泛。从总体上看,这样的边疆治理重构包括三个基本的方面,即理论重构、制度重构和实践重构。其中,理论重构是基础,制度重构是核心,实践重构是最终的归宿。边疆治理重构,最终是为了加强边疆治理,提升边疆治理的水平。

(二) 边疆治理的理论重构

完善、成熟的边疆治理,尤其是适应国家发展时期要求的边疆治理模式的构建,需要有与之相适应的理论支撑,因而必须进行必要的理论构建,并通过这样的理论构建,为边疆治理提供理论基础、理论论证和理论指导。在国家发展时期,边疆治理的理论重构的目的就在于,为新的历史条件下的边疆治理,奠定理论基础,进行理论论证,提供理论指导。

要达到这样的目标,必须构建一个完整的边疆治理理论体系。这涉及多方面的内容,并且需要长期的理论创新。但是,从总体上看,这样的理论体系应该包括两个基本的方面,即边疆理论和边疆治理理论。

1. 边疆理论。边疆理论是关于边疆的基本观念和相关的理论论证。完整的边疆理论,涉及我国边疆的界定、边疆的性质、边疆的特点、边疆的类型、边疆的变迁等诸多的内容,其中应该包括以下基本观点:

第一,关于边疆的形成和性质的观点。我国的疆域面积广大,而如此广大的疆域又是在长期的历史发展过程中通过由内向外扩展的方式形成的(其中也包括少数民族政权的归附),因此,边疆就是国家的核心区域的外围或外延部分,而且在相当长的历史时期内具有向外拓展的趋势。这样的区域,同时也是少数民族的聚居区,有着与作为国家之核心的中原不同的文化类型,是异文化区。自17世纪初通过与邻国签订条约的方式确定国家边界以后,我国逐步改变了长期实行的由内向外划定边疆的传统,开始了以国界为起点由外及内地划定边疆的尝试。从历史的情况来看,我国的边疆既有历史文化等与核心区不同的特点,又是国家为了统治的需要而划定的,因而是在客观的差异性的基础上主观构建的产物。

第二,关于边疆变迁的观点。历史上我国王朝国家统治范围的外部界限曾经随着国家实力的强弱而变化,因此,在核心区域与外延部分的界限相对固定而外部边沿线不确定的情况下,边疆的范围是经常变化的。但是,在国家边界确定以后,边疆的范围就较为固定了。近代特别是当代以来,随着边疆治理的深化,边疆与内地的差距逐步缩小,边疆区域的异质性程度逐步降低。而这种变化总是首先发生于边疆区域与核心区域的结合部,这样的区域总是在丧失了异质性后成为了内地。这样的过程又总是在不断地重复,所以,边疆与内地的分界线逐渐向外推移,边疆的范围出现了压缩的趋势。而边疆范围压缩或缩小的程度,与边疆治理的成效成正比。由于如此趋势的持续,边疆最终将消失。而在此过程,国家的同质性日益增强。边疆消失之日,就是国家同质性最高的时候,也是国家最为强大的时候。

第三,关于边疆与民族地区的关系。在历史上,我国的边疆是少数民族地区,这是历史造成的。但从统治阶级的角度来看,把边疆看做少数民族地区,也是为了将其区分为与中原不同的特殊区域,带有某种程度的歧视。但是,当代以来,情况已经发生了根本的改变。首先,边疆地区的封闭已经打破,并日益走向开放。不仅少数民族大量向内地流动，而且汉族也向边疆地区流动，边疆地区已经不再是纯粹的少数民族地区。其次，虽然民族问题仍然是边疆地区的根本性问题，但随着党和国家解决民族问题的长期努力取得成效，民族问题已经不再是首要的边疆问题。继续将边疆等同于民族地区，就会继续将边疆问题纳入民族问题的框架，进而在边疆治理中采取族际主义的方式。既然将边疆地区等同于民族地区的做法不符合实际，还会导致边疆治理中一些深层次的问题，因此，应该将边疆地区与民族地区区分开来。

2. 边疆治理理论。边疆治理理论是边疆治理的基本关系和基本问题上的观念和理论论证。完整的边疆治理理论，应该包括以下基本观点：

第一，关于边疆治理类型划分的观点。历史上的边疆治理，由于经过千百年的历史积淀而显得内容丰富。当代的边疆治理，则由于与今天的现实和国家的发展紧密结合而突显其极端的重要性。因此，关于边疆治理的类型划分，必须要厚今薄古。按照这样的原则进行划分，我国的边疆治理就可分为王朝国家的边疆治理与民族国家的边疆治理。王朝国家的边疆治理，是为了王朝国家的稳定和扩大王朝的统治范围。民族国家的边疆治理，则服务于民族国家的发展。而民族国家时代的边疆治理，又根据国家所处的发展阶段而划分为国家建设时期的边疆治理和国家发展时期的边疆治理。

第二，关于边疆治理方式的观点。从我国的实际出发，边疆治理的方式分为两种：一是族际主义的治理方式，一是区域主义的治理方式。族际主义的治理方式，将边疆地区视为民族地区，将边疆问题归结为民族问题，因此，在边疆治理中特别强调处理和协调族际关系，甚至把所有边疆问题的解决都纳入民族问题的框架，都通过民族政策加以解决。区域主义的治理，则将边疆视为国家的特殊区域，把边疆问题视为具有全国性影响的区域性问题，因此，在边疆治理中注意处理区域性问题，把民族问题也纳入区域性问题的框架。前者会将民族问题扩大化，族际问题复杂化；后者则不主张强化民族间的区分，把它们都看做中华民族的组成部分。当代的边疆治理，长期采取族际主义的方式。从目前的情况来看，有必要采取区域主义的治理。

第三，关于边疆的发展的观点。从内容上看，边疆的发展要坚持全面发展，内容涉及经济建设、政治建设、文化建设、社会建设和生态建设，不能单纯追求经济发展。从促进发展的方式看，必须在广大的边疆形成若干次级中心，培育增长极，带动共同发展。在边疆发展中，要处理好发展与稳定的关系。片面强调稳定，在推动边疆发展方面着力不够或忽视甚至抑制边疆的发展，使边疆长期落后于内地，最终将削弱稳定的基础，并因矛盾激化后爆发而破坏稳定的局面。所以，在边疆治理中，要从发展的角度来促进稳定，通过发展为稳定奠定坚实的基础。边疆的发展也有利于整个国家的发展。在国家发展时期,边疆的衰弱和落后,会成为水桶的短板,限制国家整体实力的增强。相反,边疆的发展不仅能够提升国家的整体实力,而且有可能成为新的增长点。

第四,关于边疆治理的力量的观点。我国历史上的边疆治理,从来都是通过国家的力量进行的。国家是边疆治理的唯一力量。今天,边疆治理仍然还要依靠国家力量,以国家力量为主体和主导。治理边疆,是国家的责任,是国家治理的重要组成部分。离开了国家的力量,边疆治理就会变成一句空话。但是,今天社会已经在现代化的过程中转型,国际形势也发生了根本性的变化,全球化已经相当深入,多元治理已经成为国家治理和社会治理的基本思路。因此,我国的边疆治理,必须在强化国家的责任和义务的同时,引入市场的力量,动员社会的参与,逐步形成一种多元治理的格局,使市场的力量、社会的力量,在国家的主导、推动和引导下结合起来,增强边疆治理的力量。

第五,关于边疆治理与国家治理关系的观点。边疆治理不仅是国家治理的组成部分,而且是十分重要的组成部分,常常关系到国家的治乱兴衰,影响着国家治理的成效。历史上的经验和教训表明,边疆治理的状况,事关国家的全局。边疆安则国家安,边疆稳则国家稳,边疆强则国家盛。大国治理,边疆为重。因此,必须把边疆治理提升到治国方略的层面,将边疆治理方略作为治国方略的组成部分,从国家全面治理的角度来考虑边疆治理的问题,加大边疆治理的力度,以实现国家的长治久安。

(三) 边疆治理的制度重构

我国的边疆治理,之所以时断时续、时强时弱,甚至常常是头痛医头、脚痛医脚,根本的原因就是没有建立边疆治理的制度框架,从而导致边疆治理缺乏整体性、连续性和预见性。为了提升边疆治理的质量,形成完善的边疆治理,以适应国家发展时期对边疆治理的要求,重构边疆治理模式,必须在国家层面构建起边疆治理的制度框架。通过这样的构建,为边疆治理模式的重构提供制度保障。

第一,确立边疆治理的基本框架。在边疆治理的制度安排中,一定要确立边疆治理的总体框架。没有一个总体性的框架,边疆治理就无法摆脱"走一步看一步"或"摸着石头过河"的局面。确定边疆治理的总体框架,首先,要从治国方略的层面来规划边疆治理。为此,就要把边疆治理纳入国家建设和发展的总体布局。关于我国的整体发展,国家目前有东部腾飞、中部崛起、西部开发、振兴东北老工业基地的总体布局。在这个布局中的有些方面涉及了边疆省区,但其重点仍然在已经内地化的大中城市。从总体上看,这个布局并没有为边疆或边疆治理专门留下一个位置,边疆治理并没有在其中占有一席之地。因此,把边疆治理的内容补充进去，这个总体布局才具有完整性。其次，边疆治理要调整治理思路，实现区域主义的治理。在边疆治理的基本框架中，不要总是把边疆治理纳入到民族问题的框架，而应该采取区域主义的思路，注意解决区域性问题，即使是民族问题，也纳入区域主义的框架来解决。

第二，明确政府在边疆治理中的作用和责任。在边疆治理中，政府始终是核心主体和主导者。但是，除了中央政府和边疆的地方政府外，其他地方政府在边疆治理中也义不容辞。因此，应该在中央政府的主导下，明确各级各类政府在边疆治理中的作用和负责。中央政府是边疆治理的主导者，全面负责边疆治理。因此，不仅要制定边疆治理的总体政策，规定财政转移支付的办法，而且要明确规定在边疆资源开发中的分成办法，并授权边疆的地方政府制定辖区内边疆治理的具体政策。边疆省区政府，是边疆治理的直接责任主体，要全面负责辖区内边疆区域的治理，并在中央政府授权下，制定本省区边疆治理的具体政策。辖区内没有陆地边疆的省区，负有支持边疆治理的责任和义务。因而，还要采取东西部省市区对口支援的办法，对边疆省区的边疆治理进行对口支持，但要把这种支援落实到边疆的基层。

第三，构建一个国家层面的边疆建设战略。要提升边疆治理的地位，对边疆治理进行总体规划，协调中央政府和地方政府、边疆地方政府和内地地方政府在边疆治理中的关系，在国家的范围内动员资源，保持边疆治理的连续性和稳定性，就必须制定一个边疆治理的国家战略，这个战略也就是边疆建设战略。国家有一个西部开发战略，但此战略只涉及西部地区，无法全面涵盖边疆地区。另外，西部开发战略落到实处的，主要还是西部地区已经明显内地化了的省会城市和次级中心城市，狭义上的边疆很少涉及。因此，西部开发战略无法代替边疆建设战略。除了西部开发战略，国家还应该制定一个边疆建设战略。这个战略不仅要涉及边疆的开发，还要涉及边疆的政治建设、文化建设、社会建设、生态建设和边防建设，应该是一个促进边疆全面发展的战略。边疆建设战略与西部开发战略之间，应该是一种并列与互补的关系。

(四) 边疆治理的实践重构

边疆治理模式的重构，目的在于提升边疆治理的有效性，改善边疆治理的效能，因此，最终要落实在边疆治理的实践上。所以，依据创新的边疆治理理论，按照重新构建的边疆治理模式的要求，改变传统的边疆治理的思路和做法，进行边疆治理的实践重构，是整个边疆治理重构的重要一环，也是边疆治理重构最后的落脚点。边疆治理的理论构建、制度构建，都需要在实践中经受检验并逐步完善。边疆治理的实践重构，是要在新的治理框架下，加大治理的力度，提升治的质量，争取更好的治理效果。

第一，加强边疆开发和建设的力度。由于自然条件的限制和历史的原因，边疆地区的开发和建设长期滞后，基础设施落后，水利设施不足，交通路网单薄，电网建设滞后，电信服务普及率低的状况较为严重，不仅影响了经济的发展，也制约着人民生活的改善，还对边疆的巩固造成消极影响。开发和建设不足，是边疆与内地差距拉大的重大原因。因此，在国家发展时期的新的边疆治理模式中，必须在国家的推动下加强边疆地区的开发和建设的力量。特别是要尽快改善基础设施落后的状况，为市场力量的引入和社会力量的参与创造较好的条件。

第二，促进边疆的全面发展。边疆的落后不仅是经济发展水平的落后，边疆与内地的差距体现在社会生活的各个方面。在一些地方，科技、教育、卫生和文化事业，以及社会管理方面的落后比经济上的落后还更为严重，与内地之间的差距也更大。这既是边疆长期开发和建设不足的结果，也是长期重视经济发展而轻视其他方面发展的结果。目前加大边疆的建设和发展，必须强调边疆的全面发展。要在加强开发和建设的同时，加强政治建设、文化建设、社会建设和生态建设。

第三，加快发展促进稳定。边疆的稳定对于边疆的发展和国家的稳定都具有重大意义，因此，边疆的稳定必须受到高度重视。但是，在国家发展时期，不能为稳定而稳定，边疆发展的滞后以及人民生活的贫困已经成为影响边疆稳定的重要因素。近年来边疆地区多次事件的发生，背后都有发展不足和人民生活贫困的因素在起作用。因此，现在应该改变单纯抓社会政治稳定的做法，以及在抓稳定和抓发展中一手硬一手软的局面，而要特别加强边疆地区的发展，在不放松稳定工作的同时，通过发展来促进稳定。

第四，培育次级中心，构建新的增长极。边疆地区整体落后于内地，基础薄弱的状况也十分普遍，一些地方发展的基础较差，不具备在短期内迅速发展的可能性，因此，在推动发展上平均用力往往收效不大。从这样的实际出发，在边疆的建设和发展中，应该选择条件好的地区或城市，在统筹规划的基础上进行重点支持，培育次级中心，以便形成聚集效应，加速发展。在此基础上，进一步发挥这些次级中心的带动和辐射效应，促进边疆地区的共同发展。

第五，动员社会力量参与，形成治理合力。随着边疆的全面发展，尤其是经济发展，社会力量也逐步壮大，并在社会生活中逐渐形成影响力。社会力量将是边疆地区建设和发展中不可忽视的重要方面军。因此，在新的边疆治理模式中，必须重视社会力量的作用。但是，我国传统的边疆治理都是由国家进行的，全靠国家的力量，而且，边疆地区的社会力量也还相对弱小。因此，在新的治理模式中，政府应该对社会力量采取主动动员的方式，促进社会力量参与边疆治理，从而增大治理的力量。

三、构建边疆建设战略

边疆治理的根本任务，就是把边疆建设好。为了突显边疆建设的地位，提高边疆建设的层次，在全国范围内调配和整合资源，加大边疆建设的力度，促进边疆快速发展，尽快缩小边疆与内地的力度，建设巩固和强大的边疆，就必须建立一个国家战略层面的边疆建设战略。能否建立这样一个战略，不仅直接影响着边疆建设的程度，也直接关系到边疆的未来发展。

（一）边疆建设战略的内涵

边疆建设战略，是国家关于边疆建设的全面规划和总体部署。国家层面的规划和部署，需要在全国范围内调动资源，由中央政府和相关地方政府共同实施，还要有计划、分阶段地进行。因此，边疆建设战略，也就是国家关系边疆建设的整体安排，是边疆治理战略的核心内容。

边疆建设战略的实施范围就是边疆。但是，如前所述，边疆的范围是逐渐变化的。新中国成立以来，随着边疆治理的不断深入，边疆的范围处于变化之中。这种变化的总趋势是，边疆与内地的分界线逐步向外推移，边疆的范畴逐步缩小。因此，一些传统的边疆地区，其边疆的色彩逐步淡化，边疆的内涵逐步减少，这种现象首先发生于边疆的大城市和中心城市。鉴于历史和现实的考虑，可以从不同的角度界定边疆的范围，因而形成广义的边疆、狭义的边疆，以及介乎于二者之间的中义的边疆。广义的边疆为辖有边境的省、自治区，即所谓的边疆省区[1]；中义的边疆为辖有边境的地、州、市[2]，即所谓的边疆地州市；狭义的边疆，即辖有边境的县、市，即所谓的边境县市[3]。

---

[1] 目前有边疆省区9个：黑龙江省、吉林省、辽宁省、内蒙古自治区、甘肃省、新疆维吾尔自治区、西藏自治区、云南省、广西壮族自治区。

[2] 目前有边疆地、州、市45个：黑龙江省的大兴安岭地区、黑河市、伊春市、鹤岗市、佳木斯市、双鸭山市、鸡西市、牡丹江市；吉林省延边朝鲜族自治州、白山市、通化市；辽宁省的丹东市；内蒙古自治区的呼伦贝尔市、兴安盟、锡林郭勒盟、乌兰察布市、包头市、巴彦淖尔市、阿拉善盟；甘肃省的酒泉市；新疆维吾尔自治区的和田地区、喀什地区、克孜勒苏柯尔克孜自治州、阿克苏地区、伊犁哈萨克自治州、博尔塔拉蒙古自治州、塔城地区、阿勒泰地区、昌吉回族自治州、哈密地区；西藏自治区的阿里地区、日喀则地区、山南地区、林芝地区；云南省的怒江傈僳族自治州、德宏傣族景颇族自治州、保山市、临沧市、普洱市、西双版纳傣族自治州、红河哈尼族彝族自治州、文山壮族苗族自治州；广西壮族自治区的百色市、崇左市、防城港市。

[3] 目前有边境县（旗、市、市辖区）135个，新疆生产建设兵团的边境团场58个，共193个县级行政区域。

在三种不同范围的边疆同时存在的情况下，边疆建设战略应该采取何种口径的边疆概念呢？采取广义边疆概念，即以辖有边境的省区为实施边疆建设战略的地域范围，能够充分发挥省区政府直接承接中央政府的决策以及具有宏观调控能力的优点，大力推进边疆建设战略的实施。但这种选择容易出现的问题是，边疆建设的资源在省区的范围内调配时，中心城市占尽先机，夺取较多资源，边境县市只能获得较少的资源，从而在省区的范围内形成内地对边疆的掠夺和挤压；如果采取狭义的边疆概念，即以边境县市为实施边疆建设战略的地区的话，能够将资源直接配置到边沿一线的县市，有效促进边疆的发展。但这种选择容易出现这样的问题：边境县市政府的治理能力相对较弱，缺乏宏观调控能力，以及县域范围较小，缺乏回旋余地，最终又限制了边疆建设的发展。相对来说，选择中义的边疆概念，以边疆地州市作为实施边疆建设战略的地域范围，既能发挥前两种选择的优势，也能够避免前两种选择容易产生的问题。但是，以边疆地州市为实施边疆建设战略的地域范围，重点还是应该以县域经济社会发展为重点。

在边疆建设中，边疆的开发是十分重要的，但不仅仅限于开发，或者说，主要还不在于开发。我国对落后地区开发的实践表明，区域经济开发常常被理解成自然资源开发，形成所谓的资源导向型开发。而如果是这样，结果可能会与边疆建设的初衷背道而驰。首先，边疆地区的资源丰富，但是分布并不均衡。这样一来，有资源的地区可能会得到开发（甚至对资源进行过度开发），而没有资源的地区则会无人问津。其次，资源导向型的开发，常常是边疆的资源被输往内地，开发者得到利润，而被开发地区的资源被掠夺性地开发了，其他方面则依然如故，甚至在资源耗尽后被无情地遗弃。历史的经验，值得注意。

今天的边疆建设，虽然也包含有开发甚至自然资源开发的内容，但绝不仅仅是开发，其重点在建设，在于国家在全国范围内动员资源，对边疆进行建设。从国家的角度看，边疆建设主要不是从边疆获取，而是对边疆的给予。

作为一个建设性的战略，边疆建设涉及经济建设、政治建设、文化建设、社会建设和生态建设：在经济建设中，主要涉及边疆地区的基础设施建设、产业结构调整，以及支柱产业的形成；在政治建设中，主要涉及干部素质的提高、政府能力的提高、决策水平和法治水平的提高，以及公民有序政治参与的发展等；在文化建设中，主要涉及科学技术的普及、教育水平提高，以及人才培养等；在社会建设中，主要涉及扶贫工作、就业、劳务输入、医疗卫生、社会保障和社会管理；在生态建设中，主要涉及生态保护、退耕还林、退牧还草、风沙源治理、水土保持、天然林禁伐、生态移民搬迁等。

建立边疆建设战略，是促进边疆地区经济、政治、文化、社会全面发展和生态环境改善的重要条件。我国是一个中央集权制的国家，国家往往通过相应的国家战略来动员资源，促进发展。如果一个特定的区域的建设和发展进入国家战略的范畴，就会因为得到国家财力、物力、人才和政策的有力支持而得到迅速发展。因此，国家往往通过一定的战略来促进区域发展，并取得了很好的效果。20世纪80年代，为了促进东部沿海地区率先发展，我国改革开放的总设计师邓小平提出了"两个大局"战略构想，并由国家制定和实施了沿海地区发展战略，优先支持东部沿海地区发展；在东部沿海地区有了长足的发展和国力增强的基础上，为了逐步缩小西部与东部日益拉大的差距，增强国家的整体实力，中央又提出了实施西部大开发的战略，大力推动西部地区发展。今天为了促进和加快边疆的建设和发展，也必须在国家战略层面建立边疆建设战略。

建立边疆建设战略，要处理好与西部开发战略、兴边富民行动的关系。为了加快西部地区的发展，缩小西部与东部的差距，国家在20世纪末提出并实施了西部开发战略。这一战略不仅涵盖了西部的边疆地区，而且在实践中也对西部边疆的发展产生了积极的推动作用。但是，该战略并不能涵盖所有的边疆地区。虽然本书所说的边疆，只是指陆地边疆，不包括海疆，但这样的边疆也大大超出了西部的范畴。就陆地边疆而言，我国除了包括在西部地区范围内的西南边疆、西北边疆，而且还有东北边疆。其次，西部开发战略对边疆的作用十分有限。如果从广义边疆，即把辖区内包括边境的省、自治区都看做边疆的话，西部开发战略的确就是边疆发展战略，但如前所述，边疆的范围是不断变化的，变化的规律就是边疆与内地的分界线不断向外推移。从今天的情况来看，广义边疆的概念正在逐步淡化。这些辖有边境地区的省区已经不是严格意义的边疆了。而西部开发的重点，基本上都是省会城市和中心城市，而不是严格意义上的边疆地区。从实践的效果来看，在开始实施西部开发战略的阶段，一些政策还能够惠及边境一带，但随着国家重新形成了东部腾飞、中部崛起和振兴东北老工业基地战略以后，西部得到的政策支持逐步减少，西部开发战略逐步淡化，西部开发战略对边疆建设的影响是有限的。

另外，由国家民委推动实施的兴边富民行动，也与边疆建设直接相关，并且在促进边境县的发展方面发挥了重要作用。但是，该"行动"实施的范围只是135个陆地边境县（旗、市、市辖区）和新疆生产建设兵团58个边境团场，涉及范围较小，而且发起和推动兴边富民行动的国家民委不具有在全国范围内动员资源的能力，"省负总责，县抓落实"的组织领导体制无法保障计划的全面实施，尤其是在各种项目都要负责实施的地方政府解决配套资金的情况下，贫困的边境县由于无法解决相应的配套资金而使计划落空的情况十分普遍。因此，兴边富民行动并不能解决促进边疆快速发展的问题。

如果国家能够建立边疆建设战略，就能将西部开发中包含的边疆建设的内容、兴边富民行动的内容整合在边疆建设战略中，全面促进边疆建设的发展。

（二）边疆建设战略的基本设想

1. 战略目标

边疆建设是一项大规模的系统工程。总的战略目标是，用20年的时间，从根本上改变边疆地区的落后和贫困面貌，显著缩小边疆地区与内地的差距，使经济社会发展达到内地的中等水平，努力建设一个经济繁荣，政治稳定，社会进步，生活富裕，民族团结，边防巩固，山川秀美，具有可持续发展能力的强大边疆。

边疆建设战略，大致可划分为两个阶段，前十年是打基础阶段，主要的目标是：建设基础设施，改善生活条件，调整产业结构，培育支柱产业，发展特色经济，巩固社会稳定，增强民族团结，改善生态环境；后十年是加速发展阶段，主要目标是：区域经济具有活力，经济社会协调发展，人民生活趋向富裕，社会实现安定团结，形成可持续的协调发展能力，生态环境显著改善，为睦邻、安邻、富邻提供有利支撑，对周边国家产生积极的影响。

2. 主要任务

（1）加快基础设施建设，改善生产生活条件。基础设施建设是边疆建设的重要基础，必须先行建设，适当超前。第一，要加强边疆地区特别是沿边公路网建设，改善边疆交通条件，逐步实现乡镇通柏油公路，行政村通公路；第二，要加强农村饮水安全建设，逐步解决边疆县（市）农村人口饮水安全问题；第三，要加强农村水利建设，提高水利化程度，增加灌溉面积；第四，要加强农村电网建设，解决中等规模自然村的用电问题，实现城乡电网同价；第五，加强乡村通讯建设，实现村村通电话；第六，加强边境县城及重点集镇供水基础设施建设，确保生产生活用水供应。

（2）加大扶贫力量，改善人民生活。改善边疆人民生活，是边疆建设的根本目标。在边疆贫困面较大的情况下，要加强扶贫力度，尽快改善人民生活。第一，要开展边疆农村居民的安居建设，对危旧房改造提供政府补助，实现农村居民居有其屋；第二，将沿边贫困乡镇贫困自然村纳入国家扶贫工程的整体推进计划，改善边民生产生活条件；第三，对仍然生活在不具备生存条件地区的居民，实行易地搬迁安置；第四，对因守土固边不能易地搬迁的贫困边民，实行特殊补助政策，保障他们的基本生产生活条件。

（3）培育优势产业，发展特色经济。发展特色经济，是增强边疆自我发展能力的基本途径，也是边疆建设的基础工程。发展边疆经济，重要的是发展特色项目。第一，要把边疆地区的资源优势转化为经济优势，培育特色种植业和养殖业；第二，要把经济发展与生态建设有机结合起来，推进边疆地区特色经济林建设，提高人均拥有林木比例；第三，重点扶持边境县（市）具有较强带动和示范作用的特色加工产业和工业聚集区，增强第二产业的实力。

（4）发展边境贸易，加强区域经济合作。边疆地区与他国相邻，发展边疆贸易、开展区域经济合作是边疆地区形成优势的重要条件，必须将其作为边疆建设的重要内容。第一，要继续发展边境贸易，扩大边民与相邻国家边民的贸易往来，有计划地建设一批边民互市贸易示范点，促进边境贸易发展；第二，实施"走出去"、"引进来"战略，扩大同周边国家的区域经济技术合作，重点建设一批具有物流贸易集散、进出口加工和国际商贸旅游等功能的边境城镇；第三，大力发展口岸经济，促进商品出口、技术和劳务输出，积极开拓国际市场。

（5）发展教育事业，提高人口素质。发展教育事业，提高人口素质，是边疆建设的基础性工程，既关系到边疆经济社会的发展，更关系到边疆地区的可持续发展。第一，要继续实行"两免一补"（免除学杂费和书本费，实行生活补助），加快普及农村九年义务教育；第二，要加强中小学校舍危房改造，改善办学环境；第三，要支持中小学进行教育改革，不断提高教学质量；第四，要加强中等职业教育，重点培养实用型人才和技能型人才，并为劳务输出创造条件。

（6）发展文化事业，丰富人民生活。文化事业对于丰富边疆人民生活具有重要意义，必须重视文化建设。第一，加强公共文化服务体系建设，完善文化基础设施，实现县有文化馆、图书馆，乡镇有综合文化站，行政村有文化活动室的目标；第二，继续实施广播电视"西新工程"、"村村通"工程和农村电影放映工程；第三，要推进文化遗产保护工作，加强民族优秀民间文化资源的系统发掘、整理和保护。

（7）发展卫生事业，建立农村医疗卫生保障制度。医疗卫生事业，是提升民生水平的重要条件。第一，重点改善医疗条件，加强医疗队伍建设，逐步实现房屋、设备、人员、技术四配套；第二，健全县、乡、村三级医疗卫生服务体系和医疗救助体系，进一步推进新型农村合作医疗，实施大病救助，使农村生活困难群众也能够享受医疗服务，实现病有所医；第三，加强地方病、传染病的防治工作，重点加大对人畜共患疾病、艾滋病的防治力度，降低发病率；第四，加强计划生育服务体系建设，依法引导和鼓励农村居民计划生育和优生优育。

（8）健全社会保障系统，试行新型农村合作保障。边疆的社会保障体系相对滞后，边疆建设战略，应该把社会保障体系建设作为重要内容。第一，要在农村逐步扩大最低生活保障，保障边疆地区困难群众的基本生活；第二，逐步解决农村五保供养对象住房难问题，加强农村敬老院建设，逐步提高农村五保对象集中供养率；第三，在国家支持下，逐步建立新型农村社会养老保险体系，确保农村居民的基本生活。

（9）建立健全基层社会管理机制，加强边境地区社会管理。加强社会管理，是边疆社会建设的核心内容。随着边疆社会转型的逐步推进，社会管理滞后的问题日渐突出。在边疆建设中，必须进行社会管理方面的补课。第一，对边境县村委会办公危房进行拆除重建或修缮，建设社区办公用房和"一站式"服务窗口；第二，解决贫困地区村委会干部的生活补助，建立有效的农村社会管理体制；第三，在行政村建设综合活动场所，为村民开展健康向上的活动创造条件；第四，要建立和完善农村社区的管理，逐步形成有效的管理制度。

（10）加强社会控制机制建设，维护边疆稳定。第一，加强公安队伍建设，建立一支以公安和武警为骨干，警民结合的强有力的维护边疆稳定的队伍，逐步构建边境地区社会治安综合治理防控体系，为边境地区发展营造良好的治安环境；第二，要建立维护稳定的预警机制、快速反应机制，提升社会控制能力，维护边疆稳定；第三，要加强边境地区公安局的指挥通信体系及业务用房建设，为维护稳定工作提供物质保障；第四，加强社会治安综合治理，打击"黄赌毒"，坚决遏制毒品和艾滋病蔓延势头，防范打击跨国（境）违法犯罪；第五，妥善处理影响民族团结的问题，依法打击民族分裂犯罪活动。

（11）加强边境口岸设施建设，提高边境管理水平。边疆口岸建设，是边疆建设不可缺少的内容，必须置于边疆建设战略中统筹安排。第一，要加强一、二类口岸基础设施建设，健全国门、联检、查验场等基础设施，建立良好的国门形象，为优良的口岸管理提供条件；第二，要提高口岸和通关管理水平，提升口岸和通道通关便利化水平；第三，要充分利用现代科学技术手段，加强边民的出入境管理，为边民的出入境提供便利。

（12）加强生态建设和环境保护，改善环境条件。生态建设和环境保护，是边疆建设中必须高度重视的内容。第一，要加强边境生态保护建设，减少林木砍伐，推进节能工作，逐步解决农村替代能源问题；第二，要完善县（市）级城镇垃圾和污水处理设施，提高垃圾和污水处理能力，有效保护环境，提高居民生活环境质量；第三，要健全和完善森林防火设施，加强森林防火建设；第四，完善边境动植物防疫体系，加强边境动植物疫病的监测及防治工作，有效防止境外动植物疫情传入；第五，要加强区域生态建设和环境保护的跨境合作，探索生态建设和环境保护的跨境治理机制。

（三）边疆建设战略的政策支持

边疆建设要由国家主导和推动。只有在国家的主导和推动下，边疆建设战略才能落到实处。而国家的主导和推动，就是要运用政策工具具体地实施边疆建设战略。

从实施边疆建设战略的角度来看,需要国家提供以下具体的政策支持:

1. 加大建设资金和建设项目支持

第一,将中央基本建设投资资金、建设国债资金的一定比例用于边疆建设,安排适当的政策性银行贷款、国际金融组织和外国政府优惠贷款于边疆建设。

第二,在中央预算中建立边疆建设专项资金,支持边疆建设的重点项目。铁道、交通、水利、农业、林业、信息产业等部门在安排建设资金时,提高用于边疆地区重点项目的比重。

第三,在边疆地区优先布局一些建设项目,包括水利、公路、铁路、机场、管道、电信等基础设施建设,生态环境建设,特色农业发展,水电、优质煤炭、石油、天然气、铜、铝、钾、磷等优势能源、矿产资源开发和利用,城市基础设施建设,特色旅游业发展,特色高新技术。

2. 加大财政和信贷支持

第一,加大对边疆地区的一般性转移支付的力度。随着中央财力的增加,中央财政逐步加大对边疆地区一般性转移支付的规模。

第二,中央对地方专项资金补助向边疆地区倾斜。加大对边疆地区农业科技发展、旱作农业、节水农业、农业生态环境保护和建设、农业病虫害防治和救助等方面的投入力度。

第三,加大对边疆地区基础设施建设的信贷投入。重点支持铁路、主干线公路、电力、石油、天然气等大中型交通、能源项目建设。

第四,扩大以基础设施项目收益权或收费权为质押发放贷款的范围,增加农业、生态建设的信贷投入。对边疆特色农业、节水农业、生态农业发展在信贷方面给予支持,扶持一批有发展前景、带动作用强、以公司加农户为经营方式的龙头企业。

第五,运用信贷杠杆支持经济结构及产业结构调整,重点支持电力、天然气、旅游和生物资源合理开发等西部优势产业发展。

3. 给予特殊优惠政策

第一,实行税收优惠政策。对设在边疆地区的国家鼓励类的内资企业和外商投资企业,兴办交通、电力、水利、邮政、广播电视企业,对保护生态环境,退耕还林(还草)产出的农业特产收入等,给予税收优惠。

第二,实行土地使用优惠政策。有计划、有步骤地对坡耕地退耕还林还草,鼓励利用宜林宜草荒山、荒地造林种草,实行谁退耕、谁造林、谁种草、谁经营、谁拥有土地使用权和林草所有权。提高建设用地审批效率,减少审批环节,及时提供并保障经济建设用地。

第三,实行矿产资源优惠政策。在国土资源调查计划中,优先安排边疆地区的调查评价项目。在探矿权、采矿权的审批中和探矿权、采矿权使用费方面,给予适当优惠。积极培育矿业权市场,促进探矿权、采矿权依法出让和转让。

4. 实行特殊的边疆扶贫政策

第一,中央财政扶贫资金按一定比例用于边疆贫困地区。随着中央财力的增加,逐步加大对边疆地区的扶贫资金投入力度,主要用于贫困乡村的基础设施建设、种植和养殖业、农村基础教育和职业技术教育、文化卫生事业和先进适用技术的推广与培训等。

第二,将边境地区的贫困村全部纳入国家整村推进扶贫开发规划,并优先实施。采取政府补助和个人自筹相结合的办法,对边境一线茅草房、危旧房进行改造,加快建立边境农村最低生活保障制度。

5. 支持边境贸易和区域经济合作

第一,完善和加强重点边境口岸基础设施建设。在进出口税收政策、人员出入境等方面,制定改革措施,简化管理程序,优化通关环境,进一步提高服务效率和便利化水平。创造条件,建设互市贸易区和边境经济合作区。在具备条件的边境地方,推动建设出口加工区、保税区和边境贸易区,促进边境地区积极参与区域和次区域经济合作。可以选择区位条件和经济社会条件适当的地区,建立边境自由贸易区。

第二,对边境地区继续实行优惠的边境贸易政策,在出口退税、进出口商品经营范围、进出口商品配额、许可证管理、人员往来等方面,简化手续,放宽限制。对边贸企业的边境贸易经营权,边贸企业出口原产于本地区且属于出口配额许可证管理的商品,放宽审批条件。除国家统一规定的行政机关执法收费外,取消口岸其他行政性收费,减轻边贸企业经营负担。

第三,放宽边疆地区企业对外贸易经营权和经济技术合作经营权的标准。降低边疆地区生产企业申请自营进出口经营权的标准。私营生产企业申请自营进出口经营权的标准,按国有、集体生产企业的条件、标准和办法办理。边疆地区外贸企业申请对外劳务经营权的标准,进一步放宽。

第四,鼓励边疆地区发展优势产品出口,开展对外承包工程和劳务合作,到境外特别是周边国家和地区投资办厂。对边疆地区经济发展急需的技术设备,在进口管理上给予适当照顾。民族地区生产急需的自用产品,适当放宽进口限制。

6. 加大科教文卫支持力度

第一,发挥科技主导作用。国家设立的各项科技基金、科技计划经费等专项经费向边疆地区倾斜。重点围绕边疆生态环境和基础设施建设、产业结构调整等方面的关键共性技术攻关及产业化,加大倾斜支持力度。加大科技型中小企业创新基金支持西部地区的力度。对边疆地区申报科技型中小企业创新基金的项目，在同等条件下优先安排。

第二，增加教育投入。把边疆民族自治地方、山区、牧区和边境地区列为"国家贫困地区义务教育工程"重点地区，中央财政予以重点支持。增加边疆地区高校招生特别是定向招生的数量，逐年增加中央部属高校和内地高校在边疆地区的招生规模，提高边疆地区应届高中毕业生升学比例。实施东部地区对口支援边疆地区学校工程。

第三，加强文化卫生等社会事业建设。中央卫生事业补助专款，向边疆地区公共卫生事业发展薄弱的地区和领域倾斜。中央政法补助专款，重点投向边疆地区列入国家扶贫开发工作重点贫困县、部分省级确定的扶贫开发工作重点县及经费保障能力较低的其他贫困县，以帮助贫困地区提高政法机关的经费保障程度。全国文化设施维修专项补助经费和全国"万里长廊"专项补助经费，向边疆地区倾斜。

7. 吸引和用好人才

第一，建立艰苦边远地区津贴制度，所需经费由中央财政负担。提高艰苦边远地区机关和事业单位人员的工资水平，逐步使其达到或高于全国平均水平，鼓励和吸引人才在艰苦边远地区工作。

第二，结合边疆开发重点任务、重大建设项目和重要研究课题的实施，采取当地培训、到东部地区培训、出国培训等方式，培养边疆地区紧缺人才。加强对边疆地区少数民族、中青年科技骨干培训和公务员培训的指导与支持。增加培训经费，对负责培训的机构和师资队伍建设提供支持。

第三，结合经济的对口支援，确定内地对边疆地区人才开发的对口和重点支援项目。支持内地与边疆地区之间开展科技人才相互挂职交流锻炼，实行人才、信息共享。进一步扩大内地和边疆地区之间干部交流的规模。

8. 推进地区协作与对口支援

第一，按照国家产业政策要求，鼓励东部和中部地区与边疆地区开展以市场为导向、以效益为中心、以互利为目的、以企业为主体的全方位经济技术协作。比照外商投资的有关优惠政策，采取有效措施，改善投资环境和提高服务水平，吸引东部和中部地区企业通过独资、控股、参股、收购、联合、兼并、租赁、托管和承包经营等多种方式，到边疆地区投资设厂、合作开发。

第二，东部和中部地区有关省、直辖市及计划单列市根据自身优势和对口支援地区的特点，在受援地区继续建设一批小学、中学、卫生所、文化站，组织巡回教学、巡回医疗、科技下乡活动。东部地区省、直辖市及计划单列市可以根据条件，筹集对口支援的资金。

（四）边疆建设离不开内地的支援

边疆建设是一项涉及广大边疆地区并对国家的稳定和发展具有重要影响的庞大工程。边疆建设战略的实施，要在国家主导和推动下进行，边疆地方政府更是责任重大。具体来说，实施边疆建设战略的地、州、市政府承担着具体实施边疆建设战略的责任，实施边疆建设战略的地、州、市所属的省、自治区政府，则不仅肩负着将中央政府的决定和政策传达到所辖的边疆地、州、市的责任，而且还承担着协调辖区内边疆地区的政府实施边疆建设战略，以及其他省、市政府支援边疆地、州、市政府实施边疆建设战略的责任。

但是，边疆建设战略的实施，也需要内地的支持和援助。内地支持边疆建设，既是道义责任，也是政治责任。边疆是国家的边疆，边疆的兴衰治乱直接影响着整个国家的稳定和发展，当然也直接影响着内地的建设和发展。当代边疆的建设和发展，离不开国家的支持，也离不开内地的支持。今天边疆治理取得的成就，是与内地的支持分不开的。但同时也要看到，边疆今天的发展还相对滞后，也与国家的总体战略布局直接相关。边疆地区土地广袤，自然资源丰富。在相当长的时间内，边疆的资源都是无偿地供给内地尤其是东部地区。我国实行市场经济体制以后，一些关系国计民生的重要资源，也仍然以低廉的价格输往内地。因此，内地尤其是东部地区的快速发展，也有边疆地区的一份贡献。另外，为了国家战略和国防的需要，尤其是为了战备的需要，一些边疆地区迟迟得不到开发和建设，或者丧失了开发和建设的最有利时机，这也是边疆地区发展滞后的一个重要原因。从这个意义上说，边疆地区也为国家整体发展和战略的需要付出了代价。为了国家的整体利益，边疆的付出是应该的，这是边疆的一份责任。今天，实施边疆建设战略，全面加强边疆建设，内地也有责任来支持和帮助边疆。建设一个巩固而强大的边疆，既是边疆人民的福祉，也是内地人民的福祉。

内地对边疆建设的责任，也应该站在邓小平同志"两个大局"战略构想的角度来认识。邓小平1988年正式提出了沿海和内地、东部和西部共富的"两个大局"的战略构想。他指出："沿海地区要加快对外开放，使这个拥有两亿人口的广大地带较快地先发展起来，从而带动内地更好地发展，这是一个事关大局的问题。内地要顾全这个大局。反过来，发展到一定的时候，又要求沿海拿出更多力量来帮助内地发展，这也是个大局。那时沿海也要服从这个大局。"① 在"两个大局"战略构想框架下迅速发展起来的内地和东部，也需要站在国家大局的

---

① 《邓小平文选》第三卷，人民出版社1993年版，第277～278页。

角度，支持和帮助边疆建设。

对口支援是中国特色的配置资源的一种制度框架，也是在国家范围内促进后进地区发展的一种有效手段。在实施边疆建设战略中，内地对边疆的支援也可以并且应该采用这一行之有效的制度安排。

在1979年4月25日至5月11日于北京召开的"全国边防工作会议"上，中央提出了对口支援的政策，确定经济相对发达的省市对口支援相对落后的边疆省区，其中北京支援内蒙古，河北支援贵州，江苏支援广西、新疆，山东支援青海，天津支援甘肃，上海支援云南、宁夏，全国支援西藏。1982年10月，国家计委和国家民委在宁夏回族自治区银川市召开的"全国对口支援工作座谈会"上提出的改进对口支援工作的建议，得到了国务院的肯定。1983年1月，国务院批转了这次座谈会的纪要。于是，对口支援就逐步稳定下来，成为一种配置资源的制度安排。

此后，发达省市对口支援边疆多民族地区发展卫生事业、全国对口支援西藏、"八七"扶贫攻坚计划中"北京、天津、上海等大城市，广东、江苏、浙江、山东、辽宁、福建等沿海较为发达的省，都要对口帮助西部的一两个贫困省、区发展经济"的安排，以及四川汶川地震灾后重建的对口支援等的成功实践表明，"对口支援"是一种在不同区域间配置资源的有效手段，在促进后进地区快速发展中发挥了重要的作用。

全国共有45个边疆地、州、市，可以根据内地特别是东部发达地区的发展水平，由中央政府安排发达地区的省市具体负责若干个边疆地州市的对口支援。内地对边疆的对口支援，应该在国家边疆建设战略的总体框架内进行，形成一种包括经济建设、政治建设、文化建设、社会建设和生态建设在内的全面的帮扶，以促进边疆建设的快速发展。

参考文献

一、著作类

1. [英]安东尼·吉登斯，田禾译：《现代性的后果》，译林出版社 2000 年版。

2. [英]安东尼·史密斯，叶江译：《民族主义：理论，意识形态，历史》，上海人民出版社 2006 年版。

3. 丁建伟：《地缘政治中的西北边疆安全》，民族出版社 2004 年版。

4. [英]E·凯杜里，张明明译：《民族主义》，中央编译出版社 2002 年版。

5. 方连庆等：《战后国际关系史（1949～1995）》，北京大学出版社 1999 年版。

6. 方铁：《西南边疆民族研究》，云南大学出版社 2003 年版。

7. [美]菲利克斯·格罗斯，王建娥、魏强译：《公民与国家——民族、部族和族属身份》，新华出版社 2003 年版。

8. [英]菲奥纳·鲍伊，金泽、何其敏译：《宗教人类学导论》，中国人民大学出版社 2004 年版。

9. 费孝通主编：《中华民族多元一体格局》（修订本），中央民族大学出版社 2003 年版。

10. 葛公尚主编：《当代国际政治与跨界民族研究》，民族出版社 2006 年版。

11. 葛忠兴主编：《中国少数民族地区发展报告（2004）》，民族出版社 2005 年版。

12. 格勒：《藏族早期历史与文化》，商务印书馆 2006 年版。

13. 关凯：《族群政治》，中央民族大学出版社 2007 年版。

14. 郭家骥主编：《云南的民族团结与边疆稳定》，民族出版社 1997 年版。

15. 管跃庆：《地方利益论》，复旦大学出版社 2006 年版。

16. 郝雨凡、林甦主编：《中国外交决策：开放与多元的社会因素分析》，社会科学文献出版社 2007 年版。

17. 何顺果：《美国史通论》，学林出版社2001年版。

18. 侯晓丽：《边缘地区区域过程与发展模式研究》，中国市场出版社2007年版。

19. 黄光学、施联珠：《中国的民族识别》，民族出版社2005年版。

20. 黄淑娉、龚佩华：《文化人类学理论方法研究》，广东高等教育出版社2004年版。

21. 黄舜：《中国社会管理研究》，民主与建设出版社2007年版。

22. 黄卫平、汪永成主编：《当代中国政治研究报告Ⅳ》，社会科学文献出版社2005年版。

23. 金钿：《国家安全论》，中国友谊出版公司2002年版。

24. 金泽、邱永辉：《中国宗教报告（2008）》，社会科学文献出版社2008年版。

25. 经济合作与发展组织，国家发展和改革委员会事业单位改革研究课题组译：《分散化的公共治理——代理机构、权力主体和其他政府实体》，中信出版社2004年版。

26. ［美］凯蒂·加德纳、大卫·刘易斯，张有春译：《人类学、发展与后现代挑战》，中国人民大学出版社2008年版。

27. 陆韧：《现代西方学术视野中的中国西南边疆史》，云南大学出版社2007年版。

28. 陆学艺、景天魁：《转型中的中国社会》，黑龙江人民出版社1994年版。

29. 刘靖华：《中国政府管理创新》（第3册 施政卷），中国社会科学出版社2004年版。

30. 马大正：《中国古代边疆政策研究》，中国社会科学出版社1990年版。

31. 马戎：《民族社会学：社会学的族群关系研究》，北京大学出版社2004年版。

32. 马啸原主编：《边疆少数民族地区政治发展与政治稳定》，云南大学出版社2000年版。

33. 钮仲勋、王守春、谢天涛编著：《中国边疆地理》，人民教育出版社1991年版。

34. ［美］罗伯特·阿格拉诺夫、迈克尔·麦圭尔》，李玲玲、鄞益奋译：《协作性公共管理：地方政府新战略，北京大学出版社2007年版。

35. ［美］诺曼·R·奥古斯丁等，北京新华信商业风险管理有限责任公司译：《危机管理》，中国人民大学出版社2001年版。

36. 沈志华主编：《中苏关系史纲（1917～1991）》，新华出版社2007年版。

37. 石硕主编:《藏彝走廊:历史与文化》,四川人民出版社 2005 年版。

38. 孙柏瑛:《当代地方治理》,中国人民大学出版社 2004 年版。

39. 孙兵:《区域协调组织与区域治理》,上海人民出版社 2007 年版。

40. 唐志君:《民族地区构建和谐社会路径研究》,民族出版社 2007 年版。

41. 王文光:《中国民族发展史》,民族出版社 2005 年版。

42. 王恩涌:《政治地理学》,高等教育出版社 1998 年版。

43. 翁独渐主编:《中国民族关系史纲要》,中国社会科学出版社 2001 年版。

44. 吴楚克:《中国边疆政治学》,中央民族大学出版社 2005 年版。

45. 徐晓萍、金鑫:《中国民族问题报告:当代中国民族问题和民族政策的历史反观与现实思考》,中国社会科学出版社 2008 年版。

46. 杨光斌、李月军等:《中国国内政治经济与对外关系》,中国人民大学出版社 2007 年版。

47. 杨公素:《当代中国外交理论与实践(1949~2001)》,励志出版社 2002 年版。

48. 杨桂华:《转型社会控制论》,山西教育出版社 1998 年版。

49. 杨力发、杨力:《西部大开发与民族问题》,人民出版社 2005 年版。

50. 杨庭硕、罗康隆:《西南与中原》,云南教育出版社 1992 年版。

51. [德] 尤尔根·哈贝马斯,曹卫东译:《后民族结构》,上海人民出版社 2002 年版。

52. 俞可平:《治理与善治》,社会科学文献出版社 1990 年版。

53. 詹姆斯·N·罗西瑙,张胜军、刘小林等译:《没有政府的治理》,江西人民出版社 2001 年版。

54. 张建华:《俄国史》,人民出版社 2004 年版。

55. 张历历:《当代中国外交简史》,上海人民出版社 2009 年版。

56. 张桥贵主编:《云南跨境民族宗教社会问题研究》(之一),中国社会科学出版社 2008 年版。

57. 张蕴岭主编:《中国与周边国家:构建新型伙伴关系》,社会科学文献出版社 2008 年版。

58. 张蕴岭主编:《中国对外开放:战略与实践》,社会科学文献出版社 2008 年版。

59. 张植荣:《中国边疆与民族问题:当代中国的挑战及其历史由来》,北京大学出版社 2005 年版。

60. 赵显人主编:《西部大开发与民族地区经济社会发展研究》,民族出版社 2001 年版。

61. 中共云南省委宣传部编：《边疆民族地区加强党的执政能力建设研究》，云南大学出版社2005年版。

62.《中国西部统计年鉴2001》，中国统计出版社2002年版。

63. 周大鸣主编：《中国的族群与族群关系》，广西民族出版社2002年版。

64. 周平：《政治学导论》，云南大学出版社2002年版。

65. 周平：《民族政治学》（第二版），高等教育出版社2007年版。

66. 周平等：《中国民族自治地方政府》，人民出版社2007年版。

二、论文类

1. 陈玉、王胜章：《少数民族地区公民参与公共政策制定的障碍及其实现途径研究》，载《云南行政学院学报》2005年第6期。

2. 董文芳：《现代社会的生态压力与政治稳定》，载《学习与探索》2002年第4期。

3. 段晓竣：《新形势下提高我国政府危机管理能力的思考》，载《昆明大学学报》2006年第3期。

4. 国务院新闻办：《"东突"恐怖势力难脱罪责》，载《人民日报》（海外版）2002年1月22日（1）。

5. 蒋小捷、张瑞才：《西南边疆多民族地区的利益协调机制建构》，载《学术探索》2008年第2期。

6. 李昌庚、万腊庚：《公民权利与社会稳定关系初探》，载《探索与争鸣》2004年第7期。

7. 林建、佟海涛：《社会危机预警与社会主义和谐社会的构建》，载《辽宁师范大学学报》2007年第5期。

8. 刘学军：《政治发展与政治稳定问题研究》，载《国家行政学院学报》2006年第6期。

9. 青觉：《提高少数民族政治参与水平是构建社会主义和谐社会的迫切要求》，载《中国民族报》2008年3月。

10. 孙健：《建立利益协调机制是构建和谐社会的关键》，载《天水行政学院学报》2007年第6期。

11. 王毅平等：《以利益关系的协调促进社会和谐》，载《理论学刊》2007年12期。

12. 王郅强：《未雨绸缪加强危机预警》，载《中国社会报》2008年6月。

13. 徐崇温：《妥善协调各方面的利益关系促进和谐社会建设》，载《北京社会科学》2006年（增刊）。

14. 许皓、杨宗龙：《地方政府危机管理能力评价的研究》，载《中国行政管理》2007年第5期。

15. 杨安华、唐云锋：《我国民族地区的危机：形态、特征及诱因》，载《湖北民族学院学报（哲学社会科学版）》2006年第5期。

16. 杨虎德：《政治稳定与社会发展》，载《青海民族研究》2003年第4期。

17. 尹毅等：《少数民族欠发达地区政治参与现状及制约因素》，载《云南民族大学学报》2003年第5期。

18. 张勤：《论中国公民社会的发展与社会政治稳定》，载《新视野》2007年第5期。

19. 赵士红、谢敏：《善于协调利益关系：当前领导干部必备的重要素质》，载《天水行政学院学报》2007年第6期。

20. 赵绍敏等：《生态文明与民族边疆地区的跨越式发展》，载《云南行政学院学报》2003年第2期。

21. 朱丽霞：《论建立社会风险和社会危机预警管理机制的必要性》，载《固原师专学报》2006年第5期。

22. 庄启鹏：《提高预警能力强化管理水平》，载《经济师》2007年第9期。

23. 周平：《对民族国家的再认识》，载《政治学研究》2009年第4期。

24. 周平：《政治学视野下的中国民族和民族问题》，载《思想战线》2009年第6期。

25. 周平：《中国的边疆治理：族际主义还是区域主义？》，载《思想战线》2008年第3期。

26. 周平：《我国的边疆与边疆治理》，载《政治学研究》2008年第2期。

27. 周平：《我国边疆概念的历史演变》，载《云南行政学院学报》2008年第4期。

28. 周平：《促进少数民族政治参与有序发展》，载《中国民族报》2008年3月14日（6）。

29. 周湛鸿：《加强边疆地区公共应急管理工作》，http://www.yndaily.com，云南日报网2006年10月30日。

后 记

本书为教育部重大课题攻关项目《边疆多民族地区构建社会主义和谐社会研究》的最终成果。我国的边疆面积广大，民族关系复杂，战略地位显要，边疆治理在国家治理中处于十分重要的地位，学界理应对边疆治理进行全面而系统的研究。本书是适应形势需要之作，也是对我们近年来边疆治理研究成果的总结。全书由周平拟定提纲，课题组成员共同研究并分章撰写，最后由周平统稿、定稿。

本书具体各章的研究和撰写分工如下：

第一章，周平；

第二章，方铁；

第三章，周平；

第四章，邵宇；

第五章，方铁、夏维勇；

第六章，袁明旭；

第七章，何明；

第八章，周平；

第九章，余翠娥；

第十章，夏维勇；

第十一章，张健；

第十二章，周平。

由于我们的水平有限，加之时间仓促，书中难免会有缺点、错漏，甚至错误，敬请学界前辈、专家和同仁不吝指正。

教育部哲学社会科学研究重大课题攻关项目成果出版列表

书　名	首席专家
《马克思主义基础理论若干重大问题研究》	陈先达
《马克思主义理论学科体系建构与建设研究》	张雷声
《人文社会科学研究成果评价体系研究》	刘大椿
《中国工业化、城镇化进程中的农村土地问题研究》	曲福田
《东北老工业基地改造与振兴研究》	程　伟
《全面建设小康社会进程中的我国就业发展战略研究》	曾湘泉
《自主创新战略与国际竞争力研究》	吴贵生
《转轨经济中的反行政性垄断与促进竞争政策研究》	于良春
《当代中国人精神生活研究》	童世骏
《弘扬与培育民族精神研究》	杨叔子
《当代科学哲学的发展趋势》	郭贵春
《面向知识表示与推理的自然语言逻辑》	鞠实儿
《当代宗教冲突与对话研究》	张志刚
《马克思主义文艺理论中国化研究》	朱立元
《现代中西高校公共艺术教育比较研究》	曾繁仁
《楚地出土戰國簡册［十四種］》	陳　偉
《中国市场经济发展研究》	刘　伟
《全球经济调整中的中国经济增长与宏观调控体系研究》	黄　达
《中国特大都市圈与世界制造业中心研究》	李廉水
《中国产业竞争力研究》	赵彦云
《东北老工业基地资源型城市发展接续产业问题研究》	宋冬林
《中国民营经济制度创新与发展》	李维安
《中国加入区域经济一体化研究》	黄卫平
《金融体制改革和货币问题研究》	王广谦
《人民币均衡汇率问题研究》	姜波克
《我国土地制度与社会经济协调发展研究》	黄祖辉
《南水北调工程与中部地区经济社会可持续发展研究》	杨云彦
《我国民法典体系问题研究》	王利明

书　名	首席专家
《中国司法制度的基础理论问题研究》	陈光中
《多元化纠纷解决机制与和谐社会的构建》	范　愉
《生活质量的指标构建与现状评价》	周长城
《中国公民人文素质研究》	石亚军
《城市化进程中的重大社会问题及其对策研究》	李　强
《中国农村与农民问题前沿研究》	徐　勇
《中国边疆治理研究》	周　平
《中国大众媒介的传播效果与公信力研究》	喻国明
《媒介素养：理念、认知、参与》	陆　晔
《新闻传媒发展与建构和谐社会关系研究》	罗以澄
《教育投入、资源配置与人力资本收益》	闵维方
《创新人才与教育创新研究》	林崇德
《中国农村教育发展指标体系研究》	袁桂林
《高校思想政治理论课程建设研究》	顾海良
《网络思想政治教育研究》	张再兴
《高校招生考试制度改革研究》	刘海峰
《基础教育改革与中国教育学理论重建研究》	叶　澜
《中国青少年心理健康素质调查研究》	沈德立
《处境不利儿童的心理发展现状与教育对策研究》	申继亮
《WTO主要成员贸易政策体系与对策研究》	张汉林
《中国和平发展的国际环境分析》	叶自成
*《马克思主义整体性研究》	逄锦聚
*《中国现代服务经济理论与发展战略研究》	陈　宪
*《面向公共服务的电子政务管理体系研究》	孙宝文
*《历史题材创新和改编中的重大问题研究》	童庆炳
*《西方文论中国化与中国文论建设》	王一川
*《中国抗战在世界反法西斯战争中的历史地位》	胡德坤
*《近代中国的知识与制度转型》	桑　兵
*《中国水资源的经济学思考》	伍新木
*《转型时期消费需求升级与产业发展研究》	臧旭恒
*《中国政治文明与宪政建设》	谢庆奎

书　名	首席专家
*《中国法制现代化的理论与实践》	徐显明
*《中国和平发展的重大国际法律问题研究》	曾令良
*《知识产权制度的变革与发展研究》	吴汉东
*《中国能源安全若干法律与政策问题研究》	黄　进
*《农村土地问题立法研究》	陈小君
*《中国转型期的社会风险及公共危机管理研究》	丁烈云
*《边疆多民族地区构建社会主义和谐社会研究》	张先亮
*《数字传播技术与媒体产业发展研究》	黄升民
*《数字信息资源规划、管理与利用研究》	马费成
*《创新型国家的知识信息服务体系研究》	胡昌平
*《公共教育财政制度研究》	王善迈
*《非传统安全合作与中俄关系》	冯绍雷
*《中国的中亚区域经济与能源合作战略研究》	安尼瓦尔·阿木提
*《冷战时期美国重大外交政策研究》	沈志华
……	

* 为即将出版图书